개정판 I 전문가용

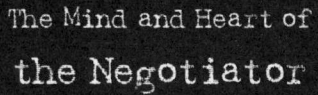

지성과 감성의 협상기술

리 L. 톰슨 지음
김성환 · 김중근 · 홍석우 옮김

한울
아카데미

Fifth Edition

The Mind and Heart of the Negotiator

Leigh L. Thompson

Kellogg School of Management
Northwestern University

PEARSON

The Mind and Heart of the Negotiator

Authorized translation from the English language edition,
entitled MIND AND HEART OF THE NEGOTIATOR, THE, 5th Edition,
ISBN : 0132543869 by THOMPSON, LEIGH, published by Pearson Education, Inc,
Copyright ⓒ 2012.

All rights reserved. No part of this book may be reproduced or transmitted in any form or
by any means, electronic or mechanical, including photocopying, recording or
by any information storage retrieval system, without permission from Pearson Education, Inc.

KOREAN language edition published by HANUL PUBLISHING COMPANY, Copyright ⓒ 2012.

이 책의 한국어판 저작권은 Pearson Education, Inc.와의 독점계약으로
도서출판 한울에 있습니다. 저작권법에 의해 한국 내에서 보호를 받는 저작물이므로
무단전재와 무단복제를 금합니다.

옮긴이의 말 | 개정판

2004년에 김성환 외교통상부 국장, 김중근 외교통상부 국장, 홍석우 지식경제부(당시 산업자원부) 국장이 광화문 정부청사 뒤에 있는 소박한 식당에서 점심을 함께 했다. 셋이 모두 '한가한' 보직에 있을 때였다. 두 김 국장은 해외 근무를 하고 돌아와서 본부보직을 받기 전에 대기직에 있을 때였고 홍 국장은 동북아시대위원회에 파견 근무를 할 때였다. 셋은 개인적으로 오랜 친구였다. 우연한 인연으로 도서출판 한울로부터 『지성과 감성의 협상기술』의 번역을 의뢰받은 홍 국장은 점심식사 자리에서 친구들에게 3분의 1씩 나누어 번역을 할 것을 제안했다. 친구들과 하나의 작품을 만들어가는 게 멋있다고 생각했기 때문이다. 출판사로부터 아마추어 치고는 번역이 잘 되었다는 칭찬도 들었다.

우리는 이 책이 출판되자 아내들에게 풍부한 인세를 안겨줄 것처럼 얘기했다. 그러나 전문서적의 한계에 더해서 언론의 서평도 극구 사양했으니 인세가 제대로 있을 리 만무했다. 혹시라도 개인의 홍보목적으로 책을 번역했다는 오해를 받을까 걱정을 했던 새가슴 공무원들이었기 때문이다. 지금도 가족들끼리 만나면 '그 인세'는 언제 받느냐고 농담을 한다.

그러나 인세는 이미 충분히 받았다. 아니 너무나 많이 받았다. 각자의 몫을 번역한 다음에, 전체적인 통합을 기하느라, 아마도 다섯 번씩은 족히 읽지 않았을까? 그러면서 '협상기술'이 너무나 많이 늘었다. 특히 많은 사례를 포함한 덕분에 '지성과 감성'이 풍만한 생생한 지식을 얻게 되었다. 그러니 역자 세 명중 두 명이 오늘 현재 장관으로 재임 중이며, 한 명도 주요관장인 주인도 대사까지 역임하게 된 것 아니겠는가. 인세를 이미 충분히 받았다는 우리의 의견에 아내들도 동의할 것으로 믿는다.

2012년 여름에 이 책의 5판이 미국에서 출간되었다는 소식을 접했다. 끊임없이 사례를 업데이트하고 책을 보완해가는 저자의 열정은 알고 있었지만 이번에는 어떻게 보완이 되었을까 궁금했다. 국장 시절에 번역했던 책을 장관이 되고 대사가 되어서 읽어보면 어떠한 느낌으로 다가올까도 궁금해서 2004년에 번역했던 3판을 다시 잡아보니 아쉬운 번역이 눈에 들어오면서 마음이 불편해진다. 이러한 이유들 때문에 추진한 것이 5판의 번역작업이다. 그러나 지금은 2004년 때와는 달리 번역할 시간이 나지 않았다. 그래서 약 20% 수준의 개정부분에 대한 번역을 먼저 이종삼 님에게 부탁했다. 그런 다음에 우리 셋은 전체를 다시 읽어보기 시작했다. 예전에 번역했던 부족한 부분을 8년 뒤의 시각으로 다시 고치는 것은 물론, 그간 장관이나 대사로 성장하면서 얻은 식견도 포함하고자 했다.

이 책을 만드는 데 수고해주신 모든 분들에게 감사드린다. 이 책을 읽는 분들에게도 좋은 일들이 있기 바란다. 이 책은 학문서적이다. 어떤 협상서적도 이렇게 체계적이고 다양한 사례를 포함하기는 쉽지 않다. 그래서 협상을 공부하는 많은 분들에게 도움이 되겠지만, 일반인이 읽어도 충분히 흥미로울 것이다. 지금은 소통의 시대이다. 여러분이 소통의 달인이 되는 데 도움이 될 것으로 믿는다.

이 책을 읽는 모든 분들과 기운을 함께 나누고자 한다.

2012.11. 김성환·김중근·홍석우

옮긴이의 말 l 초판

　대형 오페라극장에는 푸치니의 '토스카'가 자주 등장한다. 주요 등장인물이 단 세 명으로, 이들만 잘해주면 오페라의 승패가 결정되기 때문이다. 세 사람 외에 1막의 합창단, 2막의 성가대, 3막의 사형집행 병사들이 등장하지만 합창단 이외에는 리허설도 크게 필요하지 않다.
　1961년, 샌프란시스코 오페라극장에서는 사형집행 병사들 역할을 그 지역 의과대학생들에게 부탁했다. 오페라 내용을 전혀 몰랐던 학생들은 연출가에게 물었다. "우린 언제 연습에 나가나요?", "무대에선 뭘 해야 합니까?" 연출가의 대답은 "기다려요, 기다려. 지금 다른 일로 바쁘니까"라는 말뿐이었다. 그런데다 뜻하지 않은 일들이 터지는 바람에 무대의상을 입고 하는 최종연습이 생략되어버렸다. 결국 사형집행 병사들은 연습을 한 번도 해보지 못하고 연출자로부터 처음이자 마지막 지시를 받고 무대에 서게 되었다.
　"자네들은 무대 감독이 신호를 보내면 천천히 무대로 나가서, 사형수를 겨냥했다가, 장교가 칼을 내리면 총을 쏘는 거야."
　"그럼 퇴장은 어떻게 하지요?"
　"퇴장? 주역과 함께 퇴장하면 돼."
　사형집행 장면이 되자, 사형 집행병사들은 무대로 행진해 들어왔다. 그러나 두 사람, 토스카와 그의 연인이 무대 위에 있는 것을 보고는 당황했다. 병사들은 무대 위에 한 사람만 있을 것으로 생각했던 것이다. 반신반의하면서도 정면에 서 있는, 사형수로 보이는 남자에게 총을 겨누었다.

 남자는 체념한 듯 우뚝 서 있었으나, 이윽고 무어라 설명할 수 없는 애절한 곁눈질을 멀리 서 있는 토스카에게 보내기 시작했다. 이 남자주인공의 연기가 자신들의 잘못을 지적하는 것으로 오해한 병사 하나가 방향을 틀어 여자를 향해 총을 겨누자 나머지 병사들도 방향을 틀었다. 토스카는 심하게 아니라는 몸짓을 했다. 하지만 병사들은 사형 집행을 앞둔 절박한 상황의 몸짓으로 여겼다. 오페라의 제목은 '토스카'이고, 비극적인 내용이 분명했으며, 저기 서 있는 거대한 몸집의 여인이 토스카임에 틀림없었다. 그들에게 의심의 여지는 없었다.

 엄숙한 장송곡이 흐르기 시작했다. 장교는 칼을 내리쳤다. 병사들은 토스카를 향해 총을 발사했다. 그러자 뜻밖에도 그들의 등 뒤에 서 있던 남자가 땅바닥에 푹 쓰러지고, 그들이 사살한 인물은 큰소리로 외치며 남자를 향해 달려가지 않겠는가. 어찌된 영문인지 알 수 없었지만, 이제 다음에 할 일은 '주역과 함께 퇴장하는 것'이었다.

 남자가 죽었다는 것을 안 토스카는 성벽 꼭대기로 기어올라 뒤로 몸을 날렸다. 퇴장은 주인공과 함께 하라는 지시를 생각한 병사들은 토스카를 쫓아 성벽으로 기어올랐고, 그리고는 토스카의 뒤를 따라 한 사람씩 차례차례 몸을 날렸다.

 (인터넷에서 읽은 이야기입니다. 글을 올린 분도 출처를 모르겠다고 합니다.)

 오랜 친구 셋이서 번역을 했습니다. 이 책이 나오면 아내들과 함께 여섯이 저녁을 먹기로 했습니다. 웬 옮긴이 서문이 이러냐면서 웃을 여인들의 모습이 떠오릅니다.

2005. 12. 김성환 · 김중근 · 홍석우

한국어판 | 머리말

일상생활에서부터 수백만 달러의 상거래에 이르기까지, 협상 능력을 높이려는 사람들을 위해 이 책을 썼다. 대부분의 사람들은 (약간의 훈련으로도) 협상능력을 극적으로 높일 수 있다. 이 책을 통해 여러분은 협상에서 경제적 이익을 얻는 방법과 함께 협상을 기분 좋게 마무리 짓는 방법도 터득하게 될 것이다. 이 최신 증보판은 협상에 관한 이론과 과학적 연구 그리고 실제 사례를 종합적으로 설명한다. 더욱이 여러 단체와 많은 다른 문화권 사람들이 사회에서 수없이 벌인 협상에서 발휘해온 이런 실제 사례들은 효과적인, 아울러 비효과적인 협상기술에 대한 구체적인 설명이 될 것이다.

이 책의 한국어판은 현재 한국 정부의 지식경제부 장관인 홍석우 씨, 외교통상부 장관인 김성환 씨, 전 인도주재 한국 대사였던 김중근 씨가 번역했다. 세계에서 가장 위대한 나라 중 하나인 한국의 사려 깊고 성실하고 재능 있는 고위관료 팀이 노고를 아끼지 않고 이 책을 번역해주신 것을 무한한 영광으로 생각하며 깊이 감사드린다. 사실 내가 이『지성과 감성의 협상 기술』을 집필하게 된 중요 동기 중 하나는, 온 세계의 같은 문화권 내 또는 다른 문화권 사이에서 알차고 성공적인 협상을 벌이는 데 필요한 중요한 개념과 전략을 마련하기 위해서였다. 이들 세 분은 성실하고 헌신적인 번역작업을 통해 한국의 학생들과 직업인 모두에게 더 보람되고 쌍방이 만족하는 협상기술을 터득하는 길을 열어주었다고 확신한다.

이 책은 여러분에게 다음과 같은 분야에서 도움을 줄 것이다.
- 구체적인 사례연구: 관리자나 정책결정자들에게 도움이 되는 실제 사례를 많이 포함시켰다. 각 장章은 기업뿐 아니라 정부, 사회집단, 그리고 일상생활 등 다양한 사례로 시작한다. 이 최신 증보판은 최근 비즈니스 분야에서 활용되는 사례를 122개 이상 새로 추가했다.
- 실생활에 필요한 협상기술: 각 장에서 중점적으로 다룬 많은 내용은 '보기'를 곁들여 상세히 설명했으며, 현대는 물론 역사상 실재했던 여러 협상에서 나온 사례로 보충을 하고 있다. 이런 사례들을 첨부한 것은 어떤 이론을 증명하기 위해서라기보다는 이 책에 제시된 많은 개념이 어떻게 실제 상황에서 활용되는지를 예증하기 위해서다. 이 최신 증보판은 첫 장을 실사회에서의 협상을 설명하는 현행의 비즈니스, 정치, 그리고 세계적인 대사건들에서 활용된 협상기술에 대한 삽화揷話를 곁들여 새롭게 만들었다.
- 협상기술을 활용한 접근: 이 최신 증보판은 관리자나 정책결정자들이 유의할 사항들을 기술했으며, 통합적 협상에 관해 서술한 제4장이 좋은 사례이다. 또한 협상의 가치증대에 도움이 될 일련의 실질적인 원칙들을 제시하고 있다.
- 자기점검: 협상에 대한 자신의 직관과 접근을 스스로 테스트해볼 수 있도록 했다. 제5장에서는 협상자가 자신의 '직관적인' 협상 스타일을 점검해보고, 협상기술을 발전시킬 수 있는 방법을 제시했다. 제10장에서는 협상에서의 문화 차이를 깊이 다루었는데, 이를 통해 다른 문화권에 대한 이해를 높이도록 했다.

- **다양한 협상상황**: 제2부 및 제3부에서는 대리인을 통한 협상, 중재 및 조정, 이메일 및 전화 협상, 경쟁기업과의 협상, 다른 문화권과의 협상 등 복잡하면서도 자주 접하게 되는 상황을 다루었는데, 이번 증보판에서 수정되었다.
- **과학적 연구**: 이 최신 증보판은 협상에 관한 100개 이상의 새로운 과학적 내용들을 획기적으로 추가시켰다.

학생들과 동료들이 지적과 비평을 해준 덕분에 이 책은 내용이 더욱 충실해졌다. 그들의 값진 충고가 계속 이어져서 이 책이 다시 수정, 보완될 수 있기를 기대한다.

이 책에는 사회심리학, 조직행태학, 사회학, 협상학, 그리고 인지심리학 분야의 각종 연구 결과와 아이디어가 반영되었다. 나는 연구 및 집필과정에서 많은 인사들의 도움을 받았다. 웬디 어데어Wendi Adair, 카메론 앤더슨Cameron Anderson, 에번 아펠바움Evan Apfelbaum, 린다 뱁콕Linda Babcock, 크리스 바우먼Chris Bauman, 막스 베이저먼Max Bazerman, 크리스틴 베파Kristin Behfar, 테리 보울스Terry Boles, 잔 브렛Jeanne Brett, 수전 브롯Susan Brodt, 캐런 케이츠Karen Cates, 최훈석Hoon-Seok Choi, 타야 코헨Taya Cohen, 수전 크로티Susan Crotty, 잔 에그몽Jeanne Egmon, 할 어서너 허시필드Hal Ersner-Hershfield, 게리 파인Gary Fine, 크레이그 폭스Craig Fox, 애덤 갈린스키Adam Galinsky, 웬디 가드너Wendi Gardner, 디더 겐트너Dedre Gentner, 로버트 기번스Robert Gibbons, 케빈 깁슨Kevin Gibson, 제임스 질레스피James Gillespie, 리치 곤잘레스Rich Gonzalez, 데버러 그루언펠드Deborah Gruenfeld, 리드 해스티Reid Hastie, 앤디 호프먼Andi Hoffman, 엘리자베스 하워드Elizabeth Howard, 피터 킴Peter Kim, 셜리 코플먼Shirli Kopelman, 로드 크레머Rod Kramer, 로라 크레이Laura Kray, 테리 크루츠버그Terri Krutsburg, 조프리 레오나르델리Geoffrey Leonardelli, 존 레바인John Levine, 앨런 린드Allan Lind, 조지 로웬슈타인George Loewenstein, 제프 로웬슈타인Jeff Loewenstein, 브라이언 루카스Brian Lucas, 디팩 말호트라Deepak Malhotra, 베타 매닉

스Beta Mannix, 캐슬린 맥긴Kathleen McGinn, 비키 메드벡Vicki Medvec, 타냐 메논Tanya Menon, 데이브 메식Dave Messic, 테리 미첼Terry Mitchell, 돈 무어Don Moore, 마이클 모리스Michael Morris, 키스 머니건Keith Murnighan, 재니스 내들러Janice Nadler, 메기 닐Meggie Neale, 캐시 필립스Kathy Phillips, 로빈 핀클리Robin Pinkley, 에리카 리처드슨Erika Riwshcardson, 애슐리 로세트Ashleigh Rosette, 낸시 로스바르드Nancy Rothbard, 에드워드 스미스Edward Smith, 로드릭 스와브Roderick Swaab, 마완 시나쇠르Marwan Sinaceur, 해리스 손닥Harris Sondak, 톰 타일러Tom Tyler, 리프 판 보벤Leaf Van Boven, 킴벌리 웨이드 벤조니Kimberly Wade-Benzoni, 로리 바인가르트Laurie Weingart와 주디스 화이트Judith White가 그들이다. 이 책에서 나는 '우리'라는 대명사를 자주 사용했는데, 그것은 나의 생각이 위에 나열한 저명한 학자들에게서 영향을 받았기 때문이다.

그리고 기획과 편집에서 조얼 에릭슨Joel Erickson, 라리사 트립Larissa Tripp, 니럴리 샤Neerali Shah의 헌신적인 노력이 없었다면 이 개정판은 발간될 수 없었을 것이다. 그들은 이 책의 레이아웃을 담당하고 수백 종의 초안 자료를 구성·편집했으며, 각종 통계자료와 사례를 찾아내고 분석했다.

'상황'과 환경이 행동에 커다란 영향을 미친다고 이 책에서 내가 여러 번 언급했듯이, 켈로그 경영대학원Kellogg School of Management은 내가 몸담아왔던 조직 중 내게 가장 중요하고 역동적인 환경의 하나였다. 특히 샐리 블라운트Sally Blount 학장은 연구와 강의뿐 아니라 나의 지적·교육적 리더십을 강력하게 지원해주었다. 그리고 1986년에 분쟁해결연구센터Dispute Resolution Research Center: DRRC를 대학원 내에 설립하는 등, 훌륭한 비전을 가진 동료 잔 브렛과 이 센터를 지원하는 휴렛 재단Hewlett Foundation에 심심한 사의를 표하고자 한다.

이 책은 앞에서 언급한 많은 사람들과 공동으로 노력한 결과물이다. 동료들과 학생들에게 깊이 감사하며, 내 삶과 이 책에 배어 있는 그들의 손길에 따스함을 느낀다.

개관

　이 책은 크게 세 부분으로 나누어진다. 먼저 제1부에서는 협상의 본질, 즉 협상의 주요원칙과 기본원리를 다루었다. 제2장에서는 협상을 효율적으로 이끌어가기 위해 관리자들이 어떤 준비를 해야 하는지를 다루었다. 제3장에서는 협상의 배분기술, 즉 자신에게 자원을 유리하게 배분하는 방법에 대해 논의했다. 이것은 '파이pie 나누기'라고도 부른다. 제4장은 아마도 이 책에서 가장 중요한 부분으로, '윈 - 윈win-win 협상', 즉 서로에게 더 많은 것이 돌아갈 수 있도록 파이를 늘려나가는 방법을 다루고 있다.

　제2부에서는 전문적인 협상기술을 다루었다. 제5장에서는 협상 스타일을 분석하고 발전시키는 데 초점을 맞추어, 독자 스스로가 자신의 협상 스타일을 동기, 접근법, 감성이라는 세 가지 측면에서 솔직하게 평가해보도록 했다. 협상자는 자신의 협상 스타일과 그 한계를 정확히 평가할 수 있으며 아울러 상대방의 스타일을 평가하는 법도 배울 수 있다. 제6장에서는 신뢰를 구축하고 인간관계를 형성하는 데 초점을 맞추어, 기업 간 그리고 개인 간에 어떻게 신뢰가 형성되고, 깨지고, 다시 복원되는지를 검토했다. 제7장에서는 힘, 설득, 그리고 영향력 행사 전략을 논의했다. 협상 테이블에서의 설득과 영향력을 살펴본 후 윤리라고 하는 중요한 과제를 다루었다. 제8장에서는

문제해결과 창조성이라는 주제에 초점을 맞추어, 주어진 여건하에서 생각하는 방법을 배우고, 협상에서 창의력과 상상력을 사용하는 기술을 다루었다.

제3부에서는 특수한 환경에서의 협상을 다루었다. 제9장에서는 다자협상의 복잡성, 즉 다자간의 이해상충, 제휴, 투표규칙, 다자협상에서 자신의 협상력을 높이는 방법 등을 검토했다. 제10장에서는 서로 다른 문화권 간의 협상에 초점을 맞추어, 다양한 민족 간의 문화가치와 협상규범을 다루었다. 제11장은 상대방과 협력하면서 자신의 몫을 위해 경쟁도 해야 하는 딜레마에 관한 것으로, 사회적 딜레마의 성격과 딜레마 속에서 협상하는 방법을 다루었다. 제12장에서는 정보기술과 그것이 협상에 미치는 영향력에 초점을 맞추었다. 또한 정보기술시대의 협상분석을 위해서 시간 - 장소 모델을 사용했다.

마지막으로 부록을 네 개 추가했는데, 부록 1에서는 협상자의 믿음과 선호에 대한 기본이론을 검토했으며, 부록 2에서는 협상에서 상대방의 거짓말을 탐지하는 법과 비언어적 의사소통에 대해 살펴보았다. 부록 3에서는 3자개입에 대해 검토했으며, 부록 4에서는 취업협상에 필요한 참고사항을 제시했다.

차례

옮긴이의 말 | 개정판 _ 5
한국어판 | 머리말 _ 9

옮긴이의 말 | 초판 _ 7
개관 _ 13

제1부 협상의 본질   19

제1장 • 협상에서의 지성과 감성 ——————————————— 21

협상의 정의와 범위 _ 23
사람들은 대부분 비효율적으로 협상한다 _ 27
비효율적인 이유는 무엇인가 _ 29
이 책의 학습목표 _ 35

협상은 중요한 관리능력의 하나이다 _ 24
어느 면에서 비효율적인가 _ 28
협상에 대한 잘못된 믿음 _ 32
지성과 감성 _ 36

제2장 • 협상 준비 ———————————————————————— 37

자신에 대한 평가 _ 39
상황에 대한 평가 _ 60

상대방에 대한 평가 _ 58
결론 _ 73

제3장 • 배분적 협상: 파이 나누기 ————————————— 76

교섭영역 _ 77
흔히 나오는 질문들 _ 95
공정성의 중요성 _ 102
결론 _ 121

파이 나누기 전략 _ 81
체면 유지 _ 100
현명한 파이 나누기 _ 119

제4장 • 윈 - 윈 협상: 파이 늘리기 ————————————— 123

윈-윈 협상이란 무엇인가? _ 124
피라미드 모델 _ 128
비효과적인 전략 _ 132
통합적 합의전략의 틀 _ 153
결론 _ 157

윈 - 윈 잠재력이 있는가? _ 125
파이 늘리기를 하면서 범하는 실수들 _ 130
효과적인 전략 _ 135
분배를 요구하는 것을 잊지 말라 _ 156

제2부 협상기술 — 159

제5장 • 협상 스타일 — 161
강경한 협상자와 온건한 협상자 _ 162
협상의 동기 _ 163
협상 접근법 _ 174
감정과 감정적 인식 _ 193
결론 _ 204

제6장 • 신뢰구축과 인간관계 — 205
윈-윈 합의의 인간적인 측면 _ 206
인간관계 기초로서의 신뢰 _ 208
평판 _ 228
협상에서의 인간관계 _ 230
결론 _ 242

제7장 • 힘, 설득, 윤리 — 243
협상에서는 BATNA가 가장 중요한 힘의 원천이다 _ 244
자신의 힘을 증대시키는 법 _ 247
당신의 힘 분석하기 _ 247
설득 전술 _ 248
윤리적 협상 _ 268
결론 _ 282

제8장 • 창의성과 문제해결 — 284
협상에서의 창의성 _ 285
당신은 협상을 어떠한 관점에서 바라보는가? _ 289
창의적인 방법으로 합의에 도달하기 _ 292
문제해결과 창의성에 대한 장애요소 _ 300
창의적인 협상전략 _ 313
결론 _ 327

제3부 ● 응용   333

제9장 ● 다자협상, 제휴, 팀 협상 ——————————————— 335
다자협상의 분석 _ 336   제휴 _ 350
대리인을 통한 협상 _ 358   이해당사자와의 관계 _ 366
팀 협상 _ 371   집단 간의 협상 _ 377
결론 _ 385

제10장 ● 다른 문화권과의 협상 ——————————————— 387
문화란 무엇인가 _ 388   문화의 가치와 협상 규범 _ 391
다른 문화권 간 협상의 어려운 점 _ 410   문화교류의 측정 지표 _ 420
다른 문화권 간 협상에 대한 조언 _ 421   결론 _ 427

제11장 ● 묵시적 협상과 사회적 딜레마 ——————————— 428
사회적 딜레마로서의 기업 활동 _ 430   죄수의 딜레마 _ 431
사회적 딜레마 _ 443   집착의 심화 _ 458
결론 _ 463

제12장 ● 정보기술을 활용한 협상 ——————————————— 465
장소-시간 사회교류 모델 _ 466   정보기술이 사회적 행태에 미치는 영향 _ 478
정보기술을 통한 협상의 전략 _ 485   결론 _ 488

부록 491

부록 1 • 당신은 합리적인 판단을 하고 있는가? ——— 493
왜 합리적인 것이 중요한가? _ 493
개인적 의사결정 _ 495
게임이론의 합리성 _ 518

부록 2 • 비언어적 의사소통과 거짓말 탐지 ——— 527
우리는 비언어적 의사소통으로부터 무엇을 기대하는가? _ 527
거짓말 간파하기 _ 533

부록 3 • 3자개입 ——— 541
제3자의 역할 _ 542
3자개입의 선택 기준 _ 545
제3자의 어려움 _ 548
3자개입의 효율성을 위한 전략 _ 554

부록 4 • 취업협상 ——— 556
사전준비 _ 556
협상 중의 행동지침 _ 561
취업제의를 받은 후의 대책 _ 567

미주 _ 571
찾아보기 _ 640

P A R T   I

제**1**부
협상의 본질

ESSENTIALS OF NEGOTITATION

제1장
협상에서의 지성과 감성

협상이 결렬되었을 때 사람들은 그로 인해 억만금이 날아간 것도 대부분 모른다. 2010년 말 시카고의 그루폰Groupon사에서 실제로 있었던 일이다. 구글Google이 그루폰을 60억 달러에 인수하겠다고 나섰는데 그루폰이 거절한 것이다.

벤처 캐피탈리스트 폴 케드로스키Paul Kederosky는 "나 같으면 생각해볼 것도 없이 당장 그 60억 달러 제의를 수락했을 것"이라며 아쉬워했다. 구글이 그루폰을 탐냈던 것은 중소기업들과 긴밀한 관계를 유지하고 있는 그루폰의 방대한 판매망이었다. 그루폰은 어떤 대안이 있기에 구글의 제의를 거절했을까? 물론 30억 달러를 제시한 바 있는 야후를 비롯하여 그루폰 인수 의향을 비친 기업은 많았으며, 그루폰은 자신들의 성장 잠재력이 크다고 믿었다(그 당시 그루폰의 매출액은 약 20억 달러였으며 수익은 그 절반인 10억 달러였다). 하지만 그루폰이 구글의 제의를 거절하자 벤처 투자회사들이 그루폰에 불안을 느끼기 시작했다. 액슬 파트너스Accel Partners, 배터리 벤처스Battery Ventures, 디지털 스카이 테크놀로지스Digital Sky Technogoies, 뉴엔터프라이스 어소시에이션스New Enterprise Associations가 그루폰에 총 6,980만 달러를 투자하고 있었다. 그루폰과의 협상이 결렬되었을 경우 구글이 택할 수 있는 최선의 대안은 유사한 기업을 인수하거나 아니면 그런 기업을 창업하는 일일 것이다. 이런 관점에서 보면, 그루폰이 구글의 제의를 거절함으로써 그들의 매각 시장에 다른 경쟁 인수기업들이 참여할 기회를 마련한 셈이 되었다. 일부 기업분석가들은 그루폰이 골치 아픈 상황을 만든 것으로 보고 있다. "그들이 60억 달러를 받고 회사를 매각하지 못하면 인터넷 세계의 골리앗들과 싸울 수밖에 없다……"고 한 분석가도 있었다. 그러나 그루폰이 잘 대처하여 소비자들의 마음을 계속 사로잡을 수 있을 것이며, 그들의 계열사인 미러클 그로Miracle-Gro사의 사정가격에 0을 하나 더 추가할지 모른다고 보는 분석가도 있다.[1]

구글과 그루폰 사이에 있었던 것과 같은 협상에는 종종 복잡하게 얽힌 전략, 상호 간 보안 문제, 그리고 협상자들의 개성이 영향을 끼친다. 큰 협상에 관여하지는 않더라도 우리가 모두 거의 매일 협상에 임하고 있다는 것은 누구나 인정하는 사실이다. 피셔R.Fisher와 어리W.Ury가 1981년에 쓴 책 『예스를 이끌어내는 협상법Getting to Yes』은 "좋든 싫든, 당신은 협상자이며…… 누구나 매일 무언가를 협상한다"라는 말로 시작한다.[2] 마찬가지로 『협상자로서의 경영자Manager as Negotiator』라는 책에서 랙스Lax와 세베니우스Sebenius는 "협상은 관리자들의 일상생활이다. 관리자들은 직장상사, 이사회, 심지어는 국회의원들과도 협상한다"고 말한다.[3] 『유리한 협상Bargaining for Advantage』이라는 책을 쓴 리처드 셸G. Richard Shell은 "우리 모두는 하루에도 수없이 협상을 한다"라고 주장한다.[4] 『당신은 무엇이든 협상할 수 있다You Can Negotiate Anything』의 저자인 허브 코헨Herb Cohen은 "당신의 세계는 거대한 협상 테이블이다"라는 인상적인 주장을 하고 있다. 이러한 말들을 보면 "생활에서 협상의 비중을 아무리 높게 보더라도 결코 높게 잡은 것이 아니다"[5]라고 한 어느 논문 구절이 이해될 것이다.

협상은 당신이 회사 안팎에서 의사소통을 하고 영향력을 행사하는 주요 수단이다. 그 내용이 회사의 합병이든 저녁식사 약속이든 간에, 다른 사람과 상관없이 목적을 이룰 수 있는 것이 아니라면 당신은 협상을 하게 될 것이다. 이 장에서는 대부분의 사람들이 협상 잠재력을 제대로 발휘하지 못하고 있다는 사실을 설명하려고 한다. 한 가지 다행스러운 것은 그러한 문제는 해결할 수 있다는 점이다.

이 책의 목적은 당신의 협상 능력을 높여주려는 것이다. 이를 위해 협상에 관한 학문적 연구와 함께 실제 사례를 제시하고 있다. 이러한 과학적 분석이 이 책의 강점이라고 생각한다. 이 책은 기업의 협상에 초점을 맞추고 있지만, 이것이 정부 간 협상이나 일상생활에서의 협상 등 다른 분야에서도 유용할 것이다.⁶

이 책은 ① 가치창조(윈-윈 협상), ② 가치요구(포기하지 말라!), ③ 신뢰구축(장기적 발전성)이라는 세 가지 협상기술에 초점을 맞추었다. 이 책을 다 읽고 나면 협상에서 무엇을 해야 하는지를 알게 될 것이다.⁷ 협상 지식을 갖추었다는 사실은 협상에 효율적으로 대처할 수 있음을 의미할 뿐 아니라, 준비가 되어 있으므로 여유를 즐길 수 있다는 것도 의미한다. 세상일이 계획대로 되는 것은 아니지만, 협상 지식은 당신을 새롭게 해주며 특히 경험으로부터 많은 것을 배우도록 해줄 것이다. 사실 협상을 일종의 도전으로 여기는 사람들은 그것을 위협으로 생각하는 사람들보다 거래를 성사시킬 확률이 높다.⁸

 **협상의 정의와 범위**

협상이란 혼자서 목표를 이룰 수 없을 때, 상대방과 의사소통을 통해 내리는 의사결정과정이다. 협상은 업무상의 일대일 만남은 물론, 여러 당사자들, 여러 기업, 여러 국가 간의 관계 등 다양한 형태를 띠고 있다. 협상은 그것이 단순하든 복잡하든, 결국 사람, 의사소통, 영향력으로 요약되며, 복잡한 거래라 할지라도 최종적으로는 일대일 관계로 귀결된다.

사람들은 업무에서뿐 아니라 배우자, 자녀, 선생님, 이웃과의 일상생활에서도 협상을 한다. 따라서 협상의 범위는 양자 협상에서부터 복수 당사자 간 협상과 여러 국가 간 협상에 이르기까지 광범위하다. 기업에서는 부서 간,

회사 간, 산업 간의 다양한 개체들끼리 다양한 환경에서 협상이 이루어진다. 따라서 효과적인 협상을 위해서는 협상에 대해 충분한 이해가 필요하다.[9]

 협상은 중요한 관리능력의 하나이다

기업의 정책결정자, 리더, 그리고 관리자들에게 협상기술은 점점 더 중요해지고 있다. 그 이유로 ① 기업의 역동성, ② 상호의존성, ③ 경쟁(경제적 압박), ④ 정보화시대, ⑤ 세계화라는 다섯 가지를 들 수 있다.

기업의 역동성

사람들은 학교를 졸업하고 처음 얻은 직장에 계속 다니지는 않는다. 젊은 직장인 중 60%는 지금 직장에서 계속 일하고 싶은 생각이 전혀 없거나 거의 없다고 한다. 밀레니엄 세대 10명 중 6명은 적어도 한 번씩은 직장을 옮겼으며, 현 직장에서의 근무 기간이 2년 미만일 것으로 예측되는 비중이 40%를 차지한다.[10] 기업의 역동성 때문에 사람들은 조직생활을 하면서 자신의 존재를 계속 알리는 협상을 해야 한다. 기업구조가 분권화되면서 수직적인 의사결정이 줄어듦에 따라 관리자는 새로운 변화에 직면하고 있다. 사람들은 끊임없이 가능성을 만들어내고 타인과 이해를 조정하며, 또한 회사 안팎에서 경쟁이 불가피하다는 사실을 인식해야 한다. 관리자는 다양한 협상 기회를 맞이한다. 협상은 중요 회의에 참석할 때나 새로운 과제를 부여받을 때, 팀을 이끌 때, 구조조정에 참여할 때, 작업 우선순위를 정할 때 등 언제든지 이루어진다. 이렇게 협상은 관리자의 본질적인 역할 중 하나이지만 실제는 그렇지 못하다.

상호의존성

조직 구성원들 간에 상호의존성이 커지고 있어 서로 이해를 조정하고 다른 부서와 협력할 줄도 알아야 한다. 2010년 11월, 30년 이상을 끈 긴 협상이 우여곡절 끝에 마무리되었다. 비틀즈와 애플컴퓨터가 비틀즈의 모든 앨범과 싱글 음반을 아이튠스iTunes 뮤직 사이트에 넣는다는 거래가 성사되었다. 애플 컴퓨터가 비틀즈의 애플 레코드사*의 특허를 도용했다고 비틀즈가 고소를 제기한 1978년 이래 이 둘은 지루한 법정싸움을 벌여왔다. 비틀즈가 애플 컴퓨터에 애플이라는 이름을 사용하도록 허락함으로써 분쟁은 해결되었지만, 이들은 애플의 뮤직 신시사이저와 아이튠스의 애플 로고를 둘러싸고 수년간 싸웠다. 애플은 온라인 뮤직 시장의 90%를 장악하고 있지만, 온라인 디지털 뮤직 혁명 이후에도 CD 판매로 엄청난 수익을 내는 극소수의 음악 그룹 중 하나인 비틀즈를 갖지는 못했다. 2007년에 비틀즈는 자신들이 소유한 애플 코퍼레이션의 최고경영자로 제프 존스Jeff Jones를 영입했다. 그의 전임자는 폴 매카트니Paul McCartney와 조지 해리슨George Harrison의 유년 시절 친구로 정서적인 유대가 있었지만 존스는 그렇지 못했다. 그들의 관계는 순전히 비즈니스를 기반으로 한 것이었다. 그러나 일단 거래가 성립되자 이전의 경쟁적인 관계가 협력적인 관계로 바뀌었다. 거래 성립 후 첫 주에 아이튠스는 비틀즈 CD를 200만 장 이상 판매했다.[11]

비즈니스 세계에서 전문화와 특화가 점점 심화된다는 것은 다른 사람들에 대한 의존도가 더 커지는 것을 의미한다. 하지만 서로가 늘 도움이 되는 것이 아니므로 관리자들은 자신의 이익을 꾀하면서 동시에 서로를 위한 공동의 가치를 창출하는 일을 명심해야 할 것이다. 이와 같은 균형을 유지하

---

* 비틀즈는 애플 레코드를 지배하는 애플 코퍼레이션의 최대주주다. ─ 옮긴이.
  이하 본문에 나오는 각주는 모두 옮긴이가 넣은 것이다.

기 위해서는 무엇보다 협상이 중요하다.

경제적 압박

2011년 1월에 미국의 실업자가 무려 1,390만 명으로 실업률 9.0%를 기록했는데,[12] 이는 노동통계국이 미국의 1948년 실업 통계를 시작한 이래 가장 실업수치가 높았던 2009년 11월의 실업자 수 1,530만에 근접한 수준이다.[13] 이와 같은 경제적 압박상황에서 협상을 어떻게 해야 하는지를 알 필요가 있다. 손실 최소화가 이익에 집중하는 것보다 더 중요할 수도 있다.

정보화

정보화 역시 협상자에게 특별히 도전할 기회를 제공한다. 정보화는 연중 회사를 가동할 수 있는 기업문화를 만들어냈다. 세계 어느 곳에 있는 사람들과도 의사소통이 가능한 이 정보화 기술 덕택에 관리자들은 공간을 초월하여 즉석협상을 할 수 있게 되었다. 컴퓨터 기술이 그 예이다. 2010년 미국 하원의 의원, 직원 및 기타 소속원들 사이에서 블랙베리 사용자가 9,140명이었다. 유권자, 동료 의원, 그리고 협력자들과 항상 끈끈한 유대관계를 가져야 하는 그들에게 블랙베리 사용은 꼭 필요한 것이었을 뿐 아니라 지극히 중요한 것이기도 했다.[14]

세계화

대부분의 관리자들은 업무상 문화의 경계선을 효율적으로 넘나들어야 한다. 세계화는 서로 다른 언어나 화폐와 같은 문제는 물론 의사소통 기준이 달라 대부분의 사람들에게 상당히 힘겨운 일이다. 예컨대 IBM의 프린팅 시스템과 일본의 거대기업인 리코Ricoh가 합작해 만든 회사인 인포프린트InfoPrint는 다문화적 융통성을 중요시하고 있다. 이 회사의 '글로벌 솔루션' 부서 책임자인 산드라 조라티Sandra Zoratti에게 그것은 일종의 학습경험이었다. 처음부터 그녀는 일본인 직원들이 매우 차분하고 감정을 억제하는 편이라는 것을 알고 있었다. "나는 이탈리아인이기 때문에 솔직하고 열정적으로 이야기하는 편이다. 언젠가 내가 평소 방식대로 업무지시를 했을 때 일본인 직원들의 반응이 시큰둥하기에 내가 무슨 실수를 했나 싶었다." 그녀는 이야기를 이어갔다. "그러나 그로부터 2주 후에 나는 그들이 지시를 적극적인 자세로 이행한 것을 알았다. 내가 지시를 할 당시엔 그들에게 그런 의지가 있어 보이지 않았다." IBM과 리코는 전 종업원을 상대로 문화차이에 대한 교육을 실시했다. 양 사 소속 종업원들이 서로 질문을 하고 피드백을 받을 수 있는, 컬처 잼Culture Jam이라 불리는 대화식 블로그도 활용했다.[15] 관리자에게는 서로 다른 국적, 배경 및 개성을 가진 사람들과의 협상기술이 필요하다. 좁은 세계의 흥정에 익숙한 협상자가 상이한 조직, 산업, 그리고 문화에 속해 있는 사람들과의 협상기술을 배우지 않으면 큰 곤란을 겪게 될 것이다.[16] 서로 다른 상황이나 집단, 문화권에 널리 적용되면서 동시에 특수한 상황에도 활용될 수 있는 협상기술을 익히는 것은 결코 쉬운 일이 아니다.

 **사람들은 대부분 비효율적으로 협상한다**

대체로 사람들이 협상을 효율적으로 진행하느냐는 물음에 전문가들의 대답은 부정적이다. 많은 사람들은 스스로 협상기술을 갖추고 있다고 생각하지만, 남들은 그렇게 보지 않는다. 실제로 자신의 생각보다 못한 경우가 허다하다. 사람들은 협상 테이블에서 대부분 자신의 잠재력을 발휘하지 못한다.[17] 많은 경영자들이 윈-윈으로 협상을 마무리했다고 주장하지만, 더

얻을 수도 있었다는 것을 나중에야 깨닫게 된다. 한 실험에 따르면, 윈 - 윈 협상을 한 사람은 4% 이하였으며[18] 양쪽 모두에 불리한 결과를 초래한 경우도 20%나 되었다.[19] 협상자들이 완전한 합의에 도달했음에도 그것을 실현하는 데 50%는 실패한다.[20] 이 책에서는 효율적인 협상이 되기 위해서는 돈만이 아니라 인간관계와 신뢰도 중요하다는 점을 강조하고자 한다.

 **어느 면에서 비효율적인가**

협상에서 일반적으로 부족한 면을 다음 네 가지로 정리해보았다.
1. 협상 테이블에 돈을 남겨놓고 나온다: 협상자가 윈 - 윈 잠재력win-win potential을 활용하지 못하고 '모두가 잃는 협상lose-lose negotiation'을 하기 때문이다.
2. 지나치게 적은 몫을 받고 합의한다: 너무 많이 양보하기 때문이며, 이를 '승자의 비극winner's curse'이라고 부른다.
3. 좋아 보이는 제안인데도 이를 거부하여 협상을 결렬시킨다: 이것은 자만심이나 심각한 오산 때문이다.
4. 다른 대안들보다 못한 조건에 합의를 한다: 합의에 도달해야 한다는 강박관념, 즉 합의편향agreement bias 때문이다.

이 책은 협상에서 위와 같은 잘못을 피하는 법, 가치를 만들어내는 법, 자신의 정당한 몫을 확보하는 법, 합의에 도달하는 것이 좋을 때 합의에 도달하는 법, 합의가 실용적이지 못할 때 이를 빨리 알아차리는 법 등을 여러분에게 알려주고자 한다.

 비효율적인 이유는 무엇인가

'모두가 잃는 협상', '승자의 비극', '협상 테이블에서 이탈하기', '합의 편향'과 같은 극적인 사례들을 보면 왜 사람들이 협상 테이블에서 더 효율적으로 임하지 못할까 하는 의문을 가질 수 있다. 개인에게나 기업에게나 협상은 성공의 중요 요소인데, 협상을 잘하지 못한다는 것은 이상한 일이다. 협상을 비효율적으로 하는 이유는 협상자의 성취의욕이나 지적 능력이 부족해서가 아니라, 적절히 피드백을 받지 못하고, 작은 성과에도 만족하며, 자기강화 능력이 부족한 데에 그 원인이 있다. 문제의 근원은 네 가지 근본적인 편향, 즉 자기중심주의, 확증에 얽매이는 정보처리, 작은 성과에 만족하기, 그리고 자기강화 능력 부족에 있다.

자기중심주의

자기중심주의는 사람들이 자신의 경험을 스스로를 돋보이게 하거나 희망, 기대 따위를 충족시키려는 방식으로 바라보는 경향을 말한다. MBA 학생들의 3분의 2는 자신의 의사결정 능력을 평균 이상으로 평가한다.[21] 한 조사에서는 스스로에 몰두하는 사람들은 확증편향confirmation bias과 같은 의사결정 편향을 더 많이 드러냈다. 반대로 일반적인 가치 추구에 시간을 할애하는 사람들은 분명히 데이터로 나타난 확실한 위협과 평가의 상관성에 더 집중하는 경향이 있었다.[22] 미국 국가안전위원회는 고속도로에서 일어나는 차량 충돌사고의 4분의 1은 전화나 문자메시지를 주고받거나 하는 휴대폰 사용과 관련이 있는 것으로 추산한다. 그러나 운전자들은 자신들을 한 번에 여러 일을 할 수 있는 다중작업 능력을 가진 것으로 과대평가한다. 유타 대학 응용인식연구소Applied Cognition Lab 소장인 데이비드 스트레이어David Strayer는 이렇게 이야기한다. "인간은 자신의 능력을 과대평가하는 경향이 있다. 자신은 다른 운전자들보다 운전을 더 잘한다고 생각하고, 다른 사람들보다 다중작업에 더 뛰어나다고 생각한다."23

확증에 얽매이는 정보처리

확증편향은 사람들이 자신의 행동을 평가하면서 보고 싶은 것만 보고, 옳다고 믿는 것을 확인해줄 수 있는 정보만을 취사선택하는 경향이다. 이것은 굳이 해로운 것은 아니지만, 이로 인해 근시안적 시각을 갖게 되면 배워야 할 것을 배우지 못하게 된다. 2010년 BP 딥워터 호라이즌BP Deepwater Horison사가 기름유출사고를 일으켰던 3주 동안에, 당시 BP의 최고경영자였던 토니 헤이워드Tonly Hayward는 BP에게 불리한 증거가 점점 중대하고 있음에도 대수롭게 여기지 않았다. 헤이워드는 멕시코 만의 기름유출사고는 대양에서의 유출에 비하면 '상대적으로 작은 사고'라고 주장했다. 기름은 거의 2개월 동안 계속 흘러나왔으며 해저 유정의 입구를 막고서야 멈췄다. 그 사고는 미국 역사상 최악의 기름 유출사고였던 1989년 엑슨 발데즈Exxon Valdez사가 일으킨 재앙을 능가했다.24

작은 성과에도 만족한다

사람들이 협상을 잘하지 못하는 세 번째 이유는 작은 성과에도 만족하기 때문이다.25 노벨상 수상자인 허버 사이먼Herb Simon은 '작은 성과에 만족하는 것satisficing'은 성과 최적화optimizing와 거리가 멀다고 주장한다. 기대치를 높게 설정하여 이를 달성하려고 노력함으로써 최적의 결과를 얻는 것이 협상에서 중요하다. 협상자가 작은 성과에도 만족하면 낮은 수준에서 합의를 하게 될 것이다. 작은 성과에 만족하거나 또는 중간치를 받아들이는 것은 장기적으로 득이 되지 못한다. 특히 다양한 협상전략과 기술로 큰 이익을 얻을

수 있는 경우에는 더욱 그러하다(이러한 전략은 다음 세 장에서 상세히 다루고
자 한다).

한계를 이해하고 자기강화를 하는 능력이 부족하다

업무의 효율성을 꾀하기 위해서는 능력의 한계를 정확히 인식해야 한
다. 이는 협상에서도 마찬가지이다. 그러나 대부분의 사람들은 "자신의 무
능력을 알지 못하는 축복을 받았다."[26] 더구나 자신의 무능력에 대한 무지는
대응능력을 앗아갈 뿐만 아니라, 대응능력이 없다고 판단할 능력마저 앗아
간다. 이러한 점을 확인하기 위해 더닝Dunning과 그의 동료들이 학생들을 대
상으로 실시한 실험의 예를 살펴보자.[27] 학생들이 자신의 시험성적을 얼마
나 정확히 알고 있나 하는 조사에서, 하위 4분의 1에 속하는 학생들은 자신
들의 성적을 매우 높게 평가하고 있었다. 시험결과가 밑에서 12% 위치에 분
포하는데도 자신들의 성적이 60% 위치에 있다고 생각했다.[28] 이 사례는 이
들에 국한된 것이 아니라고 더닝은 주장한다. 상대평가 백분율에서 사람들
은 보통 자신의 석차를 40~50%포인트 높게 잘못 인식한다. 최고경영자들의
인수합병 결정에 관한 한 연구는 최고경영자들이 그 거래를 성사시킬 때 자
기귀인自己歸因 편향self-attribution bias으로 인해 자기 과신에 빠진다고 밝히고 있
다. 최고경영자들은 어떤 거래가 성사되면 순전히 자기 때문에 그렇게 된 것
으로 여긴다. 그래서 그들은 성공하지 못하는 거래에 뛰어들게 된다.[29] 단순
히 과거의 실적을 이용하여 현재의 결정을 정당화하기 보다는 각각의 거래
를 그 자체의 메리트에 따라 평가하는 것이 더 훌륭한 사업계획이라 할 수
있다. 게다가 이것은 정확히 평가해야 하는 동기가 부족해서 그런 것이 아니
다. 정확한 평가에 상금이 걸려 있어도 이러한 경향은 그대로 나타난다.[30]

새로운 시도로 인한 위험 때문에 변화를 망설이는 것도 자기강화
self-reinforcing의 능력 부족 원리와 관련이 있다. 사람들은 손실에 대한 두려움

으로 변화를 꺼리고 과거의 행동을 반복한다. 그리고 협상자들은 현상을 지속시키는self perpetuating 방식으로 자신의 행동을 합리화한다. 실수를 할지도 모른다는 두려움은 협상기술 향상에 장애가 된다. 이 책에서 우리는 행동을 바꾸는 것이 협상에 얼마나 도움이 되는지를 보여줌으로써, 변화에 대한 두려움을 덜어주고자 한다. 우리는 관리자들이 자신의 가치를 인식하여 협상에 적극적으로 임하게 할 것이다.

 **협상에 대한 잘못된 믿음**

협상에 관해 사람들이 얼마나 잘못된 믿음에 따라 움직이고 있는지를 알면 놀라게 된다. 효율적인 협상전략을 살펴보기 전에 우리는 몇 가지 그릇된 믿음으로부터 벗어나야 한다. 이러한 믿음은 협상기술 습득을 방해하고, 잘못된 협상기술을 고착시키게 된다. 이 항목에서는 협상에 대해 만연해 있는 잘못된 믿음 여섯 가지를 밝힌다.

잘못된 믿음 1: 협상의 파이는 고정되어 있다

아마도 가장 잘못 알고 있는 것은, 협상의 과실이 고정되어 있어 상대에게 유리하면 자신에게는 불리하다는 믿음일 것이다. 그러나 대부분의 협상에서 전체 파이는 고정되어 있지 않다. 즉 협상 참여자가 함께 노력한다면 서로 경쟁하고 싸울 때보다 더 많은 공통가치를 만들어낼 수 있다. 하지만 상대방은 새로 추가된 가치를 자기 몫이라고 주장할 것이므로 상대방을 무조건 믿어서도 안 된다. 협상은 복합적인 것이라서 당사자들은 서로 경쟁도 하고 협력도 한다.[31]

잘못된 믿음 2: 협상에서는 강경책과 유연책 중 양자택일을 해야 한다

고정된 몫이라는 앞의 믿음은 협상자를 근시안적으로 만든다. 사람들은 협상에서 강경하게 나서거나 유연하게 양보하는 합리성을 보이거나 양자택일을 해야 한다고 믿는다. 그러나 유능한 협상자란 쇠못처럼 딱딱하지도 않고 떡처럼 말랑말랑하지도 않으며, 단지 원칙을 지키는 사람이다.32 유능한 협상자는 좋은 이론을 받아들이고, 목표 달성을 위해 상대방과 협력해야 하며, 나아가 자신의 힘과 능력을 활용해야 한다는 점도 알고 있어야 한다.

잘못된 믿음 3: 훌륭한 협상능력은 타고난다

협상기술은 타고나는 것이므로 후천적으로 배울 수 없다는 잘못된 생각이 널리 퍼져 있다. 그러나 탁월한 협상가들은 대부분 노력에 의해 그렇게 된 것이며, 선천적으로 타고난 사람은 드물다. 우리는 협상에서의 성공담을 자주 듣는데, 그것은 예외적으로 멋진 이야기인 경우가 많다. 많은 사람들이 자동차 구매 경험을 통해 협상기술을 판단하기 때문에 이러한 잘못된 믿음이 생기게 된다. 자동차 구매 흥정도 협상이기는 하나, 협상기술을 판단할 만한 좋은 예는 아니다. 직장 동료, 상사, 동업자, 그리고 사업 상대와 매일 이루어지는 협상들이 좋은 예이며, 이것은 협상효율성을 가늠하는 좋은 지표가 된다. 한마디로 효율적인 협상을 위해서는 실습과 이에 대한 평가가 필요하다. 문제는 협상기술을 훈련을 통해 배우지 않고, 협상을 하면서 배운다는 사실이다. 경험이 도움은 되지만 그것만으로는 충분하지 않다.

잘못된 믿음 4: 경험은 훌륭한 선생님이다

경험이 협상기술을 향상시킨다는 주장은 일부 사실이기는 하지만, 피드백이 없는 경험은 협상기술 향상에 도움이 되지 않는다.[33] 경험이 유능한 선생님 역할을 하기에는 문제가 있다. 첫째, 피드백이 없으면 기술을 향상시키는 것이 거의 불가능하다. 예를 들어 숙제를 안 하고 시험도 치지 않으면서 수학을 배울 수는 없다. 피드백이 없이 경험만으로 배우는 데는 한계가 있다.

둘째로, 우리의 기억은 선택적이라는 사실이다. 사람들은 성공사례는 잘 기억하지만 실패나 약점은 쉽게 잊어버린다. 이렇게 되면 자존심은 살겠지만, 협상능력 향상에는 도움이 되지 않는다. 게다가 경험이 많으면 자신감이 늘지만 판단의 정확도나 행동의 효율성도 함께 늘지는 않는다. 과신은 우리를 현명하지 못한 모험으로 이끌기 때문에 위험하다.

잘못된 믿음 5: 훌륭한 협상을 위해서는 모험을 감수해야 한다

효율적인 협상을 위해서 모험과 도박을 감수해야 한다는 그릇된 믿음이 널리 퍼져 있다. "이게 마지막 제안입니다" 또는 "받든지 말든지 마음대로 하세요"라고 위협과 엄포를 동원해야 한다는 것은 잘못된 믿음이다. 이것을 우리는 '터프한' 협상방식이라 부른다. 터프한 협상자들은 유능한 협상자가 되기 힘들다. 하지만 우리는 터프한 협상자로부터 감명을 받는 경향이 있다. 이 책에서 우리는 위험을 평가하는 방법, 최후통첩 제안의 타이밍, 그리고 불확실한 상황에서 최고의 결정을 내리는 방법 등을 알려주고자 한다.

잘못된 믿음 6: 훌륭한 협상자는 직관을 중시한다

협상에 임하는 사람에게 그들의 협상 접근방식을 설명하게 하는 것은 흥미로운 과제다. 노련한 사람들은 자신의 협상 스타일이 상당 부분 직관과 순간적 대응에 의존한다고 믿고 있다. 그러나 직관이 잘 들어맞는 것은 아니다. 효율적인 협상은 고민하고 열심히 준비하는 데 달려 있으며, 매우 체계적인 것이다. 이 책은 효율적으로 협상을 준비하고, 자신의 장단점을 스스로 깨우치도록 도와주며, 상대의 행동과 반응에 대응하기reactive보다 상대의 반응을 미리 예견하고 예방하도록proactive 도와준다. 최상의 협상자는 직관에 의존하지 않고 신중하게 협상 준비를 한다. 당신이 전문가가 아니라면 절대로 직관에 의존하지 말아야 한다.

 이 책의 학습목표

나는 여러분과 세 가지 약속을 하고자 한다. 첫째는(그리고 가장 중요한 것으로), 이 책을 읽으면 협상능력이 증대된다. 협상에 필요한 사고체계를 구축하고 훌륭한 도구도 갖게 되므로 당신과 당신 회사는 더욱 부자가 될 것이며, 고민으로 잠 못 이루는 밤은 줄어들 것이다. 그러나 여기에는 조건이 하나 있다. 수동적으로는 결코 협상기술을 익힐 수 없으며, 자신에게 적극적으로 도전해야 한다. 협상기술을 시험하고, 적절한 피드백을 받고, 전략을 다듬어가면서 이 책을 읽는 것이 좋다. 또한 학교에서는 등급제 과정을 택하는 것이 합격 - 불합격 평가 과정the course pass-fail을 택하는 것보다 협상에서 더 효율적이다.[34]

둘째는, 여러분에게 협상의 일반전략general strategy을 제시한다. 이 책 차례를 보면 '제약업계의 협상', '부동산 협상', '첨단기술 협상'과 같은 구체적인 항목은 보이지 않는다. 제약업계의 협상이 보험업이나 소프트웨어 산업에서의 협상과 근본적으로 다른 기술을 필요로 하지는 않으며, 같은 기술이 다양한 상황에 적용된다고 나는 생각한다. 이것은 모든 협상상황이 동일하다는 말은 아니며, 핵심 원칙들이 여러 상황에 공통적으로 적용된다는 의미이다. 협상상황이 문화와 산업부문에 따라 전혀 달라지는 경우도 있기 때문에 이 같은 가정에는 분명히 부실한 면이 있다. 하지만 이런 모든 상황에서 대처할 수 있는 기본적인 협상원칙은 있다. 이 책에 나오는 협상기술들은 복잡한 다자협상, 다양한 문화권 간의 거래로부터 개인 간의 일대일 교섭에 이르기까지 광범위하게 적용된다.

마지막으로, 이 책은 계몽 모델enlightened model을 다룬다. 이 책은 상대방이 모든 면에서 당신만큼 적극적이고, 지적이며, 준비가 잘되어 있다는 가정에서 출발한다. 따라서 여기에 나오는 협상전략과 기교는 상대방을 속이는 술책이 아니며, 파이를 늘려 모두에게 유리하게 배분되도록 하는 데 초점을 맞출 것이다.

요컨대 우리가 학습하려는 모델은 3단계 주기, 즉 경험에 의거한 학습, 피드백, 그리고 새 전략과 기술 습득에 입각하고 있다.

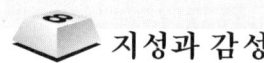

지성과 감성

이 책은 신중하고 합리적이며 사려 깊은 협상전략을 위해 협상자의 지성mind에 초점을 맞추었다. 이와 함께 이 책은 인간관계와 신뢰를 중시해서 협상자의 감성heart에도 초점을 맞추었다. 우리는 협상이익과 인간관계가 모두 중요하다는 인식과, 경제학과 심리학의 연구성과를 기초로 이 책을 준비했다.[35] 비록 미국이 실업률 10%를 맴도는 장기 불황에 있는데도, 많은 사람들은 실업이 고통스럽긴 하지만 여러 가지 점에서 미국민들을 향상시킨다고 여긴다. 장기 불황이 사람을 물질주의에 덜 빠지게 되고, 자원봉사에 관심을 가지게 되며, 다른 사람들의 고통에 더 민감하게 하고, 그리고 다음 일자리를 위한 직업선택을 재고하게 만들기 때문이다.[36]

제2장
협상 준비

제인 분Jane Boon은 '미스터리 쇼퍼mystery shopper'*이다. 그녀는 최고급 시계상점에 위장 고용되어 가격을 협상하고, 그러고는 그 협상경험을 평가한다. 많은 회사들이 이런 '미스터리 쇼퍼'들을 고용하여 그들의 창구고객 서비스 담당자나 영업사원들이 과연 회사의 지침을 잘 따르고 있는지를 알고자 한다. 미스터리 쇼퍼는 협상에 관한 준비가 잘되어 있다. 어떻게 준비시킬까? 미스터리 쇼퍼 10명으로 구성된 그룹이 판매 트레이너에게 집중적인 역할 수행자 훈련과정을 다섯 시간 동안 받는다. 판매 트레이너는 그들에게 어떻게 하면 가격협상을 할 때 최고 가능가격에 근접할 수 있는지를 가르친다. 미스터리 쇼퍼는 또한 사치품 구매에 대한 예절을 배운다. 첫째, 중고차 쇼핑의 경우와는 달리 최고급 시계 쇼핑에서의 가격협상은 세련된 자세와 친절이 핵심이다. 손님이 2만 달러짜리 고급 시계를 사려고 할 때 무례하고 공격적인 자세를 보여서는 좋은 거래가 성립될 수 없다. 그래서 제인은 상냥하고 참을성 있고 호감이 가는 태도를 취하는 법과 가격인하 협상을 할 때 자주 사용되는 문장 몇 가지를 활용하는 교육을 받았다. 여기엔 "당신이 저를 위해 좀 더 해줄 수 있는 일이 없을까요?", "가격을 좀 깎아주실 수 있을까요?", "제가 생각한 가격대가 아닌데요. 좀 더 고려해볼 여지가 없습니까?"와 같은 문장도 포함되었다. 제인은 첫 지시를 받은 임무에서 고급 시계인

---

* 서비스나 품질 등에 대한 정보를 캐기 위해 손님을 가장하여 상점에 직접 가거나 전화 협상을 하는 사람.

카르티에 탕 프랑세스의 가격을 2만 8,200달러에서 2만 1,500달러로 깎는 데 성공했다. 필요한 다른 기교는 자신의 (가격인하) 요청을 윗분과 상의해달라고 요구하는 일이다. "이것 좀 쑥스러운데, 저로선 시계 값으로 2만 달러 이상 지불하기는 좀 곤란합니다. 1만 9,000달러면 사겠는데 당신의 보스와 상의해보시지요?" 결국 그 가격으로 성사되었다.[1]

위의 예는 협상에서 성공하기 위한 사전준비의 중요성을 말해준다. 준비는 협상 테이블에서 성과로 나타난다. 협상에는 80 - 20 법칙이 적용되는데, 즉 노력의 80%는 준비에 쏟아야 하며 본 협상은 나머지 20%만으로도 충분하다는 이야기다. 사람들은 대부분 준비가 중요하다는 것은 알지만 실제로 준비를 잘하지는 않는다. 이러한 준비부족의 원인은 동기부족이 아니라 협상에 대한 그릇된 인식 때문이다.

협상은 파이 고정fixed-pie 상황을 다루는 것이라는 일반적인 관념을 제1장에서 밝힌 바 있는데, 조사에 의하면 협상자 중 그러한 생각을 가진 경우는 80% 정도이다.[2] 그러한 인식을 가진 협상자는 다음 중 한 가지 입장을 취하게 된다.

1. 상대에게 항복하려는 듯이 유연한 교섭soft bargaining을 한다.
2. 공격적인 자세로 강경한 교섭hard bargaining을 한다.
3. 서로의 희망의 중간선에서 타협compromise을 한다. 이것이 윈 - 윈 협상으로 간주되지만 사실은 그렇지 않다.

협상에서 상대방이 내리는 결정에 의존하게 되면, 파이 고정 인식이 의지다툼(즉, 양측이 공격모드가 된다면)이나 상호 타협(즉, 양측이 유연한 태도를 보인다면), 또는 공격과 항복의 배합으로 이어질 수 있다. 이 세 가지 입장의 공통점은 합의에 도달하기 위해서는 누군가의 양보가 필요하다는 점이다. 파이 고정 인식은 '항상' 잘못된 생각이며, 항복과 공격, 또는 타협 사이에서 선택하는 것은 좋은 접근법이 아니다.

더 적절한 협상 모델은 동기를 가진 의사결정 작업으로 접근하는 것이다. 따라서 협상은 협력과 경쟁이라는 양면을 내포한다. 이 장에서 우리는 동료든 회사 간부든 다른 문화권에서 온 누군가이든 간에 가져야 할 협상 준비의 본질을 검토할 것이다. 준비를 효율적으로 하려면 아래에 말한 세 가지를 할 수 있는 일반적인 능력을 쌓을 필요가 있다.

① 자신에 대한 평가
② 상대방에 대한 평가
③ 상황에 대한 평가

우리는 이 같은 능력과 그에 필요한 기량을 체계적으로 검토할 것이다. 이를 위해 우리는 협상자가 협상 준비를 할 때 스스로에게 질문하고 각오를 다질 문제들을 살펴보고자 한다.

자신에 대한 평가

협상을 시작할 때 가장 중요한 질문은 "나는 무엇을 원하는가?", "나의 대안은 무엇인가?"라고 스스로에게 묻는 것이다. 많은 사람들은 협상에 들어가기 전에 그들이 원하는 것을 진지하게 고민하지 않는다. 둘째 질문은 협상력을 의미하며, 협상의 결과에 영향을 미친다. 우리는 지금 이런 질문들을 더 구체적으로 다루어볼 작정이다.

내가 원하는 것이 무엇인가?

협상자는 어떤 협상 시나리오에서 무엇을 이상적인 결과로 삼을 것인지

를 결정할 필요가 있는데, 이것을 **목표치**|target point 또는 **기대치**|aspiration point라고 한다. 목표치 또는 기대치가 무엇인지를 알아내는 것은 매우 쉬운 것 같지만, 다음의 세 가지 이유 때문에 반드시 그렇지는 않다.

1. 첫째는 기대치가 낮은underaspiring 협상자 문제이다. 기대치가 낮으면 협상 초기부터 상대방이 즉각 받아들일 수 있는 요구를 하게 되어 승자의 비극winner's curse이라고 하는, 이기고도 남는 것이 없어 후회스러운 결과를 가져온다.³ 승자의 비극은 협상자가 상대방이 즉각 수락할 정도의 제의를 할 때 발생한다. 2010년 뉴욕 소재 회사들인 티시먼 스페이어 프로퍼티스Tishman Speyer Properties와 블랙 록 리얼티Black Rock Realty는 4년 전에 자신들이 인수한 총 1만 1,000가구가 들어설 맨해튼 주거단지를 양도할 때 역사상 가장 큰 부동산 거래가 될 뻔했던 계약 — 54억 달러 규모 — 이 무산되어버렸다. 투자자들이 폭등한 부동산가격에 근거하여 실제 임대가격보다 예상가격을 높게 제시했고, 이 높은 가격으로 합의에 이를 무렵 주택시장 경기 침체로 포기하고 만 것이다. 관찰자들은 이 무산된 거래에서 환상에 가까운 지나친 낙관에 빠진 사람들이 벌이는 경매 경향을 주목했다. 이는 승자의 비극이 일어난 명확한 증거였다.⁴ 어떤 제시가격을 구매자가 즉각 수용한다면 그가 그 시장을 충분히 둘러보며 가격조사를 하지 않았다는 증거이다. 다른 사례는 걸프전 복무를 마치고 귀환하는 어떤 육군 병장의 이야기다. 최근에 약혼한 이 병장은 자신의 예비신부에게 아름다운 금목걸이를 선물하고 싶었다. 사우디아라비아에서 물건을 살 때는 주인이 부르는 대로 주면 안 된다는 사실을 알고 있었으므로 그는 금목걸이 가격을 절반으로 후려쳤다. 그러자 상점주인은 흔쾌히 그 제의를 받아들였고 그 목걸이에 어울리는 귀고리와 팔찌를 덤으로 얹어주기까지 했다. 병장의 가장 큰 실수는 그가 첫 마디에 너무 높은 가격을 제시할 정도로 협상에 대한 적절한 준비를 하지 않았다는 점이다. 승자의 비극은 구제책이 거의 없다. 협상

자는 계속 체험을 함으로써 다른 매개변수를 알게 되고 충분한 적응기능을 갖게 되며, 그리고 승자의 비극을 중화시키는 경험도 몇 가지 얻게 되지만, 그 어느 것도 이미 저지른 잘못을 되돌릴 수는 없다.[5]

2. 둘째는 기대치가 과도한overaspiring 협상자 문제이다. 이러한 협상자는 거칠며, 목표를 높이 잡고 양보를 하지 않는다. 위스콘신 주의 공화당 출신 주지사인 스콧 워커Scott Walker가 밀워키와 메디슨 사이를 연결하는 고속철도망을 건설하는 데 필요한 연방정부 보조금 8억 달러를 거부했을 때, 많은 사람들은 그가 얼빠진 짓을 했다고 여겼다. 워커와 오하이오 주의 공화당 출신 주지사인 존 카시치John Kasich는 그 대신 연방정부의 교통부장관인 레이 라후드Lay Lahood에게 편지를 써 그들이 그 돈 — 이전에 이 둘은 연방정부가 너무 후하게 보조금을 쓴다고 비난했다 — 을 다른 용도로 사용할 수 있게 해달라고 요청했다. 이에 대해 라후드 교통장관이 워커에게 보낸 회신 내용은 위스콘신과 오하이오 두 주로부터 기금을 조성하기 전에는 문제의 보조금을 '줄 수 없다'는 것이었다. 그러자 거의 즉각적으로 일리노이, 뉴욕, 캘리포니아, 노스캐롤라이나 주가 나서서 교통망 정비와 경제 불황으로 인한 일자리 창출의 필요성을 역설하며 위스콘신과 오하이오 주가 포기한 돈 18억 달러를 달라고 요청했다.[6] 워커가 보인 것과 같은 자기 입장 중심의 협상positional bargaining 모델이 갖는 또 다른 문제점은 그것이 자기중심주의를 강화한다는 점이다. 사실상 사람들은 재빨리 그들이 제기하는 논의와 주장의 소유권을 발전시키고 있으며, 이러한 입장들이 자아 개념의 일부가 되어 어떠한 반대도 자아 위협이 되게 하고 있다.[7] 자아 방어적인 행동은 경쟁적인 발표, 보복적인 행동, 상대방에 대한 부정적인 인식, 그리고 양극화 자세를 유발한다.

3. 셋째는 자신이 무엇을 원하는지를 모르는 설익은grass-is-greener 협상자의 문제이다. 이러한 사람은 상대방이 주기 싫어하는 것을 원하며, 반대로 상대가 기꺼이 주겠다는 것은 원하지 않는다. 이러한 것을 상대 제안에

대한 반발로 인한 평가절하 경향reactive devaluation이라고 한다.[8] 이러한 예로, 미국과 소련이 작성한 핵군축 방안들에 대한 여론조사 결과를 살펴보자. 이 방안들의 내용은 사실상 동일했고, 미국과 소련을 포함해서 중립적인 제3국이 받아들이는 데 문제가 없어 보였다.[9] 그러나 작성자가 누구냐에 따라 조사 결과가 다르게 나타났다. 미국에 미치는 영향에 대한 조사에서 소련이 제의한 방안은 미국에 불리한 것으로, 제3국이 제의한 방안은 유리한 것으로, 그리고 미국이 제의한 방안은 매우 유리한 것으로 나타났다.[10]

나의 대안은 무엇인가?

협상자는 '합의에 도달하지 못했을 때 택할 수 있는 최선의 대안Best Alternative to a Negotiated Agreement: BATNA'이 무엇인지를 정해야 한다.[11] BATNA는 이성적 판단에 따라 협상을 결렬시키고 회의장을 걸어 나오는 한계선이다. 즉 BATNA보다 나은 제안은 수락하고, 그에 미치지 못하는 제안은 단호히 거부해야 한다는 의미이다. 놀랍게도 협상자들은 왕왕 그러지를 못한다.

- **BATNA는 객관적 현실을 반영하는 것이다**

  BATNA는 협상자가 원한다고 정할 수 있는 것이 아니며, 어디까지나 객관적인 현실에 의해 정해진다. MBA 과정 학생들과 기업 이사들의 훈련에서 드러난 공통적인 문제점은 협상자들이 그들의 실제의 BATNA를 인정하길 꺼리며, BATNA를 희망 섞인 생각이나 비현실적인 낙관과 구분하지 못하는 경우를 자주 본다.

- **BATNA는 고정된 것이 아니며 계속 변할 수 있다**

  한때 적절한 것으로 확인된 BATNA라 하더라도 그것은 고정된 것이 아니며, 더 좋아지거나 나빠질 수 있는 유동적인 개념이다. 따라서 자신의 BATNA가 확인된 이후에도 협상자는 이를 계속 발전시켜나가야 한다. BATNA를 발전시키는 방법의 하나로 베이즈먼Bazerman과 닐Neale의 복수대안 원칙falling-in-love rule이란 게 있다. 이 규칙은 대부분의 협상상황에 적용되는데, 협상자는 하나의 주택, 하나의 직업, 또는 하나의 상황과 사랑에 빠져서는 안 되며, 선택할 수 있는 두세 가지 대안을 만들어놓아야 한다는 규칙이다.[12] 이 방법에 따라 협상자는 현재 거론되는 대안이 지나치게 높은 대가를 요구하거나 또는 무효가 되는 경우에 다른 대안을 선택할 수 있다. 사람들은 대부분 하나의 직업, 하나의 주택, 또는 하나의 조건을 목표로 하면서 다른 가능성은 배제하기 때문에 '사랑규칙'을 준수하기가 쉽지 않다. 많은 협상자들은 BATNA의 수용을 꺼리면서 자신의 희망과 BATNA 사이에서 방황한다.

그리스 총리였던 게오르그 파판드레우George Papandreou는 BATNA가 고정된 것이 아니며 계속 변한다는 것을 알았다. 2010년 재정위기가 최고조에 이르렀을 때 그리스는 BATNA가 취약한 것으로 드러났다. 만약 그리스가 유럽연합EU과 협력하여 재정적자를 대폭 줄이지 않으면, 그리스는 투자자들의 신뢰를 잃어 외채에 대한 채무불이행을 선언해야 할 지경이었다. 하지만 독일과 프랑스 같은 유럽 국가들이 그리스에 대해 거대한 채권국이었기 때문에, 만약 그리스 경제가 붕괴되면 그들 또한 많은 손실을 감수해야 한다. 이 경우 BATNA는 '비틀거리는 도미노 게임teetering domino'이란 그럴싸한 딱지가 붙는다. 파판드레우는 채무위기가 닥쳤음에도 IMF로부터 긴급구제자금 390억 달러를 확보하기 위해 '고정된 것이 아니고 계속 변하는' 정보를 활용했다.[13]

- 당신의 BATNA를 상대방이 조정하도록 해서는 안 된다

상대방은 항상 당신의 BATNA를 축소시키기를 바라기 때문에 부정적인 정보를 흘리려고 할 것이다. 충분히 대비하지 않으면 상대방에게 설득을

당해서 당신의 BATNA는 변하게 된다. 그러나 당신의 BATNA는 상대방의 설득기술로 인해 변해서는 안 된다. BATNA는 객관적 사실과 증거에 의해서만 변해야 한다. 협상 도중에 상대의 마음을 바꾸어서 무언가를 얻으려고도 하겠지만, 쉬운 일은 아니다. 협상 전에 BATNA를 개발하고 그것을 기초로 하여 협상에 임하는 것이 중요하다. 협상 전에 BATNA를 기재한 서류를 주머니에 넣어두는 것도 도움이 될 것이다. 만일 당신이 BATNA보다 낮은 수준에서 합의하려는 유혹을 받는다면, 휴식을 요청한 다음에 서류를 꺼내보면서 다시 한 번 객관적인 평가를 해보는 것이 좋다.

당신의 기준치 reservation point 를 결정하라

고용조건을 협상하는 어느 MBA 과정 학생의 경우를 보자. 이 학생이 A라는 회사로부터 9만 달러의 연봉 이외에 스톡옵션, 이사비용, 계약금을 제안받았다고 하자. 그 학생은 현재 B라는 회사가 고용조건을 제시하기를 기다리고 있다. 따라서 학생의 BATNA는 'A사 입사'이다. 그는 B사가 어떤 조건을 제시하면 그 느낌이 A사 제안과 동일할지를 자문해볼 것이다. 이 질문에 대한 대답은 그 학생의 기준치에 달려 있는데, 그것은 연봉, 스톡옵션, 이사비용, 계약금 이외에 그가 살아야 할 도시의 삶의 질과 자신의 느낌 등 모든 요소를 포함해서 정해질 것이다. 즉 기준치란 다른 대안에 대한 BATNA의 계량화 quantification of BATNA 이다.

협상자의 기준치는 협상에 직접적인 영향을 미치므로 매우 중요하다. 시장가격, 기준치, 기대치의 세 가지 정보 중에 기준치가 결론 도출에 가장 큰 도움을 준다.[14]

기준치를 계산하지 못하면 두 가지 점에서 나쁜 결과가 초래된다. 첫째는 BATNA보다 못한 대안에 동의할 가능성이 있다는 점이다. 위의 예에서 이 학생이 A사 조건보다도 못한 B사 조건을 받아들이는 경우가 그것이다.

둘째는 BATNA보다 나은 제안을 거절할 가능성이 있다는 점이다. 위의 예에서, B사 조건이 A사 조건보다 나은데도 B사 입사를 거부하는 경우이다. 이런 경우는 매우 어리석어 보이지만, 실제로 벌어질 가능성이 매우 높다. 이러한 실수를 피하기 위해 〈보기 2-1〉에서 유의해야 할 사항을 별도로 정리해놓았다.

〈보기 2-1〉 기준치를 계산하는 방법

- **1단계: 여러 가지 대안을 찾아보라**

집을 판다고 가정해보자. 당신은 받고자 하는 목표가격을 27만 5,000달러로 정했다. 여기까지는 쉽다. 문제는 받아들일 수 있는 최저가격이 얼마인가이다. 즉 집값으로 27만 5,000달러를 받지 못할 경우 어떻게 할 것인가? 아마도 제시가격을 1만 달러 낮추거나 계속 그 집에서 살거나 또는 세를 놓는 방안을 생각하게 될 것이다. 되도록 여러 가지 대안을 생각해봐야 한다. 그러나 그 대안들은 실현 가능성이 있고 현실적이어야 한다.

- **2단계: 각각의 대안을 평가하라**

1단계에서 확인된 대안들이 당신에게 주는 상대적 매력이나 가치에 순서를 매기라. 집값 하락과 같은 불확실한 대안의 경우에는 구매자가 제시가격을 받아들일 확률을 생각해보아야 한다. 예를 들어 제시가격을 1만 달러 낮춰 26만 5,000달러로 한다 하자. 그리고 해당지역의 주택 판매가를 근거로 구매자가 26만 5,000달러에 그 집을 살 확률은 70%라고 예상하자. 당신은 희망이 아니라 연구결과에 기초하여 최저선을 계산해야 한다. 최상의 가장 가치 있는 대안이 당신의 BATNA여야 한다.

- **3단계: BATNA를 발전시키도록 애쓰라**

매력적이고 현실적인 BATNA를 가지고 있으면 당신의 위치는 강화된다. 그러나 이것은 쉽지 않다. BATNA를 발전시키기 위해, 주택임대회사를 통해 임대조건을 개선하거나 페인트를 칠하는 등 투자를 할 수도 있다. 물론 가장 매력적인 BATNA는 손에 쥘 수 있는 제안이다.

- **4단계: 양보가격을 결정하라**

가장 매력적인 BATNA를 결정하고 나면 당신이 현 시점에서 수락할 수 있는 최저가격을 정해야 한다. 이미 강조했듯이 그 숫자는 사실에 기초해야 한다. 예를 들어 당신이 집값으로 26만 5,000달러 이상을 받을 확률은 60%이고 25만 달러 이상을 받을 확률은

95%라고 가정하자. 그렇다면 25만 달러도 받지 못할 확률은 5%이며, 그 경우 당신은 집을 세놓게 될 것이다. 이를 이용하여 집을 파는 기대 확률을 산정해보면, 가격을 26만 5,000달러까지 낮춰야 할 확률은 60%, 25만 달러까지 낮춰야 할 확률은 35%이며, 세를 놓게 될 확률은 5%이다.

다시 설명하면, 당신이 집을 26만 5,000달러에 내놓았을 때 6주 이내에 그 가격으로 팔릴 확률은 60%이며, 25만 달러로 내렸을 때 팔릴 확률은 95%이다. 6주 이내에 25만 달러 이상으로 팔리지 않아 세놓을 확률은 5%이다. 현 시점에서 세놓을 때의 가치는 10만 달러라고 하자.

이 거래의 기대치는 각 대안의 가치를 발생 가능한 확률로 곱한 후 합한 수치이다.

26만 5,000달러로 낮춘 가치 = 6만 5,000달러 × 0.6 = 15만 9,000달러
25만 달러로 낮춘 가치 = 25만 달러 × 0.35 = 8만 7,500달러
세를 놓았을 때의 가치 = 10만 달러 × 0.05 = 5,000달러

그리고 모든 대안의 가치를 더하면 전체 기대금액이 된다. 즉 0.6(26만 5,000달러)+0.35(25만 달러)+0.05(10만) = 15만 9,000달러+87,500달러+5,000달러 = 25만 1,500달러이다. 이 금액은 당신의 양보가격으로, 당신이 향후 6주 이내에 25만 1,500달러 이하로 집을 팔아서는 안 된다는 의미이다(6주 후에는 주택가격을 25만 달러 이하로 낮출 수도 있다). 또한 지금 바로 25만 달러에 사겠다는 원매자가 나타난다면 그 가격이 기준치에 매우 근접하므로 이를 받아들일지 진지하게 고려할 수도 있다는 의미이다. 당신이 향후 6주 이내에 받을 수 있는 제안은 당신의 기준치를 변경시킬 수 있다. 어떤 원매자가 다음 주에 당신의 집을 26만 달러에 사겠다고 하면, 이 가격은 다른 후속 제안을 평가하는 새로운 기준치가 될 것이다.

임의적 관심이 기준치에 영향을 주지 않도록 하라

협상 전에 기준치를 계산해보지 않는 실수를 저지르는 협상자들은, 종종 양보 대가로 임의적인 관심에 초점을 맞춘다. 이것은 그럴듯해 보이는 가장 중요한 물건이나 형태 또는 가치이지만 실제로는 근거가 전혀 없다. 좋은 사례로 사람들에게 사회보장 번호*의 마지막 네 자리 숫자를 조사한 경우

---

* 우리의 주민등록번호와 유사하다.

를 들 수 있다.¹⁵ 그들에게 먼저 뉴욕 맨해튼의 내과의사 숫자가 자신의 사회보장번호 끝 네 자리 숫자보다 큰지 작은지를 물어보았다. 그런 다음에 맨해튼의 내과의사 숫자를 추정해보라는 질문을 했다. 사회보장번호의 끝 네 자리는 임의의 숫자이므로 맨해튼의 의사 숫자와는 아무런 관련이 없다는 점을 누구나 다 알고 있다. 그럼에도 의사 숫자 추정치와 그 사람의 사회보장번호 끝 네 자리 숫자 간에는 높은 상관관계가 나타났다. 사람들이 임의의 숫자에 기초하여 어리석은 판단을 한 것이다.

매몰비용이 협상에 영향을 주지 않도록 하라

매몰비용sunk cost은 말 그대로 이미 사라지고 없는 투자금액을 말한다. 경제학 이론에 의하면, 사람은 장래의 비용과 기대이익을 기준으로 의사결정을 해야 한다. 그러나 과거를 잊지 못해 매몰비용을 보충하려 하기 때문에 문제가 발생한다. 매몰비용의 한 가지 유형은 집주인이 그의 집을 살 때 지불한 구매가격이다. 시뮬레이션을 통한 부동산 매매 협상 실험에서 구매자에게 동일한 가격대의 여러 집에 대한 정보를 제공했다. 하지만 그 집들의 이전 구매가격은 각각 달랐다.¹⁶ 구매자는 이전 구매가격이 높은, 즉 매몰비용이 큰 주택에 더 높은 가격을 제시했다. 이는 판매자의 매몰비용이 구매자의 행위에 영향을 주었음을 의미한다. 더구나 매몰비용이 낮을 때는 판매자의 BATNA도 낮았으며 낙찰가격도 낮았다. 협상을 준비할 때 매몰비용이 자신의 행동뿐 아니라 상대방의 행동에도 영향을 미친다는 점을 알아야 한다.

기준치를 목표와 혼동하지 말아야 한다

협상자들은 기준치를 목표치로 삼는 실수를 자주 범한다. 이는 바람직하지 않은 결과 두 가지 중 하나를 유발할 수 있다. 적절한 기준치를 알지 못하면, 가능한 타협안에 못 미치는 대안에 동의하거나 또는 유리한 거래인지도 모르고 협상을 깨고 나간다. 예를 들어 집 주인들은 대부분 처음에는 자신의 기준치보다 좋은 임대 조건도 거절하다가, 나중에는 이보다 못한 제안도 어쩔 수 없이 받아들인다.

의제를 많이 발굴하는 것이 좋다

단일 의제의 협상은 논의의 범위가 제한되기 때문에 협상에서 단일의제에 집중하는 것은 중대한 실수를 범하는 것이다. 협상자는 다른 의제들을 결부시킴으로써 통합적인 잠재력을 발휘할 수 있다. 협상자는 어떻게 하면 단일의제 협상이 다양한 의제로 분할되거나 그것이 추가 의제를 끌어들이게 할지 묘안을 짜내야 한다.[17]

의제별로 여러 대안을 찾아내야 한다

협상자가 협상의제를 확인한 다음에는 의제별로 몇 가지 대안을 찾아보는 것이 좋다. 예를 들어 취업협상에서 봉급, 휴가일수 등 모든 것은 일정한 범위를 갖는다. 협상자는 의제와 대안을 검토하여, 의제는 열列에 배치하고 각 대안은 행行에 배치하는 매트릭스를 만들어보면 좋다.

비슷한 가치를 지닌 패키지 제안들을 만들어놓는 것이 좋다

협상의제들과 의제별 대안들을 검토한 다음에는 목표치나 기대치에 도달할 수 있도록 의제들의 다양한 조합을 찾아보아야 한다. 예를 들어 취업 인터뷰의 핵심 의제로서 MBA 과정 학생은 초봉, 계약금, 휴가기간을 확인하는 것이 좋다. 다음에 그 학생은 협상에서 첫 제안으로 제시할 수 있는 매우 매력적인 패키지를 검토하는 것이 좋다. 예컨대 초임 연봉 9만 달러, 연간 휴가 3주, 계약금 1만 달러 등은 연봉 10만 달러, 연간 휴가 10일, 계약금 1만 2,000달러와 동등한 패키지라고 여길 수 있다. 패키지를 검토할 때 가장 중요한 것은 그 조건들의 가치와 매력이 동등해야 한다는 점이다. 협상자들은 무엇이 가치가 있고 매력적인지를 스스로에게 물어보아야 한다(부록 1 참조. 첫 단계로 이것은 협상자의 합리성을 테스트하게 함으로서 협상자가 동등한 가치의 패키지를 확인하는 데 도움이 된다).

우리는 협상자들에게 상한선과 하한선(보수의 범위 등)을 밝히지 말 것을 권한다. 범위를 밝히면 자신의 BATNA가 지나치게 드러나서 중요한 교섭 발판을 잃게 된다. 이러한 것은 설익은 양보이다. "9만 내지 10만 달러 수준의 보수에 관심이 있다"고 밝히면, 9만 달러에 동의하겠다고 묵시적으로 양보한 것이나 마찬가지이다. 협상자는 양보하기 전에 모든 패키지를 테스트 해보는 것이 바람직하며, 그렇게 함으로써 자신의 관심과 희망에 부합되는 여러 가지 방법을 찾아낼 수 있다. 패키지로 검토하면 얻게 되는 또 다른 장점은, 조건을 제시하고 난 후에는 절대로 입장변화가 없는 꽉 막힌 협상자라는 인상을 상대에게 주지 않게 된다는 점이다.[18] 여러 가지 의제와 각 의제별로 다양한 대안을 검토함으로써 협상 목표에 쉽게 도달할 수 있다.

자신의 위험이 어느 정도인지를 아는 것이 필요하다

당신이 다음 두 가지 대안 중 하나를 제안받았다고 가정해보자.
- 대안 A: 5,000달러짜리 보증수표를 받는 것
- 대안 B: 1만 달러짜리 보증수표를 받을 확률이 50%이고, 한 푼도 받지 못할 확률이 50%인 게임을 하는 것

확실한 경우와 동일한 가치의 확률 중에서 선택하라고 하면 대부분은

확실한 것, 즉 대안 A를 선택할 것이다. 각 대안의 기대가치는 둘 다 5,000달러이므로 이론적으로는 둘 중 어느 것도 무방한, 즉 위험중립적인 입장이어야 한다. 그러나 대안 B보다 대안 A를 선호하는 것은 협상자들에게 위험회피risk aversion 성향이 있기 때문이다.

이번에는 반대로 원하지 않는 대안 중에서 선택을 해야 하는 상황을 가정해보자.
- 대안 C: 예기치 않은 비용으로 5,000달러를 지출하는 것
- 대안 D: 비용을 전혀 지출하지 않을 확률 50%와 1만 달러의 비용을 지출할 확률이 50%인 게임을 하는 것

대부분의 사람들은 대안 C와 D 사이의 선택을 곤혹스러워한다. 두 선택 모두 바람직한 것이 아니기 때문이다. 하지만 반드시 선택을 해야 한다면, 대안 C와 대안 D의 기대비용이 5,000달러로 똑같더라도 대안 D를 선택하는 사람이 과반수이다. 대안 C보다 대안 D를 선택하는 것은 인간심리를 반영하는 것으로, 사람들은 손실에 직면하게 되면 위험감수의 선택을 한다.

따라서 대부분의 사람들은 손실에 대해서는 위험추구를 모색하고 이익에 대해서는 위험회피를 모색한다. 여기서 이익이 나는 경우인지 또는 손실이 나는 경우인지가 판단의 참고치reference point가 된다. 사람들은 경제적인 영향보다는 어떤 자의적 판단기준에 따라 '이익'이 될지 '손실'이 될지 결과를 '짜맞추고', 평가한다.[19]

이러한 경향을 협상에 적용하면 세 가지 위험을 고려해야 하는데, 전략위험, BATNA 위험, 그리고 계약 위험이 그것이다.[20]

- 전략 위험

전략 위험strategic risk이란 협상에서 사용하는 전술 자체의 위험성을 말한다. 협상자는 정보공유, 비공식적 협의brainstorming 등과 같은 극도로 협조적인

전술과, 협박, 강요와 같은 극도의 경쟁적인 전술 사이에서 선택을 한다. AOL사의 데이비드 콜번이 AOL 아이콘을 마이크로소프트 윈도의 초기화면에 장착시킬 때의 협상을 살펴보자. 수백만 명의 마이크로소프트 고객들이 AOL 온라인 서비스에 접근할 수 있기 때문에, 아이콘을 윈도 초기화면에 올리는 것은 AOL에게는 매우 중요한 일이다.[21] 또한 소프트웨어가 내장되기 때문에 이는 AOL 가입에 필요한 무료 디스켓을 잠재 고객에게 보낼 필요가 없다는 것을 의미한다. 그러나 콜번은 만일 마이크로소프트가 AOL 아이콘을 윈도에 장착하지 않는다면 마이크로소프트의 경쟁자인 네스케이프를 브라우저로 사용하겠다고 거꾸로 위협을 했다. 그리고 마이크로소프트는 이에 동의했다. 이번에는 소더비Sotheby's가 마크 로스코Mark Rotheko의 그림 '화이트 센터White Center'를 경매할 때 안았던 위험부담을 생각해보자. 소더비는 '화이트 센터'의 소유자인 데이비드 록펠러David Rockefeller에게 그 그림을 적어도 4,600만 달러에 팔아주겠다고 약속했다. 로스코 그림의 종전가격은 2,200만 달러밖에 되지 않았으며, 만약 그 그림이 약속한 그 기록적인 가격에 팔리지 않는다면 소더비가 그 차액을 물어내야 할 판이었다. 그러나 소더비는 그 그림의 잠재적인 가치가 엄청나다는 것을 알고 있었다. 경매에 성공하면 수수료를 챙기는 것은 물론 경매가가 4,600만 달러를 초과할 경우 달러당 20%를 덤으로 받게 되어 있었다. 경매에 들어갔을 때 한 익명의 입찰자가 이 1950년도 추상화를 7,200만 달러에 낙찰받았으며, 소더비의 추정 수익이 1,160만 달러에 이르게 되었다.[22]

최근에 실패를 여러 번 겪은 사람들은 손해를 보는 데 익숙해지고, 또 자신은 협상 주도력이 부족하다고 생각한다. 반면 지속적인 성공을 경험한 사람은 자신이 협상을 잘하고 있다고 느낀다.[23] 결과적으로 손해에 익숙한 사람은 자신이 이용당할지도 모를 정보의 노출을 꺼리고, 일을 지연시켜 위험을 관리하려고 하게 된다.

- BATNA 위험

　많은 사람들의 BATNA는 잠재력을 가진 여러 대안이 계속 나타나기 때문에 불안한 요소를 갖고 있다. 향후 10주 동안 몇 번의 취업 면접이 예정되어 있지만 아직 구체적인 제안을 받지 못한 한 학생의 경우, 그의 BATNA는 미래의 그럴듯한 매력에 대한 추측일 뿐이다. 한 자동차 판매상의 불확실한 BATNA 예를 살펴보자. "계약을 마무리하기 위해 한 번 더 양보가 필요한데도 판매자가 그러한 결정을 내리지 못하는 이유는 다른 고객이 같은 자동차를 더 높은 가격에 사려고 옆방에서 기다리고 있다고 믿기 때문이다. 그 판매자는 가까운 장래에 더 매력적인 제안이 있을 것이라고 추측하고 있다. 그러나 현재의 제안을 거절하고 나면, 그 자동차가 무한정 매장에 처박혀 있게 될지도 모른다."[24]

　손해에 익숙한 사람은 대부분 마지막까지 버티지만, 이익에 익숙한 사람은 대부분 위험회피적이고 쉽게 양보한다. 협상 틀이 이러한 구조로 굳어 버리면 협상에서 문제가 될 수 있다. 예를 들어 '손실을 최소화하라'는 임무를 띤 협상자는 '이익을 극대화하라'고 지시받은 협상자에 비해 양보도 잘하지 않으며 합의도 잘하지 않는다.[25] 즉 '손실을 최소화하라'고 지시받은 협상자는 더 나은 결과를 위해 버티는 위험한 협상전략을 채택한다(앞의 예에서 대안 C보다 대안 D를 선택하는 것처럼). 대조적으로, '이익을 최대화하라'고 지시받은 협상자는 확실한 것을 선택하는 경향이 있다(앞의 예에서 대안 B보다 대안 A를 선택하는 것처럼). 유리잔이 '반이 비었다'고 인식하는 협상자는 자신의 BATNA에 집착하는 반면에, 유리잔이 '반이나 차 있다'고 인식하는 협상자는 좀 더 쉽게 합의에 도달하고자 하는 경향이 있다. 따라서 부정적 인식구조를 가지고 있는 사람이 긍정적 인식구조를 가지고 있는 사람보다 큰 몫을 거두어들일 수도 있다.[26] 가격 협상에서, 구매자나 위험예방에 치중하는 사람들은 부단히 경계하는 전략을 선호하는 반면, 판매자나 비즈니스 증진에 치중하는 사람들은 적극적인 전략을 선호한다.[27] 구매자나 판매자로서 협상자의 역할과 그들의 전략 사이가 조화를 이루는 경우엔, 협상자는 더 많은 것을 필요로 하게 된다. BATNA는 다른 결과를 평가하는 참고치로 활용된다. BATNA에 미치지 못하면 손실로 간주되며, 기준치나 BATNA를 초과하면 이익으로 본다. 위험회피 성향의 협상자일수록 양보를 많이 한다.[28] 따라서 동일한 기대치의 BATNA가 여럿 주어지면 위험회피적인 사람일수록 협상에서 더 취약한 위치에 처하게 된다.[29]

- **계약 위험**

계약 위험contractual risk이란 계약조건을 준수하고자 하는 의도에서 나오는 위험이다.[30] 예를 들어 적국과 평화협정을 체결하는 것이 평화에 이르는 길이기도 하지만, 상대가 약속을 지키지 않는다면 군사적으로 오히려 불리한 상황에 처하게 된다. 비즈니스 세계의 계약 위험 사례를 알아보자. 1995년에 NBC 스포츠NBC Sports사는 폭스 스포츠Fox Sports사를 물리치고 2010년 동계올림픽과 2012년 하계올림픽의 방영권을 확보했는데 2010년 밴쿠버 동계올림픽 방영권을 터무니없는 큰 금액인 7억 달러로 따냈을 때, 그 어마어마한 액수에 많은 사람들이 어리둥절해 있던 바로 그 순간에도 대부분의 사람들은 그것을 17일 동안의 야간 황금방영시간대를 지배하기 위한 재빠른 행동으로 보았다. 그러나 세계적인 경기불황과 무리한 입찰가격 때문에 밴쿠버 동계올림픽 방영에서 2억 3,300만 달러의 손실을 본 후 NBC는 2012년 런던 올림픽에서는 더 큰 손실을 볼 상황에 처하게 되었다. 런던 올림픽 방영권 금액이 기록적인 11억 8,000만 달러였기 때문이다. NBC 유니버설NBC Universal사의 회장이자 최고경영자인 밥 라이트Bob Wright는 그 입찰의 정당성을 증명해줄 수 있는 경제적 전망이 밴쿠버 동계 올림픽 때처럼 런던 올림픽 때도 경기불황으로 빗나갈 수 있다고 말했다. 라이트는 밴쿠버에서의 손실이 분명해진 후 "나는 이 단계에선 어느 회사의 누구도 그들이 살아남기 위해 올림픽 방영권을 따내야 한다거나 또는 올림픽 방영권을 따내기 위해 사업상 큰 위험이 따르는 획기적인 방법으로 그들의 사업방식을 바꿀 생각을 하리라고 보지 않는다"고 말했다.[31] NBC가 당초 텔레비전 방영권 계약에 서명할 때는 많은 이익을 남기리라고 예상했음은 의심할 여지가 없다. 이러한 계약 위험이 협상 행위에 어떠한 영향을 미칠까? 계약 위험이 있을 때는 위험 감수형의 협상자가 위험회피형 협상자보다 통합적인, 즉 완전한 합의에 잘 도달한다. 새로운 위험을 각오해야만 높은 기대치를 달성할 수 있기 때문이다. 결과가 확실한 통합적 협상에는 긍정적 사고체계를 가진 사람이 효과적이다. 그러나 결과가 불확실한 협상에서는 부정적인 사고체계를 가진 사람이 더 효과적이며, 손실에 익숙한 협상자가 이익에 익숙한 협상자보다 통합적 합의에 더 잘 이른다.[32] 더욱이 '손실에 익숙한' 협상자는 통합적인 합의를 더 잘 이끌어낸다.

자기가 소유한 것은 과대평가하는 경향이 있다

물건의 가치는 우리가 구매자이건 판매자이건 같아야 한다. 구매자와 판매자는 같은 물건에 대해 상이한 교섭 입장을 가지고 있더라도, 개인적으로 가치를 다르게 인식해서는 안 된다. 그러나 구매자와 판매자는 자신들의 **참고치**|reference point가 무엇이냐에 따라 같은 물건이라도 가치를 상이하게 부여한다. 물건의 소유자는 자신이 현재 소유하고 있는 것을 판단의 참고치로 삼으므로, 이것을 파는 것을 손실로 생각한다. 따라서 판매자는 자신의 요구액과 구매자가 지불하고자 하는 금액에 차이가 생기면 손실회피 경향을 보이며, 구매자가 지불하고자 하는 가격보다 높은 가격을 요구하게 된다.

어느 MBA 과정 학생의 절반에게 대학서점에서 6달러에 판매되는 커피잔을 지급하고,[33] 커피잔을 받은 학생과 그렇지 못한 학생들 간에 가상 거래를 실시했다. 잔을 갖고 있는 학생이 그 가치를 서점의 판매가격보다 낮게 평가한다면 거래가 이루어질 것이다. 합리적으로 협상이 진행된다면 구매자의 약 절반이 그 커피잔의 가치를 판매자보다 더 높이 평가하여 거래가 이루어질 것이고, 판매자의 약 절반은 그 커피잔의 가치를 구매자보다 더 높게 평가함으로써 그 거래가 이루어지지 않을 것이다. 하지만 판매자의 손실회피 경향으로 인해 그 거래가 예상한 것보다 덜 이루어질 것으로 보인다. 실제로 평균 11건의 거래가 예상되었지만 겨우 4건만 성사되었다.[34]

판매자가 자신들이 소유한 것에 대해 위험감수 성향을 보인다면, 말, 자동차, 가구, 회사, 토지 등은 매일 어떻게 사고 팔 수 있을까? 다행히도 소유효과는 판매자가 자신을 그 물건의 소유주라고 생각할 때만 작용한다. 판매자가 이익을 보려고 하며 그 물품을 화폐로 여긴다면(앞의 예에서 커피잔 대신에 토큰을 받았다면) 소유효과는 발생하지 않는다. 소유효과는 협상자가 협상에서 합의에 이르는 것을 방해한다. 하지만 반복적으로 제안을 변경시켜, 첫 번째 제안이 손실로 이해되고 두 번째 제안이 이익으로 생각되면 소유효과는 아마도 경감될 것이다.[35]

협상결과를 후회할까 봐 미리부터 걱정한다

무엇 때문에 우리는 만족을 느끼거나(예: 좋은 직장을 얻거나, 좋은 배우자와 결혼), 후회하게 되는 것일까? 후회 여부를 결정하는 중요한 요소의 하나가 사후가정사고counterfactual thinking이다.[36] 즉 실제로 발생하지는 않았지만 그랬을 것이라는 생각이 결과를 평가하는 심리적 참고치가 된다. 협상에서 상대방이 첫 번째 제안을 즉각 수용하면 이는 제안자가 원하던 바이지만, 분명히 만족스럽지 못할 것이다.[37] 첫 번째 제안이 받아들여지면 다음 협상의 준비를 충분히 할 수 있는 장점이 있지만, 다음 협상에서는 제안을 먼저 하려고 하지 않을 것이다.[38]

올림픽 경기의 운동선수가 경험한 유감스런 감정의 예를 살펴보자.[39] 은메달리스트는 동메달리스트보다 성적이 좋으므로 더 만족스러워해야 하지만, 사후가정을 통한 추론 때문에 동메달리스트보다 실망감이 더 크다. 동메달리스트의 판단 참고치는 메달을 땄느냐 못 땄느냐 하는 것이므로 메달을 땄다는 사실에 만족감을 느낀다. 그러나 은메달리스트는 금메달을 놓쳤다고 생각하므로 심한 상실감을 느끼게 된다. 비디오테이프로 메달리스트의 반응을 살펴보면 동메달리스트가 은메달리스트보다 더 행복한 것으로 보이며,[40] 은메달리스트는 동메달리스트보다 더 실망감을 나타낸다.

불가피한 선택인데도 즉시 대응하지 않고 나중으로 미룬다

미국 동부 쪽의 X 대학원과 서부 쪽의 Y 대학원 중 어디를 갈 것인가를 정해야 하는 상황을 가정해보자. 당신은 투자회사에 창업자금 신청을 했는데 그 결과를 알기 전에 학교 선택을 해야 한다. 동부 쪽은 창업할 회사의 잠재적 고객이 더 많다. 또 동부 쪽이 가족과 더 가까우며 가족의 지원도 더 쉽게 받을 수 있다. 이러한 상황에서 학교 선택은 간단하게 보인다. 투자회사가 어떤 결정을 내리든지 상관없이 당신은 X 대학원을 선택하면 된다. 그러나 실제는 어떠할까?

위의 예에서 창업자금이 지원될 것인지와 같은 불확실성에 직면하면, 사람들은 선택을 망설이고 때로는 비용을 부담하면서까지 선택을 미룬다. 그러나 어떠한 결정이 이루어지든 동일한 선택을 하게 되는 경우에도 이러한 행동을 한다는 것은 모순이다.[41] 어려운 시험을 막 치른 학생들을 대상으로 한 조사 결과를 살펴보자.[42] 어느 학생은 하와이 5일 여행 티켓을 사고 싶어 한다. 시험 결과는 일주일 후에 나오는데, 그때에는 지금보다 추가수수료를 내야 한다. 이러한 상황에서 응답자의 61%는 수수료를 더 내더라도 나중에 결정하겠다는 선택을 했다. 이번에는 다른 시나리오가 두 집단에게 주어졌다. 하나는 학생이 시험에 합격한 것으로, 다른 하나는 시험에 실패한 것으로 가정했다. 그러나 두 상황의 응답자들 모두가 압도적으로 휴가를 선택했다. 즉 시험 결과에 상관없이 휴가는 가면서도, 지연수수료를 물면서 결정을 미룬 것이다.

이러한 행동은 불확실상황에서의 합리적 의사결정이론 중에서 기본 공리에 해당하는 필연선택법칙sure thing principle에 어긋난다.[43] 필연선택법칙이란 A 상황이 발생할 때 대안 X가 Y보다 낫고 A 상황이 발생하지 않을 때도 대안 X가 Y보다 낫다면, A의 발생 여부를 모르는 상태에서도 X는 Y보다 낫다는 법칙이다.

어떠한 경우에도 동일한 선택을 해야 하는 상황에서, 왜 사람들은 컨설턴트나 중개업자에게 수수료를 지불하면서까지 결정을 늦출까? 이와 같이 필연선택을 하지 않는 것은 결정을 내리는 '이유'에서 그 근거를 찾을 수 있다. 앞의 예에서, 사람들마다 각기 다른 여행 이유를 가지고 있다. 시험에 합격한 사람에게는 하와이 여행이 축하행사이며, 실패한 사람에게는 휴가가 실패 극복을 위한 재충전 기회이다. 시험 합격 여부를 모르면 하와이에 가는 이유가 명확하지 않다. 불확실성 앞에서 사람들은 결과만으로 생각하기를 망설이며, 따라서 필연선택법칙을 위반하게 되는 것이다.

객관적으로 판단하지 않고 과신하는 경향이 있다

사람들은 가능성을 얼마나 정확히 판단할까? 어떤 일의 발생 가능성을 판단할 때 사람들은 실제보다 낙관적으로 생각할 때가 종종 있다. 자신의 능력이나 좋은 일의 발생 가능성은 실제보다 크게, 그리고 좋지 않은 일의 발생 가능성은 실제보다 낮게 예측하는 **과신효과**overconfidence effect에 젖는다. 예를 들어 제3자에 의한 분쟁해결에서 당사자들은 중립적인 제3자가 서로 자신에게 유리한 결정을 내릴 것이라고 믿는다.[44] 그러나 양측 모두에게 유리한 결정을 내릴 수 없음은 명백하다. 마찬가지로 당사자은 그들 제안의 최종 조정 자리에서도, 제3의 중립적인 조정자가 자신의 제안을 선택할 개연성이 크다고 생각한다.⁴⁵ 자신들의 입장이 채택될 확률은 반반이지만, 양측이 추정한 채택 확률을 더하면 100%를 훨씬 웃돈다. 이러한 사실로부터 과신효과를 이해할 수 있다. 특정 결과가 나타나리라고 확신할 때(상대방이 양보하든지, 고위 임원이 우리의 결정을 지지하든지 등), 왜 우리가 그렇게 생각하는지를 진지하게 생각해보아야 한다. 반면에 상대방 BATNA에 대한 과신, 즉 상대의 BATNA를 높게 평가하는 것은 자신에게 도움이 된다. 상대방이 실제로 양보할 수 있는 것보다 더 양보할 것으로 믿고 있는 낙천적 성향의 협상자는 확실히 협상력의 우위를 점하게 된다.⁴⁶

 상대방에 대한 평가

지금까지 협상자가 그 자신의 BATNA, 기준치, 판단 참고치 및 이해관계에 대해 생각해왔다면, 이젠 상대방에 대해 생각해볼 때이다.

상대방은 누구인가?

협상 당사자란 자신이 원하는 바를 위해 행동하는 개인이나 집단을 말한다. 당사자가 협상 테이블에 참석하면 누구인지가 바로 확인되지만, 협상의 중요한 당사자이면서도 협상 테이블에 직접 나타나지 않는 경우가 자주 있다. 그러한 당사자들을 2차 협상 테이블hidden table•이라고 한다.⁴⁷ 협상에 많은 당사자가 관련되면 그 상황은 팀 협상이나 다자협상이 되고, 또 역동적인 변화가 발생한다. 더 많은 당사자들이 협상 룸에 들어오면 다양한 문제가

• 협상을 하는 기업의 고객, 주주, 모기업 등 이해당사자와 협상자의 조직 내 상사 등을 말한다. 이에 대해서는 제9장에서 자세히 다루게 된다.

다루어질 수 있다. 예를 들어 당사자가 둘 이상이 되면 제휴도 발생하며, 협상자들 간에 팀이 형성된다. 팀 협상과 다자협상은 매우 중요하므로 제9장에서 별도로 다루고자 한다. 협상의 상대방이 누구인지가 명확하고 그들이 협상 테이블에도 적법하게 참석하는 경우가 많지만, 때로는 상대방이 불분명하여 참석자의 적법성에 의문이 제기되는 경우도 있다.

상대 팀은 일심동체인가?[48]

일심동체|monolithic란 같은 팀원들이 자신들의 이익과 관련하여 내부적으로 합의에 도달했음을 의미한다. 같은 편끼리 한 목소리를 내는 것이 당연하지만 현실은 반드시 그렇지만도 않다. 같은 편이라도 가치나 신념, 취향에 따라 의견을 달리할 수 있다.

상대방의 이해관계와 협상입장을 충분히 이해해야 한다

협상자는 상대방의 관심이 무엇인지를 파악하기 위해 연구하고 분석해야 한다. 예를 들어 상대방이 무엇을 가장 중요하게 여길지, 상대방은 어떤 대안을 가장 선호할지를 연구하고 분석해야 한다. 일례로 취업 인터뷰를 하고 있던 리치 기Rich Gee는 고용주에게 자신에게 부과될 업무출장 횟수를 줄여달라고 요청했다. 놀란 고용주는 왜 그러느냐고 이유를 물었다. 리치 기는 자신에게 가장 중요한 것은 아내와 아이들과 더 많은 시간을 갖는 것이지만, 회사를 위해 빈번한 업무출장도 감수할 준비가 되어 있다고 했다. 나아가 그는 고객과 화상회의를 하고 판매원들과 중간지점에서 만나는 등 자신의 출장 횟수를 줄이면서도 회사의 경비를 절약하는 다양한 방법을 제시했다. 리치 기의 아이디어에 마음이 움직인 고용주는 즉시 그를 채용했다.[49]

상대의 BATNA를 아는 것이 좋다

협상을 앞두고 알아야 할 가장 중요한 정보는 상대방의 BATNA일 것이다. 그러나 극히 순진한 사람이 아니라면 자신의 BATNA를 밝힐 리가 없다. 따라서 상대에 대한 연구를 열심히 해야 한다. 예를 들어 자동차를 구입할 때 우리가 조금만 노력하면 자동차 판매상의 비용정보를 얻을 수 있다. 그러나 판매상과 협상을 시작하기 전에는 이러한 정보를 얻으려고 하지 않는다. 그리고 이러한 정보 부족은 협상 능력을 제약한다. 주택을 구입할 때 부동산 중개업자를 활용하면 시장 상황이나 관심 주택에 관한 중요한 정보를 얻을 수 있으며, 이렇게 하면 상대방의 기대치aspiration point가 분명히 드러날 것이다. 그러나 BATNA를 파악하지 않은 채 상대방의 기대치만 알게 되면, 그것이 협상의 착점着點, anchor point으로 작용하여 불리해진다.

 상황에 대한 평가

일회성 협상인가, 장기간 지속될 협상인가, 아니면 반복되는 협상인가?[50]

일회성 협상이란 한 번의 교섭이 이루어진 후, 협상 당사자에게 더는 파급효과가 없는 것을 의미한다. 대부분의 협상은 관련 당사자가 모두 모여 한 번에 협의를 끝내는 일회성 협상이 아니다. 일회성 협상의 예로는 고속도로 휴게소 식당에서 이루어지는 손님과 종업원 간의 관계를 들 수 있다. 이 경우 상대방을 다시 볼 가능성은 거의 없기 때문이다(경제학자들은 이 경우에 팁을 놓고 오는 데 대해 의문을 제기한다. 팁이란 보통 장기적인 관계에 활용되는 메커니즘이기 때문이다).

하지만 협상은 인적 네트워크 안에서 이루어지며, 이를 통해 평판이 전달되므로 대부분의 협상은 일회성이라고 볼 수 없다. 반복적 협상이란 노동조합과 경영진의 관계처럼 조건을 정기적으로 재협상하는 상황을 말한다. 공동체에서 잘 알려진 사람들에게는 그들의 평판과 행동 사이의 고리가 더 강력하다.[51] 장기적 협상과 반복적 협상에서 당사자들은 그들의 관계가 앞으로 어떻게 진행되고 신뢰를 어떻게 유지하느냐 하는 문제를 중시해야 한다. 장기적 협상의 예로서 가장 중요한 것은 고용협상일 것이다. 이 협상에서 사람들은 경제적인 이득도 원하지만 양자 간의 관계가 손상되는 것도 원치 않으므로, 이러한 협상은 일반적으로 불편한 것으로 인식된다. 신뢰와 인간관계에 대한 논제는 대단히 중요하므로 제6장 전체를 할애하여 별도로 다룬다.

협상을 하는 이유가 희소자원 때문인가, 이념차이 때문인가?

갈등에는 이념적 갈등과 자원 갈등의 두 가지 형태가 있다.[52] 합의갈등 consensus conflict은 의견, 생각, 신념 등이 서로 다른 두 사람이 의견일치를 모색할 때 발생한다. 피고가 무죄인가 유죄인가에 대해 배심원들의 신념이 서로 다르고, 어떤 직원이 일을 잘했느냐에 대해서도 관리자들의 의견이 다를 수 있으며, 총기 소유에 대해서도 의견이 다를 수 있다. 합의갈등은 가치판단이나 감정과 관련이 있기 때문에 해결이 쉽지 않다. 사실상 '가치'에 대한 협상은 '이익'에 대한 협상보다 훨씬 어려우며, 가치가 협상의 성패를 가름할 땐 완전한 합의에 도달하기가 쉽지 않다.[53]

희소자원경쟁 scarce resource competition은 제한된 자원을 얻기 위해 경쟁을 할 때 생긴다. 예를 들어 동업자 간의 이익배분 때 생기는 갈등을 들 수 있는데, 사람들은 자신이 받아야 하는 대가를 상대방이 생각하는 것보다 더 크게 생각한다. 갈등은 많은 경우 자원과 이념이 모두 관련된다. 가치판단이나 신념 차이로 인한 갈등보다 돈이나 자원 때문에 생긴 갈등이 더 쉽게 해결된다.[54] 이스라엘 - 팔레스타인 분쟁은 영토(희소자원) 배분과도 관련이 있지만, 근본적으로는 종교적 신념과 이념의 차이에서 비롯된 것이다. 협상에 그런 '성스러운 문제'가 끼어들면 해결은 훨씬 어려워지고, 공유하는 이익은 더 작아지며, 상대방에 대한 부정적인 인식이 더 커진다. 하지만 이것은 양 당사자 각각이 스스로 매력적인 BATNA를 가졌다고 믿을 때만 그렇다.[55]('성스러운 문제'에 대해서는 제10장에서 다시 다룬다.)

필수적인 협상인가, 기회를 증진시키기 위한 협상인가?

많은 경우 우리는 협상을 해야 한다. 협상은 필수적인 경우도 있지만, 기회를 높이기 위해 이루어지는 경우도 있다. 다른 지역으로 전근이 되어 집을 팔아야 하는 부부를 생각해보자. 그들은 집의 매각을 위해 필수적으로 협상을 해야 한다. 아무리 훌륭한 BATNA를 가졌다 하더라도, 누군가와 협상을 통해 집을 반드시 팔아야 한다. 그러나 직장의 처우개선에 관심이 있는 사람은 경우가 다르다. 그런 사람은 반드시 협상을 해야 하는 것은 아니며, 더 좋은 기회를 만들기 위해 협상을 하게 된다. 힐튼 호텔 체인을 소유한 개인 자산회사인 블랙스톤 그룹Blackstone Group이 필수협상negotiation of necessity(1년여 지속 중인 힐튼 호텔 노동자들과의 계약분쟁 해결을 위한)은 피하고 기회증진협상negotiation of opportunity(연방정부 기업구제 조치로 정부에 3억 2,000만 달러의 부채를 졌지만, 정부를 설득하여 1억 4,200만 달러만 상환하는 일)에만 집중하는 경우를 생각해보자. 연방정부 자금문제와는 달리 노동자들과의 분쟁해결 실패로 이 회사는 성마르고 적대적인 노동자들의 파업을 불러일으켰으며 그로 인해 언론의 집중조명을 받았다.[56]

많은 사람들이 기회를 증진시키기 위한 협상을 피하는 이유는 자신감이 없기 때문이다. 자신감을 갖는 것은 협상의 성공에 매우 중요하다.[57] 항상 협상과 같이 산다고 말할 수 있을 정도로 협상에 편하게 임하는 사람도 있다.

교환을 위한 협상인가, 분쟁해결을 위한 협상인가?

전형적인 협상은 자원을 교환하기 위해 이루어진다. 사려는 사람이 팔려는 사람보다 상품가치를 더 높게 평가하기 때문에 교환이 이루어질 수 있다(상품과 용역의 대가로 돈이 지불된다). 그러나 어느 한쪽이 요청을 하고 상대가 이를 거절할 때도 협상이 필요한데, 이러한 상황을 **분쟁상황**dispute situation이라고 한다.[58] 2010년에 케이블비전Cablevision과 폭스Fox의 모기업인 뉴스 코퍼레이션News Corp.은 사용료 분쟁에 휩쓸렸으며, 그것이 메이저리그 야구 우승결정전 시리즈와 월드시리즈의 무산을 불러왔다. 케이블비전은 뉴스 코퍼레이션이 12개의 폭스 채널 접속에 추가로 연간 8,000만 달러를 요구하고 있는데 이는 연간 사용료를 1억 5,000만 달러로 두 배 늘리는 것보다 더 많은 금액이라고 주장했다. 케이블비전은 폭스에게 법적 구속력이 있는 중재를 받자고 요구했다. 이에 폭스는 케이블비전 시스템스 코퍼레이션이 분쟁을 일으킨다고 비난했다. 이 언론 거인들은 케이블비전이 '불공정한 가격'으로 규정한 금액을 지불하기로 함으로써 합의에 도달했다.[59] 교환과 분쟁의 차이는 해결 방법의 차이에서 알 수 있다. 교환 상황에 있는 당사자들은 BATNA에 의존하지만, 분쟁 상황에서는 자주 법에 호소한다.

협상의 파급효과가 예상되는가?[60]

파급효과linkage effect란 어떤 협상이 다른 협상에 영향을 주는 것을 말한다. 법률과 선례先例 형성의 경우가 좋은 예이다. 어떤 한 상황에서의 결과가 다른 상황에 영향을 미친다. 예컨대 2010년에 페퍼 스네이플Pepper Snapple 박사와, 뉴욕 소재 모트Mott 애플주스 공장의 300명 종업원을 대변하는 노동조합은 임금을 동결하되 회사가 모색해온 임금 삭감은 하지 않는 조건으로 16주간 끌어온 파업을 종식시켰다. 노동조합은 스네이플 박사가 임금과 사회보장 급부금의 대폭적인 삭감을 관철하게 되면, 수익을 내고 있는 다른 계열 회사도 같은 조치를 취하려 할까 봐 두려웠다.[61] 여러 나라에 공장을 가진 다국적 기업에서는 이런 것이 여러 공장에 직접적인 파급효과를 자주 일으킨다. 한 나라의 공장에서 내려진 어떤 결정이 동일 회사의 다른 나라 공장으로 쉽게 파급되기 때문이다. 때로는 협상 테이블에서 이루어진 결정이 전혀 예기치 못한 방식으로 다른 이익집단에 영향을 미치는 간접적인 파급효과도 발생한다. 현재의 종업원들에게 주는 파급효과를 생각하지 않았기 때문에 합병이 실패하는 경우가 많다. 대부분의 합병에서 종업원은 최종순간까지 합병의 진행상황을 듣지 못한다. 진행상황에 관한 소문이 난무하고, 종업원들은 혼란 속에서 변화에 참담함을 느끼면서 자신과 동료들의 거취를 염려하게 된다. 인사담당자들은 종업원들에 대한 파급효과를 원만하게 하기 위해 협상과정에 참여해야 한다.

합의에 반드시 도달해야 하는가?[62]

합의에 도달하는 것은 왕왕 선호의 문제가 된다. 임금협상에서 제안을 거부하고 나서도 직장에 계속 머무르거나, 회사를 나와 창업할 수도 있으며, 아니면 협상을 무한정 지연시킬 수도 있다. 그러나 합의에 도달하는 것이 꼭 필요한 경우도 있다. 1981년 8월 17일 1만 7,500명의 항공관제사 중 85% 이상이 근무조건 개선과 임금인상을 내걸고 파업에 돌입했을 때, 레이건 대통령은 복귀명령을 내리면서 불응할 경우 그들을 해고하겠다고 경고했다. 전문항공관제사연합Professional Air Traffic Controllers Organization: PATCO 회원 중 5,000명이 그 주말에 연방항공국FAA으로부터 해고통지서를 받았다. 레이건은 의회가 공무원의 파업금지 법안을 1947년에 통과시켰으며, 관제사들도 입사하면서 파업금지 서명을 했다고 말했다. 다른 예로 테일러 법이라는 것이 있는데, 조지 파타키George Pataki 뉴욕 주지사와 19만 명의 주 공무원을 대표하는 14개

교섭단체 간의 협상에서 이 법이 영향을 미쳤다. 협상 종료 예정일까지 합의에 이르지 못하면 이 법에 의해 협상은 자동으로 연장되도록 되어 있었다.[63]

합법적인 협상인가?

미국에서 인간의 장기를 판매하는 협상은 불법이다. 1999년 9월 온라인 경매회사인 이베이eBay는 신장 판매 오퍼를 경매에서 삭제했다.[64] 이베이가 경매를 취소하기 전까지 신장의 가격은 570만 달러를 호가했다(미국에서

〈보기 2-2〉 합법적인 협상인가?[65]

미시시피 주지사 헤일리 바버Haley Barbour가, 현재 감옥살이를 하고 있는 두 자매 중 한 명이 콩팥을 다른 한 명에게 기증한다면 그들을 석방하겠다고 하자, 그것이 과연 적법하고 도덕적인 결정이냐는 논란이 일어났다. 바버 지사는 제이미 스콧Jamie Scott과 글래디스 스콧Gladys Scott의 종신형을 일시 정지했는데, 변호사의 말에 따르면 그들은 1993년에 단돈 11달러를 훔친 혐의로 유죄판결을 받았다. 16년 동안의 감옥살이를 하면서 제이미 스콧(36세)은 매일 투석치료를 받고 있었는데, 주 정부가 부담하는 그 비용이 연간 약 20만 달러였다. 바버 지사는 질병 때문에 제이미를 석방하기로 했지만, 그 동생인 글래디스의 석방 지시서에는 콩팥을 언니에게 기증해야 한다는 단서가 붙었다. 글래디스는 그녀의 조기 석방 청원서에 콩팥 기증을 하겠다고 약속했다. 이 사건은 펜실베이니아 대학의 생명윤리센터 소장인 아서 캐플란Arthur Caplan과 같은 사계 전문가들을 난처하게 만들었다. 캐플란은 25년 동안 장기이식과 그것의 법적·도덕적 파생결과를 연구해온 사람이다. 그는 이렇게 말했다. "장기를 매매하거나 어떤 사람에게서 적출하는 것은 위법이다. 어떤 사람이 자진해서 장기를 기증하겠다고 했을 때, 그 사람은 일반적으로 마지막까지 그의 마음을 변경할 권한을 갖는다. 약속을 어길 경우 감옥에 돌아갈 수 있다는 조건이 거기에 붙는다면, 그야말로 매우 강력한 동기유발이 될 것이다." 뉴저지의 해컨색 대학 메디컬센터 장기이식수술 책임자이며 미국 장기이식센터의 윤리위원회 의장인 닥터 마이클 샤피로Michael Shapiro는 장기이식이 석방과 결부되어서는 안 된다고 말했다. "그에 대한 간단한 대답은 콩팥에 대해 누구에게 대가를 지불해서는 안 된다는 것이다." 샤피로는 그 자매들의 상황이 장기에 대가(이 경우엔 석방)를 지불하는 거래로 해석될 수 있다는 말을 덧붙였다.

물의를 일으키고 있는 장기판매에 관한 또 다른 이야기는 〈보기 2-2〉 '합법적인 협상인가?'를 참고하길 바란다). 협상이 가능한 상황인지 또는 그렇지 않은 상황인지를 법률이 모두 정할 수는 없다. 이러한 판단은 오히려 특수한 상황에 대한 문화적 규범에 의지하는 경우가 많다. 예를 들어 미국인은 식료품점에서는 과일가격을 흥정하지 않지만, 시애틀의 파이크플레이스 마켓Pike Place Market과 같은 농산물 시장에서는 자유롭게 흥정한다. 그러나 농산물 시장만이 값을 흥정하는 유일한 장소는 아니다. 대형 내구재를 파는 상점뿐 아니라 가전제품 상점에서도 흥정을 할 수 있다. 대학이 학비를 지원하는 데도 생각보다 많은 선택안이 있으므로, 도움을 받기 위해서는 협상을 해야 한다. 대학 측도 학부모와 '협상'을 한다는 생각이 들면 주저하겠지만 타당한 이유를 발견하게 되면 이에 응한다. 학생이 여러 대학으로부터 입학허가를 받았을 때 부모는 학비지원 조건이 더 나은 대학을 선택하겠다는 취지에서 다른 대학들이 제시하는 지원 패키지를 지망 대학에 얘기하여 협상을 하는 것으로 알려져 있다.[66]

협상 결과에 다시 추인이 필요한가?[67]

추인ratification이란 협상 당사자가 다른 사람에게 계약 내용을 다시 승인받는 것을 의미한다. 예를 들어 회사의 인력선발관이 제시한 보수와 고용조건을 나중에 인사담당부서나 CEO에게 결재를 받아야 하는 경우가 있다. 어떤 경우에는 사실이 그렇지 않은데도 나중에 상사의 결재를 받아야 한다고 상대에게 전략적으로 말하기도 한다.

최종시한이 있는가, 또는 시간비용이 큰가?[68]

실제로 모든 협상에는 일종의 시간 관련 비용이 있다. 합의가 반드시 필요한 협상이나, 시간이 경과하면 비용이 커지는 협상의 경우에는 시간비용이 크다. 그러나 시간압박이 반드시 나쁜 것만은 아니다.[69] 최종시한final deadline과 시간비용time-related cost은 구분해야 한다.[70] 양 당사자의 시간비용은 서로 다르지만 최종시한은 같다. 제일 먼저 닥치는 최종시한은 매우 중요하다. 그때까지 합의가 이루어지지 않으면 두 협상자는 각자의 BATNA에 따라 움직여야 한다.

- 시간 압력과 최종시한

최종시한이란 협상이 종료되는 고정된 시점을 의미한다. 최종시한이 임박함에 따라 협상자의 양보 비율도 증대된다.[71] 최종시한(즉 시간 압력)은 전략적으로 약점이 되므로 사람들은 협상에서 자신의 최종시한이 드러나는 것을 피하려고 한다.[72] 그러나 시한은 협상의 길이를 제약하기 때문에 상대방도 시한의 압력을 받게 된다.[73] 2010년 수단과 다르푸르 반군 사이의 7년 내전을 종식시키기 위해 카타르에서 평화회담이 열렸을 때, 11일 동안의 협상에서 아무런 합의도 이끌어내지 못한 것에 불만을 품은 수단 대통령 오마르 알 바시르Omar al-Bashir는 갑자기, 만약 다음 날 합의에 이르지 못하면, 수단 대표들을 철수시키겠다고 말했다.[74] 그러나 자신의 최종시한을 비밀에 부친다면, 자신은 시한 내 타결을 위해 서두르지만, 상대방은 장기전을 예상하고 느긋하게 협상에 임하게 된다.[75] (아메리칸 온라인AOL사에서 최종시한을 전략적으로 이용하는 또 다른 사례는 〈보기 2-3〉 참조).

협상자들의 최종시한 예측이 부정확한 이유는 자기 위주의 이기적인 심리와 관련이 있다.[76] 협상자는 최종시한이 상대에게 주는 영향보다 자신에게 미치는 영향에 초점을 맞춘다. 이러한 경향으로 인해 사람은 단순한 일을 할 때는 자신이 평균보다 낫다고 생각하고, 어려운 일을 할 때는 평균보다 못하다고 생각하게 된다.[77]

〈보기 2-3〉 전략적 최종시한 압력[78]

AOL은 시간 압력과 시한에 관한 그들의 지식을 전략적으로 사용했다. '비상식적 시한'을 설정하는 AOL의 전략은 항상 처음에는 예의 바르게 시작하지만, 나중에는 최후통첩 방식으로 고객이 따를 수밖에 없도록 한다. AOL은 예상 고객 간의 협상을 '당신의 비즈니스는 매우 훌륭하다. 만일 우리 둘이 협력을 하면 매우 멋질 것이다. 당신이 AOL에 광고를 낸다면 멋질 것이다' 등의 미사여구로 천천히 시작한다. AOL은 자신이 다른 고객들과도 똑같이 천천히 시작한다는 것을 말하지 않는다. 이렇게 몇 주일이 흐른 후 AOL은 갑자기 상대방에게 즉각적인 행동을 요구한다. AOL은 계약서를 작성하여 예상 고객에게 24시간 또는 당일 내에 서명할 것을 요구한다. 아니면, 그 옆에서 대기 중이던 다른 고객과 계약할 것이라고 위협한다. 게다가 계약서는 항상 엄청난 분량이어서 제한된 시간 내에 내용을 검토하기가 불가능하다. 또한 AOL의 경영진은 상대를 몇 시간이나 앉아 기다리게 하는 '지연작전'을 쓰면서 상대가 대수롭지 않은 존재라는 암시를 하곤 한다.

- 시간 관련 비용

협상에서 최종시한을 정하는 것은 도움이 되며, 특히 시간이 경과할수록 자신에게 불리한 경우에는 더욱 그러하다.[79] 북미 프로아이스하키리그가 피닉스 코요테스 Phoenix Coyotes 팀에게 2010년 12월 31일까지 부유한 지역 구단주를 찾지 못하면 연고권 재배치에 직면하게 될 것이라며 단호하게 최종시한을 주었을 때, 피닉스는 몇 주도 안 되어 부랴부랴 새 경기장을 계약하고 새 구단주의 승인을 받아내는 등 일련의 격렬한 이벤트를 치렀다.[80]

- 합의이행 시간차이

시간과 연관된 문제로, 합의시점과 합의의 이행시점 간의 차이를 의미하는 합의이행 시간차이 time horizon를 들 수 있다.[81] 일반적으로 합의이행 시간차이가 클수록 협상자들이 다양한 문제를 다루고 싶어 하는 것은 물론 유익한 윈-윈 작용을 증가시킨다.[82] 협상행위와 합의도출 간의 시간상 거리가 멀수록 더 나은 합의에 이른다.[83] 그 이유는 합의에 이르는 시간이 길어 당사자들이 현저히 덜 논쟁적이 되기 때문이다. 특히 협상이 부담으로 느껴지는 경우에 시간차이의 이점이 크다. 시간이 협상의 부담을 낮추는 기회를 제공해주기 때문이다.

계약이 공식적인가, 비공식적인가?

주택구입이나 취업문제와 같이, 협상은 대부분 당사자들이 약속을 법적으로 이행해야 하는 공식 계약이다. 그러나 어떤 협상은 내용이 중요한데도 악수와 같은 식의 비공식 합의로 마무리되기도 한다. 어떤 상황이 공식적인 것인지 비공식적인 것인지, 그리고 어떤 사회적 상징(악수를 하거나 차를 함께 한잔 하는 것 등)이 합의를 의미하는지 등은 문화적으로 차이가 크다. 협상에서 한쪽은 공식적으로 접근을 하는데 상대는 비공식적으로 접근을 하면 이상한 상황이 발생한다. 묵시적인 약속이 깨어지면 위험스러운 사태가 발생한다(신뢰 상실의 문제는 제6장에서 다룬다).

협상을 어느 장소에서 할 것인가?

상대방의 홈그라운드보다는 자신의 홈그라운드에서 협상을 진행하는 것이 유리하다는 것은 상식이다. 이는 매우 중요하므로 협상에서 중립적 장소를 확보하기 위한 노력은 의미가 있다. 레이건 대통령과 고르바초프 서기장 간의 정상회담 장소는 매우 신중히 선택되어 스위스 제네바에 있는 샤토 플레르 도Chateau Fleur d'Eau에서 개최된 적이 있다. 또 1991년에는 아일랜드 지도자들 간의 회담이 중단된 적이 있는데, 차기 회의 개최장소를 둘러싸고 무력충돌이 발생했기 때문이었다. 연합파Unionists는 아일랜드 정부와 북아일랜드의 미래에 대해 직접 대화를 하는 데는 동의했지만 너무 유화적이라는 인상을 피하기 위해 회담 장소로 런던을 희망했다. 반면에 북아일랜드 가톨릭 온건파의 다수를 대표하는 사민당과 노동당은 회담 장소로 아일랜드의 수도 더블린을 희망했다.[84] 이스라엘과 팔레스타인의 지도자들이 2010년에 미국 관리들과 함께 일련의 평화회담을 가졌을 때, 양 진영에 강력한 인상을 주는 상징적인 장소에서 몇 차례 회담이 열렸다. 첫 번째 회담은 백악관에서 열렸다. 그 후 회담 대표들은 이전에 이들 양국이 평화회담에 성공한 적이 있는 이집트로 자리를 옮겼다. 또한 이때 이집트 역시 이스라엘과 평화조약을 맺었다. 그리고 마지막으로 세 번째 회담은 양국이 서로 자기네 수도로 주장하고 싶어 하는 예루살렘에서 열렸다. 팔레스타인 대통령인 마흐무드 압바스Mahmoud Abbas는 이스라엘에서 베냐민 네타냐후Benjamin Netanyahu 총리의 관저에 초대를 받았다.[85]

협상이 공개인가, 비공개인가?[86]

협상은 남들이 보는 앞에서 개최되지만, 비공개리에 진행되기도 한다. 이와 대조적으로 스포츠 협상의 독특한 양상 중 하나는 팬들과 언론이 협상 진전내용을 속속들이 관찰할 수 있도록 하는, 마치 어항과도 같은 분위기 속에서 협상이 진행된다는 점이다.[87] 구단주와 선수들은 의견을 표명함으로써 언론의 관심을 끌게 된다.

밀고 당기는 흥정은 볼거리는 있지만 이견을 합리적으로 해소하는 데는 방해가 된다. 그러므로 구단주와 선수들은 조용히 있어야 하며, 언론에 과도한 공개를 시도하는 구단주에게 NBA는 100만 달러의 벌금을 부과했다.

어떤 협상에서 정치인들이나 관료들은 테러리스트와 같은 적대자들과는 물밑협상을 하지 협상을 않는다고 공언한다.[88] 어떤 협상자가 상대를 공공연히 비판할 때 만약 협상이 추진 중이었다면, 이 비난은 협상타결 가능성을 높이게 될 것이다.

3자개입이 가능한가?[89]

협상에서는 많은 경우 제3자가 관여하며, 또 그것이 기대되기도 한다. 3자개입은 중재 또는 조정의 형태를 띠고 있다. 만일 협상 양 당사자 모두가 주관적으로 제3자가 자신의 편이라고 믿는다면 그 제3자의 등장만으로도 긴장이 고조된다. 그 밖의 상황에서 3자개입은 흔한 일이 아니며, 3자개입은 개인적인 실패의 신호이기도 하다. 3자개입은 이 책의 부록 3에서 자세히 다루고자 한다.

어떤 관행에 따라 협상이 진행되는가(누가 먼저 제안을 하느냐 등)?

일반적으로 협상진행 과정에 특별한 규정은 없지만, 강력한 관행과 규범이 협상진행에 영향을 미치는 경우도 있다. 예를 들어 미국에서 사람들이 집을 사고 팔 때는 사려는 사람이 먼저 제안을 하고, 모든 제안은 서면으로 마무리되는 것이 관례이다. 그러나 주택매매 협상을 구두로 하는 나라가 있는 등 나라마다 큰 차이가 있다.

제안을 한 번 이상 주고받아야 하는 협상인가?

몇 번 일진일퇴를 하고 나서 합의에 이르는 경우가 있는가 하면, 이러한 형태가 절대 받아들여지지 않는 경우도 있다. 예를 들어 부동산 시장에서는 판매자와 구매자가 협상하는 것이 당연하지만, 백화점에서는 협상을 하기가 쉽지 않다.

다른 예를 들면, 많은 고용주는 구직자들이 처음 제시된 조건에 이의를 제기하고 협상을 시도할 것으로 생각하지만, 구직자가 보수에 대해 너무 심하게 홍정하는 것은 바라지 않는다. 부동산업자 제이 캐플런Jay Kaplan의 예를 보자.⁹⁰ 그는 8일 동안 미국 남동부지역을 다니면서 다섯 명의 건물 소유주를 만났다. 만나는 사람마다 새벽까지 제안을 주고받는 마라톤 회의를 했다. 8일째 되던 날에는 마지막 거래 하나만을 남겨 두었는데, 너무 지쳐서 제안을 한 번만 하고 거래를 끝내기로 작정했다. 캐플런은 피곤한 얼굴로 상대방에게 말했다. "당신은 그 부동산을 430만 달러에 팔려 하고, 나는 370만 달러를 제시했습니다. 우리, 장시간 협상을 하는 수고를 덜어봅시다. 나는 단 한 번만 제안을 하고자 합니다. 그것이 나의 최대 양보선이며, 공평한 제안일 것입니다. 당신이 합리적이라면 이 제안을 받아들일 것이라고 확신합니다." 그러나 이 전략은 역풍을 맞았다. 캐플런은 상대에게 400만 2,500달러를 제안했지만, 상대방은 그것을 거절했다. 그들은 4시간 동안 밀고 당긴 후에야 427만 5,000달러에 합의했다. 나중에 상대방은 어떤 경우에도 자신은 첫 제안을 받아들이는 법이 없다고 캐플런에게 말했다.

회의장 안팎에서 일어나는 사건에 따라 협상의 진로를 바꾸는 전환점이 생긴다. 협상의 난국 타개와 반대로 협상의 위기는 신뢰성은 있지만 힘이 약한 상대와의 협상에서 더 자주 발생한다.⁹¹

의사소통이 명시적으로 이루어지는가, 묵시적으로 이루어지는가?

전형적인 구매자 - 판매자 간의 협상 또는 취업협상에서는 협상자들은 명시적으로 대화를 한다. 그러나 대화가 묵시적으로 이루어지며, 행동으로 의사소통을 하는 경우도 있다. 이 문제는 아주 중요하므로 한 장章 전체에서 다룬다(제11장 참조).

협상에서 당사자 간 힘의 차이가 중요한 요소로 작용하는가?

원칙적으로 협상은 상호의존적인 사람들 사이에서 이루어진다. 즉 일방의 행동이 상대의 행동에 영향을 준다. 만일 한 사람이 다른 사람을 완전히 제압하여 상대의 행동에 영향을 받지 않는다면, 협상은 이루어지지 않는다. 그러나 힘이 약한 사람이 오히려 강자에게 영향을 주는 경우도 자주 있다. 예를 들어 CEO는 중간관리자보다 힘이 있으나 관리자도 분명 회사의 CEO에게 영향을 끼칠 수 있는 것이다. 협상 당사자 간에 힘의 차이가 있는지 여부는 협상에 지대한 영향을 미친다. 이 주제 역시 매우 중요해 한 장章 전체에서 다룬다(제7장 참조).

선례가 중요한가?

선례는 협상의 참고치가 될 뿐 아니라, 대안의 범위를 정해준다는 점에서 매우 중요하다. 협상을 할 때 우리는 종종 선례에 따라야만 한다는 상대편 주장에 직면하게 된다. 협상자는 어떤 결정을 내릴 때 그 결정이 훗날 자신의 발목을 잡을까 봐 걱정하기도 한다. 예를 들어, 이스라엘과 팔레스타인의 협상 시뮬레이션에서 이전에 양자 간의 뜻 깊은 대화가 합의도출에 기여했다는 말을 들은 협상자들은, 오직 합의를 이끌어내도록 '재촉받은' 협상자들보다 더 쉽게 타협하는 것 같았다.92

결론

준비를 잘하면 협상 테이블에서 전략적 우위를 점할 수 있다. 우리는 협상 준비의 대상으로 자신, 상대방, 그리고 상황의 세 분야에 대해서 설명했다. 자신의 BATNA를 확인하고, 기준치와 목표치를 설정한 협상자는 목표 달성을 위해 훨씬 유리한 위치에 서게 된다. 준비된 협상자는 협상의 중단시점과 합리적인 양보수준을 더 잘 안다. 상대방의 BATNA와 관심사를 연

〈보기 2-4〉 협상 준비 확인표

자기 평가	상대방 평가	상황 평가

• 나는 무엇을 원하는가? (목표치를 정하라)
• 이 상황에서 합의에 이를 나의 대안은 무엇인가?
• 나의 기준치는 무엇인가?
• 관심 초점이 있는가?
• 나의 매몰비용은 무엇인가?
• 나의 목표치가 기준치에 의해 영향을 받지 않는가?
• 협상의 의제는 무엇인가?
• 의제들의 대안은 무엇인가?
• 동등한 가치의 복수의 제 제안을 찾아보았는가?
• 나의 위험 가능성을 따져보았는가?
  - 기부효과
  - 이에 대해 유감스러운가?
  - 분명한 원칙 위반
  - 나는 적절한 수준의 신뢰감을 주고 있는가?
	• 상대방은 누구인가?
	• 상대방은 일심동체인가?
	• 무엇이 상대방의 관심사항인가?
	• 상대방의 BATNA는 무엇인가?
		• 협상은 일회적인가, 장기적인가, 반복적인가?
		• 협상의 원인이 희소자원이나 이념 차이 때문인가, 아니면 양쪽 모두 때문인가?
		• 필연적인 협상인가, 기회를 높이기 위한 협상인가?
		• 협상은 교환 상황인가, 분쟁 상황인가?
		• 파급효과가 있는가?
		• 합의가 반드시 필요한가?
		• 합법적인 협상인가?
		• 협상결과에 다시 추인이 필요한가?
		• 최종시한 또는 시간비용이 있는가?
		• 계약이 공식적인 것인가, 비공식적인 것인가?
		• 협상을 어디에서 할 것인가?
		• 협상이 공개적인가, 비공개적인가?
		• 3자개입의 가능성이 있는가?
		• 어떠한 관행에 따라 협상이 진행되는가?
		• 제안을 한 번 이상 주고받아야 하는가?
		• 의사소통이 명시적인가, 묵시적인가?
		• 협상에서 당사자 간 힘의 차이가 중요한 요소인가?
		• 선례가 중요한가?

구한 협상자는 상대의 전술에 덜 휘말린다. 협상을 시작하기 전에 협상자가 고려해야 할 상황들을 〈보기 2-4〉에 요약해두었다. 협상자들은 이 표를 활용해볼 것을 권한다. 다음 두 장章은 협상에서의 파이 나누기와 파이 불리기 전략에 초점을 맞춘다.

제3장
배분적 협상: 파이 나누기

수백만 달러를 획득하려 소송을 제기하는 사람들이 많다. 타일러Tyler와 카메론 윙클보스Cameron Winklevoss 형제는 법정 싸움에서 승소하여 이미 수천만 달러를 받았다. 그러나 페이스북 창설자이며 최고경영자인 마크 주커버그Mark Zuckerberg와 6년여 동안 치열한 법정싸움을 벌이며 이 형제는 더 많은 것을 손에 넣으려 했다. 그런데 그 법정싸움은 이 형제들을 큰 위험에 빠뜨릴 수도 있는 것이었다. 요즈음 유행하는 게임 퀴즈 프로처럼 더 많은 것을 얻을 기회를 잡기 위해 이미 상금으로 딴 돈을 거는 식이었다. 윙클보스 형제는 디브야 나렌다Divya Narenda(이들은 모두 하버드대 학생)와 마찬가지로 자기들도 페이스북에 대한 독창적인 아이디어를 공유했던 사람들이며 주커버그가 그것을 도용했다고 주장했다. 결국 그들은 2004년에 페이스북과 주커버그를 상대로 소송을 제기했고 2008년에 현금 2,000만 달러와 페이스북 주식 4,500만 달러를 주커버그가 윙클보스 형제에게 지급하는 것으로 해결을 보았다. 하지만 분쟁이 해결된 후 윙클보스 형제는 그들이 받기로 한 주식의 가치가 주당 35.90달러인 것으로 알았는데 실제로는 주당 8.88달러밖에 되지 않아 속았다며 이는 비열한 행위라고 주장했다. 페이스북 측은 자기들은 주식의 사정가격을 밝힐 의무는 없다고 맞섰다. 윙클보스 쌍둥이 형제와 나렌다는 이것은 돈 문제가 아니라 원칙과 자신들의 명예를 입증하는 문제라고 말했다. 페이스북은 이 문제를 다르게 해석하며, 윙클보스 형제가 협상 타결을 후회하고 있기 때문에 발생한 문제라고 말했다.[1]

위 사례는 협상에서 사람들이 감정적이 되면 거의 불가피하게 파이가 어느 정도 나눠진다는 것을 말해준다. 페이스북 분쟁의 경우, 한쪽은 그들이 속았다고 믿었고, 그래서 더 많은 것을 보상받을 가치가 있다고 생각했다. 이 장에서는 협상자가 어떻게 경제적으로(예를 들어 돈과 자원) 또는 사회적으로(즉 관계를 유지하고 신뢰를 쌓는 것) 가장 훌륭한 성과를 거둘 수 있는가 하는 문제에 초점을 맞추고자 한다. 우리는 자신의 요구를 주장하고 관철하는 최선의 방법에 관한 문제를 다룰 것이다.

이 장에서는 누가 먼저 제안을 하고, 상대방의 제안에 어떻게 대응하며, 공격적인 상대방을 어떻게 다루는가 하는 문제들을 살펴본다. 이와 같이 제안을 하고 합의에 도달하는 전체 과정을 '협상 댄스negotiation dance'라고 부르기도 한다.² 불행히도 대부분은 협상 댄스 교습을 받지 못했고, 무도장에서 무엇을 해야 할지도 모른다. 우리가 협상 댄스를 리드할 것인가, 아니면 그냥 상대방이 하는 대로 따라만 할 것인가? 여기에는 몇 가지 경험적으로 분명한 법칙이 있기는 하지만, 대부분의 경우에 그다지 명백하지 않은 상태에서 선택들을 해야 한다. 우리는 이 장에서 이러한 문제를 다루게 될 것이다.

우리가 이번 장에서 다루는 것은 협상의 두 가지 핵심 목표 중 첫 번째인 '파이 나누기'이다. 파이 나누기를 다루기는 해도 대부분의 협상은 윈-윈, 즉 '파이 늘리기'와 관련이 있다. 파이 늘리기는 다음 장에서 다루겠지만 윈-윈 협상도 결국에는 파이를 나누어야 한다는 사실에 유의해야 한다.

교섭 영역

일반적으로 양쪽 협상자의 목표치는 겹치지 않는다. 판매자는 재화나 용역에 대해 구매자가 지불하려는 가격보다 높은 가격을 희망하기 때문이다. 그러나 협상자들의 기준치는 중복되는 경우가 많은데, 이는 구매자가 지

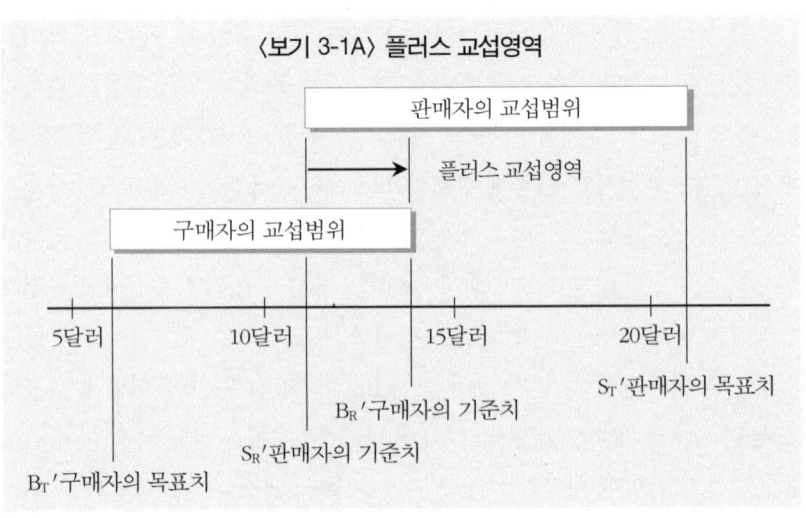

불하려는 상한선이 판매자가 수락하고자 하는 하한선보다 높다는 뜻이다. 이러한 상황에서는 합의를 이루는 것이 모두에게 이익이 된다. 다만 협상에서는 자신에게 가장 유리한 타결을 위해 노력해야 하며, 교섭영역을 충분히 활용해야 한다. 여기서 **교섭영역**bargaining zone 또는 **합의가능영역**zone of possible agreements, ZOPA이란 각 협상 당사자의 기준치 사이를 말한다.[3] 협상의 마지막 타결은 판매자의 기준치보다 높고 구매자의 기준치보다 낮은 범위의 어디선가에서 정해질 것이다.[4] 교섭영역은 플러스일 수도 있고 마이너스일 수도 있다(〈보기 3-1A〉, 〈보기 3-1B〉 참조).

플러스의 교섭영역에서는 협상자들의 교섭범위가 겹치는데, 이는 구매자가 흔쾌히 지불하고자 하는 가격 상한선이 판매자가 수락하고자 하는 가격 하한선보다 높다는 것이다. 이렇게 중복영역이 있다는 것은 이 영역 내에서 합의를 이루는 것이 서로의 BATNA를 유지하는 것보다 낫다는 것을 의미한다. 〈보기 3-1A〉에 있는 교섭영역을 예로 들어 생각해보자. 판매자의 기준치는 11달러이며, 구매자의 기준치는 14달러이다. 구매자가 기꺼이 지불하고자 하는 가격의 상한선은 판매자가 수락할 수 있는 최저가보다 3달러가

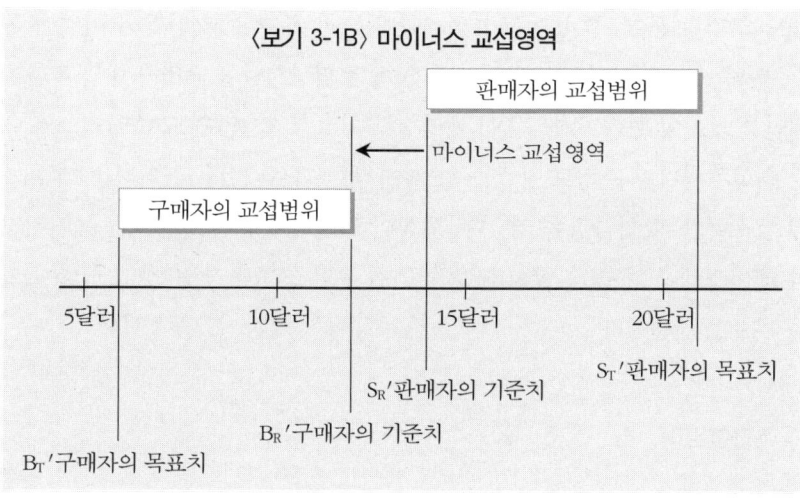

많다. 즉 교섭영역은 11달러와 14달러 사이의 3달러이다. 만일 협상자들이 합의에 이른다면 가격은 11달러와 14달러 사이의 어디선가에서 타결이 될 것이다. 만일 당사자들이 타결에 실패한다면, 이는 **최적상태에 이르지 못했**다고 할 수 있다. 협상자들이 돈을 협상 테이블 위에 남겨놓은 채 합의에 이르지 못했기 때문이다.

어떤 경우에는 교섭영역이 존재하지 않거나 마이너스인 경우도 있다. 그러나 협상자들이 그것을 인식하지 못한 채, 합의도출을 위해 성과 없이 시간을 낭비할 수도 있다. 이렇게 되면 협상자들은 값비싼 대가를 치르게 되며, 협상을 하는 동안에 상황은 점점 더 악화된다(즉 협상자는 시간비용을 지불하게 된다. 제2장 참조). 예를 들어 판매자의 기준치가 14달러이고 구매자의 기준치가 12달러인 〈보기 3-1B〉의 교섭영역을 생각해보자. 구매자가 기꺼이 지불하고자 하는 가격의 상한선은 판매자가 수락하고자 하는 최저가보다 2달러가 낮다. 이러한 **마이너스 교섭영역**negative bargaining zone에서는 협상 당사자들의 기준치 사이에 중복이 발생하지 않는다. 이러한 상황에서는 협상자들은 합의를 도출하기 위해 가장 좋은 대안을 이용해야 한다. 협상의 시간비용도 크기 때문에, 플러스 교섭영역이 있는지 찾는 것이 양쪽의 이익이 된다. 만약 플러스 교섭영역이 없다면, 양쪽은 협상시간을 낭비하지 말고 다른 대안을 찾아야 한다. 예를 들어 페이스북 최고경영자인 마크 주커버그와 애플 최고경영자인 스티브 잡스는 핑Ping에 대한 파트너십을 협의하는 데 18개월을 소비한 후 협상장을 떠났다. 협상이 결렬되자 스티브 잡스는 주커버그와 페이스북이 "우리가 합의할 수 없었던 부담스런 조건"을 갖고 있다고 말한 것으로 전해졌다.[5]

교섭잉여

교섭잉여bargaining surplus는 기준치 사이의 중복 부분이다. 이것은 교섭영역의 크기(이 장에서 말하는 '파이')를 말하며, 타결에 이르지 못하는 것에 비해 합의에 이르는 것의 가치가 그만큼 크다는 의미이다. 교섭영역이 작을 때 어떻게 합의에 이르는가를 아는 것이 유능한 협상자이다.

협상자잉여

앞에서 협상 결과는 교섭영역 내의 어딘가에 있다는 것을 알았다. 그렇다면 그 범위 내에서 무엇이 어느 특정 지점에서 합의가 이루어지도록 만드는가? 협상자는 가능하면 상대방의 기준치 근처에서 합의가 이루어지기를 원한다. 〈보기 3-1A〉에서 판매자는 14달러 근처에서 팔고 싶어 하며, 구매자는 11달러 근처에서 사고 싶어 한다. 협상자 입장에서는 상대의 기준치에서 합의를 유도하는 것이 경제적으로 성공적이다. 그렇게 되면 그는 파이의 대부분을 갖게 된다.

협상의 합의 결과와 협상자의 기준치의 차이를 **협상자잉여**negotiator's surplus라고 한다(〈보기 3-2〉 참조). 두 협상자의 잉여를 더하면 ZOPA의 크기,

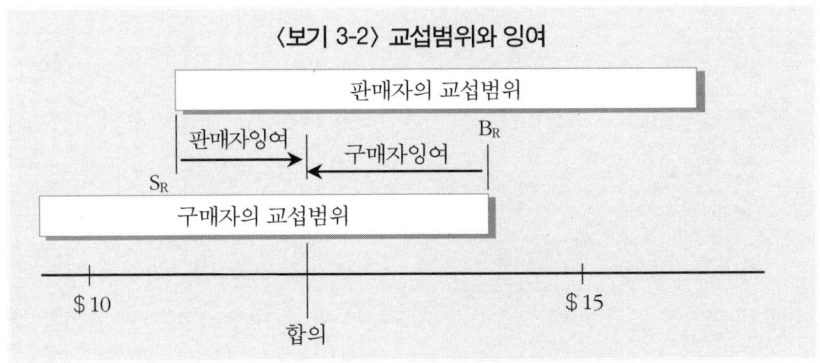

〈보기 3-2〉 교섭범위와 잉여

즉 교섭잉여가 된다. 협상자는 협상에서 잉여 부분을 극대화하기를 원하며, 잉여는 합의되지 않았을 때보다 더 많이 얻는 것을 의미한다.

합의가 ZOPA의 범위 내에서 이루어지지만 동시에 자신의 교섭잉여도 최대화하려는 것은 협상이 **혼합동기**mixed-motive를 가지고 있음을 보여주는 것이다. 즉 협상이 긍정적 교섭영역에 있으면 협상자는 합의를 위해 상대방과 협력하려 하는 한편, 교섭잉여를 서로 더 많이 차지하려고 경쟁하게 된다.

파이 나누기 전략

협상과 관련하여 가장 자주 제기되는 질문은 "어떻게 하면 교섭잉여를 더 많이 차지할 수 있을까?"이다. 예를 들면, 당신이 주택을 사려 하는데 판매자의 기준치가 25만 2,000달러라는 것을 알았다. 이 금액이 당신의 기준치보다 작다면 그 가격은 당신에게 이상적인 구입가격일 것이다. 그러나 말하기는 쉬워도 상대의 기준치를 알아내기란 쉽지 않다. 협상자들은 대부분 자신의 기준치를 결코 노출시키려 하지 않지만, 무심코 흘릴 수 있다. 라피아Raffia는 어떤 협상자가 상대의 기준치를 노골적으로 물어보는 재미있는 얘기를 인용하고 있다.[6]

"당신이 수용할 수 있는 최저가를 터놓고 얘기하시오. 그러면 나는 그 위에 얼마나 더 얹어줄 수 있는지를 생각해보겠소"라는 협상자의 말에 상대방은 이에 속지 않고, "당신이야말로 지불하고자 하는 최고가를 먼저 얘기해보시오. 그러면 우리가 얼마나 깎아줄 수 있는지를 생각해보겠소"라고 한다.

이 예는 협상의 진수를 보여준다. ZOPA가 플러스 영역이긴 하지만 동시에 가능한 한 많은 파이를 요구할 경우 사람들은 그들이 어떻게 최선을 다해 합의에 이를 수 있을까 하는 점을 보여주는 것이다.

또 다른 문제점도 있다. 누군가가 자신의 기준치를 노출한다 하더라도 상대는 이것이 진실인지를 확인할 방법이 없다. 사실 협상에서 가장 흔히 사용되는 구절은 "이것이 나의 최저선 bottom line 입니다!"일 것이다. 상대방이 기준치를 얘기할 때, 우리는 그 정보의 진위 여부를 결정해야 하는 딜레마에 빠지게 된다. 보통은 상대방의 기준치를 확인할 수 없기 때문에 협상자는 항상 정보 결핍 상태에 놓이게 된다. BATNA는 객관적 사실에 근거하지만 기준치는 주관적이기 때문이다.

기준치라고 하는 '개인' 정보가 본질적으로 확인 불가능한 것이라면 협상은 무의미한 것처럼 보인다. 다른 사람이 진실을 말하는지를 구별할 수 없다면, 의사소통은 무익한 것처럼 보인다(경제학자들은 그러한 논의를 공론空論, cheap talk이라고 부른다).[7] 그러나 연구에 의하면 공론도 의미가 있다.[8]

협상자가 자신의 기준치에 대해 상대방이 좀 더 확신을 가질 수 있도록 유도하는 경우도 있다. 예를 들어 차량 구입자가 적은 돈으로 동종의 차량을 구입할 수 있다는 것을 확인시키기 위해 판매자에게 옆 동네 판매상에게 전화해보라고 권하는 수도 있다. 비슷한 이유로, 자신에게 불리한 내용을 얘기하는 사람이 있다면 우리는 그것을 믿게 된다. 예를 들어 달리 살 사람이 없으므로 자신은 지금 팔 수 밖에 없다고 판매자가 얘기한다면, 그 말은 판매자의 이익에 역행하기 때문에 우리는 그 말을 믿게 될 것이다. 이러한 사실로부터 우리는 중요한 결론에 도달할 수 있다. 즉 자신의 기준치를 허위로 설명하는 것은 합의에 이르지 못할 부담도 있기 때문에 반드시 유리하다고 할 수는 없다. 예를 들어 당신이 최신형 아이팟iPod을 선물로 받았기 때문에 사용 중이던 아이팟을 판다고 가정하자. 당신은 50달러(통신서비스 관련 재판매업자가 제시한 가격에 기초한 기준치)에 팔려고 하지만, 되도록 100달러(목표치)를 받고 싶다. 당신은 목표 가격에 광고를 냈고, 구입 희망자가 전화하여 60달러를 제시했다. 당신이 구입 희망자에게 이미 70달러를 제안한 사람이 있다고 말했을 때(실제로는 없지만), 상대방이 그보다 더 좋은 BATNA를 가지고 있다면 그 거래는 무산될 것이다.[9]

파이를 나누는 것과 관련하여, 협상자는 자신의 기준치를 상회하는 선에서는 기꺼이 타결을 지어야 하며, 자신의 기준치보다 못한 제안에 대해서는 거부해야 한다. 그러나 사람들은 합의편향에 사로잡혀 자신의 BATNA보다 못한 결과에 합의하기도 하고, 오만 때문에 자신의 BATNA보다 나은 제안을 거절하기도 한다. 예를 들어 대부분의 파업은 그로 인한 손실을 입지 않고도 도달할 수 있었던 조건에서 결국 타결이 된다.[10] 그렇다면 비합리적으로 보이는 이러한 행동이 왜 발생하는가? 해답은 인식적 편향cognitive bias 또는 감정적 편향emotional bias에서 찾을 수 있다. 이 장의 마지막 부분에서 이를 좀 더 상세히 다루고자 한다.

만일 협상자가 아래에서 설명하는 열 가지 기본 전략을 잘 따른다면, 그들은 파이 나누기 능력을 향상시킬 수 있다. 이러한 전략이 반드시 적중한다고 보장할 수는 없지만, 좋은 충고는 될 것이다.

전략 1: 자신의 BATNA를 알고, 그것을 향상시키라

정말로 놀라운 일은 협상 시작 전에 '합의에 도달하지 못했을 때 택할 수 있는 최선의 대안BATNA'에 대해 생각해보지 않는 사람이 많다는 사실이다.

BATNA에 대해 생각해보는 사람들조차도 그것을 개선하려는 노력은 잘하지 않는다. 대부분의 BATNA에는 불확실성이 있다(제2장 참조). 그러나 이것이 자신의 BATNA를 평가해보지 않은 데 대한 변명이 되지는 못한다. 큰 파이를 얻기 위해서는 훌륭한 BATNA를 갖는 것보다 더 좋은 방법은 없다.

협상 전에 자신의 BATNA를 정확하게 평가하지 않는다면 상대방에게 영향을 받을 위험이 있다. 따라서 협상에 들어가기 전에 BATNA 개선에 상당한 시간을 할애하기를 권한다(제2장의 복수대안원칙을 상기하라).

전략 2: 당신의 기준치를 결정하되, 노출시키지는 말라

아무리 우호적인 상황이라도 협상과정에서 당신의 BATNA 또는 기준치를 노출시키지 말아야 한다. 만약 그렇게 한다면, 상대방은 당신의 기준치를 제안으로 낼 것이고, 협상잉여 중에서 당신 몫은 없게 된다.

우리는 아래와 같은 두 가지 상황에서만 진솔하게 기준치를 털어놓을 필요가 있다고 생각한다.

- 상황 1: 당신은 이미 협상시간을 많이 썼으며, 타결을 짓지 않은 채 협상을 중단하고자 한다. 그리고 당신은 그 협상의 교섭영역이 매우 작거나 또는 마이너스 상태라고 느끼고 있다.
- 상황 2: 당신은 훌륭한 BATNA를, 나아가 공격적인 기준치를 가지고 있다. 이 경우에 당신은 상대방이 당신의 기준치와 같거나 그것에 약간만 초과되는 요구만 하더라도 만족할 것이다. 이 경우 협상자들은 BATNA를 노출시킨다. TV 장기 방영물 블록버스터 재능 쇼 〈아메리칸 아이돌 American Idol〉에 심사위원으로 출연하며 독설가로 이름을 날리던 영국인 사이먼 코웰Simon Cowell은 2009년에 터무니없이 1억 800만 달러의 연봉 인상을 요구했는데, 처음엔 전혀 현실성이 없는 것처럼 보였다. 그러나 코웰은 〈아메리칸 아이돌〉 출연을 능가하는 다른 대안을 갖고 있었다.

그래서 다른 방송국 쇼 〈X요인X Factor〉이 그에게 출연제의를 했을 때, 그는 연봉 3,600만 달러를 받던 〈아메리칸 아이돌〉에서 떠나 그 제의를 받아들였다.[11]

이번에는 AOL이 자신의 BATNA에 관해 어떻게 사인을 보냈는지를 살펴보자. 유망한 닷컴 고객과 흥정을 하면서 AOL의 협상자는 다음과 같은 전략을 택했다. 파워포인트 화면에 고객의 경쟁회사 로고를 띄워놓으면서, 다른 설명회의 슬라이드가 실수로 섞였다는 듯한 시늉을 한 것이다. 그리고 AOL 대표는 당황하면서 사과를 했다. 그러나 그 실수는 AOL이 BATNA를 가지고 있다는 것을 알려주기 위한 의도적인 행동이었다.[12]

많은 협상자들은 상대방을 믿고 좋아하거나 상대방과 장기적인 관계 유지를 원하는 경우에는 자신들의 기준치를 그대로 밝힌다. 그러나 이것은 잘못된 판단이라고 생각한다. 협상자들은 BATNA를 밝히지 않으면서도 신뢰구축을 할 수 있는 많은 방법을 가지고 있다. 더욱이 BATNA 또는 기준치에 관한 정보를 밝히는 것은 파이를 늘리는 전략이 아니며, 그것은 협상 테이블에서 협상력을 감소시키는 결과를 초래한다.

우리는 협상자가 협상과정에서 자신의 BATNA 또는 기준치에 관해 거짓말을 해야 한다고 생각하지 않는다(제7장 참조). 더욱이 만일 당신이 기준치에 관해 거짓말을 한다면, 당신은 결과적으로 교섭영역ZOPA의 크기를 감소시키게 된다. 이는 교섭영역이 아주 작은 경우에는 마이너스로 변환될 수도 있다는 것을 의미하며, 당신의 거짓말이 자신을 난관에 빠뜨리게 된다. 그러한 상황에서 당신이 제안을 철회한다면 바보스럽게 보일 위험이 있기 때문에 체면을 유지하기가 쉽지 않다.

전략 3: 상대방의 BATNA를 연구하고 기준치를 예측하라

협상자는 상대방의 대안을 알기 위해 다양한 방법을 동원할 수 있다.

그러나 상대방이 그것을 노출시켰을 때는 조심해야 한다. 상대방이 협상 시작단계부터 BATNA를 공개하게 되면 협상자는 호혜원칙에 따라 요구를 덜 하게 되며, 진실한 정보를 알려주게 되고, 상대방이 BATNA를 밝히지 않았을 때보다 이익을 덜 보고서라도 협상을 타결 짓게 된다.[13]

전략 4: 높은 기대치를 가지라(현실적이되 긍정적이어야 한다)

당신의 기대치, 즉 목표치는 당신이 협상에서 얻기를 기대하는 것의 상한선을 의미한다. 당신은 결코 당신의 첫 번째 제안보다 많은 것을 얻을 수 없다. 따라서 당신의 첫 번째 제안은 협상의 가장 중요한 착점著點, anchor point이 된다. 36세의 숙련된 루마니아인 재봉사인 트라이언 리시뉴Trian Riceanu는 대부분의 고참 재봉사들 나이가 60세가 넘는 재봉계에서 자신의 기술이 꽤 뛰어나다는 것을 알았다. 이것이 그를 정통적으로 훈련받은 일류 재봉사들만 고용하는 시카고 소재 한 고급 양복점과의 임금협상에서 그의 기대치를 높였다. 그가 제시한 높은 임금이 수용되었다.[14]

라이파Raiffa에 따르면, 양측의 첫 번째 제안들이 교섭영역 내에 있는 경우, 최종결과는 그 제안들의 통계적 평균치가 될 가능성이 있다.[15] 그러나 비현실적인 제안을 하는 경우에는 이것이 적용되지 않는데, 이는 그 제안이 교섭영역을 벗어나 있기 때문이다. 우리는 한 연구에서 각 당사자가 제시한 첫 번째 제안을 그들의 기대치를 측정하는 척도로 사용했다.[16] 기대치 또는 목표치는 협상자의 '최종요구'를 결정하는 데 BATNA보다 더 유용하다고 할 수 있다.[17] 간단히 말하면, 기대치가 높은 협상자는 기대치가 낮은 협상자보다 큰 파이를 갖게 된다. 상대방의 기대치를 능가하는 기대치를 갖고 있는 협상자는 더 많은 교섭영역을 갖게 되기 때문이다.[18] 예를 들어 매력적이지 못한 기준치와 높은 기대치를 갖고 있는 협상자는 매력적인 BATNA와 낮은 기대치를 가지고 있는 협상자보다 실제로 상대방에게 더 많은 것을 요구한다. 따라서 협상의 기대치를 높게 설정하는 것이 좋다.

그렇다고 해서 터무니없는 것을 요구하라는 의미는 아니다. 만일 당신이 터무니없는 것을 요구한다면 인간관계를 망칠 수도 있다. 이것은 냉각 효과chilling effect로 알려져 있다. 전략적으로 당신의 첫 번째 제안을 상대방의 기준치보다 약간 벗어나게 한 다음에 흥정을 하면서 이것을 상대방의 기준치까지 올려가는 것이 효율적이다. 달리 말하면, 대부분의 사람들은 당신의 첫 번째 제안을 '즉시' 수락하지는 않겠지만, 그 제안이 그들의 기준치 내에 있다면 '결국에는' 그것을 받아들일 것이다.

도전적이며 달성하기 쉽지 않더라도 구체적인 목표를 설정하는 것이, 쉬워도 구체적이지 못한 목표를 설정하는 것보다 더 낫다.[19] 구체적이지 못하고 쉬운 목표를 가지면 쉽게 타협하게 된다. 높은 기대치를 세우면 협상에서 자신을 규제하는 효과가 있다. 협상자가 쉬운 목표를 부여받을 경우 새로운 목표는 더 어렵게 설정하는 경향이 있다. 하지만 그러한 노력이 있었음에도 그가 새로 세운 목표는 힘든 목표를 맡아온 협상자가 선택한 목표보다 훨씬 쉽다. 따라서 협상 초기에는 높고, 다소 어려운 기대치를 설정하는 것이 협상자의 이익에 부합한다. 높은 목표와 협력이 결합하면 가장 좋은 결과를 가져온다.[20]

협상자는 협상과정에서 자신의 목표에 초점을 맞춤으로써, 그가 궁극적으로 얻게 될 성과의 가치를 증대시킬 수 있다.[21] 마찬가지로 낮은 목표에 초점을 맞추는 협상자보다는 높은 이상에 초점을 맞추는 협상자가 파이 나누기도 더 잘한다.[22] 성취, 희망, 기대치에 초점을 맞추는 협상자들은, 경제 문제에 대한 주장을 계속 견지하면서 마이너스 결과를 피하는 데 초점을 맞추는 협상자들보다 더 높은 수준의 요구를 한다.[23] 그러나 이상에 초점을 맞추는 협상자는 기준치나 BATNA에 초점을 맞추는 협상자만큼 만족을 느끼지 못한다.[24] 이것은 목표설정 역설goal-setting paradox로 알려져 있다.[25] 따라서 목표에 초점을 맞추면 협상은 잘해나갈 수 있으나 만족도는 떨어지며, 반대로 기준치에 초점을 맞추는 협상자는 협상은 잘해내지 못하지만 더 큰 만족을 느낄 수 있다. 만일 협상자가 협상 후 자신의 BATNA를 생각해본다면 심리적으로 훨씬 더 좋은 기분을 느낄 수 있을 것이다.[26]

당신의 첫 번째 제안이 너무 후해서 상대방이 즉각 받아들이는 승자의 비극은 피해야 한다. 이것은 당신이 기대치를 너무 낮게 설정했다는 의미이다. 그리고 협상자는 불웨어리즘boulwarism으로 알려진 전략을 피해야 한다. 불웨어리즘은 제너럴일렉트릭의 전 회장 르뮈엘 불웨어Lemuel Boulware의 이름을 딴 것인데, 불웨어는 첫 번째 제안을 관철시켜야 한다는 믿음을 갖고 있었다. 당신이 예상하듯이 이 전략은 효과적이지도 않고, 때로는 상대방의 적개심을 불러일으킨다.

다른 충고를 하나 더 하면, 자신의 기준치에 심리적인 부담을 갖지 말아야 한다. 자신의 BATNA를 검토하고 적절한 기준치를 설정하도록 배운 협상자는 자신의 기대치 또는 목표치에 관해 생각하지 않는다. 결과적으로 기준치는 기대치에 대한 심리적 착점으로 작용하게 되어 대부분의 경우 사람들은 목표치를 높게 설정하지 않는다. 우리는 협상자가 자신의 목표를 결정할 때 '기준치의 몇 배'와 같은 방법을 사용하지 말 것을 권한다. 이것은 아무런 논리적 근거가 없기 때문이다.

전략 5: 먼저 제안하라(당신이 준비가 되어 있다면)

협상자는 상대방으로 하여금 먼저 안을 제시하도록 만들어야 한다는 말이 있다. 하지만 이 충고에 과학적 근거는 없다. 실은 첫 제안을 하는 쪽이 더 나은 최종 결과를 얻는다.[27] 첫 제안은 협상의 착점anchor point 역할을 하며

최종결과와의 상관계수는 0.85 이상이다.[28]

협상자가 첫 제안을 할 때 생각해보아야 할 몇 가지 요소가 있다. 가장 중요한 것은 첫 제안이 교섭영역을 벗어나서는 안 된다는 것이다. 두 번째는 많은 사람들이 첫 제안을 너무 높게 부르거나(물건을 파는 경우) 너무 낮게 부르는(물건을 사는 경우) 것이 상대방을 '모욕'하는 것이 아닌가 하고 우려한다는 점이다. 그러나 상대방에게 모욕이 된다거나 협상 분위기가 불편해질 것이라는 우려는 겉보기에만 그럴 뿐 실제로는 그렇지 않은 경우가 대부분이다. 상대방으로부터 극단적인 제안을 받았을 때도 사람들은 다른 사람들이 생각하는 만큼 그렇게 기분나빠하지 않는다.[29]

협상에서는 먼저 제안하는 것이 확실히 유리하다. 교섭영역 안에서 먼저 제안하는 경우, 이는 협상의 강력한 착점으로 작용한다. 맨해튼의 내과의사 숫자를 어림짐작하는 데 사회보장번호가 영향을 주었던 앞 장의 예를 다시 생각해보자. 그것은 자의적 기준으로부터 제대로 조정하지 못한 예이다. 먼저 제안을 함으로써 상대방의 제안을 먼저 들었을 때 갖게 되는 착점에 희생되는 것을 방지할 수 있다. 먼저 제안하는 것은 상대방이 역제안을 하는 데에서 착점으로 작용한다.

첫 제안을 어디에서 어디까지의 사이라고 하는 범위의 형태로 제시해서는 안 된다. 고용주는 채용하고자 하는 사람과의 임금 협상에서 자주 급여의 희망범위를 말해보라고 한다. 이러한 미끼에 걸려들어서는 안 된다. 범위를 얘기함으로써 당신은 귀중한 협상의 기본을 포기하는 것이다. 상대방은 그 범위의 최저선을 당신의 목표치로 생각할 것이며, 그 최저선의 아래쪽으로 협상이 진행될 것이다. 범위를 제시하라는 상대방의 요구에 대해서는 만족도가 비슷한 제안들을 몇 가지 복수로 제시하는 것이 좋다.

제안을 먼저 하는 문제와 관련하여 한 가지 더 살펴보자. 상대방에게 제안을 했다면, 당신은 상대로부터 대답이나 역제안을 기대하겠지만 대답이 없는 경우도 있다. 때에 따라서 인내와 침묵은 중요한 협상 수단이다. 따라서 상대방의 침묵을 제안에 대한 거부의사로 해석하지 말아야 한다. 협상자들은 많은 경우 상대가 대답이나 역제안을 하기도 전에 앞서서 '시기상조'의 양보를 하는데, 그러지 말고 항상 상대방의 대답을 기다려야 한다. 애틀란타의 수석코치이며, 재취업 주선 카운슬러였던 루이스 크래비츠Lewis Kravitz는 협상에서는 침묵할 줄도 알아야 하며 인내심을 가져야 한다고 충고를 한다. 어떤 팀에서 방출된 한 젊은 선수가 절망 속에서 다른 팀과 계약하면서, 기존 연봉에서 2,000달러가 삭감된 2만 8,000달러에 응하겠다고 크래비츠에게 말해왔다. 크래비츠는 그에게 협상 테이블에서는 아무 말도 하지 말고 상대방이 먼저 제안을 하도록 하라고 충고했다. 인터뷰에서 상대방은 3만 2,000달러를 제시했으며, 그 젊은 선수는 놀란 나머지 아무 말도 못 했다. 고용주는 그 침묵을 불만으로 생각하여, 즉석에서 연봉을 3만 4,000달러로 올려서 제안했다.³⁰

전략 6: 상대가 제안을 먼저 하면, 즉시 재착점再着點, reanchor을 시도하라

상대방이 먼저 제안을 한다면, 공은 당신에게 넘어와 있는 셈이다. 이때 적절히 역제안을 하는 것이 현명하다. 첫 제의를 수락하는 것은 어리석은 일이다. 자신의 첫 제의를 상대방이 받아들일 경우 그는 자기에게 더 유리한 제의를 할 걸 하며(즉 다른 제의를 해도 되었을 걸 하며) 사실과는 반대되는 생각을 하게 되고, 첫 제의를 즉각 받아들이지 않는 협상자에 대해서보다 덜 만족해한다.³¹ 온라인 자동차 구매 웹사이트인 카우CarWoo는 익명으로 자동차 대리점과 신차 구입을 교섭하는 경우의 협상법을 소비자들에게 지도하고 있다. 카우는 구매자에게 역제의를 하도록 권한다. 이런 방식으로 처음 자동차를 구매하는 어떤 사람은 당초 가격이 5만 7,000달러인 신형 BMW 355is 쿠페를 5만 3,780달러에 사겠다고 제의하여 5.4% 인하된 가격으로 살 수 있었다.³²

역제의는 두 가지 일을 한다. 첫째는, 상대방의 첫 번째 제안의 착점 의미를 감소시킨다. 둘째는, 상대방에게 기꺼이 협상하겠다는 의사를 표시하는 셈이 된다. 당신이 상대방의 제안을 듣기 전에 자신의 제안을 구상해놓는 것은 중요하다. 그렇지 않으면 당신은 상대방의 제안에 휘둘릴 위험에 처하게 된다. 어떤 연구조사에 의하면, 협상 양 당사자 중 한편에게는 상대방에게 제안을 받으면 그 제안이 옳지 않다는 것을 보여주는 정보에 초점을 맞추는 것이 좋다는 충고를 하고, 다른 한편에게는 그러한 충고를 하지 않은 상태로 결과를 살펴보았다고 한다.[33] 결과는 어떻게 될까? 상대방의 BATNA나 기준치, 심지어는 목표에 대해서까지 완벽하게 미리 생각해두면 상대방의 제안이 당신에게 별 영향을 미치지 않게 된다. 무엇보다도 당신의 BATNA와 목표를 상대방의 제안에 따라서 조정하지 말아야 한다. 상대방의 제안에 좌지우지되지 않는 것이 아주 중요하다. 효율적인 역제안은 상대방의 제안을 협상의 판단 참고치로부터 멀리 떨어뜨릴 수 있다.

전략 7: 양보할 것도 미리 구상해놓으라

양보란 협상과정에서 협상자가 자신의 목표치를 낮추는 것이다. 협상자들은 대부분 협상과정에서 양보를 염두에 두고 있다(한 가지 예외가 있다면, 앞서 설명한 불웨어리즘으로 알려진 협상방식을 들 수 있다). 역제안과 양보를 고려하려면 ① 양보 방식, ② 양보의 크기, ③ 양보 시점을 검토해야 한다.

- 양보 방식

양보에는 어느 한편만이 양보하는 일방적 양보와 양측이 서로 양보하는 쌍방 양보가 있다. 미시간 대학의 경영대학원 명칭 작명권을 두고 협상과정에서 이루어진 일방적인 양보의 경우를 살펴보자. 일부 동문들은 자신의 이름을 따서 작명되기를 바라는 마음에서 모교에 수백만 달러를 기부한다.

부동산 개발업자인 스티븐 로스Stephen Ross는 경영대학원 원장에게 처음에 5,000만 달러를 제시하며 자신의 이름을 따서 대학원 명칭을 지어달라고 제의했다. 원장은 그 제의를 거절했다. 그러나 로스는 즉각 양보하여 두 배인 1억 달러를 제시하여 작명권을 획득했다.[34] 여기서 떠오르는 한 가지 의문은 로스가 그보다 적은 금액을 했다 해도 역시 작명권을 획득할 수 있었을까 하는 점이다. 더 적은 횟수로 더 작은 양보를 하는 협상자들이 더 잦은 횟수로 더 많은 양보를 하는 협상자들에 비해 자기들의 파이 몫을 최대화한다.[35] 양보는 대가로 주는 것이며 이는 양쪽 협상 당사자들 간에 서로 주고받음을 의미한다는 것은 거의 보편적인 규범이다. 사람들은 자신의 양보에 대해 상대방이 양보로 대응해오기를 기대한다. 그러나 협상하는 사람은 한 번에 한 가지 이상을 양보해서는 안 된다. 추가 양보를 하기 전에 상대방의 양보를 기다려야 한다. 상대방의 제안이 자신의 기준치에 근접한 경우는 예외이다.

- **양보의 크기**

협상자 간에 양보를 주고받았다 할지라도 이것이 양보의 크기와는 관계없다. 따라서 양보를 할 때는 얼마만큼 양보할 것인가를 다시 생각해보아야 한다. 양보의 크기는 이전에 했던 양보에서 축소되거나 추가된 정도로 측정할 수 있다. 상대방보다 언제나 크게 양보하는 것은 현명하지 못한 행동이다.

타결영역 내에서 합의에 도달하기 위해 갈등이 증폭되는 것을 피하기 위한 방법으로 **긴장점감**graduated reduction in tension; GRIT 모델이 있다.[36] 상호주의 원칙에 기초한 GRIT 모델은 일방이 양보를 하고 나서 상대에게도 이에 호응하여 양보를 요청하는 모델이다. 먼저 양보를 하는 것은 의미 있는 일이긴 하지만, 상대방이 호응하지 않는다면 먼저 제안한 측은 엄청나게 불리해진다.

협상에서 시점에 따른 양보(예를 들어 미리 양보하는 것과 나중에 양보하는 것)에 대한 조사가 있다.[37] 그 조사에서는 검은 모자 / 흰 모자BH/WH 협상자들을 흰 모자 / 검은 모자WH/BH 협상자들과 비교했다. BH / WH 협상자들은 초기에는 거의 양보를 하지 않고 완강한 입장을 취하다가 나중에 많은 양보를 하는 사람을 말한다. WH / BH 협상자들은 그 반대로 처음에는 너그럽게 양보하다가 나중에는 완강해져서 결코 양보하지 않는 사람을 말한다. BH / WH의 양보 전략이 상대방으로부터 양보를 끌어내는 데는 WH / BH의 전략보다 훨씬 효과적인 것으로 나타났다. 왜 그럴까? BH에서 WH로 전환하는 것이 받는 사람에게 훨씬 호의적인 느낌을 준다. BH와 흥정했던 사람들은 WH와 흥정하면서 훨씬 안도감을 느낀다.

- **양보 시점**

양보 시점은 양보가 즉각적인지 점진적인지 또는 지연되고 있는지를 의미한다.[38] 구매자와 판매자 간 협상에서 판매자가 즉각적으로 양보할 때 구매자의 반응이 가장 부정적이었는데, 구매자는 그런 판매자에게 불만을 느낄 뿐 아니라 구매한 물건 자체에도 부정적 생각을 갖게 되었다. 이와 대조적으로 판매자가 점진적으로 양보를 했을 때 구매자의 반응은 긍정적이었고 만족감도 높았다.

전략 8: 제안을 뒷받침하기 위해 객관적인 근거를 사용하라

제안을 하는 방식이 협상의 진행에 영향을 준다. 객관적으로 보이는 논리를 제시하고, 상대방이 당신의 논리에 수긍하도록 설득하라. 당신의 제안이 '공정'하다거나, '균등하게 나누어'졌다거나, '타협적'이라고 불린다면, 그 영향력은 훨씬 크다. 스콧 보라스는 미국에서 가장 높은 연봉을 받는 많은 야구 선수들의 대리인이다. 보라스가 구단본부를 찾아가 어떤 선수에 대해 일정한 액수의 연봉을 요구하면, 그것이 거의 항상 그 선수에 대한 정상 시장가격이 된다. 객관적 근거를 중시하는 보라스는 외부에 잘 알려지지 않은, 선수들의 팀 기여도 차트가 든 각 선수들의 성취도를 기록한 책 크기의 바인

더를 갖고 다니는 것으로 알려져 있다. 실적에 근거한 요구를 함으로써 그는 슈퍼스타 알렉스 로드리게스의 10년간 연봉 계약을 총 2억 5,200만 달러로 만들었다.[39] 이론적 근거를 제시할 때 그것이 논리적으로 반드시 타당할 필요는 없다. 사람들이 복사기를 사용할 때 종종 남보다 먼저 사용하기 위해 새치기 협상에 성공하는 비율을 연구한 논문이 있다.[40] 이론적 근거를 제시하지 않고 새치기를 하는 사람들의 성공률은 60%였지만, 논리적 근거를 제시한 사람들의 성공률은 94%였다. 흥미로운 것은 말도 안 되는 논리를 제시한 사람들(예: 나는 복사본이 필요하기 때문에 새치기를 한다)마저도 성공률이 93%로 나타났다.

전략 9: 공정성 규범에 호소하라

공정성 규범은 다양하게 존재하는데, 협상자는 보통 자신의 이익에 부합하는 공정성 규범에 초점을 맞춘다.[41] 공정성은 상대와의 협상전략으로 사용될 수 있는 임의의 개념이며, 상대방이 이쪽의 이익과 부합치 않는 공정성 논리를 전개한다면 이에 논리적으로 맞설 수 있어야 한다. 유나이티드 에어라인이 노조와 협상할 때 각각 공정성 기준을 달리 제시했던 사례를 살펴보자. 2005년에 노조는 임금, 사회보장 급부금, 수당 등에서 연간 12억 달러 이상을 양보했다. 하지만 2010년에 유나이티드와 콘티넨탈 항공이 합병하여 미국에서 두 번째로 큰 항공사가 되어 수년 만에 처음으로 흑자를 보았을 때, 노조는 협상을 통해 계속 더 큰 파이 조각을 요구했다. 반대로 항공사 측은 국내항공사업 이익 폭이 2010년 상반기에 겨우 1.1%였다고 주장했다.[42]

전략 10: '균등분할'이라는 미끼에 넘어가지 말라

협상에서는 양쪽의 제안을 '균등분할'하는 경우가 자주 있다. 똑같이 나눈다는 개념은 호소력이 있으며 이타적인 느낌을 준다. 그렇다면 균등분배의 문제점은 무엇일까? 그것이 자의적으로 설정한 가치라는 점이다. 자동차 구입의 예를 들어보자. 자동차를 흥정하면서 당신이 처음에 3만 3,000달러, 그다음에 3만 4,000달러, 마지막으로 3만 4,500달러를 제시했고, 자동차 판매상은 처음에는 3만 5,200달러, 그다음에는 3만 5,000달러, 마지막으로 3만 4,600달러를 제시했다고 하자. 그 판매상은 차액을 균등분할하는 것이 '공정'하다고 주장하면서 3만 4,550달러로 타결 짓자고 제안할 것이다. 그러나 그 상황까지의 협상 진행을 '균등'하다고 할 수 있는 근거는 없다. 당신은 1,500달러를 양보했고, 판매상은 600달러를 양보했다. 또한 서로 똑같은 양을 양보했다 할지라도 그 중간가격이 반드시 '공평한' 가치라고 말할 근거도 없다. 협상자는 초기가격을 높게 부르고 양보는 조금 해야 한다. 자기가 유리한 위치에 있는 사람들이 주로 균등분할을 제안한다. 균등분할을 수락하거나 제안하기 전에 협상 시작 때의 착점이 자신에게 유리한지 확인해야 한다.

 흔히 나오는 질문들

나의 기준치를 밝혀야 합니까?

당신의 기준치가 매우 양호하거나 타결영역이 매우 좁다고 생각하는 경우가 아니라면, 기준치를 밝히는 것은 좋은 전략이 아니다. 어떤 협상자들은 자신이 신의성실의 자세로 교섭을 하며 상대에 대한 신뢰를 드러내기 위해 자신의 기준치를 밝힌다. 이러한 협상자들은 상대방도 마찬가지로 우호적으로 행동하며 이 정보를 이용하여 부당한 이득을 취하려 하지 않을 것으로 믿는다. 그러나 당신이 기준치를 드러내지 않고서도 상대방과 신뢰를 쌓을 방법은 많다. 예를 들어 당신이 필요로 하는 것과 상대방의 관심사를 명시적이고 진실하게 표현할 수 있다. 협상의 목적은 당신의 협상잉여를 극대화시키는 것이다. 당신의 기준치를 노출시켜 상대방에게 신뢰를 과시하고, 결국은 상대방과의 이해충돌을 초래할 필요는 없다.

상대방에 관한 가장 가치 있는 정보는 기준치이다. 그것을 알게 되면 상대방의 기준치를 약간 넘는 제안을 함으로써 당신이 교섭잉여의 대부분을 차지할 수 있다. 그러나 상대방도 당신만큼 현명하므로 자신의 기준치를 밝히지 않을 것이며, 반대로 당신이 기준치를 노출시킨다면 상대방이 교섭잉여의 대부분을 차지하게 된다.

나의 기준치에 대해 거짓말을 해야 하나요?

기준치를 노출하지 않는 것이 유리하다면, 자신의 기준치를 거짓 설명하거나 과장하면 더 유리해지지 않을까? 그러나 거짓말하는 것은 다음의 세 가지 이유 때문에 좋은 방법이 아니다.

첫째, 거짓말은 비윤리적이다. 협상에서 비윤리적으로 간주되는 다섯 가지 유형이 있는데, 전통적 유형인 경쟁적 교섭(예: 과장된 제안이나 요구를 하는 것), 상대방에 대한 인신공격(예: 상대방이 해고되도록 하겠다거나 상대방을 바보로 만들겠다고 위협하는 것), 거짓 설명이나 속이는 행위(예: 상대방이 정확한 정보를 가진 경우에도 당신의 협상력 약화를 우려하여 그 정보의 진실성을 부인하는 것), 정보를 잘못 활용하는 것(예: 부적절한 정보 수집), 그리고 거짓 약속을 하는 것(예: 당신이 지키지 않을 약속을 하거나, 당신이 대표하는 기관이 타결내용을 지키지 않을 것을 알면서도 약속하는 것)이 그것이다.[43]

일상생활에서 사람들의 자기중심주의 성향과 거짓말에 대해 조사한 바에 의하면, 조사 시점에서 지난 10주일 동안에 상대방이 거짓말을 했다고 믿는 사람은 응답자의 40%인 반면, 자신도 거짓말을 했다고 인정하는 사람은 22%에 지나지 않았다. 이러한 자기중심적 인식은 종종 협상과 관련하여 법정소송을 가져온다. 뱅크 오브 아메리카BOA가 1억 5,000만 달러를 미국증권거래위원회SEC에 지불하기로 합의를 본 후, 2008년에 메릴린치 인수를 서두르기 위해 주주들을 기만했다 하여 고발당했다.⁴⁴

상대방이 자기들을 기만한 것으로 속단하는 협상자들도 있다. 예를 들어 미식축구연맹NFL의 뉴욕 자이언츠 구단주인 존 마라John Mara는 자기는 총액연봉상한제를 그대로 둔 채 이번 NFL 시즌을 치른다고 말했다. 그간 선수들과 구단주 측은 최종시한을 한 달 반 남기고 협상을 완결시키기 위해 노력해왔는데 허사가 된 것이다. NFL 선수단 노조는 거짓 협상을 하고 있다면서 구단주들을 비난했다.⁴⁵ 또 다른 경우를 보자. 뉴워크 경찰관 167명의 실직을 막으려는 협상이 그들을 구하기 위한 임시 급료 삭감액 950만 달러가 실질적으로 합의를 한 금액이냐를 둘러싸고 현지 경찰관 공제조합과 두 사람의 이사들 사이에 벌어진 갈등으로 결렬됐다.⁴⁶ 이 각각의 사례에서 협상자들 대부분은 자기 잇속만 차리는 것처럼 보였다.

스포츠 세계에서 벌어진 기만의 또 다른 경우를 보자. 2009년에 피츠버그 파이어러츠 야구클럽은 주전선수 중 두 명과의 연봉협상에서 강경한 자세를 보였다. 팀은 프레디 산체스(다음 시즌에 1,000만 달러로 협상)와 잭 윌슨(2년 동안 800만 달러로 협상)에게 이것이 마지막 제의이며 싫으면 떠나도 좋다고 말했다. 그러나 두 선수는 그 '마지막' 제의를 거부했다. 파이어러츠는 즉각 그 제의마저 거두어들이고 1주일 이내 두 선수를 다른 팀으로 트레이딩 했다. 산체스의 에이전트인 폴 코브Paul Cobbe는 이 처사를 보고 이렇게 말했다. "이 시나리오는 수정제안을 염두에 둔 것이 아니다. 내가 이해하기로 그들은 자기들이 매우 강력한 제안이라고 생각한 것을 우리들에게 제시했으며, 어떤 중대한 변화가 일어날 여지는 없다."⁴⁷

만약 당신이 당신의 대안에 대해 거짓말을 하고, 상대방이 당신 마음대로 하라는 식으로 나온다면, 무슨 낯으로 협상을 계속할 수 있겠는가? 실제로 협상에서 가장 흔한 거짓말은 "이것이 나의 마지막 제안입니다"라는 말일 것이다. 그러한 말을 한 후에는 협상을 계속하고 싶어도 할 수 없는 난처한 상황에 처하게 된다. 당신 스스로를 코너에 몰아넣지 말라.

둘째로, 거짓말은 당신의 명성에 손상을 입힌다. 기업에 종사하는 사람들에 대한 평판은 이메일, 전화, 그리고 입을 통해 신속히 확산된다. 일단 터프하다는 평판이 생기면 사람들은 당신과의 협상에서 강경하게 나서며, 결국 당신은 원하는 바를 얻기 어려워진다. 기만적인 '공론空論'이 상대에게 들키면 협상에 부정적인 영향을 미친다.[48] 즉 당신에게 속았다는 것을 알게 되면 상대방은 비싼 대가를 치르더라도 당신을 응징하려 할 것이다. 앞서 얘기한 페이스북 분쟁의 사례가 바로 그러하다. 경험 있는 협상자들은 많은 것을 얻어내기는 하지만, '마구 벌인다'는 평판이 난 경우에는 그렇지 못하다.[49] 자신의 양보 기준치를 거짓으로 얘기하는 것은 아주 어설픈 전략이다.

상대방이 자신의 양보 기준치를 혼동하도록 유도해야 할까요?

아마도 아닐 것이다. 상대방도 당신처럼 이성적이고 지적이며, 의욕이 있고 정보도 많다고 가정하면, 그는 이미 잘 알려져 있는 이러한 협상전략에 말려들지 않을 것이다. 그러한 시도는 상대방으로 하여금 자신의 입장에 더욱 집착하도록 만들어, 당신은 역풍을 맞게 될 것이다. 또한 당신도 상대방이 유사한 전략을 사용하는 것을 원치 않을 것이며, 당신도 상대방의 그러한 전략에 넘어가지 않을 것이다. 그렇다면 그들이라고 당신의 그러한 전략에 넘어가겠는가?

어떤 사람은 "이 집을 우리에게 팔지 않으면 다른 원매자가 없을 것"이라거나, "10년 후 내가 억만장자가 되고 나면, 이 회사를 사지 않았던 것을 후회할 것"이라는 등의 겁주는 전략을 사용한다. 2009년에 마이크로소프트 사의 최고경영자인 스티븐 발머Steven Ballmer는 만약 버락 오바마 대통령이 해외에서 벌어들인 미국회사들의 수익에 대해 세금인상을 획책한다면, 자기는 일부 종업원들을 해외로 이동시키겠다고 위협했다. 오바마는 10년 동안 거의 1,900억 달러에 이르는 세금우대조치를 금지하거나 제한하자고 제안했다. 발머가 위협을 한 후인 2010년 말에 미국 상원에서 "미국인 일자리 창출 및 해외업무위탁 종료 법안'이 폐기되었다.50 하지만 겁주는 전략은 항상 효과적이지는 않을 것이다.

'최종제안' 등의 표현을 사용해서 단호하게 입장을 밝혀야 합니까?

"이것이 나의 마지막 제안이요"라는 말은 협상의 마지막 순간에 나와야 효과적이다. '최종제안'이라는 말은 그것이 받아들여지지 않으면 협상 테이블에서 걸어 나갈 준비가 되어 있을 때 하는 말이다. 물론 상대방의 제안이 당신의 BATNA에 미치지 못할 때는 협상 테이블에서 걸어 나가야 한다. 그러나 단호하게 자기 입장을 천명함으로써 상대방을 윽박지르는 것은 위험한 행위이다. 우선, 실제로 지킬 수 있는 단호한 입장을 천명하기가 그다지 쉬운 일은 아니다. 캐나다의 뉴펀드랜드와 래브라도 지방정부 총리인 대니 윌리엄스Danny Williams가 엑슨 모빌에 으름장을 놓은 일을 살펴보자. 윌리엄스는 수십억 달러에 이르는 헤브론 연안의 유전광구를 석유회사들과 협상하고 있었는데, 그의 기본 입장은 뉴펀드랜드 주민들에게 적절한 혜택이 돌아가는 결과를 도출해내는 것이었다. 그는 그런 입장을 분명히 하며 석유회사들을 몰아세웠다. "그럼 좋아요. 다른 곳에 가보시오. 우리는 우리의 석유를 지킬 테니까." 결국 엑슨 모빌과 셰브론은 윌리엄스에게 굴복하고 그 조건을 받아들였다.51 이 상황에선 그의 협박이 먹혀들었다. 그러나 다른 상황에선 엘프Yelp사의 경우처럼 협박은 통하지 않는다. 2009년에 구글과 야후는 각각 인기 있는 리뷰 사이트인 엘프 인수에 나섰다. 구글은 엘프에 5억 달러를 제시했지만, 야후는 거의 7억 5,000만 달러에 달하는, 재정적으로 더 매력적인 제안을 했다. 엘프의 협상자들은 구글에게 그들이 야후로부터 훨씬 유리한 제안을 받았다고 말했다. 그러나 구글은 완고하게 버티며 야후의 가격보다 더 높은 가격을 제시하려 하지 않았다. 그런데 엘프는 야후와 거래를 할 마음이 없었다. 엘프의 간부들이 야후 사람들과는 서로 잘 맞지 않는다고 생각했기 때문이다. 그래서 엘프는 거래도 성사시키지 못하고 자금도 손에 넣지 못하고 말았다. 근본적인 메시지는, "당신들이 거래를 포기해도 괜찮을 입장이 아니라면, 그 제의를 거절하지 말라"이다. 엘프는 거래를 포기해도 괜찮을 입장이 아니었다.[52]

 체면 유지

협상에서 '체면 유지'는 "개인의 가장 성스러운 영역이다."[53] '체면'은 이미지, 명성, 그리고 협상에서 상대와 비교한 지위에 대해 스스로가 부여하는 가치를 말한다. 협상에서 직접적으로 상대의 체면을 손상시키는 예로는 최후통첩 발언을 하거나, 비난을 하거나, 대들거나, 상대를 모욕하는 것 등이 있다. 종종 단순히 청중이 있다는 것만으로도 협상자에게 '체면 유지'는 매우 중요하다. 협상에서 체면이 손상되면 행동이 균형을 잃고 협력적인 분위기가 경쟁적인 것으로 바뀌어서, 결국 파국에 이르러 양쪽 모두에게 불리한 결과를 가져온다.

체면 손상에 얼마나 민감한지는 사람에 따라 다르다. 협상자의 체면 손상 민감도face threat sensitivity, FTS는 체면 손상에 대해 적대적인 반응을 나타낼 가능성을 말한다.[54] FTS가 높은 사람은 작은 체면 손상에도 민감하게 반응한다. 그의 감정은 분노와 좌절에서 배신과 비애에 이르기까지 광범위하다. 결국 그는 상대방을 믿지 않고 정보 공유를 거부하게 된다. 우리는 협상에서 FTS가 협상자의 행동과 협상결과에 미치는 영향을 측정했다.[55] 협상자들에게 얼마나 쉽게 기분이 상하는지, 얼마나 민감한지, 그리고 비판에 어느 정도 대응하지 않는지 등을 물었다. 물건을 사고파는 경우, 판매자가 높은 FTS를 가지고 있으면 윈-윈 합의는 거의 일어나지 않는다. 더구나 고용협상에서 구직자의 FTS가 높다면 그가 윈-윈 거래를 성공시킬 가능성은 매우 낮다.

상대방의 체면을 세워주는 가장 좋은 방법은 상대방의 체면이 손상되었다는 생각을 입 밖에 내지 말아야 한다. 만약 상대방이 '이게 마지막 제안'이라는 식으로 되돌릴 수 없는 입장표명을 하면 다음과 같이 대응해야 한다. 우선 흥분 상태에서 상대가 한 말을 인정하지 않는 태도를 취할 수 있다. 즉 '이게 당신의 최종제안이라면 다 끝난 일'이라는 말 대신에 '당신의 제안을 생각해보고 나중에 나의 입장을 알려주겠다'는 식으로 대응할 수 있다. 상대방 제안이 최종임을 인정하지 않음으로써 나중에 협상을 재개할 수 있는 길을 열어둘 수 있다. 1985년 미국과 소련 간에 있었던 제네바 정상회담이 몇 시간 진행된 후 고르바초프가 "우리는 난관에 봉착한 것 같다"고 말하자, 회담장에는 긴장감이 감돌았다.[56] 레이건은 그의 말을 받아들이지 않고, 즉시 휴식을 요청하면서 밖으로 나가 산책을 하자고 제안했다. 이 제안은 고르바초프가 다시 회담에 임하는 데 결정적인 기여를 했다. 고르바초프는 "신선한 공기는 신선한 생각을 가져올 수도 있습니다"라고 말했고, 레이건은 "우리는 둘이 함께 갈 수 있는 길을 찾아낼 수 있을 것입니다"라고 대응했다.[57]

또 한 가지 방법은, 협상 조건을 피상적으로 조정하여 상대의 체면을 유지시켜주는 것이다. 이에 관한 좋은 예로 제너럴모터스와 캐나다 자동차 노조 간의 파업협상을 들 수 있다. 노조는 임금인상을 고집했고, GM은 경기 후퇴를 우려하여 이익을 배분하되 임금은 낮은 수준으로 유지하려고 했다. 이 문제는 기본급은 낮은 수준으로 유지하되 실적급을 지급하는 방식으로 해결되었다.[58]

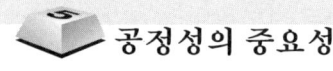 ## 공정성의 중요성

공정성은 기업에서부터 개인 관계에 이르기까지 사회생활의 구석구석 여러 측면과 관련이 있다.[59]

공정분배의 다양한 원칙

협상자들은 파이를 배분할 때 종종 평등, 형평, 필요라는 세 가지 원칙 중 하나를 사용한다.[60]

1. **평등 원칙** equality rule은 맹목적 정의라고도 부르는데, 모든 사람들에게 똑같이 나누어주는 것을 말한다. 노력에 관계없이 성과가 배분되며, 모든 사람들은 동일한 혜택(또는 고통)을 받게 된다. 미국의 법체계는 평등 정의의 좋은 예이다. 대학에서 모든 학생들은 의료 서비스나 구직 서비스에서 똑같은 권리를 갖는 것도 그 예이다.
2. **형평 원칙** equity rule이란 개인별 기여도에 비례해서 분배해야 한다는 원칙이다. 미국의 자유시장제도가 좋은 예이다. 대학에서의 예로는 학점을 더 많이 이수한 학생들에게 유리한 수강신청 자격을 부여하는 제도를 들 수 있다.•
3. **필요 원칙** needs-based rule은 필요에 비례하여 혜택이 부여되어야 한다는 주장이다. 미국의 사회복지제도는 이러한 원칙에 기초하고 있다. 많은 대학이 필요를 기준으로 재정지원을 하는 것도 좋은 예이다.

• 이수 학점이 많은 학생들이 수강신청을 먼저 하고, 자리가 남으면 다음 순번의 학생들이 수강신청을 한다. 고학년들에게 과목선택의 폭을 넓혀주어 졸업에 차질이 없도록 하기 위함이다.

공정성 원칙은 상황에 따라 다르다

상황에 따라 상이한 공정성 원칙이 적용된다.[61] 예를 들어 사람들은 대부분 법정이나 형사재판 제도는 평등 원칙에 기초해야 한다고 믿고 있다. 즉 모든 사람은 소득 또는 필요와 관계없이 평등하고 공정한 재판을 받을 권리를 가져야 한다는 것이다(평등 원칙). 이와 대조적으로 사람들은 또 학점은 형평에 기초하여 매겨져야 하고, 기여도가 큰 학생은 더 높은 점수를 받아야 한다고 생각한다(형평 원칙). 마찬가지로 대부분의 사람들은 장애자들이 주차장이나 건물에 좀 더 쉽게 접근할 수 있는 권리를 가지고 있다고 생각한다(필요 원칙). 그러나 때때로 격렬한 논쟁이 일어난다. 어떤 이는 역사적으로 불이익을 받아온 사람들에게 평등한 기회를 부여하는 것이 중요하다고 생각하며, 다른 이들은 완전한 형평에 기초하여, 즉 공적에 따라 혜택을 주어야 한다고 주장한다.

협상에서 어떠한 공정성 원칙을 적용할 것인가는 목표에 따라 정해진다.[62] 예를 들어 우리의 목표가 낭비를 최소화하는 것이라면 필요에 기초한, 즉 사회보장적인 정책이 가장 적합하다.[63] 우리의 목표가 화합과 단결을 유지하고 증진시켜나가는 것이라면, 평등원칙이 가장 효율적일 것이다.[64] 우리의 목표가 생산성을 높이고 실적을 올리는 것이라면 형평에 기초한 배분이 가장 효율적일 것이다.[65]

마찬가지로 협상자와 상대방의 관계도 공정성 원칙의 선택에 영향을 준다. 협상자들이 비슷한 믿음을 가졌을 때, 서로 가까이 살 때, 또는 앞으로도 서로 지속적으로 접촉할 것 같을 때, 그들은 평등 원칙을 선호한다. 그리고 분배가 공개적일 때, 즉 어떠한 선택이 이루어졌는지를 알 경우에는 평등 원칙이 적용되며, 분배가 비공개로 이루어질 경우에는 형평 원칙을 선호하게 된다. 친구들 사이에서는 평등 원칙을, 잘 모르는 사람들 사이에서는 형평 원칙을 적용한다.[66] 더욱이 상대방과의 관계에서 사람들은 일관되게 한 가지 공정성 원칙을 적용하는 것이 아니라 인간관계에 따라 다양하게 공정성 원칙을 적용한다. 예를 들어 사람들에게 평등, 형평 또는 필요 원칙의 적용에 대해 설명하라고 하면, 그들은 필요에 기초한 공정성은 보육이나 개인발전과 관련이 있지만, 형평과 평등에 기초한 공정성은 책임 배분과 관련이 있다고 대답할 것이다.[67] 일반적으로 의사결정이나 협상상황에서, 그리고 상대방에 대해 좀 더 긍정적인 느낌을 가지고 있을 때 평등 원칙을 파이 나누기에 적용한다.

또한 공정성 원칙은 보상이나 비용 중 어느 것을 다루는지에 따라 차이가 난다(제2장의 프레이밍 효과 참고). 평등은 혜택을 배분하는 데 사용되지만, 형평은 일반적으로 부담을 배분하는 데 사용된다.[68] 두 동업자 간에 이윤을 나누기 위한 협상의 예를 들어보자.[69] 그들이 사업에서 총 3,000GL(가상적 화폐단위)의 수입을 올렸고, 또 각각 1,350GL의 비용을 소모했다면 각자의 최종이익은 자신에게 배분된 수입에서 1,350GL을 차감한 잔액이 될 것이다. 이번에는 손실을 나누는 상황을 가정해보자. 그들은 각각 1,650GL을 투자했고 다른 조건은 완전히 똑같다고 가정하자. 3,000GL을 균등히 나누면 각각 1,500GL을 갖게 되는데, 이윤 상황에서는 번 것을 나누게 되며, 손실 상황에서는 비용을 나누게 된다. 조사 결과에 따르면 이윤을 나눌 때보다 손실 배분 협상에서 사람들은 더 따지며 달려든다. 더욱이 손실 상황에서는 비용을 똑같이 나누는 데 합의하는 경우가 드물었다.

어느 공정성 원칙을 선택하느냐는 정상참작에 의해서도 영향을 받는다. 학위를 받은 신체장애자의 예를 들어보자. 외부 제약요인을 극복한 사람은 제약이 없으면서 동일한 기여를 한 사람보다 높이 평가받는다. 다양한 고려요소가 있는 복잡한 상황에서는 사람들은 평등 원칙을 채택하는 경향이 있다. 저녁식사 값을 지불할 때, 사람들은 각자 주문한 대로 계산하는 대신에 평등하게 나누는 경향이 있다. 그러나 이 방법은 문제가 있다. 사람들은 누구나 자신이 주문한 것 이상으로 지불하기를 원치 않는다. 따라서 평등하게 비용을 부담하는 경우에, 다른 사람들의 주문을 억제할 수 없다면 스스로 많은 음식을 주문하게 된다. 모두가 이런 식으로 생각한다면 비합리적인 집단행동 때문에 비용은 마구 늘어나게 될 것이다. 이 문제는 제11장에서 상세히 다룬다.

사람들 간의 다양한 입장도 갈등의 잠재적 사유가 된다.[70] 예를 들어 자원을 배분하는 사람과 받는 사람은 공정성 원칙을 서로 다르게 선택한다. 분배하는 사람은 속으로는 다른 생각을 하더라도 자원을 평등하게 배분한다. 그러나 형평에 맞지 않게 유리한 대우를 받아온 수혜자는 이제까지 받아온 혜택이 과분한 것이더라도 자신이 받아온 몫을 정당화하려고 한다.[71]

다른 사람과의 비교(사회적 비교)가 공정성 판단에 중요하게 작용한다

조직과 인간관계에서 상대방과 자신을 비교하는 것은 피할 수 없는 현실이다. 자신을 다른 사람들과 비교하고 싶지 않지만, 다른 사람의 높은 급여, 넓은 사무실, 좋은 기회, 그리고 많은 예산 등에 관해 듣게 되면 자신을 다른 사람들과 끊임없이 비교하게 된다. 사람들은 이러한 **사회적 비교**social comparison에 어떻게 반응할까? 다른 사람들의 성공을 축하하며 행복해할까, 아니면 그 성공에 위협을 느끼거나 화를 낼까?

자신을 남과 비교할 때는 자기 기준self-concept에 따라 생각한다. 사람들은 자아의 중심축을 반영하는 신념과 가치를 갖고 있는데 어떤 측면은 자기 자신과 관련이 있고 다른 측면은 관련이 없다. 이것은 전적으로 자신을 어떻게 정의하느냐에 달려 있다. 다른 사람들의 성취는 자신에 대한 평가에 영향을 미칠 수 있다. 특히 우리가 심리적으로 그들과 가까움을 느낄 때 더욱 그러하다. 우리는 가까운 사람이 자신과 같은 분야에서 훌륭한 성과를 보였을 때 자기평가에서 위협을 받는다. 그러한 '상향' 비교는 우리를 질투, 좌절, 분노, 심지어는 파괴행위에 이르게 한다. 당신이 자산운용에 자부심을 가지고 있는데, 동료가 투자를 잘해서 백만장자가 되었다면 기분이 언짢을 것이다. 자신이 자부심을 갖고 있는 분야에서 동료가 앞서 나간다는 사실은 마음의 상처로 작용한다. 그러나 당신의 관심분야 밖에서 아는 사람이 훌륭한 성과를 거둔다면, 당신은 그의 성공에 대해 자부심을 갖게 된다.

급여와 관련하여 사람들은 자신이 받는 절대액수보다 동료들과의 상대액수에 더 관심을 갖는다. 만일 지금 회사에서 자신이 받는 액수가 동료들과 같다면, 다른 회사에서 당신에게 더 많은 액수를 제안하더라도 다른 동료들의 급여가 당신보다 많다면 당신은 회사로 옮기지 않을 것이다.[72]

그러면 사람들은 자신을 누구와 비교하게 되는가? 타인비교의 대상에는 상향비교, 하향비교, 동급비교의 세 가지가 있다.

1. **상향비교**upward comparison는 자신보다 부유하거나, 성취도가 높거나, 지위가 높은 사람들과 자신을 비교하는 것이다. 소프트웨어 회사 운영을 시작한 젊은 기업가가 자신을 빌 게이츠와 비교하는 것이 그 예이다. 사람들에게는 때때로 영감을 얻거나 동기부여를 받기 위해 상향비교가 필요하다.
2. **하향비교**downward comparison는 자신보다 돈이 없고, 무능하며, 성취도도 떨어지고, 지위도 낮은 사람들과 자신을 비교하는 것이다. 예를 들어 자신의 마케팅 전략이 실패했을 때, 자신을 수십만 달러의 손실을 본 다른 동료와 비교한다. 하향비교를 통해 자신의 상태에 위안을 느낀다.
3. **동급비교**comparison with similar others는 자신과 유사한 배경, 기술, 능력을 가지고 있는 사람들과 자신을 비교하는 것이다. 동급비교는 자신의 능력을 정확히 평가하고자 하는 사람에게 유용하다.

무엇이 자신을 다른 사람과 비교하게 만드는가? 사회적 비교를 하게 만드는 동기로는 다음과 같은 것을 들 수 있다.

1. **자기발전**self-improvement: 사람들은 성공의 모델로 삼는 사람과 자신을 비

교한다.73 예를 들어 체스 초보자는 자신의 실력을 체스 고수와 비교할 수도 있다. 상향비교는 영감이나 통찰력, 도전정신을 제공하지만, 또한 낙담과 무력감을 가져올 수도 있다.
2. **자기만족**self-enhancement: 스스로에 대해 긍정적 시각을 유지하고 싶은 욕구 때문에 사람들은 자신에게 유리한 정보에만 귀를 기울인다. 진실을 추구하지 않고 자신에게 유리한 관점에서 비교할 수 있는 것을 찾는다. 사람들은 자신보다 돈이 없고, 성공하지 못한 사람들과 하향비교를 한다.74
3. **정확한 자기평가**accurate self-evaluation: 비록 결과가 불리하더라도 자신에 관한 정확한 평가를 하고자 하는 욕구이다.

형평 원칙의 개념

사람들은 자신의 투자와 그로부터 얻는 것에 기초하여 공정성을 판단한다. 인풋inputs, 즉 투입은 이해관계에 투자를 하는 것으로, 일반적으로 비용부담이 필요하다. 예를 들어 재무 분야에서 청구서 지불을 담당하는 사람은 시간과 노력이라는 비용을 지불한다. 아웃풋outputs, 즉 산출 또는 성과는 긍정적일 수도 있고 부정적일 수도 있다. 많은 경우에 A의 인풋은 B의 아웃풋을 가져오고 다시 B의 인풋은 A의 아웃풋을 가져온다. 예를 들어 회사는 보수를 주고(인풋) 직원(아웃풋)을 고용하며, 그 직원은 시간과 전문성을 활용해서(인풋) 회사의 목표(아웃풋)를 달성한다.

미국 작가조합Writers Guild of America: WGA 조합원들과 그들의 작품 사용자들 사이의 협상 상황을 살펴보자. 사용자는 작가에게 그들의 작품을 재활용하는 데 따른 재사용료 방식으로 원작료를 지불한다는 기존 WGA 계약서를 연장하길 바랐다. 그러나 작가들은 그들이 받는 원작료에 불만을 품고 사용자의 제안을 거부했다. 그들은 각 언론사에 작가의 수익성 제고를 강조하는 여덟 가지 항목이 포함된 계약서 내용을 고지했다. 회사의 성장은 경제적인 성과라는 거의 단 하나의 척도로 드러나며, 여기에는 모든 부문에서의 총수입, 탁월한 영업 이익, 그리고 전체 6대 메이저 엔터테인먼트 회사들의 주식가격 상승이 포함된다. 간단히 말해 작가는 그들의 '인풋'이, 사용자가 작가에게 지급하는 금액보다 더 가치가 있다고 주장한 것이다.[75] 각자의 아웃풋이 그들의 인풋에 비례한다면 형평성이 있다고 할 수 있다. 즉 형평은 당사자의 아웃풋 / 인풋 비율이 같다는 의미이다.[76] 그러나 투자, 비용, 그리고 보상의 내용과 그 우선순위에 대해 견해가 서로 다르다면 일이 복잡해진다. NBA 농구선수들의 연봉을 생각해보자. 팀별 선수 12명의 연봉총액 상한선이 있는데, 스타플레이어들의 연봉을 제외하고 나면 후보급 서너 명에게 배정될 돈은 거의 남지 않는다. 최저 연봉 47만 3,604달러는 일반인에게는 큰 액수이지만 선수들의 관점에서 보면 그것은 엄청난 불균형이다. 예컨대 LA 레이크스 팀은 2010~2011년 시즌에 선수들의 평균 연봉이 683만 5,185달러였던데 비해 연맹에서 가장 높은 연봉을 받는 스타 선수인 코비 브라이언트Kobe Bryant는 2,480만 6,250달러를 받았다.[77] 2010년에 미식축구연맹 시카고 베어스 팀 선수들 간의 연봉 차이는 거의 1,970만 달러였다. 이를테면 최고 연봉을 받는 줄리어스 페퍼스Julius Peppers는 2,000만 달러를 받는 데 비해, 포지션이 와이드 리시버인 에릭 페터먼Eric Peterman과 디펜시브 엔드인 코리 우튼Corey Wooten은 연맹 최저선인 32만 달러를 받았다.[78]

형평은 자신의 인풋(I) / 아웃풋(O) 비율과 다른 사람들의 인풋(I) / 아웃풋(O) 비율이 같다고 인식할 때 존재한다. a와 b 두 사람이 있다고 하면, 이렇게 표시할 수 있다.[79]

$$\frac{O_a}{I_a} = \frac{O_b}{I_b}$$

그러나 이러한 형평등식을 인풋과 아웃풋 중 어느 하나가 마이너스인 경우에도 정확성을 기하려면 이렇게 다시 써야 한다.

$$\frac{O_a - I_a}{|I_a|^{ka}} = \frac{O_b - I_b}{|I_b|^{kb}}$$

이 등식은 a라는 사람의 아웃풋 및 인풋과 b라는 사람의 아웃풋 및 인풋이 각자가 투입한 절대 가치와 비례할 때 형평이 존재한다는 의미이다. 분자는 '이득'을 의미하며 분모는 인풋의 절대치이다. k는 인풋과 이득(아웃풋 −인풋)의 부호에 따라 +1 또는 −1의 값을 가진다.

사람들은 형평을 회복하려고 노력한다

당신이 작년에 연봉 8만 5,000달러로 취직했다고 가정하자. 동일한 실력과 배경을 갖추었다고 생각되는 동료가 당신보다 연봉을 5,000달러나 더 받는다는 사실을 알기 전에는 당신은 회사에 만족했다. 당신은 이러한 불공평에 대해 어떻게 처신하는 것이 현명할까? 사람들은 자신이 공정한 대접을 받지 못한다고 느낄 때 괴로워한다. 불공평을 크게 느끼면 느낄수록 사람들은 괴로움을 더 느낀다. 이러한 고통으로 인해 사람들은 형평을 되찾으려는 노력을 한다.

자신이 부당하게 낮은 보수를 받고 있다고 생각하는 사람은 불만을 느끼며 형평을 회복하고자 한다.[80] 예를 들어 적은 임금을 받는다고 생각하는 근로자들은 형평을 되찾기 위해 노력을 덜 하고 생산성을 낮추며,[81] 경우에 따라서는 절대액수는 덜 받더라도 공정한 보수를 준다고 생각하는 조직으로 전직한다.[82]

1990년대 후반에 《포춘》지가 선정한 어느 100대 기업에서 부사장 두 명이 비슷한 시점에 수석 부사장으로 함께 승진했을 때 일어난 일을 살펴보자.[83] 이들은 모두 새 사무실로 옮겼는데 그중 한 명은 사무실 배치가 공평하지 못하다고 생각했다. 그는 도면을 꺼내어 두 사무실의 평수를 측정했다. 그는 동료의 사무실이 조금 더 크다는 사실을 알고 크게 화를 냈으며, 결국 그의 사무실은 동료의 사무실과 같은 면적으로 조정되었다.

사람들은 불공평으로부터 발생하는 긴장을 없애기 위해 다음과 같은 여섯 가지 수단을 동원한다.[84]

1. **인풋을 바꾼다.** 그 수석 부사장은 일을 덜 하거나, 책임을 덜 지거나, 근무일을 줄이는 등의 행동을 취할 수 있다.
2. **아웃풋을 바꾼다.** 그 수석 부사장은 실제로 그가 했듯이 자신의 사무실을 넓힐 수 있다.
3. **의식적으로 인풋 또는 아웃풋을 왜곡한다.** 그 수석 부사장은 자신의 기여가 더 적기 때문에 사무실이 작아도 된다고 여기거나, 자기 사무실이 더 조용하다거나 하는 이유를 들어 자기 사무실의 가치를 의도적으로 증대시킨다.
4. **그 상황으로부터 결별한다.** 그 수석 부사장은 사직을 한다.
5. **동료의 인풋과 아웃풋을 의도적으로 왜곡한다.** 그 수석 부사장은 동료가 회사에 기여하는 바가 더 많다고 생각하거나, 동료의 사무실이 자기 것보다 매력적이지 않다고 간주할 수 있다.
6. **비교의 대상을 바꾼다.** 그 수석 부사장은 동료와 비교하는 것을 멈추고, 자신을 회사 내의 다른 사람과 비교한다.

처음 두 가지 전략의 채택은 그가 과도한 대우를 받았다고 느끼는지, 아니면 부족한 대우를 받았다고 느끼는지에 달려 있다. 과도한 대우를 받았다고 느끼면 형평을 회복하기 위해 자신의 인풋을 늘리거나 아웃풋을 줄일 수 있으며, 반면에 부족한 대우를 받았다고 느끼면 자신의 인풋을 줄이거나 아웃풋을 늘릴 것이다. 예를 들어 높은 보수를 받는다고 생각하면 더 열심히 일하겠지만, 낮은 보수를 받는다고 생각하면 거짓말을 하거나 도둑질을 할 수도 있다.[85]

형평을 회복하는 데는 여러 가지 방법이 있는데, 그렇다면 어떠한 방법

> **〈보기 3-3〉 널리 행해지는 불공정과 특정인에게 집중되는 불공정**[86]
>
> 조직사회에서는 불공정하거나 옳지 못한 일들이 많이 발생한다. 예를 들어 유색인종이 승진에서 누락되기도 하고, 관리능력이 있는 여성이 행정직이나 비서직으로 좌천되기도 한다. 종업원들은 조직 내의 불평등에 어떻게 대응해야 하는가? A와 B의 두 회사가 있다고 하자. 각 회사 내에서 불공정한 행위의 발생빈도는 동일하다. 그러나 A사에서의 불공정행위 발생 비율(즉 전체 행위에 대한 백분율)은 한 개인(흑인 여성)에게 초점이 맞춰져 있으며, B사에서의 불공정행위 발생 비율은 3명(흑인 여성, 라틴계 남성, 백인 장애노인)에게 나누어져 있다. 만약 두 회사의 불공정행위 비율이 같다면, 불공정행위가 어느 한 개인에게 집중되는지 또는 여러 사람에게 퍼져 있는지 여부는 상관이 없어야 한다. 그러나 실제로는 상관이 있었다.
>
> 모의조사에서 B사에서는 3명의 종업원이 한 관리자와 각각 세 번씩 접촉하여 그중 한 번씩 불공정한 대우를 받았다. A사에서는 3명의 종업원 중 한 명만이 관리자와의 세 번의 접촉에서 모두 불공정한 대우를 받았으며 나머지 두 명은 세 번 모두 공정한 대우를 받았다. 따라서 양 회사에서의 불공정행위 발생 비율은 동일하다. 그러나 관리자가 불공정하다는 느낌은 부당행위가 한 개인에게 집중되었을 때보다 구성원 간에 널리 퍼져 있을 때가 더 크다. 더욱 당황스러운 것은 그룹 내 다른 구성원들도 차별대우를 받은 사람을 멸시한다는 점이다. 희생자에게 책임을 전가하는 blaming-the-victim effect 일은 특정 개인이 유일한 차별대상일 때 더욱 심하다. 하지만 그 희생자는 도움이 가장 절실한 사람이다.

을 사용할지는 무엇이 결정하는가? 사람들은 비용 - 효과분석을 통해서 아웃풋을 최대화하는 방법을 택한다. 보통 이 방법은 변화시키기 어려운 인풋이나 비용이 들어가는 인풋의 증대를 최소화할 수 있으며, 개인 차원에서 중요한 인풋/아웃풋 비율의 변화를 최소화하기도 한다. 즉 무언가를 하기보다는 그 상황을 합리화하는 것이 더 쉽다는 말이다. 더욱이 이러한 형태의 변화는 그 상황을 떠나거나 일단 굳어져 버린 타인비교의 대상을 바꾸어야 할 필요성을 최소화시켜준다. 우리는 기대보다 더 많은 보수를 받는 경우에도 급여삭감을 요청하기보다는 자신이 생각보다 더 힘든 일을 하고 있다고 생각하는 경향이 있다(〈보기 3-3〉 참조).

형평성을 추구하려는 동기는 매우 커서, 형평성을 회복하지 못하면 상대방을 비난함으로써 '심리적 형평성'을 회복하려고 한다. 만일 왜곡이 꼭 필요하다면, 사람들은 자신의 인풋이나 아웃풋보다 상대방의 인풋이나 아웃풋의 왜곡에 초점을 맞추는데, 자존심이 상할 경우에는 특히 그러하다. 주어진 상황을 내버려두고 비교대상을 바꾸는 경우에는 비용을 많이 치르게 되는데, 이는 그러한 행동이 현재 상태를 흔들어놓고 정의에 대한 믿음을 저해하기 때문이다.

절차상의 정의

사람들은 자신에게 주어지는 파이의 크기뿐만 아니라 배분 방법에도 관심이 많다.[87] 사람들은 결과의 공정성뿐만 아니라 절차의 공정성도 중시한다. 절차의 공정성은 결과에 대한 만족감과 그 결과를 따르고자 하는 자발성에 영향을 준다.[88] 예를 들어 합병의 불가피성을 종업원들에게 미리 알려주면 종업원들의 지지를 얻을 수 있다.[89] 홀대받는다고 생각하는 종업원들은 업무를 등한시하고 회사를 떠날 가능성이 더 많다.[90] 결정 과정을 잘 설명하면 종업원들이 이를 도와주게 되며, 설명이 부족하면 불공정하다는 생각을 갖게 되어 경영진의 결정에 승복하려고 하지 않는다.[91] 조직 개편을 단행한 7개 민간조직의 종업원 183명을 조사한 결과, 종업원들은 비록 자신에게 불리한 변화일지라도 정당성이 있는 경우에는 공정하다고 생각했다.[92] 야구선수와 팬들은 세계 반도핑기구 World Anti-Doping Agency 회장이 메이저리그 야구와 선수 노동조합에 선수들에 대해 인간성장 호르몬 검사를 시작하라고 요구하고, 메이저리그 야구가 투명하고 엄격한 검사 프로그램 실시를 계속 거부함으로서 관객들을 호도하고 있다고 비난하자 절차상의 공정성이 부족했다며 아쉬워했다. 미국 프로 스포츠연맹들이 개인소유이기 때문에 약물검사 같은 것은 어디까지나 자발적으로 시행해야 하는 것으로 그들은 믿고 있

으며 바로 이런 점 때문에 세계 반도핑 기구의 요구와 비난을 '불공정한 처사'로 간주한 것이다.[93]

인간관계에서의 공정성

다음과 같은 상황을 검토해보자. 당신과 대학 친구가 가히 혁명적이고 수익도 올릴 수 있을 것으로 보이는 새로운 종류의 수상 스키에 대한 아이디어를 함께 개발했다고 하자.[94] 당신 친구는 독창적인 아이디어를 제공했고, 여기에 당신이 디자인과 재료를 개발하여 반년에 걸쳐 시제품을 만들었다. 두 사람은 변호사와 특허출원 문제를 협의했다. 변호사는 유사 제품이 이미 특허심사 중이라면서 디자인의 일부 아이디어를 3,000달러에 사겠다는 제안이 있다고 알려왔다. 당신과 친구는 그 제안을 기꺼이 받아들였다. 그렇다면 3,000달러를 어떻게 나누는 것이 가장 만족스럽겠는가?

다른 사람과 돈을 나누는 방식에 대한 사람들의 선호도를 측정한 결과,[95] 사람들의 효용함수는 개인함수가 아니라 사회함수인 것으로 나타났다. 즉 개인의 만족도는 자신이 받는 대가뿐만 아니라 다른 사람이 받는 대가에 의해서도 크게 영향을 받았다(〈보기 3-4〉 참조).

사회효용함수는 텐트 모양을 하고 있다. 가장 만족스러운 상태는 자신과 친구가 똑같이 1,500달러씩 나누어 가지는 것이다. 상대와의 이익배분에 차이가 생기면 만족도가 떨어진다. 그러나 자신이 남보다 많이 받는 경우가 그 반대 경우보다는 기울기가 완만하다. 인간관계도 영향을 주는데, 우호적 또는 중립적 인간관계에서는 동등하게 나누는 것을 선호하지만, 적대적 인간관계에서는 자신에게 유리하게 나누는 것을 더 선호했다(〈보기 3-5〉 참조).

사람들은 어느 한 사람이 다른 사람보다 더 많이 받기를 원치 않고, 공유가치가 낮더라도 평등한 해결책을 더 선호한다.[97] 이러한 결과는 자원이 양탄자처럼 나누기 어려운 대상일 때 특히 그러하다.[98]

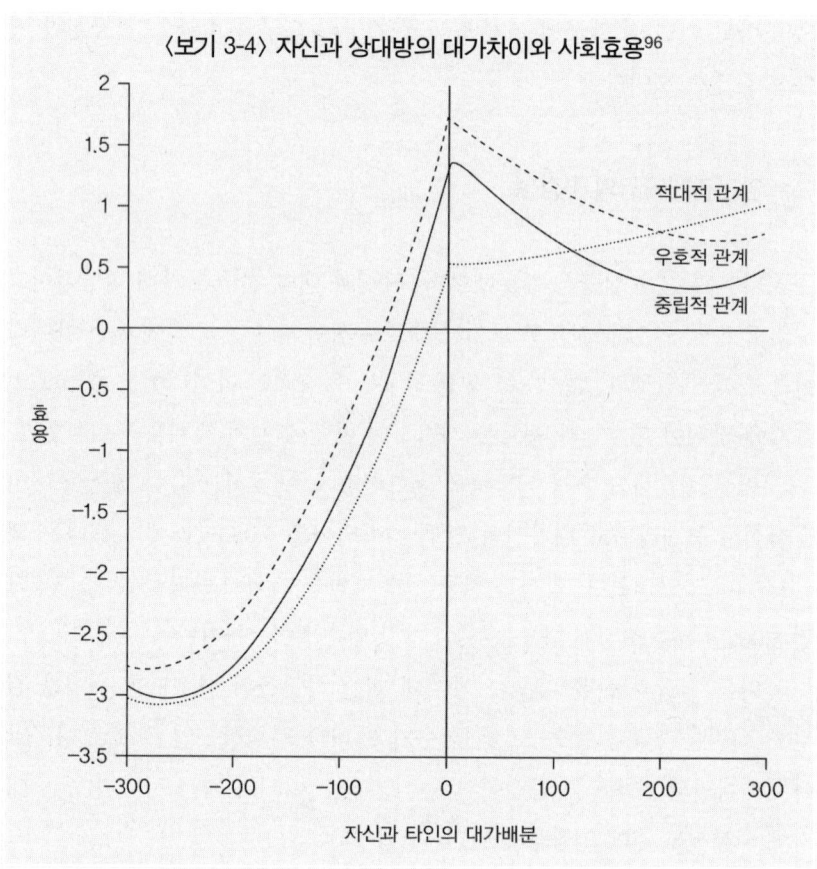

자기중심주의

예를 들어 세 사람이 함께 저녁 식사를 하러 가는 경우를 생각해보자. 한 사람은 비싼 포도주 한 병, 전채, 비싼 메인코스를 주문한다. 다른 사람은 술은 안 마시고 싼 음식을 주문한다. 나머지 한 사람은 적당한 가격의 음식을 주문한다. 그리고 청구서가 나온다. 비싼 음식을 먹은 첫 번째 사람은 금액을 삼등분하는 것이 제일 간단하다면서 그 방법을 제안한다. 그러나 술을 안 마신 두 번째 사람은 주문 내역에 맞춰 청구서를 세 가지로 나누어 가져

> ⟨보기 3-5⟩ **파이 나누는 사람의 모습**[99]
>
> 당신은 사람들이 다른 사람에 대해 진정으로 관심이 있는지, 아니면 단지 자신의 이익에만 신경을 쓰는지에 대해 생각해본 적이 있는가? 이 질문을 조사하기 위해 MBA 학생들에게 수상 스키 관련 발명품과 같은 몇 가지 가상 시나리오가 주어졌으며, 자원(어떤 경우에는 비용)을 어떻게 나누기를 원하는지에 대해 질문했다. 또 학생들에게 친구관계, 적대관계, 그리고 중립적 관계에 따라 어떻게 다른지도 질문했다. 그 결과 다음과 같은 사실이 확인되었다.
> - 성실한 사람들은 적대적 관계에서는 예외이지만, 자원을 평등하게 나누는 것을 선호했다(27%).
> - 덕이 많은 사람들은 관계가 우호적, 중립적, 또는 적대적인지와 상관없이 자원을 평등하게 나누는 것을 선호했다(24%).
> - 냉혹한 경쟁자들은 인간관계와 상관없이 다른 사람보다 자원을 많이 갖기를 선호했다(36%).

오게 하자고 제안한다. 세 번째 사람은 자기는 아직 학생이니 다른 두 사람이 계산을 하고, 대신에 다음 주에 자기 집에 모여 피자를 같이 먹자고 제안한다. 이 예는 공정성에 대한 해석은 사람의 숫자만큼이나 엇갈릴 수 있다는 것을 보여준다. 세 사람은 모두 진심으로 공정한 해결을 원했을지 모르지만, 무엇이 공정한지에 대해서는 완전히 다른 생각을 가지고 있다. 이번에는 다른 예로, 합병을 지지하는 입장에서 작성한 '객관적이고 공정한' 보고서에 대해 생각해보자. 어떤 보고서는 객관적인 독립회사에 의해 작성되기도 하지만, 대부분은 그렇지 않다.[100] 은행들은 합병의 대리인이면서도, 평가자로서의 의견을 제시하고 수백만 달러의 수수료를 챙긴다. 은행이 제시한 보고서에는 은행의 이기적 판단이 개입되었을 가능성이 크다.

왜 사람들은 이기적인가? 사람들은 스스로 공정하다고 여기는 수준보다 더 많은 것을 원한다(기본적 쾌락주의). 즉 우리는 자신의 객관적인 관념보다 더 본능적이며 즉시 얻을 수 있는 것을 선호한다. 사람들은 다른 사람의 관심사보다 자신이 원하는 바를 다루려고 한다. 우리는 자신이 원하는 것에 먼저 접근하며, 공정성은 그다음 문제이다. 이러한 이유 때문에 공정성 판단은 숨겨지기 쉬우며, 공정성을 자신에게 유리하게 왜곡한다. 즉 공정성을 판단하면서 자신이 원하는 것을 제일 위에 올려놓게 되는 것이다. 자신에게 돈을 더 많이 배분하는 것은 자기중심편향의 한 예이다. 예컨대 같은 일을 하는데 사람들은 대체로 다른 사람들보다 자기에게 더 많은 돈을 지급해주기를 원한다.[101] 당신은 7시간을 일해서 25달러를 받았다. 동료는 10시간을 일했다. 그 일은 시간당으로 보수를 지급하는 작업이다. 당신은 동료가 얼마를 받아야 한다고 생각하는가? 동료가 일을 더 많이 했으므로 당신보다 많이 받아야 한다고 생각할 것이다. 조사에 응한 사람들의 대답은 평균 30.29달러이다. 이것은 결코 이기적인 대답이라고는 할 수 없다. 이번에는 다른 질문을 생각해보자. 동료가 7시간 일하고 25달러를 받았으며, 당신은 10시간을 일했다. 당신은 얼마를 받는 것이 공정할까? 여기에 대해 조사에 응한 사람들의 대답은 평균 35.24달러이다. 35.24달러와 30.29달러의 차액은 5달러인데, 이것은 자기중심편향을 설명해준다. 동일한 일을 했으면서도 자신이 다른 사람에게 주고자 하는 것보다 자신에게는 훨씬 많이 주려고 한다.

형평성에 대한 자기중심적 판단은 다른 방법으로도 나타난다. 예를 들어 사람들은 공정성 원칙을 자신에게 이익이 되도록 선택한다. 자신의 기여가 아주 작을 때는 사람들은 종종 형평보다는 평등을 선호한다. 그러나 기여가 상당 수준에 도달하면 평등보다는 형평을 택한다.[102] 어느 공정성 원칙을 사용할 것인지에 동의를 했더라도, 자신들의 기여가 더 크기 때문에 다른 사람들보다 많이 갖는 것이 공정하다고 생각한다.[103]

자기중심적으로 평가하는 또 다른 방법으로 자신에게 유리한 요소를 강조하는 방법이 있다. 설문지조사에 나선 사람들에게 그들이 받은 설문지의 양과 설문지를 정리하는 데 걸린 시간을 물어보았던 경우를 살펴보자. 가장 중요한 것은 작업시간과 생산성이다. 참가자들에게 작업에 대한 보수로 얼마를 받는 것이 공정하다고 생각하는지에 대해서 물어보았다. 작업시간은 길었지만 설문지 정리를 덜 끝낸 사람들은 작업시간의 중요성을 강조했고, 반면에 작업시간은 짧았지만 설문지 정리를 거의 끝낸 사람들은 완성 물량을 강조했다. 즉 사람들은 자신에게 유리한 측면을 강조한 것이다.[104]

평등대우를 요청하는 것 역시 이기적이라고 할 수 있다.[105] 영향이 별로 크지 않은 경우에는 극히 간단하게 평등 원칙을 적용할 수 있다. 그러나 평등 원칙을 배분 규칙으로 채택하는 것은 여러 가지 이유 탓에 매우 복잡하다.[106] 게다가 평등 원칙은 일관성 있게 적용되기도 어렵다. 예를 들어 성과를 똑같이 나누어주는 것이 불가능할 때는 평등 원칙을 적용하기 어렵지만, 성과를 서로 똑같이 나눌 수 있을 때는 평등 원칙을 적용할 수 있다.[107] 자기중심편향의 가장 큰 문제는 그것이 협상을 어렵게 만든다는 점이다.

위에서 언급한 사례들은 자신에게 유리하기만 하면 어떤 기회도 놓치지 않는다는 사실을 보여준다. 그러나 많은 경우에, 자기중심주의에서 탈피할 때 더 큰 이익을 얻게 된다. 중재재판 상황을 예로 들어보자. 많은 사람들은 재판관이 자신에게 유리한 판결을 할 것이라고 예측한다. 소송 당사자의 편향을 없애려는 노력은 결코 성공할 수 없다. 당사자에게 편향을 가질 가능성을 상기시키거나, 상대의 견해를 알려주는 것은 공정성에 대한 편향을 완화시키는 데 거의 기여를 하지 못한다. 그것은 자기중심편향이 얼마나 심한지를 말해준다.[108]

사람들은 공정성을 중요하게 여기지만 실제로는 자기이익 위주로 행동한다는 점을 인식하지 못한다. 책임과 공정성에 대해 자기중심적인 생각을 하는 것은 정보처리 방법에도 원인이 있다. 다음 몇 가지 인식 메커니즘으로 인해 사람들은 자기중심주의적 판단을 하게 된다.

- **자기 위주로 기억을 암호화한다**: 자기 입장에서만 생각하면 다른 사람의 기여를 깨닫지 못하게 되는데, 사람들은 자기 위주의 행동을 반복하는 가운데 그것을 자신의 인식틀에 암호화시킨다. 이러한 암호화 메커니즘이 자기중심적 경향의 원인이 된다. 그러나 자신의 입장을 알기 전에

어떠한 사실을 객관적 입장에서 알게 된 경우에도 자기중심적인 경향이 나타나는 것으로 보아 이러한 사실은 암호화가 자기중심적 경향의 유일한 요인은 아니다.

- 선별적으로 기억을 되살려낸다: 누구에게 책임이 있느냐를 판단할 때, 사람들은 "내가 얼마나 기여했는가?"라고 자문하면서, 어떤 특정 사례를 기억해내려고 노력한다.[109] 이때 자신이 관련된 사례를 찾아내기가 쉽기 때문에, 생각하면 할수록 상대에게 책임을 더 전가하게 된다.[110] 합동작업 때 다른 쪽 사람들의 기여도가 얼마나 컸냐고 사람들에게 물었을 때, 그들의 자기중심주의로 인해 그 양이 줄어드는 것은 전혀 놀랄 일이 아니다.[111] 하지만 합동작업에 대한 다른 쪽 사람들의 기여도를 고찰해본 후에 사람들은 덜 유쾌하고 덜 만족스런 보고를 한다.
- 다른 사람에 대한 정보가 부족하다: 사람들은 다른 사람이 얼마나 기여했는지를 잘 모르는 경우가 많다. 이것은 다른 사람에 대한 정보를 제공하는 것만으로도 이기주의를 완화시킬 수 있다는 것을 의미한다. 그러나 같은 상태의 정보를 유지하면서 목표만 변경해주어도 이기주의가 나타난다.[112] 이것은 정보 자체가 자기중심주의의 유일한 요인이 아니라는 것을 의미한다.[113]

대부분의 상황은 사람들이 자신에게 유리하게 해석할 수 있을 만큼 모호한 경우가 많다. 유감스러운 것은 사람들에게 동일한 증거를 부여했을 때도 공정성에 대해 서로 다르게 인식한다는 점이다. 교직원 노조가 파업 중이며, 그들과 학교 이사회에 기본 정보가 제공되었다고 가정하자. 그 자료의 일부는 교직원 노조에, 또 일부는 이사회에 유리하게 작성되었지만 전체적으로는 양쪽에 공평하게 균형을 이루었다. 한 실험에서는 양쪽에 충분한 내용의 자료를 제공하고, 다른 실험에서는 제한적으로 약식 정보만을 제공했다. 그 결과에 의하면, 충분한 정보를 받은 경우가 제한된 정보를 받은 경우보다 파업에 돌입할 가능성이 더욱 컸다.114 정보란, 양쪽이 똑같이 공유하고 있더라도 모호함을 만들어낼 뿐만 아니라, 이기주의가 싹틀 수 있는 비옥한 토양을 제공한다.

자기중심주의를 줄이기는 쉽지 않다. 일반적으로 합동작업에 대한 다른 쪽 사람들의 기여도를 존중하도록 유도하면, 자기중심적인 판단이 줄어든다.115 하지만 이것은 인간 행동의 이기적인 속성을 촉진시켜 차후의 상황에서 더 많은 것을 요구하는 역효과를 낼 수 있다.116

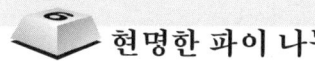
현명한 파이 나누기

자원 배분(파이 나누기)은 협상에서 불가피한 일이다. 파이 나누기를 할 때 우리가 지켜야 할 원칙은 무엇인가? 메시크Messick는 그 지침으로 일관성, 단순성, 효율성, 정당성을 제시한다.117 우리는 여기에 컨센서스, 일반성, 만족성을 추가한다.118

- 일관성

파이 나누기에서 누구나 지켜야 하는 것은 바로 일관성, 즉 협상환경, 시정, 그리고 절차이행에서 편차가 없어야 하는 것이다. 예를 들어 실적평가 회의를 오후에 하는 것보다 오전에 할 때 평가가 더 좋다면 문제이다. 이것은 면접관의 편향을 보여주는 예이다. 공정성이 어림짐작에 의한heuristic 의사결정 때문에 일관성을 잃어버리는 경우가 많다. 규범적인 결정절차가 없거나 있더라도 그것을 적용하는 것이 비효율적일 때는 어림짐작에 의한 판단과정이 필요한 것은 사실이다. 그러나 유감스럽게도 사람들은 공정성 판단에 영향을 주는 강력한 상황요소들이 있다는 사실을 잘 알지 못한다.

- 단순성

　파이 나누기 절차는 그것을 이행하는 사람이나 그 결과에 영향을 받는 사람들에게 명백히 이해될 수 있어야 한다. 관련자들은 파이 배분 절차를 쉽게 다룰 수 있어야 한다. 그래야만 그 절차가 충분한 이해 속에서 이행될 수 있으며, 그 결과도 명백한 기준에서 평가될 수 있다.

- 효율성

　파이 나누기 정책은 선택을 필요로 한다. 즉 배분과정은 하나의 명백한 결정이다. 만일 그 과정을 통해 결정을 이끌어내지 못한다면 나중에 그 결정을 집행해야 하는 사람들 간에 갈등이 일어날 수 있다.

- 정당성

　파이 나누기 절차는 상대방에게도 정당화될 수 있어야 한다. 아무리 일관성 있고, 단순하며, 효율적이더라도 그것이 정당화될 수 없다면 성공하지 못한다. 예를 들어 항공사가 급여 인상을 머리카락 색깔에 따라 한다면, 즉 금발에 대한 인상액은 크고, 갈색에는 그렇지 못하다는 식으로 결정한다고 가정해보자. 이 방침은 일관성도 있고 단순하며 효과적일 수는 있으나, 결코 정당화될 수는 없다.

- 컨센서스

　구성원들은 분배의 방식에 합의해야 한다. 효과적인 파이 나누기 절차가 그룹 구성원들 사이에서 내부적 합의를 이루고 그 규범은 나중에 그룹 내의 행동과 의사결정의 강력한 지침으로 작용하는 경우가 많다. 사회정의를 이루는 절차는 현재의 그룹 구성원보다 오래 지속된 것이 많아서 새로운 구성원들은 그 집단이 과거부터 유용하다고 여겨온 절차를 당연한 것으로 받아들인다.[119]

- 일반화

파이 나누기 절차는 다양한 여러 상황에 모두 적용될 수 있어야 한다. 내부 갈등의 발생, 인내, 그리고 재발과정을 통해 효과적인 정책이 다양한 상황에 걸쳐 성과분배를 구체화할 수 있을 때 절차와 규범이 발전한다.

- 만족도

협상자들이 합의한 내용을 이행하려는 의지를 높이기 위해서는 파이 나누기 과정이 협상자들을 만족시켜야 한다. 예를 들어 거대 보험회사인 AIG의 이사회가 2005년에 회사 임원인 모리스 그린버그Maurice Greenberg와 하워드 스미스Howard Smith를 사임시켰을 때, AIG의 옛 본사에 있던 값비싼 페르시아 융단의 소유권 문제로까지 번지는 역겹고 긴 법정분쟁이 일어났다. 그리고 마침내 이 분쟁에 개입했던 양 당사자들을 매우 기쁘게 하고 많은 금융 옵서버들로부터 윈 - 윈 게임으로 평가받은 공식적인 합의에 이르자, 모두들 놀라움을 감추지 못했다. 이 합의는 그간 이 보험사가 안고 있는 문제의 심각성을 완화시켜주었으며, 전직 임원들이 감당해야 할 치명적인 소송비용을 경감해주었다. 그리고 또한 그린버그를 회사에 복직시켜 2008년 금융위기 때는 물론 구제금융 기간 동안 회사를 살리기 위해 어떻게 곤란한 입장에 처한 고객들로부터 자금을 회수했는지 그 방법을 조언하게 했다.[120]

결론

파이 나누기에서 가장 가치 있는 정보는 협상자가 합의에 이를 수 있는 최선의 대안BATNA이다. 그 무엇도 이 BATNA의 힘을 대체할 수는 없다. 효과적인 파이 나누기를 위해서 협상자들은 다음에 열거하는 전략들을 활용하면 좋다. 먼저 협상 전에 BATNA를 결정한다. BATNA를 발전시킨다. 상대의

BATNA를 알아본다. 높은 기대치를 가진다. 상대보다 제안을 먼저 한다. 상대방이 '터무니없는' 제안을 하면 이를 무시하고 바로 착점을 즉시 제시한다. 범위를 얘기하라는 다그침에 빠져들지 말아야 한다. 일방적인 양보는 하지 말고 상호양보를 하도록 해야 한다. 제안을 강화하기 위해 객관적인 논리를 활용한다. 그리고 공정성 규범에 호소한다 등이다. 우리는 협상자가 자신의 기준치(그것이 매력적인 것이 아니라 해도)와 BATNA를 밝히지 말라고 강력히 권고한다. 공정성의 심리학을 잘 알고 있는 협상자는 파이 나누기에서 유리한 위치에 서게 된다.

제4장
윈-윈 협상: 파이 늘리기

환경론자들과 에너지 개발회사들, 그리고 주 의회의원들 간에는 어떤 것에 대해서도 합의에 이르기가 쉽지 않을 것 같으며, 더구나 완전한 합의에 이르기는 더욱 어려울 것 같다. 북캘리포니아의 노후한 풍력발전용 터빈을 둘러싸고 장기간 지속되어온 싸움은 서로 대립되는 동기를 갖고 완전히 다른 이해관계로 상충된 주장을 하는 위 세 기관의 대결이었다. 그러나 캘리포니아 주 법무장관 제리 브라운Jerry Brown이 환경단체, 풍력발전 개발회사인 넥스테라 에너지 리소스즈 NextEra Energy Resources, 그리고 주 의회 사이의 합의를 위해 중재에 나서자, 세 기관 모두 적극적으로 그것을 환영했다. 샌프란시스코 동쪽에 있는 알타몬트 패스 Altamont Pass는 맹금류와 기타 야생동물들의 서식지이고 철새들의 이동경로여서 주의를 기울여야 하는 지역이다. 애석하게도 풍력발전용 터빈이 해마다 새를 1,700마리에서 4,700마리까지 죽이고 있으며 ─ 미국에 있는 풍력발전 지역 중에서도 그 숫자가 가장 많다 ─ 황금독수리와 붉은 꼬리 매와 같은 국가 보호조류도 죽이고 있다. 이번 합의로 환경론자들이 관심을 갖는 토착 철새들은 보호를 받게 된다. 더욱이 에너지의 33%를 청정 에너지원에서 얻는다는 캘리포니아 주의 오랜 소망이 한 단계 진척되어, 이전 것보다 더 강력하고 더 효율적인 새 터빈으로 기존 것을 교체키로 했다. 알타몬트 패스의 언덕 위에서 넥스테라 에너지가 운용 중인 총 2,400기의 풍력 터빈이 2010년 11월 1일까지 완전히 교체되거나 철거된다. 이번 합의는 넥스테라 에너지가 알타몬트 패스 지역에서 그들의 새로운 풍력발전 단지 조성계획을 시작하고, 캘리포니아 주 공익기업들과 안정된 거래를 시작하도록 길을 터주었다. 이들 공익기업들은 캘리포니아의 확고한 재생 에너지 목표 아래 2020년까지 전체 에너지의 33%를 청정에너지로 바꾸는 임무를 부여받고 있다.[1]

위 사례는 심지어 가장 논쟁적인 협상이라도 윈 - 윈 합의가 가능하다는 점을 시사한다. 그러나 윈 - 윈 협상 기술은 직관적으로 얻어지는 것이 아니다. 스스로 윈 - 윈 협상자라고 여기는 많은 사람들도 무의식중에 '돈을 협상 테이블 위에 남겨놓고' 나가버리는 잘못을 자주 범한다. 이 장은 가능한 모든 협상전략을 여러분에게 제공하는 데 초점을 맞추었다.

 윈 - 윈 협상이란 무엇인가?

사람들은 대부분 윈 - 윈 협상을 파이를 균등하게 나누는 것으로 잘못 알고 있다. 파이 나누기는 협상에서 필수적이지만, 그러나 윈 - 윈 협상은 완전히 다른 것을 의미한다. 아래의 경우는 윈 - 윈 협상이 아니다.

- **타협**: 타협은 서로 다른 입장의 중간 어디선가에서 이루어진다. 윈 - 윈 협상은 파이 나누기(제3장 참조)가 아니라 파이 늘리기와 관련이 있다.
- **균등분할**: 균등분할이란 타협과 마찬가지로 교섭영역이 협상자들 사이에 나누어지는 방식을 말한다. 예를 들어 두 자매가 오렌지를 놓고 언쟁을 벌이다가 반으로 나누기로 결정했다면 이는 균등분할에 해당한다. 그러나 한 사람은 오렌지주스만 원하고 다른 사람은 껍질만을 원한다는 사실을 깨닫지 못하고 균등분할을 했다면 이는 윈 - 윈이 되지 못한다.[2]

- 좋은 기분: 행복, 즉 좋은 기분을 느끼는 것이 반드시 돈과 자원을 낭비하지 않았다는 의미는 아니다. 사실 파이를 늘리지 않고도 '행복해하는' 협상자들이 많다.³
- 관계형성: 좋은 관계를 형성하고 신뢰를 구축하는 것은 협상의 중요한 측면이다. 그러나 상대에게 진정으로 관심을 가지는 사람이라 할지라도 창조적인 생각을 하지 못할 수 있다. 사실, 상대방과 신뢰관계를 구축하는 데 가장 큰 이해관계를 가져야 할 것으로 보이는 사람들(예컨대 부부와 연인, 그리고 오랜 동업자들)도 통합적 합의에 도달하지 못하는 경우가 자주 있다.⁴

윈 - 윈 협상은 모든 창조적 기회를 철저히 활용하고, 협상 테이블에 자원을 하나도 남기지 않는 것을 의미한다. 이러한 협상을 **통합적이고 완전한 협상**integrative negotiations이라 부른다.

윈 - 윈 잠재력이 있는가?

통합적 합의의 잠재성은 모든 협상에 존재한다. 그러나 사람들은 그것을 알지 못하거나, 윈 - 윈 가능성을 믿지 않는다. 다음 질문들은 윈 - 윈 협상의 가능성이 있는지를 확인하기 위해 만든 것으로, 협상상황의 잠재력을 평가하는 데 매우 유용할 것이다.

협상이 한 가지 이상의 의제를 포함하는가?

대부분의 협상은 단일의제 협상으로 시작한다. 단일의제 협상에서는 어느 한쪽이 얻으면 상대방은 잃게 되기 때문에 윈 - 윈이 아닌 것은 분명하다. 그러나 아무리 단순한 협상이라 할지라도 한 가지 이상의 의제를 찾아내는 것은 가능하다. 의제마다 협상자들의 선호도는 다르다. 따라서 협상자 간에 공동의 이익을 창출하기 위해 선호도의 차이, 믿음의 차이, 능력의 차이를 서로 이익이 되는 방향으로 트레이드오프하는 것은 가능하다.[5]

밖에 있던 사안들도 의제로 끌어들일 수 있는가?

또 다른 전략은 이전에 협상의제로 생각하지 않았던 사안들을 의제로 삼는 것이다. 예를 들어 구글은 중국에서 그들의 검색엔진을 둘러싸고 논란이 불거졌을 때 다른 사안을 추가 의제로 끌어들였다. 협상의 초기 단계에서 구글은 중국정부에서 그들의 검색창을 검열하는 걸 거부했다. 중국정부는 구글의 이런 자세에 분노하여 중국내 구글의 사업허가를 취소하겠다고 위협했다. 이는 구글이 지구상에서 가장 큰 나라에서 쫓겨나고 가장 큰 인터넷 시장을 잃을 수도 있다는 압력이었다. 구글의 주 관심사는 온라인 검열을 방지하는 데 있었다. 중국 당국의 주된 관심사 중 하나는 국제 비즈니스 발전소로서의 면모를 보여주는 것이었다. 협상 교착은 의제를 개별화시키고 더 많은 의제를 만들어냄으로써 풀렸다. 최종 합의에 따라 중국은 구글에게 중국 본토 내에서는 검열조건으로 웹사이트와 인터넷 서비스 사업허가를 갱신해주고, 홍콩에서는 비검열 웹사이트 사업허가를 내주었다. 물론 홍콩의 구글 웹사이트를 본토 중국인들도 검색할 수 있다는 조건이었다.[6] 간단히 말해 사업 분야가 늘어나 잠재적으로 더 좋은 거래를 할 수 있게 된 것이다.

이면거래는 가능한가?

많은 경우에 사람들은 이면거래를 하지 말고, 옆구리에 돈을 찔러주지도 말라는 충고를 듣는다. 그러나 이면거래에 다른 사람을 끌어들이는 능력은 파이를 증대시킬 수 있다. 2010년에 통과된 국민 건강보호법을 위한 긴 협상에서, 의료관련 기관들과 연방정부 사이에서 이 법의 제정으로 발생하는 비용을 줄이고 역사적으로 그런 계획에 반대해온 영향력이 큰 산업계를 동참시키기 위해 수많은 측면 협상이 이루어졌다. 2009년에 미국의 3개 병원단체가 건강보험에 가입하지 않는 4,700만 미국인들의 보험료를 지원키 위해 앞으로 10년 동안 1,550억 달러를 기부하는 데 동의했다. 병원단체의 한 협상자는 "보건의료제도를 개혁하는 것은 아주 중요한 일이며 우리는 신념을 갖고 이 일을 추진하고 있다."고 말했다. 대신에 병원 간부들은 정부가 제안한 새 보험 프로그램이 포함된 법률의 최종 입법과정에서 비로소 그것을 이해했으며, 그들은 지금껏 서비스 비용을 부담하는 것이라고 주장해온 메디케어나 메디케이드 환급률은 지불하지 않을 작정이다.[7]

협상의제에 대한 당사자들의 선호도가 서로 다른가?

만일 당사자들이 협상의제들에 관해 선호도가 서로 다르다면, 그것은 윈-윈 협상이 될 수 있다.[8] 오렌지를 나누는 예를 다시 한 번 생각해보자. 한 자매는 주스를 원하고, 다른 자매는 껍질을 더 원한다. 관심 의제가 하나이면서(오렌지) 두 자매가 모두 껍질보다 주스를 더 원한다면, 통합적 합의는 불가능하다. 중요한 것은 상대방이 우선순위가 떨어지는 의제에 대해서는 양보하도록 유도하면서, 상대방이 가장 중요시하는 의제를 만족시키는 방법을 고안해내는 것이다.

지엠넥스티어GM Nexteer와 중국 당국 간의 협상에서 서로 다른 선호도를 조정한 사례를 살펴보자. 지엠의 자동차 조종장치 사업부문이며 부품 공급업체인 넥스티어Nexteer는 디트로이트에 있는 많은 자동차 회사들과 청산절차에 들어갈 입장에 처했으며 이것이 경제와 노동조합에 고통을 주고 있었다. 하지만 중국 기업들에게 디트로이트는 자동차 제작기술, 기술인재, 그리고 고객의 관점에서 '엄청난 자원'이 널려 있는 것으로 비쳤다. 중국기업들은 서구의 자동차 기술과 시장에 접근하길 원했고, 미국 자동차 노동조합은 일자리를 원했다.[9]

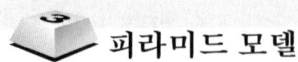 피라미드 모델

진정한 윈-윈 협상, 즉 통합적 협상에서는 자원을 충분히 활용하지 않은 채 내버려두는 경우는 없다. 윈-윈 합의는 세 단계로 구분해볼 수 있다. 〈보기 4-1〉의 피라미드 모델은 통합적 합의의 세 단계를 보여준다. 아래부터 시작하여, 그다음의 상위수준은 그 하위수준의 특질도 포함하고 있다. 이상적으로는 협상자가 제3단계의 통합적 합의에 도달할 수 있도록 항상 노력해야 한다. 상위수준으로 갈수록 합의에 도달하기는 어렵지만 이득은 더 커진다.

제1단계의 통합적 합의는 합의에 이르지 못한 경우보다는 나은, 또는 기

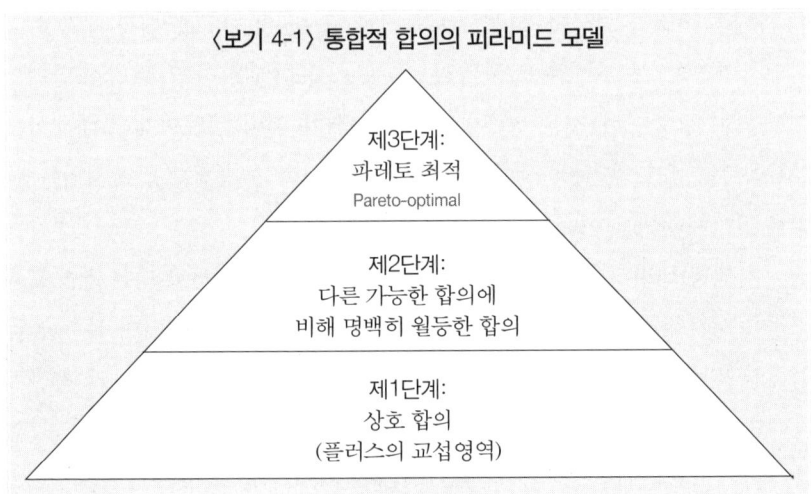

〈보기 4-1〉 통합적 합의의 피라미드 모델

준치보다는 나은 합의를 말한다. 협상자들은 기준치나 '합의에 도달하지 못했을 때 택할 수 있는 최선의 대안'BATNA에 비해 나은 합의에 도달함으로써 가치를 창출한다.

제2단계의 **통합적 합의**는 다른 가능한 합의에 비해 양 당사자 모두에게 더 나은 합의를 말한다. 즉 기존의 합의하려는 대안에 비해 모두가 더 선호하는 또 다른 성과를 찾아냄으로써 더 큰 가치를 창출한다.

그러한 합의가 존재한다는 것은 파이가 고정되어 있지 않다는 것을 의미한다. 어떤 합의는 다른 합의보다 더 큰 공동이익을 가져온다. 파이가 고정된 상황에서는 기존에 합의하려던 대안에 비해 상대방의 파이를 감소시키지 않으면서 자신의 파이를 향상시키는 다른 합의는 존재하지 않는다. 만일 교섭영역이 플러스이며 파이가 고정된 협상에서 합의에 실패한다면, 그들은 제1단계 합의 도달에 실패한 것이다. 파이가 고정된 경우와는 달리, 복합적인 동기를 지닌 경우에는 통합성을 측정하기가 훨씬 어렵다.

제3단계의 **통합적 합의**는 두 당사자의 관점에서 볼 때 더는 개선될 수 없는 최선의 합의이다. 기술적으로 말하면, 제3단계의 통합적 합의는 **파레토 최적경계**|Pareto-optimal frontier 위에 놓여 있다. 즉 파레토 최적곡선은 제3단계에 속하는 통합적 합의 이외에 상대방의 성과를 손상시키지 않으면서 동시에 자신의 성과를 향상시키는 방법은 존재하지 않는다는 의미이다. 그러므로 파이가 고정된 상황에서 이루어진 합의는 모두 제3단계에 속하는데, 이는 상대방에게 손실을 끼치지 않으면서 협상자의 성과를 향상시키는 방법은 결코 없다는 의미이다. 어떤 합의가 제3단계에 속하는지를 결정하기란 현실적으로 어렵지만, 우리는 아주 유용한 기술을 제시할 것이다.

제3단계의 통합적 합의에 도달하는 것이 쉽게 들릴지도 모르지만, 모의실험을 통해 수백 명의 경영자를 관찰한 바에 의하면, 25% 미만만이 제3단계 합의에 도달했고, 그중 약 50%는 우연히 그렇게 된 것이다.[10]

 ## 파이 늘리기를 하면서 범하는 실수들

윈-윈 합의에 도달하는 것이 협상자의 목표라면, 이것을 방해하는 것은 무엇일까? 협상자는 다음의 두 가지 핵심적 문제점에 직면한다.

근거 없이 갈등에 빠진다

근거 없는 갈등false conflict 또는 실체 없는 갈등illusory conflict이라는 것은 자신의 이익이 상대방의 이익과 양립될 수 없다고 잘못 알고 있을 때 생긴다. 예를 들어 쿠바 미사일 위기 때 미국에 알려진 것과는 달리, 소련은 쿠바의 도발적 행동을 억제하고 중국의 역할을 최소화하고자 노력했으며, 이는 모두 미국의 이익에 합치되는 것이었다.[11] 다우케미컬Dow Chemical사의 파업에서도 노조와 경영진은 동일한 임금인상률을 마음에 두고 있었지만, 노사 양측이 이를 알지 못해서 파업이 벌어졌다.[12]

1990년에, 우리는 협상에서 서서히 그리고 광범위하게 영향을 미치는 효과, 즉 '모두가 잃는' 효과lose-lose effect를 조사해 밝혀냈다. 조사를 위해 협상 상황은 몇 가지 협상의제에 대해 양립될 수 있는 이해관계를 가지도록 구성되었으며 이것은 양 당사자가 모두 원하는 합의가 가능하다는 의미였다. 처음에는 이것은 양 당사자를 위한 최선의 해결책으로 보였으며, 이 방안 이외의 결과를 상상한다는 것은 말도 안 되는 것 같았다. 그러나 상당수의 협상자들은 자신과 상대방이 완벽하게 일치되는 이해관계를 가지고 있다는 사실을 알지 못했을 뿐 아니라, 쉽게 도달할 방법이 있는데도 그보다 못한 결과에 합의를 했다. 이해관계가 같으면서도 그러한 합의에 도달하지 못하는 것은 '모두가 잃는' 합의이다.[13] 5,000명 이상을 대상으로 32가지의 협상상황을 분석한 결과, 협상자들은 서로 같은 이해관계가 있는 경우에 50%는 이를 인식하지 못했고, 그중 약 20%는 '모두가 잃는' 합의를 했다.[14]

그러면 '모두가 잃는' 합의를 피하기 위해서는 어떻게 해야 하는가? 첫째, 협상자는 고정 파이fixed-pie 개념을 이해해야 하며, 상대방이 자신의 이익을 반대한다고 지레짐작해서는 안 된다. 둘째, 상대방에게 성급한 양보premature concession를 하지 말아야 한다. 즉 상대가 요구하기도 전에 미리 포기해서는 안 된다. 마지막으로, 협상자는 상대방의 이해관계가 무엇인지를 정확히 알도록 노력해야 한다(이 문제는 곧 상세히 검토할 것이다).

파이가 고정되어 있다고 인식한다

고정 파이 인식fixed-pie perception이란 상대방과 나의 이해관계가 완전히 반대일 것이라는 인식을 말한다.[15] 협상에 관해 훈련받지 않은 대부분의 사람들은 협상을 고정 파이로 이해한다. 그들은 협상을 파이를 나누는 작업으로 보고 있으며, 자신의 이해는 상대방의 이해와 양립될 수 없으므로 협상이 난관에 봉착할 가능성이 있고, 또 의제는 일괄 타결되기보다 하나씩 합의에 이르는 것으로 생각한다.[16] 협상 이전, 협상기간, 그리고 협상 이후에 즉각 평가된 상대방의 이해관계에 관한 협상자의 인식을 조사한 사례를 살펴보자.[17] 68%에 이르는 대다수 협상자는 상대방과 자신의 이해관계가 완전히 반대라고 인식하고 있었다. 실제로 협상자들은 양쪽 모두에게 이익이 되는 트레이드오프를 할 수 있으며, 서로 완전히 일치하는 이해관계를 갖고 있다.

그러나 고정 파이 인식을 버리기는 쉽지 않다. 협상자에게 고정 파이 인식이 존재한다는 사실을 경고하는 것만으로는 충분하지 않으며,[18] 협상자가 경험이 있다는 것만으로도 충분치 않다.[19] 그리고 상대방의 이해관계가 무엇인지에 대한 정보를 입수하는 것으로도 충분하지 않다.[20] 고정 파이 인식을 어떻게 성공적으로 타파할 것인가 하는 문제는 제8장에서 상세히 다룰 것이다.

시간과 노력이 부족하다는 것만으로는 '모두가 잃는' 결과와 고정 파이 인식을 설명해주지 못한다. 통합적인 합의에 도달하는 데 가장 해로운 것은 협상상황에 관한 잘못된 가정이다. 협상자가 제일 먼저 깨달아야 하는 것은 협상이 경쟁상황이 아니라는 사실이다. 대부분의 협상상황은 근본적으로 복합적인 동기를 가지고 있으므로 협상 당사자의 이해관계는 다른 사람의 이해관계와 불완전하게 연결되어 있다. 한쪽이 얻는다고 해서 다른 쪽이 그만큼 희생해야 하는 것은 아니다. 함께 투자한 두 동업자 간의 협상을 생각해보자. 한 사람은 위험을 피하려는 경향이 있고 장기적 이익보다는 당장의 현금화에 관심이 있지만, 다른 사람은 현재의 이익보다 장기적인 가치에 더 중점을 둔다. 따라서 위험회피 성향의 협상자는 지금 일시불로 몫을 받고 또 상대방은 훗날에 더 큰 몫을 받는 내용으로 합의를 할 수 있다.

　　사실 승패를 가려야 하는 갈등은 거의 없다.[21] 복합적인 동기를 지닌 대부분의 협상에서, 당사자들은 상대방에 대해 협력과 경쟁의 두 가지 동기를 모두 느끼게 된다. 협력을 하면 자신의 BATNA에 기대지 않고 합의를 이루게 되며, 경쟁을 하면 더 큰 파이를 요구하게 된다. 그러나 여기서 간과하고 있는 것이 가치를 늘려야 할 필요성인데, 그것이 윈-윈 협상의 핵심이다.

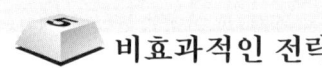 **비효과적인 전략**

　　협상자가 파이 늘리기에 사용하는 전략 중 언뜻 보기에는 효과적이지만 사실은 효과가 없는 전략도 있다. 이러한 전략을 먼저 가려내 보자.

윈-윈 타협을 이루겠다고 결심한다

　　많은 협상자들은 윈-윈 타협을 이루겠다고 결심하고 협상에 임한다. 그러나 이러한 결의가 윈-윈 합의에 도달하는 것을 보장하지는 못하는데,

그 이유는 원-원의 의미를 잘못 알고 있기 때문이다. 이러한 경우에는 협상자들이 안도감을 느끼도록 잘못 유도하기도 한다.

상대방과 타협을 한다

협상자들은 원-원 협상을 균등하게 양보하는 협상으로 오해를 한다. 균등한 양보 즉 '파이를 둘로 나누는 것'이 원-원 협상의 성사를 반드시 보장하는 것은 아니다. 타협은 파이 나누기와 관련이 있으며 파이 늘리기와는 관계가 없다.

오랜 인간관계를 중시한다

협상자들은 상대방과의 오랜 관계에 초점을 맞춤으로써 원-원 타협을 이룰 수 있다고 생각한다. 분명히 이러한 관계가 협상에 중요하기는 하지만, 원-원으로 직접 연결되지는 않는다. 그것은 원-원에 도달할 수 있도록 분위기를 좋게 만든다는 의미일 뿐이다. 그것이 비록 좋은 의도이기는 하나, 모든 자원의 발굴과 최적이용을 보장하지는 않는다. 그것은 협상자들이 원-원에 도달하기 위해서는 편안한 협상시간을 가져야 한다는 뜻이다.

협력적 태도를 취한다

협상자가 호의적이고 협력적인 태도로 협상에 임하는 것은 좋은 일이다. 그러나 이러한 의도로 인해 오히려 협상자가 적절한 시점에 적절한 정보에 집중하지 못하는 경우가 종종 있다. 예를 들어 협상자는 상대방과 협력하고자 하는 의도에서 자신의 BATNA를 상대방에게 밝히는 경우가 그것이다. 그러나 자신의 BATNA를 밝히는 것은 파이 나누기의 문제이지 파이 늘리기의 문제가 아니다. 협력의 의미를 타협으로 생각하는 사람도 있는데, 타협은 '모두가 잃는' 협상이 되기 쉽다. 1996년에 마스터카드사는 신용카드 부문이 판촉거래에서 자주 손해를 보는 이유를 알아보고자 했다. 그 결과, 마스터카드사는 상대방과 좋은 관계를 형성하기 위해(예: 협력적) 충분한 보상을 요구하지 않은 채 판촉사업을 했다는 사실이 드러났다.[22] 어떤 협상에 임하는 양 당사자들이 더 높은 수준의 목표나 계획을 가졌을 때에는 차선의 결과를 가져올지라도 높은 목표를 위해 조정relational accommodation을 하기 쉽다. 이것은 조직이 상하관계이기보다 인류보편적인 가치를 중시할 때 특히 그러하다.[23]

협상 시간을 추가로 더 할애한다

협상자들은 종종 협상에 시간을 좀 더 할애하면 양쪽 모두에 이익이 되는 결과를 달성할 수 있을 것이라고 생각한다. 그러나 추가 시간을 사용한다고 협상자들이 통합적 합의에 이르는 것은 아니며(대부분의 협상자들은 합의 도달을 위해 협상의 마지막 순간까지 기다린다), 추가 시간에 따라 협상의 질이 높아지는 것도 아니다. 더욱이 사람들은 주어진 시간에 맞추어 일을 하는 경향이 있는데,[24] 협상에서도 마찬가지이다. 협상 시간을 다양하게 부여하고 실시한 실험결과를 살펴보자. 첫 번째 그룹은 한 시간 만에, 두 번째 그룹은 두 시간 만에, 세 번째 그룹은 일주일 만에(이메일을 통해서) 양자 협상으로 과제를 마무리 짓도록 했다. 만일 주어진 시간에 따라 합의의 질에 차이가 발생한다면 첫 번째 그룹의 결과가 제일 나쁠 것이다. 하지만 그런 결과는 나타나지 않았다. 세 그룹 간에 뚜렷한 차이가 없었는데, 이는 시간이 많다고 해서 합의의 질이 향상되는 것은 아니라는 점을 보여준다.

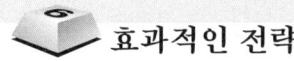 **효과적인 전략**

우리는 이제까지 효과가 없는 전략들을 검토했다. 지금부터는 협상자가 파이를 늘리고 윈 - 윈 교섭을 이루는 데 도움이 될 수 있는 아홉 가지 전략을 살펴보고자 한다.[25] 분명하고 직관적인 전략에서부터 더 복잡하고 그리고 불합리하기까지 한 전략의 순으로 나열한다. 처음의 몇 가지 전략은 특히 협조적이고 믿을 만한 사람들과 협상할 때 사용하기 좋은 것이며, 뒤에 나오는 전략들은 '문제 있는' 사람이나 지독히 상대하기 어려운 사람들을 다루는 데 유용할 것이다..

상대방 안목으로 보기

상대방 안목으로 보는 협상자들은 상대방의 눈으로 만사를 보려고 한다. 상대방의 안목을 가지는 협상자들은 다수의 기업들이 조화를 이루어야 하는 조건에서 더 성공한다.[26] 상대방의 안목으로 보면 협상테이블에서 공동으로 문제점들을 풀어내는 능력이 향상된다.[27] 건물신축 현장에서 나무가 사라지는 다음 사례를 검토해보자. 대체로 새로 건물을 지을 때는 주변에 나무를 심는 것이 필수적이며 미국의 카운티들은 공원과 도로변에 나무를 심는다. 버지니아 주의 알링턴 카운티는 대형공사로 인해 나무가 무수히 잘려나갔을 뿐 아니라 동시에 새로운 나무를 심기에 적당한 공유지도 사라져버렸다. 개발회사들은 카운티의 관점에서, 그리고 도시의 하늘을 숲으로 덮는 중요한 일을 지원하는 입장에서 나무손실 보상을 위해 비용을 대는 프로그램을 협의했다. 말하자면 카운티가 주민들의 사유지에 심을 나무를 나누어 주는 프로그램에 개발회사들이 자금을 대는 것이다.[28] 상대방의 안목에서 바라보는 능력은 또한 협상자들의 자원 점유 능력을 향상시키며,[29] 상대방의 제동시도에 효과적으로 대응할 수 있게 한다.[30]

상대방 안목을 가지는 것은 감정이입과는 다르다. 즉 전자는 다른 사람의 시각으로 세상을 관찰하는 인식능력인 반면, 후자는 감정적으로 다른 사람과 연결하는 능력이다.[31] 다시 말해 상대방 안목을 가지기는 협상성공을 위해 가장 중요한 인식능력이다. 상대방의 안목을 가지는 것은 고도의 능력이 있거나 그런 것에 기민한 협상자들은 협상에서 통합적인 결과에 도달하는 데 성공할 가능성이 높다. 상대방의 안목으로 바라보는 사람들은 숨어 있는 자기주장만을 강조하는 사람들보다 합의점을 도출해내고, 공통의 이익을 극대화하고, 그리고 평화를 확고히 지켜낼 가능성이 훨씬 높다. '가슴이 시키는 대로 하지 않는 것'을 유감스러워하는 사람들은 '머리가 시키는 대로 하지 않는 것'을 유감스러워하는 사람들보다 종종 더 많은 이익을 포기하게 된다. 그들이 상대방과의 관계를 위해 그것들을 희생하기 때문이다.[32] 이런 이유로 여러분은 경쟁자인 상대방의 머리(가슴이 아닌) 속에 들어가는 것이 더 좋다.[33]

상황진단을 위한 질문을 던지라

협상자는 상대방에게 얼마든지 질문을 할 수 있다(〈보기 4-2〉 참조). 그러나 〈보기 4-2〉에 기재된 여섯 가지 형태의 정보 중 상황진단을 위한 두 가지 질문, 즉 기본적 관심사와 우선순위에 관한 질문만이 파이 확대에 직접적으로 도움이 되는 질문이다.[34] 상대방의 선호를 물어보면 통합적 합의 도달에 도움이 된다.[35] 하지만 협상자들은 자신이 만들어놓은 덫에 걸려 상황진단에 필요한 질문을 잘하지 못한다. 한 조사에 의하면, 협상 도중에 상대방의 선호가 매우 중요한 상황에서도 협상자 중 그 정보를 알아내려고 한 사람이 겨우 7%였다.[36]

이러한 두 종류의 질문이 윈 - 윈 합의를 위한 상황진단에 도움이 되는 이유는 다음 두 가지 때문이다. 첫째, 질문들은 협상자에게 가치가 있는 것이

〈보기 4-2〉 협상에서의 정보 유형과 그것이 배분적 합의 및 통합적 합의에 미치는 영향

정보유형	정의(예)	배분적 가치	통합적 가치
BATNA(와 양보기준치)	현재 진행 중인 협상의 밖에 위치한 대안. "당신이 차를 사지 않더라도, 나는 아저씨 차를 2,000달러에 살 수 있습니다."	이 정보를 노출하는 것은 협상자 자신(양보 기준치)와 최종결과의 차이) 극대화에 장애가 된다.	이 정보는 2단계 또는 3단계의 통합적 합의 도달에는 영향을 주지 않는다. 그러나 1단계 도달에는 도움을 준다.
입장(또는 요구사항)	주로 첫 번째 제안으로 나타난다. 목표치의 표현이다. "당신 차에 1,500달러를 지불하겠다."	공격적인 목표치로 시작하는 것은 협상자에 (교섭 영역 중 몫)을 현저히 증대시킨다.	통합적 합의에 영향을 주지 않는다.
기본적 관심사	특별한 이제나 목표에 대해 가지고 있는 기본적인 필요와 성과. 이유. "나는 20킬로미터나 떨어져 있는 직장에 다니기 위해 차가 필요하다."	이 정보의 노출은 파이 획득 가능성을 증대시킨다. 자신의 요구사항에 합리성을 부여하면 목표 실현에 보다 유리하다.	안 - 안 거래 도달에 매우 중요하다. 기본적 관심사를 (진심하게) 노출함으로써 안 - 안 합의를 찾아낼 수 있다. (예, 안나가 동생에게 자신은 오렌지를 원하지만 주스가 필요하고 껍질은 필요 없다고 말한다.)
우선순위	의제의 상대적 중요성에 대한 판단. "나는 그 차를 사는 데 응지조건보다는 신념에 관심이 크다."	협상자(파이) 조각들 간점적으로 증대시킨다. 우선순위 공유로 부가가치가 창출된다고, 보다 큰 몫을 차지할 확률을 증대되기 때문이다.	파이 극대화에 매우 중요하다. (예, 주스보다 껍질에 관심이 있다고 말한 동생은 통합적 합의의 가능성을 만들어낸 것이다.)
핵심 사실	협상의제의 결과 가치에 관한 정보와 관계된다. "그 차는 사고 때문에 엔진을 수리했다." "그 오렌지는 유전자 조작 처리가 되었다."	이 정보는 협상의제의 가치를 증가 또는 감소시키기 때문에, 획득할 수 있는 파이에 영향을 준다.	핵심정보 노출에 실패하는 것은 특정 자원을 고자평가하게 한다. 모르는 사실 때문에 안 - 안 합의에 영향을 준다.
입증	자신의 입장을 옹호하거나 상대방 입장을 공격하는 주장. "여자들이 이 차를 좋아하기 때문에 이 차를 사게 되면 데이트할 기회가 많아질 것입니다."	가장 유력한 배분적 전술이다.[37] 협상자의 파이(비) 현실적인 파이를 증대시킬 수 있다. 이 론적 근거(비합리적인 것 포함)를 제공하는 것은 요구사항 관철에 효과적이기 때문이다.	배분적 전술이 입증이다. 안 - 안 협상 가능성 중 때시기보다는 오히려 감소시킨다.[38]

무엇인지를 가르쳐준다. 둘째, 상대방은 상황진단을 위한 질문에 대해서는 거짓말을 하거나 자신을 위장하려고 하지 않는다. 상대방의 BATNA나 기준치를 물으면 상대는 거짓말이나 과장을 하려는 충동을 느낀다. 그러나 자신이 기본적으로 필요한 것에 대해서는 거짓말을 해야 할 이유를 설명하기가 쉽지 않다. 따라서 상황진단을 위한 질문은 상대방을 수세로 몰아가지 않기 때문에 매우 효과적이다.

올바른 질문을 하는 것이 중요하다. 사실 상대방에 관해 협상과제와 상관없는 정보를 갖는 것은 그러한 지식이 효과적인 정보교환을 방해하기 때문에 협상의 효율성을 손상시킨다.[39] 상대에 대한 진단에 도움이 되지 않는 정보를 가진 협상자들은 조급하게 통합적 합의모색을 끝내려 하기가 쉽다.

상대의 반대 견해에 관심을 나타내는 협상자는 장차 그 상대와 교호작용을 할 여지가 더 커진다. 상대가 정성스레 설명할 수 있는 질문을 준비하는 단순한 행동이 상대의 마음을 더 솔직하게 만들고 더 적극적이게 한다.[40] 고도의 인식론적 동기epistemic motivation — 사물의 작용원리를 알고 싶은 개인적 욕구 — 를 가진 협상자들은 더 훌륭한 공동의 성과에 이르기가 더 쉽다. 왜냐하면 그들은 전반적으로 인식론적 동기가 양쪽 다 낮은 협상자들에 비해 양쪽 모두에게 이로운 질문을 더 많이 하기 때문이다.[41] 더욱이 인식론적 동기가 높은 협상자는 더 많은 의제를 올려 협의를 함으로써 더 많은 이득을 볼 수 있다.[42]

상대에게 정보를 제공하라

협상은 일종의 역설이다. 협상 당사자들이 정직하고 솔직해지길 바라지만, 지나치게 많은 정보를 노출시키는 것은 불리한 입장에 놓일 수 있기 때문이다. 예를 들어 천성적으로 솔직한 협상자는 상대방을 더 크게 염려하여 더 많은 양보를 하는 경향이 있다. 특히 수익성이 아주 적은 유통관련 협상에서 그러하다.43 상대방에게 정보를 제공하지 말아야 한다는 생각은 잘 못이다.44 만일 자신의 관심사에 대해 상대방과 의사소통을 하지 않으면, 협상은 진전되지 못할 것이다. 당신의 쌍둥이 형제와 협상하듯이 상대방과 협상해야 한다. 당신이 정보를 제공하지 않는다면, 상대방도 제공하지 않을 것이다. 협상자는 상대방이 대답을 기꺼이 하려고 하지 않는 질문은 하지 말아야 한다. 중요한 것은 정보를 노출시킬지 여부가 아니고 무슨 정보를 노출시키느냐이다.

당신의 관심사(BATNA가 아님)를 기꺼이 알려주겠다는 신호를 보냄으로써, 당신은 호혜성이라는 중요한 심리를 활용할 수 있다. 당신이 정보를 제공하려고 한다면 상대방 역시 정보를 제공하려 할 것이다. 자신의 우선순위 정보를 상대방에게 제공하는 사람은 정보를 제공하지 않는 사람보다 통합적 합의에 도달할 가능성이 높다.45 또한 자신의 입장을 밝히는 협상자가 전략적으로 불리해지지도 않는다. 자신의 입장을 밝히는 협상자는 상대방보다 현저하게 많이 얻지는 못하겠지만, 적어도 상대보다 적게 얻지는 않는다.

협상자는 협상 중에 여섯 가지 핵심 정보를 교환할 수 있다. 노련한 협상자는 그 각각을 인지하는 방법을 알고 있다. 더 중요한 것은, 노련한 협상자는 상대방과 윈-윈 결과에 이르기 위해서 어떤 정보를 노출하는 것이 안전한지(그리고 필요한지) 알고 있다는 점이다. 양쪽 협상자들이 공유할 필요가 있는 정보는 그들의 BATNA에 관한 정보가 아니라 협상의제와 교차하는 그들의 선호도와 우선순위에 관한 정보이다(〈보기 4-2〉는 협상자들이 교환할 수 있는 여섯 가지 정보유형의 윤곽을 표시한 것이며, 〈보기 4-3〉은 협상에 앞서 완성되는 기획참고자료를 제공함으로써 〈보기 4-2〉를 보완하고 있다).

협상과정을 정보제공의 관점에서 보면, 분명히 어떤 특별한 시간 흐름이 있다. 아데어W. L. Adair와 그 동료는 협상의 진행을 네 단계로 나누었다.46 제1단계에서는 서로 힘을 갖기 위해 영향력을 행사하는 전략을 사용하며, 제2단계에서는 문제점들을 논의하고 우선순위에 관한 정보를 교환한다. 제

〈보기 4-3〉 정보준비용 시트[47]

의제	본인		상대방
		입장	이 사안에 대한 상대방 입장
보수	1	기본적 관심사	상대방의 기본적 관심사
계약 보너스	3		
직책명	4		
스톡옵션	2		
차량	5		
기준치			
목표			
BATNA			

1. 협상자는 먼저 협상의제를 찾아내어 왼쪽 난을 채운다.
2. 그리고 협상자는 중앙 난의 상단 삼각형 안에 자신의 '입장'을, 하단 삼각형 안에 자신의 기본관심사를 기술한다.
3. 다음으로 협상자는 중요도에 따라 순번을 매긴다(즉 작은 박스 안에 1부터 5까지 등).
4. 다음으로 협상자는 의제별로 상대방의 입장, 관심사, 우선순위를 최대한 측정한다.
5. 협상자는 자신의 기준치를 기술한다(또한 상대방의 기준치를 측정해보려고 시도한다).
6. 협상자는 자신의 목표치를 기술한다(그것은 자신의 첫 번째 제안으로 사용될 것이다).
7. 협상자는 자신의 BATNA를 기술한다(또한 상대방의 BATNA를 측정해보려고 시도한다).

3단계에서는 서로 제안을 주고받으며 논리에 기초하여 그것을 받아들이거나 거부한다. 마지막 제4단계에서는 서로의 제안들을 기초로 하여 합의에 도달하기 위한 작업을 시작한다.

많은 협상자들은 협상 중에 상대방에게 정보를 제공하지만, 상대방이 그 정보를 반드시 이해하는 것은 아닌 것으로 보고 있다. 이러한 잘못된 믿음의 원인은 **투명성환상**illusion of transparency에서 유래한 것일 수도 있다.[48] 투명성환상은 실제보다 더 많이 정보를 노출했다고 믿을 때 일어난다(즉 상대방이 그들에 대해 실제보다 더 많이 알고 있다고 믿는다). 외부 참관자가 협상자들의 행동만을 보고 협상목표가 무엇인지를 알아낼 수 있는지에 대해 협상자 자신들이 어떻게 생각하는지를 조사했다.[49] 그 결과 협상자는 목표의 투명성을 항상 과대평가했다. 사람들은 협상에서 자신의 목표와 관심사가 실제보다도 더 공개되어 있다고 믿는다. 그렇지만 협상자들은 메시지를 명확히 전달하지도 않는다. 교환된 정보가 여러 가지로 해석될 여지가 있으면 그 정보는 협상타결을 지연시킨다.[50] 바꾸어 말하면 명확한 해석이 가능할 때 서로의 기대치가 하나로 수렴되고 타결이 빨라진다.

의제들을 많이 끄집어내라

협상이 실패하는 이유의 하나는 협상자가 가격과 같은 단일의제를 놓고 옥신각신하기 때문이다. 협상이 오직 하나의 의제(예: 가격)만을 다룬다면, 그것은 고정된 파이를 나누는 것이 된다. 노련한 협상자들은 협상 가능한 의제들을 늘리는 데 능숙하다. 의제들을 추가하고, 끄집어내고, 새로운 의제들을 만들어냄으로써 단일의제의 고정 파이 협상을 윈 - 윈 가능성이 있고 통합적인 복수의제 협상으로 변형시킬 수 있다.[51] 통합적 합의를 위해서는 두 가지 이상의 의제가 요구되는데, 협상의제가 많으면 많을수록('당사자가 많을수록'이 아니다) 모두가 더 즐거워질 수 있다. 『예스를 이끌어내는 협상법Getting to Yes』의 공동저자인 로저 피셔Roger Fisher는 어느 회사 사장을 도와 건물을 팔았던 경험을 다음과 같이 얘기한다. "그는 은퇴하면서 여생을 준비하기 위해 건물을 팔려고 했다. 건물가격으로 200만 달러를 원했지만, 상대는 그 가격에는 사지 않겠다고 했다. 나는 건물주에게 '이 건물을 팔면서 당신 마음에 가장 걸리는 게 무엇이냐?'고 물었다. 그는 '건물 한쪽의 사무실에 내가 지난 25년간 보관해온 서류들이 쌓여 있습니다. 나는 그 서류들을 버리기 싫습니다. 그 서류에는 나의 삶이 녹아 있기 때문입니다. 그것을 어디에 보관할지가 큰 걱정거리입니다'라고 말하는 것이었다."[52] 또 피셔는 구매희망자에게 그 건물을 어떤 용도로 사용할 것인지를 물었다. 구매자는 그 건물을 호텔로 쓸 예정이라고 설명했다. 이 사실을 알게 되자, 피셔는 서류가 보관되어 있는 구석 사무실을 사장이 3년 동안 사용하면 어떻겠느냐는 아이디어를 제시했다. 구매자는 이 제안에 동의했으며 적정한 가격에 거래가 성사되었다. 이 예를 통해, 피셔는 중요한 것은 돈 문제가 아니라 편의와 관련된 것이라는 점을 강조했다.

단일의제로 제안하지 말고 패키지로 제안하라

협상자들은 대부분 의제들을 하나씩 차례로 협상하는 실수를 범한다. 이러한 접근법은 몇 가지 이유에서 잘못이라 할 수 있다. 가장 중요한 첫째 이유는 각 의제를 분리하여 협상하면 의제들 간의 트레이드오프가 어렵다. 협상자들은 선호의 강도가 서로 다른 점을 활용하여, 의제를 비교 대조하고 그것을 트레이드오프해야 한다. 둘째 이유는 교섭영역이 좁은 경우에 단일의제 협상을 하면 파국 가능성이 크기 때문이다. 마지막으로 단일의제 협상에서는 협상자들이 타협의 유혹을 느끼게 된다. 그러나 이것은 앞에서 보았듯이 윈-윈 협상을 위한 최선책은 되지 못한다.

프랫 휘트니Fratt Whitney사의 기계노조는 경영진과의 일괄협상이라는 기교를 통해 심각하게 회사에 타격을 주는 파업을 피해왔다. 이 회사는 500명 감원, 공장 2개 폐쇄, 공장의 해외 이전을 주요 경영목표로 삼고 있었는데 이 모두가 노조가 받아들이기 어려운 내용이었다. 하지만 프랫 휘트니사는 (조업단축에 따른) 일시해고 중지, 특정시설에서 일하는 근로자들을 위해 미들

타운 조립공장에 일자리 75개 추가, 후한 조기 퇴직 프로그램 실시, 첫 해에 3K(어렵고 더럽고 위험한 작업) 작업자들에 대한 사이닝 보너스와 함께 3% 임금 인상, 그리고 특정시설 이외에서 일하는 근로자들을 위한 고용보장에 대한 문제와 그들의 중요한 이익(2개의 공장 폐쇄와 500명 감원)이 걸린 문제를 일괄협상 방식으로 처리키로 했다.53

동등한 가치를 동시에 복수제안하라

정보를 제공하고, 정보를 얻으려고 애쓰는 것이 효과가 없는 경우에 협상자들은 실망한다. 협상자들이 이런 상황을 바꿀 수 있을까? 다행히 답은 '바꿀 수 있다'이다. 동등한 가치의 동시복수제안multiple offers of equivalent value simultaneously 전략은 가장 비협조적인 협상자들과도 협상효과를 낼 수 있다.54 이 전략은 동등한 가치를 가진 최소한 두 가지 이상의 제안을 상대방에게 제시하는 것이다. 〈보기 4-4〉에서 논했던 월마트 협상의 예에서, 클래럼카운티의 기술자 돈 매킨스Don McInnes는 세퀌 시에 세 가지 제안을 동시에 했다. 그 내용은 도로 3개 노선을 12미터 표준 폭으로 확장할 것, 철저한 조사를 통해 도로건설 기준을 좀 더 높은 수준(최고 수준은 아니지만)으로 올릴 것, 또는 두 개 노선의 도로에 막다른 골목을 만들 것의 세 가지였다.55

이러한 복수제안 전략은 다음 세 가지 측면을 가지고 있다.

1. 복수의제 제안을 고안하라: 이것은 순차적으로 하나씩 협상함으로써 '모두 잃는lose-lose' 결과를 초래하는 경우와 대비가 된다.
2. 자신에게 동등한 가치를 가지고 있는 제안을 모두 발굴해내라: 그러면 양보하기 전에 당신이 원하는 것을 얻을 수 있는 방법이 여럿이나 된다.
3. 동시에 일괄 제안을 하라: 이는 대부분의 사람들이 실천하기 가장 어려운 부분이다. 왜냐하면 협상자들이 마치 테니스 경기를 하듯이 협상을 하기 때문이다. 그들은 한 가지 제안을 하고, 상대방이 그 제안에 대해

〈보기 4-4〉 **월마트의 쇼핑센터 건설계획**[56]

월마트Wal-Mart 개점을 둘러싼 청문회가 끝나고 개점을 옹호하는 세큄Sequim 시의 시장, 월마트 측의 변호사 등과 이를 반대하는 클래럼Clallam 카운티의 도시계획국, 제임스타운Jamestown의 인디언 부족, 세큄 퍼스트라는 시민단체 간에 설전이 벌어졌다. 반대 측은 세큄 시가 인구 5,000명도 안 되는 작은 마을에 1만 6,000평 규모의 월마트가 들어서면 안 된다는 탄원서를 제출했다. 월마트 개점에 반대하는 쪽은 월마트로 인해 교통지옥이 초래되고, 건물신축현장에서 흘러나오는 물이 강을 오염시킬 것이라고 주장했다. 건물 신축에 따라 교통량이 280~500%나 증가하므로 도로보수비용으로 월마트가 1억 달러를 선납하면 응하겠다고도 했다. 그러나 월마트와 세큄 시장은 이러한 항의를 월마트의 주머니를 짜내어 이제까지 게을리 한 도로 보수비용을 충당하려는 얄팍한 술책으로 간주하면서, 카운티가 시 주변 도로를 지금까지 너무 방치해왔다고 했다. 월마트는 신축예정 건물의 주변 교통량 증가는 7% 정도일 것이라고 분석했다. 한동안 대치상태가 계속되었지만, 얼마 후 세큄 시장에 의해 돌파구가 마련되었다. 그는 독립적인 교통 영향평가 기구를 설치하고, 그 결과 교통량 증가가 확인되면 월마트는 시에 최대 10만 달러를 기부한다는 절충안을 제시했다. 결국 월마트는 쇼핑센터를 열었으며, 시도 월마트로부터 도로 보수비용을 받을 수 있었다.

답변할 때까지 기다린 후, 양보하는 과정을 반복한다. 복수제안 전략은 상대방에게 다양한 제안을 제시하고는 그 반응을 기다린다. 상대방에게는 각각의 대안 중에서 자신이 원하는 것만을 선택하는 '체리 따기cherry-picking'는 허용되지 않는다는 점을 주지시켜야 한다. 그 제안들은 '패키지 거래'를 위한 것이라는 점을 알려야 한다.[57]

대등한 가치의 복수제안을 제시하는 협상자는 좋은 협상 결과를 얻으며, 상대방으로부터 호의적인 평가를 받는다.[58] 그들은 융통성이 있는 사람처럼 보일 뿐 아니라 통합적인 해결의 가능성이 증가하여 만족하게 된다.[59] 여러 의제가 단일제안으로 일괄 포장이 된다면 트레이드오프나 양보가 더 쉬워진다. 그러나 의제들이 개별적으로 다루어진다면 협상자들은 각 의제에 대해 순차적으로 타협하려는 경향을 보인다.[60] 여기서 윈 - 윈 합의를 가장 방해하는 것은 **입증태도**substantiation, 즉 자신의 입장을 옹호하거나 상대방 입장에 반대하는 태도라는 사실을 알아야 한다. "입증태도는 그 성격상 상대의 행동을 옳지 못한 것으로 만들고, 자신의 생각을 고집하게 된다"[61] 그리고 나의 입증태도는 상대방에게도 입증태도를 만든다.[62]

대등한 가치의 복수제안을 통해 얻게 되는 강점으로는 다음의 다섯 가지를 들 수 있다. 즉 ① 협상을 적극적으로 주도할 수 있다, ② 상대방에 대해 더 나은 정보를 입수할 수 있다, ③ 제안의 가치를 집요하게 설득할 수 있다, ④ 자기들의 우선순위가 더 효율적이라는 것을 알릴 수 있다, ⑤ 양보에 대한 반감을 누그러뜨릴 수 있다는 것이다.[63]

- **협상을 적극적으로 주도할 수 있다**

협상을 어떻게 효과적으로 주도하는지의 예를 살펴보자. 주요 국제법률회사에서 변호사로 근무하는 켄 알렉스Ken Alex는 어느 기업정보 데이터베이스 공급회사와 협상을 하고 있었다.[64] 그 법률회사로서는 데이터베이스가 매우 중요해서 계약을 갱신할 필요가 있었다. 그렇게 하지 않으면 자료수집에 시간을 더 많이 할애해야 하는데, 당시 이 회사는 자료수집 담당직원의 수를 줄인 상태였다. 전년도에 이 회사는 데이터베이스 사용에 5만 2,000달러를 지불했으며, 켄은 금년도 계약갱신 예산으로 5만 8,000달러를 확보했다. 켄은 동시복수제안 전략을 사용했다. 그는 상대방의 관심 중 하나가 계약을 유지하는 것이며, 자기 회사와 같은 큰 회사와의 2년 계약은 상대방에게도 가치가 있다고 판단했다. 또한 켄은 자기 회사가 그 데이터베이스를 다음해에도 사용할 것이라고 확신했기 때문에 2년 계약은 회사로 보아서도 위험을 낮추는 전략이라고 생각했다. 더욱이 그러한 계약은 경기변동이 심한 시기에 회사 예산의 안정성을 보장할 수 있었다. 켄은 두 가지 제안을 했는데, A안은 2년간 매년 4만 5,000달러를 지불하는 것이고, B안은 1차년도에 4만 3,000달러, 2차년도에 4만 7,000달러를 지불하는 것이었다. 상대방은 2년

차에 경신하는 B안을 선택했다.

- 상대방에 대해 더 나은 정보를 입수할 수 있다

협상자는 상대방의 진정한 관심사가 무엇이며 공동의 이익이 어디에 있는지를 연역적인 방법으로 판단한다. 그러나 복수제안을 하면 상대는 귀납적 사고inductive reasoning를 하게 된다(제8장에서 연역적 추리와 귀납적 추리에 관해 상세히 논의할 예정이다). 복수제안에 대한 상대방의 반응을 들으면, 그의 선호를 알 수 있다. 따라서 협상자는 복수제안에 대한 상대방의 반응에 기초하여 마치 '연역적'으로 판단한 것처럼 행동할 수 있다.

- 제안의 가치를 집요하게 설득할 수 있다

어느 제약회사 협상 팀의 예를 통해, 매우 팽팽한 협상에서 복수제안 전략이 그들에게 어떻게 도움이 되었는가를 살펴보자.[65] "우리는 권리를 잃어버릴 상황이었다. 귀책사유가 우리에게 있었기 때문이다(당초 추산했던 것보다 재고가 훨씬 많았다). 또한 우리가 충분히 주의를 기울여야 하는 단계에서 게을리 하여 부정확한 정보를 제공한 것처럼 보이는 심각한 상황이었다. 협상의제는 거래의 규모에 관한 것으로, 매우 높은 가격을 지불해야 할지도 모르는 심각한 상황이었다." 그 제약회사 협상 팀은 동등한 가치를 지닌 다섯 가지 복수제안을 했다. 그 제안들은 지불조건의 연기, 현금 지불, 인수 재고 물량의 크기 등이 다양하게 조합되어 있었다. 다섯 가지 제안을 하면서 협상 팀은 매우 긴장된 어조로 말했다. "우리는 어떻게 문제를 풀어야 하느냐에 대해 며칠간 격론을 벌였으며, 최악의 사태에 대해서도 각오를 했습니다." 이에 대해 상대 팀은 "이해합니다"라고 조용히 말했다. 다음날, 그들은 우리의 제안 중 하나를 선택했다. 그 제약회사 협상 팀원들은 "만일 우리가 단일안으로 접근했다면, 그들은 분명히 '그것은 당신들 문제이며, 당신들이 잘못된 정보를 제공했기 때문입니다. 과잉재고를 우리에게 무상으로 주셔

야겠습니다'라고 말했을 것이다"라고 회상했다. 그러나 그들은 파국을 피할 수 있었으며, 그 거래는 예상보다 훨씬 성공적으로 마무리 지어졌다.

- **양보에 대한 반감을 누그러뜨릴 수 있다**

사람들은 한 가지 이상의 선택이 있다고 생각하면, 동의를 더 잘하는 경향이 있다. 예를 들어 캘리포니아 주 상원의원인 로스 존슨Ross Johnson은 그가 반대하는 입법안이 상정되었을 때, 즉각 반대하지 않았다. 대신에 그는 결코 채택될 수 없다는 것을 알면서도 세 개의 수정안을 전략적으로 제안했다. 이로 인해 오렌지카운티 출신이 아닌 다른 상원의원들도 존슨이 무엇을 중요하게 느끼고 있는지를 이해할 수 있었다.[66]

차이점을 활용하여 조건부계약을 맺으라

협상자들은 관심사와 선호도에 차이가 있을 뿐 아니라 세상을 보는 관점에도 차이가 있다.[67] 어느 저자는 책이 잘 팔릴 것으로 보는 데 반해 발행인은 그 전망을 저자보다 낮게 평가할지도 모른다. 사실에 대한 상이한 해석은 관계를 더욱 악화시킬지도 모르며, 상대방을 설득하려는 시도는 회의론, 적대감, 그리고 분쟁의 소용돌이를 가져올지도 모른다. 그러나 놀라운 것은 이러한 차이가 통합적 합의에 이르는 길을 닦아준다는 점이다. 앞에서 예로 들었던 〈보기 4-4〉의 월마트 협상에서, 당사자들은 쇼핑센터 신축이 도로교통에 미치는 영향에 관해 현저히 다른 의견을 제시했다(시는 약 500%, 월마트는 약 7%로). 이렇게 예측에 차이가 크면서도 이것이 문제해결의 수단으로 작용했다는 사실은 다소 풍자적이다. 실제로 협상에서는 공통점보다 차이점이 오히려 합의를 촉진시킨다.[68] '계몽적인' 협상자는 신념, 기대치, 그리고 취향의 차이가 있는 경우가 오히려 없는 경우에 비해 가치를 더 많이 창조해낸다는 사실을 알고 있다. 하지만 문제는 사람들이 대부분 이런 상황에 직면하면 불편해한다는 점이다. 그들은 그 차이를 애써 축소시키거나 무시해버리려는 경향이 있다.

협상자는 통합적 합의를 위해 차이점을 다양하게 활용한다.[69] 그들이 활용할 수 있는 것은 다음과 같다.

- 협상의제 선호도의 차이,
- 불확실한 사건에 대한 기대 차이,
- 위험에 대한 입장 차이,
- 시간 선호도의 차이,
- 능력의 차이.

● **협상의제 선호도의 차이**

협상자는 의제별로 선호의 강도가 다르다. 예를 들어 제한된 공간의 분할과 관련된 협상을 할 때, 한 사람은 전망보다는 사무실 규모에 관심이 더 크고, 다른 사람은 추가 면적보다는 전망에 더 관심이 크다고 하자. 그 경우에 한 사람은 넓기는 하지만 창문이 없는 사무실을, 다른 사람은 좁지만 전망 좋은 사무실을 선택하면 합의에 도달할 수 있다. 사안에 따라 이렇게 트레이드오프를 함으로써 두 사람 모두 의제별로 타협하는 것보다 더 많은 것을 얻을 수 있다. 선호의 강도 차이를 이용하기 위한 트레이드오프 전략을 **통나무 함께 굴리기**logrolling라고도 부른다.[70]

● **불확실한 사건에 대한 기대 차이**

협상은 불확실성과 연관되는 경우가 많으며, 협상자들 간의 미래에 대한 예측이나 믿음에도 차이가 있다. 아버지로부터 공구상점을 상속받은 어느 남매의 예를 들어보자.[71] 누나는 그 상점의 수익성이 꾸준히 내려갈 것이라고 예측했고, 남동생은 상점 운영이 성공적일 것으로 예측했다. 누나는 그 상점을 팔고 싶어 했고, 남동생은 유지하고 싶어 했다. 그들은 조건부계약을 작성했다. 남동생은 상점에 대한 누나의 부정적 전망에 근거하여 상점소유권 중 누나의 몫을 일정 기간에 걸쳐 사주기로 했다. 그리고 누나는 자기 몫이 매각될 때까지 일정한 수익을 보장받았는데, 그 수익이란 영업실적에 대한 동생의 예측에 기초한 것이었다.

- **위험에 대한 입장의 차이**

장차 벌어질 일에 대해 의견을 같이한다 하더라도 위험에 임하는 태도에서는 서로 차이를 보이는 경우가 있다.[72] 소설을 공동 저술한 두 사람의 예를 들어보자. 두 사람 모두 성공 가능성을 중간 정도로 보았다. 그러나 그중 중견 소설가는 위험을 감수할 여유가 있으나, 다른 젊은 소설가는 위험을 회피하고 싶어 했다. 두 사람은 위험에 대한 서로 다른 입장을 조건부계약으로 해결하고자 했다. 위험회피적인 동료는 책의 선수금을 모두 받고, 위험을 감수할 여유가 있는 동료는 소설 출간 후의 수익 대부분을 받기로 했다. 이익구조 gain-frame 사고를 가지고 있는(즉 유리잔이 반이나 차 있다고 보는) 협상자는 윈-윈의 형태로 협력하여 서로 돕거나 트레이드오프를 할 준비가 되어 있는 데 반해, **손실구조** loss-frame 사고를 가지고 있는(즉 유리잔이 반이나 비었다고 보는) 협상자는 조건부계약을 받아들이기가 쉽다.[73]

- **시간 선호도의 차이**

사람들은 사건이 언제 발생했느냐에 따라 동일한 사건의 평가를 달리하기도 한다.[74] 한쪽이 다른 쪽보다 인내력이 없다면, 시간에 따라 성과를 최적으로 나누는 메커니즘이 강구될 수도 있다. 동업자 두 명 중 시간을 중시하는 사람에게 초기 이익을 배당하고, 오래 기다릴 수 있는 사람에게는 장기간에 걸쳐 큰 이익이 돌아가게 하는 방향으로 합의할 수 있을 것이다.

- **능력의 차이**

사람들은 취향, 가능성에 대한 평가, 위험 선호도에서 차이를 보일 뿐 아니라, 능력이나 숙련도에서도 차이가 난다. 자원, 자본, 그리고 지원 인력에서 차이를 보이는 두 관리자의 예를 들어보자. 한 관리자는 고도의 계량적이고 통계적인 숙련도를 가졌을 뿐 아니라 최신형 컴퓨터를 활용할 줄 알며, 다른 관리자는 고도의 마케팅 및 디자인 기술을 가졌다. 그들은 신상품의 디자인 개발 등에서 다양한 기술과 전문지식을 동원하여 서로에게 도움이 될 수 있었다. 성공적인 연구개발은 기술과 선호도의 차이에 의해 촉진된다.[75]

- **주의할 점**

협상자들은 서로의 차이를 활용하기 위해 종종 **조건부계약**contingency contract을 맺지만, 이것이 효율적이기 위해서는 다음 네 가지 기준을 충족시켜야 한다. 첫째, 서로의 이해관계가 충돌되어서는 안 된다. 예를 들어 책이 잘 팔리리라고 생각하는 저자가 판매량에 따라 인세가 변하는 조건부계약을 맺으려면, 출판사가 책 판매를 방해할 필요가 전혀 없는 조건을 가지고 협상에 임해야 한다. 둘째, 조건부계약은 강행규정이어야 하며, 따라서 서면으로 계약하는 것이 바람직하다. 셋째, 조건부계약은 모호한 여지를 남겨두지 않기 위해 명백하고, 측정 가능하며, 쉽게 평가될 수 있어야 한다. 조건과 측정 기법은 미리 엄격히 명시되어야 한다.[76] 나아가 날짜라든가 향후 시간계획에 대해서도 서로 합의하여야 한다. 마지막으로, 조건부계약은 당사자들 간에 지속적인 접촉을 필요로 한다. 우리는 제8장에서 조건부계약 문제를 좀 더 상세히 다루고자 한다.

사전단계합의PreSS를 활용하라

파이 늘리기의 방법으로 **사전단계합의**presettlement settlement, PreSS를 들 수

있다. 이것은 세 가지 특징을 갖는다. 첫째는 구체적이고 구속력 있는 의무를 정하고 있다는 의미에서 '공식적'이며, 둘째는 나중에 공식합의에 의해 대체된다는 점에서 '초기' 단계의 성격을 가지며, 셋째는 당사자 간의 모든 현안을 다루지는 않는다는 점에서 '부분적'이라는 성격을 지닌다.[77] PreSS는 악수나 '신사협정' 이상의 것이다. PreSS는 본격적인 협상에 돌입하기 전에 이루어지며, 최종합의안이 만들어지면 이것과 대체된다. PreSS는 당사자들 간에 이견이 있는 의제 중 일부만을 해결할 수 있다. 어떤 경우에 PreSS는 현안의 해결보다 최종협상을 위한 구체적인 틀을 마련하기도 한다. 예컨대 광대역廣大域과 이동식 플랫폼을 통한 TV 쇼 방영권을 둘러싸고 영국의 방송국들과 독립 제작사들이 실행 가능한 합의에 이르려면 1년이라는 세월이 걸릴 수도 있었다. 그래서 양 당사자들에겐 새로운 시청자들로부터 수익을 창출하기 위한 빠른 해결책을 강구하는 것이 무엇보다 중요했다. 그들은 최종 해결책을 찾기 이전에 실질적인 협정의 임시 규정을 협상하기로 합의했다.[78]

PreSS의 유명한 예로 이스라엘과 팔레스타인 간의 1993년 오슬로 합의를 들 수 있다.[79] 오슬로 합의는 최종합의에 이르기 위해 협상을 점진적으로 발전시키고 상호 신뢰를 확립하기 위한 것이다. 양 당사자는 가장 어려운 문제들(예: 국경, 정착지, 예루살렘 문제 등)은 최종회담 때까지 보류하기로 합의했다. 이스라엘과 팔레스타인은 첫 단계에서는 어려움이 덜한 문제들을 먼저 풀어가면서, 정치적 대화를 모색하고 관계 정상화를 추진하고자 했다. 이에 따라 이스라엘은 여성포로 석방, 논란 중인 자금의 인도, 그리고 헤브론Hebron으로부터의 철수에 합의했다. 또 팔레스타인은 국민헌장을 개정하고, 테러 용의자를 넘겨주며, 경찰력 규모를 제한하는 데 합의했다. 그러나 이러한 PreSS의 기본 틀은 논쟁과 폭력으로 가열되어 결국 실패하고 말았다(PreSS의 또 다른 사례로는 〈보기 4-5〉 참조).

<보기 4-5> 재정적 파업하의 정상운영[80]

랙스와 세베니우스(1997)는 아메리칸에어라인의 파업과 관련하여 〈월 스트리트 저널〉의 독자투고란에 일종의 PreSS를 제안했다. 그들은 아메리칸에어라인 조종사들의 예고된 파업은 하루에 2억 달러 이상의 손실을 초래할 것이라는 점에 유의했다. 그러한 파국을 피하기 위해 그들은 이러한 제안을 했다. "파업시한이 이미 임박했다. 협상이 교착상태에 빠지면 우선 당사자들은 항공사 수익과 월급 전액 또는 일부를 외부의 제3자에게 기탁하고 영업은 정상적으로 계속하는 데 합의하면 좋을 것이다". 그 신탁기금이 어떻게 나누어지든 간에 파업과 비교하면 당사자들의 상황은 더 나을 것이다. 이와 같이 재정적 파업하의 정상운영normal operation with a financial strikes, NO-FIST은 조종사, 주주, 고객, 다른 항공사 종업원을 포함한 모든 관계자에게 더 나은 결과를 가져다줄 수 있다.

합의 후 보완책을 찾는 것도 좋은 방안이다

파이 늘리기를 위한 마지막 전략으로 이미 합의에 도달하기는 했으나 각자의 관점에서 더 나은 방안을 찾기 위해 좀 더 시간을 갖는 전략이다. 이러한 합의 후 보완 전략postsettlement settlement strategy에서는 현재의 안보다 양측 모두가 더 선호하는 안을 찾거나, 아니면 한쪽 당사자에게는 현재 안과 큰 차이가 없지만 다른 당사자에게는 현재 안보다 더 나은 안을 찾아보는 노력을 협상자들이 하게 된다.[81] 이에 따라 현재의 합의안이 양 당사자에게는 새로운 BATNA가 된다. 어떤 새로운 안의 대체에 양 당사자가 합의하지 않으면 그들은 최초의 합의안으로 되돌아가면 된다. 받아들일 수 있는 합의에 이미 도달했는데 협상을 재개하는 것은 직관적으로 보면 이상하고 또 비생산적으로 보인다. 그러나 '합의 후 보완' 전략은 합의의 질을 향상시키는 데 매우 효과적이며,[82] 합의의 단계를 제1단계에서 제2, 3단계로 발전시키는 데 효과적이다.

'합의 후 보완' 전략을 채택하면 양 당사자는 적어도 최초의 합의안으로 돌아갈 수 있으므로 상대에게 이용당할 우려 없이 자신의 선호를 드러낼 수 있다. 더 나은 방안이 발견된다면 그들은 제2, 3단계의 합의에 도달하는 것이며, 더 나은 합의안을 찾지 못했다면 현재의 합의가 이미 제3단계 수준일 가능성이 크다.

 통합적 합의전략의 틀

통합적이고 완전한 합의 방안을 찾아내고 만들어내는 것은 문제해결의 경우와 비슷하다. 문제해결을 위해서는 창의성이 필요하다. 통합적 합의는 그것이 이루어지기 전에는 잘 모르지만, 이루어지고 나면 그 효과가 너무나 명확하게 드러난다. 협상은 제약조건이 거의 없고 수많은 '가능성'을 가지고 있어 조직적인 과제가 되지 못하기 때문에, 통합적 합의에 이르는 왕도는 존재하지 않는다. 〈보기 4-6〉은 통합적 합의를 위한 의사결정 모델을 보여주는데, 이것은 규범적 모델로 협상자가 합의에 도달하기 위해 실제로 하고 있는 것이 아니라 해야 할 것에 초점을 맞추고 있다. 이 모델은 다섯 가지의 주된 요소로 되어 있는데, 의제와 대안 확인, 차이점 분석, 제안과 트레이드오프의 추진, 결정의 수락 / 거부, 그리고 재협상이 그것이다.

의제와 대안 확인

교섭의제와 대안을 확인하는 단계를 **자원평가** resourse assessment라고 부른다. 취업협상의 예를 들어보자. 교섭의제로는 월급, 휴가, 기타 혜택이 될 수 있다. 이 단계에서 당사자들은 자신들에게 중요한 관심사가 무엇인지를 확인할 수 있다. 최상의 대안은 자신들의 관심 사안들을 조합해서 만들 수 있다.

각 당사자들의 의제를 모두 모아놓으면 협상의 **의제종합** issue mix이 된다. 이렇게 망라된 협상의제들을 구체화하면서, 당사자들은 각 의제별 대안을

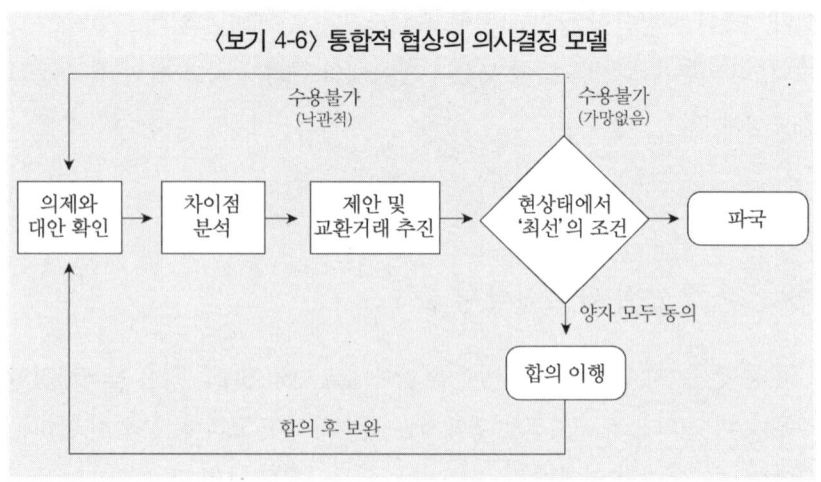

명확하게 설정한다. 의제별 대안의 최종조합이 양 당사자를 위한 대안의 최상조합이다.

자원평가의 다음 단계는 협상의제와 대안의 단순한 확인을 넘어 더 높은 단계로 옮겨가는데, 하나는 협상의제들과 대안들을 풀어놓는 것이며[83] 또 하나는 새로운 협상의제와 대안을 추가하는 것이다. 협의의제가 하나밖에 없는 협상에서는 협상의제를 다각화하는 것이 중요하다. 서로 유익한 트레이드오프를 위해서는 최소한 두 개의 의제가 필요하기 때문이다. 아니면 새로운 의제와 대안을 추가하는 것이 필요할 수도 있다. 협상의제와 대안을 추가하는 과정은 당사자 간에 서로의 관심사를 논의함으로써 원활하게 진전될 수 있다.

차이점 분석

일단 협상의제들과 대안들이 확인되면, 협상자들은 가치평가, 가능성에 대한 평가, 위험에 대한 태도, 시간적 제약, 능력상의 차이 등에 초점을 맞추어야 한다.[84] 이때 다음 두 가지 사항이 길잡이 역할을 할 수 있다. 첫째로 각 당사자는 자신이 가장 중요시하는 의제에 초점을 맞추어야 하며, 다른 의제들은 두 번째로 돌린다. 협상자들이 심리적으로 서로 거리감을 느낄 땐 제일 중요한 의제들은 잠시 제쳐두고 덜 중요한 2류 의제들에 초점을 맞춘다. 그렇게 하면 이들 2류 의제에서 트레이드오프 잠재력이 살아날 때 통합적 합의가 촉진된다.[85]

제안과 트레이드오프의 추진

이 단계에서 당사자들은 가치평가, 예측, 위험, 시간 선호도, 능력 간에 몇 가지 유력한 트레이드오프에 대해서는 그 가능성을 검토하는 한편, 아주 가치가 떨어지는 대안은 제외시켜야 한다. 당신이 어떤 제안을 할 때 얻는 가치가 당신이 부담하는 비용보다 더 크지 않다면 트레이드오프를 추진하는 것은 의미가 없다.

수락 또는 거부의 결정

어느 시점에서 협상자들은 양측이 최소한 수용할 수는 있는 결과에 도달하게 된다. 그것은 양 당사자의 기준치를 넘는 것으로 통합적 합의의 제1단계에 속한다. 당사자들은 여기에서 협상을 마칠 수도 있지만, 최소한의 수용 가능한 합의를 이끌어내는 것이 반드시 효율적이라는 것을 의미하지는 않는다. 협상자들은 시간비용과 더 나은 해결책에 도달할 가능성을 감안하여 다양한 대안을 지속적으로 모색해야 한다. 협상자의 열망과 목표는 협상의 대안 발굴과정에 영향을 줄 수 있다. 도전적이고 구체적인 목표를 세운 협상자는 목표를 세우지 않거나 쉬운 목표를 세운 협상자보다 통합적 합의를 위해 노력할 가능성이 더 크다.[86]

협상 연장 및 재협상

두 개의 순환곡선이 결정 단계에서 등장하게 된다. 하나는 협상연장을 결정하는 것이며, 다른 하나는 재협상을 결정하는 것이다. 협상자들은 협상 테이블에서의 합의가 양 당사자의 기준치에 미치지 못했을 때는 협상을 연장해야 한다. 협상자들은 당초의 의제종합들을 다시 풀어 흩어놓고 그것들을 트레이드오프가 가능한 작은 의제로 세분하여 의제와 대안을 재평가해야 한다. 또한 협상자는 새로운 의제와 대안들을 추가할 수 있다. 만약 당사자들이 모든 의제와 그 대안을 확인하고 트레이드오프를 위해 서로의 차이점을 인지했지만 합의방안을 찾지 못했다면, 그들은 협상을 중지하고 BATNA를 추구해야 한다. 예를 하나 들어보자. 캐나다 국영철도 대표자들이 미국운수노조 캐나다 지부 대표자들과 수없이 만났지만, 어떤 합의도 도출해낼 수 없었다. 협상 시작 8개월 후 양측은 이 국가적인 합의를 이루기 위한 가장 좋은 대안으로서 지역별 협상을 추진하기로 합의했다.[87]

 **분배를 요구하는 것을 잊지 말라**

협상자가 통합적 합의와 파이 늘리기에 관심을 갖다 보면 때로는 협상의 분배적(파이를 나누는 것) 요소를 망각하게 된다. 파이 늘리기에만 초점을 맞추는 것은 효과적인 협상전략이 아니다. 협상자는 파이를 요구하는 데도 초점을 맞춰야 한다. 만약 파이 늘리기에만 초점을 맞춘다면, 파이가 늘어나더라도 늘어난 부분을 상대방이 모두 거둬들이게 되어 자신에게 돌아오는 추가 이익은 전혀 없게 된다.

통합적 협상자의 진화과정은 세 단계로 나눌 수 있다. 첫째 단계는 우리가 '구식old-fashioned'이라고 부르는 협상자이다. 이러한 형태의 협상자는 성공적인 교섭을 위해 완강하고 엄한 입장을 견지해야 한다고 믿는다. 둘째 단계의 협상자는 우리가 '비현실적인 사람'(히피, flower child)이라고 부르는 협상자이다. 이 경우에는 윈-윈 협상에 '취하여' 파이 늘리기에 바쁘지만, 자기 몫을 요구하는 것을 망각하고 있다. 이런 사람은 파이 나누기에서 불리한 위치에 놓이게 된다. 셋째 단계는 우리가 '계몽적enlightened' 협상자라고 부르는 사람인데, 이 경우에는 협상의 파이를 늘리는 측면을 인식하고 있을 뿐 아니라 동시에 배분요구도 잊지 않고 있다. 만약 당신이 이 장에서 설명한 모든 전략을 따른다면 당신은 '계몽적' 협상자가 될 것이다.

결론

실제로 모든 협상자는 통합적 합의, 즉 윈-윈 합의에 도달하기를 원한다. 그러나 대부분은 그렇게 하지 못하고 돈과 자원을 협상 테이블에 놓고 나온다. 사람들은 자신들의 협상성과가 비효율적이라는 사실을 잘 인식하지 못하고 있다. '모두가 잃는lose-lose' 결과를 초래하는 핵심 원인은 실체 없는 갈등과 파이 고정 인식 때문이다. 윈-윈 협상을 만들어내는 방법은 상대방에 대한 신뢰, 우선순위 및 선호도(BATNA가 아니고)에 관한 정보의 공유, 실태분석을 위한 질문을 하는 것, 당신의 우선순위와 선호도에 관한 정보를 상대방에게 제공하는 것, 협상자의 신념이나 기대, 태도에서의 차이점을 활용하여 조건부계약을 체결하는 것, 그리고 '사전단계합의' 및 '합의 후 보완' 전략을 사용하는 것 등과 깊은 관련이 있다. 협상자는 파이 늘리기를 시도하면서, 동시에 상대방에게 분배를 요구하는 것을 잊어서는 안 된다.

PART II

제 **2** 부
협상기술

ADVANCED NEGOTIATION SKILLS

제5장
협상 스타일

니콜라스 사르코지 전 프랑스 대통령은, 프랑스 정부가 최저 은퇴연령을 60세에서 62세로, 완전 은퇴 연령을 65세에서 67세로 올린 후인 2010년에 국민들의 반발이 거셌으나 조금도 물러서지 않았다. 사르코지 정부는 세계에서 가장 후한 연금 중 하나인 프랑스의 연금기금을 절약하기 위해 변화가 불가피하다고 국민들을 설득해왔다. 대통령은 수만 명의 노동자들 — 그들은 대다수가 노동조합원이었다 — 이 육상교통과 항공교통에 대혼란을 일으키고 가스 공급을 중단시키며 쓰레기 청소를 거부하고 불을 지르며 항구와 학교를 폐쇄하는 사태가 벌어졌는데도 그의 보수주의 만트라를 계속했다. 프랑스의 전체 12개 정유공장들이 파업을 계속하고, 전국노동조합의 궐기촉구로 100만 명 이상의 항의자들이 거리로 쏟아져 나왔다. 사르코지 대통령은 자기에 대한 지지율이 30% 주위를 맴돌고 있음에도 비상입법권을 이용하여 동 법안을 강행 통과시켰다. "이것이 어려운 개혁임을 잘 알고 있다. 그러나 나는 항상 나의 의무, 그리고 정부의 의무는 어려운 개혁을 완수하는 것이라는 점을 명심하고 있다"고 그는 말했다. 사르코지와 그의 지지자들은 중국과 인도 같은 곳의 노동자들은 계속 그들의 경제를 발전시키는 반면, 프랑스 노동자들은 '배가 좀 불러' 유럽을 점점 뒤처지게 하고 있다는 인식을 갖고 있었다. 하지만 프랑스 노동조합은 그런 인식을 사회보장제도에 대한 공격으로 간주했다.[1]

 강경한 협상자와 온건한 협상자

위 사례는 갈등이 고조될 때 협상자들은 종종 힘에 근거하거나 권리에 근거한 논법을 사용한다는 점을 보여준다. 프랑스 노동조합은 이 경우 정부가 공정치 못한 입법(권리)을 행사하려 한다며 항의와 시위(힘)로 대응했다.

협상자들은 성격이 아주 다른 '강경하거나 아니면 온건한' 두 접근법 중 하나를 택한다.[2] 강경파들은 굴하지 않고 상대방이 받아들이기 어려운 요구를 하며, 별로 양보하지도 않고 끝까지 버티면서 교섭영역 내부에 위치한 제안마저도 거부하는 경우가 많다. 이와 반대로 온건파 협상자들은 양보를 너무 많이 하며, 기준치를 드러내기도 한다. 심지어 양보를 하면 상대방이 기분 나쁘게 여기는 것은 아닐까 하고 걱정도 한다. 한 조사에 의하면 MBA 과정 학생들 중 78%는 자신을 '협력적'이라고 여기며, 22%만이 자신은 '공격적' 성향을 가졌다고 생각한다.[3] 강경한 접근법이나 온건한 접근법은 둘 다 파이 늘리기나 파이 나누기에 효과적이지 않으며, 모두 나중에 후회하기 쉽다. 강경파는 이익이 되는 협상에서도 퇴장을 하여, 고집이 세다는 평판을 듣기 쉽다. 이러한 평판은 다른 사람이 겁을 먹게 하지만 교섭영역을 키우지는 못한다. 반면 온건파는 너무 쉽게 동의를 함으로써 협상잉여를 제대로 챙기지 못한다.

이번 장에서는 여러분이 ① 파이를 늘리고 ② 자신의 파이를 극대화하며 ③ 협상에 대해서도 좋은 감정을 갖도록 하는 편안하고 효과적인 협상 스타일을 개발하는 데 도움을 주는 방안들을 마련해놓고 있다. 이 장은 협상동기, 이해관계, 논쟁의 권력모형, 그리고 협상에서 감성과 지성이 미치는 영향을 집중 탐구한다. 우리는 여러분의 협상 방식을 평가하는 방법을 제시하고 각각 특정한 성격을 가진 협상 방식을 소개할 작정이다. 여러분은 각자 스스로의 협상방식을 정직하게 자체 평가해보아야 할 것이다(칼리 피오리나의 협상방식을 기술한 〈보기 5-1〉 참조).

〈보기 5-1〉 칼리 피오리나Carly Fiorina의 협상방식[4]

강경한 이미지의 칼리 피오리나는 휴렛 패커드사의 최고경영자며 베스트셀러 작가이고, 폐암 생존자이며 연방 상원의원 2석을 선출하는 캘리포니아 주의 2010년 공화당 상원의원 후보 중 한 사람이다. 노동자 계층의 가정에서 태어난 피오리나의 훌륭한 협상 솜씨는 그가 대학 시절 켈리 걸Kelly Girl로 불리는 켈리 서비스에서 임시직으로 일하면서 시작되었다. 피오리나는 직장에서 매일 빽빽 소리치고 날카롭게 외쳐가며 일에 몰두했다. 그 회사의 사풍社風이 "스스로를 채찍질해가며 열심히 일하고, 그리고 종종 스스로 어떤 사람이 되었는지 되돌아보는 것"이었기 때문이다. 그러나 그녀의 상사가 45분간 모욕적인 폭언을 계속하자 피오리나는 정색을 하며 단호한 자세로 말했다. "좀 그만해요. 당신 야단치는 소리 이제 진절머리가 나요." 폭언에 이골이 나 있던 상사는 피오리나가 하는 말의 의미를 알아채고는 조용해졌다. 몇 년 후 루선트 테크놀로지Lucent Technologies사의 고위 간부로 있을 때 피오리나는 겸손한 척하지 않는 '외고집' 협상가로 이름을 떨쳤다. "무슨 일에서나 당신이 할 수 있는 가장 효율적인 행동 중 하나는 당신 그대로를 드러내는 일이다. 다른 누구처럼 행동해서는 타산이 맞지 않는다"고 그녀는 말했다. 한 판매자는 "피오리나에겐 언론 보도자료가 매우 중요했기" 때문에 예외를 두지 않고 단호한 자세로 대大바겐세일을 밀어붙이는 그녀를 회상했다. 반면 피오리나는 언젠가 여성급식 포럼Woman's Foodservice Forum 참석자들에게 자기는 매우 자주 "빔보bimbo(머리가 빈 섹시한 여자)와 같은 음란한 낱말 두 개 중 하나"로 언급되고 있다고 했다.

협상에서의 첫 번째 반응은 협상자의 기본 스타일을 보여주는 좋은 지표가 된다. 자신의 협상 스타일을 객관적으로 관찰해보자(필요하다면 녹음을 하거나 화상을 찍어두자). 그리고 솔직히 얘기해줄 수 있는 사람들에게 자신의 스타일을 물어본다면 그 사람들의 답변에 놀랄 것이다.

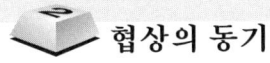
협상의 동기

사람들은 협상 과정에 대해 다양한 입장을 가지고 있다. 어떤 사람들은 이기적으로 자신의 이익만을 추구하며, 또 어떤 사람들은 협력적으로 공동의 이익을 추구하며, 또 다른 사람들은 경쟁적으로 상대와의 차이점을 부각시키려 한다. 〈보기 5-2〉는 협상 동기에 관한 여덟 가지 입장을 보여주고 있다. 위 부분은 다른 사람의 이익에 관심을 가지는 이타주의altruism 성향을 나타내며, 아래 부분은 상대방에게 손해를 입히려는 공격agression 성향을 나타낸다. 또 왼쪽 부분은 자신에게 해를 가하는 마조히즘被虐性向, masochism을 나타내며, 오른쪽 부분은 자신의 이익만을 추구하는 개인주의individualism 성향을 나타낸다. 협력cooperation은 이타주의와 개인주의의 중간에 위치하며, 헌신martyrdom은 이타주의와 마조히즘의 중간에 위치한다. 가학·피학 성향加虐被虐性向, sadomasochism*은 마조히즘과 공격 성향의 중간에 위치하며, 경쟁competition은 공격적 성향과 개인주의의 중간에 위치한다.

자신의 협상동기가 어떤 유형인지 판단하라

〈보기 5-2〉는 몇 가지 동기유형을 보여주나, 이 중 이기적, 경쟁적, 협력적 유형이 가장 흔한 유형이다. 그래서 우리는 여기에 초점을 맞출 작정이다(특히 〈보기 5-3〉 참조).
1. **이기주의적** 협상자는 자기 이익의 극대화를 추구하지만 타인의 이익에 대해서는 별 관심이 없다.
2. **경쟁적** 협상자는 자신의 이익과 상대방 이익의 차이를 극대화하려고 한다.
3. **협력적** 협상자는 평등성을 추구하며 협상 당사자들의 이익 차이를 최소화하려고 한다.

당신의 동기유형은 〈보기 5-4〉의 아홉 개 문항을 통해 판단해볼 수 있다.

• 사디즘sadism과 마조히즘masochism 성향을 동시에 가진 경우를 말한다.

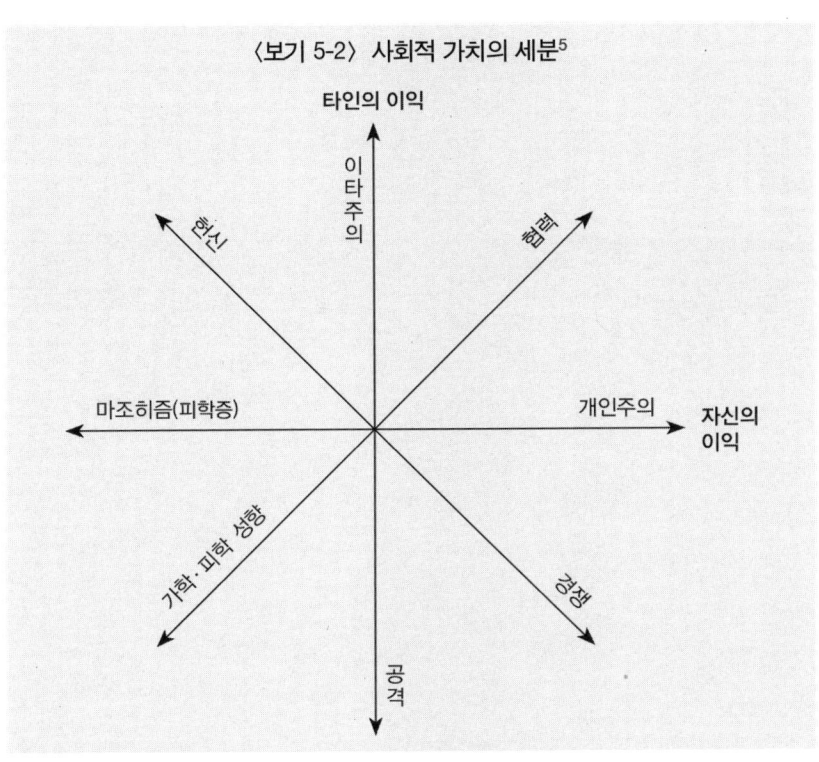

〈보기 5-2〉 사회적 가치의 세분[5]

〈보기 5-3〉 동기유형

	동기유형		
	이기주의적	경쟁적	협력적
목표	자신의 이익	승리	상호복지
상대방에 대한 인식	이기적	경쟁적	이질적(협력적, 경쟁적, 이기적 요소 혼재)
동기유형을 결정짓는 상황적 요소	자신의 이익을 극대화하려는 인센티브	집단경쟁, 즉 조직이 개인 간의 비교를 심하게 하는 경우	사회적 정체성 (상위 목표)

리처드 셸Richard Shell은 협력적인 유형과 경쟁적인 유형에게 도움이 되는 전략과 조언을 고안해냈다.[6] 셸에 따르면, 만약 당신이 협력적인 협상자라

⟨보기 5-4⟩ 동기유형 판단[7]

아래 아홉 개 문항은 당신과 상대방에 대한 재화의 세 가지 분배유형(A, B, C)을 나타내고 있다. 각 문항마다 당신이 가장 선호하는 배분방식을 하나씩 택하라. 당위적인 선택이 아니라 마음속에서 진정으로 원하는 것을 택하도록 하라.

	자신의 보수 상대방의 보수	A	B	C
1	자신 상대방	$2,400 $400	$2,700 $1,400	$2,400 $2,400
2	자신 상대방	$2,800 $1,500	$2,500 $2,500	$2,500 $500
3	자신 상대방	$2,600 $2,600	$2,600 $600	$2,900 $1,600
4	자신 상대방	$2,500 $500	$2,800 $1,500	$2,450 $2,450
5	자신 상대방	$2,800 $1,500	$2,500 $2,500	$2,450 $450
6	자신 상대방	$2,500 $2,500	$2,500 $500	$2,850 $1,500
7	자신 상대방	$2,550 $2,550	$2,800 $1,500	$2,550 $550
8	자신 상대방	$2,750 $1,500	$2,500 $500	$2,500 $2,500
9	자신 상대방	$2,400 $2,400	$2,450 $500	$2,700 $1,500

· 1-C, 2-B, 3-A, 4-C, 5-B, 6-A, 7-A, 8-C, 9-A 를 선택한 경우 '협력적'에 1점
· 1-A, 2-C, 3-B, 4-A, 5-C, 6-B, 7-C, 8-B, 9-B 를 선택한 경우 '경쟁적'에 1점
· 1-B, 2-A, 3-C, 4-B, 5-A, 6-C, 7-B, 8-A, 9-C 를 선택한 경우 '이기적'에 1점

면 당신은 파이 늘리기와 파이 나누기를 더 잘하기 위해서는 협상에서 자신의 주장을 강하게 하고 자신 있게 행동해야 하며, 좀 더 계산적이어야 한다. 사람들은 대부분 자신의 강공에 의해 협상에 역효과가 생기기 전에 어느 정

도 자신의 주장을 강하게 펼칠 수 있다.⁸ 하지만 사람들은 협상이 부정적인 결과를 가져오기 전에 그들이 얼마만큼 자신의 주장을 강하게 펼칠 수 있어야 하는지에 대해선 매우 다양한 생각을 갖고 있다. 셀은 지나치게 협력적인 협상자에게 다음과 같은 일곱 가지 조언을 하고 있다.

1. 자신의 최저선 관철에 너무 집중하지 말라: 대신에 높은 기대를 가질 수 있는 협상 목표 개발에 시간을 더 활용하라.
2. 당신의 BATNA를 개발하라: 협상의 대안을 알아야 한다.
3. 대리인에게 협상 과제를 위임하라: 만약 자신보다 다른 사람이 나를 위해 더욱 단호하게 행동할 수 있다고 생각한다면, 대리인을 선정하라. 이것이 실패를 인정하는 것은 아니다.
4. 자신이 아닌 타인 또는 다른 그 무엇을 위해서 협상하라: 가끔 사람들은 협상을 할 때 자신이 이기적이라 생각한다. 이러한 관념의 속박에서 벗어나기 위해 가족, 동료, 또는 은퇴 후의 자신 등 다른 존재를 염두에 두고 그들을 대신해서 협상한다고 생각하라.⁹
5. 협상에 관심을 갖는 사람들을 주변에 만들라: 사람들은 자신의 협상에 관심을 갖는 사람들이 있을 때 좀 더 단호하게 협상을 한다. 누군가에게 자신의 협상에 관해 이야기하고, 약속을 하고, 그 결과를 보고하라.
6. "예"라고 말하지 말고 "이러저러한 이유로 당신은 좀 더 잘해야 한다"고 말하라: 협력적인 사람들은 "예"라고 말하는 경향이 있다. 모든 제안에 대해 "예"라고 말하지 않도록 연습하자. 피그만 침공, 쿠바 미사일 위기 등에 대한 분석에 따르면, 협력적 동기를 가진 지도자들은 양보의 가능성이 높다.¹⁰
7. 단순한 합의에 그치지 말고 합의이행을 강하게 요구하라: 상대방을 너무 신뢰하지 말라. 상대방에게 합의이행과 함께 합의사항이 지켜지지 않으면 책임을 지겠다는 약속을 하도록 강하게 요구하라.

셸은 또한 경쟁적 성향의 사람들을 위해서도 일곱 가지 조언을 하고 있다. 그는 경쟁적인 협상자들은 상대방의 정당한 요구에 대해 좀 더 신경을 써야 한다고 주의를 준다.

1. 파이 나누기보다 파이 늘리기에 주력하라: 파이를 키우면 자신의 몫도 커질 수 있다는 것을 기억하라.
2. 자신이 생각한 것보다 더 많은 질문을 하라: 그렇게 함으로써 상대방의 목표와 요구를 잘 이해하게 된다.
3. 공정하고 객관적인 기준을 활용하라: 공정하고 객관적인 기준에 근거한 주장에 대해서는 상대방도 좋게 반응한다.
4. 인간관계 전문가를 활용하라: 협상의 인간적 측면을 관리하기 위해 전문가의 조언을 구하는 것은 잘못이 아니다.
5. 조심스럽게 신뢰감을 주도록 하라: 자신의 약속을 지키라. 자기 스스로 남들보다 더 훌륭하다고 여기는 자기중심편향 때문에 궤도에서 벗어나게 됨을 명심하라.
6. 협상을 할 수 있을 때는 승강이를 벌이지 말라: 협상은 사소한 문제를 놓고 벌이는 의지의 대결이 아니다. 문제 전체와 큰 그림에 관해 생각하는 데 시간을 할애하라. 트레이드오프를 할 때 어떤 문제에서는 손해를 보지만 그 대신 다른 문제에서 더 큰 이익을 얻는다는 점을 기억하라.
7. 항상 상대방을 인정하고 자존심을 지켜주도록 하라: 상대를 비웃거나 자기 자신을 자랑하지 말라. 상대가 가장 듣고 싶어 하는 말은 자신의 이름이라는 데일 카네기Dale Carnegie의 말을 기억하라. 상대를 진정으로 존경한다는 것을 보여주라.

동기유형에 따른 전략

자신이나 상대방의 동기유형을 알았을 때, 이 정보를 가장 효율적으로 사용하는 방법에 대해 알아보자.

- **강경파 협상자가 효율적이라는 통념은 잘못이다**

  슈나이더Schneider가 700명 이상의 현직 변호사들을 대상으로 조사 연구한 바에 따르면, 과반수가 적대적 행위를 비효율적이라고 생각하고 있다.[11] 협상자가 상대방의 감정을 자극하고, 고집을 부리고, 그리고 비윤리적일수록 효율성은 떨어진다.

  당사자 모두가 협력적인 성향을 가진 경우는 협상의 파이를 늘리는 데 더 효율적이다.[12] 다자협상에 관한 어느 연구에 의하면, 협상 파이를 늘리는 데 협력적인 집단이 이기주의적인 집단보다 더 성과가 좋았다.[13] 협력적인 태도를 가진 협상자들은 정보교환을 원활하게 하는 등 더 통합적인 전략을 구사하고, 협력을 위해 많은 제안을 하며, 배분적인 전략은 자제한다.[14] 또한 협력적인 태도를 가진 사람이 협상에 많이 참여할수록 통합적 정보교환이 원활하여 파이 늘리기에 유리하다.[15] 그리고 이기적인 협상자가 협상에 참여할 때는 입증을 요구하는 등 분배적 전략이 늘어난다. 협력적인 협상자와 이기적인 협상자들은 상호이익을 위해 사용하는 방법이 서로 다르다.[16] 이기주의적인 협상자들은 복수제안을 하며 정보를 간접적으로 공유하는 데 반해, 협력적인 협상자들은 이해관계와 우선순위에 관한 정보를 직접 공유하려고 한다.

- **자신의 이해관계를 놓치지 말아야 한다**

  경쟁적이고 강경한 협상이 비효율적이라 해서 모든 협상자가 유연한 태도로 바뀌어야 한다는 의미는 아니다.[17] 어떤 협상상황에서건 자신의 이해관계를 놓치지 않는 것이 중요하다. 이기적인 협상자들은 이럴 가능성이 적지만, 협력적인 협상자와 경쟁적인 협상자들은 문제가 된다. 양측의 협상 당사자들이 모두 협력적이면 서로에게 손해가 되는 합의를 하는 경우가 종종 있는데, 이는 상대방에게 자신이 무엇을 추구하는지를 제대로 알리지 못

〈보기 5-5〉 왜 여성은 작은 것에 안주하는가?[18]

남성과 여성은 돈 문제에 대해 서로 다르게 반응할까? 리사 배런Lisa Barron은 대학원 시절에 MBA 과정 남학생들은 돈에 관해 이야기를 많이 하지만 여학생들은 그렇지 않다는 것을 알고 난 후, 여성과 돈에 관한 연구에 관심을 갖게 되었다. 배런은 남녀 학생들을 대상으로 가상 취업 인터뷰를 실시했다. 현실성을 높이기 위해 MBA 과정의 학생들을 마케팅 부문의 고용 담당 관리자와 인터뷰시키고 학생들에게는 초임으로 6만 달러 이상을 요구하도록 했다. 연구 결과, 남학생들은 자신의 입장을 주장해야 한다고 믿는 반면, 여학생들은 자기가 일을 잘하면 회사가 결국은 그에 상응하는 보상을 해줄 것으로 믿고 있었다. 남학생 중 85%는 자신의 가치를 돈으로 표시하는 데 부담을 느끼지 않은 반면에 여학생의 83%는 이에 대해 불편해했고, 돈으로 표시된 자신의 가치에 대해 확신하지 못했다. 남학생들은 최소한 70%가 자신이 다른 사람보다 더 나은 대우를 받아야 한다고 생각했으며, 여학생 중 71%는 자신이 남들만큼 대우를 받아야 한다고 믿고 있었다(협력적 동기).

했기 때문이다.[19] 마찬가지로 경쟁적인 협상자들은 상대방을 이기는 데 집중한 나머지 자신의 이익에는 신경을 쓰지 못하는 경우가 발생한다. 이렇게 되면 전투에서 이기고 전쟁에서는 지는 결과가 된다. 따라서 협상 상대방뿐만 아니라 자신의 이해에도 높은 관심을 유지하는 것이 중요하다.[20] 심지어 성공한 기업체 간부 협상자들도 긴장관계를 피하기 위해 양보할 필요가 있지 않을까 하는 상관적인 불안감과 두려움을 느낄 수 있다.[21] '완전한 교감'을 나타내는 협상자들은 상대방의 주장을 수용하기 위해 큰 양보를 하는 것이며 적은 수확을 하게 된다.[22](협상 동기뿐 아니라 남녀 성별에서도 협상 결과에 차이가 있다는 몇몇 사례가 보고되었다. 〈보기 5-5〉 참조)

- 남과 비교하게 되면 협상이 결렬될 수 있다

1999년 유나이티드 항공과 조종사들 간의 협상이 진행되고 있을 때, 델타 항공의 조종사들이 동종업계 최고 수준인 20%의 임금인상에 합의했다는 소식을 접했다. 그러자 유나이티드 항공의 조종사들은 자신들의 임금인상률을 14.5%에서 28%로 두 배나 높게 요구했다.[23] 휴스턴의 하인스 인터레스츠Hines Interests사 소유 빌딩에서 일하는 건물관리인들은 그들이 받는 봉급과 사회보장 급부금을 이 도시의 다른 빌딩 관리자들의 그것과 비교해본 후 인상을 요구했다. 국제서비스노조SEIU에 따르면 시카고의 하인스 소유 빌딩의 관리인들은 시간당 $13.80 플러스 사회보장 급부금을 받는 반면, 휴스턴의 하인스 빌딩 관리인들은 시간당 단지 $5.30달러를 받고 가족의 의료혜택도 없었다.[24] 한 조사에서 협상이익 배분과 관련하여, 자신과 상대가 모두 300달러씩 받는 방안과 자신은 500달러를 받지만 상대는 800달러를 받는 방안을 사람들에게 제시하고 이 두 가지 방안에 대한 만족도를 알아보았다.[25] 정말로 이기적인 사람이라면 자신이 받을 돈의 액수에 의해서만 만족도가 정해질 것이다. 그러나 사람들은 상대방이 얼마를 받는지에 관심을 가지고 있기 때문에, 절대액수는 적더라도 상대방과 같은 금액을 받는 경우를 자주 선호한다. 앞의 예에서도 자신이 500달러를 받고 상대방이 800달러를 받는 방안보다는 자신과 상대방이 모두 300달러를 받는 것을 많은 사람들이 선호한다. 둘 다 300달러를 받는 방안과 자신은 800달러를 받고 상대방은 500달러를 받는 방안 중에서 선택을 해야 하는 경우에도 사람들은 평등을 선호하는 경향이 있지만, 자신이 불이익을 받는 앞의 예에 비해 그 강도가 약하다.

　이와 같이 협상 상대와의 관계가 우리의 선택에 영향을 미칠 수 있다. 이와 관련하여 예를 하나 더 살펴보자.[26]

- A안: 4,000달러를 받음.
- B안: 3,000달러를 받을 가능성과 5,000달러를 받을 가능성이 각각 50%.

　둘 중 어느 방안을 선택하겠는가를 111명의 MBA 과정 학생들에게 물었더니 73%의 학생이 확실성이 보장되는 A안을 선택했다. 이 사례는 제2장에서 논의했던 위험회피성향을 보여준다. 이와 별도로 다른 MBA 과정 학생들에게 다음과 같은 방안을 물어보았다.

- C안: 자신은 4,000달러, 상대방은 6,000달러를 받음.
- D안: 자신은 3,000달러를 받을 가능성과 5,000달러를 받을 가능성이 각각 50%이며, 상대방은 7,000달러를 받을 가능성과 5,000달러를 받을 가능성이 각각 50%.

A, B, C, D의 네 가지 방안을 자세히 살펴보면 자신이 받는 것의 내용은 A안과 C안이 같고, B안과 D안이 같다. 따라서 합리적이며 일관된 선택을 한다면, B안보다 A안을 선택한 것과 마찬가지로 D안보다는 C안을 선택해야 한다. 그러나 결과는 다르게 나타났다. 사람들의 선택이 상대방과의 관계에 많은 영향을 받았기 때문이다. 상대방과 좋은 관계를 갖고 있는 협상자들은 D안보다는 확실성이 큰 C안을 선호한 반면(56%), 상대방과 관계가 좋지 않은 협상자들은 C안보다 불확실한 D안을 선호했다(67%). 협상 상대와 관계가 동기에 영향을 미쳤다고 볼 수 있다.

2003년에 도널드 카티Donald Carty 아메리칸에어라인 사장이 물러난 것도 평등에 대한 관심으로 인한 것이었다. 1998년에 카티 사장이 아메리칸에어라인의 사장이 되었을 때 모든 사람들이 그를 좋아했으며 인간적인 매력이 있다고 생각했다. 그러나 9·11 사태 이후 노조와의 관계가 악화되고 이사회와의 관계까지 나빠지면서 카티 사장은 결국 물러날 수밖에 없었다. 임금삭감을 당한 노조원들이 카티 사장과 임원들에 대한 상여금 지급 계획과 막대한 연금 혜택을 알게 되었다. 이는 너무 불공평해 보였고, 그래서 노조원들이 이를 받아들일 수 없어서 생겨난 일이었다.[27]

파이 늘리기와 파이 나누기에서 협력적인 협상자들과 경쟁적인 협상자들은 전혀 다른 전략을 사용한다. 협력적인 협상자들은 이기적인 협상자나 경쟁적인 협상자에 비해 파이 늘리기뿐만 아니라 균등하게 파이를 나누는 것을 선호하며, 상대방만큼 협력을 제공하는 경향이 있다.[28]

- **어떤 행동을 유도하려면 보강법칙**强化法則, principle of reinforcement**을 활용하라**

  협상자들은 보강(또는 응징)를 통해 상대방의 행동을 유도할 수 있다. 보강과 응징을 매우 교묘하게 구사한다면, 상대방은 당신이 그러한 수단을 사용하고 있다는 것을 모를 수도 있다. 한 조사의 예를 보자. 학급 학생들 중 반은 강사에 대해 흥미를 보이거나 고개를 끄덕거리기도 하고, 긍정적인 미소를 짓도록 했으며(긍정적 강화), 나머지 반은 지루하다거나 무관심한 표정을 짓도록 했다. 그러자 그 강사는 긍정적인 반응을 보인 학생들 쪽으로 이동했다. 당신이 원하는 행동을 하도록 상대방을 유도하는 방법 중 하나는 상대방이 그러한 행동을 할 때 이를 보강補强하는 것이다. 어린아이에 대한 보강 수단으로는 사탕이 있으며, 어른에 대한 보강 수단으로는 웃는 얼굴이나 듣기 좋은 말이 있다. 이러한 보강은 미루지 않고 바로 해주는 것이 중요하다. 이와 마찬가지로 상대방에게 당신이 원하지 않는 행동을 하지 않게 하는 방법 중 하나는 상대의 그러한 행동에 반응을 보이지 않는 것이다.

- **상호주의가 매우 위력이 있음을 염두에 두어야 한다**

  협상에서 파이를 늘리기 위한 통합적 행동이나 분배적 행동은 서로 주고받는 경향이 있다.[29] 상대방이 경쟁적인 성향을 갖지 않기를 원한다면, 자기 자신부터 경쟁적인 성향을 갖지 않도록 노력해야 한다.

- **협상 테이블에서 동기유발적 불일치를 예상하라**

  협상 초기 단계부터 상대방이 자신과 같은 협상동기를 가질 가능성은 별로 없다. 협력적인 성향의 사람이 경쟁적인 사람과 협상을 할 때 무슨 일이 벌어질지 생각해보라. 협력적인 성향의 사람은 협력적인 방향으로 협상을 시작한다. 하지만 상대방이 경쟁적인 성향임을 알게 되는 순간, 자신의 스타일을 경쟁적인 쪽으로 바꾼다. 협력적인 성향의 사람들은 경쟁적인 상대방을 만나면 경쟁적인 스타일로 변하지만, 경쟁적인 성향의 사람들은 자신의 스타일을 바꾸지 않는다.³⁰ 또 다른 연구에 의하면, 협력적인 성향을 가진 사람과 이기주의적인 성향을 가진 협상자들은 경쟁적인 협상자들에 비해 협력 경향을 보이지만 상대방이 경쟁적인 모습을 보일 때는 그들도 경쟁적이 된다. 경쟁적인 협상자들은 상대방의 행동에 관계없이 경쟁적으로 행동한다.³¹

- 서로 비슷해져 간다는 것을 예상하라

협상이 진행되면서 상대방에 대한 평가와 상황에 따라 전략도 자주 바뀌게 된다. 특히, 협력적인 협상자가 경쟁적인 협상자를 만나면 경쟁적인 협상 스타일로 바뀌게 된다. 따라서 협상 테이블에서는 협상 스타일이 서로 비슷해진다.³²

협상의 마지막 단계에서는 협상 스타일뿐만 아니라 협상결과도 수렴된다.³³ 최종시한이 다가옴에 따라 협상자들은 서로 구체적인 제안을 주고받으면서 양보를 하기 때문이다.³⁴

- 인지적認知的 동기부여

인지적 동기부여epistemic motivation는 자신의 세계를 이해할 필요성을 말한다.³⁵ 통합적 합의를 이루기 위해 협상자들은 협력적인(사회적인) 태도를 가져야 할 뿐 아니라 임무를 깊이 이해하고 있어야 한다(인지적 동기부여). 협상자들이 인지적이고 협력적인 동기부여가 잘되어 있으면 그렇지 못한 경우보다 신뢰를 더 많이 얻어, 통합적 합의를 더 쉽게 이루어낸다.³⁶

협상 접근법

어리Ury, 브레트Brett와 골드버그Goldberg에 따르면, 분쟁을 해결하는 과정

에서 우리는 보통 아래 세 가지 접근법 중 하나에 의존한다.[37]

1. 이해관계: 이해관계를 중시하는 협상자들은 상대방의 요구나 희망 또는 관심사항에 숨겨져 있는 내용들을 파악하려고 애쓴다.[38] 이해관계 접근법을 사용하는 협상자들은 상대방의 요구와 관심사항에 응대해주면서 협상 당사자 간의 이해관계를 조정한다.
2. 권리: 권리를 중시하는 사람들은 협상에 공정성을 기준으로 적용한다. 이 기준에는 계약조건, 법률적 권리, 선례 또는 객관적 기대치 등이 포함된다.
3. 힘: 힘을 중시하는 협상자들은 원하는 것을 얻기 위해서 지위, 계급, 또는 협박 등을 동원한다.

이해관계, 권리 그리고 힘에 입각한 접근법들의 차이점을 다음 예를 통해 살펴보자. "당신이 원하는 만큼의 급여를 줄 수는 없지만, 우리 회사에서 일하는 것이 아주 좋은 기회가 될 것이니 들어와 주기를 바랍니다." 당신이 만약 고용주로부터 이 말을 들었다면 어떻게 대답할 것인가를 먼저 생각해 보자. 협상자들은 자신의 접근법에 따라 서로 다르게 대답할 것이다.

1. 이해관계에 입각한 대답: "저도 제 관심사가 충족된다면 귀사에 입사할 의향이 있습니다. 제가 원하는 몇 가지 중요한 사항을 말씀드리고자 합니다. 우선 회사가 제공할 수 있는 혜택에 관해 좀 더 알고 싶습니다. 솔직히 말해서 저의 가장 큰 관심사는 봉급 수준입니다. 저는 가족 중 유일하게 돈을 버는 사람이며, 또 대출받은 학자금도 상환해야 합니다. 그 외의 관심사로 스톡옵션, 휴가, 근무시간의 융통성 등이 있는데, 이 문제를 지금 논의할 수 있을까요?"
2. 권리에 입각한 대답: "저는 고용조건이 공정하다면 귀사에 입사할 의향

〈보기 5-6〉 협상 접근법

	접근법의 종류		
	이해관계	권리	힘
목표	- 개인의 이익 - 논쟁의 해결 - 상대 관심사항의 이해	- 공정성 - 정의	- 승리 - 존경
시점	- 현재 (현재 우리의 관심사는 무엇인가?)	- 과거 (과거에 의해 무엇이 강요되었는가?)	- 미래 (다른 사람들을 압도하기 위해 앞으로 무슨 조치를 취할 수 있는가?)
분배적 전략 (파이 나누기)	- 타협	- 승자와 패자 구분 - 불공평한 분배	- 승자와 패자 구분 - 불공평한 분배
통합적 전략 (파이 늘리기)	- 상대방 요구에 응해줌으로써 파이 늘리기 실현	- 이해관계에 집중하지 않으면 파이 늘리기가 어려워짐	- 이해관계에 집중하지 않으면 파이 늘리기가 어려워짐
향후 영향	- 상호이해의 증대 - 만족 - 합의의 안정성	- 법원에서의 송사 가능	- 분노 - 보복 가능성 - 복수

이 있습니다. 그리고 제가 요구하는 봉급 수준이 다른 사람들이 유사한 회사에 입사할 때 요구하는 수준과 같은 것이라는 점을 말씀드리고 싶습니다. 저는 귀사가 다른 회사들과 비슷한 수준의 조건을 제시한다면 귀사에 큰 도움이 되리라고 생각합니다. 저는 제 경력에 비추어 귀사가 제시한 급여보다 더 많이 받아야 한다고 생각합니다."

3. **힘에 입각한 대답**: "저는 귀사에 입사할 의향이 있습니다. 그렇지만 현재 다른 회사에서 더 좋은 조건을 제시했다는 사실을 말씀드리지 않을 수 없습니다. 저는 귀사와 일하고 싶으니 조건을 재고해주시기 바랍니다. 저는 귀사가 타사와 비슷한 수준의 조건을 제시해줄 수 있기를 바랍니다."

이해관계, 권리, 힘에 입각한 세 가지 접근법에 관해서는 〈보기 5-6〉을 참조하기 바란다.

협상을 진행하거나 문제를 해결해가는 과정에서 접근법이 이해관계에서 권리로, 권리에서 힘으로 변하고 다시 그 반대의 순서로 바뀔 수 있다. 한 조사에서 협상기간 중 협상자들의 모든 발언을 녹음하고 협상자들의 발언을 이해관계·권리·힘의 세 가지 접근법 중 하나로 분류하여 정리했더니, 접근법을 한쪽은 23번, 다른 쪽은 25번이나 변경했다.[39] 그리고 협상기간 중 2/4분기와 4/4분기에 비해 1/4분기와 3/4분기에 권리와 힘에 더 중점을 두었다.

접근법의 평가

유나이티드 항공 조종사들의 협상 분석을 통해 협상의 접근법이 이해관계, 권리 그리고 힘의 관점에서 어떻게 움직이는지를 살펴보자.

- **노조의 힘 행사**: 2000년 4월 12일 유나이티드 항공의 조종사들은 기대하던 새로운 계약이 이루어지지 않자 분노했다. 그들은 시간 외 근무를 거부하고 병가를 제출했다. 이로 인해 유나이티드 항공의 비행 스케줄에 차질이 빚어졌으며, 정상근무 조종사들의 시간외 근무가 필요해졌다. 또한 조종사들이 좀 더 천천히 착륙하고 마지막 순간에 비행계획을 수정하는가 하면 사소한 수리도 요구했다.
- **경영진의 권리 행사**: 경영진은 위와 같은 전술들이 노조에 의해 사주된 것이라면 이는 불법이라고 경고했다. 사측은 조종사들의 준법투쟁(다시 말하면, 모든 일을 계약에 있는 그대로 하면서 투쟁하는 것)을 격려하는 노조성명서 등 제소를 위한 증거를 수집하기 시작했다.
- **노조의 힘 행사**: 조종사들은 신규 채용자에 대한 훈련비행을 중단했으며 120명의 신규채용 조종사들은 교육을 더는 받을 수 없게 되었다. 7월 20일 캘리포니아 지역의 1급 기장들이 일시에 병가를 제출했으며

사측은 아시아 쪽으로 출발하는 모든 항공기의 운항을 중지할 수밖에 없었다. 콜로라도 주 스프링스에서는 조종사들이 근무시간이 종료되었다는 이유로 승객이 가득한 항공기를 활주로에 방치했으며, 사측은 대체인력을 덴버에서 구할 수 없었다. 조종사 노조는 비밀 뉴스레터를 통해 조종사들은 일을 천천히 진행하고 사측이 '결코 잊지 못할 노동절'이 되도록 하자고 촉구했다.

- 경영진의 권리와 힘의 행사: 11월이 되어서 성수기인 추수감사절이 다가오자 유나이티드 항공의 사측은 정비사들을 법원에 제소하고 6,600만 달러의 손해배상을 청구했다[권리]. 회사는 또한 그들 중 일부를 파면하거나 징계에 회부했다[힘].

이제 각각의 접근법에 대해 더 상세하게 기술하고자 한다. 당신의 접근법은 무엇인지를 생각해보라.

- **이해관계**

이해관계란 사람들의 요구나 희망, 관심사항, 두려움 등과 같이 사람들이 신경을 쓰거나 원하는 것들을 말한다. 이해관계는 협상에서 자신의 입장(원한다고 말하는 것)을 정하는 기초가 된다. 협상에서 이해관계를 조정하기 위해서는 근저에 있는 관심사항들을 면밀히 살펴보고 창조적인 해결책과 트레이드오프 방안을 찾아내야 한다. 우리는 제3, 4장에서 의제들 간의 트레이드오프나 양립 의제의 탐색, 임시해결책의 고안, 조건부계약 등 몇 가지 협상전략을 논의한 바 있다. 사람들은 자신의 입장을 유지하려는 경향이 있을 뿐 아니라 감정이 앞서서 이해관계를 정확히 판단하지 못하기 때문에 협상에서 이해관계를 바로 바로 조정하기는 쉽지 않다. 이해관계에 입각한 접근법을 사용하는 협상자들은 상대방의 요구와 관심사항에 관해 자주 물어보며, 자신의 관심사항을 밝힌다.[40]

- 권리

  권리행사로 협상을 벌인 다음 사례를 살펴보자.

- LA다저스 사주인 프랭크 맥코트Frank McCourt는 자신이 다저스 팀의 소유권을 그의 전 아내인 제미Jamie와 공유하고 있음을 알고는 소송을 제기하여 그의 독점 소유권을 인정받았다. 법원이 논란의 여지가 있던 부부 재산 약정권을 무효화해주었기 때문이다. 이 소유권 분쟁은 수년 전 이들 부부가 서명한 부부 재산 약정권 때문이었다.[41]

- 유나이티드 스틸 노동조합USW은 그들이 원하는 것을 얻기 위해 후계자 조항successorship clauses에 호소하는 것으로 알려져 있다. 대부분의 경우 이 조항은 단지 어떤 공장의 잠재 인수자가 단체교섭협약을 충실히 지키기 위해 규정되어 있는 것이다. 그러나 USW는 이 조항을, 공장이 매각되기 전에 후계회사가 새 노동협약을 체결하여 노동조합에게 이 철강공장의 매각을 '승인할' 자격을 주어야 하는 것으로 고쳤다. 웰링 피츠버그Whelling Pittsburg 철강회사가 브라질 최대 철강회사인 CSN과 제휴협약을 체결했을 때, CSN 노동조합은 이런 생각을 하지 않았다. USW 조합 지도자들은 이 제휴로 CSN은 상당한 이익을 얻게 되는 반면 미국 노동자들은 아주 적은 이익만을 얻게 된다고 믿었다. 그들은 권리조항을 노동자들의 권리를 신장하는 데 사용했으며 두 회사의 합병 가능성을 효과적으로 제어했다.[42]

이 예에서 보듯이 보통 협상 스타일은 상황에 따라 누가 옳은가를 결정해주는 정당성과 공정성을 가진 규범에 따라 정해진다. 어떤 권리들은 법이나 계약에 정해져 있다. 상호성, 선례, 평등성, 그리고 연공서열(즉 "연공서열이 이 조직의 인센티브 구조와 일치하기 때문에 나는 더 많은 봉급을 원한다" 따위) 등은 사회적으로 명백한 규범들이지만 권리는 그렇지 않다. 권리에 입각한 접근법을 택하는 협상자들은 "나는 이 정도의 대우를 받을 자격이 있다", 또는 "이것은 공평하다"는 말을 자주한다. 권리는 상황에 따라 달라진다. 예를 들면, 생산직 근로자는 생산성에 입각한 임금인상을 원하지만 회사는 연공서열을 더 중시할 수도 있다. 협상자들은 누가 옳은지를 결정하기 위해 제3자를 개입시키는 경우도 자주 발생한다. 판결은 권리를 결정하는 전형적인 절차로서, 분쟁당사자들은 구속력 있는 결정권한이 있는 제3자에게 증거와 논거를 제시한다.

- 힘

힘이란 자신이 원하는 일을 강제로 하도록 하는 능력이다. 힘의 행사는 보통 타인에게 대가를 치르게 하거나 그렇게 하도록 위협하는 것을 말한다. 힘의 행사는 태업, 폭력, 또는 지원보류 등 공격적 행동으로 나타날 수 있다. 타임워너사는 2000년 5월 수신료와 광고료를 책정해야 하는 중요한 시기에 11개 도시에서 ABC 방송의 송출을 중단했는데, 이 사례는 힘을 행사한 대표적 본보기로 꼽을 수 있을 것이다.

노사관계와 같은 상호의존 관계에서 누가 더 힘이 있는가는 누가 덜 의존적이냐에 달려 있다. 그리고 상대방에 대한 의존도는 대안들의 만족도에 달려 있다. 대안이 만족스러울수록 상대방에 대한 의존도는 줄어든다. 힘의 행사는 모욕에서부터 파업, 구타, 전투 등 넓은 범위의 행동을 포함한다.

힘을 구사하는 전략의 의도는 상대방을 압박하여 사태를 타결하는 것이다. 북한의 고 김정일 위원장은 "깡패처럼 교활하고 잔인한 사람"으로 알려져 있었다.[43] 그리고 그는 자신과 상대방을 극한상황으로 몰고 가는 벼랑 끝 전술을 마다하지 않았다. 그러나 클린턴 행정부 시절 그와 협상했던 국무부의 전직 고위관리 웬디 셔먼Wendy Sherman은 "그는 미친 사람이 아니며, 지적이고 자신이 하는 일을 잘 알고 있었다"고 말한다.[44] 그의 전략은 상대방을 강하게 밀어붙이되, 미국 정부가 화를 내기 직전에 도발을 멈추고 협상 테이블로 오는 것이다. 20세가 될 때까지 세상에 알려지지 않았던 김정일의 아들

김정은은 그의 아버지와 매우 유사한 특성을 갖고 있는 것 같다. 둘째 형인 김정철과 농구놀이를 할 때 그가 격렬한 경쟁의식을 가진 사람인 것으로 보였다고 보도되고 있다. 김정철은 너무 여성스런 성격이어서 그의 아버지에 의해 후계자 대열에서 제외된 것으로 알려졌다.[45]

힘에 입각한 접근법에는 한쪽 또는 양쪽 당사자가 서로 가하는 '위협'과, 누가 더 상황을 주도하는가를 결정하기 위해 취하는 행동인 '대결'이라는 두 가지 유형이 있다.[46] 힘이란 궁극적으로 인식의 문제이기 때문에 힘의 대결을 벌이지 않고서 누가 더 강한가를 결정하기란 매우 어렵다. 객관적인 힘의 지표(재정수단 등)가 있기는 하지만, 상대방의 힘에 대한 인식은 서로 일치하지 않는 수가 많다. 그리고 힘의 배분이 변화하면 향후 협상이 영향받을 것을 우려하여, 상대방이 당초 예상했던 것보다 더 많은 자원을 '대결'에 투입할 가능성이 있다는 사실을 협상자가 미처 고려하지 못할 수도 있다. 힘의 대결에는 위협회피(이혼 등), 상대방에게 일시적으로 손해를 끼치는 행위(파업, 또는 외교관계의 일시 단절 등)와 관계의 완전한 단절 등이 포함된다.

접근법에 관한 전략

협상자들은 접근방법을 선택할 때 다음 원칙들을 명심해야 한다.

- **접근법에도 상호주의가 작용한다**
협상자들은 상대방도 자신과 같은 스타일로 대응할 수 있다는 점을 예상해야 한다. 한 조사에 따르면 상대방이 같은 스타일로 대응하는 비율은 이해관계 접근법이 42%, 힘이 27%, 권리가 22%이다.[47]

- **파이 늘리기에는 이해관계 접근법이 효과적이다**
이해관계에 집중하는 것이 권리나 힘에 집중하는 것보다 문제해결에 효율적이다. 이해관계에 집중함으로써 숨겨진 문제들을 찾아낼 수 있고, 또 무엇이 협상 당사자들에게 가장 큰 관심사인지를 알 수 있다. 협상 초기에는 이해관계에 집중하는 것이 좋다. 그런데 왜 사람들은 그렇게 하지 않을까? 어리, 브레트, 골드버그는 그 이유로 기술의 부족, 권리와 힘에 대해 상호주의로 대응하려는 경향, 그리고 강력한 문화규범이나 조직규범을 들고 있다.[48]

- **상대가 권리와 힘 위주의 접근법에서 벗어나 이해관계에 다시 집중하도록 해야 한다**

당신은 이해관계 접근법으로 협상에 임하고 있으나 상대가 권리나 힘 중심으로 임하고 있다고 가정하자. 이 상황은 당신을 화나게 해서 당신도 권리와 힘 위주로 대응을 하겠지만, 이러한 행동이 서로에게 손해임을 곧 알게 될 것이다. 이러한 상호주의의 고리에서 어떻게 벗어날 수 있을까? 당신은 개인전략(한 개인으로서 서로 얼굴을 마주보며 할 수 있는 조치)과 구조적 전략(이해관계 중심의 규범을 확립하기 위해 회사가 취할 수 있는 조치)이라는 두 가지 전략을 구사할 수 있다.[49]

- **개인전략**

① **맞대응하지 않는 것이 좋다** 맞대응하려는 충동을 억제하라.[50] 맞대응하지 않음으로써 시간과 노력을 다른 곳에 사용할 수 있다. 권리와 힘을 위주로 하는 협상자는 상대방이 맞대응을 하는 경우, 한 연구조사에 따르면, 상대방이 맞대응해오는 경우 이에 대처한 권리와 힘의 논리를 개발하는 데 협상시간의 39%가 소요되었으나, 상대방이 맞대응해오지 않았을 때는 소요시간이 22%로 줄어들었다. 따라서 78%의 시간을 다르게 사용할 수 있게 되었다.[51] 예를 하나 들어보자. 엑슨모빌ExxonMobil사의 최고경영자인 렉스 틸러

슨Rex Tillerson은 러시아 사할린의 해저유전 채굴권을 따내기 위해 러시아 측과 팽팽한 협상을 이끌었다. 협상 도중에 러시아 측 대표인 장관은 채굴권을 둘러싼 양측 간의 의견불일치에 벌컥 화를 내며 협상 테이블을 주먹으로 내려쳤다. 이 같은 팽팽한 협상에는 점잖은 대응이 효과적이라는 것을 알고 있는 틸러슨은, 상대의 이런 무례한 행동에 맞대응해 화를 내는 대신 평온한 얼굴을 지어 보였다. 틸러슨은 러시아 관리들이 "냉전에서 이긴 강력한 미국인들이 여기에 왔다. 지금 그들은 러시아에 들어와 우리가 얼마나 엉망인지, 우리가 모든 걸 얼마나 잘못하고 있는지를 말하려 하고 있다"고 지레짐작할 수도 있다고 생각했다. 그는 러시아 관리들이 엑슨사 협상대표들로 인해 모욕감을 느낄까 봐 두려웠다. 틸러슨은 "러시아인들이 그런 생각을 할 수도 있다는 점을 정확히 인식하고 그들이 그런 기분을 느낄 수 있는 어떠한 빌미도 주지 않기 위해 특별히 노력해야 한다"고 회고했다.[52]

② 만날 기회를 제공하라　권리나 힘에 입각한 접근법은 흔히 상대방과 접촉이 되지 않고 상대방의 의도를 모르는 경우에 나타난다. 비공식 논의를 하도록 자리를 마련해주면 협상자들은 이해관계 위주로 움직인다. 사람들은 서로 얼굴을 맞대고 있으면 상대방에게서 연민을 느끼게 된다. 그러면 서로 간의 차이점이 생겨날 여지가 없다. 보스턴 레드삭스Boston Red Sox 야구단의 최고위 간부들이 일본의 스타 투수인 다이스케 마쓰자카Daisuke Matsuzaka를 데려올 기회를 놓칠 것 같은 생각이 들었을 때, 전용 제트기를 몰고 남캘리포니아로 날아갔다. 마쓰자카의 에이전트인 스콧 보라스Scott Boras가 성실하게 협상에 응하지 않았기 때문에 그들은 보라스와 친한 사람들을 계속 방문하여 보라스가 대면협상에 나서도록 청을 넣는 방식을 택했다. 이 작전이 주효하여, 수일 후 마쓰자카는 레드삭스 간부들과 함께 보스턴으로 오는 비행기에 몸을 실었다.[53]

③ 개인감정에 휩쓸리지 말고 자제하라   항상 문제에만 집중해야 한다. 많은 협상자들은 상대방에 대한 인신공격을 하는데, 피셔Fisher와 어리Ury는 그들이 쓴 명저 『예스로 이끄는 협상Getting to Yes』에서 협상자들은 문제가 되는 사항을 개인감정과는 분리시켜야 한다고 주장한다. 이것은 협상에서뿐 아니라 성공적인 결혼생활을 위해서도 중요하다.[54] 고트먼Gottman과 레벤슨Levenson은 어떤 부부들을 14년 동안 연구했다.[55] 결혼 초기에 부부들이 싸우는 스타일에 따라 어느 부부는 이혼하고 어느 부부는 이혼하지 않을 것인지 예측할 수 있으며, 그 적중도는 93%나 되었다. 이혼을 결정하는 가장 중요한 요소는 얼마나 싸우는지 또는 얼마나 화가 나는지가 아니라 인신공격을 하는지 여부에 달려 있었다.

④ 말보다는 행위로 대응하라   권리나 힘에 입각한 행동에 대해서는 보상을 하지 않도록 하라. 다시 말해서 상대방에 대해 양보할 계획이 있다 해도 상대방이 바람직하지 않은 행동을 한 직후에는 이를 제시하지 않도록 하라. 그렇게 한다면 이는 원치 않는 행동에 대해 거꾸로 보상을 하는 셈이 된다. 원치 않는 행동을 상대가 하지 않도록 하는 가장 효율적인 방법은 반응을 보이지 않는 것이다. 당신이 반응을 보인다면 이는 당신도 모르는 사이에 상대방의 행동에 보상을 해주는 것이다. 분쟁의 원천이 되는 행동으로부터 상대방이 이익을 취할 수도 있다. 서로 눈을 마주치거나 고개를 끄덕이는 것, 웃어주는 것 등의 무언의 승낙행위도 보상행위가 된다는 것을 기억하라.

일방적으로 양보하는 것은 협상의 초점을 바꾸는 데 효과적이지 않다. 한 조사 결과에 따르면, 양보를 하는 것은 대화(77%)에서보다 권리와 힘(60%)에 의한 접근법에서 덜 효율적이었다.[56] 그 이유는 무엇일까? 일방적인 양보는 논쟁에 대한 보상으로 느껴져서 논쟁을 조장하기 때문이다.

⑤ 복합적인 메시지를 보내라   맞대응은 본능적인데, 특히 스트레스를

받고 있을 때 그러하다.[57] 상대방이 당신을 화나게 하면 당신도 힘을 과시할 필요가 있다. 그러나 권리와 힘으로 맞대응을 하되 이해관계와 연계시키는 것이 효율적이다.[58] 상대방에게 이와 같이 '복합적인 메시지'(권리와 이해관계)를 보냄으로써 상대방에게 이해관계, 권리, 힘 중에서 어느 방법으로 대응할 것인지 선택할 기회를 주게 된다.

⑥ **과정에 개입하라**   과정개입이란 상대방이 이해관계에 초점을 맞추도록 하기 위한 전술이다. 이것은 제4장에서 논의했던 파이 늘리기 전략(예: 복합적인 제안, 우선순위에 대한 정보제공)과 나중에 언급되는 갈등해결전략을 포함한다. 상대방의 권리 또는 힘의 행사를 성공적으로 소멸시킬 수 있는 방법에 대한 조사를 보면,[59] 맞대응이 가장 비효율적(66% 성공률)이며, 과정개입(82% 성공률), 복합적인 메시지를 보내는 접근법(74% 성공률), 맞대응하려는 욕구를 자제하는 방법(76% 성공률) 등이 효과적인 것으로 나타났다.

⑦ **우선 대화하고 나중에 투쟁하라**   또 다른 전략은 20분 정도 대화를 하고 논쟁은 나중에 다시 하기로 약속하는 것이다. 협상 초반에 잠시라도 상대방의 말을 들어보겠다는 묵시적인 약속을 하는 것이다.

⑧ **전략적으로 냉각기를 가지라**   한창 논쟁이 진행 중일 때는 권리 또는 힘에 입각한 반응을 보이기가 쉽다. 따라서 이해관계 접근법은 권리와 힘의 문제를 심도 있게 이해하는 과정과 이를 극복하는 능력을 필요로 한다. 협상 당사자들이 권리의 문제가 되었든 힘의 문제가 되었든 자신들의 욕구와 이해관계를 더 잘 판단할 수 있도록 냉각기를 갖는 것은 모두에게 이익이 된다.

⑨ **상대방의 입장에서 얘기하라**   많은 경우에 협상자들은 권리 또는 힘에 입각한 논쟁을 이해관계에 입각한 논의로 바꾸는 데 어려움을 겪게 될 것

〈보기 5-7〉 차이 해소

아래 글은 스티븐 코비Steven Covey가 서로 상대방을 신뢰하지 않는 두 당사자를 조정하여 입장 차이를 해소시킨 사례를 요약한 것이다.

A사 사장이 코비를 찾아와서 현재 B사와 진행 중인 법률 소송의 제3자 중재인이 되어주도록 요청했다. 문제는 이들 양 사 사이에 신뢰가 전혀 없다는 점이었다. 코비는 그에게 당사자들은 자기 스스로 그 갈등을 다룰 능력이 없기 때문에 실질적으로 제3자가 필요치 않다고 말했다. 코비는 모든 문제를 협상테이블에 올려놓고 해결책을 강구할 의향이 있는지 상대방에게 물어보도록 했다. 그는 B사 사장에게 만나자고 전화를 했다. B사 사장은 그 제의를 거절하며 법적 조치를 통해 문제를 해결하고 싶다고 말했다. A사 사장은 B사 사장에게 "당신에게 내 자료를 보낼 테니 직접 만나서 얘기하자"고 제의했다. 자신은 변호사와 함께 가지 않겠다며 B사 사장은 원한다면 변호사와 함께 와도 좋다고도 했다. A사 사장은 B사 사장에게 "당신은 아무 말도 안 해도 좋으니 그저 점심이나 같이 하자"며, "당신은 잃을 게 없고 아마도 무엇인가를 얻을 것"이라고 말했다. 그들은 점심식사를 하기 위해 만났고 A사 사장이 B사 사장에게 당신은 말을 안 할 것이기 때문에 내가 당신을 대신해서 당신의 입장을 말하도록 하겠다고 했다. 그는 상대방의 감정을 진심으로 이해하고 있음을 보여주려 했고, 상대방의 입장을 깊이 있게 언급했으며, 이러한 태도는 상대방을 놀라게 했다. A사 사장은 B사 사장에게 내가 당신을 제대로 이해하고 있느냐고 물었다. 바로 이 때 B사 사장이 입을 열었다. B사 사장은 A사 사장이 자기를 반만 이해하고 있다며 잘못 이해하고 있는 부분을 수정해드리겠다고 말했다. 그의 변호사는 그에게 아무 말도 하지 말라고 했지만, 이 대화에서 힘을 느낀 그는 변호사에게 잠자코 있으라고 말했다. 점심식사 회합은 두 사장이 어깨를 서로 맞대고 앉아서 플립 차트를 이용하여 메모를 해가며 문제점을 논의하고 대안을 제시하여 최선책을 강구하는 것으로 발전했다. 점심식사가 끝났을 때 두 사람의 의견 차이는 해소되었다.

이다. 협상자들에게는 이해관계 접근법을 포기하지 않는 것도 중요하지만 상대방 요구의 근본을 이해하는 것도 중요하다. 스티븐 코비는 분쟁 당사자들은 상대방의 감정을 이해해야 한다고 주장한다.[60] 그는 "협상 당사자는 상대방의 입장을 상대가 만족할 정도로 얘기할 수 있기 전에는 자신의 입장을 얘기해서는 안 된다"고 확고하게 주장한다.[61] 사람들은 자신의 감정에 빠져

남의 말을 잘 듣지 못한다. 코비에 따르면 그들은 그저 듣는 척할 뿐이다. 그래서 그가 "상대방이 당신을 이해한 것으로 봅니까?"라고 물으면, 상대방은 대개 "아닙니다. 그는 이해하는 척하지만 사실은 나를 이해하지 못하고 있습니다"라고 대답한다는 것이다. 협상자는 상대방을 만족시킨 다음에 자신의 입장을 얘기해야 한다(이 같은 조정 사례에 대해서는 〈보기 5-7〉 참조).

⑩ **협상과정을 명백히 짚고 넘어가라** 당신은 이해관계에 집중하고자 하지만 상대방이 권리 또는 힘에 입각한 접근법을 사용한다면, 상대방의 전략을 지적하고 이를 명백히 규정하는 것이 도움이 될 것이다. 어떤 전술이 비효율적이라는 것을 명백히 함으로써 협상의 초점을 바꿀 수 있다.[62]

⑪ **구조적 전략** 어리와 브레트, 골드버그는 조직의 갈등해결 시스템에 도움이 되는 방법들을 제시했는데, 그중 일부를 여기에 기술한다.[63] 이 전략들은 갈등처리 비용을 줄이고 만족스러운 해결책을 얻기 위한 것이다.

⑫ **이해관계 논의에 초점을 맞추라** 인터내셔널 하베스터International Harvester사의 경우, 하급 직원들에게 구두 불만처리 절차를 도입한 이후에는 문서로 제출되는 불만이 거의 사라졌다.[64] 어떤 조직들은 밑에서 문제가 해결되지 않으면 점차 상급자에게로 올라가는 다단계 협상과정을 사용함으로써 계속 이해관계에 집중하도록 한다. 또 다른 전략으로 임원 중에서 분쟁을 담당할 현인자문관wise counselor을 선출하는 경우도 있다. 이처럼 다양한 협상 창구를 개설함으로써 협상자들은 여러 개의 갈등해결 통로를 가질 수 있다. 어떤 경우에는 의무협상mandatory negotiation을 통해 미온적인 상대방을 협상 테이블로 나오게 할 수도 있다. 그리고 이해관계에 입각해서 협상을 하도록 협상기술 교육과 훈련을 제공할 수도 있다. 마지막으로 제3자에 의한 중재를 통해 협상자들은 이해관계에 집중할 수 있다.

⑬ **협상으로의 복귀절차를 만들라** 권리나 힘의 대결은 비용이 들고 위험할 수 있으므로 협상자들은 이해관계로 복귀loop-back할 수 있어야 한다.

- 권리갈등으로부터의 복귀: 협상자에게 권리정보와 함께 권리대결이 초래할 결과에 대한 정보도 제공함으로써 협상에 복귀하도록 한다. 자기주장의 정당성과 그 결과를 아는 데 참고할 수 있는 데이터베이스를 만드는 것도 한 방법이다. 또 중재가 이루어지거나 법원으로 가게 될 경우의 결과를 미리 관리자들에게 제공하는 중재자문advisory arbitration과, 양측을 대표하는 변호사들(또는 이제까지 분쟁에 관여하지 않았던 고위인사)들이 중립적인 판사나 자문관 앞에서 증거와 논거를 제시하는 약식심리mini trials도 좋은 방법이다. 약식심리는 분쟁에 감정적으로 개입되어 있지 않으며, 큰 시각에서 사태를 보는 인사들에게 협상을 맡기는 것이다.

- 힘의 충돌로부터의 복귀: 당사자들이 힘의 대결에서 실리로 복귀토록 하기 위해 다양한 전략이 사용될 수 있다. 비상절차나 사전에 문서화된 비상통화 지침을 통해 대화 메커니즘을 수립할 수 있다. 예를 들면 미국과 소련 간의 분쟁에서 핫라인은 비상목적으로 사용되었다. 또한 미 - 소 양국은 핵 위협을 줄이기 위해 워싱턴과 모스크바 간의 24시간 비상교신 센터를 설치하기도 했다.[65] 끝으로 3자개입도 힘의 대결을 중지시킬 수 있는 방법이다. 예를 하나 들어보자. 디트로이트 공립학교 교사들이 봉급에 불만을 품고 파업을 벌이며 협상에 들어갔으나 2주가 지나도 합의에 이를 수 없게 되자 콰메 킬패트릭Kwame Kilpatrick 시장이 문제해결을 위해 나섰다. 그는 자기 사무실로 당사자들을 모두 불러서 앞으로 11시간 동안 협상을 벌이도록 했다. 그들은 한 번에 한 문제씩을 다루어 마침내 최종적인 합의에 이르게 되었다.[66]

⑭ **권리와 힘 위주 접근법을 보완할 수 있는 저비용 해결책을 활용하라** 권리에 입각한 협상이 실패할 경우, 저비용으로 이를 지원할 수 있는 시스템

을 갖는 것이 필요하다. 대표적인 것으로는 전통적인 중재방식을 들 수 있는데, 이는 법률소송보다 비용이 적게 든다. 모든 거래계약의 95%는 분쟁의 중재조항을 가지고 있다고 한다.[67] 메드-아르브Med-arb는 조정mediation이 실패하면 조정자mediator가 중재자arbitrator 역할을 하는 변종제도로, 중재에 회부될 가능성이 있으면 협상을 통해 해결하려는 노력을 더 하게 된다는 발상에 따라 생긴 제도이다. 최종제안중재final-offer arbitration는 중재자가 양측이 제시한 제안 중 하나를 채택하는 제도이다. 그렇게 하면 양측은 자신들이 제시한 안이 제3자의 눈에 가장 합리적으로 보이도록 해야 할 필요성이 생긴다. 아르브-메드arb-med는 남아프리카에서 시작된 또 하나의 변종제도로, 중재자가 결정을 한 후 밀봉하여 협상 테이블에 올려놓고는 합의에 이르지 못하면 봉투를 개봉하겠다고 양측을 압박하는 것이다. 아르브-메드 방식은 전통적인 중재방식보다 효과적이다.[68]

⑮ 사전 협의와 사후 피드백 체제를 구축하라 행동으로 옮기기 전에 당사자 간에 이루어지는 통보나 협의는 오해로 빚어지는 갈등을 예방할 수 있다. 또한 통보와 협의는 일방적이고 갑자기 이루어지는 결정으로 초래되는 분노와 적대감을 감소시킬 수 있다. 갈등의 분석과 피드백을 통해 협상 당사자들은 유사한 문제의 발생을 예방할 수 있다. 또한 논의를 위한 포럼을 설치하여 협의와 사후 분석을 제도화할 수도 있다.

⑯ 기술과 자원을 제공하라 사람들은 갈등을 해결하는 기술이나 능력을 가지고 있지 못하므로 고소, 해고 등 권리나 힘에 입각한 행동(즉 소송이나 해고)으로 종종 이어진다.

- 힘과 권리 위주 접근법에는 높은 비용이 수반된다
  누가 옳고 누가 힘이 더 센가에 초점을 맞추면 적어도 한 명은 자신을 패배자로 인식하게 된다.

이러한 상황에서는 승자가 된다 해도, 패자가 포기하지 않고 법원에 제소하거나 복수를 계획하는 데 문제가 있다. 권리는 일반적으로 힘보다 비용이 적게 든다. 힘은 자원이 많이 소비되고 기회를 잃는다는 측면에서 비용이 많이 든다. 예를 들면 파업은 중재보다, 폭력은 법률소송보다 비용이 많이 든다. 비용은 투입 노력뿐만 아니라 자원의 파괴에 의해서도 발생된다. 힘을 사용하면 상대는 새로운 상처를 입고 복수를 다짐하게 된다. 이해관계 접근은 권리 위주 접근보다 비용이 적게 든다. 요약하면 힘이나 권리와 비교하여 이해관계에 집중하는 것이 더 만족스런 결과와 더 나은 협력관계를 가져오는데, 이것은 비용이 적게 드는 것을 의미한다.

- **권리와 힘의 적절한 사용 시기를 알아야 한다**

이해관계에만 집중하는 것은 일반적으로 효율적이기는 하나 그것만으로는 충분치 않다. 모든 문제를 이해관계 협의만으로 해결하는 것은 가능하지도 않으며 바람직하지도 않다.[69] 문제는 권리와 힘이 종종 필요하지 않을 때 사용된다는 것이다. 가장 마지막으로 사용되어야 할 절차가 자주 먼저 등장한다. 권리와 힘의 사용은 다음과 같은 경우에 적절하다.[70]

① **상대방이 협상 테이블로 나오지 않을 때**: 이 경우 협상이 이루어지지 않으며, 양측을 끌어들이기 위해 권리와 힘의 도움이 필요하다.

② **협상이 교착상태에 빠져 있을 때**: 신뢰할 수 있는 압박을 이해관계 위주 제안과 함께 사용하면 협상을 재가동시킬 수 있다. 예를 들어보자. 로스앤젤레스와 롱비치 항구에서 사무직 노동조합원들이 당국과의 노동계약 협상에서 합의를 도출해낼 수 없었을 때, 그들은 심각한 손상을 주는 파업을 일으키겠다고 위협했다. 미국 컨테이너 화물운송의 40%와 남캘리포니아 경제활동의 12%를 정지시키는 이들 두 항구에서의 파업은 설사 며칠 만에 끝난다고 해도 엄청난 대가를 치르게 될 것이었

다. 몇 시간 후에 마침내 모든 문제가 해결되었고 파업을 피할 수 있게 되었다.⁷¹

③ 당신이 힘이 세다는 것을 상대방이 알 필요가 있을 때: 간혹 사람들은 자신이 힘이 있다는 것을 보이기 위해 힘을 사용한다.⁷² 그러나 힘의 사용은 확실한 행동에 의해 뒷받침되어야 한다. 더욱이 약자는 힘의 사용에 순응하지 않을 수가 있으며 이때는 높은 정책 비용이 든다.

④ 누군가 규칙을 위반하고 법을 어길 때: 이 경우엔 적절하게 권리나 힘을 행사한다.

⑤ 이해가 첨예하게 대립되어 합의가 불가능할 때: 간혹 당사자 간의 이해 차이가 너무 커서 합의가 불가능한 때도 있다. 예를 들어 낙태문제와 같이 기본적인 가치가 부딪칠 때는 권리의 대결(재판 등)이나 힘의 대결(시위 등)을 통해서만 해결될 수 있다.

⑥ 사회적 변화가 필요할 때: 사회적 충격을 주기 위해서는 권리를 위한 투쟁이 필요하다. 이러한 예로, 브라운이 교육위원회를 상대로 벌였던 투쟁Brown v. Board of Education이 인종차별 금지에 중요한 토대를 제공한 것을 들 수 있다.

⑦ 합의를 해야 할 시점인데도 당사자들이 자기 입장만 고집할 때: 당사자들이 합의에 도달하겠다고 약속했으나 협상이 부진한 상황에서는 권리와 힘에 의한 접근이 필요하다.

- **권리와 힘을 어떻게 사용할 것인지 알아야 한다**

  다음은 협상자들이 권리와 힘을 사용할 때 고려해야 할 사항들이다.⁷³

① **상대방이 중시하는 이해관계를 위협하라** 힘을 효과적으로 사용하기 위해서는 상대방이 중시하는 이익을 공격해야 한다. 그렇게 하지 않으면 상대방은 당신의 위협에 응대할 필요를 별로 느끼지 않을 것이다. 2003년 아

메리카에어라인이 노조의 가장 중요한 이익을 위협함으로써 협상을 재가동시킨 예를 살펴보자.[74] 사측 협상자들은 파산이 초래할 결과(5억 달러의 급료 및 혜택 삭감 등)를 담은 보고서를 개별 노조에 주었다. 그 결과 노조 지도자들은 보고서상의 숫자에 얽매이게 되었으며, 조종사 위원회는 급히 노조 사무실에 모여 열 가지 양보안을 들고 나왔다.

② **명료성이 있어야 한다**   협상자들은 상대방이 취해야 할 조치를 명백히 해야 한다. 예를 들면 2001년 알 카에다의 공격이 있은 후 부시 대통령은 자신의 입장을 분명하게 밝혔다. 그는 탈레반 정부에 대해 오사마 빈 라덴과 테러 조직의 지도자를 인도하고 아프가니스탄 내에 있는 모든 테러 훈련소를 폐쇄할 것을 요구하고, 그렇게 하지 않으면 미국은 동원할 수 있는 모든 자원, 즉 외교적 수단, 정보 조직, 법률 집행기관, 재정적 영향력, 그리고 필요한 모든 무기를 사용하여 지구상의 테러 조직을 파괴하고 패배시킬 것임을 천명했다.[75]

③ **신뢰성이 있어야 한다**   힘에 입각한 접근법은 대체로 미래에 초점을 맞춘다(예: "당신이 이러저러한 일을 하지 않으면, 나는 자금을 인출할 것이다"). 위협이 효과적이기 위해서는 당신이 위협을 실행할 능력이 있다고 상대방이 믿어야 한다. 만일 당신이 믿을 만하지 못하면, 상대는 그 위협을 엄포로 여길 것이다.

④ **연결고리를 끊지 말라**   당신이 이해관계 접근법으로 복귀할 여지를 남기는 것은 중요하다. 어리, 브레트, 골드버그는 이것을 '이해관계로의 복귀'라 부른다.[76] 위협은 비용이 많이 들기 때문에 이를 철회할 수 있는 능력도 필요하다. 이것을 통해 상대방의 체면을 살리고 협상을 재개할 수 있다. 만일 이해관계로 복귀할 수 있는 능력을 갖추고 있지 못하다면, 당신은 위협

을 실행할 수밖에 없다. 또한 위협을 사용한 후에는 힘을 잃게 되며, 영향력이 없어진다. 라이틀Lytle과 브레트Brett, 샤피로Shapiro는 힘과 권리를 사용하려면 다음과 같은 순서에 따르는 것이 좋다고 권한다. ⓐ 구체적이고 상세한 요구와 협상시한을 발표한다. ⓑ 상대방의 이익을 해칠 수 있는 구체적이고도 확실한 위협을 발표한다. ⓒ 요구가 받아들여지는 경우의 긍정적이고 구체적인 결과를 발표한다.[77]

 감정과 감정적 인식

갈등과 협상에서 감정의 개입은 불가피하다. 더욱이 상대방의 감정적 표현을 정확히 평가하는 방법은 협상자에 따라 각각 다르다.

감정과 기분

이 장의 핵심 논제인 '감정'은 대체로 꽤 강렬하고 때로는 특별한 경험의 결과이기도 하며 비교적 빨리 지나가 버리는 마음상태이다. 일반적으로 감정은 유쾌함과 활성화activation를 특징으로 한다(〈보기 5-8〉 참조). 이에 비해 '기분'은 더 상습적이고 더 산만한 마음 상태이다. 감정은 결과물이며 특정한 사건이나 사람을 대상으로 하는 반면, 기분은 대체로 누군가를 대상으로 하지 않는다. 노여움, 유감, 위안, 감사 등과 같은 매우 특수한 마음상태인 감정과는 달리, 기분은 때때로 단지 '기분이 좋다', '기분이 나쁘다'는 식으로 사용된다. 감정과 기분은 둘 다 협상 태도와 과정의 결과물이거나 결정요소일 수 있다.

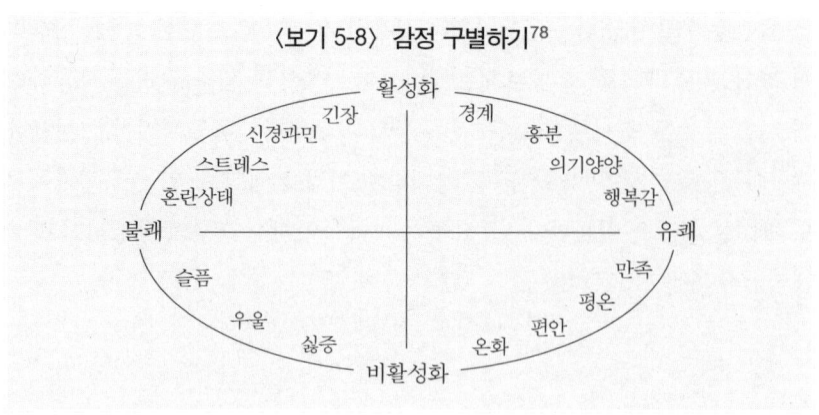

〈보기 5-8〉 감정 구별하기[78]

드러내는 감정과 느끼는 감정

감정을 표현하는(또한 억제하는) 능력과 의도는 사람에 따라 다르다. 감정을 지나치게 많이 드러내는 사람도 있고, 반대로 감정을 억제하려는 사람도 있다.

협상자들은 쉬이 흡족해해서는 안 되며, 상대방에게 의기양양해하는 면도 보여주어야 한다.[79] 한 조사연구에서, 일부 협상자들은 자기들의 협상 결과에 매우 흡족한 나머지 아주 기분 좋은 협상이었으며 자기들이 원하는 것을 모두 얻었다고 말했다. 다른 협상자들은 협상을 썩 잘한 건 아니었다며 매우 겸손한 말을 했다. 그 후 상대방이 흡족해하는 것을 보았거나 상대가 겸손한 말을 하게 한 협상자들은 금전적 가치가 큰 스톡옵션을 받을 기회를 갖게 되었다. 협상결과에 흡족해한 협상자들이 겸손한 말을 한 협상자들보다 스톡옵션을 훨씬 적게 받았다.[80]

순수한 감정과 전략적 감정

협상 테이블에서 가지는 감정에 관한 핵심적인 문제는 아마도 그 감정이 순수한 것(느낀 감정 그대로 행동으로 표현된 것)이나, 전략적인 것(상대방의 방심을 틈타 주도면밀하게 획책하는 것)이냐의 여부일 것이다. 세 가지 다른 전략적 감정(우호적인 감정, 적대적인 감정, 그리고 포커페이스[무감정 또는 무표정한 얼굴])의 효율성을 분배적 협상 distributive bargaining 상황에서 시험한 바 있다.[81] 우호적인 감정과 포커페이스 전략은 상대방으로부터 바람직한 결과를 얻어내는 데 적대적 감정 전략보다 분명히 더 효과적이었다(여러분의 전략적 감정 이용 상태를 평가해보려면 〈보기 5-9〉와 〈보기 5-10〉 참조).

다른 조사에서는 이 세 가지 감정의 전략적 활용, 즉 진정으로 느낀 감정을 그대로 표현하는 것, 느낀 감정을 숨기는 것, 그리고 감정을 느끼지 않은 것처럼 가장하는 것을 시험한 바 있다.[82] 실제로 화가 나지만 그것을 숨기거나 가장하는 것은 금전적인 결과에서 협상자들에게 이득이 되는 것으로 드러났다. 상대방과 친밀한 척 가장하는 것은 상대방에게 화가 나는 척 가장하는 것과 마찬가지로 특히 양보를 얻어낼 때 쓸모가 있다. 하지만 득의와

〈보기 5-9〉 **감성유형**

	합리적인 감성유형	우호적인 감성유형	적대적인 감성유형
상대방 관계	- 감정을 숨기거나 억제	- 상대방의 우호적인 감정 유도 - 신뢰 조성	- 상대방을 통제하거나 협박하기 위해 비이성적인 감성을 사용
분배전략 (파이 나누기)	- 공정한 분배규범 인용	- 관계유지를 위해 타협	- 위협 - 강경한 협상
통합전략 (파이 늘리기)	- 이해관계에 대한 체계적인 분석	- 우호적인 감성이 창조적인 사고를 유도	- 적대적인 감성이 통합적인 협상에 걸림돌로 작용
향후 협상에의 함의	- 유감스러운 말이나 행동을 할 가능성이 낮으며, 거리를 두고 행동	- 동반자 관계의 좋은 감정	- 위협하거나 압력을 행사

〈보기 5-10〉 감성유형을 조사하기 위한 문항

다음 각 문항을 읽고 옳다고 생각하는지 그르다고 생각하는지를 표시하시오. 반드시 옳고 그름으로 표시하시오(잘 모르겠다고 답하지 말 것).

1. 협상상황에서는 냉정함을 유지하는 것이 최선이다.
2. 협상에서 "꿀을 사용해야 더 많은 파리를 잡을 수 있다"고 믿는다.
3. 협상에서 자제하는 것이 중요하다.
4. 상대방과 좋은 관계를 갖는 것이 효과적인 협상을 위해 중요하다.
5. 나는 협상에서 원하는 것을 얻기 위한 감정표현에 능숙하다.
6. 감정은 효과적인 협상의 장애요인이다.
7. 나는 협상에서 "우는 아이 떡 하나 더 준다"는 것을 믿는다.
8. 친절한 사람은 냉정하거나 중립적인 사람보다 많이 얻을 수 있다.
9. 협상에서는 '눈에는 눈'으로 싸워야 한다.
10. 나는 기분이 좋을 때 생각이 더 잘 된다.
11. 협상에서 내가 어떻게 생각하는지 상대방이 알기를 절대로 원치 않는다.
12. 나는 협상에서 "파리채가 더 많은 파리를 잡는다"고 믿는다.
13. 나는 협상에서 상대방을 조정하기 위해 감정을 동원한다.
14. 좋은 분위기는 상대방에게도 전해진다고 믿는다.
15. 협상을 할 때는 우호적인 첫인상을 주는 것이 매우 중요하다.
16. 협상자들이 많이 실패하는 것은 협상에서 자제력을 잃기 때문이다.
17. 협상에서는 포커페이스를 유지하는 것이 최선이다.
18. 협상에서 상대방이 자신을 존경하게 만드는 것이 매우 중요하다.
19. 나는 상대방이 좋은 감정을 가지도록 하면서 협상을 끝내고 싶다.
20. 상대방이 감정적으로 흐르면 이를 협상에 유리하게 활용할 수 있다.
21. 상대방과 같은 방향으로 움직이는 것이 중요하다.
22. 협상에서는 굳은 결의를 보이는 것이 중요하다.
23. 만일 자제력을 잃고 있다고 느끼면 협상을 잠시 중단할 것을 요청한다.
24. 상대가 믿을 것으로 생각한다면 협상에서 위협을 사용하는 데 주저하지 않을 것이다.

평가방법
- 합리적인 유형 평가: 1, 3, 6, 11, 16, 17, 20, 23번 문항에 옳다고 대답하면 1점을 주고, 그르다고 대답하면 1점을 감점하여 총점수를 합산.
- 우호적인 유형 평가: 2, 4, 8, 10, 14, 15, 19, 21번 문항에 옳다고 대답하면 1점을 주고, 그르다고 대답하면 1점을 감점한 후 총점수를 합산.
- 적대적인 유형 평가: 5, 7, 9, 12, 13, 18, 22, 24번 문항에 옳다고 대답하면 1점을 주고, 그르다고 대답하면 1점을 감점하여 총점수를 합산.

기쁨은 상대방이 눈치 채지 못하게 가장 잘 숨겨야 하는 감정이다.

좋아하는 척하는 것도 전략적 감정의 한 가지 유형이다. 아마도 협상자들은 상대방으로부터 호의를 얻고 서로 간의 궁극적인 목표를 달성하는 방법으로 상대방을 좋아하는 척 가장할 것이다. 하지만 '허위' 감정을 이용하면 협상자에게 손해를 끼칠 수 있다. 우호적 감정을 꾸며내는 사람들은 스트레스를 더 많이 받을 수 있으며, 실제로 더 낮은 서비스 평가(고객들에 의한 평가)를 받는다.[83]

적대적 감정

적대적 감정을 이용하는 협상자들은 양보를 얻어내기 위해 화를 내어 상대방을 위협하는 방법을 쓴다. 이 방법은 그 화가 '진정한 것'인지 '전략적인 것'인지에 따라 차이가 난다. 진짜로 화가 나서 상대방에게 좋은 감정을 가지지 못하는 협상자는 상대에게 좋은 기분을 보여주는 협상자보다 협상의 전체 이익을 늘리는 데 덜 효율적이다.[84] 또한 그들은 협상의 몫을 나누는 데서도 효율적이지 못하다.[85] 반대로 '전략적으로 화를 내는' 협상자들은 상대방으로부터 양보를 얻어낼 가능성이 많은데, 그가 양보 기준치에 이르렀다고 상대방이 판단하기 때문이다.[86] 화를 내는 협상자들은 상대방에게 공포감을 조성하며, 적절한 동기가 주어지면 상대가 이에 굴복하기 쉽다.[87] 예를 들어 히틀러는 오스트리아를 합병하기 전에 오스트리아의 슈슈니크Kurt von Schuschnigg 총리를 만나 협상을 했다. 이 음울한 역사적 회담 도중에 히틀러의 감정유형이 갑자기 바뀌어 몹시 화를 냈다.

그는 더욱더 기세등등하고 날카로워졌다. 히틀러는 미친 사람처럼 소리를 질렀으며 흥분해서 손을 떨었다. 가끔씩 그는 완전히 이성을 잃었다. 히틀러는 극단적이고 강압적인 위협이 진짜처럼 보이게 하려고 했다. 그는 슈슈니크 총리를 감금하겠다고 위협했으며, 이는 외교사상 들어보지 못한 행위였다. 슈슈니크 총리가 그의 요구를 모두 받아들이지 않으면 바로 오스트리아에 대한 진군명령을 내리겠다고 고집했다.[88]

협상자의 행동에 상대 협상자의 적대적 감정이 미치는 영향 또한 협상자가 요긴하게 사용할 대안을 갖고 있느냐에 따라 달라진다. 특히 충분한 대안이 준비되어 있지 않은 협상자는 상대 협상자가 화를 내게 되면 영향을 크게 받아 더 많이 양보를 하게 된다.[89] 협상자의 열의와 목표 또한 상대방의 적대적 감정에 대한 대응 정도에 영향을 준다. 예컨대 협상자는 기분 좋게 대응해주는 상대보다 화를 내는 상대에게 양보를 더 많이 하는 경향이 있는가 하면, 협상자가 시간에 쫓기지 않아 생각을 정리할 여유가 있을 때처럼 상대방을 이해하려는 열의가 높을 때 이런 경향이 더 자주 일어난다.[90] 화를 낼 때 협상자는 사람과 문제점을 분리시켜 그것이 사람에게가 아닌 특정한 문제점에 대한 것임을 분명히 보여주어야 한다.[91] 더욱이 협상자가 화를 내는 상대방에게 한번 양보를 하게 되면, 그는 상대방을 다루기 힘든 사람으로 인식하면서 앞으로도 그 상대방에게 쉬이 양보하게 될 것이다.[92]

협상 테이블에서 화를 내면 때때로 불리한 결과를 가져올 수 있다. 특히 상대방이 협상 중에 이쪽을 기만할 가능성이 있을 때, 그리고 화를 내는 협상자의 제안을 거부할 확률이 낮을 때 그러하다.[93] 적대적인 감정을 전략적으로 이용하는 데는 짐짓 화를 내거나 울화통을 터뜨리는 방법만 있는 게 아니다. 속수무책으로 무력해 보이기, 토라지기, 상처 받은 척하기도 상대방을 교묘히 움직이는 수단으로 사용될 수 있다. 예를 들어 1930년대와 1940년대 니그로 리그Negro League의 뉴워크 이글스Newark Eagles 야구단 구단주이자 여성야구 집행부 간부였던 에파 맨리Effa Manley는 협상 테이블에서 자기가 원하는 것을 얻기 위해 눈물까지 흘렸다. 피츠버그 스포츠지 기자였던 웬들 스미스Wendell Smith는 "그녀는 자신이 원하는 것을 얻지 못하면 그 예쁜 얼굴을 찡

그리고 울기 시작했다"고 회고했다.[94] 약간 이상한 행동을 하는 것도 유사한 효과를 얻을 수 있다. AOL의 마이어 벨로Myer Berlow는 협상 도중 자신이 가장 좋아하는 영화는 〈대부Godfather〉이며 자신의 우상은 마키아벨리라고 하면서 "사랑받는 것보다는 두려워하는 것이 더 안전하다"는 구절도 인용했다.[95]

적대적 감정을 드러내는 유형은 상대로부터 매우 다른 대응을 이끌어 낼 수도 있다. 예컨대 어떤 연구조사에서, 잘못으로 낙담하거나 안달하는(애소) 상대방 또는 감정을 드러내지 않는 상대방과 유감의 뜻을 나타내는(달래는) 상대방에 대해 협상자가 어떤 대응을 하는지를 시험한 적이 있다. 협상자는 상대가 애소할 때(낙담하고 안달할 때) 더 많은 양보를 하고, 유감을 나타내며 달랠 때 덜 양보했다.[96] 이기적인 사람들은 친사회적인 사람들에 비해 낙담하는 상대방에게 더 많은 양보를 하는 것 같았다. 그들은 낙담을 그들이 원하는 것을 얻기 위한 일종의 위협으로 간주하기 때문이다.[97]

감정지능

감정지능emotional intelligence은 사람들(그리고 협상자들)이 자신과 다른 사람들의 감정을 이해하고 감정지식emotional knowledge을 이용하여 긍정적인 결과를 이루어내는 능력이다. 감정지능에 관한 연구와 이론은 사람들로 하여금 자신의 감정을 이해하도록 조장하는 반면, 감정 특히 적대적 감정을 지적하는 다양한 탐색은 훌륭한 결정을 내리는 사람들의 능력을 저해할 수 있다. 예를 들어 고수준의 감정적 스트레스를 경험하는 의사결정자들은 종종 불완전한 탐색, 평가 및 비상계획contingency-planning의 사고思考과정을 겪게 된다.[98] 이러한 이유로, 감정을 '드러내는 것'과 감정을 '느끼는 것'을 구별하는 것이 중요하다. 협상자가 감정을 느낀다 하더라도 그 감정을 표출하지 않는 것이 좋다.

우호적인 감정

협상에서 우호적인 감정을 조성하면 우호적인 결과를 얻을 수 있다.[99] 사람들은 우호적인 분위기일 때와 적대적 또는 중간 분위기일 때 정보를 각각 다르게 처리한다.[100] 우호적인 분위기는 창의적 사고를 유발하며,[101] 이것은 다시 혁신적인 문제해결로 이어진다.[102] 조사 결과, 재미있는 영화를 감상하고 선물을 받은 협상자들은 영화도 보지 않고 선물도 받지 않은 협상자들보다 더 통합적인 결과와 더 창의적인 아이디어를 도출해냈다.[103] 우호적인 분위기를 갖는 협상자들은 적대적 또는 중간 분위기를 갖는 협상자들보다 더 협력적인 전략을 활용하고, 더 많은 정보교환을 하고, 더 많은 대안을 도출해내는 반면, 논쟁을 초래할 전략을 적게 활용한다.[104]

협상에서 감정이란 자기충족적인 예언과 같은 것이다. 말하자면 협상자의 감정에 따라 상대방의 감정과 갈등해결의 성격이 결정된다. 한 연구조사에 따르면 고용계약 협상에서 서로 간에 분노를 느끼거나 동정심이 약할 때는 우호적인 감정을 갖고 있을 때에 비해 성취도가 낮았다.[105] 더욱이 화가 나 있는 협상자들은 함께 일하기를 꺼렸으며 보복하려는 경향을 많이 보였다.[106] 그러나 협상자가 상대방의 최우선적인 의제에 대해선 기분 좋은 얼굴을 하고, 우선순위가 낮은 의제에 대해 역정을 낼 때, 이것은 파이가 고정되어 있다는 인식을 줄이고 통합적 행동을 증가시킬 것이다.[107]

사람들이 우호적인 분위기를 가질 때 더 창의적이 되고, 통합적인 정보를 만들어내며, 그들의 생각을 더 유연하게 전달한다.[108] 우호적인 감정에는 왜 그러한 효과가 있을까? 그것은 자기충족적인 예언, 우호적인 감정이 정보처리에 미치는 영향, 긍정적인 호의가 창의적이고 다양한 인식에 미치는 영향 등과 관계가 있다. 예를 들면, 우호적인 감정의 사람은 아이디어들 사이의 관계를 볼 줄 알며, 비전형적인 범주에 속하는 사례들을 연결시킨다.[109] 이러한 반응은 협상상대와 좋은 관계를 형성하는 데 도움이 되고 그

결과 교착상태를 피하면서 협상과정을 용이하게 한다.[110]

감정지능과 협상결과

측정된 감정지능EQ과 협상결과의 관계는 매우 복잡하다.[111] 감정적인 (순수한 인식지능과는 대조적인) 측면으로 협상을 진행하면 협상자들이 더 협상에 더 몰두하게 되고 적극적이 되는 면이 있지만, 동시에 더 낮은 신뢰 수준으로 협력적 협상전략을 활용하게 된다.[112] 감정지능이 높은 사람들은 낮은 사람들보다 협상성과를 더 많이 거둔다고 주관적으로 생각하지만, 실제로는(객관적으로는) 협상성과가 더 적다.[113] 감정지능이 높은 사람들은 분명히 정서적으로 유쾌해하며 그들 자신을 위해서가 아니라 상대방을 위해 객관적인 가치를 창출해낸다.

- 정확성

다른 사람들, 특히 상대방의 감정을 정확히 읽는 능력은 협상을 성공시키는 데 중요한 요소다. 사실 안정된 '양陽의 상관관계Positive Correlation'는 '감정인지정도Emotion Recognition Accuracy: ERA'와 '목표지향적 성과Goal-Oriented Performance' 사이에 존재한다.[114] 얼굴표정을 보고 내심을 더 잘 읽을 수 있는 사람은 협상자들이 구매자-판매자 협상을 배분적 및 통합적 성과 양면에서 얼마나 훌륭하게 수행할지를 예측해낸다.[115]

- 자기효능감self-efficacy

자기효능감과 자신감의 정도는 감정지능의 한 부분이다. 지나치게 자신감이 충만하고 거만한 사람을 아무도 좋아하진 않지만, 우리는 천성적으로 조용하고 침착하며 확고한 신념을 가진 사람들, '할 수 있다'는 자세를 가진 사람들을 존경한다. 협상기술에도 수많은 유형이 있듯이, 협상자들이 자신감을 가질 수도, 가지지 않을 수도 있는 여러 부문의 기술이 있음은 당연하다. '분배적 자기효능감Ditributive Self-efficacy'은 자원을 효율적으로 요구하는 자신의 능력(즉 '우위를 점하는' 능력 또는 '다른 사람들이 최선의 양보를 하도록 설득하는' 능력)에 대한 확신을 말한다. 반대로 '통합적 자기효능감Integrative Self-efficacy'은 자원을 창출해내는 자신의 능력(즉 '친밀한 관계를 확립하는' 능력 또는 '타협을 위한 교섭을 수행해가는' 능력)에 대한 확신을 말한다.[116]

협상장에서의 감정 다루기에 대한 조언

감정이 어떻게 작동하는지 아는 협상자는 더 전략적인 협상을 할 수 있다.

- **우발적인 감정을 경계하라**
사람들은 종종 자신이 일시적인 감정에 내둘리고 있음을 모를 때가 있다. 그 바람에 순식간에 일어나는 우발적인 감정에 따라 내린 결정이 계속해서 내리는 결정과 그 결과의 토대가 될 수 있다.[117] 또한 사람들은 일정한 행동을 곁들인 감정의 표현에 영향을 받는다. 예를 들어 좋은 일을 하면서도 좌절감이나 역겨움을 드러내는 것은 부정적으로 비쳐진다. 마찬가지로 좋지 않은 행동을 하면서도 즐거워하는 것처럼 보이는 것은 긍정적인 인상을 주지 않는다.[118]

- **당신이 강화시키고 있음을 알라**
사람들은 종종 상대방의 입을 막기 위해 양보를 한다. 그들이 깨닫지 못하고 있는 것은 이런 행위는 결과적으로 그들이 없애고자 하는 바로 그 행동을 강화시키고 있다는 점이다. 소극적인 강화negative reinforcement 또는 회피행위는 혐오자극aversive stimulus을 제거하고 싶어 하는 성향을 설명해준다.[119] 예를 들어 라디오에서 듣기 싫은 음악이 나오면 사람들은 라디오를 꺼서 그 소리를 없앤다. 마찬가지로 사람들은 자기에게 공공연히 적대적이고 부정적인 사람들이나 말을 함부로 하는 사람들에 둘러싸여 있으면, 그 상황에서 벗어나기 위해 상대방에게 져줄 수도 있다. 그러나 불행히도 이런 행위는 상대방의 입장을 강화시키게 된다. 만일 당신이 비이성적으로 행동하는 사람의 행동을 묵인하는 것은 향후 그 사람이 당신에게 그러한 행동을 하게 될 가능성을 증대시켜주는 일이다.

- **감정을 재평가하는 것이 억제하는 것보다 더 효과적이다**

사람들은 종종 감정을 억제하려 한다. 그러나 억제는 역효과를 낼 수 있다. 예를 들어 사람들은 어떤 특정한 생각을 하지 않으려고 다짐하면서도, 그 생각에서 벗어나기가 사실상 불가능하다는 것을 알고 있다. 좋지 않은 기분에서 벗어나려고 노력하는 사람들은 의기소침, 근심 등과 같은 감정적인 문제로 계속 고통을 받기 쉽다.[120] 감정을 재평가하는 데는 감정을 인식하는 것이 필요하지만, 그것을 다르게 보는 방법을 생각해볼 필요가 있다.

- **감정은 전해지는 것이다**

한쪽 협상 당사자가 우호적인 감정을 전달하면, 상대방도 이를 받아 우호적인 감정을 전달할 가능성이 높다.[121] 이는 적대적인 감정에서도 마찬가지다. 다른 사람들의 감정은 우리 자신의 감정의 중대한 예측변수이다. 설사 다른 사람의 감정에 대한 우리의 지각작용을 통제한다고 해도 마찬가지다. 바꾸어 말하면, 우리는 다른 사람의 감정을 의식적으로 알려 할 필요는 없다. 그것이 우리 자신의 감정과 우리의 의사결정에 영향을 주기 때문이다.[122]

- **감정의 계기를 이해하라**

어떤 말은 협상에서 사용하면 쓸데없는 감정적인 뜻이 첨가되어 감정을 불러일으킨다. 한 연구조사에서는 특별한 유형의 여섯 가지 말에서 감정적 충격이 측정되었다.[123] 여러 다양한 유형의 말 중 '다른 사람에게 부정적인 꼬리표를 붙이기'(예: "바보 같아")나 '다른 사람에게 무엇을 하라고 또는 하지 말라고 명령하기'(예: "절대로 안 됩니다")가 가장 큰 분노와 욕구불만을 불러일으켰다. 그 밖에는 '더 높은 근원에 어필하기, 책임을 떠넘기거나 포기하기'(예: "이건 예전부터 이렇게 해오던 겁니다"), '무례(귓전으로 흘리기, 해설하기, 아첨하는 말, 다른 사람을 빈정거리기)'(예: "그렇긴 하지만……"), '자기 행동을 우월한 것으로 단정하기'(예: "나는 합리적인 사람"), '넌지시 협박하기'(예: "받아들이든 아니든 이건 당신이 결정할 문제")였다.

 결론

이제까지 협상에서의 주요 요소, 즉 동기의 성향(개인주의적 · 협력적 · 경쟁적), 이해관계, 권리, 그리고 힘에 근거한 논쟁 모델, 협상장에서의 감정의 역할에 대해 논의했다. 이 장의 중요한 메시지는 다음과 같다.

- **자신의 스타일을 바르고 솔직하게 파악하라** 만일 아직도 자신의 스타일을 모른다면 이번 장에서 제시된 분석방법을 이용하여 누군가에게 자신을 솔직히 평가해달라고 부탁하라.
- **자신의 한계와 힘을 파악하라** 자신의 스타일상의 한계와 힘을 아는 것이 중요하다.
- **상대방을 더 잘 이해하라** 대부분의 순진한 협상가들은 상대방도 자신과 비슷한 성향을 가진 것으로 가정한다.
- **당신의 행동방식을 다양화하라** 종종 사람들은 자신의 협상 스타일에 대해 불편해하거나 효율적이지 않다고 여긴다. 이 장은 협상자들이 협상의 중요한 시기에 자신의 행동방식을 다양화할 수 있는 여러 가지 선택안을 제시해주고 있다.

제6장
신뢰구축과 인간관계

미국의 국제기후변화 특사인 토드 스턴Todd Stern은 "아니오"라고 말할 때를 알고 있다. 2009년 스턴이 코펜하겐에서 개최된 기후변화 회담장에 도착한 즉시 기자회견을 하여 배기가스 감축을 제대로 이행하지 않은 중국정부, 미국에 너무 많은 요구조건을 내걸고 있는 유럽의 여러 정부, 그리고 부국들에게 오염감축 보상금을 요구하는 저개발국들을 맹렬히 비난했다. 하지만 스턴은 역시 협상장에서 인간관계를 어떻게 정립하는지를 알고 있는 사람이다. 스턴과 함께 회의에 참석한 대표들은 그를 "융통성 있고", "절제하며", "교활한" 사람으로 보고 있다. 압력솥 같은 국제 기후변화 외교무대에서 스턴은 자기편을 드는 사람과 외교기술 모두가 필요했다. 마침내 그것이 이루어져, 인도의 환경부장관이며 저명한 기후 협상가인 자이람 라메시Jairam Ramesh가 스턴과의 관계에 대해 한마디 했다. "분명히 말하건대 기후변화에 대한 인도의 입장은 미국의 그것과는 매우 다르며, 미국의 기후변화 정책 속에는 내가 강력히 반대하는 것들이 많이 들어 있지만, 그것이 우리가 따뜻한 개인적인 관계를 발전시켜나가는 데 방해가 되지는 않는다." 라메시는 기후회의 본 회의를 위한 사전 회합 기간 중 코펜하겐의 한 호숫가를 스턴과 함께 장시간 걸으면서 의견교환을 했다. 그들은 비록 의견 일치를 보진 못했지만, 라메시는 이렇게 말했다. "우리는 우리의 의견 차이를 서로 솔직하게 논의했다. 스턴 대표는 나를 더 잘 이해하게 되었으며 나 역시 그의 입장을 충분히 이해했다고 생각한다."[1]

 **원 - 원 합의의 인간적인 측면**

성공적인 협상이 꼭 돈에 관한 것만은 아니다. 돈을 많이 벌었다고 해서 성공했다고 생각하거나 더 만족하지 않는다.[2] 합리적인 행동이 금전적인 부와 등식화되는 경우가 많지만, 경제적인 모델에서는 금전이 아닌 '효용'의 극대화에 집중한다. 효용은 화폐로 나타낼 수도 있지만 신뢰, 안전, 행복, 마음의 평화 같은 다른 요소로도 표시될 수 있다. 원 - 원의 진정한 정의는 협상자들이 원하는 것이 돈, 인간관계, 신뢰, 마음의 평화 또는 다른 무엇이 되었든 간에 그것의 극대화에 합의하는 것이다. 〈보기 6-1〉은 사람들이 교환할 수 있는 자원을 사랑, 돈, 서비스, 상품, 지위, 정보의 여섯 가지로 구분하고 있다.[3]

각 자원의 효용은 사람에 따라 차이가 나는 개별성particularism을 지니고 있다. 공급자가 누구냐에 따라 그 효용이 달라지기 때문이다. 예를 들어 자기 자녀가 해주는 키스는 전혀 모르는 사람이 해주는 키스보다 훨씬 값어치가 있다고 여긴다. 또 얼마나 실체가 있는가 하는 구체성concreteness에 따라서

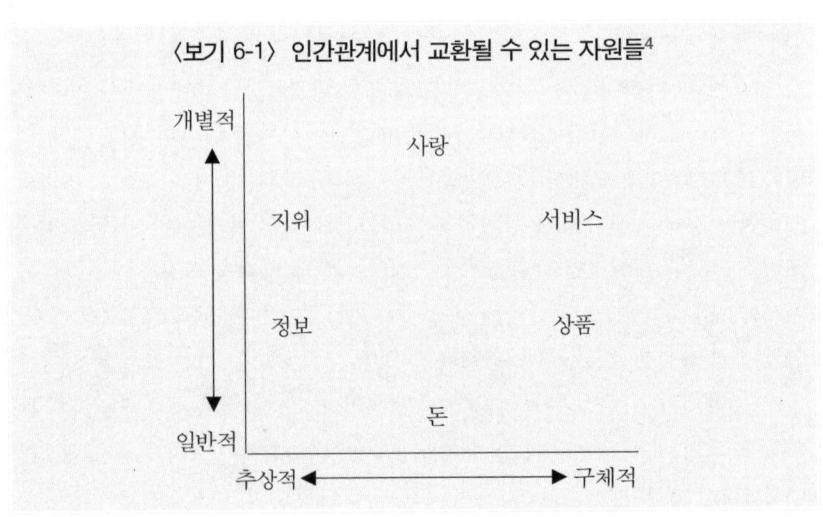

〈보기 6-2〉 주관적 가치조사[7]

당신이 가장 최근에 했던 협상에 관해 생각해보라. 아래 문항에 대한 당신의 반응에 1점에서 7점까지의 점수를 매기되, 사실이 아니거나 관련이 없으면 1점을, 사실에 가장 가깝거나 특징을 잘 나타내면 7점을 부여하라.

1. 당신의 성과(즉 합의[또는 미합의]에 의해 받게 될 혜택의 크기)에 얼마나 만족하는가?.
2. 당신과 상대방의 성과의 균형에 만족하는가?
3. 당신은 이번 협상에서 패배했다는 느낌을 받는가?
4. 당신은 이번 협상 조건이 객관적 기준이랄 수 있는 합법성의 원칙에 부합된다고 생각하는가?
5. 당신은 협상에서 체면을 잃었다고 생각하는가?
6. 이번 협상을 통해 당신은 협상자로서 더욱 자신감을 갖게 되었는가?
7. 당신은 이번 협상에서 당신의 원칙과 가치에 따라 행동했는가?
8. 이번 협상은 당신의 이미지나 인상에 긍정적으로 작용했는가, 부정적으로 작용했는가?
9. 당신의 협상 상대자는 당신의 관심사를 잘 이해했다고 느끼는가?
10. 당신은 협상과정이 공정했다고 생각하는가?
11. 합의에 쉽게(또는 어렵게) 도달한 것에 얼마나 만족하는가?
12. 당신의 협상 상대자는 당신의 소망, 의견 또는 필요성을 고려했는가?
13. 당신의 협상 상대자는 당신에게서 전체적으로 어떤 인상을 받았는가?
14. 이번 협상을 진행한 결과 당신은 당신의 협상 상대자와의 관계에 얼마나 만족해 하는가?
15. 이번 협상으로 당신은 당신의 협상상대자를 신뢰하게 되었는가?
16. 이번 협상으로 당신의 협상 상대자와 좋은 미래관계를 구축했는가?

점수
- ·중요한 성과: 3번 문항은 (−) 점수, 평균 문항은 1-4번
- 자신에 관한 느낌: 5번 문항은 (−) 점수, 평균 문항은 5-8번
- 과정에 관한 느낌: 평균문항은 9~12번
- 인간관계에 관한 느낌: 평균문항은 13~16번

도 자원의 효용은 달라진다. 사랑이나 사회적 지위는 서비스나 상품보다 구체성이 덜하며, 사랑은 돈보다 개별성이 더 크다.

주관적 가치조사Subjective Value Inventory: SVI는 협상자들이 갖는 주요 관심사 네 가지, 즉 중요한 성과에 대한 관심, 그들 자신에 대한 관심, 협상과정에 대한 관심, 그리고 그들의 인간관계에 대한 관심에 대해 평가하고 있다.[5] 주관적 가치는 MBA 학생들의 만족도를 그들의 봉급, 업무 만족도, 그리고 근무 1년 후 다른 직장을 찾으려는 의향의 감소로 예측한다.[6](주관적 가치조사에 대해서는 〈보기 6-2〉 참조).

 ## 인간관계 기초로서의 신뢰

신뢰는 모든 인간관계에서 필수적이다. 신뢰란 어떤 개인이나 집단이 자신을 위험하게 하거나 해를 끼치거나 다치게 하지 않을 것이라는 확신의 표현이다.[8] 현실적으로 신뢰는 우리가 누군가에 의해 이용당할 수도 있음을 의미한다. 게다가 대부분의 인간관계는 사람들로 하여금 믿을 수 없는 방식으로 행동하게 만드는 몇몇 동기를 제공한다.[9]

신뢰관계의 세 가지 유형

사람들이 타인에 대해 갖는 신뢰에는 세 가지 유형이 있는데, 억지력 기반 신뢰, 지식 기반 신뢰, 동질성 기반 신뢰가 그것이다.[10]

- **억지력 기반 신뢰**

억지력 기반 신뢰deterrence-based trust는 약속한 것을 끝까지 지킨다고 하는 행동의 일관성에 기반을 둔 것이다. 일관성과 약속이 유지되지 않을 경우에 초래되는 결과에 책임을 져야 한다는 위협이나 책임을 지겠다는 약속에 의해서 행동의 일관성이 유지된다. 가장 흔하게 사용되는 방법으로 처벌, 제재, 인센티브, 보상, 그리고 법적조치 등이 있다. 억지력 기반 신뢰는 계약과 다양한 형태의 관료주의 및 감시를 수반한다. 무려 미국 주요 기업들의 77.7%는 이메일, 인터넷, 전화, 컴퓨터 파일 또는 작업장에서의 비디오테이프로 종업원을 예의주시하고 있다.[11] 1940년대에 호손Hauthorne사의 공장에서 노동자들이 일정한 생산수준을 유지하도록 시행했던 규범을 들 수 있다. 이 규범에서 벗어나 과도한 실적을 이룬 사람(즉 생산율 파괴자)이나 실적에 미달한 사람(즉 책임 회피자)은 다른 노동자들로부터 팔뚝을 맞는 체벌을 당했다.

억지력 기반 신뢰에는 두 가지 문제가 있다. 첫째로 이 시스템은 개발, 감독, 유지, 그리고 모니터링이 필요하기 때문에 비용이 많이 든다는 점이며, 둘째는 역작용이 있을 수 있다는 점이다. 유도저항의 원리Reactance theory는 이를테면 사람들이 그들의 자유가 뺏기는 것을 싫어하며 그것을 지키기 위해 행동에 나서는 경우를 말한다. 예를 들면 "이 벽에 낙서하지 마십시오"라는 정중한 표시나 아예 표시가 없는 경우보다 "낙서 절대금지"라는 강압적 표시가 있는 경우에 사람들은 낙서를 더 많이 한다.[12] 마찬가지로, 주차장에서 차를 빼는데 누군가가 그 자리에 주차하려고 기다리고 있으면 사람들은 차를 빼는 데 더 오랜 시간을 소모한다.[13] 사람들은 누군가가 자신의 행동을 통제하거나 자유를 제약한다고 생각하면 일반적으로 부정적인 반응을 보이게 된다. 자신의 행동이 제재나 보상과 같은 외적 동기에 의해 통제되고 있다고 생각되면 사람들의 내적 동기는 줄어든다.[14] 따라서 당초 의도와는 다르게 감시활동은 사람들의 참여 동기를 오히려 약화시킨다. 델타 항공의 예를 보면, 기내 서비스 개선을 위한 모니터링이 오히려 나쁜 영향을 주었다.[15] 승객들에게 기내 서비스에 대한 불만을 문서로 제출토록 하자 승무원들은 승객들을 겁내고 신뢰하지 않게 되었다. 또한 감독관이 승객으로 위장하고 있을지 모른다는 의심이 들자 불신의 분위기는 더욱 심해졌다. 이 시스템이

역작용을 초래한 것이다. 억지력 기반 신뢰에 대해서는 제11장에서 더 상세히 논의한다.

- **지식 기반 신뢰**

지식 기반 신뢰knowledge-based trust는 행동예측가능성behavioral predictability에 그 논거를 두며, 상대를 이해하고 서로의 행동을 예측하기에 충분한 정보를 가지고 있을 때 생기는 신뢰이다. 정보가 불확실하거나 비대칭적인 인간관계에서는 언제나 기만의 기회가 생기며, 서로가 이용당할 위험을 안게 된다. 역설적으로, 교환 상황에서 위험을 부담하지 않으면 이용당하지도 않겠지만, 신뢰관계를 발전시킬 수도 없다.[16] 따라서 신뢰는 불확실성의 결과이며, 그에 대한 반응이다.[17]

협상자 간의 지식 기반 신뢰의 발전에 관한 재미있는 예로 태국의 고무와 쌀의 판매에 관한 것이 있다.[18] 여러 가지 이유로 고무는 구매한 지 몇 달 후에 그 품질을 알게 된다. 따라서 고무 매매 시점에 판매자는 고무의 질을 알지만 구매자는 이를 알지 못한다. 이 사례는 정보의 일방적 비대칭이라고 하는 고전적 사례를 보여준다. 이와 반대로 쌀 시장에서는 이 같은 정보의 불확실성이 없다. 고무시장은 정보의 비대칭성으로 인해 낮은 품질의 고무를 고가에 팔아서 판매자들이 폭리를 취할 것으로 보인다.[19] 그렇지만 고무시장의 판매자와 구매자들은 장기적인 거래를 위해 익명의 거래 방식을 포기했으며, 이에 따라 서로 믿으면서 높은 품질의 고무가 거래된다.

지식 기반 신뢰는 상호 의존성과 책임감을 증대시킨다.[20] 예를 들면, 특정 고객과 정기적으로 협상을 하는 공급자는 그들을 위해 특화된 상품을 개발한다. 이러한 상품 차별화는 공급자를 변경하는 데 장벽이 될 수 있다. 경제적 의존과 함께, 사람들은 감성적으로도 인간관계를 갖게 된다. 예를 들면 정보의 비대칭이 특징인 시장에서도 일단 신뢰관계를 갖게 되면, 사람들은 다른 사람과 거래하는 것이 이익이 되더라도 기존의 관계를 지속한다.[21] 거래선이 변경되면 탈락 당사자는 분노와 배신감을 느낀다. 앞으로도 관계지속이 예상되는 사람들에 대해서는 기회가 주어진다 해도 사람들은 이들을 이기적으로 이용하지 않는다.[22] 고객, 동료, 공급자들과 앞으로의 관계 확대가 예상되면 사람들은 더욱 협력을 강화하지만 경쟁자들과는 그렇게 하지 않는다.[23] 이러한 인간관계와 개인들 간의 낮은 이동성은 광범위한 교류를 통해 통합적인 합의를 촉진시킨다.[24]

- 동질성 기반 신뢰

동질성 기반 신뢰identification-based trust는 서로의 희망과 의도에 완전히 감정이 이입되어 생기는 신뢰이다. 동질성 기반 신뢰는 감성적인 관계를 토대로 상대를 이해하고, 동조하고, 감정이 통하고, 그리고 서로의 가치를 인정함으로써 생기는 신뢰이다.[25] 동질성 기반 신뢰라는 것은 당신이 선택한 것을 상대방도 선택했다는 것을 의미한다.

개인관계는 전적으로 지식 기반 또는 동질성 기반 신뢰를 바탕으로 해야 할 것처럼 보이지만, 항상 그런 것은 아니다. 예를 들면 배우자의 행적을 탐지하기 위해 사설탐정을 고용하는 경우에는 억지력 기반 신뢰가 적용된다.

신뢰구축을 위한 합리적이고 계획적인 메커니즘들

신뢰구축에는 두 가지 방법이 있다. 합리적이고 계획적인 사고와 숙려에 기초한 인식적 방법cognitive route, 그리고 직관과 감정에 기초한 정서적인 방법affective route이 그것이다.[26] 이 두 가지 방법은 협상에서 각각 다른 유발계기와 분기점을 갖고 있다.[27] 우선 인식적 방법을 통해 어떻게 신뢰구축을 하는지부터 알아보자(사업가들이 신뢰를 얻기 위해 어떻게 하는가를 조사하기 위해서는 〈보기 6-3〉을 참고하면 도움이 될 것이다).

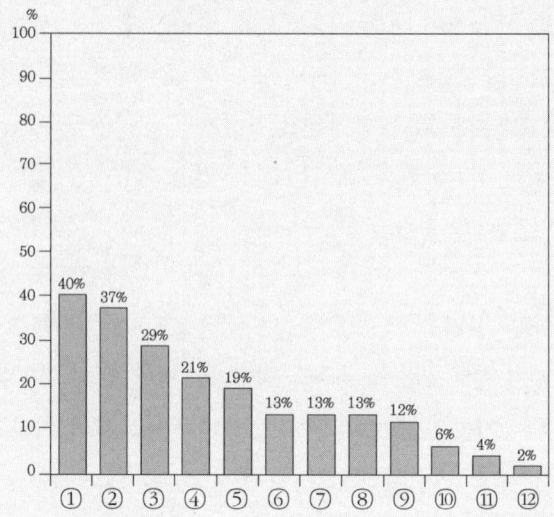

〈보기 6-3〉 구속력 있는 계약이 없는 경우에 약속을 얻어내는 방법

사업가들이 인간관계에서 신뢰를 얻기 위해 어떻게 하는가를 알아보기 위해 조사를 실시했다. MBA 과정 학생 52명에게 "한 명 또는 둘 이상의 사람으로부터 약속을 얻어내야 하는 협상상황에 처해 있다고 상상하라. 협상의 성격상 구속력 있는 계약은 없다. 이러한 상황에서 어떻게 약속을 지켜야 한다는 생각을 불어넣을 것인가"라고 물었다. 대답은 매우 다양했다.

각 항목의 개관(X축 좌에서 우로)

① 설득과 양심 제고(예: "이것은 앞으로 있을 여러 계약들의 시작이며, 약속을 어기면 상대는 이것을 기억할 것이라는 생각을 심어주겠다.")
② 강압과 위협 전술(예: 모욕, 처벌 등)
③ 비언어적 전략(예: 악수, 일체감 조성, "상대방의 눈을 보면서, 상대방이 원하는 것을 나도 상대방에게 해주겠다고 얘기한다" 등)
④ 구두 합의
⑤ 행동 조정(예: 팃포탯[눈에는 눈, 복수과 같은 협력 모델)
⑥ 보상과 혜택
⑦ 공약(예: "결과를 공표함으로써, 이를 어기는 측은 공개적으로 평판의 손실을 입도록 한다.")
⑧ 인센티브 나열
⑨ 상대방의 BATNA에 대한 정보 수집
⑩ 구속력이 없지만 문서로 작성
⑪ 공동의 적을 만들어냄
⑫ 제3자예탁증서를 작성

- **개인갈등을 업무갈등으로 전환하라**

　인간관계에서 생기는 기본적 갈등에는 두 가지 형태가 있다. 하나는 감정갈등emotional conflict으로도 알려진 개인갈등personal conflict인데 분노, 성격차이, 아집, 긴장으로 인해 발생한다. 다른 하나는 인식갈등cognitive conflict으로도 알려진 업무갈등task conflict인데 대체로 비인격적이며, 사람들의 개성이 개입되지 않은 아이디어, 계획, 프로젝트를 둘러싼 논쟁으로 인해 발생한다. 업무갈등이 생기면 사람들은 문제를 다시 생각하고 모두가 받아들일 수 있는 결과에 도달하려고 하기 때문에 통합적인 합의에 도움이 된다. 일반적으로 개인갈등은 인간관계의 발전에 위협이 되지만, 업무갈등은 오히려 인간관계를 증진시킬 수 있다.[28]

- **공동목표에 합의하고 비전을 공유하라**

　공동목표의 중요성은 실리콘밸리의 애플Apple, 넥스트NeXT, 그리고 픽사Pixar에 관여하고 있는 스티브 잡스Steve Jobs의 말에 잘 요약되어 있다. "모든 사람이 샌프란시스코에 가기를 원한다면 어느 길로 갈 것인지 논의하는 데 많은 시간을 써도 좋다. 그렇지만 한 사람은 샌프란시스코로 가기를 원하고 다른 사람은 비밀리에 샌디에이고에 가기를 원하는 상황에서 그러한 논의를 하는 것은 시간낭비다".[29]

　2005년, 칼리 피오리나의 휴렛 패커드 최고경영자직 사임은 갈등이 또한 회사의 목표에 대한 합의를 전혀 이끌어내지 못할 수도 있다는 사실을 어떻게 감출 수 있는지 설명해준다. 피오리나와 휴렛 패커드 이사회 간의 불화 확대는 회사 소유 휴양지에서 그들의 의견불일치에 대한 토의로 이어졌다. 몇몇 이사들이 피오리나 체제 아래서의 회사 매출실적에 대해 우려를 표명했다. 《월스트리트 저널》의 보도를 통해 그들의 토의 내용이 상세히 밝혀지자, 피오리나는 격노하며 이 의식적인 정보누설 문제로 토의의 초점을 바꾸었다. 이사들 역시 이 정보누설에 충격을 받았지만, 그들에게 더 중요한 것은 회사 실적에 대한 걱정이었다. 이사들은 피오리나와 자신들 간의 견해 차이를 해결하기가 불가능해졌다고 믿기 시작했다. 그 후 채 2주도 되지 않아 사적 회합을 통해 이사회 임원들은 피오리나의 해임을 투표로 결정했다.30

- **인적 네트워크의 공통점을 활용하라**

서로 알지 못하더라도 인적 네트워크상의 연결점node을 발견함으로써 신뢰관계를 구축할 수도 있다. 반대로 사람들이 자신의 사회적 네트워크 바깥의 누군가와 의논하게 하는 것은 도전이다. 《믹서》라는 한 비즈니스 주간지의 조사에 의하면 사람들은 믹서(혼합하는 사람)라는 목표가 주어져도 예상한 만큼 혼합되지 않는 것으로 밝혀졌다.31 정서기반 신뢰affect-based trust는 자신들의 사회적 네트워크를 가득 메우고 있는 사람들 사이에서, 그리고 사회적 버팀목이 되는 사람들 사이에서 높다. 인식기반 신뢰cognition-based trust는 유용한 수단을 서로 교환하는 사람들 사이에서 높다.32

- **공동의 문제 또는 공동의 적을 찾아내라**

공동의 적은 사람들을 단결시키고 신뢰를 구축하는 데 도움이 된다.33 레이건 대통령과 고르바초프 서기장이 정상회의를 하는 동안에 공통의 목표가 설정되었다. 어느 날 저녁 레이건 대통령과 고르바초프 서기장이 저녁식사를 마친 후 제네바 호반에서 커피를 마시고 있었다. 그때 미국의 슐츠 국무장관이 소련의 코르니엔코 외무부 제1차관에게 그가 양국 현안에 관한 정상 간의 협상진전을 막고 있다고 비난했다. 슐츠는 그에게 "차관님, 합의 지연은 차관님 책임입니다"라며 고르바초프 서기장을 향해 "이 사람은 서기장님 말을 듣지 않고 있습니다. 그는 서기장님이 끝내고자 하는 일을 하지 않고 있습니다"라고 단호하게 말했다. 레이건 대통령은 고르바초프 서기장과 공동의 유대를 만들기 위해 이 기회를 활용했다. "도대체 저 사람들은 뭘 하는 거야? 서기장님과 나는 '우리가 직접 이 일을 끝낼 거'라고 말합시다"라는 제안을 했다. 그리고 레이건 대통령과 고르바초프 서기장은 악수를 했다. 이 순간이 정상회담의 결정적인 전환점이 되었다.[34]

- 미래에 초점을 맞추라

협상자들이 과거를 용서하고, 잊고, 미래에 초점을 맞춘다면 이것은 신뢰구축의 첫걸음이 될 수 있다. 협상자가 상대자와 미래의 상호교류를 기대할 때 그들은 더 낮은 염원을 가지고, 협상을 더 우호적으로 진전시킬 것이며, 더 만족스러워하고, 대부분은 문제해결협상 유형을 활용할 것이다. 또한 한 번으로 끝내는 협상에 비해 미래의 상호교류를 기대하는 협상은 균형 잡힌 기대를 갖고 상호 이익이 되는 해결책을 모색한다.[35] 2011년 초에 ESPN (미국의 오락·스포츠 전문 유료 유선 텔레비전망)과 NFL(미국 프로 미식축구연맹)은 향후 10년간 ESPN의 먼데이 나이트 풋볼 중계료를 19억 달러로 증액키로 합의했다. 이 중계프로그램은 ESPN과 NPL 모두에게 중요한 대형 프로그램이다. 이 간단치 않은 협상은 양 당사자가 미래의 상호협력에 초점을 맞출 수 있었기 때문에 비교적 단시간에 합의에 도달할 수 있었다. 이 협상을 위해 양쪽의 최고 경영자는 NPL의 맨해튼 사무실에서 자주 회합을 가졌다. 양쪽 모두 장기간의 상호협력관계로 이익을 얻었고 그들이 그 관계를 지속하는 것이 서로 많은 이익이 된다는 점을 잘 알고 있었다. 이 협상은 상호 간에 이익이 되는 트레이드오프를 감안한 것이었다. 풋볼의 하이라이트 패키지를 ESPN이 그들의 광대한 방송망을 통해 방영할 뿐 아니라, NFL의 선수선발 행사 — 해마다 한 번씩 방송대란이라 할 만큼 인기 높은 선발행사 — 를 ESPN이 거의 단독으로 방영해줌으로써 NFL이 크게 이득을 보고 있는 트레이드오프다.

신뢰구축을 위한 심리적 전략

심리적 메커니즘은 사람들이 명확히 얘기하지 않으려는 사안과 관련이 있다는 점에서 앞서 논의된 합리적이고 인식적인 메커니즘과 구분된다. 그렇지만 통찰력 있는 협상자들은 직관적으로 이러한 요소들을 어떻게 활용해야 하는지를 알고 있다.

- **유사성을 가진 사람을 좋아한다**

비슷한 사람들은 서로를 좋아한다.[36] 협상자들은 자기들이 알고 또 좋아하는 사람들과 협상할 때는 양보할 가능성이 높다. **유사성 끌림효과**similarity-attraction effect는 작은, 경우에 따라서는 아주 사소한 정보를 바탕으로 일어날 수 있다. 판매 트레이닝 프로그램에서는 트레이닝 받는 사람들에게 고객의 체형, 분위기, 말하는 스타일을 흉내 내라고 하는데, 이러한 요소들의 유사성이 긍정적인 결과로 이어지기 때문이다.[37] 옷을 비슷하게 입는 것도 굉장한 효과가 있다. 예를 들면, 정치시위에 참가한 사람들이 비슷한 옷을 입은 사람이 요구하는 청원에는 서명을 잘해줄 뿐만 아니라 자세히 읽어보지 않고도 서명을 해주었다.[38] 구글의 인수·합병 책임자인 데이비드 로위David Lawee는 개인적 친밀관계를 만들기 위해 상대방과의 유사성을 활용한다. 그는 종종 바퀴 달린 배낭을 질질 끌고 협상장에 나타난다. "그는 두 바퀴가 달린 배낭이 마치 '나는 당신을 좋아하고, 당신은 나를 좋아한다. 어떻게 해서든 우리는 이 일을 성사시킬 것이다'라고 말하는 것처럼 보였다"고 구글과의 협상 때 애드모브AdMob의 대리인이었던 앤서니 매쿠스커Anthony McCusker 변호사는 말했다.[39]

- **단순노출만으로도 효과가 있다**

사람이나 사물 또는 아이디어에 많이 접하면 접할수록 우리는 그것을 더 좋아하게 된다. **단순노출효과**mere exposure effect는 대단히 강하며, 우리가 알지 못하는 사이에 일어난다.[40] 예를 들어 1950년대에 협상대표들이 곧잘 성질을 부려 분위기가 험악해지곤 하던 미국의 여야 정치협상이 '상원의원 부

> **〈보기 6-4〉 단순노출이 호감을 높인다**[42]
>
> 단순노출이 호감에 미치는 영향은 교실에서 잘 나타난다. 한 조사에서 A라는 여학생은 어느 과목의 수업에 15회 참석했다. 수업 시간마다 그녀는 수업 시작 전에 도착해서 복도를 거닐기도 했으며, 다른 학생들이 잘 볼 수 있도록 앞자리에 앉았다. B 학생도 똑같이 했으나 수업에는 10회만 출석했다. C 학생은 수업에 5회만 출석했고, D 학생은 한 번도 출석하지 않았다. 학기말에 학생들에게 A, B, C, D의 네 학생 모습이 담긴 슬라이드를 보여주고 학생들이 이들에 대해 어느 정도 친근하게 느끼는지, 얼마나 매력 있게 느끼는지, 얼마나 자신과 유사하게 느끼는지를 물었다. 그 결과, 수업에 출석한 횟수가 매력도와 유사성에는 큰 영향을 주었다. 그러나 친근성에는 별다른 영향을 주지 못한 것으로 나타났다.

인들'이 시작한 단순노출로 인해 부드러워졌다. 민주, 공화 양당을 망라한 상원의원 부인들은 매주 화요일 아침에 모임을 가졌다. 이 아침사교클럽에 참석하는 상원의원 부인 50명은 클럽의 당초 목적을 훨씬 능가하는 결과를 일궈냈다. 린든 B. 존슨 대통령 재임 시에 미 행정부와 제럴드 포드가 이끈 의회 공화당 의원들 사이의 불화는 종종 영부인인 버드 존슨과 제럴드 포드의 부인인 베티 포드에 의해 수습되곤 했다. 이 두 사람은 다른 정치 지도자들의 부인과 함께 정기적으로 사교 모임을 가졌다. '상원의원 배우자Senate Spouses'라는 별명으로 불리는 이 클럽은 오늘날에는 한 달에 한 번씩도 제대로 만나지 않으며 열 명 내외만이 참석하고 있다. 전 상원 다수당 원내총무를 지낸 바 있는 트렌트 롯Trent Lott은 단순노출효과를 이렇게 요약했다. "만약 당신이 당신의 정적과 거리를 사이에 두고 살고 있다면, 만약 당신이 그의 아이들을 알고 있다면, 만약 당신이 그의 집에서 저녁식사를 하게 되었다면, 당신은 다음날 상원이나 하원의 단상에 올라가 그 정적을 맹공하기가 불가능할 것이다."[41](단순노출이 어떻게 교실에서 학생들 간에 호감을 높이는지에 대한 사례는 〈보기 6-4〉 참조)

- 물리적 위치가 가까워지는 것이 도움이 된다

학생들이 교실에서 이름 순서대로 앉는 경우, 이름이 같거나 인접 글자로 시작하는 학생들 사이에 친구관계가 형성되는 경향이 뚜렷이 나타나는데,[43] 이것을 근접효과propinquity effect라고 부른다. 선생님에 의한 좌석배치 덕분에 당신의 가장 가까운 동료나 미래의 사업 파트너를 만날 수도 있다는 점을 알기 전까지는 이 점이 별로 중요해 보이지 않을 수도 있다. 대체로 구석자리나 복도 끝에 있는 사무실을 배정받은 사람들은 조직 내에 친구가 적다.[44] 선생님이 한 학기에 한두 번 좌석배치를 바꾸어주면, 학생들은 더 많은 친구와 사귈 수 있다.[45] 근접효과의 힘을 좀 더 알아보기 위해 메릴랜드 주 경찰훈련소의 예를 살펴보자.[46] 훈련생들은 이름 순서에 따라 교육장의 자리와 내무반의 방을 배정받는다. 얼마 후 훈련생들에게 그룹 내에서 가장 친한 친구 세 명이 누구냐고 물었더니 알파벳 순서상 인접한 이름들을 주로 언급했다. 라슨Lason은 리Lee와는 친구가 되었지만 몇 미터 떨어져 있는 아브로모비츠Abromowitz나 히에르니케Xiernicke와는 친구가 되지 못했다.[47] 다른 예로, 한 아파트에 사는 부부들 간의 친분 형성을 살펴보자. 주민들은 아파트가 비는 순서대로 무작위로 배정을 받았으며, 이사 왔을 때 그들은 서로 알지도 못했다. 이들에게 아파트 단지에서 가장 가까운 친구 세 명이 누구냐고 물었더니 65%의 주민이 같은 동에 사는 사람의 이름을 댔다. 한 동에 사는 주민들 사이에도 근접효과가 작용하여, 41%가 바로 이웃해 사는 주민들을 친한 친구라고 답한 반면에 22%만 두 집 건너 사는 주민들이 친구라고 답했고, 복도의 양쪽 끝에 사는 주민들은 10%만 그렇게 답했다.

근접효과는 기능적 거리functional distance에도 영향을 미친다. 건축 설계에 따라 같은 거리에 떨어져 있다고 해도 어떤 사람들은 다른 사람들과 좀 더 자주 만날 수 있다. 예를 들면 같은 층에 사는 사람들은 다른 층에 사는 사람보다 친분 관계가 더 많이 만들어지는데, 아마도 계단을 걸어 올라가는 것이 같은 층의 복도를 걷는 것보다 더 많은 노력이 필요하기 때문일 것이다.

● 상호주의법칙은 매우 강력하다

상호주의법칙에 따르면, 우리는 다른 사람이 우리에게 무엇인가를 주었다면 그것을 같은 방법으로 되갚아야 한다고 느낀다. 이 법칙은 모든 인간사회가 동의하는 법칙이며 모든 거래에 배어 있는 법칙이다.[48] 신세를 졌다는 느낌은 매우 강한 것이기 때문에 이것이 해소되지 않으면 그 느낌은 계속되며 다음 세대에까지 전해지기도 한다. 사람들은 다른 사람에게서 혜택을 받고 이를 갚을 수 없게 되면 마음이 편치 않고 괴로움을 느낀다.

미국의 전 국무장관(1997~2001) 매들린 올브라이트Madeleine Albright는 상호주의 법칙의 힘을 잘 알고 있었다. 올브라이트 장관이 하원의원들과 공식적으로 처음 만난 것은 공화당의 해럴드 로저스Harold Rogers 의원이 위원장으로 있던 하원 세출위원회the House Appropriations Subcommittee에 증언하러 나온 때였다. 국무부 운영 예산이 세출위원회의 소관사항이었기 때문에 올브라이트 장관은 로저스 위원장과 잘 지내야만 했다. 언젠가 올브라이트 장관은 붉은색, 흰색, 그리고 푸른색 리본으로 포장된 커다란 상자를 들고 간 적이 있는데, 그 안에는 사진첩이 들어 있었다. 올브라이트 장관은 로저스 의원의 집에 불이 나서 서류와 사진들이 소실되고 재임기간 중의 기념물들이 없어지는 큰 참화를 당했을 뿐만 아니라 최근에는 부인까지 사망하는 불행을 겪었다는 사실을 알게 되었다. 올브라이트 장관은 로저스 의원이 방문했던 나라의 미국대사관을 상대로 그의 사진을 수집해 보내도록 해서 그에게 그 사진들을 모아서 전달했다.[49]

사람들은 상호주의가 갖는 힘을 잘 인식하고 있다. 따라서 사람들은 부담을 갖지 않기 위해 다른 사람으로부터의 혜택이나 보상을 거절하기도 한다. 예를 들면, 상대방이 우리가 청하지 않았고 어쩌면 피하고 싶은 혜택이나 선물 또는 서비스를 제공한다고 가정해보라. 그것을 돌려주는 데 실패했기 때문에 우리는 원치 않은 선물을 가지고 있는 셈이지만, 이러한 상황에서도 상호주의 법칙은 작용한다. 따라서 우리는 부동산 업자가 주는 원치 않은 선물,

사업상 친지로부터의 예의 표시, 컨설팅 회사가 주는 무료 점심 등에 주의해야 한다. 이러한 상황에 직면하는 경우, 우리는 일단 상대방의 호의는 인정하되 부담이 되면 같은 수준의 호의를 베풀어야 한다.

상호주의는 양쪽 당사자가 인간관계에 관해 생각하는 가치가 서로 다를 때 훨씬 더 실행하기 어려워진다. 예컨대 신탁 설정자들은 처음에는 신뢰하는 사람과 관련된 위험에 초점을 맞추는 반면, 피신탁 측(보답할 위치에 있는 사람들)은 그들이 받은 경제적 이익 수준에서 결정을 내린다.[50] 불행히도 어느 쪽도 그들의 상대방 결정에 영향을 줄 요소에는 특히 둔감하다.

- **가볍게 한담을 나누는 것은 효과가 크다**

한담은 종종 아무 기능도 하지 못하는 것처럼 보인다. 날씨나 우리가 좋아하는 농구팀에 관한 한담을 주고받는 것은 아무 의미가 없어 보인다. 그렇지만 한담을 하는 것은 상대방의 호감이나 신뢰를 얻는 데 큰 영향을 미친다. 잠시 주고받는 한담도 신뢰를 쌓는데 도움이 될 수 있다.[51] 산디에고 연차총회에서의 포도주와 한담은 솔크 생물학 연구소Salk Institute for Biological Studies와 프랑스 제약회사인 사노피Sanofi 사이에 수백만 달러의 비용이 드는 공동 연구로 이어졌다. 사노피는 두 회사 모두에 이익이 되는 분야에 막대한 금액의 연구비를 지급하기로 합의했다. 이 연구비 지원계획에는 줄기세포 연구(성공할 경우 지적재산권의 첫 소유권을 사노피가 갖는 조건으로)와 수백만 달러의 잠재적 가치를 지닌 교육 및 사업 제휴도 포함된다. 이 모든 것이 포도주를 나눠 마시며 나눈 한담에서 시작된 것이다. 산디에고 주재 프랑스 영사관이 주최한 한 리셉션에서 두 명의 솔크 연구소 소속 과학자들이 포도주를 마시면서 사노피 소속의 한 과학자를 만나 연구에 관한 이야기를 시작한 것이 이런 결과를 가져오게 된 것이다. 사노피의 임원이 솔크 연구소의 시설을 둘러보기 위한 회합이 있었고, 스페인의 고향을 방문하려는 한 과학자는 솔크 연구소의 작업에 대한 논의를 하기 위해 파리에 들러달라는 요청을 받았다.

포도주를 마시면서 한담을 나누던 것에서 수익성이 높은 양 사 협력으로 바로 내딛게 된 것이다.[52]

- 자신을 좋게 얘기해주는 것을 싫어할 사람은 없다

  사람들은 자기를 평가해주고 칭찬해주는 사람을 좋아한다. 사람들은 자기를 좋아하는 사람을 더 신뢰하는 경향이 있으며, 칭찬을 들을 때 더 호의적으로 반응한다. 설사 사람들이 자기들에 대한 아첨에 저의가 있다고 의심을 한다 해도, 이런 행동은 여전히 그들의 호의와 신뢰를 증진시킬 수 있다.[53] 자신의 이익을 증진시키기 위한 가장 전략적인 아첨은 '상대방에게는 중요하지만 그 스스로는 아직 확신하지 못하고 있는 사안'을 칭찬해주는 것이다.[54] 마거릿 대처 총리의 수석 원내총무였던 존 웨이크엄John Wakeham은 "나는 담배연기가 자욱한 방들과 끄덕임과 윙크가 있는 영국의 국회의사당이 실제로 어떻게 움직이는가에 크게 매료되었다. 수석부총무로서 내가 알게 된 한 가지는 인간이 아첨을 받아들이는 무한한 능력이 있다는 점이다"라고 했다.[55]

- 상대의 버릇을 흉내 내고 반영하라

  전략상 흉내 내기 행위는 통합적 성과를 촉진시킬 수 있다. 특히 상대방의 버릇을 흉내 내는 협상자들은 그렇지 않은 협상자들에 비해 더 나은 개인적 성과와 더 훌륭한 공동이익을 얻어낸다.[56] 상대방의 버릇을 흉내 내는 협상자들은 서로 신뢰를 쌓는다. 더 일반적으로 말해 서로를 신뢰하는 양쪽 당사자는 서로 같거나 조화를 이루어 협상을 성공시키는 특별한 이점을 갖게 된다. 실제로 신뢰에 근거한 조화는 통합적인 협상성과를 예보한다.[57]

- 상대에게 자신에 관한 얘기를 먼저 하라

  자신에 관한 얘기를 하는 것은 자신에 관한 정보를 다른 사람과 공유하는 것을 뜻한다. 자기 얘기는 상대가 이용할 수 있는 정보를 제공하는 것이며, 따라서 자신을 취약하게 만들어서 타인과의 인간관계가 증진될 수 있도록 하는 방법이다. 자기 얘기를 하는 것은 상대방도 같은 행동을 하도록 유도함으로써 서로의 신뢰를 증진시킬 수 있다.

무엇이 불신을 야기하는가?

불신은 다른 사람의 행동동기에 대해 부정적 기대를 갖게 하며, 의심은 다른 사람의 행동동기에 대한 모호성을 수반한다. 역설적으로 의심은 정보조사를 야기함으로써 실질적으로 통합적 성과를 높일 수 있다. 한 조사에 따르면, 두 사람 중 한 사람이 상대를 의심한 경우가 두 사람 다 서로를 의심하지 않았거나 둘 다 서로 의심했던 경우보다 통합적 합의에 더 잘 도달했다.[58]

인간관계에서 신뢰에 가장 큰 위협이 되는 것 중 하나는 약속위반 또는 의무불이행이다. 약속위반은 당사자 사이에 구축된 신뢰를 일방 또는 양 당사자가 위반했을 때 발생한다. 예를 들면, 2003년 3월 19일 조지 부시 대통령은 사담 후세인의 전쟁능력을 약화시키기 위해 군사적 중요성이 있는 선택적 목표물들에 대한 타격을 개시하라고 명령했다. 미국 측은 사담 후세인이 "무고한 시민들을 군사시설에 대한 방패로 삼는 한편, 이라크 군인과 장비들을 민간구역에 배치하여 전쟁협정상 윤리규정을 무시하고 신뢰의무를 이행하지 않았다"고 보았다.[59]

- **잘못된 의사소통이 불신을 가져온다**

어떤 경우에는, 사람들 사이에 실제 신뢰위반 행동이 없었는데도 잘못된 의사소통으로 신뢰위반이 있었다고 해석하는 수가 있다. 잘못된 의사소통은 당사자 간에 정기적인 접촉이 없을 때, 특히 서로 직접 대면할 기회가 없을 때 생기기 쉽다.

- 잘못을 상대방의 기질 탓으로 돌려 불신한다

협상자들은 간혹 상대방의 문제 행동을 상황 탓이 아닌 기질 탓으로 돌려 신뢰를 위협하게 된다.[60] 이와 같이 행동이나 사건의 원인을 상대방의 성격이나 의도 탓으로 돌리는 것을 기질귀속dispositional attribution이라고 한다. 이에 반해 상황귀속은 어떤 행동이나 사건의 원인으로 상황적 요소를 지목하는 것이다(혼잡한 교통, 잘못된 우편배달 시스템 등). 대체로 기질귀속에 대응하기가 훨씬 어려우며, 상대방의 행동에 대해 기질적 문제를 제기하면 신뢰에 위협이 될 수 있다. 예컨대 사람들이 모호하고 다소 부정적인 인간의 반응(자기가 아는 사람이 옆에 지나가는 자기를 못 알아보는 것 등)을 어떻게 해석하는가를 생각해보라. 이러한 상황을 해석하는 데는 힘 또는 지위의 차이가 큰 역할을 한다. 동료를 알아보지 못한 상사는 대개 바빴다거나 사람이 있는 것조차 몰랐다고 얘기했다. 그러나 부하직원은 이에 대해 매우 화를 내고 신경질적인 반응을 나타냈다. 상사가 자신을 무시하거나 벌을 주는 것으로 믿으면서,[61] 부하직원은 상황적인 문제를 기질적인 문제로 해석한 것이다.

- '문제아'가 집단의 신뢰를 손상시킨다

팀이나 그룹에는 신뢰하기 어렵거나, 강경하거나, 또는 함께 일하기 어렵다는 평판을 듣는 사람이 있는데, 이들을 우리는 '문제아bad apple'라고 부른다. 문제는 이들에 대한 인상이 팀 전체의 인상을 망칠 수 있다는 점이다. 노동자 그룹과 경영자 그룹 간의 모의협상의 예에서 협상자들은 그룹 내의 특정 개인보다도 그룹 자체를 덜 신뢰하는 경향을 발견했다.[62] 이것은 그룹 내의 '문제아'가 그룹 전체의 신뢰성에 문제를 일으켰기 때문으로 보인다.

손상된 신뢰를 회복하는 방법

신뢰가 손상되면 감정이 상하고 기회손실 비용이 크기 때문에 양 당사

〈보기 6-5〉 깨진 신뢰를 회복하는 과정

1단계 개인면담을 주선하라	6단계 사실 확인 정보를 상대에게 물어보라
2단계 인간관계에 초점을 맞추라	7단계 상대의 감정을 진심으로 이해하라
3단계 사과하라	8단계 계획을 명확하게 말하라
4단계 상대에게 화풀이할 기회를 주라	9단계 문제의 재발방지 방안을 강구하라
5단계 수세적으로 행동하지 말라	10단계 상대방의 기분을 지속적으로 살펴보라

자는 모두 손상된 관계를 회복하려고 노력한다. 불성실한 행동으로 손상된 신뢰는 사람들이 일련의 신뢰할 수 있는 행동을 지속함으로써 실질적으로 회복될 수 있다. 그러나 반복된 불성실한 행동과 속임수에 의해 손상된 신뢰는 설사 회생자가 약속과 사과를 받아내고 신뢰할 수 있는 일련의 행동이 지속적으로 유지된다 해도 완전히 회복되지 않는다.[63] 신뢰상실을 재빨리 용서하는 사람들도 있지만, 대부분의 사람들은 그 사람을 다시는 신뢰하지 않는다. 신뢰회복을 조절하는 주요 특성은 도덕성에 대한 믿음이다. 시간이 흐르면 도덕성이 변할 수 있다고 믿는 사람들은 사과하는 사람을 믿으려는 경향이 강하지만, 그런 변화를 믿지 않는 사람들은 한번 신뢰를 잃은 사람을 다시는 신뢰하지 않는다.[64] 지금부터 깨진 신뢰를 회복하는 과정을 살펴보도록 하자(이 과정을 요약해놓은 〈보기 6-5〉 참조).

- **제1단계: 개인 면담을 제의하라**

신뢰위반이 발생하는 경우, 한쪽 당사자는 다른 당사자를 직간접적으로 비난한다. 통상 지목된 당사자의 일차적인 반응은 놀라움과 부인이 결합되어 나타나며, 그는 이런 비난에서 벗어나고 싶어한다. 지목된 당사자는 상대방과의 개인 면담을 신속히 제의해야 한다. 실제로 구두 설명은 문서를 통한 설명보다 훨씬 효과적이다.[65]

- **제2단계: 인간관계에 초점을 맞추라**

누가 옳고 그른가를 논의하는 대신, 양 당사자가 모두 신경을 쓰는 인간관계에 논의의 초점을 맞추라. 통상 양쪽 당사자는 관계가 유지되어야 한다는 점에는 기꺼이 합의할 것이다. 뉴잉글랜드 패트리어츠 팀 소유자인 로버트 크래프트Robert Kraft에게는 슈퍼볼 경기에서 이기는 것은 사업상의 문제 이상의 것이다. 그는 팀 선수들과 쌓아온 개인적 인간관계를 매우 중요시한다. 크래프트는 그의 팀 스타 쿼터백인 톰 브래디Tom Brady에 대해 이렇게 말한 적이 있다. "우리의 인간관계는 매우 특별하다. 그는 진짜 내 아들 같다." 크래프트가 브래디와의 새로운 계약관계를 협의하던 기간에 브래디가 몰던 아우디 자동차가 미니밴과 추돌하는 사고가 났다. 브래디는 다치진 않았지만, 크래프트는 그가 브래디와 그들의 긴 개인적·직업적 관계를 하마터면 잃을 수 있었음을 새삼 실감했다. 크래프트는 즉각 브래디 및 브래디의 대리인과 작업을 하여 향후 4년간 7,200만 달러를 지급하기로 하는 새로운 계약을 체결하는 것으로 브래디를 거의 잃을 뻔했던 상황에 대처했다. 크래프트는 모든 경우 "내가 하고자 하는 일은 다리를 놓고, 옳은 일을 행하는 것"이라고 설명했다.[66]

- **제3단계: 사과하라**

잘못된 행동을 했더라도 잘못했음을 정확히 표현함으로써 상대방으로부터의 응징 정도를 낮출 수 있다. 그러나 잘못된 행동을 한 즉시 사죄의 말을 불쑥 내뱉는 충동은 억제해야 한다. 이쪽의 잘못으로 갈등이 있은 후 천천히 짬을 보면서 하는 사과는 즉각 하는 사과보다 더 강렬한 인상을 주고 효과적이다.[67] 천천히 하는 사과가 더 효과적인 것은 '피해자'가 자기 표현을 할 기회를 가져야 더 넓은 이해를 할 수 있기 때문이다. 지목된 당사자가 잘못을 느끼지 않는다면, 자신의 잘못된 행동을 인정은 하되 자신의 의도에 대한 상대방의 생각을 꼭 받아들이는 것은 아니라는 식으로 사과를 해야 한다.

예를 들면 상대방에게 "보고서를 준비하기 전에 미리 협의하지 않은 것에 대해 미안하게 생각한다"고 말할 수 있을 것이다. 이렇게 말함으로써 지목된 당사자는 보고서를 통해 위로부터 더 많은 점수를 따려 했다는 상대방의 비난에는 동의하지 않은 채 자신의 행동이 상대방에게 해가 되었다는 점만 인정한 것이다. 실제로 회사들이 자사의 존립근거를 위협하는 행위(신문에 보도된 불법행위 등)가 있었다는 것을 인정하면서 외부적인 환경(회사의 규범, 예산 문제 등)에 주의를 돌리면 비난을 좀 더 성공적으로 희석시킬 수 있다.[68]

- **제4단계: 상대에게 화풀이할 기회를 주라**

 어떤 사건에 대해 화, 분노, 실망감 또는 배신감 등을 표현하는 것은 중요하다. 적대적인 사건에 대해 얘기를 하는 것만으로도 치유가 될 수 있다.[69] 실망감을 표시하는 것은 종종 사람들이 치유과정에서 중요한 조치를 취하는 것에 도움이 된다.[70]

- **제5단계: 수세적으로 행동하지 말라**

 상대방이 잘못된 정보를 가졌거나 잘못 알고 있을 때 수세적으로 행동하지 말라. 자신은 상황을 다르게 보며 그 상황이 다르게 보일 수도 있다는 것을 지적하는 게 좋다. 상대방이 화를 내고 자기 입장을 설명하는 것을 다 들은 다음에 자신의 의도를 간단명료하게 얘기해야 한다. 예를 들면, "내 의도는 보고서를 제출하는 것이었으며 보고서 작성을 위해 여러 사람에게 불필요한 요구로 수고를 끼치려는 것은 아니었다"고 말할 수 있을 것이다.

- **제6단계: 사실 확인 정보를 상대에게 물어보라**

 지목된 당사자들은 수세적이지 않은 자세로 상대방이 확인정보를 말할 수 있도록 유도해야 한다. 예를 들면, "귀하께서 보고서에 이름을 올리도록 요구하지 않았다고 생각하는데 사실과 다른가요?" 또는 "그전 주에 보내드린 초안 사본을 받으셨나요?"라고 물을 수 있을 것이다.

- 제7단계: 상대의 감정을 진심으로 이해하라

상대방이 자신을 이해했다고 느끼면, 신뢰를 다시 구축하기가 쉬워진다. 따라서 어느 한쪽이 상대방을 진심으로 이해한다면 신뢰회복에 도움이 될 것이다(예: 나는 왜 당신이 당황하는지 이해할 수 있습니다. 나도 전에 그렇게 느낀 적이 있으니까요). 실제로 상대의 감정을 이해하는 능력은 결과의 금전적 가치가 아니라 상대방이 얼마나 만족하느냐와 관련이 있다.[71]

- 제8단계: 행동으로 관심을 보이라

신뢰를 재구축하는 과정에서 걸림돌의 하나는 무엇이 공정한지 서로 다른 생각을 하고 있다는 점이다. 피해자보다 자신이 더 많은 은혜를 베풀었다고 생각하는 가해자들은 자기중심적인 편향을 가지고 있다. 그렇지만 피해자에게 무엇이 필요하냐고 한 마디만 물어주어도 신뢰를 재구축하는 데 큰 도움이 된다. 신뢰손상에 관한 경험적 조사에 의하면, "무엇을 해드릴까요?"라고 물어본 가해자들은 그렇게 묻지 않은 사람이나 "얼마나 걸릴까요?"라고 물어본 사람들보다 협력관계 구축에 훨씬 성공적이었다.[72] 사죄는 잡다한 동기를 가진 인간관계에서 신뢰에 매우 중요하다.[73] 신뢰위반이 있은 후 마지못해 속죄를 하여 상대방을 화나게 하는 경우에는 적개심이 더욱 커질 것이다. 그러나 자발적인 사죄는 그 정도가 낮더라도 매우 효과적이다.

'신뢰회복'의 속도와 크기가 사람들이 하는 약속에 큰 영향을 받는다.[74] 그 누구도 말의 힘, 특히 사과의 뜻이 담긴 말의 힘을 과소평가해서는 안 된다. 말로 하는 설명은 사람들의 부정적인 반작용을 크게 줄여줄 수 있다.[75] 그렇지만 실제로 협력을 재구축하는 문제에서는 행동의 힘이 말의 힘을 앞선다. 행동을 고치는 것이 말로만 하는 것보다 협력관계를 재구축하는 일에 훨씬 더 효과가 있다.[76]

- 제9단계: 문제의 재발방지 방안을 강구하라

과거만을 치유하려 들지 말고 유사한 문제들이 재발하지 않도록 방안을 강구하라. 이러한 노력에는 상당한 시간이 걸리지만 그렇게 할 만한 가치가 있다.

- 제10단계: 상대방의 기분을 지속적으로 살펴보라

신뢰위반이 일어난 후에는 한 달에 한 번쯤 점심이나 커피 미팅을 약속해서 당사자들이 현 상황과 그 후 일어난 일에 대해 어떻게 느끼고 있는지를 논의하는 것이 현명하다. 그리고 약속 날짜는 첫 번째 면담에서 정하는 것이 도움이 된다. 왜냐하면 그 후에는 이 문제를 제기하기가 어색할 수 있기 때문이다. 이 조치는 당사자들이 나중에 만나서 얘기할 구실을 제공한다.

평판

협상자가 해야 할 일 가운데 하나는 자신의 평판을 보호하는 것이다. 글리크Glick와 크로손Croson에 따르면, 당신은 다른 사람의 눈에 유명한 부동산 거물로 비쳐서는 안 된다.[77] 협상의 세계에서 관리자들에 대한 평판은 상당히 빠른 시간 내에 만들어진다.[78] 그리고 이 평판은 다른 사람들이 그를 대하는 방식에도 영향을 미친다. 이 경우에 해당되는 사례로 그들은 도널드 트럼프Donald Trump가 얻은 평판을 다음과 같이 묘사하고 있다.

부동산 개발업자인 도널드 트럼프는 강경한 협상자로 정평이 나 있다. 트럼프는 타지마할 카지노리조트의 채권단과 벌인 협상에서 일단 합의가 이루어진 사안에 대해서도 다시 더 많은 것을 요구하곤 했다고 그의 자문관들은 말한다. 이러한 평판을 잘 알고 있는 상대방들은 사전합의 단계에서부터 이런 전술을 감안하여 얼마나 양보를 해야 할지를 결정했다. 또한 트럼프는 도중에 협상 테이블을 박차고 나간다는 평판도 듣고 있었다. 채권단과의 협상에 참가했던 한 사람은 "도널드가 일어나 나갈 것이라는 점은 알고 있지만, 도대체 언제 그럴지 모르겠다"고 말했다.[79]

클리크와 크로손은 실리콘밸리를 활발한 기술전문가들 덕분에 풍부한 평판정보가 떠돌아다니는 협상 공동체라고 보았다. 벤처 자본가들은 여러 회사에 공동투자를 하기 때문에 정보를 공유한다. 더구나 이곳에서는 시간이 돈이기 때문에 평판이 나쁘면 사람을 만날 수도 없다. 다른 사람에 대한 인상은 아주 신속하게 만들어지며, 때로는 대면 후 몇 분 이내 만들어진다. 사람들에 대한 우리의 판단이 때로는 자동적으로 정립되기 때문이다.[80]

평판은 종종 실제보다 더 극단적이고 양극화된 인물을 그려낸다. 평판은 판단judgemental, 일관성consistent, 즉시성immediate, 추론inferential이라는 네 단어로 요약된다. 타인에 대한 평판은 '좋다' 또는 '나쁘다'와 같은 고도의 평가와 판단을 요구하는 경향이 있다.[81] 타인에 대해 우리가 내리는 평판은 마음속으로 매우 오랫동안 변하지 않고 일관성을 유지한다. 일단 누군가가 신뢰할 만하다고 생각되면, 우리는 그 사람의 다른 면도 호의적으로 바라본다. 이와 같은 경향 때문에 누군가를 신뢰하게 되면 그는 지적으로도 훌륭하고 능력도 있다고 믿는 **후광효과**halo effect가 나타난다. 물론 후광효과는 그 반대로 작용할 수도 있다. 일단 누군가에 대해 부정적인 인상을 갖게 되면 우리는 그의 다른 면도 부정적으로 보게 되는데, 이를 **갈라진 꼬리 효과**forked-tail effect라고 부른다. 이 때문에 한번 나쁜 인상을 받게 되면 회복하기가 어렵다.

평판이란 1차적 정보와 2차적 정보의 결합으로 만들어진다.[82] 1차적 정보는 어떤 사람에 대해 우리가 직접 겪은 경험을 바탕으로 하며, 2차적 정보는 그 사람에 대한 다른 사람들의 얘기를 바탕으로 한다. 글리크와 크로손은 105명의 학생을 대상으로 평판에 관한 조사를 했다.[83] 그들은 1차적 경험을 바탕으로 가장 덜 협조적인 학생에서부터 가장 크게 협조적인 학생에 이르기까지 다음과 같이 서로 평가했다.

① 거짓말쟁이: 자기 이익을 위해서는 무슨 짓이든 한다.
② 강경하지만 정직한 사람: 매우 강경하지만 거짓말을 하지 않으며 양보도 하지 않는다.
③ 친절하고 합리적인 사람: 양보를 잘한다.
④ 유약한 사람: 양보를 하며 상대가 어떻게 하든 항상 유화적이다.

몇 주간에 걸친 조사 결과, A와의 협상에서는 협상시간의 61%를 전통적인 분배전술에 사용했다. B에 대해서는 이러한 행동이 49%로 감소했으며, 시간의 35%를 통합적 전술에 사용했다. C에 대해서는 30%의 시간만이 분배전술에 사용되고 64%는 통합적 전술에 사용되었다. D에 대해서는 40%의 시간이 분배전술에 사용되었으며 27%만이 통합적 전술에 사용되었다. 결론적으로, 사람들은 거짓말쟁이와 강경한 상대에 대해서는 방어적 차원에서 강경하거나 속임수 전술을 사용하며, 유약한 사람들에 대해서는 기회주의적 전술을 사용한다. 손상된 평판을 회복하는 것은 신뢰를 구축하는 것과 유사하다. 사람들은 당신의 말보다는 행동을 볼 것이기 때문에 말만 그럴듯하게 해서는 안 되며, 신뢰감을 줄 수 있도록 행동하는 것이 중요하다.

 ## 협상에서의 인간관계

인간관계는 사람들이 협상할 때의 과정뿐 아니라 서로 영향을 줄 파트너를 선택하는 데에도 영향을 준다.[84] 교착상태에 빠진 협상자들은 자신들의 성과에 만족하지 못하고, 적대적인 감정을 경험하며, 협상의 전체과정을 모두 부정적으로 보는 '악순환'에 빠진다.[85] 또한 교착 상태의 경험이 있는

협상자들은 합의의 경험이 있는 협상자들에 비해 다음번 협상에서도 교착상태에 이르거나 서로가 손해를 보는 협상을 할 가능성이 높다(즉 1단계 협상에 이름).[86] 이 효과는 그 협상자가 다른 사람과 협상할 때에도 적용된다. 따라서 어떤 협상자가 과거로부터의 부담을 가지고 있으면 그것은 앞으로 나아갈 수 있는 그의 능력에 영향을 미치게 된다. 극단적으로는 과거의 우발적 감정(예: 부인과 싸워서 화가 남)이 전혀 무관한 상황에서의 신뢰(예: 동업자에 대한 신뢰 가능성)에 영향을 줄 수 있다.[87] 즉 어떤 일, 심지어는 어떤 사람에 대해 느꼈던 분노가 미래에 엉뚱한 사람에 대한 신뢰에도 영향을 줄 수 있다. 사람들은 서로 인간관계가 좋고 신뢰할 때에는 파이나누기가 편안하며 파이 늘리기에도 좋다. 자신과 상대방에 대한 높은 관심은 원 - 원의 통합적 합의 가능성을 높여준다.[88] 이라크군이 필요로 하는 것이 무엇인지를 경험을 통해 잘 알고 있는 현지 미군은 그들의 역할이 모호하지 않고 분명해 졌을 때 이라크군이 안고 있는 많은 문제를 해결하는 데 나섰고, 그들을 더 크게 신뢰하게 되었으며, 마침내 서로 간 더 만족할 수 있는 합의를 이끌어냈다.[89] 사람들 간에 사회적 거리가 멀수록 협력 수준은 낮아진다.[90] 조사에 따르면, 합의도출이 중요한 때에 좋은 관계를 가지고 있는 사람들은 그렇지 못한 사람들에 비해 원 - 원 합의에 도달할 가능성이 높다.[91]

　사람들은 배우자, 친구, 그리고 이웃들과도 협상을 한다. 그리고 일상생활에서 친구나 가족이 아닌 사람들과도 반복적으로 협상을 한다(예: 집주인과 세입자와의 협상, 카풀을 위한 부모들 간의 협상, 아이를 돌보는 문제에 관한 부모와 유모 간의 협상). 일상생활에서뿐만 아니라 직장에서도 우리는 동료, 상급자 및 직원들과 협상을 한다. 어떤 경우에는 우리의 일상생활과 직장생활이 섞여 있어서 그 관계를 엄격히 구분하지 못할 수도 있다. 이런 유형의 관계를 '연고'관계라고 한다.[92] 이제 이 세 가지 관계의 저변에 있는 규범, 규칙, 그리고 이들이 협상의 신뢰에 미치는 영향을 살펴보도록 하자. 인간관계에서 사람들의 행동은 서로 공유하는 규칙에 의해 인도된다.[93]

친구들과의 협상

우리는 늘 친구들과 협상을 한다. 예컨대 우리는 이웃들과 아이들을 돌보는 프로그램을 만들고 파티 계획을 세우며, 휴가도 함께 가고 제설 장비를 공동으로 구입하기도 한다. 다만, 친구들은 이것을 협상이라 부르지 않고 '함께 궁리한다'거나 '계획을 세운다' 또는 '무엇인가를 생각해본다'라고 얘기하는 것이다. 하지만 친구들과 가족들과의 협상도 문제가 될 수 있다. 예를 들면, 1950년에 제임스 마리츠James Maritz와 로이드 마리츠Lloyd Maritz 형제는 사업에 관한 이견을 둘러싸고 협상을 했다. 그들은 회사를 둘로 나누기로 결정하고 솔로몬의 법칙에 따라 형제 중 한 사람이 분할을 하고 다른 한 사람은 우선선택권을 갖기로 했다.[94]

맥긴McGinn과 케로스Keros는 모르는 사람들과 하는 협상과 친구들과의 협상에 대한 비교조사를 한 적이 있는데, 다음 세 가지 중 하나가 일찍 나타나는 것을 발견했다.[95]

- 마음 터놓기(전혀 숨기는 것 없이 정직하게 마음을 연다)
- 함께 일하기(서로 협력하며 함께 문제를 푼다)
- 실랑이 벌이기(각자 제 몫을 더 챙기기 위해 경쟁하기)

이 협상자들은 그들의 상호작용을 통해 어려움에 처하게 될 때 역동적인 과정 세 가지, 즉 '신뢰 시험하기', '과정 해명', '감정 중단' 중 하나를 이용한다. 모르는 사람들끼리 교섭을 할 때는 주로 논쟁에서부터 시작된다. 그러나 친구들끼리는 바로 솔직한 협상으로 들어간다.

- **왜 사람들은 친구와 협상하는 것이 불편한가?**

사람들은 종종 친구와 협상을 하면서 불편함을 느낀다.[96] "협상은 자신이 더 많은 것을 얻기 위해 하는 것이지만, 우정은 공정성과 상대방의 입장에도 관심을 갖도록 한다."[97] 이 두 가지 요건은 서로 이해가 상충되는 것이다. 우리가 불편함을 느끼는 이유는 우정이란 '사랑하는 사람을 돌봐야 하고 그들의 요구에 응해야 하며, 누가 무엇을 해주었는지를 따지지 않는다'고 하는 '공동체규범'을 바탕으로 하기 때문이다.[98] 공동체규범은 사랑하거나 좋아하는 사람들의 요구를 잘 받아들여 그것을 충족시켜주려고 노력해야 하며, 우리 자신의 이득만을 늘리려고 해서는 안 된다는 점을 가르쳐주고 있다. 공동체규범의 반대 개념은 '교환규범'으로, 이는 누가 무엇을 해주었는지를 항상 파악하여, 그것을 바탕으로 상대에게 보상해주는 것이다. 따라서 사람들은 항상 머릿속에 누가 무엇을 했는가를 계산하는 시스템을 갖추고 있어야 한다.

- **친구끼리는 경쟁을 덜 한다**

일반적으로 친구끼리는 남들을 상대로 할 때보다는 덜 경쟁적이다.[99] 친구끼리는 더 많은 정보를 교환하고 더 많이 양보하지만, 요구는 더 적게 한다.[100] 그 결과 서로 유대관계가 있는 협상자들은 가치창조 기회를 잘 살리지 못하는 수가 있다. 이와 같이 '서로 친한 사람들 간에는 금전적으로는 비효율적이더라도 서로의 만족도가 커지는 결정을 택하는' 경향을 오 헨리 효과O. Henry effect라고 부른다.[101] 오 헨리의 소설 『현자의 선물The Gift of Magi』에서 주인공인 남편과 부인은 서로에게 크리스마스 선물을 사주고 싶다는 절박한 마음에서 비효율적인 교환을 하고 있다.• 유대관계가 있는 파트너들은 경제적 가치를 희생시키더라도 그들의 만족도는 증대된다.

- 『현자의 선물』은 우리에게 『크리스마스 선물』로 널리 알려져 있다. 델라는 남편에게 시곗줄을 크리스마스 선물로 사주기 위해 긴 머리카락을 잘라 판다. 그러나 남편은 크리스마스 선물로 아내에게 긴 머리에 어울리는 머리빗을 사주기 위해 시계를 판다. 아내의 짧은 머리를 보고 놀라는 남편에게 아내는 "머리카락은 셀 수 있어도 제 사랑은 셀 수 없을 거예요"라고 말한다.

- **친구끼리는 '3단계 통합적 합의'에 이르지 못할 수도 있다**

친구와 연인들은 너무 쉽게 타협하려고 한다.[102] 친구들은 3단계의 통합적 합의에 이르는 데 필요한 노력을 꺼린다. 요컨대 친구끼리는 교착상태에 이르는 것이 그들 관계를 영원히 손상시킬 것으로 믿기 때문에 협상을 신속히 타결한다. 그러나 우리가 제4장에서 보았듯이 3단계 통합적 합의에 이르기 위해서는 서로의 이해관계 차이에 관심을 집중하고 높은 기대치를 유지하는 것이 중요하다. 사람들이 갈등을 회피하고 교착상태를 극소화하기 위해 쉽게 타협을 하면, 그들은 돈을 테이블 위에 남겨놓고 갈 가능성이 높다. 다시 말하면, 그들은 최적화를 추구하기보다는 작은 성과에 만족하는 것이다. 인간관계에 지나치게 집중하다 보면, 최적화가 아닌 최소한의 필요조건을 충족시키는 것으로 끝날 수 있다.[103] 양쪽 협상자가 높은 인간관계를 가질 때 그런 경향이 나타난다. 한쪽 협상자는 인간관계에 치중하고, 상대 협상자는 그렇지 않을 때는 둘 사이에 거리가 생기며, 둘 다 인간관계가 소원할 때는 거래가 있게 된다. 두 협상 당사자들이 중간수준으로 인간관계에 초점을 맞췄을 때만이 통합적 성과를 가져올 수 있다.

- **우정과 잘못된 합의**

오후에 기온이 섭씨 40도를 넘나드는 찌는 듯한 서부 텍사스의 도로를 에어컨도 없는 자동차를 타고 간다고 상상해보라. 친구 세 명이서 텍사스에서 가장 좋은 아이스크림을 먹기 위해 햇볕이 쨍쨍 내려쬐고 먼지가 풀풀 날리는 단조로운 들판을 가로질러 80킬로미터의 거리를 가는 것이다. 당신들은 설사 집에 있다 해도 선풍기에, 청량음료에, 도미노게임이 있으니 그럭저럭 견딜 만할 것이다. 더운 날에 가장 좋은 아이스크림이라. 누가 그걸 먹으러 가지 않겠는가? 그러나 뜨거운 햇볕 속을 뚫고 80킬로미터를 달려가 애빌린의 아이스크림 전문점에서 먹어본 아이스크림은 바닐라와 밋밋한 초콜릿 향기가 나는 그저 덤덤한 맛이며, 상상했던 그 맛이 아니다. 아이스크림을 먹으면서 내내 침묵이 흐른다. 몇 시간 후, 찌는 듯한 반(半)사막을 가로질러 돌아와 집에 도착한다. 당신이 침묵을 깰 때까지 아무도 말이 없다. "멋진 여행이었어. 그렇지 않아?"라고 당신이 말한다. "솔직히 말해서, 전혀 안 멋졌어." 한 친구가 말하기 시작한다. 그 친구는 사실 가기 싫었는데 마지못해 갔다는 말을 덧붙인다. "뭐라고?" 다른 친구가 말한다. "나 빼고 다들 가고 싶어 하는 것 같아서 할 수 없이 따라 갔는데, 지금 무슨 소릴 하는 거야? 이 더위 속에 누가 아이스크림 먹겠다고 80킬로미터나 가고 싶겠어?" 다시 말하면, 이들 세 사람은 섭씨 40도를 오르내리는 더위 속에 아이스크림을 먹으러 왕복 160킬로미터의 여행을 했는데, 실제로는 아무도 가고 싶지 않았지만, 각각은 자기를 제외한 다른 두 사람이 모두 가고 싶어 한다고 생각했다는 것이다. 『에빌린으로 가는 길Road to Abilene』이야기는 모두에게 손해가 나는 경우에도 친구나 가족들은 갈등을 회피하려 한다는 점을 보여준다.[104] 친구끼리의 합의 환상 때문에 선호도, 이해관계와 믿음에서의 차이는 중요한 의미를 갖는데도 종종 과소평가되거나 묻히고 만다. 역설적으로 들릴지 모르지만, 친구들 간에도 이러한 차이점이 분명히 드러나야 부가가치가 발생하는 협상을 할 수 있다. 어쨌든 친구와 가족 간에는 그들의 차이점을 명확히 표명하여 윈 - 윈 방식으로 그 차이점을 해소할 수 있다.

- **친구끼리는 똑같이 나누는 것을 선호한다**

파이를 나눌 때, 아는 사람끼리는 평등 원칙을 적용한다. 즉 관련자 모두에게 동일한 몫을 분배한다. 반면에 서로 모르는 사람들이나 사업상 아는 사람들과의 배분에서는 공헌도가 높은 사람이 더 많이 받는 성과기반의 형평 원칙을 적용한다.[105] 유감스럽게도 평등규범은 타협을 촉진함으로써 통합적 합의를 저해한다. 그렇지만 평등규범이 가까운 사람들 사이에 맹목적으로 적용되는 것은 아니다. 예를 들면, 능력이 다른 친구들 간에 자원배분을 해야 할 때, 사람들은 자기보다 능력은 부족하지만 부지런한 친구를 선호한다.[106] 마찬가지로 공동체 관계에 있는 사람들은 보상이 없더라도 다른 사람들의 요구를 들어준다.[107] 투입 요소에 비례하여 성과가 분배되는 형평성은 비즈니스 세계의 특징이다. 예를 들면, 사업에 대한 공헌도와 투입 요소를 바탕으로 봉급을 받기 때문에 대부분의 사람들은 동료들과 똑같은 봉급을 기대하지 않는다. 그러나 형평성은 개인적 관계에서는 그 역할을 하는 것 같지 않다.

사업가와의 협상

친구 간의 협상과는 달리 사업가들은 주로 교환규범을 적용한다. 교환규범은 시장가격 개념에 뿌리를 두고 있다. **시장가격산정**market pricing은 질적, 양적으로 다른 많은 요소들을 서로 비교할 수 있도록 단일한 가치나 효용으로 표시하는 방법이다.[108] 시장가격산정에 의해 사람들이 회사의 지분율과 같은 수치를 참고로 협상을 할 수 있다. 화폐는 시장가격산정의 가장 전형적인 수단이며, 자본주의는 시장가격산정의 궁극적인 표현이다. 시장가격산정은 사회적으로 영향력이 큰 제도이다. 진정한 자본주의에서는 '돈으로 말 안 듣는 사람이 없기 때문에everyone has his price', 사람들은 충분한 돈만 주면 무엇이든지 할 것이다. 그렇지만 이러한 접근이 가장 두드러진 비즈니스에서조차 사람들이 항상 그렇게 행동하는 것은 아니다.

- **마음에 들지 않는 상대와도 협상을 해야 할 때가 많다**

친구는 좋아하지만, 사업에서 만나는 사람들을 반드시 좋아하는 것은 아니다. 그렇다고 해서 그들과 협상하고 거래하는 것을 피할 수는 없다. 사실, 우리는 좋아하지 않거나 비위에 거슬리는 사람들과도 자주 협상을 해야 한다. 예를 들면, 한 여성이 뻔뻔스런 성차별주의자를 상대로 협상을 해야 할 때가 있다. 그러나 사업에 대한 감정과 당사자에 대한 감정을 분리시키기

<보기 6-6> 마음에 들지 않는 사람과의 거래관계[109]

개인적으로 서로 다른 해석을 함으로써 부적절하다고 여겨지는 상호교류가 나타날 때, 불편한 사업관계가 발생한다. 각각 기혼인 남녀 매니저의 예를 들어보자. 이들은 출장 목적지에 늦게 도착했고 시간이 늦었지만 일정상 협상을 해야 했다. 그래서 그들은 밤 늦게까지 문을 여는 유일한 장소인 바에서 만나기로 약속했다. 바에 도착했을 때 웨이터들은 이들을 부부로 대했다. 이러한 상황은 동료인 그들에게는 당황스러운 것이었다. 이러한 인식은 협상에서도 어떤 함의를 갖는다. 만일 웨이터가 계산서를 남자에게 주면 그들 사이에 불편한 힘의 역학관계가 생겨날 것이다(이에 관해서는 제7장에서 다시 논의할 예정이다). 종종 사업기회는 사회생활을 통해 만들어진다. 사업관계가 골프, 영화관람, 만찬 등 사회적 활동을 통해 이루어질 때, 이성 간에는 긴밀한 사업관계가 맺어지기 어렵다. 이러한 행위가 이성 간에 이루어지면 동성 간의 경우와는 다른 의미를 갖기 때문이다.

란 쉽지 않다(마음에 들지 않는 사람과의 거래관계 사례는 <보기 6-6> 참조).

- **지위와 계급이 협상에 영향을 준다**

우정관계는 대부분 계급적이지 않다. 다시 말해 우정관계에서는 지위나 계급이 없다. 반면 사업관계는 명시적이든(예: 조직도) 묵시적이든(예: 봉급, 부하의 숫자, 사무실 면적) 계급과 지위를 중심으로 만들어진다. 한 조사에서 고용협상을 모의 실험한 적이 있다. 사람들이 스스로를 "평등한" 관계(평등한 지위)에 있다고 믿었을 때, 파이를 늘릴 가능성은 훨씬 낮았지만 서로를 훨씬 더 좋아했다. 반대로 사람들이 스스로를 계급적 관계(한 사람이 더 큰 권위를 가지는)에 있다고 믿었을 때, 파이를 늘릴 가능성은 훨씬 높았지만, 서로 간의 관계에 대해서는 좋은 감정을 갖지 않았다.[110] 제10장에서 보겠지만, 지위와 계급이 다른 구성원들이 협상 테이블에서 만나는 데 아무 문제가 없는 문화가 있는 반면 이를 불편하고 모욕적인 것으로 느끼는 문화도 있다.

- 한시적 목적을 위한 신뢰관계도 필요하다

상대의 과거에 대해 잘 모르고 앞으로의 교류도 기대되지 않더라도 한시적 목적을 위해 신뢰관계를 구축해야 하는 경우가 있다. 디자인과 경영혁신 관련 컨설턴트 회사인 불도그 드루먼드Bulldog Drummond는 그들의 77키즈77Kids 브랜드를 신속히 출시하기 위해 의류회사인 아메리칸 이글 아웃피터스American Eagle Outfitters사와 공동 작업을 할 때, 그 프로젝트의 전 과정을 전적으로 맡을 독립 팀을 만들었다. 이 팀은 팀원들이 전에 다른 회사 사람들과 함께 일해본 적이 없는데도 재빨리 융합하여 서로를 신뢰해가며 프로젝트에 몰두할 수 있었다. 그들은 18개월 만에 새로운 사업기반을 구축하는 데 성공했다.111 불도그 드루먼드와 아메리칸 이글 아웃피터스 사이의 파트너십은 한시적 목적을 위한 신뢰관계 — 사람들이 신속하게 신뢰관계를 구축하게 하는 메커니즘 — 의 한 가지 사례이다.112 많은 새로운 비즈니스 관계는 낯선 사람들이 함께 어울려 제품과 서비스를 생산해내거나 일부 업무를 수행하고, 그리고는 즉각 해산하여 아마도 다시는 서로 만나지 않는 경우가 대부분이다. 이와는 대조적으로 개인적 관계는 장기적이다. 우리에겐 가족과 친구들과의 과거사가 있으며, 그들과 미래의 교호작용을 기대하고 있다. 21세기의 사업 환경은 점점 더 한시적 신뢰관계를 필요로 하고 있으며, 이러한 신뢰는 잠정적인 체제에서 한정된 임기를 가진 사람들 사이에 필요하다. 문제는 과거를 모르고 미래도 기대할 수 없는 현재 시점에서 어떻게 신뢰를 구축하느냐는 것인데, 이에 대해서는 제11장에서 다시 다루도록 하겠다.

- 그러나 한 번으로 끝나는 관계란 없다

네트워크를 통해 비즈니스를 하는 세계에서, 다른 사람들과 상호작용의 영향을 받지 않기란 불가능하다. 사업관계를 가졌던 특정인끼리는 다시 교류를 하지 않지만 그들이 속한 회사끼리는 교류를 할 수도 있으며, 관련된 사람들이 그 사업을 평가하고 그 평가가 미래의 교류에 영향을 줄 수도 있다.

그러므로 단발성 비즈니스란 사실상 있을 수 없다는 점을 인식해야 한다.

친구나 가족과 함께 사업을 하는 경우

리케츠Ricketts 가족이 2009년에 시카고 컵스 야구단을 인수하면서 이 야구단은 사실상 가족경영 구단이 되었지만, 이들 가족에겐 다른 가족경영 사례와는 분명한 차이점이 있었다. 피트 리케츠는 오마하에 살고 있었는데, 공화당 소속으로 연방 상원의원에 출마하기 위해 가족들의 주식중개 최고 책임자 자리를 떠났다. 보수적인 가족 가치관이라는 기반을 활용하던 그는 '네브라스카 주의 가치'는 전통적인 결혼 풍습을 포함한다고 말한 것으로 전해졌다. 그런데 보수적인 가족 가치관이라는 이 기반으로 인해 그의 유일한 누이동생인 로라Laura와 그에게 불화가 생겼다. 로라는 네브라스카 주의 동성결혼 금지 정책을 뒤집기 위해 법정투쟁을 벌인 미국 게이 및 레즈비언 권익단체인 람바다 리걸LAMBADA Legal 이사회에서 일하고 있다.[113] 친구와 가족끼리 사업을 하는 경우에는 더욱 복잡한데, 이들의 관계를 연고관계embedded relationship라고 한다. 연고관계에는 몇 가지 장점이 있는데, 가장 중요한 것은 비용이 많이 드는 억제 체제가 아닌, 신뢰와 상호주의에 의한 자율관리체제가 사업에 도움이 된다는 점이다.[114] 은행과 연고관계를 가진 회사들은 대출을 받기가 쉬우며, 더구나 이자율도 싸게 할 가능성이 높다.[115]

연고관계의 또 다른 예는 LA 레이커스 농구팀의 스타플레이어였던 매직 존슨Magic Johnson과 레이커스 구단주 제리 버스Jerry Buss의 관계이다. 그들은 농구 이외의 사회생활에서도 긴밀했고, 홈 게임이 있는 동안에는 거의 매일 저녁을 함께했다. 공식적으로 그들은 고용주와 고용인의 관계이다. 고용주는 월급을 주고 고용인은 플레이를 하는 것이다. 그러나 그 둘은 공식적인 사업 이외의 관계를 발전시켰다. 존슨은 "그는 나를 자식처럼 생각했다"고 말했다.[116] 존슨은 "그래서 나는 한 번도 그와 협상한 적이 없다. 그가 '너한

테 이만큼 주고 싶다'고 하면 나는 그냥 OK 했다. 또 그가 '네가 이 팀의 코치를 맡아주면 좋겠다'고 하면 나는 OK 했다. 모든 것이 그랬다. 계약은 없었으며 그저 OK라고 하면 되었다. 우리는 그렇게 했다"고 말했다. 버스는 존슨을 영웅이라 불렀고, 존슨은 버스를 양아버지라고 불렀다.

그렇지만 연고관계에도 함정은 있는데, 그 일부를 살펴보도록 하겠다.

- **감정이 개입될 가능성이 높다**

사업관계와 친구관계가 결합되면 감정적인 문제의 잠재성이 커져서 개인 간의 분쟁이 발생할 수 있다. 예를 들어 어떤 사람이 이웃과의 거래를 제대로 못하여 문제가 발생한다면 아주 당혹스러울 것이다. 그렇지만 그 상황을 억누르고 적어도 직장에 갈 수는 있다. 비슷한 경우로, 직장에서 어려운 일을 당한 사람은 집에 돌아와 그날 저녁에 가족과 친구로부터 위안을 얻을 수도 있을 것이다. 어쨌든 일과 우정이 분리된다면 당사자들에게는 완충지대가 있는 셈이다. 그렇지만 연고관계에서는 일이 잘못되면 모든 것이 무너져버릴 수도 있다. 삼대에 걸쳐 분쟁을 겪은 마리츠Maritz사를 보자.[117] 빌 마리츠Bill Maritz는 작고하기 전 그의 비망록 끝부분에 "나는 지금도 나의 두 아들, 피터와 필립이 나에게 존경과 애정을 갖지 못한 것을 도저히 이해할 수 없다"고 기록했다. 어머니인 필리스 마리츠Phyllis Maritz는 "내 소원은 회사가 팔려서 가족이 사업에서 손을 떼는 것입니다. 그러면 아마도 가족 간의 상처가 치유될 것입니다"라고 말했다. 유사한 경우로 유럽에서 가장 부유한 여성인, 로레알L'Oreal사의 상속녀 릴리언 베턴코트Liliane Bettencourt와 그녀의 딸 프랑수아 베턴코트 메이어스Francoise Bettencourt-Meyers는 릴리언의 소문난 정신 쇠약 증세를 둘러싸고 수년간 반목해왔다. 이 불화는 릴리언이 친구의 아들을 양자로 삼으려 시도한 후에 시작되었는데 릴리언은 이 친구에게 이미 수백만 달러치의 미술품과 선물을 준 바 있었다. 베턴코트 메이어스는 엄마가 양자로 들이려는 엄마 친구의 아들을 상대로 형사고발을 했는데, 최종적으로 로레알사에서 베탕쿠르의 사위인 장 피에르 마이어Jean Pierre Myers의 역할을 증대하는 조건으로 최종 합의가 이루어졌다. 장 피에르는 최고경영자로 취임했다.[118]

- **능력과 호감 사이에서 선택의 갈등이 생긴다**

개인관계는 인정, 사랑, 그리고 정체성에 의해 이루어지는 반면에 사업관계는 일반적으로 업적과 실리에 좌우된다. 연고관계에서 사람들은 더 많은 내적 갈등을 겪는데, 이는 능력과 개인적 호감 사이에서 갈등이 생기기 때문이다. 예를 들면, 어떤 사람은 아주 좋은 친구이고 남의 말을 경청하며 시간을 함께 보내기에는 좋지만 그의 업무처리 능력이 부족할 수도 있다. 그 반대로 아주 유능하지만 인간적으로는 귀찮은 사람도 있다. 문제는 우리가 상황에 따라 능력과 개인적 호감 중 어느 쪽을 중시하느냐 하는 것이다.

- **다양한 교류를 피하고 근시안적 판단을 하게 된다**

연고관계에서는 감시 비용이 줄어든다는 것을 앞에서 살펴보았다. 그렇지만 사람들이 자신의 네트워크에서 벗어나기를 주저한다면 연고관계는 근시안적 현상myopia을 만들 수 있다. 극단적인 예로, 친구들하고만 사업을 하는 배타적인 네트워크를 생각해보자. 네트워크 내의 사람들이 자기네 생각에만 매달리고 더 좋은 정보를 가진 다른 사람들과 연결되지 않는다면 이것은 현실을 근시안적으로 보는 결과를 낳는다. 과거의 교류 습관에 젖어 변화에 저항하는 이런 유형의 관계를 '접착관계'sticky ties라고 부른다.[119] 사회관계에서 변화를 강요하면 소극적인 저항을 하거나 타성에 젖게 되는데, 이런 상황에서는 대부분의 사람들이 정보, 자원, 다양한 교류를 얻기 위해 새로운 파트너에게 관심을 갖는 데 주저한다.

 **결론**

　이 장에서 우리는 선의, 신뢰, 그리고 존경과 같은 인간적 성과가 경제적 성과만큼이나 중요하다는 것을 살펴보았다. 신뢰 수립과 인간관계의 형성은 효율적 협상을 위해 필수적이다. 우리는 제재와 감시 등의 억지력을 기반으로 한 신뢰, 예측성과 정보 등 지식을 기반으로 한 신뢰, 그리고 감정이입 등 동질성을 기반으로 한 신뢰 등 세 가지 유형의 신뢰에 관해 논의했다. 또한 우리는 개인갈등을 업무갈등으로 전환하고, 공동목표에 합의하며, 나아가 공동의 문제와 미래에 집중함으로써 신뢰를 구축하고 회복시키는 전략에 대해서도 논의했다. 유사성, 단순노출, 좋은 분위기, 물리적 거리, 상호주의, 덕담하기, 아첨, 그리고 자기 얘기하기 등 신뢰를 만들어내는 심리적 전략도 살펴보았다. 그리고 우리는 협상에서 나타나는 세 가지 유형의 관계, 즉 사업관계, 친구관계, 그리고 양자가 혼합된 복합관계에 대해서도 살펴보았다.

제7장
힘, 설득, 윤리

노스캐롤라이나 서쪽에 있는 조용한 도시인 르노아르는 세계 유수의 하이테크 회사 중 하나가 자리 잡고 있는 곳 같지 않다. 르노아르는 일곱 개의 가구공장이 폐쇄되는 바람에 2,000명 이상이 직장을 잃어 타격을 받았다. 그러나 르노아르는 구글사가 원했던 모든 것, 이를테면 넓고 비싸지 않은 공장부지, 싼 전기료, 편리하게 이용할 수 있는 큰 창고, 그리고 컴퓨터를 쉬이 식힐 수 있는 충분한 용량의 용수를 얼추 갖춘 곳이었다. 구글은 과감한 부동산 투자 게임을 벌였으며, 이 거대한 하이테크 회사를 끌어들이기 위해 필사적인 지역 및 주 정부 관리들로부터 계속 지원약속을 받아냈다. 수개월간의 협상기간에 구글은 이들 관리에게 자기들은 다른 곳으로 갈 수도 있다는 점을 계속 상기시켰다. 협상과정에서 르노아르 당국은 구글이 제시한 세금감면조치, 사회 기간시설 확충, 그리고 30년 동안 총 2억 1,200만 달러의 혜택을 받는(예컨대 구글이 르노아르에서 만들게 될 1,200개의 일자리 각각에 향후 30년 동안 100만 달러 이상을 지급하는) 다른 프로젝트로 이루어진 패키지에 합의했다. 많은 사람들은 외부의 거대 하이테크 기업이 이용해먹는 작전에 당국이 말려든 것으로 생각했다. "이 회사가 아주 부당한 협상조건을 내걸고 우리 주에 들어온다는 것은 도덕적 관점에 비춰 봐도 비열하기 짝이 없다"고 노스캐롤라이나 전직 대법원 판사 로버트 오르Robert F. Orr는 말했다. 변호사이며 르노아르 시 위원회 위원인 로르T.J. Rohr(그는 최종 교섭안에 반대표를 던졌다)는 이렇게 말했다. "이것은 세계에서 가장 교활한 기업인들이 내린 사업결정이며, 기업유치에 필사적인 르노아르 시를 착취하는 것이나 진배 없다. 그리고 그들이 '우리가 하자는 대로 하든지 아니면 말든지'라고 말하는 것으로 보아, 앞으로도 많은 시간이 허비될 것으로 보인다." 결국 구글은 공장을 지어 200명을 고용했다. 그들은 대부분 중국에 아웃소싱을 하는 바람에 해고된 전 가구공장 노동자였으며 구글에 입사하기 위해 현지 지역사회대학에서 재교육을 받은 사람들이었다.[1]

구글의 사례는 협상자들이 종종 협상영역을 되도록 많이 챙기려 갖은 노력을 다한다는 점을 시사한다. 힘을 가진 협상자들은 자원의 제일 큰 몫을 요구할 수 있다. 이 장에서 논의할 힘과 설득 전략은 두 가지 우월점vantage point으로 해석할 수 있다. 하나는 힘을 가진 자로 해석하는 것이고 다른 하나는 어떤 사람이 가진 힘의 표적으로 해석하는 것이다. 상대방도 이 책이나 다른 책을 읽을 수 있으며, 따라서 이 장에 나오는 모든 전략과 전술을 상대방이 당신에게 사용할 수도 있다. 그래서 우리가 제1장에서 소개한 이란성 쌍둥이 모델을 기억해두는 것이 중요하다. 이 장에서는 협상 중에 상대방이 구사하는 힘의 전술 또는 설득 전술에 대응할 수 있는 '방어전략'에 대해서도 함께 소개할 것이다.

 협상에서는 BATNA가 가장 중요한 힘의 원천이다

만일 협상자가 훌륭한 BATNA, 즉 '합의에 도달하지 못했을 때 택할 수 있는 최선의 대안'을 가지고 있다면 협상은 거의 힘이 들지 않을 것이다. 팜Palm사가 어떻게 애플, 구글, 림RIM: Research in Motion, 휴렛 패커드 및 노키아를 위시한 여러 회사를 자기 회사 인수전에 참여시켜 서로 경쟁하게 할 정도로 협상력을 개선할 수 있었는지를 살펴보자. 림은 당초 휴렛 패커드가 입찰서를 제출하기 전에 그들에게 더 비싼 값을 불렀다. 구글은 애플이 입찰에 참여하고 있는 줄 몰랐기 때문에 공식적인 입찰서는 제출하지 않았다. 입찰 희망회사들이 11개나 된다는 것을 안 팜은 가장 비싼 값에 매각하기 위해 기다릴 여유가 생긴 반면, 인수희망회사들은 팜을 서로 차지하려 안달하는 바람에 가격인상경쟁을 벌였다. 휴렛 패커드가 12억 달러를 제시하여 최고입찰사가 되었다.[2]

유감스럽게도 대부분의 경우, 사람들은 좋은 BATNA가 아닌 평범하고 엉성한 BATNA를 가지고 있다. 따라서 협상자들은 자신의 BATNA를 밝히지 않도록 유의해야 하며, 협상에 앞서 반드시 자신의 BATNA를 계발하고 이를 발전시키려고 노력해야 한다. BATNA를 레버리지로 사용하는 사람들은 자신에게 유리한 조건으로 협상을 타결할 수 있다. 따라서 협상에서는 다음과 같은 전략을 구사하도록 권하고 싶다.

- 다른 선택 가능성을 열어두라

타결 전까지는 언제든지 여러 예측 가능한 또는 예측 불가능한 이유로 협상이 결렬될 수 있기 때문에 협상중이라 해도 다른 선택의 가능성을 열어 두는 것이 중요하다. NBC 방송이 2002년에 베이 에리어Bay Area의 지역방송인 KRON과 협상하면서 다른 선택 가능성을 어떻게 열어 두었는지 살펴보자.[3] 지난 몇 년 동안 KRON은 베이 에리어에서 NBC 프로그램을 송출해왔다. 그러나 2002년에 들어 NBC는 KRON 대신 KNTV로 지역방송 대체를 고려하고 있었다. NBC와 KRON 측의 불화를 눈여겨보고 있던 KNTV의 소유주가 이 기회를 포착했다. KNTV 측은 KRON 대신 자신들이 NBC의 프로그램을 방영하도록 해주면 NBC측에 돈을 지불하겠다고 제의했는데, 이는 매우 이례적인 역보상reverse compensation의 경우이다.

- BATNA를 가진 척하되 드러내 보이지는 말라

당신이 BATNA를 가지고 있음을 상대방이 믿지 않는다면, 실제 가치를 드러내보이지는 말되 당신이 대안이 있음을 은근히 알려야 한다. 하지만 당신이 실제로 갖고 있지 않은 대안을 있는 것처럼 하는 것은 허위진술이며 부도덕한 행위이다. 우리는 BATNA에 대한 허위진술을 옹호하지는 않지만, 당신이 실제로 다른 방안을 택할 수도 있다는 신호를 보내는 것은 허위진술이 아니다. NBC와 KRON 간의 협상에서 KRON은 NBC의 협상대안KNTV을 엄포로 잘못 생각했다. 그래서 NBC가 KRON에 대해 "이것이 마지막 기회이다. 1,000만 달러를 내든지 협상을 결렬시키든지 양자택일을 하라"고 하자, KRON은 보도자료를 내 자신들이 더는 NBC와 연계된 방송이 아니라고 응수했다. NBC는 놀랍다는 반응을 보이면서도 아직 협상이 끝난 것은 아니라고 대응했다. NBC는 결국 5일 후 KNTV와 협상을 타결했다.

- 상대방의 BATNA를 평가하라

상대방의 BATNA는 객관적으로 평가해야 하며, 협상 테이블에 가기 전에 평가를 일찍 시작해야 한다. 대부분의 협상자들이 BATNA를 밝히지 않으므로 그 자리에서 단서를 얻기는 힘이 들기 때문이다. NBC의 예에서 보듯이, KRON은 NBC의 BATNA를 제대로 평가하지 못했다. KRON은 NBC의 BATNA를 과소평가했기 때문에 협상이 결렬된 것이다. 협상이 시작되기 전에 현재와 전년도 데이터, 그리고 현재의 시장 추세 등 가능한 자료들을 분석하는 데 시간을 할애해야 한다. 또한 여러 가지 자료를 동원해야 한다. 상대방의 BATNA를 연구하기 위한 투자는 가치가 있다. 상대방의 BATNA를 연구해두는 것은 그러지 않는 사람보다 파이 나누기를 더 잘한다.[4] 예를 들어 디즈니Disney가 마블Marvel을 40억 달러에 인수하고 수천 개의 새로운 캐릭터에 대한 권리를 확보했던 2009년에, 디즈니 경영자들은 마블의 BATNA에 대해 잘 간파하고 있었다. 특히 디즈니는 마블이 재정적으로 큰 타격을 입었으며, 1997년에 파산한 후 제대로 회복이 되지 않았다는 사실을 알고 있었다. 신용대부가 엄격한 이 시기에 인수협상 얘기가 나오고 있는 것은 영화를 만드는 마블에 큰 재정적 타격을 줄 것이고, 또한 파산으로부터 회사를 구해낸 마블의 최고경영자인 아이작 펄무터Issac Perlmutter에겐 수십억 달러의 청산일이 다가오고 있음을 알고 있는 디즈니의 자금관리 책임자인 토머스 스태그스Thomas Staggs는 공격적인 목표를 세웠다. 최종협상 회의에서 디즈니와 마블은 매매주식 가격 결정에 24시간 이상을 소비했다. 마블의 매력적이지 못한 BATNA에 대한 정보를 지렛대로 삼은 디즈니는 마침내 일방적인 인수가격을 제시할 수 있었다.[5]

자신의 힘을 증대시키는 법

BATNA 외에 협상자의 또 다른 힘의 원천은 협상에 제공하는 협상자의 기여도이다.[6] 당신이 자원을 제공하고 상대방이 그 자원의 가치를 높이 평가하면, 당신은 협상에 대단한 공헌을 한 것이다. 협상 영역이 작을 때는 BATNA가 기여도보다 자원배분에 영향력을 더 강하게 발휘한다. 그러나 협상영역이 클 때는, 기여도가 BATNA보다 영향력을 더 강하게 발휘한다.[7]

당신의 힘 분석하기

협상에서 힘은 잠재된 힘, 인식된 힘, 힘을 활용한 전략, 실현된 힘이라는 네 가지 측면으로 분석될 수 있다.[8] 협상자의 잠재력이란 합의로 이익을 얻어내는 협상자의 숨은 능력이다.[9] 그것은 상대방이 당신에게 의존케 하는 기능을 한다. 협상에서 누군가가 당신에게 얼마나 의존하는가는 그가 당신이 제공하는 자원과 당신이 제공하는 대안에 대한 가치를 그가 얼마로 평가하느냐에 달려 있다. 인식된 힘은 쌍방의 잠재력에 대한 협상자의 평가능력이다. 이것은 실제와 일치할 수도 있고 그렇지 않을 수도 있다. 협상자의 대안이 결과의 배분에 영향을 미치는 까닭에, 실질적인 대안뿐 아니라 인식된 힘도 통합적인 결과에 영향을 미친다.[10] 힘을 활용한 전략은 협상행위에 대해 일반적으로 연구한 것이 망라되며 힘의 관계를 이용하거나 변화시키기 위해 계획된 행동을 가리킨다. 실현된 힘은 협상자들이 상호작용에서 이익을 주장하는 범위를 말한다.

 설득 전술

설득력을 갖기 위해 꼭 힘을 가져야 할 필요는 없다. 어떤 협상자들은 상대방의 태도와 행동을 바꾸는 데 아주 뛰어나다. 그렇지만 협상자들은 힘이 자신을 향해 사용될 수 있다는 점도 유의해야 한다.

협상에서는 두 가지 욕구가 중요하다. 하나는 다른 사람들이 자신을 좋아하고 인정해주기를 바라는 것이고, 또 다른 하나는 합리적이고 공정하기를 바라는 것이다. 영리한 협상자들은 인정받고 싶어 하며 스스로 합리적이고 논리적이라고 믿고 싶어 하는 사람들의 욕구를 잘 활용한다. 이제 이러한 욕구를 활용하여 설득에 이르는 중요한 두 가지 방법을 살펴보자.

두 가지 설득 경로

설득에 이르는 두 가지 경로는 협상자의 이성 및 감성의 구분과 대체로 일치한다.[11] 하나의 길은 **설득중앙경로**central route to persuasion라고 불린다. 중앙경로는 직접적이고 이성적이며 정보를 기반으로 한다. 여기서는 상대방 논거의 강도와 합리성을 평가하고 그 내용이 협상자의 믿음과 일치하는가를 판단해야 한다. 상대방의 메시지가 중앙경로를 통해 처리될 때는, 협상자가 제시한 논거와 나열된 사실들이 믿을 만하다고 생각되면 설득이 가능하다. 중앙경로는 정보, 사실, 그리고 데이터에 집중하는 분석적인 사람들을 다루기에 이상적이다.

또 하나의 길은 **설득변방경로**peripheral route to persuasion이다. 변방경로를 통할 때는 인식이나 이성이 작용하지 않으며, 다양한 암시에 즉각적으로 작용한다. 효과가 있는 암시로는 특권, 신뢰, 그리고 호감 등과 관련된 것들이다. 협상자의 주의가 흐트러져 있거나 감정적일 때는 변방경로를 통하는 것이 더 설득하기 쉽다.

다음 항목에서는 양 경로를 통해 사용할 수 있는 전술을 다루고자 한다. 그러나 이러한 전술들은 협상업무를 수행하는 동안 언젠가는 상대방도 사용할 수 있다는 점을 명심해야 한다. 그래서 각각의 전술을 설명하면서, 상대방이 특정한 전술을 사용할 때 이에 대응하는 방어전략도 함께 기술했다.

중앙경로 설득 전술

중앙경로 설득 전술은 협상이 진행되는 동안 정보의 내용과 흐름을 조직화하는 데 사용될 수 있는 이성적이고 의도적인 전략들이다.

- **의제를 활용하라**

 협상에서는 명시적이든 묵시적이든 의제를 따라다니게 된다. 대부분의 경우, 세탁물 리스트를 체크하듯이 의제를 차례대로 하나씩 논의한다. 협상에서는 종종 누가 의제를 주도하느냐가 중요하다. 인터넷 중립화와 관련된 의제 싸움을 살펴보자. 인터넷 중립화, 즉 웹상의 모든 데이터는 균등하게 취급되어야 한다는 전제는 고객들이 더 빠른 속도나 콘텐츠에 대한 접속을 바라는 거대 통신회사들과, 이와는 대조적으로 연방 통신위원회가 인터넷의 중립화(사람들이 방문하는 어느 웹사이트든 모두 동일한 속도로 작동되어야 한다는 견해)를 보호하길 원하는 사람들이 서로 싸우고 있는 뜨거운 이슈다. 인터넷 서비스 회사들은 대부분 네트워크 중립화의 원칙을 고수해왔으며 경쟁회사들을 능가하는 어떤 종류의 콘텐츠를 선호할 수 없게 되어 있다. 그러나 광대역에 대한 수요가 점점 확대되고, 아이폰iPhone과 블랙베리blackberry 같은 모바일 장치가 일반화되고 있기 때문에, 데이터 전송 네트워크 장치에 수천억 달러를 투자한 베리존Verizon, 콤캐스트Comcast 및 AT&T 같은 거대 통신회사들은 인터넷 중립화 재고 문제를 합법적인 이슈로 협상 테이블에 올리고 싶어 한다.[12]

방어전략: 명시적이지 않거나 언급되지 않은 의제를 논의하는 것도 좋은 방안이다(예: "본인은 귀하께서 의제를 어떻게 설정할 것인가 하는 문제도 의제로 논의하기를 희망하는 것으로 알고 있습니다. 본인은 귀하의 의견을 먼저 듣고 제 의견을 말하도록 하겠습니다. 서로의 의견을 들은 후, 우리는 양측이 다 공감할 수 있는 의제를 도출할 수 있을 것입니다").

- **대안을 활용하라**

협상자들은 자신에게 이로운 대안을 만들기 때문에, 의제별로 대안을 마련할 수 있는 협상자는 협상에서 우위를 점할 수 있다. 어떤 협상상황에서도 많은 대안이 가능하며, 영리한 협상자들은 자신에게 가장 유리한 대안들을 제시한다. 하이테크 산업계에서 경쟁이 가장 치열한 두 회사인 애플과 마이크로소프트 사이의 소프트웨어 개발 거래관계를 살펴보자. 마이크로소프트가 애플의 주식 1억 5,000만 달러치를 인수하고, 매킨토시용 마이크로소프트 오피스Microsoft Office for the Mac라는 새로운 버전을 배포하기 위한 최초의 5개년 개발 협상을 시작한 1997년 이후, 이들 두 회사는 잇달아 세 가지 거래 확대에 합의했다. 그러나 두 회사 사이에 공통점을 찾기가 항상 쉬웠던 것은 아니다. 1997년의 첫 번째 거래에서 애플은 마이크로소프트가 그 거래를 취소하겠다고 위협한 후 자기들의 검색 소프트웨어인 넷스케이프Netscape를 마이크로소프트의 인터넷 엑스플로러Internet Explorer로 대체하는 데 합의했다. 그 다음 몇 해 동안에 애플의 비주얼 베이직Visual Basic과 매킨토시용 아웃룩Outlook for Mac과 같은 검색 소프트웨어들이 거래관계를 갱신하기 전 협상카드로 사용되었다.[13]

방어전략: 자신의 대안을 생각해보았는지 확인하고, 이를 협상 테이블에 올릴 수 있도록 해야 한다. 다채로운 이슈로부터 단일 이슈를 끄집어내는 것이 현명한 일이라 하더라도, 많은 이슈를 협상하는 사람들은 그것들의 결과에 대해 불편함을 느낀다.[14] 이유는 그들이 "어떻게 될지 모른다"고 생각하며 불신할 가능성이 높기 때문이다.

- 동등한 가치를 가진 방안들을 제시해서 선택하게 만들라

제4장에서 우리는 협상자들이 동등한 가치가 있는 몇 가지 선택안을 만들어내야 한다고 주장한 바 있다. 선택안 창출을 주도하는 협상자는 협상에서 우위를 점하게 된다.

방어전략: 만일 상대방이 몇 가지 선택안을 제시한다면, 이는 상대방이 한 가지 입장만 가진 협상자가 아니라는 것을 뜻하기 때문에 좋은 소식이다. 그렇지만 상대에게 일방적인 양보를 해서는 안 된다. 일방적인 양보를 하지 않는 좋은 방법은 몇 가지 선택안을 만들어 이를 상대방에게 제시하는 것이다.

- 상대방의 태도를 조종하라

만일 상대방의 BATNA가 불확실하거나 구체적이지 않다는 의심이 들면, 상대방의 BATNA에 대한 개념에 영향을 줄 수가 있다. 그렇게 함으로써 상대방이 BATNA를 밝히도록 유도할 수 있다.

방어전략: 상대방이 당신의 BATNA에 대한 인식을 조종하려고 할 때 최선의 대응전략은 협상 전에 자신의 BATNA에 대해 연구하고 기준치를 찾아놓는 것이다. 상대방의 BATNA가 약하다고 느끼면 상대방을 조종하여 BATNA를 밝히도록 유도하는 경우를 우리는 자주 보아왔다. 그 예로서 다음 대화를 살펴보자.

> A: 귀하도 아시는 바와 같이 지금은 구매자가 주도하는 시장상황입니다. 저의 제안을 거절하지 말고 잘 생각해보시라고 강하게 권하고 싶습니다. 당분간 더는 구매자가 없지 않겠습니까?
> B: 우리 집에 관심을 표명한 사람은 많이 있습니다.
> A: 현재의 시장상황에서요? 저는 잘 믿기지가 않는군요. 제 동생도 집을 팔려고 내놓았지만 아직까지 사겠다는 사람이 없습니다.
> B: 실제로 지난주에 어떤 사람이 저의 집을 보고 이번 주에 23만 달러에 사겠다고 제의했습니다. 믿지 못하시겠다면 부동산 소개소에 가서 직접 물어보시죠.
> A: 흥미롭군요. 어젯밤에 저는 당신의 집에 대해 23만 1,000달러에 제의하자고 남편과 상의했습니다. 이것을 한번 생각해보시지요.

이 대화에서 우리는 A가 B를 수세적으로 만들어 자신의 BATNA를 밝히도록 하는 데 성공했음을 볼 수 있다.

- **대비효과를 활용하라**

협상자들은 간혹 상대방에게 터무니없는 대안을 제시할 수 있다. 터무니없는 대안을 제시하는 협상자는 상대방이 이를 받아들이지 않을 것을 알지만, 이는 심리적으로 **대비효과**contrast effect를 만들어낸다. 대비효과가 어떻게 작용하는지 보기 위해 한 부동산 중개업자의 행동을 살펴보자.[15] 부동산

중개업자들은 집을 사려는 사람이 실제로 집을 사도록 하기 위해 집을 여러 채를 보여준다. 그들은 우선 시장에 나온 지 오래지만 가격도 비싸고 상태도 좋지 않아서 좀처럼 팔리지 않는 집들부터 보여준다. 이 집을 본 원매자는 집의 상태나 높은 가격에 낙담을 하게 된다. 이때 부동산업자는 원매자가 실제로 살 것으로 기대되는 집을 보여준다. 잠재적 구매자는 이 집을 이미 보았던 집에 비해 호의적으로 보게 되며, 사겠다는 제의를 할 가능성이 높다. 이러한 전술은 심리적인 대비효과를 만들어내는 것이다. 협상에서의 대비는 극단적인 제안을 먼저 하고, 이어서 그보다 합리적인 안을 제시하는 방법이다. 이 경우 두 번째 제안은 받아들여질 가능성이 높아진다.

방어전략: 대비효과에 대한 최선의 방어책은 협상 전에 심사숙고하여 자신의 목표치를 정해놓는 것이다. 예를 들면, 집을 사려는 사람은 사전에 부동산 시장을 조사하여 자신이 제의할 수 있는 가격을 정해두어야 한다. 대체로 협상상황에서 상대방이 낮은 가격을 제시할 경우, 자신이 정해놓은 목표가격으로 응수하는 것이 현명하다. 그리고 어떠한 경우에도 협상자들은 자신이 원하는 것을 시도해보지도 않은 채 성급히 양보해서는 안 된다.

- **구두약속을 미리 받아내도록 하라**

사람은 상대에 대해서뿐 아니라 자신에 대해서도 믿음, 느낌, 행동의 일관성을 유지하려는 욕구가 있는데 이를 일관성법칙consistency principle이라고 한다. 영리한 협상자들은 이를 활용하기 위해 종종 상대방으로부터 구두약속을 받아내려고 애쓴다.

협상자에게 일관성법칙이 주는 함축적인 의미는 무엇일까? 만일 협상자가 어떠한 사항에 구두로 동의하면, 그는 자신이 행한 약속과 일관되게 행동하려고 한다. 판매원들이 흔히 사용하는 협상술은 고객들에게 물건을 구입할 의사가 있는지 물어보는 것이다(예: "가격이 적절하면 오늘 차를 구입하실 준비가 되어 있습니까?"). 이 물음이 특정한 차를 구입하라고 강요하는 것은 아니므로 사람들은 대부분 이 물음에 동의한다. 그렇지만 우리가 일단 인정하고 나면 약속을 했다고 하는 심리가 강하게 작동하기 시작한다.

방어전략: 동의는 신중히 해야 한다. 만일 자동차 판매원이 차를 살 준비가 되어 있느냐고 물으면, 금방 "예"라고 대답하는 대신에 "내가 원하는 조건에 맞는 차가 있는지 여부에 달려 있다"고 얘기하라.

- 유리잔이 반이 차 있다고 보는지, 아니면 반이 비어 있다고 보는지의 차이를 활용하라

이러한 개념을 프레이밍 효과framing effects(틀 짓기 효과)•라고 한다. 제2장에서 본 것처럼, 사람들은 이득이 있을 때는 위험을 회피하려고 하지만 손해가 날 경우에는 위험을 감수한다. 판단 참고치는 사람들이 득실을 평가하여 현상을 유지하려는 수준이다. 영리한 협상자들은 상대방으로 하여금 현상 유지를 택하도록 하려면 판단 참고치보다 나은 대안을 제시한다. 마찬가지로 변화를 이끌어내려면 손실이 나도록 선택안을 구상해야 한다.

방어전략: 상대방의 의도에 말려들지 않기 위해서는 회담이 시작되기 전에 자신의 참고치를 정해두어야 한다.

- 제안이 공정성을 갖고 있는 것처럼 보이도록 하라

공정성은 협상에서 중요하다. 협상자들이 자신의 제의를 공정하다고 규정지을 수 있으면 그 제안은 상대방에 의해 받아들여질 가능성이 높아진다. 그렇지만 공정성을 측정하는 지표는 다양하게 존재한다. 더욱이 협상자들은 다른 제안들보다도 그들이 만들거나 결국 수용하는 제안을 좋아하는 경향이 있다. 그리고 그들은 제안의 내용보다도 제안자가 누구인가에 근거하여 상대방의 제안을 평가절하한다.[16]

- 같은 사실도 배열순서나 전달방법에 따라 다르게 인식되는 심리효과.

방어전략: 공정성에는 형평성, 평등성, 필요성 등 여러 원칙이 있다. 상대방이 공정성 전술을 구사하면 당신은 그 제안이 상대방에게만 유리하고 그쪽의 기준에만 부합하는 공정성이라는 점을 나타내 주는 대응 논리를 제시해야 한다.

- **최종시한 압력을 염두에 두라**

시한에 쫓기는 협상자는 불리하다는 것이 일반적인 생각이다. 자신의 BATNA가 시간이 가면 갈수록 악화되기 때문에 합의에 좀 더 신속히 도달해야 하는 협상자에게는 불리한 것이 사실이지만, 시한이 주어지는 것이 협상자에게 득이 될 수도 있다.[17]

방어전략: 시한을 가진 당사자는 사실상 상대방에도 시한을 설정하게 되는 것임을 기억해야 한다. 따라서 어느 정도의 기간에 협상할 것인지를 정해야 한다. 최종협상시한은 시간과 관련된 잠재 비용을 줄여준다. 만일 당신이 최종협상시한을 가지고 있다면, 당신이 이를 설정하지 않았더라도 상대방이 시간적 제약을 알도록 해야 한다. 만일 합의를 원한다면, 최종협상시한 전에 합의를 도출해내야 한다.[18]

힘을 사용하는 것에 대해서는 어느 정도 의심을 갖는 것이 좋다. 의심하는 협상자들은 적합한 여러 방어 메커니즘을 작동시키기 때문에 협상 테이블에서 더 효율적이다. 상대를 의심하는 협상자들은 영향력 전략에 더 잘 대처할 수 있다.[19]

변방경로 설득 전술

이제 기술하게 될 전략들은 기본적으로 다른 메커니즘, 즉 사람들은 본래 남들이 자기를 좋아하기를 바라고 남들로부터 인정받고 또 존경받고 싶어 하는 욕구가 있다는 사실에 근거한다. 다음에 기술할 전략들을 사용하는 협상자는 자신의 정체성에 대한 상대방의 분별력을 능숙하게 다루며, 이 전략을 통해 상대방의 행동변화를 시도한다. 상대가 변방경로 설득 전술을 구사할 경우, 우리는 종종 무방비 상태에 놓이며 방어전략을 세우기도 어렵다. 좋은 방어전략은 일반적인 전략을 잘 이해하는 것이다.

- 지위

대부분의 협상상황에는 1차 지위특성과 2차 지위특성이라는 두 가지 유형의 지위가 적용된다. 1차 지위특성primary status characteristics은 조직에서의 직급과 통솔인력규모 등 합법적인 권위를 나타내주는 것들이며, 개인이 갖고 있는 여러 가지 타이틀과 학위 등도 1차 지위특성에 해당한다. 지위가 협상에 미치는 영향은 대단히 크다. 지위가 높은 사람들은 잘 알지 못하는 사안에 대해서도 말을 많이 하며, 대화를 할 때 다른 사람들을 제어하기도 한다. 그리고 지위가 낮은 사람들은 화제를 바꾸는 경우에 지위가 높은 사람들의 의견에 따른다. 이러한 요소들은 협상에서 파이 나누기에 영향을 준다.

1차 지위특성을 나타내는 징표가 없거나 동등한 지위의 사람들이 협상을 할 때, 사람들은 2차 지위특성secondary status characteristics에 관심을 기울인다. 2차 지위특성은 자원배분이나 교류규범과 합법적인 관련이 없지만, 사람들의 행동에 큰 영향을 미친다. 2차 지위특성은 유사지위특성pseudostatus characteristics으로서 성별, 연령, 인종, 다른 집단에서의 지위, 그리고 문화적 배경 등을 말한다. 가장 일반적인 2차 지위특성으로는 성별, 연령, 그리고 인종 등이 있다. 그 결과, 개인교류에서 남자가 여자보다, 나이 든 사람이 젊은 사람보다, 그리고 백인이 흑인보다 영향력이 크다.[20] 남자들은 협상에서 여자들보다 위상이 더 높은 것으로 인식되기 때문에, 합의 제안을 하고 그것들을 정당한 소스에서 나온 것으로 보이게 하는 '권리'를 갖는다.[21] 유사지위특성은 눈에 잘 띄며 개인의 능력과는 무관하지만, 사람들은 마치 관련이 있는 것처럼 여긴다.

협상자들은 테이블에 앉은 지 불과 몇 분 만에 상대의 지위를 알게 된다. 유사지위특성은 규범 측면에서나 합리적 측면에서 볼 때 협상에 영향을 미쳐서는 안 되지만 자주 영향을 미친다. 그리고 자신은 유사지위특성들을 대수롭지 않게 생각하더라도, 협상 테이블에 앉아 있는 다른 사람이 그것들을 중시한다면 자신도 중시하게 되는 일종의 **자기충족예언**self-fulfilling prophesy에 빠지게 된다. 또 다른 유사지위 신호는 마음가짐이다. 몸을 활짝 펴고 마음의 여유를 갖는 자세를 취하면 몸속의 호르몬 수준을 변화시켜 위험을 무릅쓸 더 강력한 의지를 느끼게 된다. 위축된 자세를 취하면 위험을 감내할 강력한 의지를 약화시키게 된다.[22] 이 경우에 해당되는 예로 2010년 보건의료 논쟁 때 전 하원의장인 낸시 펠로시Nancy Pelosi의 오른팔로 활동했으며 미국 연방의회에서 가장 영향력이 큰 정치가 중 한 사람으로 위상을 떨치고 있는 웬들 프리머스Wendell Primus의 경우를 들 수 있다. 그러나 그는 또한 2차 지위 표시물을 얼마간 갖고 있다. 예컨대 할아버지 냄새를 풍기는 회색 머리카락과 돋보기, 부드러운 말씨가 그것이다. 그는 선출직 관리가 아닌데도, 보건의료 논쟁 때 선출직 관리들은 그에게 꼬박꼬박 경의를 표했다. "웬들은 아마도 선임 참모들 중 어느 누구보다도 가장 적게 말을 하면서 가장 많은 말을 한 사람일 것이다"라고 로버트 앤드류Robert E. Andrews 하원의원은 말했다.[23]

- **성별**

성별은 2차 지위특성이기 때문에 협상 테이블에서 남자와 여자가 어떻게 대접받는지에 대한 문제는 조사해볼 가치가 있다. 전반적으로 남성은 파이 나누기에서 여성보다 더 성공한다. 남성들이 당연히 더 큰 파이조각을 갖는다.[24] 협상자들은 남성들이 진정한 협상 능력을 발휘하면 여성들보다 훨씬 더 협상을 잘한다고 진단하는 모의실험결과를 믿는다. 분명히, 주요 회사의 성공한 여성 경영자들은 '여성은 고분고분하다'는 만연된 문화적 고정관념 때문에 위축되고 있다. 우리의 조사에서는, 설사 성공한 여성이 결코 고

분고분한 성격이 아니라고 하더라도 여성에 대한 이 같은 고정관념이 배어든 단순한 인식이 협상에서 충분히 정신적 방어벽을 쌓을 수 있는 것으로 드러났다. 하지만 만약 여성에 대한 문화적 고정관념이 더 두드러진 상황이었다면, 아마도 여성들은 지적으로 그것을 공격할 수 있었을 것이다. 그래서 모의협상에서 고의적으로 여성에 관한 정형화된 믿음을 언급했더니 형세가 바뀌었다. 대단한 능력을 가진 MBA 과정의 여학생들은 그런 고정관념을 아예 무시했을 뿐 아니라 같은 MBA 과정의 남학생들보다 더 큰 파이 조각을 요구했다. 이것이 주는 메시지는 잠복해 있는 고정관념은 우리의 의식 속에 스며들어 행동을 방해하지만, 이것을 노출시키고 공론화하면 이를 공격함으로써 여성들은 훨씬 더 협상을 잘할 수 있게 된다는 것이다. 이런 효과는 다른 사람들에게 좋은 인상을 주길 원할 때 훨씬 더 커진다. 한 모의실험에서, 높은 지위의 역할을 하는 남성과 여성들은 고전적인 성별 고정관념에 반하는 식으로 인상자극에 반응했다. 즉 남성은 사실상 더 고분고분해졌고 여성들은 더 단호한 반응을 보였다.[25] 여성들은 여성 반대자들 보다는 남성 반대자들에 더 집요했지만, 틀에 박힌 낮은 위상으로(직접적인 방식이 아닌 더 간접적인 방식으로) 그렇게 했다. 또한 남성 반대자들에 대한 여성들의 고집은 실행에서 성별 격차를 줄이는 데 기여했다.[26]

　　이러한 결과를 보고 우리는 여성들의 머릿속에 있는 고정관념을 완전히 바꿀 수 있다는 생각을 갖게 되었다. 우리는 모의협상 상황을 만들어 MBA 과정의 남녀 학생들에게 협상에서 성공하기 위해서는 남의 말을 경청해야 하며, 말하는 능력이 있어야 하고, 나아가 날카로운 관찰력 — 전통적인 고정관념으로는 여성들에게 부족한 것으로 알려진 요소들 — 이 필요하다고 말했다. 예상대로 이 상황에서는 여성들이 훨씬 더 좋은 성적을 보였다.[27] 중요한 결론은, 협상 등 어떤 과제가 여성에 대한 고정관념적인 믿음에 긍정적으로 연결된다면 성과가 나아질 수 있다는 것이다(한 강력한 여성 지도자가 그녀의 영향력을 어떻게 행사했는지에 대한 사례로 〈보기 7-1〉 참조). 어떤 주어진 상

> **〈보기 7-1〉 말로 하는 힘의 기량과 말로 하지 않는 힘의 기량**[32]
>
> 매들린 올브라이트는 미국 역사상 최초의 여성 국무장관이었으며 그 당시엔 그녀가 행정부에 재직한 최고위직 여성이었다. 조지타운 대학 교수 시절 독설가이며 재치 있고 말을 잘하는 그녀는 국무장관직을 희망했으며 망설이거나 겸양을 보이지 않고 그 자리를 기꺼이 받아들였다. 올브라이트 장관은 국무장관 재임 기간에 자신이 성취하고자 하는 과제 리스트를 가지고 있었다. 그녀는 강력한 동맹을 구축하여 모스크바와의 관계에 큰 단절이 없이 발칸 지역에서 세르비아의 침략을 막아내고 이를 저지했다. 또한 그녀는 이스라엘의 벤저민 네타냐후Benjamin Netanyahu 총리 재임 중 이스라엘과 팔레스타인 평화협상이 결렬되지 않도록 하여 네타냐후 후임자인 에후드 바락Ehud Barak이 평화의 토대를 구축하도록 했다. 중국과의 관계도 증진시켰으며 또한 이란과의 관계를 개선할 수 있는 문을 열었다. 그녀의 힘의 비결은 '개입하라!'이다. 그녀가 젊은 사람들한테 해주는 충고는 '당신에게 개입해달라는 요청이 올 때까지 기다리지 말라'는 것이다. 조지타운 대학에서 가르치고 있을 때, 그녀는 학생들이 손을 들지 말고 의견을 바로 얘기하도록 했다. 학생들에게 먼저 손을 들고 말하도록 하면 여학생들은 그렇게 하지만 남학생들은 이를 지키지 않기 때문이다. 상대해야 했던 다양한 사람들을 잘 다루었다는 사실은 그녀의 설득력과 협상력이 뛰어났음을 잘 보여준 것이다.

황의 협상에서는 상황적 모호성의 정도가 심할수록 성별에 더 큰 영향을 받게 될 것이다.[28] 주어진 상황은 고정관념을 견지하는 성별구분에는 덜 모호하고 그렇지 않은 것에는 더 모호하다.[29]

불행히도 여성들은 협상 테이블에서 단호하게 행동하면 사회적·경제적 반발에 부딪힌다. 그 반발은 공공적이고 교육적인 행동을 규정하는 성별 고정관념이 활성화될 때 더 뚜렷해진다.[30] 여성들이 연애유회 같은 고정관념화한 여성적인 방식으로 행동할 때, 그들은 더 호감이 가는 여성으로 생각될지 몰라도 신뢰성은 떨어질 것이다.[31]

• 인적 네트워크

협상에서 정보력이 '무엇'을 아느냐와 관계가 있다면, 인적 네트워크social network는 당신이 '누구'를 아느냐와 관계가 있다. 인적자본social capital은 관리자가 조직 안팎의 사람들을 아는 데서 나오는 힘이며, 조직 안팎의 다양한 접촉을 통해 누구와, 언제, 그리고 어떻게 조정을 하는가에서 나오는 가치이다.33 2010년, 미국의회가 말썽 많던 국민 건강관리 법안을 통과시킬 때, 몇 달 동안 정치적 인적 네트워크를 통해 이해관계를 가진 인사들 사이에서 이면적으로 권모술수가 횡행했다. 버락 오바마 대통령과 대통령 수석보좌관인 람 이매뉴얼Rahm Emanuel은 모든 스타급 전직 의회 활동가들로 웨스트 윙The West Wing•을 보완했다. 오바마 대통령은 전면에 나서지 않기로 작정하고 이면에서 의회가 의원들의 호의와 개인적 관계 및 네트워크에 의존하여 건강관리 법안을 통과시키기 위한 계획과 통과시킬 빠른 길을 모색하도록 격려했다. 이매뉴얼 수석보좌관과 민주당 상원 원내총무인 해리 리드Harry Rid는 오바마의 요청으로 이번 법안에 찬성표를 던지도록 민주당 의원들과의 흥정에 들어갔다.34

그러나 자신의 인적 네트워크를 활용하기 위해 의회 로비스트가 될 필요는 없다. 더 많은 인적 자본을 가진 관리자들은 그들이 더 많은 보상기회를 확인하고 개발할 위치에 있기 때문에 그들의 인적 자본에서 더 많은 수익이 생기게 된다.35 강력한 네트워크를 가진 협상자들은 조직에서 기능의 틈을 연결함으로써 **경계확장자**boundary spanner 역할을 한다. 다시 말하면, 그들은 서로 만나지 않았을 수도 있는 사람들 간의 중요한 연결고리가 된다. 그들은 조직 내에서 서로 함께하기가 쉽지 않은 사람이나 지식, 그리고 정보를 한자리에 모으는 독특한 위치에 있는 것이다. 인간관계 네트워크에서 독특한 연결고리가 되는 협상자는 그렇지 못한 사람들에 비해 더 많은 기회를 만들어낼 수 있다. 더구나 연결고리가 되는 협상자는 다른 사람들을 위해 기회를 만들 수도 있고 또 무산시킬 수도 있는 입장에 있다. 연결고리로 활동하는 협상자들은 사람들 사이에서 정보의 흐름을 중개하고 또 정보를 통제하기도

• 미 대통령이 일상 업무를 보는 백악관의 서쪽 공간. 동쪽은 대통령 가족 주거 공간이다.

한다. 틈을 연결해주는 이러한 사람들은 보상받을 기회를 잘 파악하고, 다루며, 그리고 이를 통제할 수 있다. 그들은 다양한 접촉망으로 인해 더 많은 정보에 접한다. 따라서 그들은 인적자본을 더 많이 갖고 있는 동료보다도 새로운 기회에 더 쉽게 접근할 수 있다. 이러한 이유로 그들은 새로운 기회가 생기면 후보자로 논의될 가능성이 높다. 또한 상급자나 하급자, 동료들과의 인간관계로 보았을 때, 핵심 업무에 더 큰 영향력을 가지므로 능력을 더 잘 발휘하게 된다.

- 외모

외모가 뛰어난 사람이 그렇지 않은 사람보다 능력과는 상관없이 원하는 것을 더 잘 이뤄낸다. 외모가 더 나은 사람이 한 일은 그렇지 못한 사람이 한 일보다 더 평가를 받는다. 이에 관한 조사를 위해, 글을 쓴 두 여성 – 외모가 매력적인 여성과 그렇지 않은 여성 – 의 사진이 붙어 있는 에세이를 남자들에게 평가해보도록 했다.[36] 에세이 내용은 같았음에도 남자들의 평가는 사진 속의 여성이 얼마나 매력적이냐에 큰 영향을 받았다. 사진 속 여성이 매력적일수록 더 좋은 평가를 받은 것이다.[37] 사람들은 매력적인 사람일수록 재주가 더 많고, 친절하며, 정직하고, 그리고 지적인 것으로 생각한다.[38] 그 결과, 매력적인 사람들은 상대방의 태도를 바꾸거나,[39] 자신들이 원하는 것을 얻어내는 데 더 설득력이 있다.[40] 매력적인 외모는 판매의 효율성에도 긍정적인 영향을 미치며,[41] 소득수준에도 긍정적인 영향을 미친다.[42] 그리고 매력은 주로 옷차림과 깔끔함을 통해 얻어지는 것으로 나타났다.

매력의 이점은 협상 테이블에서도 나타난다. 아름다움의 프리미엄이라는 말에 부합되도록 매력적인 사람에게는 더 많은 것이 제시되며, 또 그들 스스로가 더 많은 것을 요구하기도 한다.[43]

취업 응시자에 대한 평가도 외모에 영향을 받을 수 있다.[44] 매력적인 사람들은 더 긍정적으로 평가되며, 그렇지 못한 사람들보다 대우를 잘 받는다.

매력적으로 대화하는 사람과 판매원들은 그렇지 않은 사람들보다 더 효과적으로 사람들의 태도를 바꿀 수 있다.[45] 이러한 이유로 세일 캠페인 때는 제품이나 서비스를 팔기 위해 매력 있는 사람을 앞에 내세운다. 매력 있는 사람은 종종 다른 긍정적인 자질도 가지고 있는 것으로 생각된다. 그들은 매력적이지 못한 사람에 비해 균형감각을 갖추었고, 재미있으며, 남과 잘 어울리고, 독립적이며, 뛰어나고, 마음을 설레게 하며, 섹시하고, 적응을 잘하며, 사교적이고, 그리고 성공할 것으로 여겨진다.[46] 매력적인 사람들이 갖는 이러한 긍정적 자질의 속성은 제6장에서 언급된 '후광효과'의 일부이다. 우리는 사람들의 판단이 외모에 많은 영향을 받는다는 점을 알아야 한다.

- **호감은 천천히 표시한다**

상대방에게 호감을 바로 보여야 할까, 아니면 잠시 기다려야 할까? 상대방으로부터 자신이 원하는 것을 얻어낸다는 측면에서는 상대방을 점진적으로 좋아하는 것이 훨씬 효과적이다.[47] 가장 효율적인 유형의 호감표시(누군가로부터 당신이 원하는 것을 얻는다는 측면에서)는 그 사람에게 즉시 호감을 표시하지 않는 것이다. 상대방을 점진적으로 좋아하게 되는 사람은 호감을 즉시 표현하는 사람들에 비해 자신이 원하는 것을 얻어내는 데 더 효율적이다. 한 조사에서 동료들의 자신에 대한 평가를 ① 매우 긍정적, ② 처음에는 부정적이었으나 나중에 긍정적, ③ 매우 부정적, ④ 처음에는 긍정적이었으나 나중에는 부정적이라는 네 가지로 분류하여 각자에게 평가 내용을 알려준 다음에, 자신을 어떻게 평가한 상대방이 좋은지 물었다. 그 결과 '처음에는 부정적이었으나 나중에 긍정적'으로 평가한 상대방을 가장 좋아했다.[48]

- **실수하는 것이 더 인간적이다**

협상자들은 원래 말을 잘하거나 매력적인 협상자를 수상쩍게 여긴다. 따라서 상대방에게 자신이 인간적이며 약점이 있고 실수도 한다는 것을 보여주는 것이 중요하다. 약점을 보여줌으로써 상대방이 당신에게 정을 느끼게 할 수 있다. 한 조사에서, 사람들은 매우 능력 있는 학생(예: 시험에서 92점을 받은 사람)의 발표를 들었다. 강의 후에 가진 인터뷰에서 이 학생은 다른 분야에서도 능력이 뛰어나다는 것이 드러났다. 그는 반에서 공부를 제일 잘하는 학생이고, 학교 연감의 편집자이며, 운동도 아주 잘했다. 나중에 사람들은 다른 상황에서 이 학생의 발표를 들었는데, 이번에는 이 학생이 인터뷰 도중 커피를 흘리는 일이 발생했다. 이 학생은 변한 것이 없었지만 커피를 흘리는 실수를 했을 때가 완벽했을 때보다 더 많은 호감을 받았다. 실제 호감도가 50%나 증가했다.[49]

- **물 마른 펌프에는 처음의 물 한 바가지가 중요하다**

사람들의 판단과 행동은 **무의식 점화**unconscious priming의 영향을 받는다. 이것은 미묘한 실마리나 주변 정보가 우리 행동에 무의식적으로 미치는 영향을 의미한다.

다음과 같은 가상 시나리오를 살펴보자. 당신과 직장 동료는 중요한 고객과의 협상에 대비한 전략을 짜고 있었다. 두 사람은 대형 화면으로 권투경기를 중계하는 바에 앉아서 협상전략을 논의하고 있었다. 둘 다 권투경기를 열심히 보지는 않았지만 동료가 협상전략을 얘기하면서 "강편치를 날렸네"라거나 "벨트라인 아래를 가격했네"라고 하는 것을 들은 당신은 권투장면이 동료의 판단에 영향을 미쳤을지도 모른다고 생각했다. 그다음 당신은 근처의 허니 베어Honey Bear 카페로 옮기자고 제의했다. 그날 저녁 카페에서는 포크 그룹인 형제애Brotherly Love가 공연을 하고 있었다. 두 사람은 커피를 마시면서 다시 협상에 관해 얘기했다. 당신은 그가 '조화'와 '공동체 형성'에 관해 얘기하는 것을 들으면서 앉아 있는 장소가 동료의 판단에 영향을 미쳤을 것으로 또 다시 생각했다. 이 시나리오는 사람들이 마른 펌프에 물 한 바가지를 붓는 것처럼 주변 환경의 실마리에 의해 조종된다는 것을 보여준다. 이러한 암시는 앞의 예에서처럼 바와 같은 '임의' 환경(바에서의 경우와 같이)의 결과이지만, 어떤 때는 '영리한 협상자에 의해' 만들어지기도 한다. 환경의 두 가지 양상 — 정면 경쟁과 시간 압박 — 이 경쟁적인 자극과 행동을 부추긴다.[50] 승리에 많은 비용이 들며 전략적인 이득이 없을 때라도, 협상자들은 시간의 압박 아래, 그리고 경쟁자가 있는 데서 승리하고 싶어 할 것이다.[51]

- **호혜적인 협상과 상호보완적인 협상**

앞의 여러 장에서 우리는 강력한 호혜적 협상과정을 언급했다. 하지만 협상에서의 작전은 항상 유사한 작전을 펴는 상대를 만나는 것은 아니다. 지배력을 과시하는 전략이 순종적인 대응을 만나듯이 상호 보완적인 전략을 만날 수 있다. 경쟁적으로 행동하는 상대를 만나면 협상자들이 더 경쟁적인 행동을 할 것으로 생각하지만, 실제로는 덜 경쟁적인 행동을 한다. 이는 그들이 낮고 덜 공세적인 최종가격을 책정하고, 대안요구를 적게 하며, 궁극적으로 더 나쁜 협상 결과에 만족해하는 것으로도 증명된다.[52]

- **사회적 증거를 통해 따라하기를 유도하라**

사회적 증거법칙에 의하면 사람들은 무엇이 바람직하고, 적절하며, 그리고 옳은지를 결정하기 위해 다른 사람들의 행동을 본다. 이러한 행동은 여러 가지 면에서 일리가 있다. 우리는 다른 사람들과 잘 지내려면 그 사람들이 기대하는 것을 잘 알아야 한다. 그렇지만 협상에서는 적절한 제의나 타결을 위해 다른 사람(특히 상대방)을 보게 되는 심리적 과정이 우리에게 불리하게 작용한다. 예를 들면, 신차 판매원은 최초로 차를 산 고객의 이웃들을 판매대상으로 삼는다. 바텐더는 종종 팁을 넣는 유리병에 자신이 지폐를 넣어 손님에게 보여주며, 교회의 안내인은 헌금 통에 동전을 먼저 넣어 다른 사람들의 헌금을 유도한다. 사회적 증거 때문에 광고인들은 '가장 잘 팔리는'이나 '가장 빨리 성장하는' 등의 문구를 쓰는 것이다. 명단작성기법list technique이라고 하는 전술은 설득대상이 되는 사람들에게 이미 그러한 행동을 한 사람들의 명단을 보여주고 요구를 하는 것이다. 예를 들면, 대학생이나 주민들에게 이미 헌금이나 헌혈을 한 사람들의 명단을 보여주면 더 많은 이들이 헌금과 헌혈을 한다.[53] 상황이 불확실할수록 우리는 다른 사람들의 행동이나 상황적인 암시에 의존해서 어떻게 할 것인지를 결정하게 된다.

- **반발기법을 이용해서 원하는 것을 얻으라**

역심리reverse psychology 또는 부메랑 효과로도 알려진 **반발기법**reactance technique은 자유를 빼앗으려 하면 그것에 저항하려는 본성과 관계가 있다.[54] 협상자들은 역심리를 이용하여 상대방에게서 자신이 원하고 필요로 하는 것을 얻어낼 수 있다(그러나 이 기술을 사용하는 데는 큰 위험이 따르기 때문에 치명적인 실수를 하지 않기 위해서는 사전에 연습을 해야 한다).

상대방의 입장을 실제보다 극단적으로 들리도록 바꾸어 말하는 것은 상대방의 반응을 유발하는 한 가지 전략이 될 수 있다. 예를 들어 협상자들이 서로 양보를 하지 않는 상황에서 두 시간이 지난 후에 오간 다음과 같은 대화를 살펴보자.

> A: (엄숙하게) 귀하가 말씀하신 내용은 최선의 제의를 협상 테이블에 내놓은 것처럼 느껴지는군요. 그 제안이 귀하의 최종제안이고 다른 가능성은 없어 보입니다. 귀하의 제안은 모래 위에 확실히 선을 그은 것 같군요.
>
> B: (약간 당황한 듯) 사실 꼭 그런 것은 아닙니다. 저는 회사 입장을 명확히 했을 뿐이며 우리의 목표를 성취하고자 하는 것입니다. 마지막 제안은 저희 회사의 목표를 반영한 것입니다.
>
> A: (체념한 표정으로) 저는 입장을 표명한 후에 거기에서 한 치도 움직이지 않는 사람을 존경합니다. 자기 입장을 고수하려는 결의가 있는 사람, 군인 같은 완강함과 굳건함이……

B: (A의 말을 중단시키며) 잠깐만요. 저는 최종적인 제안을 한 것이 아닙니다. 저도 합리적인 사람이고 합리적인 제안이라면 얼마든지 고려할 용의가 있습니다.

A: (믿지 못하겠다는 듯이) 그러면 귀하에게는 다른 선택안을 만들고 결정할 수 있는 힘이 있다는 뜻입니까? 저는 귀하가 현재의 입장에 완전히 묶여 있다는 인상을 받고 있습니다만.

B: (약간 수세적으로) 물론, 합리적인 범위에서 제가 원하는 것은 뭐든지 할 수 있습니다. 다른 대안을 낼 수도 있지요.

A: (흥미가 있다는 듯이) 귀하의 생각이 무엇인지 퍽 관심이 가는군요.

● 발부터 들여놓기 기법

발부터 들여놓기 기법foot-in-the-door technique이란 먼저 작은 부탁이나 말에 동의하도록 요청한 후에(예: 오늘 적절한 가격에 차를 살 준비가 되어 있느냐고 물으면서 대답을 구한다든지 또는 청원서에 서명을 요청하는 등) 나중에 더 큰 요구를 하는(예: 차량 구입을 요청한다거나 부서 간 회의에서 특정 연합에 투표할 것을 요청하는 등) 기법이다. 이 경우 부탁을 받은 사람이 그 이전의 작은 요구에 동의한 적이 있으면 더 큰 요구에도 응할 가능성이 높아진다.[55] 이 전략은 일관된 행동을 보이고자 하는 사람들의 욕구를 이용하는 것이다.

● 퇴짜부터 맞기 기법

상대방을 순응하게 만드는 또 다른 전략은 '**퇴짜부터 맞기 기법**door-in-the-face technique '또는 '퇴짜 맞은 후 퇴각하는 작전rejection-then-retreat tactic'이다. 이 기법에서는 상대방이 거부할 게 분명한 것을 요구하면서 협상을 시작한다.[56] 상대방이 거부하면 그보다 훨씬 작은, 그렇지만 애초부터 염두에 두었던 요구를 한다. 이 원칙은 협상자들에게 큰 요구를 언급하라고 가르쳤던 제3장에서 기술된 바 있다. 상대방은 원래의 것보다 작아 보이는 요구를 더 합리적으로 여긴다는 측면에서 큰 요구는 대비효과를 만들어낸다.

- 덤 얹어주기 기법

많은 협상자들은 협상중인 패키지나 거래에 추가로 얹어주는 '덤 얹어주기 기법that's-not-all technique' 또는 조미료 치기sweetening the deal를 사용한다. 예를 들면, 자동차 판매원은 거래를 종결짓기 위해 흥정하고 있는 차에 옵션 사양을 얹어준다. 여러 사례에 따르면 이러한 덤 전술은 실제로 효과가 있는 것으로 나타났다. 빵에 대한 세일 조사에서, 컵케이크를 팔면서 2개에 75센트인 경우에는 손님 중 40%가 샀지만, 1개에 75센트로 하고 하나를 사면 하나를 더 얹어주는 경우에는 손님 중 73%가 구매를 했다.[57]

힘을 가진 사람에게 미치는 힘의 영향

힘을 가진 사람들은 종종 힘이 약한 사람들에게 무심하다.[58] 아마도 힘을 가진 사람들이 힘이 약한 사람들에게 관심을 가질 이유는 별로 없을 것이다. 어쨌든 힘이 있는 사람은 상황을 주도하지만, 힘이 약한 사람들의 행동은 힘이 강한 사람들의 복지에 별 영향을 미치지 않는다. 그렇기 때문에 힘을 가진 사람은 상황을 정확히 보지 못하는 경향이 있다. 힘을 가진 사람들은 지배의 환상을 가지며, 그들이 좌우할 수 없는 결과를 지배한다고 느낀다.[59] 협상의 견지에서, 그 힘이 합법적 형태이든 아니든 관계없이 힘이 센 사람은 힘이 약한 사람들로부터 정보를 수집하는 데 주의를 덜 기울이며 철저하지 못하다. 또한 힘이 센 사람들은 자신의 행동이 어떠했는지 별로 신경쓰지 않는데, 이는 그들이 상황에 따라 행동을 변경하지 않는다는 것을 뜻한다.[60] 한 조사에서 강자와 약자가 서로 어울리는 모습을 몰래 카메라로 촬영했다. 그것은 간단한 식사가 제공되는 사교모임에서 행해졌는데, 강자는 음식을 더 지저분하게 먹고 단정하지 못한 모습을 보였다.[61] 게다가 힘이 세다는 것을 과시하는 사람들은 위험추구 방식으로 행동하는 경향이 농후하며 협상에서 그들의 관심을 곧잘 노출시킨다(위험한 행위의 한 형태).⁶²

힘이 약한 사람에게 미치는 힘의 영향

힘 있는 사람이 약한 사람에게 미치는 심리적 효과는 무엇일까? 힘이 약한 사람들은 강자의 행동과 태도를 아주 정확하게 인식한다.⁶³ 조직 내에서 보상을 받기 위해 약자는 강자에 의존한다. 만일 누군가가 당신의 복지혜택을 통제하는 자리에 있다면, 당신은 그 사람의 행동을 주시하게 될 것이다. 하지만 여기에는 비용이 발생할 수 있다. 힘이 약한 사람들은 항상 힘이 센 사람들에 의해 평가되고 심사받는다고 생각하기 때문에 편집증 증세를 보일 수 있다.⁶⁴ 더욱이 분노는, 더 집중하고 더 단호하고 더 많은 가치를 요구해야겠다고 생각하는 힘 있는 협상자들을 돕는 결과를 가져오는 데 반해, 힘을 덜 가진 협상자들은 상대방의 감정에 특히 민감해져 결국 초점을 잃으며, 강력하고 감정적인 상대방과 맞설 때 양보를 하고 물러나게 된다.⁶⁵

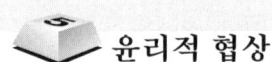 윤리적 협상

협상은 사람들이 행동의 윤리적 기준을 위반하게 만드는 요인이 될 수 있다. 협상에서 무엇이 윤리적인가 하는 것을 규정짓는 몇 가지 확고한 규칙이 있기는 하지만, 협상자들은 많은 경우 분명치 않은 부분도 다루어야 한다. 윤리라는 것은 어떤 전략과 행동을 받아들일 수 없는 문화적, 상황적, 그리고 개인 간의 규범을 의미한다. 협상자들은 전술의 사용 여부를 결정할 때 그 전술이 '윤리적으로 적절한가' 또는 '부적절한가'를 평가한다.⁶⁶ 이제부터 협상에서 비윤리적이거나 문제가 되는 행동은 무엇인지, 무엇이 이런 행동

을 야기하는지, 그리고 개인적인 윤리 기준을 어떻게 만들 것인지 살펴보도록 하겠다.

노스캐롤라이나의 듀크 에너지Duke Energy사가 인디애나 주 남쪽의 28억 8,000만 달러짜리 말썽 많은 석탄액화공장 건립 승인과 관련하여 인디애나 주의 몇몇 고객 그룹과 추진해온 제안합의를 철회했을 때도 윤리적 협상문제가 제기되었다. 듀크 에너지는 이 거래를 최종적으로 승인해준 기관인 인디애나 공익사업 규제위원회로부터 주 규제기관의 윤리적 기준을 위반했다는 비난을 받았다. 듀크 에너지는 그 거래의 일부로서 고객회사들로부터 손실을 벌충할 수 있는 금액에 5억 3,000만 달러를 추가해주도록 요청하며, 원가를 더 높게 책정해주는 문제와 듀크가 금리비용으로 인한 손실을 만회할 수 있는 방법에 대해 일부 고객회사들과 협상에 들어갔다. 그러자 인디애나 주지사인 미치 대니얼스Mitch Daniels는 이 거래에 대해 조사하도록 지시했다.[67]

거짓말

다른 무엇보다도 거짓말을 하는 것은 비윤리적으로 간주되며, 어떤 경우에는 불법으로 간주되기도 한다. 발언자가 '법적으로 유효한' 사실을 의도적으로 그릇되게 표현했는데 상대방이 이를 그대로 받아들여 손해를 입게 되는 경우에 그 발언은 '사기'로 정의된다. 이 정의를 풀어보면 거짓말의 몇 가지 요소를 발견할 수 있다. ① 발언자는 자신이 정보를 그릇되게 제공하고 있다는 사실을 인지해야 하고, ② 법적으로 유효해야 하며, ③ 상대방이 이를 믿어야 하고, ④ 이로 인해 상대방이 어떤 행태로든 경제적 또는 감정적 손해를 입어야 한다. 뉴욕에서 있었던 사례를 살펴보자. 집주인은 입주희망자에게 지금 결정하지 않으면 즉시 다른 사람에게 세를 주겠다고 말했다. 이 사례에서 집주인은 아파트에 대한 이해관계를 그릇되게 표현했으며, 세입자는 이 사실을 믿고 임대를 결정해서 경제적으로 손실을 입게 되었다.

거짓말에 관한 이러한 기준을 이용해서 이제까지 우리가 논의해온 중요 요소들, 즉 협상입장, 이해관계, 우선순위, BATNA, 기준치, 그리고 핵심 사실 등을 검토해보자.

1. **협상입장**: 협상에서 입장이란 주로 한쪽 당사자가 상대방에게 행하는 주관적 요구이기 때문에 협상자가 자신의 입장을 진실되게 말해야 할 의무는 없다. 하지만 대개 자신의 입장을 분명하게 밝히는 것이 현명하다. 대부분의 협상자들은 자기들의 입장을 분명히 밝힐 수 있다고 생각하면서도 그렇게 하지 않는다.[68] 사람들의 입장에 대한 거짓말은 충고를 듣는 일이 없기 때문에, 많은 협상자들이 자기들의 입장을 과장한다. 예를 들어 장래성이 있는 피고용인은 계약 조건을 협상할 때 8만 5,000달러를 제의해 와도 기꺼이 받아들일 상황이지만 자신은 10만 달러를 받을 자격이 있다고 얘기할 수 있다. 이 협상자는 자신의 BATNA에 대해 거짓말을 하지 않았고, 다른 회사의 입사제의가 있었다고 시사하지도 않았으며, 그저 자신은 10만 달러를 받을 자격이 있다고 말했을 뿐이라는 점을 주목해야 한다.

2. **이해관계**: 이해관계가 협상자들의 입장을 결정짓는 근본적인 '이유'라는 점을 명심해야 한다. 협상에서 자신의 이해를 추구할 때 '신의성실의 일반적 의무'는 없는 것으로 사람들은 여긴다. 특히 미국의 제7 순회 항소법원은 다음과 같이 판결한 바 있다.

"사업 거래에서 양측은 최선의 결과를 얻어내려 할 것이다. 그것은 협상과 시장경제의 요체이다. 어떤 법적인 규칙도 사업상 이해 추구의 자유를 제약해서는 안 된다. 따라서 개인의 이익추구를 '신의성실 위반'으로 규정해서는 안 된다. 협상에서는 설사 그것이 상대방에게 무리한 것이라고 해도 어떤 특정한 요구도 부정직한 것으로 간주되어서는 안 된다. 이에 대한 적절한 조치는 협상 테이블에서 떠나는 것이지 신의성실 위반으로 고소하는 것이 아니다."[69]

3. 우선순위와 선호: 이해관계와 마찬가지로 우선순위에 관해서도 협상자는 아무리 특이한 것이라 해도 자신만의 선호를 가질 권리가 있다. 또한 협상자가 자신의 이해관계를 잘못 전달하는 것은 중요한 사실에 대해 거짓말을 하는 것은 아니다. "거래 대상의 가치 추정과 얼마를 받고자 하는지에 대한 당사자의 의도"는 변호사가 제3자에게 거짓 진술을 하는 것을 금지하고 있는 규칙의 '법적 유효성' 밖에 있다."[70]

다음 예를 통해 정보공유(또는 미공유)의 복잡함을 이해할 수 있을 것이다. 두 사람이 회사의 팀 프로젝트를 수행하기 위해 고용되었다. A와 B 두 사람에게는 큰 사무실이 주어졌고, 이들은 사무실 배치를 시작했다. 사무실에는 책상이 두 개 있었지만 창문은 한쪽에만 있었다. A와 B의 대화를 통해 A는 창문 쪽의 책상을 쓸 수 있기를 바라며, 그 자리를 차지하기 위해 더 가까운 쪽의 주차공간이나 보관함 등 공동으로 사용하는 다른 자원을 양보할 용의가 있음이 드러났다. A는 모르고 있었지만 B는 심한 고소공포증이 있었는데, 창문에서는 바깥쪽의 가파른 건물벽이 보였기 때문에 B는 창가보다 다른 쪽에 있는 책상을 선호했다. B는 자신이 양보하는 것처럼 보이고 다른 자원을 더 차지하기 위해 속내를 드러내지 않을 방안을 고려했다. 이런 전략을 소극적 허위진술passive misrepresentation이라고 하는데, 협상자가 속내를 드러내지 않음으로써 상대방이 잘못된 결론에 이르게 하는 것이다. 이번에는 A가 B에게 창문쪽과 안쪽 책상 중 어느 쪽을 택할 것인지 단도직입적으로 물었다고 가정하자. B가 자신의 선택에 대해 거짓말을 할까? 만일 그렇게 해서 의도적으로 상대방을 오도했다면 그는 적극적 허위진술active misrepresentation 행위를 한 것이다. 협상 시간의 28%가 전략적 조작계략strategic manipulation ploy에 사용된다.[71]

4. BATNA: 협상자의 BATNA는 사건의 객관적 상황이기 때문에 법적 유효성을 가지며 소송의 조건이 된다. 이것이 주는 메시지는 실제로 존재

하지 않는 제의를 하지 말라는 것이다. 실제로 존재하지 않는 제의를 하거나 그것을 암시하는 것은 속임수이다. 류이키Lewicki에 따르면, 속임수는 허위약속이나 허위위협이 될 수 있다.[72] 허위약속(예: 당신이 X를 하면 보상을 하겠다는 것 등)과 허위위협(예: 당신이 X를 하지 않으면 처벌하겠다는 것)은 그 약속(위협)을 한 사람이 실제 의도를 가지고 있지 않거나 후속조치를 할 수 없다는 점에서 허위사실이 된다.

5. **양보 기준치**: 제2장에서 언급한 것처럼, 협상자의 양보 기준치는 BATNA를 계량화한 것이다. 따라서 양보 기준치는 그 자체로는 법적 유효성이 있는 사실이 아니기 때문에 양보 기준치에 대해 거짓말을 하는 것을 비난할 수는 있겠지만 법적으로는 잘못이 아니다.

6. **주요 사실**: 틀리거나 부정확한 정보를 날조하는 것은 비윤리적이며 처벌의 조건이 된다. 예를 들면, 집에 근본적인 문제가 있다는 것을 알리지 않고 집을 팔려는 사람은 사실왜곡죄를 범하게 되는 것이다.

문제가 되는 다른 협상전략들

협상입장, 이해관계, 우선순위와 선호, BATNA, 양보 기준치, 그리고 핵심 사실들에 관해 거짓말을 하는 것 외에, 사람들은 적어도 다음 다섯 가지 행동도 비윤리적이라고 말한다.

1. **전통적이고 경쟁적인 협상행위**: 비윤리적인 행동에 대한 MBA 학생들의 의식을 분석한 바에 의하면, 자신의 진짜 최저선bottom line을 숨기는 것, 첫 번째 제의를 너무 높거나 낮게 하는 것, 상대방의 친지로부터 정보를 얻어내는 것 등 전통적이고 경쟁적인 협상행위가 비윤리적으로 간주되었다.[73] 실제로 자신을 '공격적인' 협상자로 생각하는 사람들은 자신을 '협력적인' 협상자라고 생각하는 사람들에 비해 그러한 전술을 더 잘 받아들였다.[74]

2. **상대방 네트워크의 조종**: 이 전술은 상대방의 친구 또는 지지 세력에 영향력을 행사하여 상대방의 입장을 약화시키려는 시도를 의미한다. 한 예로, 워싱턴 주에서 증세운동을 저지하기 위해 노조가 인적 네트워크를 활용한 경우를 살펴보자.75 노조그룹은 증세운동 지지자인 척하면서 청원서, 서명, 스티커를 보내달라는 이메일을 증세운동 그룹에게 보냈다. 이 아이디어는 증세운동 그룹이 결국은 버려질 팸플릿, 스티커, 기타 물품들을 사람들에게 보내게 함으로써 많은 돈과 시간을 낭비하게 하려는 것이었다. 워싱턴 주 노조의 정치국장 다이앤 맥대니얼 Diane McDaniel은 "이 전술로 인해 상대방은 수백, 수천 통의 우편물을 보내느라 캠페인에 써야 할 귀중한 자원을 낭비하게 될 것"이라고 말했다.

3. **합의 사항의 파기**: 중요한 협상인데도 공식계약 없이 거래가 불발되는 경우가 많다. 예를 들면, 집과 자동차를 사고파는 데서도 공식 문서가 서명되기 전에 종종 양해 사항이 합의된다. 공식계약이 서명된 후에도 취소기간이 설정되어 이 기간에는 어느 쪽 당사자도 법적으로 계약을 취소할 수 있다. 그렇지만 악수 등 비공식적 합의가 있은 후 당사자들이 이를 파기할 권리가 있느냐 하는 문제에 관해서는 상당한 의견차가 있고, 윤리를 둘러싼 논란이 있다.

4. **제안 철회**: 협상자가 협상장에서 일단 제안을 하고 나면 철회해서는 안 되는 것이 불문율이다. 그러한 행위는 신의성실 원칙의 위반이다. 그렇지만 실수가 있는 경우에는 제안을 철회할 필요가 있다. 예를 들어 백화점이 경품 당첨번호를 발표했는데 오자가 발생하여 자신이 당첨된 것으로 잘못 아는 사람이 생길 수 있다(〈보기 7-2〉 참조). 그렇지만 제의를 하는 쪽에서는 실수로 여기는 것을, 받아들이는 쪽에서는 신의성실이 없는 것으로 여기게 된다.

5. **작은 일로 애먹이면서 협상 종결을 지연시키는 것** nickel-and-diming: 협상이 종결된 다음에 '한 가지만 더' 요구하는 전략은 아마 대부분의 사람들에

〈보기 7-2〉 제안 철회[76]

1999년 11월 5일 《뉴욕 데일리 뉴스》지는 복권당첨번호를 잘못 인쇄했다. 이 신문은 게임 규칙에 따라 인쇄오류로 당첨된 사람은 무효이며 원래 당첨된 게임카드를 제출한 사람 중에서 다음 달에 추첨해서 상금 19만 2,500달러를 분배하겠다고 발표했다. 예상대로 분노와 좌절로 얼룩진 전화가 수없이 걸려왔으며, 많은 사람들이 뉴욕에 있는 신문사 건물로 쳐들어왔다. 신문사 건물의 나이 많은 경비원들은 이들에게 얻어맞아 눈두덩이 퍼렇게 멍들었고, 화가 난 이들은 소송을 걸겠다고 위협했다.

게 짜증나는 일일 것이다. 상대방이 계속 협상을 연장하려 한다고 걱정을 하게 되면, 사람들은 양보하기를 주저한다. 협상자들은 협상이 완전히 끝날 것으로 생각할 때에야 양보를 하는 경향이 있다. 따라서 상대방에게 협상을 끝내기 위해 필요한 조건을 알려주는 것은 종종 효율적인 전략이 될 수 있다. 문서를 만들어 조건이 맞으면 오늘 이 문서에 서명할 수 있다고 암시하면 더 좋을 것이다. 협상이 종결될 것이라는 전망은 협상자가 상대방이 제시한 조건에 합의할 수 있는 충분한 유인이 된다. 간단히 말해 경쟁적인 비윤리적 책략에 대한 그들의 태도, 그런 책략의 조기 사용, 그리고 상대방의 행동을 위시하여 목록에 적힌 각 전략에 협상자가 일일이 대응하는 데에는 몇 가지 예측변수가 있다.[77] 감정이입과 관점에서의 개인별 차이가 사기나 뇌물과 같은 비윤리적인 전략 사용에 영향을 미친다.[78] 관점의 경우는 그렇지 않지만 감정이입은 상대방 네트워크 공격하기, 거짓으로 설명하기, 부적절한 정보 수집, 그리고 다른 사람을 조종하기 위한 가장된 감정을 모두 억제한다. 따라서 비윤리적인 협상은 안목이 아닌 감정이입에 의해 저지될 가능성이 더 크다. 흥미롭게도 감정을 억제하는 협상자들은 정보를 허위 전달할 가능성이 크다.[79] 〈보기 7-3〉을 참조하여 당신 자신의 윤리적 가치를 시험해보라. 이 표는 윤리적, 비윤리적 협상작전의 모델을 일곱 가지 요인으로 평가하고 있는데, 여기엔 전통적인 경쟁적 협상, 상대

〈보기 7-3〉 협상 관련 설문지에서 생긴 일: 과오 / 등급[81]

아래의 각 협상전략에 대해, 당신에게 매우 중요한 것을 협상하는 상황을 가정하고 어떤 전략을 사용할지 표시해보자. 아래의 등급을 기초로 하여 앞서 상술한 내용에서 어떻게 이 전략을 적절히 사용할지를 검토하면서 각 전략에 평점을 매기기 바란다.

1	2	3	4	5	6	7
전혀 적절치 않음			약간 적절함			매우 적절함

1. 당신의 협상 상대방이 당신이 원하는 것을 준다면 그에게 좋은 일이 있을 것이라고 약속하라. 물론 상대방의 협조를 얻을 때 당신이 그런 것을 해줄 수 없다는 것(하려 하지 않을 것)을 알면서도 그렇게 하라.
2. 실제로 상대방을 좋아하지 않으면서도 개인적으로 그를 좋아하는 것으로 상대방이 믿도록 만들라.
3. 당신의 협상 논거나 입장을 강화하기 위하여 상대방에게 의도적으로 그릇된 정보를 주라.
4. 실제로 당신이 화가 나지 않은 상황에서도 전략적으로 상대방을 향해 화를 내라.
5. 당신의 상대방이 해고되어 그 자리를 새로운 사람이 차지하게끔 시도하라.
6. 제기된 민감한 검토사항을 보호하기 위해 당신의 고객에게 협상의 성격을 의도적으로 거짓 설명하라.
7. 실제로는 당신이 상대방의 곤경을 걱정하지 않는다고 하더라도 동정을 금치 못하는 척하라.
8. 당신을 위한 정보를 얻어줄 친구, 동료, 유력한 지인들을 꼬드겨 반대자의 협상 입장에 관한 정보를 얻도록 접촉하라.
9. 상대방이 당신을 운이 없다고 생각하도록 우울한 분위기를 가장하라.
10. 처음부터 당신이 실제로 타결키길 원하는 것보다 훨씬 더 큰 요구를 하라.
11. 상대방의 의견에 혐오감을 느끼는 척하라.
12. 상대방에게 당신은 협상타결에 전혀 급할 것이 없다는 거짓 인상을 주어 상대방이 빨리 양보하도록 시간 압력을 넣도록 노력하라.
13. 당신이 협상 진전 상황에 매우 실망하는 듯한 거짓 인상을 상대방에게 주라.
14. 상대방의 양보에 대한 보답으로 앞으로 당신도 양보하겠노라고 제의하라. 물론 당신은 그런 일이 없을 것임을 알면서도 그렇게 하라.

15. 당신의 반대자가 상관이나 다른 높은 사람들 앞에서 허약하거나 바보스럽게 보이도록 만들겠다고 그에게 위협하라. 물론 당신은 실제로 그런 일을 하지 않을 것임을 알고 있으면서도 그렇게 하라.
16. 상대방이 가진 정보가 당신의 협상입장을 약화시킬 염려가 있을 경우, 비록 그 정보가 사실이라 하더라도 그 정보의 정당성을 부인하라.
17. 상대방이 피고용인인 경우 그의 개인적 복지에 관심이 큰 것 같은 거짓 인상을 주라.
18. 당신의 입장이 더 강한 것으로 보이기 위해 당신의 고객에게 협상진전 상황을 의도적으로 거짓 설명하라.
19. 당신의 적수가 보고하고 모시는 사람들과 직접 이야기를 나누라. 그리고 그들이 당신의 적수를 신뢰하는 것을 훼손할 만한 일을 이야기하라.
20. 당신 쪽에 무슨 우려가 있는 것처럼 가장하여 상대방으로 하여금 당신이 협상에 긴장하고 있다고 생각하게 하라.
21. 값비싼 선물, 접대 또는 '개인적 호의'를 통해 상대방의 우정을 촉진하여 그의 협상입장에 대한 정보를 얻도록 하라.
22. 당신의 적수에게 격노한척 가장하라.
23. 처음부터 상대방에게 아주 높거나 낮은 요구를 하여 만족스럽게 협상을 타결할 그의 능력에 대한 자신감을 심각하게 훼손하도록 하라.
24. 당신의 고객이 당신과 한 약속을 지킬 것임을 분명히 하라. 비록 그들이 훗날 그 합의를 어길 가능성이 있음을 당신이 알면서도 그렇게 하라.
25. 적수의 팀 동료 중 한 사람을 고용하여(적수의 비밀정보를 가져오는 조건으로) 적수의 협상자세에 대한 정보를 입수하라.

채점표를 완성하기 위해 다음 항목을 결합시켜 평균을 내라.
a. 전통적인 경쟁적 협상(10, 12, 13).
b. 적수의 네트워크 공격하기(5, 15, 19).
c. 거짓 약속하기(1. 14, 24).
d. 거짓 설명(3, 6, 16, 18).
e. 부적절한 정보 수집(8, 21, 25).
f. 호의적인 감정이 있는 것처럼 전략적으로 거짓말하기(2, 7, 17).
g. 적대적 감정이 있는 것처럼 전략적으로 거짓말하기(4, 9, 11, 13, 20, 22).

〈보기 7-4〉 부작위의 과오

집을 사려는 한 부부가 집 A의 거래에 필요한 조치를 거의 다 끝냈다. 부동산업자는 이 부부가 집 B를 아주 좋아할 것이라는 점을 알았지만 그 집은 이미 지난달에 팔렸기 때문에 보여주지 않았다. 부동산업자는 집 A를 보여주었고 가격도 합의가 되었다. 그런데 거래를 끝마치기 전에 전혀 예상치 못한 상황이 벌어져 집 B가 다시 부동산시장에 나오게 되었다. 부동산업자는 집 B가 시장에 나온 것을 알았지만 집 A에 대한 거래가 끝나기 전이고 해서 이 정보를 그들에게 알려주지 않았다. 부동산업자가 집 B가 시장에 나왔다는 것을 알려준 것은 집 A에 대한 절차가 모두 끝난 다음(즉 7.5%의 수수료가 부동산업자에게 지불된 다음)이었다. 그는 부부에게 집 A를 시장에 내놓고 집 B를 사겠느냐고 물었다. 이 부동산업자는 비윤리적인 행위를 한 것일까? 부동산업자의 입장에서 보면 집 B가 시장에 공식으로 나오지도 않았고 부부가 집 B가 시장에 나와 있는지 물어보지도 않았기 때문에 비윤리적인 행위를 한 것은 아니다. 그렇지만 부부의 입장에서 보면 자신들이 선호하는 집이 시장에 나왔을 때 자신들에게 알려주지 않은 것은 비윤리적인 행위인 것이다.

네트워크 공격하기, 거짓 약속하기, 거짓으로 설명하기, 부적절한 정보 수집, 전략적으로 우호적 감정을 거짓으로 표시하기, 전략적으로 적대적 감정을 거짓으로 표시하기 등이 포함된다.[80]

생략과 거짓의 죄

일반적으로는 적극적으로 거짓말을 하는 잘못이 정보제공을 하지 않는 생략의 잘못보다 비윤리적으로 여겨진다(생략의 잘못이 갖는 복잡성의 사례에 대해선 〈보기 7-4〉의 시나리오 참조). 그 바람에 정보를 주지 않는 것이 비윤리적이 아닌 것으로 간주될 가능성이 있지만, 자료정보를 고의적으로 숨기는 것은 협상자의 유죄가 된다. 바꾸어 말하면, 사업가는 회사가 재정적으로 건전하다는 자세를 보이기 위해 회사보고서 열람을 거절해서는 안 된다.

거짓말의 대가

샘 어빈Sam Ervin 미 상원의원은 언젠가 "거짓말이 가진 문제는 당신이 너무 많은 것을 기억해야 하는 것"이라고 했다.[82] 거짓말에는 몇 가지 비용과 불이익이 따르는데, 가장 큰 불이익은 거짓말쟁이가 형사상의 처벌을 받을 수 있다는 점이다. 거짓말쟁이는 체포되지 않는다고 해도 평판과 신뢰성에서 손해를 입는다. 이러한 일이 반복적으로 일어나면 조직 내의 모든 사람이 거짓말을 하고 서로에 대한 불신이 증대되는 아주 유해한 문화가 만들어질 수 있다. 자신의 양보 기준치에 대해 거짓말을 하면 협상영역이 좁아져서 교착상태에 이를 가능성이 높아지기 때문에 거짓말은 전략적이지 않게 된다.

사람들은 어떤 상황에서 속임수를 쓰는가?

텐브룬셀Tenbrunsel과 디크먼Diekman은 사람들이 속임수, 즉 유혹하기, 반신반의하기, 무력감 표시하기, 만만한 사람인 척하기 등을 하게 되는 요인을 조사했다.[83] 협상자들은 속임수의 경제적 이득이 크면 클수록 속임수를 더 많이 쓰게 된다.[84] 그리고 협상자들이 중요한 사실에 대해 반신반의하는 마음이 크면 클수록 거짓말을 할 가능성이 더 많아진다. 이 문제를 알아보기 위해 우리는 협상과정에 등록한 MBA 학생들을 대상으로 조사를 했다. 우리는 학생들에게 어떤 상황에서 거짓말이라고 정의되는 기만술을 사용하게 되는지 기술하도록 했다. 놀랍게도 대부분의 학생들은 자신이 거짓말을 하게 될 상황을 알고 있었다. 47명의 학생 중 2명만이 자신은 결코 속이지 않는다고 답했다. 25% 이상은 거의 모든 협상에서 '악의 없는 거짓말'이나 '과장'을 동원할 것이라고 했다. 거짓말을 하는 가장 큰 이유는 상대방이 거짓말을 하고 있다고 생각하기 때문이다(〈보기 7-5〉 참조). 금전상의 이기심을 꼭 부정직하다고 볼 수는 없다. 오히려 부정직은 개인적으로 희생이 큰데도 부의 불

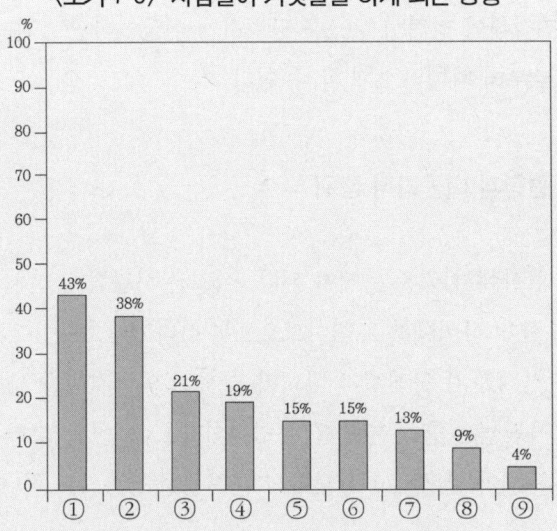

〈보기 7-5〉 사람들이 거짓말을 하게 되는 상황

개념 설명
① 거짓말에는 거짓말로 대응: 상대방이 나를 속이고 있다고 의심할 경우
② 단발상황: 장기적 관계가 있을 가능성이 없는 단발 상황
③ 개인적 이득: 이득이 있을 경우
④ 곤경을 벗어나기 위해: 곤경을 벗어날 수 있다고 느끼는 경우
⑤ 생사의 문제: 상황이 생사의 문제일 경우
⑥ 약한 힘: 상대방이 나보다 더 큰 힘을 가지고 있는 경우(전력을 맞추기 위해)
⑦ 평판 보존: 평판에 대해 걱정할 필요가 없는 경우
⑧ 비호감: 상대방을 싫어할 경우
⑨ 고정된 파이: 상황이 분배적인 경우

평등에 대한 감정적 반발에 기인하는 경향이 있다.[85] 부정적 불평등은 질투를 불러일으켜 품행을 해치는 반면, 긍정적인 불평등은 죄책감을 느끼게 하여 품행에 도움이 되는 자극을 준다.[86]

팀이나 그룹이 되면 거짓말하는 경향이 높아질 수 있다. 동일한 협상 상황에서 그룹은 개인보다 덜 정직하다.[87] 실제로 그룹의 '약속 불이행' 대답

은 거짓말을 하는 경우가 많은 반면 개인의 '약속 불이행' 대답은 정직한 경우가 많다. 조직체의 정직성 풍조를 강력하게 이끌어야만, 그룹들을 약속불이행 관행으로부터 빠져나오게 할 수 있다.

심리적 편향과 비윤리적 행위

윤리는 협상에서 종종 문제가 된다. 이것은 사람들이 선천적으로 악하거나, 이익과 윤리 사이에서 트레이드오프를 한다거나, 또는 다른 사람의 이익과 복지를 생각하지 못해서가 아니라 잘못된 의사결정을 조장하는 심리 때문이다.[88] 사람들은 흔히 자신은 윤리적이라고 믿는다. 그러나 이기적인 경향 때문에 문제가 발생하고 상대방의 반칙을 주장하기도 한다.[89]

1. 윤리적 한계: 윤리적 한계는 사람들이 충분히 그리고 신중히 정보를 처리할 줄 모르거나 실패하기 때문에 윤리적 결정을 내리는 데 한계가 있다는 의미이다.[90]
2. 우월하다는 환상: 사람들은 자신과 자신의 행위에 대해 남들이 생각하는 것보다 더 우호적으로 보는 경향이 있으며,[91] 자신의 긍정적인 점은 강조하고 약점은 감추려는 경향이 있다. 사람들은 남들에 비해 상대적으로 자신이 더 정직하고, 윤리적이고, 능력 있고, 지적이고, 예의 바르고, 통찰력이 있으며, 그리고 공정하다고 믿는다.
3. 주도권을 쥐고 있다는 환상: 사람들은 자신이 실제보다 상황을 더 주도하고 있다고 믿는 경향이 있다. 예를 들면, 사람들은 운을 겨루는 시합에서도 자신이 결과를 주도할 수 있다고 생각한다.[92] 이러한 생각은 의사결정에서 도박사들이 범하는 것과 같은 종류의 오류를 저지르게 한다. 하지만 이러한 생각은 사람들로 하여금 되지도 않는 품질관리를 할 수 있다고 주장하는 것과 같은 윤리적인 문제를 야기할 수 있다.

4. 지나친 자신감: 사람들은 대부분 자신이 아는 것에 대해 지나치게 확신을 한다. 예를 들어 사람들에게 어떤 사실에 대해 물은 다음 자신의 대답이 맞을 확률에 대해 물어보면, 맞을 것이라고 판단하는 확률이 실제 맞는 답을 말하는 비율보다 훨씬 높다. 평균적으로 자기가 한 일의 60%만이 옳은 경우에도, 사람들은 75% 정도가 옳았다고 확신한다.[93] 그리고 지나친 자신감으로 인해 이루지 못할 목표를 세우는 사람들은 비윤리적인 행위를 할 가능성이 높다.[94]

윤리적 행동에 대한 판단에는 편향이 있으므로, 자신의 행동이 윤리적인지를 판단하는 데는 다음의 방법이 유용하다.

1. 신문 1면 테스트 front-page test: 신문 1면 테스트는 협상자에게 다음과 같은 질문을 하는 것이다. "당신의 행동과 발언이 신문 1면이나 TV에 보도되는 경우에도 편안하시겠습니까?" 만일 편안하지 않다면 당신의 행동이나 발언은 비윤리적이라고 여겨질 수 있다. "내가 청문회에 출두해서 그동안 한 일을 말해야 한다면 어떤 기분이 들까?" 하고 질문을 바꾸어 테스트할 수도 있을 것이다.

2. 황금률을 뒤집어서 생각하라: 황금률 golden rule은 "남들이 당신에게 해주기를 바라는 것을 남에게 하라"고 말한다. 이 전략에서 협상자는 "상대방이 나를 향해 테이블을 엎어버린다면 내 기분이 어떨까?" 하고 자신에게 묻는다. 만일 "나는 그것을 매우 싫어할 것이다"라는 대답이 나오면, 문제가 되는 행동은 비윤리적이다.

3. 역할을 귀감으로 삼기: "내가 다른 사람들에게 이 일을 하라고 충고해도 될까?", "우리 아이들이 이렇게 행동하는 것을 보면 내가 자랑스러울까?" 또는 "모든 사람들이 이런 방식으로 협상하면 어떻게 될까? 그렇게 해서 이루어지는 사회가 바람직할까?" 하고 자신에게 물어본다.

4. 제3자의 충고: 협상을 객관적으로 볼 수 있는 사람에게 당신이 계획하

고 있는 행동에 대해 어떻게 생각하는지 상담하는 것은 현명한 일이다. 제3자에게 상담할 때는 당신이 어떻게 할 것인지는 밝히지 말고 사건이나 상황만을 설명하라.

5. **교섭입장을 강화하라**: 준비를 제대로 한 협상자들은 거짓말 충동을 적게 받는다. 예를 들면, BATNA 개선노력을 하는 협상자는 협상대안에 대해 거짓말을 할 필요가 없다. 자신의 양보 기준치에 영향을 미치는 요인들에 대해 생각을 해온 협상자들은 상대방에게 "이것은 당신이 관여할 일이 아닙니다"라고 간단히 얘기할 수 있다. 그리고 사실관계를 고려해온 협상자들은 이를 바탕으로 자신의 의견을 개진할 수 있다. 일부에선, 윤리는 "협상자의 힘을 저지하거나 견인할 수는 없지만, 실제로 그것을 향상시키는 데는 도움을 줄 수 있다"고 주장한다. '사무라이 협상자들'은 윤리로부터 힘을 얻으며, 그들의 원칙은 힘을 가진 상대방이 인식시켜준다.[95] 예를 들어 피자헛Pizza Hut은 어떻게 하여 그들의 중요한 토마토소스 공급자와 관계를 끊었으며, 헌트 웨슨Hunt-Wesseon: HW사는 어떻게 하여 공격적인 원가절감 정책을 쓰게 되었는지를 생각해보자.[96] 피자헛은 HW에게 가격을 2.5센트 내리지 않으면 피자헛과의 사업을 잃게 될 것이라고 위협했으나, HW가 거절했다. 6주 후 피자헛은 HW에게 줄줄 흘러내리는 경향이 있는 피자의 품질문제로 협상을 하자고 사정했으며, 계약복원을 위해 HW가 가격을 정하도록 요청했다.

결론

BATNA는 가장 중요한 협상력의 원천이다. 그렇지만 협상력을 효율적으로 사용하는 것이 단순히 BATNA를 사용하겠다고 위협하는 것을 의미하지는 않는다. 계몽적인 협상자는 파이를 크게 늘리면 자신에게 돌아올 파이 조각이 커진다는 것을 안다. 우리는 사람들의 이성과 감성을 끌 수 있는 두 가지 형태의 영향력 전략을 기술했다. 이성에 호소하는 전략은 정보의 전략적 사용을 기반으로 하며, 거기에는 의제의 통제, 대안발굴, 선택안 발굴, 상대방의 태도 조종, 설득, 일관성, 전략적 구성 등의 전술이 포함된다. 감성적인 전략에는 호감을 천천히 표시하기, 자기를 내세우지 않는 행동, 마른 펌프에 마중물 붓기, 강화, 사회적 증거, 감응저항, 발부터 들여놓기, 머리부터 들이밀기, 덤 주기 전술 등이 포함된다. 모든 협상자들은 협상에서의 윤리적 행동에 관심을 가져야 하며, 무엇보다도 자신의 행동에 대해 남들은 자신과 다르게 생각한다는 것을 알아야 한다. 우리들은 거짓말로 인해 초래되는 도덕적, 전략적 불이익에 대해 논의했으며(입장, 이해관계, 우선순위, BATNA, 양보 기준치, 주요 사실 등) 협상자들이 가장 많이 거짓말을 하는 여섯 가지 사안에 대해서도 살펴보았다. 또한 우월감의 환상, 주도력의 환상, 그리고 지나친 자신감으로 인해 협상자들이 어떻게 기만적 행위를 하게 되는가에 대해서도 논의했다. 우리는 협상자들에게 어떤 행동이 윤리적인지 판단하기 위해 신문 1면 테스트, 황금률 뒤집기, 역할을 귀감으로 삼기, 제3자의 충고, 교섭입장 강화 등 다섯 가지의 테스트를 하라고 조언했다.

제8장
창의성과 문제해결

이상한 관계로 얽힌 집단인 PXPPlains Exploration and Production Company사와 두 개의 와이오밍 시민단체, 즉 '물고기 및 야생생물을 위한 와이오밍 스포츠맨'과 '와이오밍 캠핑장비점 및 캠핑안내 협회' 사이에 협상이 시작된 지 2년 후에 인위적으로 윈-윈 합의가 교묘하게 이루어졌다. 표면적으로 당사자들의 입장은 서로 일치되지 않았다. 실제로 그들은 완전히 제각각이었다. PXP는 (가스) 시추와 개발을 원했고, 시민단체들은 동물들의 서식지와 야영지를 보호·유지하길 바랐다. PXP는 개발 임차권을 소지하고 있어 협상에서 난처한 입장이 될 수 있었다. 그래서 그들은 협상에서 말을 하기보다 듣는 쪽을 택했다. 건설적인 합의서에서 PXP에게는 개발지역을 대폭 축소한 것에 대한 대가로 2만 에이커에 걸쳐 있는 17군데의 가스 매장 추정 지역에 최대 136개의 천연가스정을 뚫을 수 있는 기회가 주어졌다. 협상 대표들은 또한 미래에 초점을 맞췄다. PXP는 발견될 천연가스의 양과 상관없이 차후 어떤 추가 시추 허가를 신청하지 않을 것이며, 이 지역의 야생동물을 보호하고 공기와 물의 질을 계속 감시하는 데 필요한 비용으로 600만 달러 이상을 기부하기로 했다. 이 같은 건설적인 협상을 도출해낸 데는 몇 가지 비결이 있었다. 그 첫째는 초기 과정에서 전체 대표들이 "모든 것을 협상 테이블에서 논의하기로" 서약을 한 점이다. 둘째는 우발사고에 대해 합의를 한 점이다. 예를 들어 PXP는 시추작업에 의한 지하수 오염 여부를 측정하는 데 사용될 100만 달러를 기부하기로 약속했다. 셋째는 협상 테이블에서 해결을 하려는 각 당사자들의 의지였다.[1]

협상에서의 창의성

PXP와 '와이오밍 물고기 및 야생생물 협회' 간의 합의와 같은 가장 건설적인 협상합의는 종종 약간의 선동적인 움직임도 있는 복잡한 합의이다. 협상의 경쟁적 측면에 집착하다 보면 창의성 측면을 무시하게 된다. 이러한 경향은 대부분 파이가 고정되었다는 생각fixed-pie perception을 가지고 있거나 협상이란 이기지 못하면 지는 것이라는 생각에서 비롯된다. 성공적인 협상을 위해서는 창의성과 문제해결 능력이 높은 수준으로 요구되며, 자원을 나누는 과정은 창의적이고 통찰력 있는 문제해결전략을 통해 파이가 커졌을 때 훨씬 수월해진다.

이번 장은 통합적 협상에서의 '고급과정'을 다루며 협상자들이 그들의 협상을 윈-윈 사업으로 변형시키는 전략을 제공한다. 우리는 협상의 생산품(성과와 같은), 관계자들(즉 협상자들), 그리고 과정(사람들과 성과물을 연결하는 조건)에 초점을 맞춘다.² 우리는 여러분들이 자신의 문제해결 능력과 창의성을 먼저 테스트해볼 것을 권한다. 그리고 협상에서의 창의성과 창의적인 합의란 무엇인가 하는 주제를 다루고자 하며, 또 창의적인 문제해결을 저해하는 요인들을 살펴볼 것이다.

자신의 창의성을 테스트해보라

〈보기 8-1〉에 나오는 13개의 문제를 30분 내에 해결하라. 답이 확실치 않을 때는 최선이라고 추정되는 답을 쓰되 정직하게 쓰도록 노력해야 한다. 문제를 풀어가면서 각 문제에 대한 당신의 생각을 기록하라. 답은 이 장의 맨 뒤 〈보기 8-7〉에 나오지만, 답을 보기 전에 이 장을 먼저 읽기 바란다.

〈보기 8-1〉 창의성 테스트

1. 카드 뒤집기[3]
다음 숫자 / 글자를 보라. 각 숫자 / 글자는 카드를 나타낸다. 각 카드의 한쪽 면에는 숫자가, 다른 면에는 글자가 쓰여 있다. 당신의 과제는 다음 규칙의 타당성을 판단하는 것이다. '한쪽 면에 모음이 쓰여 있는 카드는 다른 면에 짝수가 쓰여 있다.'
당신의 과제는 다음 네 장의 카드 중 이 규칙의 타당성을 테스트하는 데 적합하다고 생각되는 카드만을 뒤집어보는 것이다. 어느 카드들을 뒤집겠는가?
[뒤집으려는 카드에 동그라미를 치시오.]
　E　K　4　7

2. 사람 맞추기[4]
엔지니어 30명과 변호사 70명으로 구성된 100명의 집단에서 임의로 다음 사람이 선택되었다. "이 사람은 45세이며 결혼해서 네 아이가 있다. 대체로 그는 보수적이며, 조심스럽고, 야심이 있다. 그는 정치적이거나 사회적인 이슈에는 별 관심이 없으며 여가를 대부분 집수리, 요트 타기, 수학 퍼즐 풀기 등의 취미생활에 사용한다." 이 사람은?
[둘 중 하나에 동그라미 치시오.]
엔지니어이다./ 변호사이다.

3. 도박하기[5]
다음 게임 중 당신은 어느 것을 하겠는가?[둘 중 하나에 동그라미 치시오.]
　A: 8만 달러를 벌 확률이 1/3
　B: 3만 달러를 벌 확률이 5/6

다음 두 가지 게임 중 하나를 반드시 선택해야 한다면 당신은 어느 게임을 택하겠는가?
[둘 중 하나에 동그라미 치시오.]
　C: 1만 달러를 벌 확률이 50%, 1만 달러를 잃을 확률이 50%
　D: 0달러

4. 물동이[6]
당신에게 물동이 한 세트가 주어지며, 이를 이용해 당신은 특정 분량의 물을 계량해내야 한다. 당신에게는 수도와 큰 물그릇이 주어져 물을 채울 수도 있고 버릴 수도 있다고 가정하라. 항아리가 빈 상태에서 시작하며 당신에게는 항아리에 물을 붓고 버리는 행위와 항아리에 있는 물을 다른 항아리에 옮겨 붓는 행위만 허용된다. 먼저 연습문제를 하나 풀도록 하자.

연습문제	A항아리 용량	B항아리 용량	C항아리 용량	채워야 할 양
1	5컵	40컵	18컵	28컵
2	21컵	127컵	3컵	100컵

1번 문제를 풀기 위해서는 A에 물을 채워 B에 붓고 A에 다시 물을 채워 B에 부은 후 C에 물을 채워 B에 부어야 한다. 이 문제의 해답은 2A+C로 표시될 수 있다.

2번 문제를 풀기 위해 우선 B를 채운 다음 B의 물을 옮겨 부어 A를 채우면 B에는 106컵이 남는다. 그다음 B의 물로 C를 채운 다음 C의 물을 버린다. 그리고 B의 물로 다시 C를 채우면 B에는 100컵의 물이 남는다. 2번 문제의 해답은 B−A−2C로 표시될 수 있다.

문제	A항아리 용량	B항아리 용량	C항아리 용량	채워야 할 양	답
1	14	163	25	99	
2	18	43	10	5	
3	9	42	6	21	
4	20	59	4	31	
5	23	49	3	20	
6	15	39	3	18	
7	28	76	3	25	
8	18	48	4	22	
9	14	36	8	6	

5. 막대 문제[7]

당신은 길이가 똑같은 6개의 막대를 가지고 있다. 이 6개의 막대를 동시에 사용하여 4개의 등변삼각형을 만들어보라(막대를 부러뜨려서는 안 되며, 삼각형 각 변의 길이는 막대 하나의 길이와 같아야 한다).

6. 문자 연결하기[8]

다음 문제에 들어갈 알파벳 문자는 무엇인가?
　OTTFFSS＿＿＿

7. 사슬 연결하기

당신에게 주어진 개개의 사슬고리(주어진 상태)를 연결시켜 일정한 형태의 사슬을 만드는 것(목표상태)이 이 작업의 목표다. 사슬고리를 열어젖히는 비용이 3달러고 그것을 조이는 비용이 5달러며 전체 예산이 25달러라는 점을 명심하라.

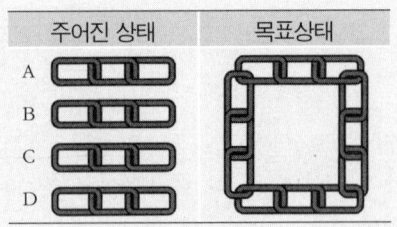

8. 나이의 합과 곱
수전과 마사는 아이들 문제를 얘기하고 있었다. 수전이 마사에게 세 아들의 나이를 물었다. 마사는 "세 아이의 나이를 합치면 13이 되고 그 아이들의 나이를 곱하면 당신의 나이가 된다"고 대답했다. 수전은 "나는 아직도 애들 나이를 모르겠다"고 대답했다. 다음 중 수전의 나이는 몇 살인가?

    a. 24세   b. 27세   c. 63세   d. 36세   e. 48세

9. 목걸이[9]
한 여자가 목걸이를 네 개 가지고 있었다. 목걸이는 모두 하나당 고리가 세 개씩 달려 있었는데 그녀는 이것을 연결해서 하나의 목걸이를 만들고 싶었다. 고리 하나를 여는 데는 2센트, 닫는 데는 3센트가 든다. 그녀에게는 15센트밖에 없었는데, 이 돈으로 목걸이를 모두 연결하려면 어떻게 해야 할까?

10. 금목걸이
아이작은 모텔에 머물고 있는데 현금이 없었다. 자신의 재정상태를 확인한 아이작은 23일 후에는 큰돈이 생길 것을 알았지만 그때까지는 파산상태이다. 모텔 주인은 매일매일 숙박비를 계산하지 않으면 모텔에 묵을 수 없다고 한다. 아이작은 23개의 고리로 된 금목걸이를 가지고 있었는데, 주인은 아이작이 하루에 한 고리씩 떼어내 이를 담보로 맡기고 숙박하는 것은 허락했다. 아이작이 돈을 갚으면 모텔 주인은 목걸이를 돌려주기로 했다. 아이작은 이 목걸이를 되도록 원래대로 보전하기를 원해서 꼭 필요한 만큼의 고리만 떼어내려 했지만, 주인은 숙박비를 매일매일 지불할 것을 고집했고 목걸이를 미리 맡기는 것도 원치 않았다. 아이작이 숙박비를 매일매일 지급하기 위해서는 최소한 몇 개의 고리를 떼어내야겠는가?

    _____개

11. 점 아홉 개 연결하기[10]
오른쪽과 같은 점 아홉 개에 연속해서 선을 네 개 이하로 그어 모두 연결되도록 하라.

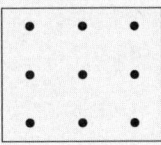

12. 돼지우리[11]
돼지 아홉 마리가 정사각형 모양 우리에 갇혀 있다. 정사각형을 두 개만 더 그려 넣어 우리 하나에 돼지 한 마리씩 가두도록 하라.

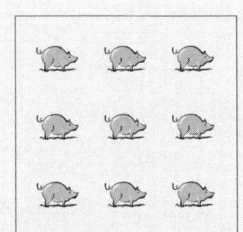

13. 연꽃[12]
어느 연못의 연꽃은 24시간에 두 배씩 늘어난다. 첫날 연꽃이 한 송이 있었는데 16일째 되는 날 연꽃이 모두 연꽃으로 뒤덮였다. 연못의 절반이 연꽃으로 덮이는 날은 며칠째인가?

14. 바텐더[13]
한 사람이 바에 들어와 물 한 잔을 달라고 했다. 바텐더가 그에게 산탄총을 겨냥했더니 그 사람은 "고맙다"고 인사를 하고 나갔다. 어떤 상황이 벌어졌는지 설명하라.

당신은 협상을 어떠한 관점에서 바라보는가?

정신모델mental model은 원인과 결과에 관한 개인의 이론이다. 협상에서 정신모델은 협상에서 어떤 개인의 행동이 어떤 결과를 가져오느냐에 대한 이론이다. 정신모델이 그들의 행동을 결정짓고 협상 진행에 영향을 미치기 때문이다. 예를 들어 협상을 '입씨름' 게임이라고 여기면 '동반자 관계'라고 보는 것보다 훨씬 강경해질 것이다. 다음의 다섯 가지 정신 모델, 즉 '입씨름', '비용효과 분석', '역할 게임', '동반자 관계', 그리고 '문제해결'을 살펴보면서 어느 것이 당신의 정신 모델과 가까운지 생각해보자.[14]

입씨름

아마 협상에서 가장 흔히 사용되는 정신 모델은 각 협상자가 협상영역의 가장 큰 부분을 차지하려는 '입씨름 모델haggling model'일 것이다. 이 모델은 협상에서 파이의 크기가 고정되어 있다는 인식을 기반으로 하고 있다. 예를 들어 매년 12월, 던지너스 게Dungeness crab 시즌이 시작되기 전에 오리건 주 뉴포트의 어부들과 게 가공업자들은 해양 전문용어로는 '교섭parley'으로 알려진 게의 시장벽두 가격을 협상하는 유서 깊은 전통의식에 참여한다. 2010년 시즌이 시작되기 전에는 마지막 순간까지 게 1파운드당 $1.55에서 $1.75의 범위를 두고 협상이 계속되다가 마침내 $1.65로 결정되었다.[15]

비용효과 분석

협상을 비용 - 효과 분석을 통해 수익을 극대화하는 합리적인 의사결정 과정 모델로 생각하는 협상자들이 있다. 예컨대 미국의 전 재무장관 로버트 루빈Robert Rubin은 그가 하는 모든 결정에서 성공 가능성을 계산했다.[16] 언젠가 그는 아메리칸 발레 극장American Ballet Theater의 이사회에 참석해, 〈백조의 호수〉에 등장하는 백조 수를 10% 줄여 비용을 절약하자는 제의를 한 적도 있다.

역할 게임

체스 게임 협상 모델은 협상을 '거리의 싸움'으로부터 지적인 사람들이 겨루는 지적 싸움으로 격상시킨다. 이 게임에서 각 당사자는 자신의 이익을 염두에 둔다. 예를 하나 들어보자. 캘리포니아 토틸라California Tortilla사의 고객들은 그들의 계산서에서 1달러씩을 빼는 가위바위보 놀이를 출납원들과 벌이도록 권유받았다. 세계 가위바위보 놀이 협회World RPS[Rock, Paper, Scissors] Society는 가위바위보 놀이 상대가 다음에 무슨 패(가위바위보 중)를 내밀지 간파하는 다음과 같은 방법을 인터넷에 올렸다. 즉, 외관상 지적으로 보이는 우수한 상대(따라서 대부분 보를 내밀 가능성이 높다)는 가위를 내밀어 물리칠 수 있다. 공격적인 상대는 대부분 바위를 내미는데, 출납원이 거칠고 좀 둔해 뵈는 덩치 큰 남자라면 보를 내밀어 제압할 수 있으며, 이는 "야만에 대한 현대 문명의 승리"를 상징한다. 상대(출납원)가 침착하고 영리해 보이면 바위를 내밀면 이길 수 있다.

동반자 관계

'동반자 관계 모델partnership model'은 앞서의 모델들과는 판이한 협상 정신 모델이다. 이 모델은 고객을 파트너로 대우하는 판매원들과 회사가 갖고 있는 모델이다. 동반자 관계 모델을 인정하는 협상자들은 지속적인 관계를 유지하기 위해 공감적인 관계를 구축하는 것이 중요하며, 어떤 경우에는 이를 위해 자신을 희생할 수도 있다고 생각한다.

문제해결

문제해결 모델에서는 두 사람이 테이블의 같은 쪽에 앉아 문제를 함께 해결하려고 한다. 이 모델은 과제의 협업적 또는 협력적 측면에 초점을 두며 상당한 창의성, 문제 재구성 능력, 그리고 틀에서 벗어난 사고가 요구된다.

우리는 협상자의 정신 모델과 그것이 협상성과에 미치는 영향을 조사해보았다.[17] 첫째, 윈 - 윈에 이르는 협상자들은 그렇지 못한 협상자들에 비해 상대방의 이해관계를 잘 반영하는 정신 모델을 가지고 있었다. 둘째, 윈 - 윈에 이르는 협상자들은 그렇지 못한 협상자들에 비해 서로 유사한 정신 모델을 가지고 있었다. 상위인지上位認知, metacognition의 공유는 더 협력적인 협상, 상대방의 가치와 이해관계에 대한 더 큰 통찰력, 그리고 더 만족스런 협상결과를 촉진한다.[18] 그런 인지능력을 공유하기 위해 협상자들은 서로 그들이 알고 있는 것을 명시적으로 교환해야 한다. 경험을 기반으로 한 훈련은 좀 더 전문적이고 윈 - 윈 하는 정신 모델을 개발하는 데 큰 도움이 된다. 그에 반해 교훈적인 강의는 독특하게도 효율적이지 않다.

 창의적인 방법으로 합의에 도달하기

협상에서의 창의성은 월요일 아침의 쿼터백*처럼 협상 당시에는 발휘할 기회가 잘 보이지 않다가 협상이 끝난 다음에 생각해보면 쉽게 눈에 띈다. 지금부터 창의적인 협상의 몇 가지 특징을 기술하고자 한다.[19]

의제를 해결 가능한 몇 개의 부분으로 쪼갠다

대부분의 협상은 단일 의제를 담고 있는 것처럼 보인다. 단일 의제 협상인 것처럼 보이는 것에서 몇 개의 작은 부분으로 문제를 나누고 그 과정에서 각 의제에 우선순위를 부여하는 것은 아마도 창의적 협상의 가장 중요한 모습일 것이다.[20] 그 예로 유나이티드 푸드앤드커머셜United Food & Commercial의 175구역 노조원들과 윌프리드로리어 대학Wilfrid Laurier University 양측의 제안이 30만 달러나 차이가 나는데도 파업을 피할 수 있었다. 이들은 임금인상이라는 단일한 협상의제를 직원의 신분보장, 유니폼에 대한 규제, 주차료 지원, 체육시설 이용, 초과수당 지급 등 여러 의제로 분화시켰다.[21] 또한 사우스웨스트 에어라인과 에어트란AirTran 사이의 협상을 살펴보자. 그들은 사우스웨스트와 에어트란의 합병이라는 가장 분명한 의제를 우선적으로 다루면서도 또한 외관상 더 작아 보이는 문제들도 결코 소홀히 하지 않았다. 예컨대 에어트란이 비즈니스클래스 좌석을 인기상품으로 만든 데 반해 사우스웨스트

- 월요일 아침의 쿼터백Monday morning quarterback: 일이 끝난 다음에 이러니저러니 말하는 것을 의미한다. 미국에서 미식축구 경기는 대부분 토요일과 일요일에 치러지고 월요일에는 전날 벌어진 경기에 대해 관전평을 많이 하게 되는데, 바로 이 같은 스포츠 열기 속에서 생긴 말이다.

는 그렇게 하지 않았기 때문에, 에어트란이 좌석문제를 제기하며 에어트란의 고정 고객들이 떨어져나갈지도 모른다고 주장한 것이다.22

사람들은 문제가 주어지면 이를 잘 해결하지만 문제점을 찾아내는 일에는 서투른 경향이 있다. 협상이란 문제를 해결하기보다는 양측의 차이를 알아내어 트레이드오프가 가능하도록 문제점을 찾아내는 것인 경우가 많다. 심리학자들은 이를 문제해결의 반대개념인 **문제표출**problem representation이라 부른다.

차이점의 발견을 위해 의제를 재구성하라

트레이드오프가 이루어질 수 있도록 차이점을 찾기 위해, 협상자들은 개별의제들이 독립적으로 협의되고 트레이드오프가 되도록 협상의제들을 재구성하는 일이 필요하다.23 노련한 협상자들은 문제해결의 기회를 찾으려면 어떻게 의제를 구성해야 하는지를 안다. 그 예로, 세계무역센터 부지 재개발업자인 래리 실버스타인Larry Silverstein과 건축가인 대니얼 리베스킨드Daniel Libeskind 간에 있었던 협상을 살펴보자.24 실버스타인과 리베스킨드는 추가의제를 찾아내어 의제를 재구성하고 합의를 도출함으로써 몇 달에 걸친 열띤 싸움을 종식시켰다. 협상이 교착상태에 이른 중요한 이유는 남부 맨해튼의 무역센터 신축지역에서 첫 번째로 지어지는 600미터 높이의 사무동 설계에 건축가가 얼마나 많은 영향력을 행사할 것이냐 하는 문제였다. 개발업자인 실버스타인이 리베스킨드가 아닌 다른 건축가를 통해 원래의 건축계획을 변경하려 한 것이다. 두 사람은 향후 추가로 건설될 상업용 건물의 디자인을 규율하기 위한 지침이라는 새로운 의제를 만들어내어 합의에 도달할 수 있었다. 이 지침은 건축가인 리베스킨드의 의견대로 만들어졌으며, 실버스타인은 첫 번째 사무동 건설에는 다른 회사를 고용하여 건축설계와 공사 감리를 맡길 수 있었다. 리베스킨드는 재개발 계획에 포함되어 있는 항목인 극장, 예행연습실 및 강의실이 어떻게 35층 아파트 건물과 조화를 이룰 수 있는지를 보여주는 도형을 그렸다.[25]

파이 늘리기를 통해 합의를 이끌어내라

파이 늘리기는 통합적 합의를 위한 중요한 방법이다. 그렇지만 파이가 고정되어 있다는 인식하에 일을 하면 불필요하게 자신의 협상대안을 제약하게 된다. 파이를 늘려서 교착상태를 전환시킨 소방서와 초등학교의 협상 예를 살펴보자.[26] 처음에 학교는 증축을 위해 땅을 사려 했으나, 출입구를 넓히기 위해 땅이 필요했던 소방서가 이를 막았다. 그래서 양측은 이 문제와 무관한 제3자(시정부)에게서 토지대금을 지급하여 파이를 크게 했다. 시 정부는 시유지 3,600평을 학교 및 소방서 인근 토지의 원 소유주에게 제공하고 대신에 학교와 소방서 모두에게 가까운 9,000평의 땅을 학교와 소방서에 제공했다. 이를 통해 학교와 소방서는 양측 모두가 목표로 하는 '토지라는 파이'를 늘리는 데 성공했다. 교환될 수 있는 다른 토지를 활용하여 파이를 늘림으로써 학교 측은 시설을 확충할 수 있었고 소방서 측은 출입구를 좀 더 편리하고 안전하게 만들 수 있었다.

가교해결책이 새로운 대안을 마련해준다

가끔 협상자들이 타협안을 만들지도 못하고 파이 늘리기도 효과가 없는 경우가 있다. 게다가 트레이드오프를 통해서도 양측 모두 서로 원하는 것을 얻지 못하는 경우가 있다. 이럴 때 가교해결책bridging은 당사자들의 이해를 충족시킬 수 있는 새로운 대안을 마련해준다. 가교해결책은 상대방의 요구를 이해하면서도 본래의 입장을 바꾸지 않도록 해준다. 협상자들이 상대방의 기본적 요구를 이해하면 가교적인 합의를 이루기가 쉽다.

비용을 절감시켜주는 것도 합의에 이르는 방법이 된다

가끔 협상자들은 비용이 과도할 것으로 생각하여 합의하기를 주저하는 경우가 있다. 손해를 보는 경우에는 많은 사람들이 위험을 감수하는데, 이는 사람들이 양보하기를 무척 꺼리며 양보를 해야 하는 경우에는 비합리적으로 행동한다는 것을 뜻한다. 비용절감은 비용을 줄여줌으로써 상대방을 편하게 해주는 방법이다. 자연보호위원회Nature Conservancy와 그레이트노던Great Northern 제지회사 간의 협상에서 발생했던 부가가치 비용절감의 예를 살펴보자.[27] 피상적으로 보면 양자 사이의 이해관계는 크기가 정해진 파이를 둘러싼 전형적인 관계로 예상된다. 나무에서 물까지 모든 것을 보존하려하는 자연보호위원회는 나무를 잘라 물품을 만들어 돈을 버는 회사에는 절대로 협조하지 않을 것처럼 생각될 것이다. 그렇지만 전혀 예상치 못했던 파트너십이 이루어져 자연보호위원회는 5,000만 달러에 달하는 제지회사 측의 부채를 맡기로 했으며, 그 대가로 그레이트노던측은 3억 평의 삼림을 개발하지 않고 보존하기로 동의했다.[28]

비용절감의 또 다른 사례로는 월그린Walgreens사와 CVS 약국이 개입된 뜨거운 논란을 들 수 있다. 2010년에 월그린사는 경쟁회사인 CVS 케어마크 CVS Caremark의 거대한 판매망으로부터 나온 처방전을 접수하거나 갱신하는 것을 중단시키겠다고 위협했다. 환급비율과 처방전 계획이 예상을 뛰어넘을 정도로 CVS 약국에 유리하다는 점이 파악되었기 때문이다. CVS는 그에 대한 보복으로 1개월 이내 판매상점들을 월그린으로부터 철수시키겠다고 발표했다. 월그린사의 위협은 월그린 상점들에서 수백만 건의 처방전 접수가 차단된다는 것을 의미했다. 하지만 그에 따라 월그린과 CVS 두 회사에 발생할 잠재적인 손실을 알게 되자 사태가 반전되었다. 월그린을 찾는 환자들이 CVS 파머시 베네핏 매니저Pharmacy Benefit Manager 영업활동의 약 10%를 기여하고, CVS 고객들이 월그린사의 연간 매출로 거의 44억 달러를 올려주고 있었다. 두 회사는 월그린사가 CVS 케어마크 가입자들이 구매하는 약품에 대해 가격을 더 올리지 않기로 한 것에 대한 보답으로 CVS가 재정적인 양보를 한다는 협정을 통해 원가를 절감하기로 합의했다.29

협상범위 바깥에 있는 불특정보상 방법도 효과가 있다

불특정보상nonspecific compensation 합의란 한쪽 당사자는 자신이 원하는 것을 얻고 상대방은 당초 협상의 범주 바깥에 있는 방법으로 보상을 받는 방법이다. 런던 소재 온라인 디자인 회사인 리얼타임Real Time사의 전무 필 존스Phil Jones는 불특정보상의 사례를 회고한다.30 포뮬러원F-1의 어느 자동차 경주팀이 인터넷에 웹사이트를 출범시키려 했지만 예산이 없었다. 그렇지만 필 존스의 눈에는 이 고객이 매우 유망해 보였기 때문에 이들을 위해 좋은 프로젝트를 만들어 그 경주팀과 관계를 맺고자 했다. F-1 팀은 이 일을 위해 'F-1 경주 티켓'을 리얼타임에 제공하는 방식의 불특정보상안을 리얼타임사에 제시했는데, 이 방안은 효과가 있었다. 필 존스는 "티켓은 아주 유용했으며 회사 직원들을 격려하고 기존 고객을 붙들어 두거나 신규고객을 유치하는 데 사용될 수 있었다"고 이야기한다.

조건부계약은 위험부담을 줄여준다

향후 있을 일이나 결과의 예상이 이따금 협상의 장애물로 작용하기도 한다.31 장래의 결과에 대해 서로 다른 예상으로 교착상태가 초래되면 이를 극복하기가 쉽지 않다. 특히 양측이 서로 자신의 예측이 정확하다고 확신하면서 상대방의 예측을 의심할 때는 더욱 그러하다. 이 경우 타협은 별로 효과적인 해결책이 아니며, 당사자들은 자신의 견해를 바꾸려 들지 않는다. 다행히 조건부계약은 이런 어려움에서 벗어날 수 있는 방안이 된다. 조건부계약contingency contract 또는 contingent contract에서는 장래에 발생할 일에 대해 의견이 다르더라도 이를 타협할 필요가 없으며, 오히려 이것이 협상의 핵심이 된다.32 회사들이 미래의 일에 대해 논쟁을 벌이지 않고 오히려 내기를 하는 것으로, 어떤 사업부문에서는 조건부계약이 보편화되어 있다. 예를 들면, 일부 회사 사장들은 그들의 봉급을 회사의 주가에 연계시키고 있다.

그렇지만 사람들은 실제 비즈니스 협상에서는 몇 가지 이유로 조건부계약에 관심이 없거나 이를 거부한다.33 첫째, 사람들은 어떻게 조건부계약을 작성해야 하는지를 잘 모른다. 분쟁에 휘말렸을 때 이견에 대해 내기를 하는 일은 일어나기가 어렵다. 둘째, 조건부계약은 자주 위험이 큰 도박으로 인식된다. 셋째, 그러한 계약을 체결하는 체계적인 방안이 마련되어 있지 않으므로, 좋은 아이디어처럼 보여도 이를 계약으로 만들어 집행하기가 쉽지 않다. 넷째, 협상자들은 합의를 얻어내려는 편견을 가지고 있다. 상대방과 공동이해가 있는 부분에만 집중하려고 하고 이해관계의 차이를 받아들이려 하지 않는데, 이를 통해 서로에게 이득이 될 수 있는 대안이 만들어질 수 있다고 해도 받아들이기를 꺼린다.34 조건부계약 전략이 제시하는 것은 역설적으로 이견도 건설적일 수 있다. 조건부계약은 협상자들로 하여금 추측에 근거한 의견충돌이 아닌 실질적인 상호이익에 집중할 수 있도록 해준다.35 회사들은 이견해소 방법을 찾지 못하는 경우에 종종 법정으로 가기도 하는데, 이는 협상의 지연, 막대한 소송비용, 당사자들의 통제력 상실, 그리고 BATNA의 악화를 초래한다. 조건부계약이 체결되었더라면 금세기의 가장 유명하면서도 결실이 없었던 반독점 사건이 어떻게 변했을 지를 살펴보자. 1969년에 미 법무부는 IBM의 독점적 행위에 대해 소송을 제기했는데, 10년이 흐른 뒤에도 이 사건은 계속 법원에 계류되어 있었다. 6,500만 페이지 이상의 문서가 제출되었고, 양측은 수백만 달러의 소송비용을 지출했다. 1982년에 법무부는 결국 소송을 취하했는데, 그때는 이미 컴퓨터 시장에서 IBM이 누리던 독점적 지위가 급속히 잠식되고 있었다.

소송이 진행되던 13년 동안 IBM과 정부는 미래에 일어날 사건의 예측에 대해 이견을 보이고 있었다. IBM은 수익이 좋은 컴퓨터 시장의 경쟁이 격화되고 있어 자사의 시장점유율이 줄어들 것으로 예측한 반면, 정부는 IBM의 독점적 지위가 장래에도 상당 기간 계속될 것으로 보고 있었다. 양측은 서로 상대방의 견해를 인정하지 않았으며, 따라서 타협의 여지가 없었다.

이 분규를 해결할 수 있는 가장 효율적이고 합리적인 방안은 정부와 IBM 양측이 미래를 걸고 조건부계약을 협상하는 일이었을 것이다. 예를 들어 IBM 측이 1969년의 시장점유율인 70%를 1975년까지 계속 유지하면 벌금을 내고 일정 부분의 사업을 시장에서 철수해야 하며, 시장점유율이 50% 미만으로 떨어지면 정부가 반독점 소송을 취하하기로 합의를 할 수 있었을 것이다. 그리고 점유율이 50%에서 70% 사이가 되면 또 다른 형태의 조건부계약이 효력을 갖도록 할 수 있었을 것이다. 물론 그러한 조건부계약을 체결하기가 쉽지는 않았을 것이다. 그렇지만 여러 가지의 가능한 해결방안이 있었고, 그중에서 구체적인 합의를 도출해낼 수도 있었을 것이다. 양측의 변호사들이 법원에 재정신청을 내고 상대방의 입장을 듣고 문서를 검토하는 것보다는 조건부계약 구성의 내용에 관해 몇 주일씩 논쟁을 하는 것이 훨씬 합리적이고 비용도 적게 들었을 것이다.[36]

조건부계약의 또 다른 장점은 허위사실을 알아낼 수 있는 거의 완전한 장치를 제공해준다는 점이다. 비즈니스 협상에서 상대에게 속을 수도 있다는 우려는 합의에 도달하는 데 중요한 걸림돌이다. 그런데 조건부계약은 사기행위를 찾아내고 그 결과를 중립화시키는 좋은 방법이 된다. 조건부계약에서는 상대방과 부딪치지 않고도 진실성을 테스트할 수 있기 때문에 상대방의 체면이 유지될 수 있다. 또한 조건부계약은 상대방의 속임수로부터 자신을 보호해준다. 크리스토퍼 콜럼버스가 이사벨라 여왕 및 페르디난드 왕과 협상을 할 때 가장 우려했던 것도 바로 자신이 속을지 모른다는 두려움이었다. 콜럼버스는 목숨을 걸고도 아무것도 얻지 못할 것을 우려하여 원정비용의 1/8을 자신이 부담하는 대신에 전체 이익의 1/8을 보장받아야 한다고

주장했다. 불행하게도, 그가 항해에서 돌아오자 왕은 합의를 파기했으며 그는 법정에 출두해야 했다.37

조건부계약에서는 매우 좋은 실적을 낸 회사에 대해 인센티브가 제공되기 때문에 협상자들 사이의 신뢰와 신의성실 구축이 가능해진다. 조건부계약은 예상 밖의 잘못된 결과가 초래될 때 당사자의 손실을 줄여주는 안전망 구실을 한다. 우리는 각종 비즈니스 협상에서 조건부계약이 유용하다고 믿지만, 이 계약이 언제나 올바른 전략은 아니다. 베이저먼Bazerman과 질레스피Gillespie는 협상에서 조건부계약의 타당성과 유용성을 평가할 수 있는 기준으로 다음 세 가지를 제의했다.38

1. 조건부계약은 계약 이후 당사자 간에 일정한 수준의 지속적인 교류를 필요로 한다. 서명이 된 후에도 계약의 최종내용이 확정되기까지는 일정 기간이 걸리기 때문에 당사자 간에 어느 정도의 사후 접촉이 필요하며, 이러한 접촉을 통해 합의내용을 평가할 수 있다. 따라서 미래의 상황이 너무 불확실하거나 한쪽 당사자가 현재 상황에서 완전히 떠날 준비를 하고 있는 것으로 추측될 때는 조건부계약을 체결하는 것은 현명하지 못하다.
2. 당사자들은 조건부계약의 이행강제성에 관해 생각해야 한다. 조건부계약에서는 계약이 종종 내기가 되어버리기 때문에 어느 한쪽의 예측이 정확하지 않을 수도 있다. 이로 인해 내기에 실패한 당사자에게는 결과가 문제시되며, 의도했던 대로 진행되지 않을 경우에는 변상을 하지 않을 가능성도 있다. 이런 이유 때문에 문제가 되는 금액을 공탁함으로써 계약불이행 유혹을 차단하는 것이 좋다.
3. 조건부계약은 명확해야 하며 측정할 수 있어야 한다. 만일 어떤 사안이 모호하고 측정할 수 없거나 주관적인 성격을 띠게 되면, 지나친 자신감과 이기적인 편견 등으로 인해 조건부계약에 대한 평가가 자의적일 수

있다. 따라서 계약을 어떻게 평가할 것인지에 대해 당사자들이 사전에 명확하고 구체적인 방법에 합의해야 한다. 어떤 때는 제3자와 상담하는 것이 현명할 수도 있다.

 문제해결과 창의성에 대한 장애요소

인간의 여러 가지 편향과 결점들은 창의적인 사고를 위협한다. 이러한 편향을 갖지 않도록 하는 첫 번째 중요한 단계는 그러한 편향이 있다는 것을 인식하는 것이다.

필요한 지식을 제때에 찾아서 활용하지 못한다

새로운 상황에서 문제를 해결하는 능력은 그와 관련된 지식을 동원할 수 있느냐에 달려 있다. 관리자가 새로운 문제에 직면하면 도움이 될 수 있는 전략을 찾아내기 위해 기존의 경험과 관련된 지식 기반을 활용하려고 한다. 비활성지식문제inert knowledge problem는 필요할 때 관련 지식을 동원하지 못하는 것을 뜻한다.[39] 즉 어떤 새로운 문제를 해결하기 위해 필요한 정보가 관리자의 인식 속에는 들어 있기는 하지만 그것을 제때에 동원하지 못한다는 의미이다. 이런 일이 일어나는 이유는 나이가 들었거나 건망증이 있어서가 아니라 기억력의 구조 때문이다.

우리의 기억 중에서 가장 쉽게 떠오르는 것과, 문제를 해결하고 추론을 하는 데 가장 도움이 되는 것 사이에는 큰 괴리가 있다. 사람들은 종종 새로운 문제를 해결하는 데 가장 도움이 되는 기억을 되살리지 못한다.[40] 한 예로, 사람들에게 확률이론 사례를 공부시키고 이 원칙을 이용해서 문제를 풀도록 했다. 공부 내용과 테스트가 같은 상황인 경우에는 그렇지 않은 경우에

비해 배운 것을 훨씬 잘 기억해낸다.[41]

또 다른 예로, 참석자들에게 사냥꾼과 매에 관한 이야기를 들려주었다.[42] 그리고 나서 등장인물과 줄거리를 다양하게 조합한 네 가지의 이야기(즉 등장인물과 줄거리가 모두 유사한 이야기, 등장인물은 다르지만 줄거리가 유사한 이야기, 등장인물은 유사하지만 줄거리가 다른 이야기, 등장인물과 줄거리가 모두 다른 이야기) 중 하나를 들려주었다. 그 결과, 사람들은 등장인물이 다른 경우보다 등장인물이 같은 이야기를 네 배나 더 잘 기억했다. 여기서 사람들이 종종 새로운 문제를 해결하는 데 가장 도움이 되는 내용을 기억해내지 못한다는 것을 알 수 있다.[43] MBA 과정 학생들에게 협상에 관한 정확한 접근법을 알려주었지만, 이들은 종종 "알고는 있었지만 이것을 사용할 생각을 하지 못했다"고 아쉬움을 나타냈다.

불행하게도 협상자들은 그들이 배운 내용을 제대로 적용하지 못할 뿐 아니라 이를 지적해주는 사람이 없기 때문에 이 같은 아쉬움을 경험하지도 못한다. 따라서 사람들은 자신이 알고 있는 내용을 상황에 따라 이전transfer시키는 능력이 매우 제한되어 있다. 이전이란 어떤 상황에서 문제를 해결했던 전략이나 아이디어를 다른 상황에 적용하는 능력을 뜻한다. 여기서 표면적 이전surface-level transfer과 심층적 이전deep transfer을 구분하는 것이 중요하다. 표면적 이전이란 어떤 상황의 해결책을 표면적으로 유사한 상황에 적용하려고 하는 것을 뜻한다. 많은 경우에 표면적인 유사성보다는 심층적으로 유사성이 있는 해결책이나 전략을 적용하는 것이 바람직하지만 마음처럼 쉽지는 않다. 일반적으로 어느 두 가지 문제가 표면적(또는 피상적) 유사성이 있으면 관리자들은 어느 한 상황에서 얻은 지식을 다른 상황에 더 쉽게 적용하는 경향이 있다. 그렇지만 관리자들은 관념적으로는 표면적 유사성보다는 심층적 유사성이 있는 문제에 해결책을 적용할 수 있기를 원한다.

MBA 과정 학생들이나 기업체 임원들, 그리고 컨설턴트 등 협상기술이 요구되는 사람들을 대상으로 연구한 결과, 대체로 비활성지식문제가 크게 드러났다.⁴⁴ 표면적으로 유사해 보이지 않는 협상상황에서 중요한 원칙을 적용해야 할 때 응용력이 상당히 낮았던 것이다. 예를 들면, 조건부계약을 체결할 가능성이 있는 극장 운영자와 관련된 협상을 다룰 때, 사람들은 이전에 가족운영 농장이라는 다른 상황에서 배운 조건부계약에 관한 원칙을 적용하지 못하는 것이다. 우리는 새로운 문제가 이전 상황과 비슷할 때만 전에 배운 지식을 사용할 줄 안다. 사람들은 문제해결 전략과 원칙을 사용할 수 있는 유사한 문제를 찾아내지 못하는 것 같다.

문제는 어떻게 비활성지식문제를 감소시키고 이전에 익힌 지식이 문제해결에 도움이 될 수 있는 상황에서 그 지식을 적용하는 능력을 증대시킬 것인가 하는 것이다. 한 가지 간단하고 효과적인 답이 있다. 그것은 둘 또는 그 이상의 적절한 케이스를 비교해보는 것이다.⁴⁵ 케이스나 상황을 머릿속으로 비교해보면, 표면적인 상황이 다른 경우에도 문제를 해결할 수 있는 능력을 창출해낼 수 있다. 이러한 정신적 비교과정을 통해 창출된 문제해결 능력은 새로운 문제에 직면했을 때 기억해내고 적용하기가 쉽다. 비교해보지 않으면 어떤 상황정보가 적절한지 명확하지 않다. 그런데 비교가 도움이 되기는 하지만, 사람들이 언제 비교를 하느냐는 명확하지 않다. MBA 과정 학생들과 임원들을 대상으로 하는 훈련과정에서 우리는 여러 차례에 걸쳐 교재의 같은 페이지에 몇 가지 케이스를 제시했다. 한 페이지에 있는 케이스들이 유사한 원칙을 가지고 있음에도 협상자들은 이를 적극적으로 비교하지 않았다. 결국 중요한 것은 자신이 직접 경험했던 일을 비교하는 것인데, 이에 대해서는 나중에 상세히 살펴보도록 하겠다.

앞서 언급한 전략은 협상자들에게 매우 유사한 특정 사례들을 제공함으로써 협상전략에 대한 이해를 촉진하는 데 초점을 맞췄다. 그러나 서로 다른 가치 창조 전략 몇 개를 협상자들이 비교하는 유사한 여러 가지 훈련들이 더 효과적일 수 있다.⁴⁶ 협상자가 여러 사례 내용을 단순히 읽기보다 비교할 수 있다면 그 학습내용을 새로운 협상상황에 유리하게 적용할 수 있을 뿐 아니라 그 핵심 원리를 예증하는 자신의 삶으로부터 협상상황을 상기할 수 있기 때문이다.47 이와 관련된 한 조사에서 협상자들은 외관상 관련이 없는 업무의 차이점들에 초점을 맞춤으로써 협상전략에 대한 지식을 훌륭하게 획득할 수 있었던 것으로 밝혀졌다.48 특별히, 다른 사람들이 어떻게 '몬티 홀Monti Hall' 게임49과 다자 '최후통첩Ultimatum' 게임50 버전으로 결정을 내렸는지에 관해 생각할 수 있었던 협상자들은 새로운 문제를 더 정확하게 분석했다.51

금방 떠오르는 정보를 바탕으로 예측한다

'King'과 같이 첫 글자가 k인 단어와 'awkward'처럼 세 번째 글자가 k인 단어 중 어느 쪽이 더 많을까?52 영어 단어 중에는 k가 세 번째에 있는 단어가 k가 첫 번째에 있는 단어보다 2배 정도 많다. 그러나 사람들은 대부분 그 반대로 잘못 생각하고 있는데, 이는 가용성 휴리스틱availability heuristic• 성향 때문이다. 가용성 휴리스틱이란 두드러져 보이는 그룹이나 카테고리일수록 사람들이 이를 더 잘 기억해내는 것을 말한다. 협상자들의 판단은 머릿속에 어느 정보가 쉽게 떠오르는가에 의해 영향을 받게 된다. 이와 관련된 조사에서 참여자들에게 39명의 유명인사 명단을 제시했다.53 이들 중 여성이 19명이고 남성이 20명이었는데, 우연하게도 여성 명사들의 이름이 남성 명사들보다 더 잘 알려져 있었다. 나중에 참여자들에게 그 명단에 여성 명사가 몇 명이나 있었는지 물었더니 사람들은 그 숫자가 실제보다 훨씬 많은 것으로 기억했다. 이는 여성 명사들의 이름을 기억하기가 더 쉬웠기 때문으로, 가용성 휴리스틱의 예가 된다.

• 휴리스틱은 경험적으로, 또는 자기 스스로의 노력에 의해 이치를 발견하는 교수법이라는 의미이다. 간편법, 어림법 등으로 번역되기도 하지만 아직 확립된 번역어가 없으므로 여기서는 원어대로 '휴리스틱'이라고 했다. 기업에서는 휴리스틱이 의사결정과정을 단순화한 지침이라는 뜻으로도 사용된다.

가용성 휴리스틱은 '일치성 과신효과false consensus effect'와도 연관이 있다.[54] 일치성 과신효과는 남들도 자신과 같을 것으로 생각하는 경향을 말한다. 한 조사에서 담배를 피우는 사람들은 사람들 중 51%가 담배를 피울 것이라고 생각하는 반면, 담배를 피우지 않는 사람들은 38%만이 담배를 피울 것으로 생각했다.[55] 또한 사람들은 마약, 낙태, 안전벨트 착용, 정치문제, 심지어 과자에 대한 의견까지도 실제보다 더 많은 사람들이 자신의 의견과 같을 것으로 믿었다.[56] 협상자들이 가용성 휴리스틱의 희생자가 되면 창의적인 전략을 구사할 가능성이 현저히 줄어들게 된다.

대표성을 바탕으로 예측한다

당신이 새로운 보스를 만나게 되었다고 생각해보자. 그녀는 날씬하며, 안경을 썼고, 부드럽게 얘기했으며, 그리고 옷차림은 보수적이었다. 나중에 당신은 새 보스와 취미나 업무 외적인 관심사에 대해 얘기해본 적이 없다는 것을 깨닫게 되었다. "당신의 보스는 시 읽는 것을 좋아하느냐 아니면 스포츠를 좋아하느냐?"라는 질문에 답할 때, 그가 어느 특정 그룹의 전형적인 모습과 유사하면 그 사람도 그 그룹에 속할 것으로 판단한다. 그래서 대부분의 사람들은 새 보스가 시 읽기를 좋아할 것으로 추측한다. 기본적으로 우리는 누군가가 어느 집단의 전형적인 인물과 비슷할수록 그 사람도 그 집단에 속한다고 정형화하려는 경향이 강해진다. 이러한 대표성 휴리스틱representativeness heuristic은 실제에 근거를 두기는 하지만 시대에 뒤떨어지고 잘못된 개념이다. 더구나 정형화된 정보에 의존하면 협상에 도움이 될 수 있는 다른 정보를 간과하기 쉽다. 가장 중요한 형태의 정보는 기본발생률base rates과 관련이 있다. 기본발생률이란 일반인들 사이에서 어떤 사건이 발생하는 빈도를 말한다. 새 차를 구입하려는 협상자를 예로 들어 살펴보자. 새 차 구입 때 활용하는 중요한 정보 출처의 하나가 《컨슈머 리포트》다. 이 잡지는 수십만 명의 소비자를 대상으로 조사한 것이기 때문에 신뢰도가 매우 높다. 그렇지만 사람들은 이 보고서를 참고하면서도 이웃이나 친지들의 의견을 듣고 싶어 한다. 간혹 이웃이나 친지들이 소비자 컨슈머 리포트와 다른 경험을 하는 수가 있다. 이런 경우, 사람들은 기본발생률과 같은 유효한 정보를 무시하고 이웃의 의견과 같은 '생생한' 정보에 의존하는 수가 있다. 이러한 실수를 기**본발생률오류**base rate fallacy라고 한다.

이런 잘못된 판단은 우연히 벌어진 일을 항구적인 메커니즘으로 받아들이는 경향을 뜻하는 **도박꾼의 오류**gambler's fallacy와 연관이 있다. 예를 하나 살펴보자. 동전을 던져 앞면인지 뒷면인지를 맞히는 게임을 하는데 연달아 다섯 번 앞면이 나왔다. 이제 여섯 번째 게임을 하려고 한다. 이번에는 어느 쪽이 나올 것으로 생각하는가? 많은 사람들은 뒷면이 나올 확률이 높을 것으로 생각할 것이다. 그렇지만 실제로 앞면과 뒷면이 나올 확률은 이전의 결과에 관계없이 항상 50%이다. 그런데도 사람들은 대부분 어떤 결과(예: 앞면 - 뒷면 - 앞면 - 뒷면)가 나올 확률이 다른 결과(예: 앞면만 계속 나오거나 뒷면만 계속 나오는 것)가 나올 확률보다 높다고 생각한다.[57]

우선 착점부터 하고 나서 조정한다

취업 희망자들은 종종 고용주들로부터 희망 봉급수준에 관해 질문을 받는다. 이들은 봉급을 최대한 많이 받으려고 하면서 동시에 터무니없는 요구로 아예 고용대상에서 제외될 것을 우려한다. 마찬가지로 집을 사려는 사람은 호가를 얼마부터 시작해야 하는지 고민한다. 이런 경우, 어떤 요소가 우리의 가치판단을 결정해줄까?

사람들은 판단 참고치를 **착점**着點, anchor point으로 활용한 다음에 여기에서 적절히 가감을 한다.[58] 예를 들어 어느 취업 희망자의 룸메이트가 연봉 8만 달러의 직장을 얻었다면 그는 8만 달러를 자신의 출발점으로 삼기 쉽다.

이렇게 착점을 정하고 조정하는 과정에서 두 가지의 기본적인 문제가 발생한다. 첫째는 우리가 판단의 근거로 사용하는 착점이 자의적인 경우가 많다는 점이다.[59] 착점이 판단의 적합성을 근거로 하지 않고, 우연히 접한 내용을 바탕으로 이루어지는 것이다. 둘째는 우리가 착점에서부터 충분한 조정을 하지 못하는 경향이 있다는 점이다(맨해튼의 의사 숫자 예측이 사회보장번호에 의해 영향을 받았던 앞의 사례를 생각해보자). 협상자들은 착점에 신중해야 하며, 상대방이 이 착점으로 당신의 발목을 잡지 못하도록 해야 한다.

타당성이 부족하지만 인과관계가 있다고 단정한다

다음 내용을 생각해보자.
- 샌프란시스코에 사는 여성들은 유방암 발생률이 높다.
- 사회적으로 경제력이 약한 지위의 여성들은 모유로 아기를 키울 가능성이 낮다.
- 늦게 결혼하는 사람들은 이혼할 가능성이 낮다.

좀 더 자세히 보기 전에 각각을 설명해보라고 하면, 많은 사람들이 다음과 같이 결론짓는 경향이 있다.
- 샌프란시스코에 살면 유방암 발생률이 높아진다.
- 사회적으로 경제력이 약한 사람들은 산후조리 서비스를 받지 못한다.
- 사람들은 나이가 들수록 현명해진다.

이런 설명들은 합리적이기는 하지만 정보에 근거한 것은 아니다. 우리는 인과관계의 선후를 모르기 때문에 두 사건의 인과관계 추리는 보장되지 않는다(예컨대 나이 많은 여성들이 만안灣岸 지역에 더 많이 살 가능성은 있다). 더욱이 제3의 변수가 있을 수 있는 것이다(예를 들어 늦게 결혼한 사람들이 더 부유하고 교육수준이 높은 이유 등으로 이혼 가능성이 낮을 수도 있다). 아마도 사회적으로 경제력이 약한 여성들은 더 젊고 모유로 수유하기가 불편할 수도 있으며, 이들이 이유식 제조회사의 집중적인 공략대상이 될 수도 있고, 이들의 출산휴가 사용률이 낮을 수도 있는 것이다. 어떤 상황이든지 수없이 많은 설명이 가능하다는 것이다.

한번 생긴 믿음은 잘못된 것일지라도 지속된다

지속효과perseverance effect란 어떤 사실이 거짓이나 잘못으로 판명되었음에도 그것이 사실이라고 계속 믿고 싶어 하는 경향을 뜻한다.[60] 예를 들면, 당신이 적성검사를 했는데 점수가 아주 낮게 나왔다고 생각해보자. 나중에 점수가 잘못 채점되었다는 것을 알았지만 당신이 이 경험을 머릿속에서 지울 수 있을까? 당신도 그러한 믿음을 계속 유지하는 대부분의 대학생들과 같을 것이다.[61] 왜 이런 경향이 나타날까? 일단 인과관계에 대한 설명이 이루어지면 이를 변경하기가 어렵다. 만일 당신이나 당신의 협상 상대방이 상대에 대해 잘못된 믿음을 가지고 있다면 그것이 잘못된 것으로 드러난 다음에도 그 믿음은 계속된다. 따라서 당신이 상대방에게 가지고 있는 믿음을 신중히 검토해보아야 하며, 상대방도 당신에 대해 잘못된 믿음을 가질 수 있다는 것을 알아야 한다.

관련이 없는데도 상관관계가 있다고 오해한다

착각상관錯覺相關, illusory correlation이란 서로 연관성이 없는데도 상관관계가 있다고 믿으려는 경향을 말한다. 사람들은 종종 별개의 정보인데도 같은 사건의 결과로 인식한다.[62] 한 조사에서, 사람들에게 정신병환자들이 그린 그림을 보여준 다음 그들에 대한 진단서를 보여주었다.[63] 그들이 그린 그림의 형태와 진단결과(편집증, 정신분열증 등) 사이에는 실제로 아무런 상관관계가 없었음에도 사람들은 편집증과 큰 눈을 그린 그림이 서로 관계가 있다는 등의 생각을 했다. 사람들은 서로 모순되거나 모호한 증거를 본 후에도 자신들의 판단을 좀처럼 바꾸려 하지 않는다. 다른 예를 들어보자. 당신이 X나라에서 온 사업가와 협상을 하는 과정에서 X나라의 남자들 중 60%가 교육을 받지 못했다는 것을 알았고, 같은 날에 당신은 우연히 그 나라에서 발생한 범죄의 60%가 폭력적이었다는 것을 알았다고 가정하자. 두 통계숫자 사이에는 논리적으로 관계가 없지만 대부분의 사람들은 남자들이 교육을 받지 못해 폭력적인 범죄가 유발되었다고 생각한다. 사실 둘 사이에는 아무런 관계가 없다. 그것은 착각일 뿐이다. 개별적으로 발생한 사건들을 객관적으로 연계시킬 수 있는 근거가 부족하기 때문에 이는 착각이다.

세상이 공정하다고 여긴다

대부분의 사람들은 세상이 공정하다고 믿는다. 자신들이 행하는 만큼 받고 어떤 일이 일어나는 것은 그럴 만한 이유가 있기 때문이라고 믿는다.[64] 이러한 생각 때문에 좋은 일이 생긴 사람에 대해서 좋게 평가한다. 예를 들면, 사람들은 선량한 사람들이 복권에 당첨될 가능성이 높다고 생각한다. 이런 논리로, 불행한 일을 당한 사람에 대해서는 근거 없이 부정적으로 생각한다. 악한 사람들이나 무지한 사람들이 범죄의 희생물이 된다고 생각하는 것이 그런 예이다.[65] 희생자귀인犧牲者歸因, blaming-the victim attributions**•은 방어적인 성격의 개념이다. 희생자를 비난함으로써 그들의 희생이 불공정한 것이 아니라고 생각하게 되어, 세상이 공정하다는 우리의 믿음을 유지할 수 있기 때문

• 귀인이란 어떠한 결과의 원인이 무엇이라는 의미이다. 귀인이론은 인간의 동기를 이해하기 위해 사람들이 특정한 과제에서 어떤 결과를 얻었을 때 그 원인이 무엇이며, 그 결과로서 어떤 정의적 특성들이 형성되는지를 알아보는 이론이다.

이다.[66] 간단히 말해 우리에게 나쁜 일이 쉽게 일어날 수 있다고 믿는다면(즉 비행기 추락으로 죽거나 팔다리를 잃거나), 세상일이 예측하기 힘들어 보여 살기가 두려워질 것이다.

'그럴 줄 알았지'

과거관점편향hindsight bias이란 도중에는 그 결과를 예측할 수 없지만 일단 결과가 알려지고 나면 그 과정을 잘 추리하는 경향을 말한다.[67] 과거관점편향 또는 '그럴 줄 알았지' 효과를 통해 돌아보면, 협상의 통합적 해결책이 분명히 있었다는 것을 알게 된다. 물론 그전에는 파이가 고정된 것으로 보였을 것이다.

우리는 어떤 조직의 몰락이나 성공의 원인을 설명해보라는 요구를 받으면, 그 일들을 피치 못한 일로 받아들이는 경향이 있다. 다르게 얘기하면, 우리가 일단 어느 사건의 결과를 알고 나면 그것은 여러 이유로 불가피했다고 인식한다. 이러한 잠행성 의사결정潛行性 意思決定, creeping determinism은 '월요일 아침의 쿼터백' 또는 '그럴 줄 알았지' 현상을 설명해준다.[68] 일단 결과를 알고 나면 결과에 이르기까지의 사건들이 명확히 보인다. 과거관점편향은 협상자들이 새로운 협상상황에서는 통합적 합의를 찾아내지 못하지만 사후에는 이를 쉽게 생각해내는 원인을 설명해준다.

한 가지 기능만 있다고 생각한다

기능고착현상functional fixedness은 문제해결을 위해 과거와 유사한 방법을 사용할 때 발생한다.[69] 기능고착현상의 문제점은 과거에 사용했던 해결책 때문에 새로운 상황에 대처하는 전략개발이 어렵다는 점이다. 사람들은 어느 한 가지 전략을 결정하고 나면 쉽게 다른 방식으로 전환하지 못한다. 다시 말해, 어느 한 영역에서의 경험이 다른 영역에서도 틀에 갇힌 생각을 만들어내는 것이다. 타협을 협상전략으로 사용하는 경우에 기능고착현상이 생기기 쉽다.

여기서 말하고자 하는 것은 과거의 경험이 문제해결을 제약한다는 것이다. 문제해결을 위해 새로운 방법을 사용하려는 시도가 정신적으로 거부될 때 기능고착현상이 발생한다. 사람들에게 전등 역할을 할 수 있도록 근처에 있는 스크린에 양초를 수직으로 세워보라는 문제가 주어졌다. 그들에게 주어진 물건은 한 상자의 성냥, 한 상자의 양초, 그리고 한 상자의 압정뿐이다. 창의적인 해결책으로는 양초 바닥을 녹여서 성냥갑 위에 세운 다음에 이 상자를 스크린에 압정으로 고정시키는 것이다. 그렇지만 속이 비어 있는 상자 대신에 압정이 가득 찬 상자들을 제공하면 이러한 해결책을 생각해내기가 훨씬 어렵다.[70]

경험은 폭넓은 사고를 제한한다

기능고착현상과 연계된 문제로 **고정효과**set effect라는 것이 있다. 이것은 전에 했던 경험이 새로운 문제해결에 부정적인 영향을 미칠 수 있다는 것을 뜻하며, **부정적 전이**否定的 轉移, negative transfer라고도 부른다. 즉 폭넓고 일반화된 전략을 개발하는 관리자의 능력이 과거의 경험으로 인해 제약을 받을 수 있다. 앞부분(〈보기 8-1〉)의 '창의성 테스트'에 나온 '물동이 문제'를 생각해보자. 물과 관련된 문제를 다루어본 경험이 있는 사람들은 대체로 시간이 더 많이 들고 비용도 더 드는 우회적인 해결방법을 구사하는 데 반해, 그런 경험이 없는 사람들은 시간이 적게 드는 직접적인 해결책을 찾아낸다. 고정효과는 또한 제휴에 방해가 된다. 대결정책은 시간이 흐르면서 관행화될 수 있기 때문에 제휴 교체와 대결 종식 사이에는 매우 강력한 연결고리가 있다.[71] 제휴 교체는 종종 경신과정을 촉진하기 위해 필요하다.

관심이 있는 부분만 선택적으로 인식을 한다

협상을 할 때 우리는 상대방의 외모, 개막연설, 각종 소문, 그리고 비언어적 행동 등 수많은 정보를 접하게 된다. 그렇지만 우리의 뇌는 모든 정보의 1% 정도만 인식한다.[72] 협상 테이블에서 일어나는 일 중에서 아주 미미한 정도만 인식하는 것이다. 그렇다면 우리가 관심을 기울이고 있는 정보가 과연 필요한 것인지를 어떻게 알 수 있을까?

우리 몸에 있는 감각기관의 기능은 외부자극을 해독할 수 있는 기호로 바꾸는 것이다. 외부의 자극이 두뇌로 바로 전달될 수 없으므로 이 자극을 내부기호로 바꾼다. 시각, 청각, 촉각 등 감각기관들은 자극의 특성을 인식할 때까지 자극을 이미지나 아이콘으로 유지한다. 이러한 현상은 매우 신속하고 무의식적으로 이루어지는데, 자극에서 인식된 특징이 물체의 형상을 구성한다. 다시 말하면, 우리의 머리는 모든 것을 기록하는 비디오카메라가 아니므로 어떤 사업에 관해 동료들과 주고받는 대화를 선택적 관심selective attention이라는 과정을 통해 그중 일부만 인식한다.

근거 없이 자신을 과신한다

어떤 회사의 성공 가능성을 측정한다고 생각해보자. 어떤 사람들은 그 확률이 아주 높을 것으로 생각하며, 또 어떤 사람들은 낮을 것으로 생각하고, 그리고 일부는 중간 판단을 할 것이다. 의사결정자에게 가장 중요한 것은 정확한 판단을 하는 것이다. 사람들의 확률판단은 얼마나 정확할까? 완전하고 객관적인 정보가 주어지지 않았을 때 우리는 어떻게 그 가능성을 판단할까?

어떤 사건에 대한 가능성을 판단할 때 우리는 종종 실제보다 낙관적이게 된다. 그 이유는 사람들이 자신의 능력을 판단하거나, 원하는 사건의 발생 가능성을 판단할 때는 높은 신뢰를 가지는 반면, 원하지 않는 사건의 발생 가능성은 낮게 평가하는 과신효과overconfidence effect 때문이다. 예를 들면, 제3자가 개입하여 분쟁을 해결할 때 당사자들은 중립적인 제3자가 자신에게 유리한 판정을 할 것으로 믿는다.[73] 그렇지만 이런 결과는 나올 수가 없다. 제3자가 양 당사자 모두에게 유리한 판정을 할 수는 없기 때문이다. 이와 마찬가지로, 양측이 각자의 제안을 제3자에게 제출하고 제3자가 두 제안 중 하나를 결정하는 중재상황에서 협상자들은 중재자가 자신의 제안을 선택할 확률을 과도하게 높이 평가한다.[74] 분명히 중재자의 최종 제안이 수용될 가능성은 단지 50%이다. 그럼에도 양측이 예상하는 확률을 합치면 100%가 넘는다. 이것이 주는 메시지는 과신효과를 경계하라는 것이다. 상대방이 우리에게 굽히고 들어올 것이라거나, 또는 간부가 우리 결정을 지지해줄 것이라는 등의 어떤 특정한 결과가 발생할 것으로 확신한다면, 그 이유를 먼저 검토해보는 것이 중요하다.

상대방안목 가지기는 협상에서 과신과 이기적인 행동과 같은 얼마간 잘못된 믿음을 고치는 보편적인 치료법이었다. 사실 사람들은 다른 사람들의 의견을 고려하게 되면 자기 위주의 판단이 줄어들지만, 그들의 행동은 실질적으로 더 이기적이 된다.[75] 더욱이 사람들은 공정성에 대한 그들의 개인적인 신념이 그들의 행동과 일치하지 않는다는 사실을 전혀 모르는 것 같다.

단기기억은 오래가지 않는다

단기기억短期記憶, short-term memory이란 현재 관심이 집중되는 정보를 기억하는 능력을 말한다. 문제는 단기기억능력이 매우 제한적이므로 다섯에서 아홉 개 정도의 기호만이 기억된다는 것이다. '7±2' 규칙은 우리가 기억하려는 모든 경우에 적용된다.[76] 말하자면, 당신이 회사 사장과 업무에 관해 구체적인 대화를 가질 경우, 사장은 당신에게 회사에 관한 사실을 여러 가지 이야기해주는데, 당신은 평균 다섯 개에서 아홉 개의 정보만 기억한다는 것이다. 일부러 외우려 노력하지 않으면 단기적으로 기억된 정보는 자동적으로 사라지며, 감각기관에 인식된 새로운 정보로 대체된다. 우리가 많은 정보를 인식하지만 결국 저장되고 기억되는 정보는 이보다 훨씬 적다.

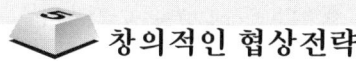 창의적인 협상전략

다음 전략들은 창의력 개발을 위해 고안된 것이다. 따라서 이들 전략은 협상에 특정하게 적용되는 것이기 보다 창의성을 향상시키는 훈련 프로그램이라 할 수 있다.

로마에 이르는 길은 하나가 아니다

우리는 관리자들이 교실에서 배운 것을 실제 협상에 적용하는 능력을 조사해보았다. 그 결과, 어느 한 상황에서 터득한 내용을 다른 상황에 적용하는 '긍정적 전이肯定的 轉移, positive transfer'가 매우 제한적으로 나타났다.[77] 또한 자신들의 경험을 활용하는 능력도 제한적이었다. 예를 들면 윈-윈 가능성이 있는 협상사례를 공부한 응답자들의 100%가 적정 수준 이하에서 타협을 했다.[78] 우리는 중요한 전략이나 원칙 등 무엇인가 새로운 것(예: 핵심 전략, 법칙 등)을 배울 때는 하나가 아닌 복수 사례를 배우는 것이 중요하다는 것을 알게 되었다. 이유는 분명하다. 경영대학원에서 사례를 가르치는 것은 구체적인 사례내용 때문이 아니라 그 저변에 있는 기본 아이디어 때문이다. 한 가지 케이스만을 다룬다면 사례에서 핵심 아이디어를 찾아내거나 옥석을 가리는 능력이 제한된다. 실제로 우리의 조사에서도 한 가지 사례만 다루는 경우는 아예 사례를 다루지 않는 경우에 비해 효과가 높지 않았다.[79] 그렇지만 단순히 두 가지 사례를 제시하는 것만으로는 충분치 않다. 관리자 스스로가 이 두 가지 사례를 적극적으로 비교해보아야 한다. 또한 수업에서 사례를 둘 이상 제시해주지 않더라도 관리자(또는 훈련생)가 자신의 경험을 생각해낼 수 있다면 도움이 될 것이다. 협상자들이 통나무 굴리기logrolling(서로 짜고 돕는 것)나 조건부 계약과 같은 다른 가치 창조 전략 몇 가지를 비교하며 배우는 다양한 유추 학습은, 파이 고정 전략이라는 한 가지 유형에만 매달리는 한정된 훈련보다 넓고 근원적인 가치 창조 원칙을 배우는 데 훨씬 효과적이다.[80]

좋은 피드백이 좋은 결과를 가져온다

피드백이 없이는 누구도 발전할 수 없다. 유명한 골퍼조차도 자신의 스윙에 대해 정기적으로 피드백을 받는다. 배우는 데는 피드백의 강도가 세고 뚜렷할수록 좋다. 저명한 골프 레슨프로인 짐 매클린Jim McClean은 헨리 크래비스Henry Kravis, 찰스 슈워브Charles Schwab, 켄 체노Ken Chenault, 데이비드 록펠러David Rockfeller 같은 기업인들에게 그들의 스윙이 얼마나 나쁜가를 피드백해주고 한 시간에 500달러씩 받는다.[81] 그가 가르치는 스타일은 간단하고 강도가 높다. 스윙을 분석하고 부족한 부분에 집중한다. 매클린은 "이들은 자기 직업에서 성과를 얻는 데 익숙해 있으며, 골프에서도 같은 것을 원한다"고 얘기한다.[82] 협상능력과 회사를 성공적으로 운영하는 능력 사이에 거의 완전한 상관관계가 있다는 사실을 감안할 때, 협상능력에 대한 피드백을 추구하는 것은 일리가 있다.

피드백은 협상자들의 협상능력을 향상시킨다.[83] 임무수행보고가 수반된 체험은 그렇지 않은 체험보다 실적 개선에 훨씬 효과적이다.[84] 문제는 피드백의 유형과 방법이다. 예컨대 회사 관리자들의 협상에 대한 한 조사에서, 협상자들은 그들의 능력이나 윤리관에 초점을 맞춘, 우호적인 또는 적대적인 협상 뒤에 오는 다음 네 가지 유형의 피드백 중 하나를(이른바 그들의 협상

상대자로부터) 받았다.[85]

- 능력에 대한 긍정적 피드백positive-ability feedback("노련한 협상자처럼 보이네요.")
- 능력에 대한 부정적 피드백negative-ability feedback("전혀 노련한 협상자처럼 보이지 않네요.")
- 윤리성에 대한 긍정적 피드백positive-ethicality feedback("도덕적인 협상자처럼 보이네요.")
- 윤리성에 대한 부정적 피드백negative-ethicality feedback("비도덕적인 협상자로 보이네요.")

중요한 것은 피드백이 있은 후에 진행된 협상에서 피드백이 어떠한 영향을 미쳤는가 하는 것이다. 능력에 대한 부정적 피드백을 받은 협상자는 경쟁심이 가장 약했으며 가장 나쁜 성과를 기록했다. 윤리성에 대한 부정적 피드백을 받은 협상자는 가장 정직했고, 윤리성에 대한 긍정적 피드백을 받은 협상자는 가장 협력적이었다.[86]

우리는 협상자들이 주고받는 피드백과 함께 강사가 협상자에게 주는 피드백에 대해서도 조사했다.[87] 먼저 협상자들이 첫 번째 협상에서 기록한 성과를 측정했으며, 그런 다음에 이들을 다섯 개의 그룹, 즉 피드백이 없는 그룹, 전통적인 강의 스타일 피드백(훈시적인 피드백이라고도 함), 정보기반 피드백(협상자들은 상대방의 중요한 관심사를 배움), 관찰식 피드백(협상자들은 비디오를 통해 15분간 전문가의 활동을 시청함), 그리고 유추 학습(협상자들에게 한 가지 협상기술에 관해 유사한 케이스를 가르침) 그룹으로 나누었다. 그 결과는 피드백이 없는 그룹의 성과가 가장 낮았다. 그리고 전통적 훈시형태 피드백보다 다른 형태의 피드백이 좋은 결과를 보였다(〈보기 8-2〉 참조).[89]

협상에서의 피드백에 대한 면밀한 분석에서 두 가지 유형의 정보, 즉 ① 협상자들이 협상 의제 가운데서 상대방의 일반적인 우선순위를 얼마나

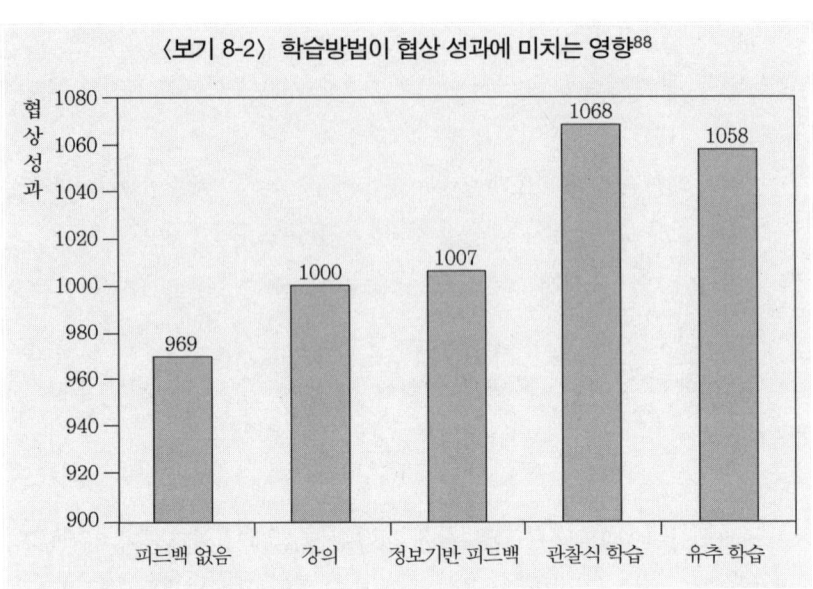

잘 이해하고 있는지에 대한 것과, ② 상대방이 특별한 제안으로 얼마나 많은 것을 얻었는지에 대한 것에 초점을 맞췄다. 두 유형을 모두 이해하는 것이 협상력을 높이는 데 중요하다. 즉 상대방의 관심사를 이해하는 것으로는 통합적 결과를 도출하는 데 충분치 않으며, 각 제안에 대한 그들의 이득을 평가하는 조치가 반드시 뒤따라야 한다.[90]

사실에 반하는 생각

사실에 반하는 생각counter-factual reflection은 과거에 대한 사고 작용이다. '덧셈additive'적 생각(예컨대 "만약 내가 ……했더라면……" 과 같은)을 하는 협상자는 '뺄셈subtractive'적 생각("만약 내가 ……을 하지 않았어도……"와 같은)을 하는 협상자보다 더 많은 것을 얻는다.[91] 과거의 협상에 대해 덧셈적 생각을 하는 것은 분배적이고 창의적인 합의의 측면에서 뺄셈적 생각을 하는 것에 비해

> **〈보기 8-3〉 부화 효과**[92]
>
> 프랑스의 저명한 수학자인 포엥카레H. Poincare는 다음 내용을 포함하여 수많은 부화기간 사례를 얘기했다. "그리고 나서 나는 몇 가지 대수문제 연구로 관심을 돌렸지만 별다른 성과가 없었으며, 내가 이전에 연구했던 내용들과 연관되는 점도 찾아내지 못했다. 연구가 실패로 돌아가 마음이 상한 나는 해변에서 며칠을 보내면서 다른 일에 관해 생각했다. 어느 날 아침 절벽부근을 걷고 있는데 세 개의 변수가 있는 미결정 2차 형태의 대수적 전환이 비유크리드적 기하학 문제와 동일하다는 아이디어가 떠올랐다. 이 생각은 문득 떠오른 것이지만 나는 옳다는 것을 확신할 수 있었다."

협상자들에게 분명히 이득이다.

미루었다가 나중에 다시 생각해보면 좋은 해결책이 떠오른다

문제해결을 잘하는 사람들은 문제가 풀리지 않을 때 몇 시간 또는 몇 주 동안 문제에서 손을 뗐다가 다시 문제를 들여다보면 해결책을 쉽게 찾을 수 있다고 얘기한다(실제 생활에서 이 부화기간 효과의 사례는 〈보기 8-3〉 참조). 이러한 부화기간incubation을 두는 것은 다음과 같은 문제 해결단계 중 하나이다.

1. **준비**preparation: 준비단계에서 협상자는 정보를 수집하고 예비 해결책을 마련하려 한다. 이 단계에서 가장 중요한 것은 문제를 이해하고 정의하는 일이다. 앞에서 말한 것처럼, 문제를 찾아내는 것은 효과적인 협상의 요체이다.
2. **부화**incubation: 문제의 해결책을 찾아내려는 첫 번째 시도가 실패하면 당사자는 다른 일을 하기 위해 그 문제를 미루어두고, 심지어 잠을 자기도 한다. 실제로 협상자들은 협상이 중단된 후 쉬지 않고 복원을 위해 안간힘을 쓴 경우보다 의식적으로 기분전환용 업무에 몰두한 후 다시 시작한 협상에서 고도의 통합적 합의에 도달할 가능성이 더 높았다.[93] 다른 사례를 보자. 앞의 '창의성 테스트'(〈보기 8-1〉)에 나온 '목걸이' 문

제(제한된 예산을 사용하여 네 개의 줄로 하나의 목걸이를 만드는 문제)를 생각해보자. 세 그룹의 사람들이 이 문제를 풀려고 시도했다.[94] 한 그룹은 30분 동안 인원의 55%가 문제를 해결했다. 다른 그룹은 총 30분 동안 문제를 풀되, 그 중간에 30분간의 휴식을 가졌더니 참가자의 64%가 문제를 해결했다. 세 번째 그룹은 중간휴식으로 4시간을 주었더니 85%가 문제를 풀었다. 어려운 협상에서 문제를 미루어두었다가 다시 시도한다고 해서 서광이 비춘다는 보장은 없지만 시도할 가치는 있다. 협상에서 풀기 어려운 의제들은 협상을 방해할 수 있으며, 합의도출을 위협할 수도 있다. 아마도 그런 난관에 봉착하면, 한 걸음 물러서서 큰 그림을 보거나, 아니면 그들이 근시안적이어서 다른 가능성을 보지 못하거나 할 것이다. 난관에 부닥치는 협상자들은 거기에 집착하는 바람에 통합적 해결책을 마련하지 못하는 경우가 적지 않다.[95] '먼 곳distal', 즉 '지금부터 10년 후'를 내다보는 협상자는 '가까운 곳proximal', 즉 '다음 달'을 내다보는 협상자보다 통합적 합의에 도달하는 비율이 높았다.

3. 발현illumination: 발현 단계에서는 종종 문제해결의 중요한 실마리가 나타난다. 이러한 일은 사람들이 문제해결과는 전혀 상관없는 일을 하고 있을 때 자주 발생한다.
4. 검증verification: 검증 단계에서 당사자는 해결책이 실제로 효과가 있는지 확인해야 한다.

합리적인 문제해결 모델의 응용

'합리적인 문제해결 모델rational problem-solving model'은 다른 형태로 문제해결의 네 단계를 설명하고 있다.[96] 그러나 이것은 부화기간 모델과 달리 계획적이고 점진적이다.

1. 문제점 이해: 이 단계에서 협상자는 다음과 같은 것을 자문해야 한다.

알려진 것은 무엇이고 알려지지 않은 것은 무엇인가? 지금 내가 사용하고 있는 데이터는 무엇인가? 나는 무엇을 가정으로 삼고 있는가?
2. 계획 입안: 이 단계에서 협상자는 과거의 경험이 해결책을 찾아내는 데 도움이 되는 수단인지 스스로에게 물어야 한다.
3. 계획 실행: 이 단계에서 협상자는 계획을 실행하고 테스트한다.
4. 사후 평가: 이 단계에서 협상자는 다른 방법을 사용해서 결과를 얻어낼 수 있는지 스스로에게 묻고 그 방법이 모든 일에 적용될 수 있는지 검토해야 한다. 이 단계에서는 협상자가 무엇을 얻어낼 수 있는지 묻는 것이 중요하다.

창의성의 지표: 풍부함, 융통성, 그리고 독창성

창의성이란 무엇인가? 창의적인 아이디어는 무엇인가? 아이디어가 창의적이라고 평가를 받기 위해서는 아주 독창적이고 유용성이 있어야 한다. 특이한 아이디어일지라도 쓸모없는 것이 많으므로 유용성은 매우 중요하다. 즉 아이디어에 가치가 있어야 한다는 의미이다. 창의성을 판단하는 방법으로는 풍부함, 융통성, 독창성의 세 가지 지표를 들 수 있다.[97]

- 풍부함fluency: 요건에 부합하는 여러 가지 해결책을 창출할 수 있는 능력이나 한 가지 문제에 대해 여러 가지 해결책을 생각해낼 수 있는 능력을 말한다(해결책의 숫자가 중요함).
- 융통성flexibility: 문제에 대한 접근법을 변화시킬 수 있는 능력, 즉 서로 다른 전략이 요구되는 일련의 과제를 해결할 수 있는 능력, 또는 성격이 다른 여러 가지 해결책을 만들어낼 수 있는 능력을 말한다.
- 독창성originality: 유일한 답안을 내는 등 비범한 해결책을 창출할 수 있는 능력, 또는 다른 사람들은 생각해내지 못하는 해결책을 생각해낼 수 있는 능력을 말한다.

창의성의 세 가지 지표를 살펴보기 위해 골판지 상자의 사용법이 몇 가지나 있는지 살펴보자(문제해결에 10분을 사용토록 한다). A는 이 상자를 햄스터의 집으로 사용하는 방법과 개집으로 사용하는 방법의 두 가지 아이디어를 제시했다고 가정하자. 그는 두 가지의 아이디어를 냈기 때문에 풍부함 부문에서는 2점을 받을 수 있지만 두 아이디어가 동물의 집이라는 같은 성격이기 때문에 융통성 부문에서는 1점을 받는다. 창의적인 사람들은 골판지 상자 사용법으로 더 새롭고 특이한 방법을 창출해낼 것이다. B는 상자를 신神, god, 전화기, 그리고 화폐로 사용하는 특이한 아이디어를 제시했다. B는 풍부함에서 3점을 받을 것이며, 세 가지 아이디어가 각각 종교, 통신, 그리고 경제에 관한 것으로 서로 분야가 다르기 때문에 융통성에서도 3점을 받을 것이다. 또한 B의 생각은 대단히 독창적이다.

사고의 융통성, 즉 서로 분야가 다른 사용방법을 생각해내는 것이 독창성에 큰 영향을 미친다는 것은 쉽게 알 수 있다. 따라서 창의성을 향상시키기 위해서 사용분야를 다양화하는 것이 좋다. 골판지 상자를 사용할 수 있는 가능한 분야(컨테이너, 동물의 집, 건축자재, 치료, 종교, 정치, 무기, 통신 등)를 나열하면 이 세 가지 지표에 대한 그 사람의 점수가 매우 높아질 것이다. 따라서 중요한 것은 아이디어의 숫자만이 아니라 아이디어의 다양한 분야를 생각하는 것이다. 이러한 접근은 종종 협상자로 하여금 넓은 분야에서 창조적 해결책을 찾을 기회를 제공해준다.

협상에서도 브레인스토밍을 활용하라

1950년대에 광고회사의 임원이었던 알렉스 오스본 Alex Osborn은 조직의 창의성을 높이고 싶었다. 그는 아이디어에 대한 성급한 평가가 창의성을 가로막는 이유 중 하나라고 생각했다. 그는 아이디어 창출에 두 사람의 머리가 한 사람 머리보다 낫다고 확신했지만, 그러기 위해서는 아이디어 창출 과정

〈보기 8-4〉 브레인스토밍 규칙[98]

활발한 발표 expressiveness	참석자들은 내용의 좋고 나쁨에 상관없이 머리에 떠오르는 생각은 무엇이든지 발표해야 한다. 참석자들은 제약을 받지 않으며 소심해서는 안 된다. 그들은 언제든지 자유롭게 얘기해야 한다.
평가하지 않음 nonevaluation	아이디어를 비판해서는 안 된다. 아이디어 창출단계에서는 절대로 다른 사람의 아이디어를 평가해서는 안 된다. 모든 아이디어들은 똑같은 가치가 있는 것으로 여겨져야 한다.
풍부한 아이디어 quantity	참석자들은 가능한 한 많은 아이디어를 내야 한다. 아이디어가 많아지면 우수한 해결책을 찾게 될 확률이 높아진다.
수정 및 보완 building	모든 아이디어는 그룹의 이름으로 제출되기 때문에 같은 그룹에 속한 사람들은 그룹 내의 다른 사람 아이디어에 대해 언제든지 의견을 제시하여 이를 수정, 보완해야 한다.

에서 다른 사람의 판단을 존중하는 훈련이 필요하다고 생각했다. 그래서 오스본이 창안한 것이 오늘날 조직에서 많이 사용되는 브레인스토밍이다.

브레인스토밍brainstorming은 많은 회사와 조직들이 구성원들의 창의력 발양을 위해 널리 쓰는 기술이다. 브레인스토밍의 목적은 아이디어의 질과 양을 극대화하는 것이다. 오스본은 양이 질의 예측지표가 된다고 생각했다. 선택 가능한 아이디어가 많을수록 좋은 아이디어가 나올 가능성이 높아지지만, 브레인스토밍에는 단순히 양 이상의 것이 내재되어 있다. 오스본은 한 사람이 아이디어를 내는 것은 다른 사람도 아이디어를 내도록 자극하는 시너지 효과가 있다고 생각했다.

오스본은 일정 조건이 충족되면 개별적으로 아이디어를 내서 이를 모으는 것보다 여러 사람이 함께 모여 아이디어를 만드는 것이 더 낫다고 보았다. 그래서 그는 브레인스토밍을 진행하는 규칙을 만들었다. 사람들은 브레인스토밍이 거칠게 진행되고 참석자들이 무슨 말이든지 할 수 있다고 생각하지만, 브레인스토밍에도 규칙이 있다.[99] 이 규칙들은 지금도 광범위하게 사용되며, 많은 회사들이 브레인스토밍의 규칙과 역할을 회의실에 잘 보이도록 붙여놓고 있다(〈보기 8-4〉 참조). 그렇지만 사람들이 실제 협상에서는 이 규칙을 잘 사용하지 않는다.

팀은 수렴적 사고에, 개인은 확산적 사고에 능하다

창의적 사고에는 확산적 사고와 수렴적 사고라는 두 가지 중요한 기능이 관련된다.[100] 수렴적 사고convergent thinking란 하나의 답을 향하여 나아가는 사고이다. 예를 들면, 1,000달러를 벌 수 있는 가능성이 70%인 경우의 기대치는 1,000달러에 0.7을 곱해서 얻어지는 700달러이며, 이러한 기대치를 구해내는 것이 수렴적 사고이다. 확산적 사고divergent thinking는 문제를 가능한 한 여러 방향으로 펼치면서 생각하고, 다양한 사고들 사이에 경계를 두지 않는다. 이러한 사고는 분야의 유연성 및 사고의 독창성과 관련이 있다. 확산적 사고는 틀에 갇히지 않는 사고이다.

창의적 문제해결은 확산적 사고와 긴밀히 연계되어 있다. 그렇지만 아이디어들은 나중에 평가되고 활용되어야 하며, 이를 위해서는 수렴적 사고가 필요하다. 수렴적 사고를 통해 협상자가 제시한 여러 가지 아이디어의 타당성, 실용성, 그리고 전반적인 장점을 판단하기 때문이다.

독자적으로 활동하는 사람들은 인식이나 사회적 압박으로부터 사고의 제약을 받지 않기 때문에 확산적 사고에 뛰어나다. 즉 그들은 사회적으로 동조同調, conformity 압박을 받지 않는다. 그에 반해 일반 사람들은 확산적 사고에 능하지 못하다. 그 이유는 동조 압박과 연관이 있는데, 사회적 비난을 피하기 위해 사람들은 상황규범에 따르려고 하며, 거기에 동조하기 때문이다.

확산적 사고와 달리 수렴적 사고에는 집단이 개인보다 뛰어나다. 집단은 아이디어의 질을 판단하는 데 개인보다 우수하다. 이러한 사실로부터 협상 창의성을 위해서는 아이디어의 창출과 평가를 분리하여 창출은 팀원 개

개인에게 맡기되 평가와 논의는 팀 단위로 함께 하는 것이 효과적이라는 것을 알 수 있다(그렇지만 확산적 사고가 항상 좋은 것은 아니다).

확산적 사고(또는 창의적 사고)가 학교나 조직에서 고평가를 못 받는 경우가 자주 있다. 예를 들어 교사들은 IQ는 높지만 창의성은 별로 없는 학생을 선호한다. 또 IQ가 높은 학생이나 관리자들은 성공을 전통적 기준에 따라 평가하는 경향이 있다. 즉 이들은 선생의 기대에 어긋나지 않게 행동하며, 직업 선택도 사람들의 기대에 맞게 한다. 이에 반해 창의적인 사람들은 성공을 평가하는 데 전통적 방법을 쓰지 않으며, 직업 선택에서도 사람들의 기대에 부합하지 않는다. MBA 등 대부분의 교육훈련과정은 논리적이거나 수렴적인 사고에 편중되어 있으며, 창의적이거나 확산적인 사고는 교육하지 않는다.[101]

연역적 추리를 정확히 하라

효율적 협상을 위해서 협상자들은 귀납적 추리inductive reasoning와 함께 연역적 추리deductive reasoning에도 능해야 한다. 우선 연역적 추리, 즉 논리적 결론을 이끌어내는 과정을 살펴보자. 대부분의 사람들은 다음(〈보기 8-5〉 참조)에 설명하는 삼단논법syllogism에 대해서는 어느 정도 알고 있다.

그러나 어떤 관리자가 삼단논법을 푸는 데 어려움을 겪었다고 해서 단순히 그가 어리석다고 말할 수는 없으며, 오히려 이것은 공식적인 논리전개와 개인의 심리적 과정이 반드시 같지 않음을 보여주는 것이다. 그러나 많은 사람들이 논리법칙을 자주 위반한다. 사람들이 가장 많이 위반하는 논리법칙의 예는 다음과 같다.

- **결론에 동의함**: 결론에 대한 희망이 현실 평가를 주도하는 경우가 자주 있다. 이러한 행위는 자기중심편향이며 희망적 관측의 형태이다. 사람들은 자신이 동의하는 결론은 타당한 것으로 생각하고, 동의하지 않는

〈보기 8-5〉 삼단논법 사례[102]

옳다고 생각하는 답을 고르라.

1. 모든 S는 M이고, 모든 M은 P이다. 따라서
   ⓐ 모든 S는 P이다.　　　　　ⓑ 모든 S는 P가 아니다.
   ⓒ 어떤 S는 P이다.　　　　　ⓓ 어떤 S는 P가 아니다.
   ⓔ 위 항목 중에 옳은 것이 없다.

2. 기술이 발전하고 원유자원이 고갈되어감에 따라 이제까지 쓰이지 않던 자원에서 원유를 추출하는 일이 중요해졌다. 캐나다의 앨버타 북부지역에서 생산되는 아타바스카 타르 샌드Athabasca tar sands가 이러한 자원 중 하나이다. 어떤 타르 샌드에는 정제 가능한 탄화수소가 포함되어 있었기 때문에 이 지역에 매장된 자원에 대해 상업성을 조사해볼 가치가 있었다. 어떤 등유 매장층은 정제 가능한 탄화수소가 포함되어 있다. 따라서
   ⓐ 모든 등유 매장층은 타르 샌드이다.　　ⓑ 어떤 등유 매장층도 타르 샌드는 아니다.
   ⓒ 어떤 등유 매장층은 타르 샌드이다.　　ⓓ 어떤 등유 매장층은 타르 샌드가 아니다.
   ⓔ 위 항목 중에 옳은 것이 없다.

3. 추운 날씨에만 우아하게 꽃이 피는 아르헨티나의 글로리아 꽃은 사소이드Sassoid 과에 속한다. 습한 지역에서만 발견되는 똑같이 우아하게 생긴 프라질라스 꽃은 글로리아 꽃이 아니다. 이상의 내용에서 얻을 수 있는 추론은?
   ⓐ 모든 프라질라스 꽃은 사소이드 과에 속한다.
   ⓑ 프라질라스 꽃은 사소이드 과에 속하지 않는다.
   ⓒ 어떤 프라질라스 꽃은 사소이드 과에 속한다.
   ⓓ 어떤 프라질라스 꽃은 사소이드 과에 속하지 않는다.
   ⓔ 위 항목 중에 옳은 것이 없다.

일반적으로, 1번 문제가 가장 쉬울 것이다(답은 a). 그렇지만 2번과 3번 문제를 많이 틀린다(2번 문제는 답이 e. 75%가 맞히지 못했는데, c를 많이 선택했다. 3번 문제는 답이 e. 90%가 맞히지 못했는데, d를 많이 선택했다).

결론은 타당하지 않다고 생각하는 경향이 강하다.
- 인지일관성認知—貫性, cognitive consistency: 사람들은 새로운 정보를 이미 알고 있는 정보와 일치하는 방향으로 해석하려는 경향이 있다. 자신들이 이미 사실이라고 믿는 정보와 일치하는지에 따라 새로운 정보의 사실 여부를 판단하려는 경향은 사람들의 사고구조의 일관성을 보여준다.
- 확인편향確認偏向, confirmation bias: 사람들은 자신이 이미 알고 있는 것을 확인해주는 정보를 찾으려는 성향이 있다. 이러한 성향의 좋은 예가 앞의 '창의성 테스트'에서 나온 '카드 문제'이다.

귀납적 추리를 정확히 하라

귀납적 추리는 가설 테스트 또는 시행착오의 한 형태이다. 일반적으로 사람들은 가설을 테스트하는 데 익숙하지 않으며, 확인방법을 사용하려는 경향이 있다. 좋은 예로는 '창의성 테스트'의 '카드 문제'가 있다. 또 다른 예는 앞서 논의한 바 있는 가용성 휴리스틱이 있는데, 사람들은 쉽게 떠오르는 정보에 편향적이다.

예를 들면, 사람들은 확률을 추산할 때 정확한 판단을 하지 못한다. 우선 다음(〈보기 8-6〉)의 문제를 살펴보자.[103]

이 문제에 대해 응답자의 22%는 1번(큰 병원)을, 22%는 2번(작은 병원)을, 56%는 3번(두 병원 모두)을 선택했다. 응답자들은 샘플의 크기에는 특별한 관심을 기울이지 않은 것처럼 보인다. 대부분은 태어난 아기 중 60%가 사내아이라는 극단적인 경우가 발생할 가능성은 큰 병원이나 작은 병원이나 같은 것으로 믿고 있다. 그러나 실제로는 샘플 규모가 작은 경우에 극단적인 경우가 발생할 확률이 높다. 사람들은 추론을 할 때 자칫 샘플의 크기를 고려하지 않는다.

즉 관리자들은 통계와 논리에 따라 일반화를 하지 않는다. 즉 귀납적으

〈보기 8-6〉 병원 문제[104]

어느 도시에 병원이 두 개 있었다. 큰 병원에서는 하루에 45명의 아이가 태어나고, 작은 병원에서는 15명의 아이가 태어난다. 당신이 아는 바와 같이, 신생아의 50%는 사내아이지만, 남녀 성비는 매일 조금씩 다르다. 어느 때는 남아 비율이 50%가 넘고, 또 어느 때는 50%보다 낮다. 1년 중에 두 병원은 하루에 60%가 넘는 사내아이가 태어난 날들이 있었다. 당신은 두 병원 중 어느 병원에 그런 날이 더 많았을 것으로 생각하는가? 다음 보기 중에서 선택해보라.

    1. 큰 병원   2. 작은 병원   3. 같음(오차는 5% 이내)

로 추리하지 않는다. 사람들은 자신들의 실제 경험을 바탕으로 추론하기 때문에 통계학자들처럼 행동하지 않는다. 오히려 사람들은 자신의 기억 속에 뚜렷이 남아 있는 일들에 의해 큰 영향을 받으며, 샘플의 크기가 작을 때조차 극단적인 경험에 좌우된다.

협상을 즐기도록 하라: 플로Flow

칙센트미하이Csikszentmihalyi에 의하면 '경험 자체가 목적인' 경험autotelic experience, 즉 플로flow•는 비록 그 상황을 떠나면 아무런 결과가 없을지라도 무척 재미있고 즐거워서 시도할 만한 가치가 있다.[105] 음악이나 스포츠, 그리고 게임 등 창의적인 활동들이 이러한 경험의 전형이다. 물론, 사람들은 순수하게 어떤 활동 그 자체만을 위해서 하지는 않는다. 그들의 동기에는 내적 요소와 외적 요소들이 결합되어 있다. 예를 들면, 영화제작자들은 예술적인 그 무엇을 창출하는 즐거움으로 영화를 만들지만 돈을 번다든지 아카데

• 칙센트미하이는 저서 『몰입의 즐거움: 일상에서의 몰입에 관한 심리학Finding Flow: The Psychology of Engagement with Everyday Life』(1997)에서 업무를 할 때 지루함과 압박감 사이에는 고도의 업무몰입상태가 있다고 하면서 이를 플로flow라고 불렀다. 일하는 재미에 빠져서 시간 가는 줄도 모르는 상태를 말한다. 톰슨Thompson, 『최상의 팀 만들기Making the Team』(한울, 2004) 발췌.

미상을 타기 위해서도 영화를 만든다. 마찬가지로, 관리자들과 임원들이 신제품을 만들고 새로운 아이디어를 내는 것은 일이 즐거워서이기도 하지만 동시에 그 제품들이 회사에 많은 이익을 가져다주기 때문이다. 그렇지만 사람들이 외적보상을 위해서만 활동한다면 그는 경험의 관점에서 중요한 것을 잃어버릴 수 있다. 외적보상에 추가하여 협상과 같은 행위 그 자체를 즐기는 것도 좋기 때문이다.

이처럼 강렬한 플로를 경험하는 것은 창의적인 활동에만 국한된 것은 아니다. 이러한 플로는 매일 직장에 출근하고 사람들과 어울리는 등 일상생활이나 사업활동에서도 나타난다. 플로의 중요한 조건 중 하나는 자신이 그 활동에 적절하다고 느껴야 한다는 점이다. 개인의 능력에 비해 과제가 너무 어려우면 걱정이 되며 숨이 막힌다. 그렇지만 사람의 능력이 과제를 능가하면 이번에는 지루함을 느끼게 된다. 이것이 주는 메시지는 과정이 결과보다 더 중요하다는 것이다. 즉 협상에서 이견을 조정하고, 상대의 근본적인 요구를 만족시켜주며, 그리고 가치를 창조하는 과정이 구체적인 협상의 내용보다 더 중요하다는 것을 의미한다. 협상이 기분 나쁘고, 불편하며, 그리고 괴롭게 생각된다면, 플로와 그로부터 생기는 창의성이 발생할 가능성은 매우 낮다.

결론

효율적인 협상은 창의성을 필요로 하며, 창의성은 협상자들의 정신 모델에 의해 영향을 받는다. 우리는 끈질긴 논쟁, 비용 - 효과 분석, 역할 게임, 동반자 관계, 그리고 문제해결의 다섯 가지 정신 모델에 관해 기술했다. 우리는 또한 창의적 협상을 위해서는 문제를 해결 가능한 부분으로 쪼개고, 서로의 차이점을 활용하고, 파이를 늘리고, 가교해결책을 사용하고, 비용을 절감시켜주고, 불특정보상 방법을 활용하며, 그리고 조건부계약을 작성하는 것 등이 도움이 된다는 것을 지적했다. 이어 우리는 비활성지식문제, 가능성 휴리스틱, 대표성 휴리스틱, 착점 정하기와 조정, 인과관계의 근거 없는 추리, 착각상관관계, 과거관점편향, 기능고착현상, 선택적인 관심, 그리고 과도한 자신감 등 창의적인 협상을 위협하는 요인들을 살펴보았다. 마지막으로 피드백, 미루어두었다가 다시 생각하기, 브레인스토밍, 확산적 사고, 연역적 사고, 귀납적 사고, 플로 등 생각해볼 만한 전략에 관해 기술했다.

〈보기 8-7〉 창의력 테스트 해답

1. 카드 뒤집기[106]

  정답: E와 7

여러 차례에 걸쳐 시험을 실시하고 평균을 내어본 결과[107] 89%의 사람이 E를 선택했다. 다른 면에 홀수가 있으면 규칙이 맞지 않으므로 이것은 논리적으로 옳은 선택이다. 그렇지만 62%의 사람이 4를 뒤집어보겠다고 선택했는데, 다른 면에 자음이 씌어 있든 모음이 씌어 있든 규칙이 틀렸다는 것을 증명할 수 없기 때문에 논리적으로 도움이 되는 선택이 아니다. 25%의 사람만이 7을 뒤집어보겠다고 선택했는데, 뒷면에 모음이 있는 경우 그 규칙이 틀리다는 것을 증명할 수 있기 때문에 논리적으로 도움이 되는 선택이다. 16%는 K를 뒤집겠다고 선택했는데, 이는 도움이 되는 선택이 아니다.

2. 사람 맞추기[108]

  정답: 그는 변호사이다.

이 문제는 전형적인 기본발생률 문제이다. 우리에게는 선택된 사람이 맞을 확률이 공개된 기본발생률과 같다는 정보가 주어져 있다. 따라서 그가 엔지니어일 가능성은 30%이며, 변호사일 가능성이 더 높다. 그렇지만 대부분의 사람들은 기본발생률에 관한 정보를 무시하고 그가 엔지니어라고 추측했다. 공개된 확률에 반하는 대답은 정형에 기초하여 판단할 위험성이 있다. 물론 사람들은 정형에 의한 답이 옳다고 할 가능성도 크다.

3. 도박하기[109]

  정답: A

이 문제에서 규범적으로 타당한 논리는 기대치이론인데, 위험한 선택의 기대치는 자신이 받게 될 대가에 확률을 곱해서 얻어진다. 이 방법을 이용하면 A의 기대치는 8달러 × 0.3333 = 2.66달러이며 B의 기대치는 3달러 × 0.8333 = 2.5달러이다. 따라서 A의 기대치가 더 크다. 그렇지만 많은 사람들이 높은 확률을 중시하여 B를 선택했다. 그룹은 개인보다 위험해질 가능성이 높으며 따라서 그룹은 규범적 타당성 여부에 관계없이 종종 위험성이 높은 결정을 선택한다. 두 번째 베팅에서는 두 문제의 기대치가 같기 때문에 규범적으로 둘 다 옳은 답이 된다.

4. 물동이[110]

문제를 풀 때 사람들은 특정한 해결 방법을 선호했던 경험에 사로잡힐 수 있다. 문제해결에 관한 이러한 편향을 고정효과set effect라고 한다. 정지효과einstellung effect 또는 사고의 기계화라고도 알려진 이 효과로 인해 성과가 나빠질 수 있다. 정지효과는 과정 중 어떤 특정한 결과를 기억하는 것인데, 이러한 효과는 관리자들로 하여금 다른 가능성에 눈을 돌리지 못하게 만든다. 이 문제들에서는 8번 문제를 제외하고 모두 B - 2C - A방법을 사용하여 해결할 수 있다. 1번에서 5번 문제까지는 이 방법이 가장 간단한 방법이지만 7번과 9번 문제는 이보다 더 간단한 A+C 방법이 적용될 수 있다. 8번 문제는 B - 2C- A 방법으로는 풀 수 없지만 더 간단한 A - C 방법으로 풀 수 있다. 6번과 10번 문제도 B - 2C - A 방법보다 간단한 A - C 방법으로 풀 수 있다. 10문제 모두 맞힌 참가자들 중 83%는 6번과 7번 문제를 푸는 데 B - 2C - A 방법을 사용했으며, 64%는 8번 문제를 풀지 못했다. 그리고 79%는 9번과 10번을 푸는 데 B - 2C - A방법을 사용했다. 열 문제 모두를 푼 사람과 마지막 다섯 문제만을 푼 사람의 성적을 비교했는데, 다섯 문제만 푼 사람들은 B - 2C - A 방법에 사로잡혀 있지 않았다. 이들 중 1% 미만의 사람들만이 B - 2C - A 방법을 사용했으며, 5%만 8번 문제를 풀지 못했다. 따라서 앞의 다섯 문제가 특정 해결 방법에 대한 편견을 만들어냈으며, 이 편견이 6번에서 10번까지의 문제해결에 방해가 되었다.

5. 막대 문제[111]
정답: (일종의 피라미드 같이 생긴) 4면체를 구성한다.

대부분의 사람들은 6개의 막대를 사용하여 가운데 X자를 넣은 정사각형을 만든다. 그렇지만 이 경우 만들어진 삼각형이 90도를 이루는 변을 갖게 되어 각 변의 길이가 같지 않기 때문에 틀린 답이다. 사람들이 흔히 내는 또 하나의 오답은 막대를 세 개씩 써서 2개의 삼각형을 만든 다음 이 두 삼각형을 서로 위아래를 바꾸어 겹쳐놓는 것이다. 이 경우 4개의 삼각형이 만들어지기는 하지만 만들어진 삼각형 각 변의 길이는 막대 하나의 길이와 다르게 된다. 이 문제를 풀기 위해서는 삼각형으로 바닥을 만든 다음 피라미드를 만드는 3차원적 생각을 해야만 된다. 이 문제는 부분들을 다시 구성해서 문제를 해결하는 통찰력을 필요로 하는 문제이다.

6. 문자 나열하기[112]
정답: E

이 유레카 문제Eureka problem•의 답은 E이다. 문제에 있는 7개의 알파벳 문자는 One, Two, Three, Four, Five, Six, Seven의 첫 글자를 모은 것이다.

• 유레카 문제란 번뜩이는 생각을 요구하는 문제로, 풀고 나면 '알았다!'는 말이 나오고 답을 듣고 나면 '아하, 그렇구나'라는 말이 나오는 종류의 문제를 일컫는다. 이는 아르키메데스 일화와 관련해서 나온 말이며, 유레카는 '알아냈다'라는 그리스 말에서 유래되었다. 그 일화는 다음과 같다. 하루는 그리스 왕이 갓 만든 금관을 구했는데, 그것이 위조물로 순금이 아니고 은이 섞였다는 소문을 들었다. 왕은 아르키메데스에게 명하여 그것을 감정하라고 했다. 방법을 찾느라 생각에 골몰한 아르키메데스가 우연히 목욕탕에 들어갔을 때 물속에서는 자기 몸의 부피에 해당하는 만큼의 무게가 가벼워진다는 것을 문득 알아냈다. 흥분한 그는 옷도 입지 않은 채 목욕탕에서 뛰쳐나와 "알아냈다, 알아냈다Heurka!, Heurka!"라고 외치며, 집으로 달려가 그 금관과 같은

7. 사슬 연결하기
하나의 고리를 열어젖혀 다른 고리 사이를 연결한다.

8. 나이의 합과 곱
　　정답: 36

이것은 속성분리disjunctive• 과제로 유레카 문제이다. 합해서 13이 되는 것은 14개의 조합(예, 1,1,11; 1,2,10; 1,3,9 등)뿐이다. 수전이 아직도 답을 모르겠다는 말은 답이 같은 경우가 있다는 말이 된다. 14개의 조합 중 2개(1,6,6; 2,2,9)만이 곱할 경우에 같은 수가 나온다.

9. 목걸이[113]
사람들은 우선 각 체인의 고리를 하나씩 풀어 이것을 다른 체인에 연결하려 할 것이다. 좀 더 우아한(값이 싸게 드는) 해결책은 체인 하나의 고리를 모두 풀어 이 고리로 나머지 체인을 연결하는 것이다. 이렇게 하면 고리를 푸는 데 6센트, 고리를 연결하는 데 9센트의 비용이 들어, 15센트로 목걸이를 만들 수 있다.

10. 금목걸이
　　정답: 2

목걸이 문제도 일종의 유레카 문제이다. 많은 사람들은 하나 건너씩 고리를 떼는 경우를 생각해서 11번을 답으로 쓰는데, 정답은 두 번이다. 4번째와 11번째의 고리를 떼면 두 번만 떼고도 모텔 주인과 떼어낸 것을 주고받는 방법을 통해 매일매일 방세를 지불할 수 있다. 4번째와 11번째 고리를 떼면 목걸이는 하나씩 떨어진 고리가 2, 세 개의 고리가 연결된 묶음 1, 6개의 고리가 연결된 묶음 1, 12개의 고리가 연결된 묶음 1개가 된다. 첫 날과 둘째 날에는 하나짜리 고리를 주고 셋째 날에는 3개짜리 묶음을 주고 2개의 고리를 돌려받는다. 4일째와 5일째에는 돌려받은 고리를 하나씩 주고 6일째에는 6개 묶음을 주고 5개를 돌려받는다. 이러한 과정을 23일간 이어나가면 된다.

11. 아홉 개의 점 연결하기[114]
　　정답: 패널 3과 4

분량의 순금덩이를 물속에서 달아보았다. 저울대는 순금덩이 쪽으로 기울어 금관이 위조품인 것을 알아냈다. 그는 이 원리를 응용하여 그 유명한 '아르키메데스의 원리'를 발견했다. 즉 위조 왕관에는 은이 섞여 있어 같은 무게의 순금보다도 부피가 크고 따라서 그만큼 부력浮力도 커진다는 것이다.
• 어떤 속성 중에 이를 만족하지 못하는 것을 제외해나가는 것을 말한다.

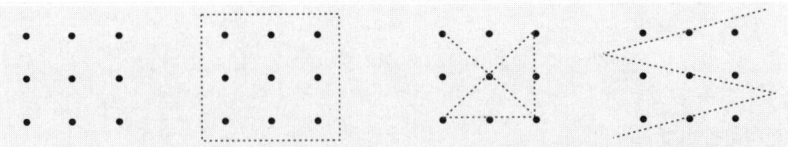

패널 2: 가상의 경계를 만든다   패널 3: 전문가의 해법   패널 4: 창의적 해법

사람들은 대부분, 모든 선이 2번 패널에서 보이는 가상의 경계 내부에 있어야 하는 것으로 가정하기 때문에 풀기가 어렵다. 전문가들이 선호하는 해결책은 3번 패널에서 보인 방법이다. 문제를 해결하려는 사람들은 자신들이 설정한 가상의 경계 밖으로 나가야 한다. 또 하나의 창의적인 해결방안은 패널 4에서 보는 것처럼 점의 가운데를 통과하지 않는 방법이다. 이 해결책은 우리 스스로 설정한 또 하나의 제약, 즉 점의 가운데를 통과해야 한다는 제약을 극복해야 한다. 우리의 개념에 걸림돌이 되는 주요한 원인은 우리 스스로가 문제에 너무 많은 제약을 부여하는(그렇게 함으로써 문제의 해결방안을 제약하는) 경향이 있다는 점이다. 개념적인 걸림돌을 극복하는 것은 기능고착현상 또는 고정현상을 극복하는 것과 같다. 우리는 문제를 달리 풀 수 있는 대안을 찾아야 한다.

11. 돼지우리[115]

정답: 그림 참조

이 문제는 통찰력을 요하는 문제이다. 대부분의 사람들은 돼지우리 하나하나가 정사각형이 되어야 한다고 생각하지만 해결책은 다이아몬드형의 돼지우리를 보여주고 있다.

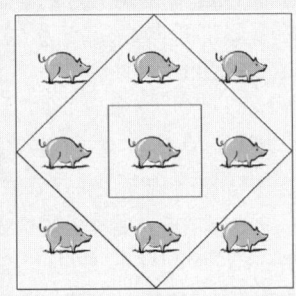

12. 연꽃[116]

정답: 59일째

이것은 순수한 통찰력 문제이다. 사람들은 이 문제를 수가 2배, 3배, 4배라고 하는 식으로 증가한다고 생각하여 단순히 전체시간을 반으로 나누는 경우가 많다. 그렇지만 연꽃은 제곱의 수로 늘어나기 때문에 이러한 접근은 옳지 못하며 또 다른 발상이 필요하다. 사람들이 문제를 전형적인 분석을 하지 않고 연꽃이 덮여 있는 상황을 마지막 날부터 역산해보려는 시도를 할 때 발상의 전환이 일어날 수 있다.

13. 바텐더[117]

바로 걸어 들어온 사람은 딸꾹질을 하고 있었다. 바텐더는 이것을 보고 그 사람에게 총을 겨누어 놀래주려 했다. 어떤 사람들은 이 문제를 금방 풀지만 어떤 사람들은 그렇지 못하다. 이 문제도 유레카 문제이다.

PART III

제3부 응용

APPLICATIONS AND SPECIAL SCENARIOS

제9장
다자협상, 제휴, 팀 협상

2003년 5월에 《포춘》지 선정 1,000대 기업과 《포춘 글로벌》지 선정 500대 기업에 속한 모든 회사 최고경영자들은 대부분이 런던에 본사를 두고 있는 SCO사의 유타 주 사무소부터 편지를 받았다. 그 내용은 이들 회사의 어느 누가 어디서든 리눅스 프로그램을 사용하고 있다면 유닉스 코드의 도용혐의로 고소하겠다는 취지였다. SCO는 IBM이 리눅스 소프트웨어를 설치하면서 SCO의 유닉스 코드를 무단 사용했다는 이유로 10억 달러 소송을 두 달 전에 제기했다. SCO의 CEO 달 맥브라이드Darl McBride는 다른 회사들도 리눅스 프로그램을 설치하면서 유닉스 코드를 도용했다고 주장한다. SCO는 IBM과의 소송에서 IBM의 소비자들을 지렛대로 활용했다. IBM 고객을 불안하게 하면 할수록 SCO는 더욱 큰 협상력을 갖기 때문이다. 여기에 상황을 복잡하게 만든 것은, 캐노피그룹Canopy Group 대표인 랠프 야로Ralph Yarro가 SCO 지분의 43%를 소유하고 있다는 점이다. 캐노피 그룹은 35개의 신생 기업들로 구성되어 있으며, 누다Noorda사가 이 그룹을 소유하고 있다. IBM이 SCO에 대응을 하지 않자 맥브라이드는 반反마이크로소프트 소송을 담당했던 보이스 - 쉴러 - 플렉스너 법률회사Boies, Schiller and Flexner의 데이비드 보이스David Boies에게 사건을 의뢰했다. 데이비드 보이스는 별도의 성공사례금과 시간당 비용계산 조건으로 이 소송을 맡는 데 동의했다. 한편, 마이크로소프트는 베이스타캐피탈BayStar Capital의 전무이사인 로렌스 골드파브Lawrence Goldfarb에게 SCO사에 투자할 것을 요청했다. 2007년에 유타 주의 연방법원은 유닉스 판권의 소유주는 SCO가 아닌 노벨Novell이라고 판결했다. 판결문은, SCO는 노벨로부터 유닉스를 특허 받았을 뿐이며, 노벨은 SCO에게 IBM에 대한 소송을 취하라고 명할 권리를 갖고 있다고 했다. 2010년 중반에 미국 지방법원의 한 판사는 묵시적인 약속과 선의에 대한 중상이며 침해라는 SCO의 주장을 일축하고, SCO는 리눅스를 사용하는 IBM과 다른 회사들에 대한 SCO의 주장을 철회하라는 노벨의 지시를 받아들일 의무가 있다고 판결했다. 이 소송은 법원 판결에 따라 중지되었다.[1]

위의 예는 협상이 종종 두 당사자 이상이 개입되는 상황이 될 수 있음을 말해준다. 양 당사자 외에 협상에 곧잘 개입하는 다른 당사자들은 협상자, 대리인, 대리인 지정자, 그리고 제3당사자이다. 복잡한 상황에서 협상을 효율적으로 진행하기 위해서는, 우리가 지금까지 서술해온, 그리고 앞으로 더 많이 서술하게 될 모든 협상기술이 필요하다. 이 장에서는 특히 다자간 협상에 필요한 기술들을 논의할 작정이다.

다자협상의 분석

SCO와 IBM 간의 협상을 분석해보자. 협상에는 당사자들 관계와 여러 의제들이 관련된다. 〈보기 9-1〉을 보면 SCO와 IBM이 협상주체principal로서 다자협상에 관련되어 있다. 누다, 캐노피그룹, 베이스타캐피탈, 그리고 노벨은 잠재적인 협상주체들이다. IBM이 본의 아닌 협상자가 되었을 때, SCO는 IBM의 배후, 즉 2차 협상 테이블secondary table 또는 hidden table에 있는 고객들을 지렛대로 활용했다. SCO의 2차 협상 테이블에는 누다의 자회사인 캐노피그룹과 SCO에 투자를 한 베이스타 캐피탈이 있다. 그리고 마침내 노벨이 협상에 뛰어들었다. SCO와 마이크로소프트, SCO와 IBM의 고객, 또는 IBM과 노벨

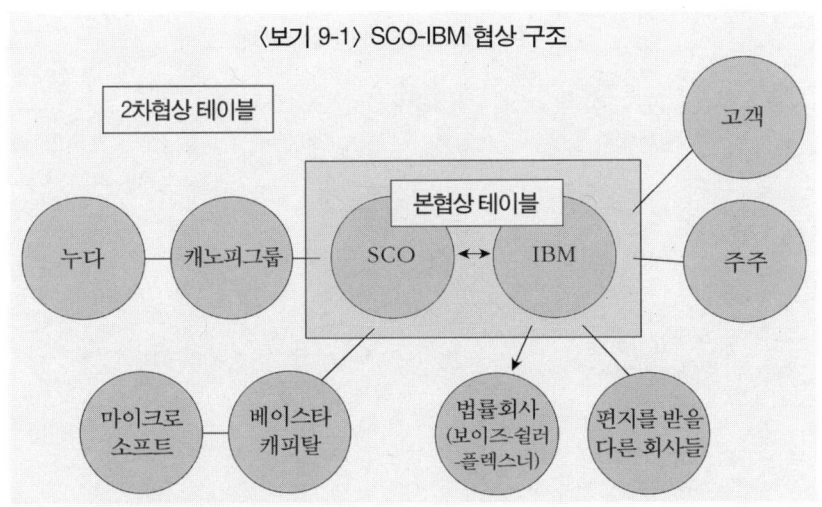

〈보기 9-1〉 SCO-IBM 협상 구조

의 관계는 각각 제휴관계coalition이다. 고소를 하겠다는 편지를 받은 회사들은 IBM과 같은 입장에 있으며, 제휴를 할 가능성이 있다. 조직내부의 협상과 조직 간의 협상은 상호의존관계와 이해가 얽혀 매우 복잡하다. 사람의 해부학적 구조를 완전히 이해하기 위해서는 분자화학, 세포, 조직, 그리고 조직체를 단계별로 분석하는 것이 필요하듯이, 조직내부 또는 조직 간의 협상을 완전히 이해하기 위해서는 여러 단계의 분석이 필요하다.[2]

이번 장에서는 양자협상 이외에 ① 다자협상, ② 제휴, ③ 의뢰인과 대리인 관계, ④ 이해당사자, ⑤ 팀 협상, ⑥ 팀 간 또는 집단 간 협상을 살펴보고(〈보기 9-2〉), 협상효과를 극대화하기 위한 전략을 제시하고자 한다.

다자협상

다자협상이란 셋 이상의 당사자들이 이해관계의 차이를 해결하기 위해 벌이는 협상을 말한다.[3] 협상에 둘보다 많은 당사자들이 관련되면 상황은 더욱 복잡해진다. 교류가 더 복잡해지며 정보관리의 필요성도 증가하고 당

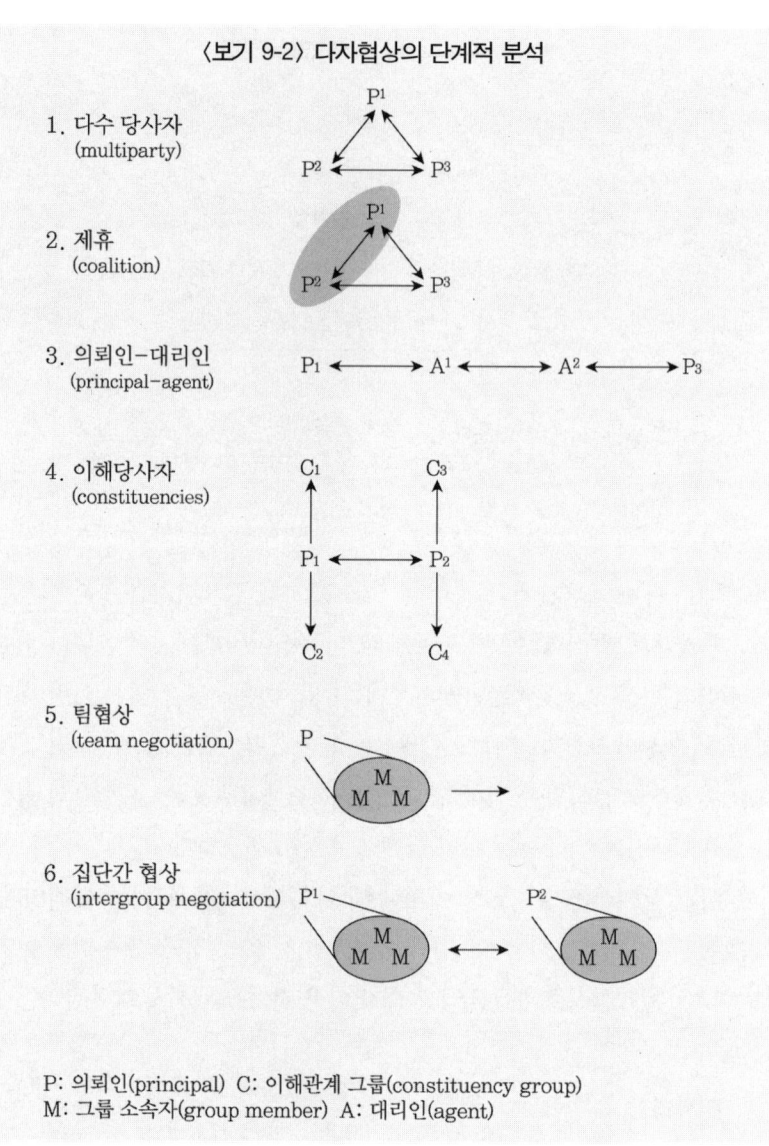

〈보기 9-2〉 다자협상의 단계적 분석

사자들 간에 제휴도 발생한다. 그러나 당사자가 개인이 아니고 집단인 경우에는 판단을 더 정확히 할 수 있으며 좋은 정보를 얻을 수 있다.[4]

다자협상의 어려운 점

다자협상에는 많은 어려움이 있지만, 그 가운데 중요한 것으로 다음 네 가지를 들 수 있다.

- **제휴에 대응을 해야 한다**
 양자협상과 다자협상의 큰 차이점으로 다자협상에서는 자원을 모으고 영향력을 높이기 위해 당사자들이 제휴를 할 가능성이 크다는 점을 들 수 있다.[5] 제휴는 잡다한 동기를 가진[6] 당사자가 적어도 셋 이상인[7] 상황에서 유리한 결과를 얻기 위해 자신들이 가지고 있는 자원들을 함께 사용하려고 연합한 둘 이상의 집단을 말한다. 제휴는 모든 점에서 허약한 그룹들이 더 큰 몫의 자원을 배당받을 수 있는 한 가지 방법이다. 제휴의 구성원들은 다른 제휴집단에 대항해서 서로 협력하지만, 일단 협상이 끝나고 나면 결과배분을 위해 서로 경쟁을 하게 된다.

- **트레이드오프가 복잡하다**
 다자협상에서의 트레이드오프는 순환협력 또는 상호협력을 통해서 이루어진다.[8] 순환협력circular logrolling이란 어느 구성원이 특정 문제에 대해서 양보를 하는 대신에, 다른 문제에 대해서는 또 다른 사람으로부터 양보를 얻어내는 트레이드오프를 말한다. 모자에 손을 넣어 자기 이름을 뽑은 사람에게 크리스마스 선물을 주는 것이 순환 트레이드오프의 예이다. 사람들은 이 사람으로부터 선물을 받고 다시 저 사람에게 선물을 준다. 이론적으로 말해 우리가 선물을 줄 땐 주는 사람보다 받는 사람이 더 고맙게 여기는 것이 상례다. 이와는 대조적으로, 호혜 트레이드오프reciprocal trade-off는 더 큰 그룹의 두 구성원 간에 이루어지는 것으로서 서로 선물을 주고받는 전통적인 선물교환 방법을 특징으로 한다. 순환 트레이드오프는 셋 이상의 협력이 필요하므로 어려움이 더 크다.

- **다수결원칙이나 투표방법들이 완전하지 못하다**

　복잡한 다자문제를 다룰 때는 종종 투표 등의 결정원칙을 통해 협상을 단순화시킨다. 그러나 결정원칙을 제대로 활용하지 못한다면, 파이 늘리기나 파이 나누기에서 효과적인 합의를 가져오기 어렵다. 이는 주로 투표와 다수결원칙과 관련이 있다.[9]

　투표와 다수결원칙의 문제점: 팀원들이 가장 선호하는 대안을 선정하기 위해 일반적으로 사용하는 방법이 다수결원칙이다. 다수결원칙은 외관상으로는 민주적이지만 선호의 강약을 반영할 수가 없는 약점이 있다. 특정 의제에 대해 매우 강한 견해를 가지고 있는 구성원도 한 표를 행사하는 반면, 마지못해 의사표시를 하는 구성원도 한 표를 행사한다. 따라서 다수결원칙은 의제들 가운데서 통합적 트레이드오프를 증진시키지 못한다. 그래서 다수결보다 만장일치를 추구하는 경우에 오히려 효율적으로 결론에 도달하기도 한다.[10] 구성원들이 다중작업을 하는 그룹들은 만장일치 원칙보다 다수결원칙 아래서 공동수익이 더 적어진다.[11]

　만장일치는 그것을 이루는 데는 시간이 걸리지만, 파이를 늘려 전체 구성원을 만족시키기 위해 창조적인 대안을 만들도록 고무한다. 선호의 강약은 통합적 합의를 위해 중요한 요소이므로 이를 반영하지 못하는 다수결원칙은 상호 이익이 되는 트레이드오프를 찾아내는 데 취약하다. 사전에 협의사항agenda을 미리 정한 다음에 투표를 하는 것도 의견교환을 제약하므로, 좋은 결과를 얻는 데는 장애가 된다.[12]

　투표에는 다른 문제도 발생한다. 이기적인 동기를 드러내는(친사회적인 동기에 반하는) 집단 내에서는 다수결원칙이 더 분배적이고 덜 통합적인 행동을 야기한다.[13] 구성원들이 투표를 통한 결정방식에 반대할 수도 있다. 예

〈보기 9-3〉 디자인에 대한 선호순서

관리자	디자인 A	디자인 B	디자인 C
갑	1	2	3
을	2	3	1
병	3	1	2

컨대 일부 구성원들은 만장일치 원칙을 주장하고, 다른 구성원들은 간단한 다수결 원칙을 주장할 수도 있으며, 또 다른 구성원들은 가중치를 부여한 다수결 원칙을 주장할 수도 있다. 그리고 투표방식이 결정되더라도 투표결과가 정확히 반으로 나뉘면 결론을 내릴 수가 없다. 이러한 경우에 투표는 이해갈등을 조정하기보다 갈등을 더 키우게 된다. 따라서 다수결원칙은 안정적이지 못하다. 이런 점에서 투표는 구성원 간의 의견 불일치를 일시적으로 감출 뿐, 장기적으로는 집단과 조직 효율에 장애가 될 수 있다.

투표의 패러독스: 갑, 을, 병 세 사람으로 구성된 팀이 있다고 하자. 세 사람은 A, B, C 세 개의 디자인 중에 어느 것을 선택할지 의견이 갈려 있다. 〈보기 9-3〉이 선호순서를 보여준다. 한동안 논의했지만 결론을 내지 못하자, '을'이 A와 B에 대해 투표를 먼저 하고 거기서 선택된 것과 C 간의 투표를 제안했다. 첫 번째 투표에서 A가 선택되었으며, 두 번째 투표에서는 C가 선택되었다. '을'은 C가 선정되었다고 좋아했으며 '병'도 그 결과를 거들었다. 그러나 '갑'은 다른 투표방법을 제안했다. '을'은 "방금 공정한 투표를 했으며, 너는 졌다. 결과에 승복해야 한다"고 웃으면서 말했다. '갑'은 "투표를 한 번만 더 하자. 그러면 그 결과에 승복하겠다. 하지만 이번에는 B와 C 간의 투표를 먼저 하자"고 제의했고, '을'은 이에 동의했다. 이번에는 처음 투표에서 B가 이겼으며, 그다음 A와 B 간의 투표에서는 A가 이겼다. '갑'은 기뻐하며 자신의 승리를 선언한다. '병'은 절차상 속임수가 있었다면서 흥분한

다. 그러나 왜 그런지에 대해서는 설명하지 못했다.

갑, 을, 병 세 사람은 **콩도르세**Condorcet **역설**•의 희생자이다. 다수결 결과가 대안들 간의 투표순서에 따라 바뀔 수 있다는 것이 콩도르세 패러독스이다. 순차투표에서는 나중에 투표대상이 되는 대안일수록 유리하다.[14] 영리한 사람은 자신이 선호하는 대안이 나중에 순차투표에 오르도록 노력한다.

위의 예처럼 상황에 따라 변하는 상품개발팀의 불안정한 투표 결과가 **불가능성정리**impossibility theorem에 대한 관심을 불러일으켰다.[15] 불가능성정리는 개인선호로부터 집단선호를 정확히 끄집어내는 것은 불가능하다는 정리이다. 즉 세 명 이상으로 이루어진 집단에서 세 개 이상의 대안이 있는 경우 집단선호를 극대화시키기 위해 구성원들의 선호를 통일할 방법은 없다. 개인의 선호가 명확하다고 집단선호가 자동적으로 결정되는 것은 아니다.

전략적인 투표: 구성원들이 자신이 원하는 안이 선택되도록 하기 위해 자신의 선호순서를 전략적으로 위장하는 경우에는 상황이 더욱 복잡해진다.[16] 예를 들어 자신이 두 번째로 선호하는 대안이 탈락된다면 가장 선호하는 대안이 선택될 가능성이 커진다. 따라서 선호도가 두 번째와 세 번째인 대안 간의 투표에서 선호도가 세 번째인 대안에 표를 던질 수도 있다.

컨센서스를 통한 결정: 컨센서스에 의한 합의는 이것이 공식화되기 전에 모든 구성원의 동의를 필요로 하지만, 만장일치를 의미하지는 않는다. 만장일치가 되기 위해서는 당사자들이 겉으로만이 아니라 마음으로도 동의를 해야 한다. 컨센서스를 이룬다는 것은 어떤 합의안에 대해 마음속으로는 동의하지 않지만 형식적으로는 동의하는 것을 말한다.

• 콩도르세 역설: 다수결 투표제가 유권자의 선호도를 정확하게 반영하지 못하는 현상을 말한다. 18세기 말 프랑스의 수학자이자 계몽주의자인 콩도르세의 주장.

컨센서스 합의도 바람직하기는 하지만 문제점을 가지고 있다. 우선 모든 구성원의 동의를 얻어야 하므로 시간이 오래 걸린다. 두 번째로 모두가 받아들이기 쉬운 최대공약수에 해당하는 수준에서 타협하기 쉽다. 타협은 겉보기에 공정하므로 매우 수월한 합의방법이지만, 파레토 최적을 이룰 수 있는 트레이드오프를 하지 못했으므로 결과적으로 비효율적이다.[17]

- 의사소통이 정확하지 않다

사람들은 다자간의 교류에서는 의사소통이 당연히 잘 이루어질 것으로 생각한다. 그러나 실제로는 다음의 세 가지 이유로 의사소통이 잘 이루어지지 않는다. 첫째, 메시지를 보내는 사람이 전달에 실패한다. 둘째, 보내는 사람이 메시지를 왜곡해서 전달한다. 셋째, 정확한 메시지가 보내졌지만 받는 사람이 이를 왜곡해서 받아들인다. 다자대화에서는 보내거나 받는 사람이 여럿이므로 이러한 복잡성은 더욱 커진다. 대화가 정확히 이루어지지 않으면 파이 나누기에 영향을 준다. 예를 들어 '합의에 도달하지 못했을 때 택할 수 있는 최선의 대안'BATNA이 약한 쪽은 제한적인 대화에 유리하며, 특히 그들이 대화통로 역할을 할 때 더욱 그러하다. 반대로 강력한 BATNA를 가진 측은 공개적인 대화를 선호한다.[18]

개별회의private caucusing: 집단이 커지면 모든 구성원 사이의 의사소통이 어려워지므로, 협상을 단순화하기 위해 개별회의를 하기도 한다. 경우에 따라서는 개별회의를 전략적으로 하기도 한다. 그러나 시간이 걸리더라도 전체회의를 하는 것이 결론의 질을 향상시키고 공동이익을 증진시키며 경쟁심을 낮추는 데 좋다.[19] 물론 전체회의는 장점이 있는 반면에 주의해야 할 점도 있다. 업무성격상 구성원들 간에 일대일 대화(순차적인 대화와 대비되는 개념)가 필요한 경우에는 개별회의가 도움이 된다. 개별회의는 여러 다른 형태로 열릴 수 있다. 예컨대 오리건 주 출신 하원의원인 피터 데파지오Peter DeFazio는 양조제품가격과 상표법을 포함하여 중소 양조회사들의 이익을 대변하고 옹호하는 하원 중소 양조업자 소위원회House Small Brewers Caucus를 만들었다.[20]

편향적 해석: 사람들은 메시지를 받을 때, 특히 불분명한 메시지의 경우에는 자신이 듣고 싶은 것만 듣는 경향이 있다. 예를 들어 어느 제품에 대한 중립적인 정보가 제공되더라도 그것을 자신에게 유리한 방향으로 해석한다. 더욱이 자신들의 원래 견해에 일치하는 정보만 주목하며 자신의 생각과 다른 정보들은 무시한다.

다른 사람의 관점에서 보지 못한다: 사람들은 좀처럼 다른 사람의 입장에 서서 보지를 못한다. 예를 들어 자신이 가지고 있는 정보를 상대방이 갖고 있지 못한 것이 확실한데도 마치 상대방이 그것을 알고 있는 것처럼 행동한다.[21] 이러한 문제를 아는 자의 불행curse of knowledge이라고 부른다.[22] 자기 쪽에 유리한 정보를 알고 있는 상인들이 마치 파트너들도 알고 있는 것처럼 행동하는 실험 결과도 있다. 완벽한 지식을 가진 교사가 그것을 학생들에게 잘 전달하지 못하는 것도, 학생들의 입장에 서지 못하기 때문이다.

우회적인 대화: 우회적인 대화는 간접적으로 상대방의 행동을 요청하는 방식이다. 〈보기 9-4〉에서 보듯이 문을 닫아달라는 의미도 다양하게 표현할 수 있다. 첫 번째 문장만 직접 문을 닫아달라고 했으며, 나머지는 자신의 주장을 펴거나 질문형식을 띠고 있다. 그러나 실제로는 다 같이 문을 닫아달라는 의미이다. 이런 경우 듣는 사람은 말하는 사람의 의도를 정확히 이해하기 위한 별도의 인식단계를 필요로 하며, 긴장하면 정확한 의미를 놓치기 쉽다. 우회 정도는 요청 내용의 중요도(즉 "시간이 있느냐"와 같은 가벼운 요청은 이해가 쉽지만, "직업을 가질 수 있느냐"와 같은 질문은 금방 이해가 되지 않는다), 대화자의 지위관계, 그리고 문화적인 차이 등의 함수이다.[23] 따라서 요청 내용이

〈보기 9-4〉 요청 방법(뒤로 갈수록 듣는 사람은 추론과 지식공유를 필요로 한다)[24]

1. 문 닫아주세요.
2. 문 닫을 수 있어요?
3. 문 좀 닫아 주시겠습니까?
4. 문을 닫으면 도움이 될 텐데.
5. 문 닫아주십사 해도 개의치 않으시겠어요?
6. 혹시 문 닫는 것을 잊으셨나요?
7. 바람이 덜 들어오면 어떨까요?
8. 점점 추워지네요.
9. 고양이가 집 밖으로 나가게 될 것 같아요.

무겁고, 지위의 차이와 문화의 차이가 클수록 대화는 우회적이 된다. 물론 우회 정도가 너무 심하면 효과적으로 대화하기가 어렵다.

듣는 사람이 여러 계층인 경우: 얘기를 들어서는 안 되는 사람이 함께 있는 가운데 상대에게 메시지를 전해야 할 경우가 있다. 이에 대해서는 구매자와 주택 매매상담을 하고 있는 부부를 예로 들 수 있다. 그들은 구매자 모르게 자신들만의 대화를 필요로 한다. 은밀한 대화가 이루어지고 있다는 사실조차 구매자가 모른다면 더욱 좋은 일이다. 이러한 상황을 **복수청중**multiple audience 상황이라고 한다.[25]

사람들은 많은 청중 중에서 의중에 둔 사람에게만 정보를 전달하는 기술이 있다.[26] 예를 들어 미국의 레이건 전 대통령은 연설을 하면서 여러 계층의 청중들에게 각각 다른 메시지를 동시에 전달하는 능력을 타고났다. 1983년 3월 8일, 복음선교회전국연합National Association of Evangelicals에서 행한 '악의 제국'에 관한 연설이 좋은 예이다. 연설의 앞부분에서는 전문용어까지 사용하면서 복음주의에 대해 언급하여 복음주의 청중들과 일체감을 다졌다. 뒷부분의 외교정책에 대한 언급에서는 국내는 물론 외국에 있는 청중까지도 겨냥하고 얘기했다. '악의 제국'이라는 구절은 복음주의자들은 물론 폴란드, 체코슬로바키아의 반정부세력을 비롯하여 소련에 반대하는 세력들에게까지 강한 반향을 불러일으켰다. 그러나 아프가니스탄에서의 화학전 부분은 원고에 있었지만 생략해서 소련에 대한 외교적인 배려도 했다. 또 핵동결 nuclear freeze 비난에 대해서는 '숨김없는 동결 honest freeze'이라는 말로 균형을 맞추었다. 이 '숨김없는 동결'이라는 표현은 군축대상 및 규모를 정하고 이를 효과적으로 이행하기 위한 방안을 포괄적으로 협의하자는 그의 제안에 생동감을 불어넣었다.27 이 연설은 소련을 포함해서 전 세계의 외교관들과 군비통제 관련자들에게 그가 무엇을 암시하는지를 알려주었다.28

다자협상의 핵심전략

다자협상에는 복잡하고 다양한 요소가 내재되어 있다. 다자협상에서 파이 늘리기와 파이 나누기 능력을 증대시키기 위해서는 다음과 같은 전략을 참조하면 도움이 된다.

- **협상 상대가 누구인지를 알아야 한다**

 누가 협상 테이블에 나올 것인지 알아야 하고, 협상자들이 대표하는 이해당사자의 관심사항을 이해해야 한다. 다음 사례를 검토해보자. 로스앤젤레스의 억만장자인 론 버클 Ron Burkle 이 운영하는 투자회사인 유카이파 Yukaipa 는 파산 절차에 들어간 북미 최대의 운송회사인 얼라이드 Allied 사의 지배주식을 인수한 후 논란에 휩싸였다. 유카이파는 미국 운전자 노동조합 '팀스터스 Teamsters'와의 양해회담 기간에 얼라이드사는 물론 버클 소유회사인 호크 오퍼튜니티 펀드 Hawk Opportunity Fund 의 얼라이드 투자자들을 지원하게 되어 있었다. 그러나 팀스터스 대표들은 "우리는 유카이파와 호크 오퍼튜니티 펀드로부터 상충되는 제안을 받고 있었는데, 누가 우리의 협상 상대인지를 알지 못했다"고 했다. 투자자들과 얼라이드 관리자들을 제외한 일부 사람들은 협상 기간 동안 유카이파가 자신들의 개편계획을 강행 통과시키려 했다고 주장했다. 결국 유카이파는 그 협상에서 손을 떼라는 요청을 받았으며, 2007년에 호크 오퍼튜니티 펀드가 유카이파를 제소했다. 유카이파가 협잡으로 얼라이드를 인수하려 했으며, 또한 유카이파와 팀스터스가 "그들 자신의 이익을 위해" 파산/재편성 과정을 조작하고 기만하기로 "은밀히 결탁했다"는 혐의였다.[29]

- **정보를 잘 관리하고 제안 준비를 체계적으로 해야 한다**

여러 당사자들이 모여 다양한 문제를 다룰 때는 정보의 과부하를 겪게 된다. 정보관리가 없이 모든 의제, 대안, 그리고 다른 집단들의 선호를 안다는 것은 불가능하다. 모든 집단들과 의제들을 두 축으로 하는 매트릭스를 만들어서 집단별 선호내용을 챙겨볼 필요가 있다. 이런 정보가 얼마나 공개되느냐에 따라 진정한 윈-윈 합의 가능성이 커질 것이다.

다자협상을 관찰해보면, 협상집단들은 시간 관리에 매우 미숙하다. 예를 들어 파이 나누기 협의를 먼저 하고 나서 파이 늘리기를 위한 통합적 협의에 들어가는 경우가 있다.[30] 집단들은 제안의 작성과 대안 개발에 체계적이지 못하다. 이러한 행태 때문에 좁은 시야(tunnel vision)를 갖게 되고, 현 시점에서 가능한 몇 개의 대안만을 고려하는 잘못을 범한다. 어느 연구조사에서, 방금 다자협상을 끝낸 사람들에게 얼마나 가능한 대안들이 있었는지를 물어본 적이 있다(그 협상은 의제를 다섯 개 가지고 있었으며, 의제별로 대안이 4~5개씩 있었다). 대안이 '하나'라고 대답한 사람이 가장 많았으며, 평균치는 넷밖에 되지 않았고, 가장 큰 숫자도 12였다. 실제로 대안의 숫자는 50개가 넘었다. 이 예는 제안을 체계적으로 마련하지 않으면 시야가 좁아진다는 것을 보여준다. 협상에서는 여러 가지 복합의제 제안을 준비하고 어떠한 제안들이 고려되었는지 꼼꼼히 기록할 필요가 있다.

- 브레인스토밍을 활용하라

협상 집단들에게는 브레인스토밍을 활용해보기를 권한다. 대부분의 집단들은 자주적으로 생각하는 개인보다도 아이디어를 적게 내며, 그 질도 떨어진다.[31] 브레인라이팅brainwriting은 브레인스토밍의 일종으로('혼자 하는 브레인스토밍'이라고도 한다), 개인적으로 미리 아이디어를 정리해본 다음에 함께 모여 이에 대한 의견을 나누는 방법이다. 개인은 집단에 비해 아이디어를 더 잘 내지만 집단은 개인에 비해 평가에 강한 특징을 활용한 것이 브레인라이팅이다.

- 구성원들의 중간 역할을 활용하라

다자협상에서는 최소한 시간관리자, 진행관리요원, 그리고 정보기록원이 필요하다. 이러한 역할들은 돌아가며 하도록 해서 특정 구성원에게 이익이나 손해를 주지 말아야 한다.

- 협상 테이블에 남아 있는 것이 좋다

모든 당사자들이 합의를 원하는데 협상 테이블을 박차고 나오는 것은 어리석은 짓이다.[32] 한 집단이 협상에서 이탈하면 나머지 집단들끼리 제휴할 가능성이 크며, 그것은 이탈자에게 치명적이다.[33]

- 구성원들이 공평하게 참여할 수 있도록 노력하라

한두 사람이 대부분의 일을 처리함으로써 야기되는 참여의 불공평은 집단 간 정보교환에 장애가 된다.

- 과정에 대한 합의일지라도 합의를 하는 것이 필요하다

집단협상은 두 사람 사이의 협상보다 훨씬 복잡하다. 집단협상은 개인들의 행동, 개인들 간의 전후관계, 다양한 참석자들의 말씨, 그리고 변화의

전조가 되는 휴지점의 측면으로 연구해볼 수 있다.[34] 때때로 집단협상은 비록 단일의제 협상이라 해도 합의가 지연되어 난항에 빠질 수 있다. 합의도달이 늦어지면 구성원들은 협상이 진전도 없고 교착상태에 빠졌다고 생각한다. 통합적 전략을 추진하면서 협상자가 인내심을 가지고 협력적으로 나설수록 결과는 더 좋아진다.[35] 여기서 합의도달만을 추구하지 말고, 합의에 도달하기 위한 과정이라도 합의를 보는 것이 좋다. 예컨대 집단의 한 구성원이 다음과 같은 것을 제의할 수도 있다.

> 우리는 두 시간 넘게 논의를 했지만 하나도 합의된 것이 없다. 이것은 실패의 표시이며, 이렇게 되면 앞으로도 잘 될 것 같지가 않다. 우리가 생각하는 해결방안 리스트를 10분 동안 함께 생각해보고, 그런 다음에 각자 자신이 좋아하는 순서를 매겨보자. 이렇게 순서를 매겨보는 것은 합의를 위해서 우리가 어떻게 해야 하는지를 가르쳐줄 것이다.

- **균등하게 배분해야 한다는 편향에서 벗어나라**

집단협상에서는 그 결과를 참여자들이 똑같이 나누어 가져야 한다고 생각하는 경향이 있다(제3장 참조). 이러한 생각은 여러 가지 면에서 문제가 있다. 첫째, 제3장에서 보았듯이 누구나 인정할 수 있는 공정한 배분방법은 이 세상에 없다. 공정성에 대한 여러 기준은 특정 관점에서 볼 때 '공정'하다는 것이지, 어떤 방법도 결코 항상 우위에 있는 것은 없다. 둘째, 모든 집단은 평등주의자처럼 행동하지만 그 구성원 개개인은 평등주의자가 아니다.

- **합의를 이루어야 한다는 편향에서 벗어나라**

합의편향은 협상자가 상대방과의 공통점에 초점을 맞출 때 일어난다. 그리고 차이를 받아들이는 것이 서로에게 도움이 될 때도 차이를 인정하기 싫어하면 합의편향이 발생한다.

모든 사람이 합의를 원한다고 생각해서는 안 된다. 어떤 상황에서는 협상을 깨거나 지연시키는 것을 바랄 수도 있다.

- 순차 협상을 피하라

집단들은 주어진 시점에 여러 의제들이 동시에 논의되는 동시협상보다는 한 번에 하나씩 협의하는 순차 협상을 선호하는 경우가 많다. 그러나 각 의제별로 따로 논의하거나 투표를 하면, 의제들 사이에 윈 - 윈 트레이드오프를 할 수가 없다.[36]

제휴

제휴에는 ① 제휴형성, ② 제휴유지, 그리고 ③ 제휴 구성원 간의 자원 배분이라는 세 가지 중요한 문제가 있다. 우리는 이 문제들을 다뤄 제휴효과를 극대화하는 전략을 마련하고자 한다.

제휴의 주요 문제들

- 제휴의 최적 규모

제휴는 원하는 목적을 달성하는 데 필요한 최소한의 구성원으로 이루어지는 것이 바람직하다. 제휴를 유지하기 어려운 것은 제휴 구성원이 다른 집단으로부터 또 다른 제휴 유혹을 받기 때문이며, 또한 제휴를 통한 합의가 강제적인 것은 아니기 때문이다.[37]

- 제휴에서의 신뢰와 유혹

제휴의 충실도는 제휴에 따른 비용과 보상의 함수이다. 제휴를 통해서 더는 얻을 것이 없다면 제휴를 떠나게 된다. 물론 제휴로 남는 것이 합리적이지 않다는 것을 알면서도 제휴 구성원들은 이를 계속 유지하려는 *끈끈함*을 갖는다.[38] 더 좋은 조건의 새로운 제휴가 가능한데도 현재의 제휴를 고수하고자 하는 경향은 현상유지편향現狀維持偏向, status quo bias 때문이다.[39] 협상자들은 처음부터 제휴에 참여함으로써 나중에 혼자만 남는 일이 없도록 해야 한다. 협상자들은 또한 제휴가 이루어질 때 적대적인 감정을 조정해야 한다. 협상자들은 화를 내며 그들을 제휴와 제휴자원으로부터 배제하는 사람들에 대해 부정적인 인상을 갖는다.[40] 사람들은 '화난' 사람들과 제휴를 하는 흔치 않은 경우에 큰 양보를 하는 경향이 있다.

- 파이 배분

제휴 구성원 간의 자원배분은 공정배분 규범이 존재하지 않으므로 매우 어렵다.[41] 초보 협상자들은 공평배분에 잘 합의하지만, 노련한 협상자들은 그렇게 하지 않는다.[42] 노련한 협상자들은 그들의 협상력을 적절히 활용하여 협상력의 차이를 이용하려고 하며 또 그렇게 할 수 있다. 샘 레이번Sam Rayburn, 린든 존슨Lyndon B. Johnson, 그리고 댄 로스텐코프스키Dan Rostenkowski 같은 미국의 베테랑 정치가들은 협상력을 활용할 줄 알고, 제출법안의 표결에서 이기기 위해 제휴를 할 줄 아는 정치인들이다.[43] 이 관찰을 예증하기 위해 다음 사례를 검토해보자. 린드홀름Lindholm, 테페Tepe, 그리고 클로슨Clauson사는 재활의료제품과 장비를 생산하고 연구사업을 하는 작은 기업체들이다.[44] 대체로 성장이 빠른 분야로서, 각 회사들은 연구개발부서의 혁신을 통해 그들의 기술을 확대 개선하기 위한 방법을 찾고 있다. 각사는 최근에 연구개발투자를 위해 전국재활의학연구위원회National Rehabilitation Medicine Research Council, NRMR에 연구자금을 신청했다.

NRMR는 재활의학 분야 연구에 자금을 지원하는 국가기관이다. NRMR는 세 회사의 제안들이 너무 유사해서 둘 이상의 회사들로 구성된 컨소시엄

〈보기 9-5〉 컨소시엄별 최대 지원 금액

컨소시엄 형태	R&D 지원금 규모
린드홀름 단독	0
테페 단독	0
클로슨 단독	0
린드홀름과 테페 컨소시엄	US$ 220,000
린드홀름과 클로슨 컨소시엄	US$ 190,000
테페와 클로슨 컨소시엄	US$ 150,000
린드홀름과 테페, 클로슨 컨소시엄	US$ 240,000

에만 지원하고 어느 한 회사에는 지원하지 않을 방침이다. 세 회사의 규모는 린드홀름, 테페, 클로슨 순서이다. NRMR은 〈보기 9-5〉에서 볼 수 있는 바와 같이 여러 요인들을 감안하여 자금지원을 제한하려고 했다.

또, NRMR는 컨소시엄으로 자금을 지원받기 위해서는 구성원 간의 배분방법을 사전에 명확히 해야 한다는 점을 조건으로 들었다. 만약 당신 회사가 린드홀름이라면 어느 컨소시엄이 가장 유리하겠는가? 분명히 테페나 클로슨, 아니면 둘 다와 컨소시엄을 구성해야 한다. 그러나 이들 각 컨소시엄 중 어느 것이 가장 많은 자금 배분 혜택을 받을 수 있을까? 먼저 테페와 2개 사 컨소시엄을 구성한다고 가정하면, 테페는 지원액 22만 달러 중 그 절반인 11만 달러를 자기 몫으로 요구할 것이다. 당신은 린드홀름이 더 큰 회사이므로 더 배분을 많이 받아야 한다고 주장하면서 린드홀름에게는 20만 달러, 테페에게는 2만 달러의 배분을 주장할 것이다. 이 순간 테페는 그렇다면 자신은 클로슨과 컨소시엄을 추진해서 15만 달러를 지원받은 뒤에 절반씩 나누더라도 7만 5,000달러를 받을 수 있다고 주장한다. 그러면 당신도 클로슨과의 컨소시엄을 통해 클로슨에게 8만 달러를 제시하고 자신은 11만 달러만 가질 수 있다고 대응한다. 이렇게 테페가 어려운 상황에서, 클로슨은 테페에게 둘이 컨소시엄을 만들어 15만 달러 중 자신이 10만 달러를 받을 수 있다면 테페와 컨소시엄을 맺겠다고 제안한다. 테페는 당황했고 마음이 약해졌다. 린드홀름인 당신도 피곤해졌으며, 당신도 컨소시엄에서 혼자 제외되기를 바라지는 않는다. 이때 셋이 함께 컨소시엄을 구성하면 어떨까 하는 생각이 떠올랐다. 그러면 24만 달러를 지원받을 수 있다. 문제는 이를 어떻게 분배할 것인가이다. 당신은 자신이 그 절반인 12만 달러를 받고 테페가 8만 달러, 클로슨이 4만 달러를 받는 것을 제안한다. 클로슨은 흥분해서 테페와 클로슨의 컨소시엄은 15만 달러를 받을 수 있으며 당신이 추가됨으로써 증가된 금액은 9만 달러이므로 당신은 그 금액 이상을 받아서는 안 된다고 주장한다. 당신은 린드홀름과 테페의 컨소시엄은 22만 달러를 받을 수 있으므로 린드홀름의 가치는 9만 달러 이상이 분명하다고 주장한다. 이렇게 논의의 악순환을 되풀이하고 있다.

린드홀름, 테페, 클로슨의 협상은 제휴의 불안정한 성격을 말해준다. 이 협상에서 제외된 한 집단은 다른 두 집단 중 누구에게도 더 좋은 제안을 할 수 있는 위치에 있다. 게다가 파이를 셋으로 나누는 방법도 분명한 해결책을 제시하는 것 같지 않다. 그렇다면 이들 세 회사는 어떻게 해야 할까? 방법이 있기나 할까? 아니면 그들은 다람쥐 쳇바퀴 돌듯 영원히 헛수고만 하게 되어 있는 것일까?

악순환에서 벗어나는 방법

방법을 찾기 위해 문제를 연립방정식으로 개념화해보자.

(린드홀름: L, 테페: T, 클로슨: C)

$$L + T = \$220{,}000,$$
$$L + C = \$190{,}000,$$
$$T + C = \$150{,}000$$
$$L + T + C = \$240{,}000$$

$$L+T+C = (\$220{,}000 + \$190{,}000 + \$150{,}000)/2$$
$$= \$560{,}000/2$$
$$= \$280{,}000$$

이므로 3사가 필요한 지원자금은 모두 28만 달러이다. 그러나 3사 컨소시엄에서 받는 자금은 24만 달러이다. 따라서 이 연립방정식을 만족시키기 위해서는 4만 달러가 부족하다. 이 부족분을 해결하기 위해 핵심 해법, 샤플리 모델, 혼합 모델의 세 가지 방법을 살펴본다.[45]

① **핵심 해법**core solution: 이는 흔히 사용되지 않는 대안 중 하나다.[46] 어떤 제휴도 그것을 뒤엎으려는 힘과 의지를 갖고 있지 않다는 것을 전제로 한다. 핵심해법 계산의 첫 단계는 4만 달러의 자금부족이 쟁점이 되지 않았을 경우 각 회사의 몫을 얼마로 할지를 결정하는 일이다. 우리는 L, T, C의 몫을 다음과 같이 계산한다.

$$(L+T) - (L+C) = \$220{,}000 - \$190{,}000$$
$$= (T-C) = \$30{,}000$$
$$(L+T) - (T+C) = \$220{,}000 - \$150{,}000$$
$$= (L-C) = \$70{,}000$$
$$(T+C) + (T-C) = \$150{,}000 + \$30{,}000$$
$$2T = \$180{,}000$$
$$T = \$90{,}000$$
$$L+T = \$220{,}000$$
$$L + \$90{,}000 = \$220{,}000$$
$$L = \$220{,}000 - \$90{,}000$$
$$L = \$130{,}000$$
$$L+C = \$190{,}000$$
$$\$130{,}000 + C = \$190{,}000$$

결과
$$C = \$190{,}000 - \$130{,}000$$
$$C = \$60{,}000$$
$$L = \$130{,}000$$
$$T = \$90{,}000$$
$$C = \$60{,}000$$
$$합계 = \$280{,}000$$

따라서 만약 지원금 총액이 28만 달러라면, 우리는 이 방정식을 풀 수 있다. 그러나 우리는 현실적으로 그렇게 할 수 없다. 다음 단계는 어디에서든 4만 달러를 뺀 24만 달러로 총액을 잡고 계산하는 일이다. 어느 한 회사의 몫이 깎여야 하는 것에 대해 특별한 논의가 없는 경우, 우리는 각 회사의 몫에서 동일하게 1만 3,333달러를 뺀 후 최종적으로 다음과 같이 '핵심' 몫을 계산한다.

린드홀름	$116,670
테페	$76,670
클로슨	$46,670

린드홀름은 만족하겠고, 테페도 동의하겠지만, 클로슨은 불만이다. 클로슨은 4만 6,670달러가 너무 적으며, 상황을 검토하기 위해 컨설턴트를 고용해야겠다고 생각한다. 컨설턴트는 샤플리로 불리는 다른 방안을 제시한다.

② **샤플리 모델**Shapley model: 어느 한 회사가 처음 시작하고 두 번째와 세 번째 회사가 이에 가세하는 제휴형성을 상정하여 계산한 모델이다. 어느 한 회사에게 제몫을 다 챙겨주는 샤플리 모델은 제몫을 다 가져가는 회사의 추축력樞軸力 또는 실패하는 제휴를 승리하는 제휴로 바꾸는 능력

〈보기 9-6〉 샤플리 모델의 부가가치 비교

컨소시엄 참여순서	A의 부가가치	B의 부가가치	C의 부가가치
LTC	0	$220,000	$20,000
LCT	0	$50,000	$190,000
TLC	$220,000	0	$20,000
TCL	$90,000	0	$150,000
CLT	$190,000	$50,000	0
CTL	$90,000	$150,000	0
합계 $1,440,000	$590,000 (41.0%)	$470,000 (32.6%)	$380,000 (26.4%)
$240,000을 비율로 배분	$98,333	$78,333	$63,333

이 그 기반이 될 수 있다. 컨설턴트는 제휴에 차례로 참여하는 회사들의 모든 가능한 순열을 두루 생각해 본다. 제휴로 인해 각사에 생긴 부가가치는 이 추축력을 가진 회사로 돌아간다. 샤플리 값은 전체 제휴회사에 의해 나눠지는 자원의 총량이다(〈보기 9-6〉 참조). 이 결과는 물론 동등한 분배원칙과 또한 형평원칙에 따른 것이다. 클로슨의 컨설턴트가 이러한 보고서를 제출하자, 클로슨은 거의 $20,000이나 증가한 몫에 만족해한다. 린드홀름은 몫이 줄어든 것에 난처해했고, 테페는 다투는 것에 진력이 나서 제시된 두 해결책 중 하나를 제시한다.

③ 혼합 모델: 앞에서 두 모델을 보았는데, 중간 위치에 있는 구성원의 몫은 거의 차이가 없다. 그러나 힘이 강한 구성원과 약한 구성원의 몫은 크게 변한다. 둘 중 어느 모델을 채택할 것인지에 대해 린드홀름과 클로슨은 논쟁을 벌이게 될 것이므로, 두 모델의 중간이 하나의 해결책이 될 수 있다.[47] 그 결과는 이러하다.

린드홀름: $107,500

테페: $77,500

클로슨: $55,000

힘이 약하고 강한 자에 대한 조언: 지금까지 세 가지 방법을 보았는데, 자원배분을 중시하다 보니 강압적인 면도 있고 방어적이기도 하다. 제휴상태에서 힘이 강한 자는 비교적 수월한 처지에 있지만, 약한 자는 효과적으로 행동하기가 정말 어렵다. 그러나 당신이 불안정한 제휴상태를 인식하고 방해할 수 있다는 점을 안다면 약한 것도 힘이 될 수 있다.

힘은 제휴형성과 구성원 간 자원배분에 크게 관련된다. 구성원 간 힘의 불균형은 집단에도 부담이 된다. 평등관계와 비교하면, 불균형관계에서는 집단으로부터 벗어나기 위한 제휴가 많으며,[48] 통합적인 합의를 이루지 못하고,[49] 교착상태가 자주 생기며,[50] 경쟁적인 행태도 크게 증가한다.[51] 힘의 불균형은 자기 이익 보호가 주요 관심사인 집단구성원들에게 힘이라고 하는 의제를 부각시킨다. 제휴에 좋은 것이 조직에도 항상 좋은 것은 아니다.

여러 당사자들이 전체의 복지를 훼손하지 않으면서도 최선이 되는 제휴 방법을 찾을 수 있을까? 대체로 그렇지 않다. 몇몇 방어적 방법이 제휴 구성원들 사이에서 자원 배분에 이용될 수 있겠지만, 가장 좋은 단일 방법은 존재하지 않는다.[52]

제휴효과를 극대화하기 위한 전략

다음은 효과적인 제휴관리를 위한 개인 간의 전략들이다.[53]

- **일찍 접촉하라**
  약속과정 때문에 사람들은 명시적이든 묵시적이든 합의의사를 밝힌 상대방에게 의무감을 느끼게 된다. 따라서 핵심 상대에게는 그가 다른 집단과 심리적으로 가까워지기 전에 일찍 접촉하는 것이 좋다.

- 구두로 약속을 받아내라

  구두약속은 법적으로 구속력이 없음에도 대부분은 이를 지켜야 될 것 같은 심리를 갖게 된다.[54]

- 파이 나누기에 공정한 방법을 사용하라

  제휴 구성원 중 하나 이상이 자원배분이 불공정하다고 느끼면 제휴는 불안정해져서 결국 깨지게 된다. 파이 나누기가 공정하다고 느끼면 다른 사람이 제휴를 깨자고 해도 그에 응하지 않게 된다.

 대리인을 통한 협상

의뢰인principal과 대리인agent 간의 협상에는 문제가 있다. 의뢰인은 필요하면 위험도 감수하지만 대리인은 위험회피 성향을 가지고 있다. 이러한 대리인에게 어려운 일을 시키기 위해 의뢰인이 그와 인센티브를 협상을 해야 하기 때문이다.[55] 대리인은 협상결과로부터 얻는 것이 있다(예: 부동산 중개업자는 집을 팔면 수수료를 받는다). SCO 협상에서 CEO인 달 맥브라이드는 SCO와 IBM의 중재인intermediary이며 또 SCO와 캐노피그룹 사이, 그리고 잠재적으로는 누다와의 사이에서도 마찬가지 입장에 있다.

자신의 이익을 대변하기 위해 대리인을 동원하는 데는 다음과 같은 이점이 있다.[56]

- 전문지식: 대리인은 협상 절차에 전문지식을 많이 갖고 있다(예: 부동산 중개업자).
- 실질적 지식: 대리인은 어떤 영역에서는 의뢰인보다 많은 정보를 가지

고 있다. 예를 들어 세금전문 변호사는 조세법과 세금감면에 대해 많은 정보를 가지고 있다.
- 네트워크와 특정 분야에 대한 영향력: 사람들은 때때로 자신이 만든 생산품이나 서비스에 누가 관심을 가지고 있는지 모르기 때문에 대리인을 통해서 업무를 추진한다.
- 감정의 분리: 대리인들은 감정적으로 초연하고 전술적으로 유연할 수 있다. 예컨대 이혼관리사divorce planner는 변호사가 아니지만, 이혼이 사람들에게 큰 스트레스를 주므로 감정상 직접 하고 싶지 않은 이혼절차를 대신 처리해준다.[57]
- 사후 추인: 대리인이 의뢰인으로부터 위임을 받지 않았다면, 제안을 하거나 받아들일 수 있는 권한을 갖지 못한다. 이는 소유자나 관리자의 허락이 없다면, 자동차 판매원이 가격을 깎아줄 수 있는 범위가 제한적인 것과 같다.
- 체면 살려주기: 대리인은 의뢰인의 체면을 살려주는 완충장치 역할을 한다.

대리인을 통한 협상에는 이러한 장점도 있지만 비용이 든다. 대리인은 자신들의 서비스에 대해 보상을 받으므로 의뢰인, 즉 협상 주체들 간에 나누어 가지는 자원의 총량을 감소시킨다. 그리고 비효율적인 대리인은 협상역학을 복잡하게 만들어 오히려 타결을 지연시키기도 한다. 이러한 문제들은 대리인과 의뢰인의 이해관계가 일치하지 않은 데 그 원인이 있다.[58]

두 명의 의뢰인과 두 명의 대리인이 관련되는 전형적인 주택거래를 생각해보자. 집을 사려는 사람이 자신의 대리인에게 얼마까지 지불할 의사가 있다고 하는 자신의 BATNA를 말하는 것이 현명할까? 마찬가지로 집주인도 대리인에게 자신의 양보 기준치를 말할 필요가 있을까? 구매자의 대리인은 수수료가 매입가격에 기초하므로 높은 가격에 구입하기를 원한다. 이러한 이유 때문에 구매자가 자신의 기준치를 대리인에게 알려주는 것은 현명하지 않다. 실제로 대리인이 개입하면 주택거래가격은 더 비싸진다. 집주인의 기준치를 대리인이 알고 있을 때 거래가격이 가장 싸고, 구매자의 기준치를 대리인이 알고 있을 때 거래가격이 가장 비싸다.[59] 구매자가 자신의 기준치를 드러내지 않으면, 대리인은 구매자를 파악하는 데 많은 시간을 할애한다.[60]

대리인들은 교착상태 가능성을 키운다.[61] 대리인은 의뢰인과 이해관계가 같을 때 매우 효과적이다. 의뢰인 - 대리인 관계에서 대리인이 얼마나 열심히 노력하느냐는 그들 간의 인간관계가 결정한다.[62] 대리인에 대해 품고 있는 감정은 의뢰인이 대리인에게 제시하는 보수와 직접적인 관련이 있다. 그러나 의뢰인이 대리인에게 제시하는 보너스는 대리인이 얼마나 많이 노력했느냐에 비례한다.

대리인 고용 시의 문제점

- **ZOPA를 축소시킨다**

대리인을 이용하는 것은 정해져 있는 양을 더 많은 사람들이 나누어 가진다는 것을 의미한다. 교섭영역이 작아질수록 교착상태가 발생할 가능성은 커진다(〈보기 9-7〉 참조).

- **서로의 인센티브를 양립시키기 어렵다**

대리인과 의뢰인의 이해관계는 서로 양립하지 않는 경우가 많은데, 이는 대리인의 이해가 의뢰인의 그것과 완전히 일치하지 않기 때문이다. 극단적으로 표현하면, 대리인의 임무는 거래를 성사시키는 것이므로 거래 성사에 중요한 사람이라면 대리인은 누구든지 밀어붙이려고 한다. 대리인은 거래가 발생하기만 하면 자신에게 유리하다. 주택거래의 예를 보면, 구매자의 대리인은 마치 판매회사의 고용인처럼 행동한다. 대리인은 수수료를 가격

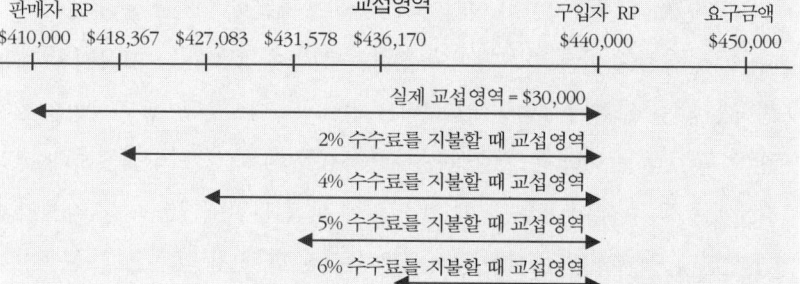

〈보기 9-7〉 주택거래에서의 교섭영역, 최대이익, 대리인 수수료율

수수료	판매자 RP* [$410,000/(1-c)에서 조정]	교섭영역 [구입자 RP ($440,000) −판매자 RP]	구매자 최대잉여	판매자 최대잉여	대리인의 잉여범위
0%	$410,000	$30,000	$30,000	$30,000	$0
2%	$418,367	$21,633	$21,633	$21,200	$8,367~$8,800
4%	$427,083	$12,917	$12,917	$12,400	$17,083~$17,600
5%	$431,578	$8,422	$8,422	$8,000	$21,579~$22,000
6%	$436,170	$3,830	$3,830	$3,600	$26,170~$26,400

* RPreservation price = 기준치. 주택가격은 $450,000로 표기되었다. 구매자는 $440,000 까지 지불할 의향이 있고, 판매자는 적어도 $410,000는 받고자 한다. 대리인 수수료를 고려하지 않는다면, 교섭영역은 $30,000이다(즉 $410,000에서 $440,000 사이). 수수료는 판매자나 구매자에게는 그만큼 RP를 증가시켜야 한다는 의미이다. 만약 수수료가 6퍼센트라면 판매자는 $436,170 아래로는 팔 수 없다.

에 비례해서 받기 때문에 높은 구매가격을 선호한다. 대리인은 합의를 이끌어내기 위해 그의 의뢰인들에게 왜곡된 정보를 주기도 한다.

대리인 문제의 핵심은 그의 이해가 의뢰인과 일치하느냐 또는 상대 대리인과 일치하느냐에 있다.[63] 대리인은 법적으로 비밀유지의무를 갖지만, 어떤 사회적인 인연이 합의에 가장 큰 역할을 하느냐가 관건이다. 대리인이 처음에는 의뢰인에게 충실하지만 시간이 흐르면서 상대 대리인에 대한 충성도가 더 커질 수도 있다. 게다가 대리인들 간에 협상 테이블을 넘나드는 관계가 강해질수록 합의 가능성은 커지며, 그 합의는 교섭영역의 중간쯤에서 이루어진다. 학교관계 등 사회적 배경이 유사하고 서로 친밀한 경우에, 대리인들은 그들 간의 인연을 더욱 공고히 하는 경향이 있다. 의뢰인들과 '단단히' 엮여져 있는 대리인들은 그렇지 않은 대리인들보다 더 효율적인 협상을 하고 덜 이기적이다.[64]

- **의사소통이 왜곡되기 쉽다**

의뢰인보다는 대리인이 협상을 주로 하기 때문에 의사소통이 왜곡되기 쉽다. 메시지 조율이란 발신인이 특정한 수신인에게 보내는 메시지 내용을 조정하는 것을 말한다. 메시지(예: "나는 연료가 없다", "나는 첨부 파일을 받지 못했다")를 보내는 사람은 그걸 받는 사람의 마음에 쏙 들도록 적절하게 조정한다. 예를 들어 길 안내를 할 때 그 지역에 낯선 사람에게는 훨씬 자세하게 설명을 한다.[65] 그러나 메시지를 보내는 사람은 받는 사람이 이미 아는 정보를 활용하려고 한다. 협상에서도 공유지식을 활용해서 상대에게 짧고 완전하지 않은 메시지를 보낸다. 그러나 그들은 가끔 정보의 공유정도를 너무 과대평가하기 때문에 메시지의 의미가 정확하지 않게 된다.

메시지를 보내는 사람은 받는 사람이 좋아하는 정보를 보내려는 편견을 가지고 있으므로 정보를 왜곡시킨다.[66] 예를 들어 특정 주제에 관해 좋아하거나 싫어한다고 여기는 청중에게 메시지를 전달할 때, 청중의 관점에서 내용을 조정하는 잘못을 범하게 된다.

- **협상의 주도력을 상실할 수 있다**

당신 대신에 대리인이 협상을 하므로 당신은 협상과정을 주도하지 못하며, 결국 결과도 주도하지 못할 수 있다. 대리인은 협상에서 적극적이며

의뢰인보다 더 많은 교류를 하게 된다.[67]

- **대리인은 어떤 비용을 치르고라도 합의하려 한다**

    대리인은 합의에 도달하는 것에 의해 대가를 받으므로 거래의 내용보다도 합의 자체가 중요하며, 합의에 도달해야 한다는 편향된 입장을 갖게 된다.[68]

대리인과 효과적으로 일하기 위한 전략

- **대리인 선정에 신중을 기하라**

    당신이 만난 첫 번째 대리인 후보를 적절한 사람으로 단정하지 말라. 그에게 당신의 이해관계를 어떻게 대변할지 물어보라. 당신에게 무엇을 기대하는지도 물어보라. 당신이 처한 상황의 본질을 물어보고 당신이 다른 사람에 대해 어떤 의무를 가지는지도 물어보라. 예를 들어 부동산중개에는 의뢰인이 대리인을 쉽게 해촉할 수 있는 조항이 있다. 이 조항이 없으면 의뢰인은 오랫동안 대리인에게 매여 있을 수 있다. 자유계약 야구투수인 클리프 리Cliff Lee는 2010년 겨울 메이저리그 야구 자유계약 시장에서 가장 인기 있는 선수였다. 많은 클럽에서 영입제안을 받은 그는 결국 필라델피아 필리스와 5년에 1억 2,000만 달러로 계약했는데 여기엔 2,750만 달러를 더 받고 6년까지 있을 수 있는 클리프 리의 옵션이 포함되어 있었다. 이 금액은 메이저리그 투수로선 기록적인 금액이었다. 클리프 리의 계약 대리인은 '좀 건방지긴 하지만 충고를 곧잘 받아들이는' 사람이라는 평을 듣는 데릭 브라우네커Derek Braunecker였다. 리와 브라우네커는 10년 이상 우정을 나누는 사이이며, 정기적으로 함께 사냥을 가기도 하고, 그들의 부인은 함께 테니스를 치고, 딸들은 초등학교 같은 반에 다니고 있다.[69] 대리인에게 협상 훈련을 어떻게 했는지와 전략에 대해서 물어보는 것이 좋다(〈보기 9-8〉의 몇 가지 질문사항 참조).

<보기 9-8> 주택 구매자들이 부동산중개인들에게 던져야 하는 질문[70]

1. 당신은 구입자의 대리인으로서 나를 대신할 수 있습니까?
2. 어떻게 나에게 집을 골라주겠습니까?
3. 보증금, 이자율, 월 납입금을 어떻게 조정해주겠습니까?
4. 나를 위해 어떻게 다른 시각에서 협상을 해줄 수 있습니까?
5. 얼마 동안이나 부동산 거래에 종사했습니까?
6. 어떻게 나와 자주 의사소통을 하겠습니까?
7. 계약서에 임의계약해지 조항이 있습니까?
8. 어느 경우에 수수료를 삭감해도 됩니까?

- 대리인을 만나기 전에 자신의 BATNA를 알아야 한다

대리인을 만나기 전에 숙제, 즉 자신의 BATNA 확인부터 하라. 그리고 그것이 괜찮은 BATNA인지를 확인하기 위해 대리인에게 물어볼 질문을 준비하라. 그러나 자신의 BATNA를 드러내지는 말라. 주택거래의 예에서, 당신의 BATNA를 확인하고 싶으면 대리인에게 "이런 집은 평균 판매가격이 얼마인가요?"라고 물으면 된다.

- BATNA를 털어놓지 않으면서도 대리인에게 당신의 관심사를 알려주라

협상자들에게 가장 도전적인 과제 중 하나는 이해관계, 우선순위, 선호도를 이야기하면서도 자신의 BATNA를 밝히지 않는 일이다. 당신의 주요 관심사항, 그리고 그 관심사항을 충족시키기 위한 대안으로 생각하는 것들에 우선순위를 매겨 당신의 대리인을 도와주라. 대부분의 대리인은 당신에게 BATNA를 물어볼 것이다. 그러면 당신은 우선순위에 관한 대화로 몰아가라 (예: "당신이 오늘 보여준 집에 대해 기꺼이 지불할 만한 금액을 말하는 것은 별 도움이 안 될 것입니다. 그러나 나는 학교가 가깝고 차고가 둘인 집에는 정말 관심이 있습니다. 그런 조건을 갖춘 집에 대해서는 거실과 현대식 주방을 가진 집보다 더 많은 돈을 지불하겠습니다").

- 대리인의 전문성을 활용하라

  훌륭한 대리인은 특정 영역에 전문성을 가지고 있을 것이다. 그에게 거래를 완결시키기 위한 핵심 전략으로 무엇이 중요한지 물어보는 것이 좋다.

- 대리인에게 정보를 달라고 하라

  직업관련성과 네트워크 덕분에 대리인은 많은 정보에 접근한다. 그러나 가만히 있어도 당신에게 정보를 알려줄 것으로 기대해서는 안 된다. 대리인에게 중요한 정보를 달라고 요청하라. 대리인이 그러려 하지 않거나 그럴 수 없다면 다른 대리인을 면담하고 그 정보를 제공해줄 수 있는지 물어보라.

- 협상 후에 추인을 받도록 하라

  대리인 관계의 특성상 대리인은 양보와 합의에 대해 제한적인 권한만을 가진다. 대리인은 명확한 지침이 없이는 당신이 제시한 안을 낮추거나 높일 수 없다.

- 체면을 세워주는 데 대리인을 활용하라

  협상자들이 타당하다고 여기는 어떤 제안이 오히려 상대방에게 모욕을 주는 경우가 자주 있다. 이러한 상황이 일어나면(특히, 상대방이 감정적인 타입이라면) 협상은 실패하게 된다. 대리인이 중간에 있는 협상에서는 상대의 기분을 맞추기 위해 대리인을 꾸짖는 척할 수도 있다.

- 대리인을 감정의 자제수단으로 활용하라

  대리인은 서로 싫어하거나 비합리적인 상대방들 사이에 감정의 완충지대가 될 수 있다(제5장 참조). 훌륭한 대리인은 당사자들과의 대화에 긍정적인 '조작'을 함으로써 의뢰인이 원하는 방향으로 조정해나갈 것이다.

 **이해당사자와의 관계**

협상 당사자가 조직의 구성원일 때, 주변에 있는 여러 사람들은 협상결과로부터 간접적으로 얻는 것이 있으며, 또 협상에 영향도 줄 것이다. 이해당사자constituent는 협상주체와 '같은 편'이지만, 주체를 통해 결과에 독립적으로 영향력을 행사한다. 이해당사자를 상대방에 대한 압력수단으로 활용할 수 있다.

자포스Zappos사 최고경영자인 토니 시에Tony Hsieh가 이사회 후원자들로부터 은근히 받은 압력에 대해 생각해보자. 2009년, 자포스가 아마존Amazon사에 매각되기 전에 이사회는 주로 회사의 수익성과 제품 판매가격 제고에 관심을 집중했던 반면 시에는 독특한 자포스 문화에 관심을 쏟고 있었다. 수익성이 떨어지면 시에는 해고되고 수익을 더 높일 만한 능력을 가진 사람으로 대체될 가능성이 있었다. 내부 논의가 진행되던 중 아마존 최고경영자인 제프 베조스Zeff Bezos가 시에에게 회사를 아마존에 매각할 의사가 없느냐고 물어왔다. 결국 회사가 12억 달러에 매각되었고, 그 후 자포스 이사회는 양 사의 최고경영자와 임원 두 사람이 포함된 경영위원회로 대체되었다.[71]

이해당사자는 세 가지 형태로 구분할 수 있다. 즉, 협상주체에 대해 영향력이 있는 상급자, 주체의 영향력 아래에 있는 하급자, 그리고 주체가 책임감을 가지고 이익을 대변해주는, 문자 그대로 '이해당사자'로 구분할 수 있다(이 세 번째 이해당사자를 〈보기 9-2〉에서 C로 표시했다). 이 장 서두에 든 예에서 IBM은 주주들과 고객들에게도 책임감을 갖지만, 스스로의 이해관계도 가지고 있다. 또 캐노피그룹에 대한 SCO의 책임은 이중적이다. 캐노피그룹의 CEO가 SCO 주식의 43%를 소유하고 있으며, 베이스타캐피탈이 SCO에 투자를 하고 있다. 그리고 캐노피 그룹의 모회사는 누다이다.

이해당사자 관계의 문제점

- **정체성 확인**

이해관계를 가진 협상대표자들은 협상에서 자신들과 자기 쪽의 정체성을 어떻게 확인할지 생각해보아야 한다. 개인적인 언어(예를 들면 "I believe") 또는 집단 언어(예를 들면 "We believe") 사용도 한 가지 방책이다. 아이러니하게도 집단 언어는 이해 당사자들이 항상 선호하지는 않는다. 집단으로서의 정체성이 확고하지 않으면, 이해 당사자들은 집단 언어보다는 개인적 언어를 사용할 때 더 호감이 가고 더 효과적인 주창자가 된다.[72]

- **책임감**

협상 테이블에서는 협상주체들끼리 협의를 한다. 협상주체와 이해당사자의 관계는 2차 협상 테이블에서 이루어진다.[73] 이해당사자들이 협상 테이블에 직접 나타나서 그들의 존재를 강하게 느끼게 해서는 안 된다.[74] 이해 당사자에게 책임감을 가지는 협상자들은 그렇지 않은 경우보다 요구수준이 높으며, 양보도 하지 않는다.[75]

성별이 책임감에 영향을 준다. 남성에 비해 여성이 집단을 대표할 때 더 관대해진다는 믿음이 있다. 남성들은 이를 믿지 않는다. 실질적인 행동에 관한 한 남성들은 한 집단에 대한 책임을 질 때 그들 자신을 위해서만 행동할 때보다 훨씬 더 이기적인 자세가 된다. 여성 대표들은 한 집단을 대표하든 그들 자신을 대표하든 행동에 차이가 나지 않는다.[76] 남성 이해당사자 대표들은 그들의 성공을 설명하고 정당화하면서 실패는 그렇게 하지 않는 경향이 있는 반면, 여성 대표들은 그들의 실패를 정당화하면서 성공은 그렇게 하지 않는 경향이 있다.[77] 2차 협상 테이블은 본 협상 테이블에 불합리한 영향을 준다. 이해당사자들의 대표인 협상주체가 합의권한을 갖고 있지 않은 경우도 자주 있다.[78] 그러나 이러한 제한이 협상력을 약화시키는 것처럼 보이지만 그 반대인 경우도 있다. '손이 꼭 묶인' 협상자가 협상을 타결 지을 권한을 가진 협상자보다 더 효과적인 경우가 자주 있다. 새 차를 거래해본 사람은 판매원이 "나는 손이 꼭 묶여 있다" 또는 "보스에게 물어보겠다"고 하는 전략을 경험했을 것이다. 그러면서 그는 윗사람에게 물어보아야 하는 가격에 고객이 동의를 하도록 유도한다.

    2차적인 이해당사자에게 책임감을 느끼는 것은 조직생활에서 피할 수 없는 일이다.[79] 책임감을 느끼는 이유로는 의사결정을 조심스럽게 하려고 하며 평가에 대해서도 우려를 하기 때문이다.

    의사결정의 조심성: 자신의 행동에 책임을 져야 하는 의사결정자들은 관련 정보와 대안에 매우 조심스럽게 접근한다.[80] 책임이 따르는 경우에 정보를 조심스럽게 다루며, 결정도 즉각적이고 어림으로 heuristic 하지 않는다.[81] 책임성은 협상에서 결정의 질을 향상시키며, 통합적 합의 가능성을 높여준다.

    그러나 만약 조직 구성원들이 특정 견해에 치우쳐 있다면, 책임성이 있다 해도 정보를 사려 깊게 처리하지 않는다.[82] 그 예를 하나 살펴보자. 협상 장면이 담긴 비디오테이프를 여러 사람에게 보여주면서, 어떤 사람에게는 객관적인 견해를 가지도록 하고, 다른 사람에게는 협상 당사자 중 어느 한쪽의 입장을 취하라고 말해준다. 게다가 일부에게는 책임성을 가지고 자신들이 취하는 입장을 정당화할 수 있어야 한다고 말하고, 또 다른 일부에게는 그럴 필요는 없다고 말해준다. 테이프를 본 다음에 관찰자들에게 협상자들이 무엇을 원하고 있는지를 얘기해보도록 했다. 책임성을 가지고 특정 당사자의 입장에 서 있는 사람들은 특정 결론에 도달해야 하는 동기가 있기 때문에 파이가 고정되어 있다고 여기는 잘못을 범한다. 그러나 어느 한편에 치우치지 않은 사람은 어떤 결론이든 자료가 이끄는 결론에 도달하려고 한다. 그들은 자신들이 바라는 바에 의해서가 아니라 증거에 의해 판단을 한다.

평가에 대한 우려와 체면 유지: 자신의 행동에 책임을 져야 하는 협상자들은 다른 사람이 어떻게 보는지에 관심이 있다. 다른 사람의 견해를 중요시하는 사람은 체면을 중시하고, 관련 당사자들에게 자신이 우호적으로 보이기를 원한다. 체면을 중시하는 사람은 협상에서 밀리거나 양보하는 것으로 보이지 않기 위해 공격적으로 임한다. 이해당사자가 뒤에 있는 협상자들은 그렇지 않은 사람에 비해 강력한 입장을 유지하고, 양보도 하지 않으며, 그리고 유리한 조건을 얻기 위해 고집을 부린다.[83]

그러나 책임을 져야 하는 주체가 팀인 경우에는 흥미로운 변화가 발생한다. 팀 구성원들 간에 책임감의 분산이 나타난다.[84]

- 이해 상충

협상자에게는 협상 테이블에서 상대방과의 관계를 이해하는 것은 물론이고 이해당사자와의 2차 협상 테이블을 이해하는 것도 중요하다.[85] 전혀 모르는 사람들로 이루어진 팀과 개인적으로 인간관계를 맺고 있는 사람들로 구성된 팀 간의 협상을 생각해보자. 전자는 무슨 일이 있더라도 이익을 내야 한다면서 이익을 중시하는 관리자에게 보고를 하게 될 것이며, 후자는 집단 간 관계를 조화롭게 유지하면서 이익을 극대화하자는 인간중시 관리자에게 보고를 하게 된다. 전자는 후자에 비해 자원이 더 많이 필요하다고 주장한다.[86] 그러나 팀 구성원들이 서로 잘 안다고 해도 이익 측면에서 차이가 발생하지는 않는다. 협상 목적이 명백하고 이전에 인간관계를 갖지 않았을 때 이익을 극대화할 수 있다.

이해당사자와의 관계를 발전시키기 위한 전략

- 이해당사자들과 대화하라

협상대표는 자신의 입장뿐 아니라 이해당사자들이 정말로 무엇을 필요로 하는지를 이해해주어야 한다. 이해당사자들은 협상대표가 자신의 입장을 들어준다고 느끼면 극단적 행동을 자제하게 된다. 협상대표들은 자신의 능력을 과시하려고 이해당사자들이 요구하기도 전에 조치를 취하는 경우도 자주 있다. 예를 들면 소수의 '강경파(경쟁적인 행동을 지지하는 사람들)'는 '온건파(협력적인 행동을 지지하는 사람들)'가 다수라 하더라도 경쟁적인 방식으로 행동하는 이해당사자 대표자들을 충분히 설득시킨다.[87] 이해당사자 대표자들은 온건한 메시지보다 강경한 메시지를 무의식적으로 더 선호한다.

- **이해당사자들끼리는 생각이 같을 것이라고 기대하지 말라**
  이해당사자들은 종종 서로 필요와 이해관계가 다른 개인이나 집단으로 구성되어 있다.

- **이해당사자들에게 당신의 역할과 한계를 잘 이해시켜야 한다**
  이해당사자들도 자기중심편향을 갖고 있어 세상을 자기 관점에서 바라본다. 그러면서 상대방에게 제대로 현실을 인식시키는 것도 당신의 역할이라고 본다. 그들은 당신의 역할이 실제보다 쉬운 것으로 믿는다. 그래서 협상 초기에 당신의 역할을 명확히 이해시키고 기대치를 현실화하는 것이 필요하다. '복음 전도자'로서 그들의 '십자군'이 되겠다는 생각을 버리라. 바람직한 결과뿐 아니라 모든 결과를 당신의 이해당사자들과 공유하라.

- **이해당사자가 넓은 시야를 갖도록 도우라**
  넓은 시야horizon thinking란 앞으로의 결과를 미리 살펴보는 것을 말한다. 사람들은 미래에 일어날 일을 잘 생각하지 못하고,[88] 미래의 기분에 대해서도 제대로 평가하지 못하며,[89] 그리고 미래의 환경도 잘 알지 못한다.[90] 이해당사자들이 넓은 시야를 통해 건전한 BATNA를 개발하고 현실적인 기대치를 갖도록 도와주어야 한다.

 팀 협상

다음 상황을 생각해보자.
- 부부가 딜러와 새 자동차 가격을 협상하는 상황
- 근로자들이 임금과 작업환경을 놓고 경영진과 협의하는 상황
- 대형 소프트웨어 회사가 소형 회사를 합병하려는 상황

이 모든 사례는 협상의 한쪽 당사자가 팀이라는 공통점이 있다. 팀원 중 한 사람이 대표로 협상을 하지만, 두 사람 모두가 협상 테이블에 앉아 있는 것만으로도 효과가 있다. 1인 협상과 달리 협상팀의 구성원들은 '나쁜 경찰 - 좋은 경찰'• 팀처럼 각자 전략적인 역할을 가지고 있다.[91]

1인 협상보다 팀 협상이 통합적인 합의를 가져올 가능성이 더 클까? 이에 대한 답을 얻기 위해 팀 대 팀, 팀 대 1인, 1인 대 1인이라는 세 가지 형태의 협상에 대한 조사를 했는데, 그 결과 양쪽 당사자 중 적어도 한쪽이 팀인 경우에 통합적 합의에 이를 가능성이 더 컸다.[92] 그렇다면 팀이 개인보다 더 효과적인 이유는 무엇일까? 협상자들이 팀인 경우에 그들은 자신들의 이해와 우선순위에 대해 정보를 더 많이 교환하며, 이것이 당사자들의 이해파악에 도움이 되어 통합적 합의를 가져온다.[93] 정보교환은 당사자들의 관심사를 훨씬 더 정확히 판단하게 하며,[94] 이것이 통합적 합의를 촉진시킨다.[95] **팀 효과**team effect가 매우 강해서, 구성원들끼리는 개별회의를 할 필요가 없다.[96] 팀은 통합적 합의가 가능한 협상에서 1인 협상보다 성과가 더 좋다. 그러나 경쟁적인 과제를 다룰 때, 팀은 더욱 경쟁적인 행태를 보인다.[97]

협상에서 팀은 통합적 합의의 가능성을 높여준다.[98] 그러나 배분적인

• 용의자를 심문할 때 경찰관 한 명이 자백을 하라면서 매우 모질게 심문을 하고 다른 경찰관 한 명은 그 옆에서 동료를 말리거나 용의자에게 동정을 표시하면, 나중에 그 다른 경찰관이 심문을 할 때 용의자가 사실을 털어놓게 되는 경우를 말한다.

면에서는 어떠할까? 배분에서는 팀이 1인 협상자보다 반드시 낫지는 않지만 사람들은 낫다고 믿고 있으며, 이러한 경향을 **팀 효능효과**team efficacy effect라고 한다.[99] 팀으로 협상을 하면 혼자서 협상을 하는 상대보다 더 많은 것을 얻지만, 그 상대도 1인 협상 상대와 협상을 하는 것보다 더 많은 것을 얻는다. '팀 - 1인 협상'의 전체 파이는 '1인 - 1인 협상'의 전체 파이보다 더 크다. **팀 후광효과**team halo effect는 팀이 그들의 실패에 대해 실패의 본질을 계속 유지해가는 개인의 경우만큼 비난을 받지 않는 경향이 있다는 사실로서 증명된다.[100] 팀은 그들의 성공에 대해서는 크게 칭찬을 들으면서도 실패에 대한 비난은 별로 받지 않는다. 이유는 팀이 어떻게 그런 일을 더 잘했을까라고 상상하기보다는 개인이 어떻게 그런 일을 더 잘했을까라고 상상하기가 더 쉽기 때문이다.

팀 협상이 가지는 문제점

이 문제에 대해 포괄적인 검토를 하려는 사람들은 브로트S. Brodt와 톰슨L. Thompson의 저서를 참고하기 바란다.[101]

- 구성원 선정하기

협상 팀원의 선택기준으로 다음 세 가지 방법을 생각해보면 좋다.

1. **협상의 전문성**: 협상기술이 좋은 사람이 복잡한 갈등상황을 통합적으로 해결할 방안을 만들 수 있다면 크게 도움이 될 것이다. 협상 전문가는 능률적으로 준비하고, 팀이 협상의 네 가지 주요 문제점에 빠지지 않도록 하며(제1장 참조), 파국을 피하고, 그리고 창조적인 문제해결 과정을 만들어간다.

2. **기술적 전문성**: 협상대상 분야의 기술전문가는 협상에 도움이 된다. 집을 살 때 건축, 배관, 전기 등의 전문가와 팀이 된다는 것은 멋진 일이다. 팀원

의 전문성을 활용하면 이해관계의 우선순위를 잘 파악할 수 있다.
3. 인간관리 기법: 협상을 위해 훈련을 받지 않았더라도 인간 관리에 능한 사람은 협상에 도움이 된다. 일체감을 확립시키고, 효과적으로 의사소통을 하며, 그리고 논쟁을 이해관계 중심으로 전환시키는 관리기법이 협상에서도 필요하다.[102]

- **팀 구성원의 숫자**

둘 또는 세 명이 한 명보다 낫다. 그러나 팀이 커질수록 동조압력도 커지므로, 다섯 명이 넘게 되면 팀 효과가 다시 낮아진다.[103] 팀의 규모가 커지면 업무협력의 어려움도 커진다.

- **팀 내에서의 대화**

대화나 정보공유는 팀원들이 서로를 잘 알 때 원활히 이루어진다. 한 예로, 살인추리 게임의 단서를 여러 팀들에게 주고 행한 실험에서, 친구들로 구성된 팀은 그렇지 않은 팀보다 정보를 많이 모아 결론에 잘 도달했다.[104]

- **팀 응집력**

응집력cohesion은 팀 내에서의 적극적인 인간관계의 강도,[105] 집단 내에서의 개인행동에 대한 자제력의 크기,[106] 또는 집단으로 남기 위해 개인에게 가해지는 압력[107]을 말한다. 응집력이 있는 집단은 그렇지 못한 집단보다 성과가 좋다.[108] 응집력의 세 가지 원천으로 ① 집단에 대한 매력 또는 집단을 떠나는 것에 대한 저항감, ② 사기와 동기부여, ③ 노력들의 조화를 든다.

다양한 인연이 팀을 결속시킨다. **공통정체성 집단**common-identity group은 '그 집단 자체'에 마음이 끌리는 사람들로 구성이 되어 있다. 그러나 이들은 그 집단에서 나가기도 하고 다시 들어오기도 한다. **공통인연집단**common-bond group은 어느 특정 구성원에게 관심을 가지는 사람들로 구성되어 있다.[109]

- 정보처리과정

조직구성원은 팀이나 집단으로 협상하는 경우가 자주 있다. 어느 한 사람이 협상을 위해 필요한 지식이나 전문성을 모두 알고 있지는 못하기 때문이다. 이처럼 팀원들 사이에 나뉘어 있는 지식을 그 팀이 얼마나 효과적으로 활용할까?

팀 구성원들이 책임을 나누어 갖는 것은 한 사람에게 부담을 주지 않는다는 점에서 좋다. 그러나 팀원 간 공통정보가 적으면 원하는 정보를 끄집어내기가 쉽지 않다. 게다가 구성원의 일부만이 공유하는 정보는 중요하게 여기지 않는 경향이 있는데, 이것을 **공통정보효과**common information bias*라 한다.[110]

집단 구성원들은 동일한 사실과 정보에 개인적으로 내밀히 관여해서는 안 된다. 사람들은 다른 사람으로부터 정보를 얻는다. 팀원 간에 역할을 구분하는 것은 효과적인 면도 있지만, 어느 구성원이 팀을 떠나면 팀은 그가 가지고 있던 정보도 잃게 되므로 위험하다. 따라서 팀은 딜레마에 빠지게 된다. 책임을 분산시키면 구성원에 대한 의존도가 높아지며, 반대로 정보를 공유하면 중복으로 인해 불편해진다.

팀 협상을 향상시키기 위한 전략들

- 목표와 전략을 조절한다

4인조 80개 팀을 대상으로 실시한 한 실험에서 하위 집단들 간의 갈등이 협상 수행에 유해한 영향을 끼치는 것으로 드러났다.[111] 팀의 일체화 수준이 높을수록 팀 내의 업무상의 갈등 및 유연관계 갈등 수준은 낮아진다.[112] 예를 들어 신뢰도가 높은 최고 관리 팀들은 신뢰도가 낮은 팀들보다

---

* 여러 사람이 알고 있는 정보에 대해 중요성을 더 부여하고 논의하는 경향을 말한다. 예를 들어 회의석상에서 참석자들은 많은 사람이 알고 있는 정보 위주로 논의를 하며, 아무리 정보가치가 있어도 한 사람만이 알고 있는 정보는 크게 논의되지 않는다.

〈보기 9-9〉 팀 협상 준비 작업계획표

준비만 잘한다면 팀 협상은 1인 협상보다 효과적이다. 팀 협상을 위한 몇 가지 지침을 살펴보자.

제1단계: 개인 준비사항
- 의제를 확인한다.
- BATNA를 확인한다.
- 최악의 시나리오를 상정해본다.
- 최상의 시나리오를 상정해본다.
- 이 시나리오들을 적어서 나중에 팀원들과 의견을 나눈다.

제2단계: 사전회의 운영 절차를 정하라
- 누가 회의를 주재할 것인가?
- 어떤 도구(계산기, 플립차트, 컴퓨터 등)가 필요하며 누가 준비할 것인가?
- 협상장에 제 시간에 도착하기 위해 시간계획을 잘 짜야 하며, 누가 이를 관리할 것인가?

제3단계: 전략을 논의하기 전, 팀원 간에 알고 있는 사실과 정보를 명백히 하라
- '입장과 이해관계'를 적어보라.
- 당신의 우선순위를 정하고, 이유도 분명히 하라.
- 상대방의 우선순위에 대해서도 연구하라.
- 상대로부터 필요한 정보가 무엇인지 명확히 하라.
- BATNA를 정하라.
- 상대방의 BATNA도 생각해보라.
- 최악의 경우, 즉 기준치를 분명히 하라.
- 최상의 경우, 즉 목표도 분명히 하라.
- 확인하고 살펴보아야 할 목록을 작성하라.
- 너무 민감해서 절대로 밝히지 말아야 할 정보가 무엇인지도 생각하라.
- 상대가 물으면 알려줄 수도 있는 정보가 무엇인지도 분명히 하라.

제4단계: 전략
- **최초 제안을 팀원이 함께 만들라**(상대가 먼저 제안하기를 단순히 기다리는 것은 권할 만하지 않다. 어떤 시점에 당신도 제안을 할 수 있어야 한다).
- 협상대표(발언자)를 선정하라.
- 전략 책임자(들으면서 전략을 구상하는 사람)를 선정하라.
- 숫자를 다루기 위한 회계전문가를 선정하라.
- 진행상황을 기록할 사람을 선정하라. 논의를 위해 정회를 하기 위한 암호를 정하라.

더 높은 합의추구 행동과 협력정신을 보인다.[113]

- **준비도 함께 한다**

팀 준비는 아주 중요하기 때문에 우리는 효율적인 팀 준비를 위한 작업계획표를 개발했다(〈보기 9-9〉 참조). 함께 준비하는 과정에서, 팀 구성원들은 다른 사람이 가지고 있는 정보를 이해하고, 그것을 어떻게 그리고 언제 접근할 것인지에 관한 메모리 교류 시스템transactive memory system*을 만들게 된다. 한 실험에서 트랜지스터 조립작업을 위해 교육도 함께 받은 팀들은 교육을 개인적으로 따로 받은 팀들에 비해 작업성과가 훨씬 좋았다.[114]

- **휴식도 계획적으로 하라**

협상 도중에 팀 구성원들이 개인적으로 만나서 논의할 수 있도록 휴식시간을 책정해야 한다. 미군 합참의장인 마이크 뮬런Mike Mullen제독과 파키스탄 육군 참모총장인 아슈팍 파베즈 카야니Ashfaq Parvez Kayani 대장은 반란군 토벌 전략에 대한 의견이 엇갈렸다. 하지만 그들은 파키스탄 내의 반란군 거점에 대한 미군의 공중폭격 후 의견이 합치되었으며, 긴장된 양국 간에 마침내 업무관계를 설정할 수 있게 되었다. 뮬런 의장은 협상 진행 중에 휴식을 전략적으로 교묘하게 이용함으로써 우선 양쪽을 가까이 할 수 있게 만들었다. 인도양에 떠 있는 미군 항공모함에서의 비밀회담 기간 동안, 골초인 카바니가 선상의 금연 규칙을 거북해하여 회담에 지장을 가져오지 않을까 우려한 뮬런 의장 팀은 회담 중에 일정하게 휴식시간을 갖도록 시간표를 짜고 카야니에게 갑판에서 담배를 피우도록 했다. 해질 무렵에 사람들은 아프가니스탄 폭격을 위해 이륙하는 항공기들을 구경하기 위해 모여들었으며 이 '휴식

- 정신작용의 한 분야이다. 다른 팀원들이 무엇을 잘 알고 있는지를 알면 팀원들은 다른 구성원들을 자신의 외부 메모리로서 활용할 수 있는데, 이러한 정신적인 시스템을 메모리 교류 시스템이라고 부른다.

시간에 함교에서 몇 가지 의제가 논의되었다.[115]

주의사항: 개별논의에 많은 시간을 소모하고 협상 테이블에서는 거꾸로 충분한 시간을 갖지 못하는 팀들이 많다. 이러한 협상은 비효율적이다.

- 책임을 부여하라

팀 구성원들이 팀 외부 사람들에게 어느 정도 책임을 지는 것이 중요하다. 예를 들어 상사에게 책임을 지는 팀은 자신들만을 위해 협상을 하는 팀보다 효과적이다.[116]

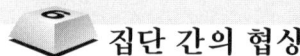
집단 간의 협상

집단 간의 협상은 일상생활에서는 물론 복잡한 정치적, 국제적 관계에서 자주 있는 일이다.[117] 예컨대 학생회와 대학행정처 간의 협상, 노동조합과 경영자 간의 협상, 그리고 라이벌 대학의 학생들 간의 대화가 이러한 예이며, 국가 간의 협상도 크게 보면 좋은 사례가 된다. 집단 간 갈등으로 사망자, 부상자, 그리고 난민들이 크게 증가했다. 예를 들어 2011년 1월까지 미국 - 이라크 전쟁에서 미국인 희생자 숫자가 4,408명에 달했다.[118]

집단 간 협상의 문제점

- 상대방에게 적대적인 고정관념을 가지고 있다

집단 간 협상에서는 자신들이 속한 조직에 대해서는 일체감을 느끼는 반면, 상대 집단의 구성원들에게는 적대적인 느낌을 자주 가진다.[119]

- **정체성이 다른 집단에게는 관대하지 못하다**

  사람들은 다른 많은 사회 집단들의 정체성을 자신들의 것과 같다고 생각한다.[120] 예를 들어 대학생의 경우에는 자신의 정체성을 스터디그룹, 학급, 같은 전공 또는 전교 학생 등으로 다양하게 인식할 수 있다. 그중에서 특히 중요하다고 느끼는 집단은 시점에 따라 변한다. 다른 학교와 미식축구 경기를 할 때는 자신의 정체성은 '전교 학생'이지만, 기숙사 식당에서는 같은 동이나 같은 층에 사는 학생들에게 더 강한 동질성을 느낀다.

  당신이 건물의 다른 층에 들어 있는 마케팅 팀과 재무 팀으로 구성된 생산조직의 일원이라고 가정하자. 두 팀 간의 협상을 마케팅과 재무의 구분이 없는 다른 생산조직 내에서의 업무협의와 비교해보자. 마케팅 팀의 매니저가 재무 팀 매니저와 협상하는 경우 어떤 일이 벌어질까? 서로 다른 사회 집단에 속하는 개인들 간의 협상은 같은 집단에 속하는 개인들 간의 협상에 비해 당사자 모두에게 덜 유리하다.[121] 사람들이 특정 조직에서 자신의 정체성을 느끼면 개인이나 소집단에서 정체성을 느낄 때보다 그 특정 조직에 유리한 선택을 한다. 예를 들어 협상에서 상대방과 공통적인 특징을 고려하라고 하면, 다른 특징을 고려할 때보다 더 관대하게 행동한다.[122]

- **사람들에게는 자기집단편향이 있다**

  집단들이 갈등을 겪는 원인으로 우월성, 부당성, 약점, 불신, 그리고 절망감이 있는데,[123] 이러한 믿음이 깊으면 파괴적인 행동을 가져온다. 게다가 같은 집단 구성원으로부터의 지지가 크면 이런 믿음은 더 큰 갈등을 가져온다.[124] 집단구분과 사회적 경계는 완전히 자의적인 기준에 의해 생긴다.[125] 예를 들어 무작위 추첨과 같은 자의적 기준으로 참여자들을 두 개의 집단으로 구분한 후에 같은 집단 구성원 간의 협상과 다른 집단 구성원 간의 협상을 조사했다.[126] 그때 개인들은 '그들 자신의 집단' 구성원과도 '다른 집단'의 구성원과도 협상을 했다. 주어진 정보에 전혀 차이가 없었음에도, 다른 집단 구성원과의 협상은 같은 집단 구성원과의 협상에 비해 더 논쟁적이었다. 이것은 **자기집단편향**in-group bias 때문이며, 다른 집단 구성원과 협상을 할 것이라는 생각만으로도 자신이 속한 집단을 긍정적으로 평가하기도 했다. 또 다른 조사에서, 자신의 집단과 다른 경쟁 집단 사이에 돈을 할당하는 사람들은 그들 자신과 경쟁 상태에 있는 한 개인과의 사이에 할당하는 사람들보다 훨씬 더 큰 몫의 자금을 차지했다.

우리는 외부집단out-group 구성원과 협상을 할 때는 **하향사회비교**downward social comparison, 즉 경쟁자들이 자기집단 구성원에 비해서 능력이나 신뢰성이 떨어진다고 평가하는 경향이 있다.[127] 그러나 외부집단과의 협상이 성공적으로 마무리되고 나면 서로의 관계도 좋아질 뿐 아니라 하향비교 경향도 사라진다.[128] 외부집단 구성원과의 협상은 쉽지 않지만, 통합적 합의를 이루고 나면 관계를 개선시킬 수가 있다. 비록 쉬운 것은 아니지만 목표의 상호의존성 등 몇 가지 핵심 조건만 충족된다면 외부집단 구성원과의 교류는 서로에게 유익한 결과를 가져올 수 있다.

다른 대안이 거의 없는 높은 지위의 사람들이나 낮은 지위의 사람들, 그리고 자기집단에 대한 기여 기회가 있는 구성원들은 집단에 대해 일체감을 보인다. 낮은 지위 집단의 구성원은 높은 지위 집단의 구성원에 비해 자기집단편향이 더 크다.[129] 높은 지위 집단의 구성원은 지위와 관련하여 집단편향을 많이 보이는 반면, 낮은 지위 집단의 구성원은 지위 이외의 다른 측면에서 자기집단의 우월성을 찾는다.

- **상대를 극단주의자로 몰아가는 경향이 있다**

갈등관계에 있는 집단들은 서로 상대방을 잘못 인식하고 있다. 갈등의 당사자들은 상대방 견해를 정확히 이해하지 못할 뿐 아니라 갈등을 증폭시키는 방향으로 상대방의 입장을 과장한다.[130] 그들은 서로 간에 상대의 입장이 극단적이며 자신의 입장과 크게 다르다고 여긴다. 사람들은 이념적으로 상대가 중요시하는 가치보다 자기들이 중요시 하는 가치 때문에 상대방과 더 큰 위화감을 느낀다.[131] 더욱이 사람들은 상대방이 반대편 쪽 핵심가치의 조장 때문이 아니라 그들 자신의 핵심 가치에 대한 자신들의 반발이 그 불일치의 실질적인 동기가 된다고 믿는다.

1986년, 미국에서 젊은 흑인의 죽음을 가져온 하워드비치Howard Beach 사건에 대해 생각해보자. 그는 뉴욕시 근처 하워드비치에서 백인 떼거리로부터 도망가다가 지나는 자동차에 치여 사망했다. 재판은 백인 무리들 일부에게 유죄를 인정했다. 그 사건은 많은 점이 불분명했으며, 의견들이 서로 과장되고 상대 의견의 다양성도 인정되지 않았다. 논쟁의 당사자들은 상대를 서로 극단적인 자유주의자와 보수주의자로 몰아붙였다.[132] 이러한 양극화 현상이 낙태나 이민과 같은 정치문제에서도 발생한다.

왜 이런 극단주의가 발생할까? 어느 정도 안정적으로 나타나는 현상을 객관적으로 인정하는 순진한 현실론naive realism에 의하면, 사람들은 다른 사람이 자신과 유사한 세계관을 갖기 바란다.[133] 갈등 초기에는 증거를 통해 상대를 제압하려고 하지만, 이것이 실패하면 상대를 타협할 수 없는 비현실적인 극단주의자로 몰아간다.

집단 간 협상을 잘하기 위한 전략

집단 간 협상에서는 다음 전략들에 주의를 기울여야 한다.

- **상징적 갈등인지 이해관계로 인한 갈등인지 구별하라**

집단 간의 갈등은 주로 자원부족 때문이 아니라 가치관 차이로 인해 발생한다.[134] 예컨대 갈등은 계속 갈등요소를 안고 있는 같은 집단 구성원들보다는 다른 집단 구성원들과의 사이에서 발생할 때 해결하기가 더 어려운 것으로 판단된다.[135] 강제버스통학busing*의 예를 보면, 직접 관련이 없는 사람들도 강제버스통학을 강하게 반대하는 경우가 있다.[136] 자녀나 손주가 없는 사람들이 버스강제통학의 영향을 받지 않는데도 강한 의견을 제시하는 것은 그것이 상징적인 문제이기 때문이다. 어느 것이 상징적 문제인지 또는 경제적 문제인지를 아는 것은 중요하다. 상대방의 견해가 그럴 것이라고 추측하는 것보다는 실제 견해를 알고 있을 때 집단 간 협상이 더 잘 이루어진다.

- **공통의 정체성을 찾으라**

    갈등 집단들도 공통의 정체성을 찾게 되면 갈등과 경쟁은 크게 줄일 수 있다.[137] 조직에서 일하는 사람들은 여러 방법으로 구분될 수 있다(개인, 집단, 부서, 팀, 조직 전체 등). 어느 연구조사에서, 한 팀은 팀 정체성에 초점을 맞추도록 하고 다른 유사 팀에게는 조직 전체에 초점을 맞추도록 한 결과, 후자가 전자보다 훨씬 더 협력적이었다. 더욱이 집단의 정체성이 더 확고할수록 더 화합하여 통합적인 성과로 이끌 가능성이 더 높아진다.[138] 외부집단 구성원들과 협상을 할 때는 자신들의 정체성을 찾는 것이 기본 이해관계를 파악하는 것보다 더 큰 효과를 거둘 수 있다. 내부집단 구성원들과의 협상은 그들의 기본 이해관계에 대한 정보를 공유할 때 더 협력한다. 반대로 외부집단 구성원들과의 협상은 그들의 기본 이해관계에 대한 정보를 공유하지 않을 때 더 협력한다.[139]

- **외부집단 구성원에 대한 동질성편향을 피하라**

    흑인 세 명과 백인 세 명이 대화하는 비디오테이프를 세 명의 백인 관리자에게 보여준 후에 조사를 실시했다. 대본을 보면서 누가 무슨 얘기를 했는지를 관리자들에게 표시하도록 했더니 그들은 특정 얘기를 한 사람이 흑

- 흑인과 백인 비율을 맞추기 위해 가까운 학교를 두고도 멀리 떨어져 있는 학교에 버스통학을 하도록 하는 제도이다.

인인지, 또는 백인인지를 정확히 구분했다. 그러나 흑인 중에서 어느 사람이 어떤 얘기를 했는지는 잘 구분하지 못했다.[140] 이 예는 인종 내(또는 집단 내) 오류는 인종 간 오류보다 널리 퍼져 있음을 보여준다. 이는 외부집단동질성 편향out-group homogeneity bias 때문에 외부집단 구성원을 단순히 흑인이라고 구분했기 때문이다. 우리는 외부집단 구성원을 한 개인으로 인식할 필요가 있다.

- 효과적인 접촉을 증가시키라

단순한 접촉이라도 하게 하자는 전략은 다른 집단 구성원과의 접촉은 협력을 증진시킬 것이라는 생각에 근거한다. 그러나 불행히도 단순한 접촉은 집단 간 관계에 도움이 되지 않으며, 어떤 경우에는 오히려 악화시키기도 한다. 예를 들어 학교 내에서 흑인 학생과 백인 학생의 접촉은 인종편향을 줄이지 못한다.[141] 부서 간의 접촉이 조직 갈등에 어떠한 영향을 주는지도 명확하지 않다.[142] 유학생들은 외국에 오래 머물수록 그 나라에 대해 부정적인 느낌을 더 많이 가진다.[143]

따라서 접촉을 통해 편향을 줄이기 위해서는 몇 가지 조건이 필요하다.
- 사회적·제도적 지원: 접촉이 제 역할을 하려면 사회적·제도적 지원의 틀이 필요하다. 권위를 가진 사람이 협력하겠다는 입장을 명백히 해야 한다. 이러한 노력은 관대한 사회풍조를 조장한다.
- 친밀감: 접촉은 자주, 그리고 오랫동안 이루어져야 한다. 어쩌다가 잠시 가지는 교류는 분위기를 호의적으로 만들지 못하고 오히려 악화시킬 수 있다.[144] 긴밀한 교류를 통해 서로 유사점을 발견하고 부정적인 편견도 줄일 수 있을 것이다.
- 동등한 지위: 접촉이 성공하는 데 필요한 세 번째 조건은 참여자들이 동등한 지위를 부여받는 일이다. 외부집단에 대한 편향 중에는 외부집단 구성원의 능력이 부족하다는 생각도 포함되어 있다. 남녀 간의 예에서, 여성이 비서역할 등 낮은 지위에 있을 때 이러한 편향은 더 강해진

다.[145] 그러나 서로가 같은 지위의 일을 반복하게 되면, 외부집단 구성원의 업무능력에 대한 편향은 바뀌게 된다.
- **목표 공유**: 다른 집단 구성원들이 서로에게 유익한 공동목표를 추진한다면 그들은 더 좋은 관계를 가지게 된다. 공유 목표를 가진다는 것은 집단 간 관계에서 매우 중요하다. 때로는 공통의 적을 가진다는 것이 다양한 사람들 간에 인연을 맺는 촉매제가 된다. 그 예로, 암에 대한 전쟁에서 의료진들과 연구원들은 함께 협력하는 것을 볼 수 있다.
- **집단을 초월한 우정**: 집단 간 관계를 발전시키기 위해 구성원들 간의 접촉이 꼭 필요한 것은 아니다. 자기집단의 다른 구성원이 외부집단 구성원과 친구 사이라면 그 집단에 대한 부정적인 견해가 줄어든다.[146] 모든 구성원들이 외부집단 구성원과 친구가 될 필요는 없다. 동료가 외부집단 구성원과 친구 사이라는 사실만으로도 도움이 된다.

이상의 방법들을 통해 집단 간의 바람직하지 못한 경쟁을 줄일 수 있다. 다음에는 갈등이 일어난 경우에 관리자가 취해야 할 방법에 대해 알아본다.

- **집단갈등 완화 모델: GRIT 전략**

  집단 간의 갈등을 완화시키기 위한 모델로서 단계적 호혜적 완화전략 the Graduated and Reciprocal Initiative in Tension Reduction, 즉 GRIT 모델이 있다. 이 모델은 원래 국제군축협상을 위한 프로그램으로 개발되었지만, 작은 국내문제에서도 집단 간 갈등을 절차적으로 줄이는 데 활용할 수 있다.[147] 이 전략의 목표는 집단 간의 대화와 상호교류를 통해 불신과 증오를 줄이고 갈등 해결의 가능성을 높이기 위한 것이다. 이 모델은 게임규칙을 만들기 위해 집단 간에 특정 의사소통을 단계적으로 규정하는 방식으로 되어 있다. 어떤 단계에서는 집단 간의 일관성 있는 대응을 통해 자신이 정직하다는 것을 보여줌으로써, 집단 간 신뢰를 증대시키도록 하고 있다. 이 중에는 집단관계의 파국이

〈보기 9-10〉 GRIT 전략[148]

1. 긴장완화 의지를 설명하고, 최초 양보수준을 구체적으로 제시하라.
2. 최초 양보를 일방적이고 완전하게, 그리고 공개적으로 이행하라. 가능하면 이행 증거도 제시하라.
3. 상대 집단에게 상호주의를 요청하라. 그들이 불신과 회의로 인해 대응하지 않을 수 있음도 예상하라. 이를 극복하기 위해서는 지속적인 양보가 필요하다.
4. 상대 집단이 양보로 대응해오면 우리 측도 다시 양보하라. 그리고 상대방에게 다시 양보를 요청하라.
5. 양보의 내용과 본질을 다양화하라.
6. 상대 집단이 긴장을 조성하면 보복 능력을 갖추라. 보복은 상대의 일탈 정도에 맞춰 조심스럽게 나서야 한다.

집단 구성원에게 위험을 초래할 수 있는 매우 심각한 갈등상황에서만 필요한 단계도 있다.

1986~1989년에 이루어진 미하일 고르바초프의 결정은 GRIT 모델과 유사하다.[149] 이 기간 중에 고르바초프는 일방적인 양보를 많이 했는데, 그 결과 국제적 긴장은 현저히 완화되었다. 소련은 이전에 맺은 조약을 레이건 행정부를 상대로 연장할 수 없음에도 대기권 핵실험을 재개하지 않았다. 스타워즈 방어 시스템과 관련된 논의를 레이건 행정부가 거절했음에도 두 번이나 정상회담 개최에 동의했으며, 미국의 요구 이상으로 중거리핵전력Intermediate Nuclear Forces, INF 폐기에도 동의했다. 그리고 독일 통일에 대한 합의에 도달했다. 결과적으로 철저한 반소련, 반공주의자인 레이건 - 부시 행정부마저도 고르바초프의 이러한 행보를 주시해야만 했다. 그리고 이러한 일련의 일들은 두 초강대국 사이의 긴장완화를 가져왔다(〈보기 9-10〉 참조).

GRIT 모델은 매우 복잡해서 일반적인 조직 갈등에는 적용할 수 없는 것처럼 보이지만, 그 모델은 오랜 갈등으로 생긴 차이점이 무엇인지를 분명히 해주고 있다. 모든 갈등해결에 적용할 수는 없지만, 약속한 양보를 이행하고 그에 상응하게 양보를 하면서 의지를 명확히 밝히는 것은 대부분의 갈등해결에 중요하다.

 결론

파이 나누기와 파이 늘리기라고 하는 양자협상의 기술은 다자협상에서도 역시 필요하다. 다자협상의 어려운 점으로는 제휴의 운영과 관리, 정보관리의 복잡성, 투표의 어려움, 그리고 의사소통의 파국 등을 들 수 있다. 우리는 다자협상의 여러 단계에 대해 논의하고, 제휴의 관리, 의뢰인과 대리인 관계, 팀 협상, 집단 간 협상, 그리고 이해당사자 관리 등의 전략도 살펴보았다. 〈보기 9-11〉에서는 다자협상을 여섯 단계로 나누어, 협상자가 접하게 되는 문제점과 해결방안을 정리했다.

〈보기 9-11〉 다자협상의 단계별 분석

분석 단계	어려운 점	전략

다자협상	• 제휴 형성
	• 트레이드오프 구성의 어려움
	• 투표의 패러독스
	  - 전략적 투표
	• 다수결은 선호의 강도를 반영하지 못함
	• 의사소통의 파국
	  - 개별회의
	  - 해석상의 편향
	  - 타인의 입장 이해 부족
	  - 우회적인 화법
	  - 다중 청중의 문제
		• 정보관리
		• 체계적인 제안
		• 브레인스토밍의 활용
		• 역할의 분담
		• 협상을 지속하라
		• 고른 참여를 위해 노력하라
		• 균등분배편향에서 벗어나라
		• 합의에 도달해야 한다는 강박관념에서 벗어나라
		• 어젠다를 피하라

제휴	• 최적 규모 • 신뢰와 유혹 • 파이 나누기	• 핵심 해결책 • 샤플리 모델 • 라이파의 복합 모델 • 초기에 접촉하라 • 구두 언급을 하라 • 자원을 공정하게 분배하라
의뢰인- 대리인 관계	• 이해관계의 차이 • 교섭영역을 줄인다 • 의사소통의 왜곡 • 주도력 상실 • 합의 자체를 중시	• 여러 사람을 살펴보라 • 대리인을 만나기 전에 BATNA를 생각하라 • 관심을 얘기하되 BATNA를 밝히지 말라 • 대리인의 전문성을 활용하라 • 대리인의 정보원을 자극하라 • 사후 승인을 논의하라 • 상대의 체면 유지를 위해 대리인을 활용하라 • 감정의 절제를 위해 대리인을 활용하라

협상주체-
이해당사자
관계
	• 책임성
	  - 우려에 대한 평가
	  - 체면 유지
	• 이해 상충
		• 이해당사자의 이해관계를 이용하라
		• 이해당사자들 간의 이해가 같다고 여기지 말라
		• 당신의 역할과 한계를 이해시키라
		• 이해당사자들이 넓은 사고를 가지도록 하라

팀 협상	• 팀원의 선택 • 팀의 규모 • 팀 내의 대화 • 팀 응집력 • 정보처리	• 팀원이 함께 준비하라 • 재편성을 계획하라 • 역할을 분담하라 • 책임성을 결정하라
집단 간 협상	• 편향 • 변화하는 정체성 • 자기집단편향 • 극단주의	• 이해갈등을 상징적 갈등과 분리하라 • 공동 정체성을 찾아보라 • 외부집단동질성편향을 피하라 • 단순접촉이라도 하라 • GRIT 전략

제10장
다른 문화권과의 협상

> 버락 오바마 미국 대통령이 허리를 굽혀 절을 하며 사우디아라비아의 압둘라 Abdullah 국왕을 맞았을 때 보수파 정치가들은 분개했다. 백악관은 84세의 사우디 국왕에게 허리 굽혀 절했다는 사실을 부인했지만, 논란과 논쟁이 그치지 않았다. 말을 앞세우는 법이 없는 전문가들이 비디오를 틀어 대통령의 그 동작을 자세히 분석했다. 보수적인 《워싱턴 포스트》지 같은 신문들은 대통령의 그런 행동을 "국왕의 신하들이나 해야 할 전통적인 경의"라고 설명했고, 다른 신문들은 대통령의 절과 관련된 규정은 없다고 썼다. 린든 B. 존슨 전 대통령의 의전수석이었던 로이드 핸드Lloyd Hand는 외국정부 고관들에 대한 접대를 합리적으로 설명했다. "의전儀典은 95%가 상식적 판단에 따르고 5%가 일정한 규정에 따른다. 절을 어떻게 해야 한다는 그런 규정은 없다."[1]

서로 다른 문화권에서 온 사람들 사이의 협상은 종종 확고하게 지니고 있는 가치와 신념을 휘저어놓곤 한다. 어떤 문화권에서 규범적으로 보이는 행동들이 다른 문화권에선 자주 논란을 불러일으키고 때로는 법적 문제로까지 번지기도 한다. 대부분의 기업 관리자들은 업무 수행 중 협상 상대자로 그들 자신의 문화권 사람들만 만난다는 보장이 없기 때문에 효과적인 협상을 위해 문화지능cultural intelligence을 갖추는 것이 필수적이다. 북미인은 세계

인구의 약 5%로 소수파에 속한다. 세계 총인구를 100 사람이 사는 한 마을로 가정했을 때, 현재의 인구 비율에 따라 계산하면, 아시아인이 61명, 아프리카인 13명, 유럽인 12명, 남미와 카리브인이 9명, 북미인이 5명이다.[2]

서로 다른 문화권에서 온 사람들의 협상은 통합적 합의에 이르지 못할 수도 있다.[3] 다른 문화권 사람들과의 협상 때 발생할 문제들에 대한 준비가 되어 있지 않기 때문에 종종 난관에 봉착하는 것이다. 이번 장에서는 기업들이 다른 문화권과의 협상을 효과적으로 진행하는 방법을 제시하고자 한다. 먼저 문화의 개념을 정의하고, 문화가 협상 테이블에서의 판단력, 동기, 그리고 행동에 어떻게 영향을 미치는지 살펴본다. 그리고 다른 문화권과의 협상에 장애가 되는 것이 무엇인지를 살펴보고, 그 해결전략도 알아본다.

문화란 무엇인가

우리는 다음 두 가지 이유로 국가별 기준으로는 조언을 하지 않는다. 첫째 그렇게 하는 것은 모든 상황에 적합한 일반적 협상기술을 제시하고자 하는 이 책의 목적을 벗어나기 때문이다. 우리는 문화의 특성을 일반화함으로써 문화적 고정관념을 확산시키는 경향이 있는데, 이는 실용적이지도 않고 유익하지도 않다. 사람들은 저마다 개성 있는 주체로 대접받기를 원한다.

우리는 원형prototype과 고정관념stereotype을 분명히 구분한다. 고정관념은 다른 문화권 사람들을 일괄해서 모두 같은 존재로 간주하는 잘못된 믿음이다. 반대로 원형은 한 문화권 안에서도 내용이 풍부한 다양성이 있음을 인정한다.[4] 같은 문화권 내에서도 중요한 성격적 특성이 서로 다르고, 이들 다른 특성들이 바로 특정한 문화 안에서 더 훌륭한 성과를 가져오는 역할을 하게 된다.[5] 문화의 기본 틀은 동일한 문화권 내의 이질성에 대해 민감하게 반응한다.

둘째, 오늘날 대부분의 문화는 10년 전의 그것과는 차이가 있다. 우리는 문화가 어떻게 변하고 발전하는지를 배우기 위해서 역동적인 기본틀이 필요한 시대에 살고 있다. 이번 장에서는 우리의 문화적 신념과 다른 사람의 문화적 신념을 드러내는 방법, 다른 문화권과의 협상에서 실수를 하지 않는 방법, 그리고 다른 문화권과의 협상에서 이득을 얻는 방법을 설명하려 한다.[6]

문화의 정의

문화는 어느 특정 사회집단 구성원들의 독특한 특징이며, 구성원들이 공유하면서 다른 사회집단의 것과 구별되는 가치와 규범이다.[7] 문화는 경제·사회·정치·종교 제도를 망라한다. 문화는 또한 이들 집단이 만들어내는 독특한 생산품인 미술·건축·음악·연극·문학을 반영한다.[8] 문화적 제도는 그 문화의 이데올로기를 유지·발전시킨다. 문화는 세상이 어떻게 돌아가느냐에 대한 정신 모델, 행동 그리고 인과관계에 영향을 준다. 다음에 나열하는 모든 것에 따라 문화적 차이가 날 수 있다는 점을 이해해야 한다.

- 가족
- 사회집단과 조직 내 부서
- 조직
- 산업
- 국가
- 종교
- 사회(즉 약탈, 원예업, 목축업, 농업, 공업, 서비스업, 정보산업 등)
- 대륙
- 반구(예컨대 동반구, 서반구)

국가, 직업별 집단, 사회계급, 성별, 인종, 부족, 기업, 클럽 그리고 사회

운동은 하부 문화의 기초가 된다. 문화와 다양성에 대해 생각할 때, 이를 어느 하나의 차원(예: 국적)에서 생각해서는 안 된다. 문화는 복합체이며 문화를 서로 비교하기 위해서는 여러 기준을 활용하는 것이 좋다.

빙산과 같은 문화

문화는 빙산에 비유되기도 한다.[10] 빙산은 그 1/9만이 보이며, 나머지는 물속에 잠겨 있다. 〈보기 10-1〉에서 보듯이, 물 위에 보이는 부분은 문화를 특징짓는 행태, 문화유산, 그리고 제도 등이다. 이 부분은 전통, 관습 등을 포함한다. 이러한 행태와 문화유산은 물 속 깊숙이 숨겨져 있는 가치나 믿음, 그리고 규범 등의 표현이다. 그리고 이러한 가치와 규범을 만드는 것은 문화라는 빙산의 제일 근저에 있는 세계와 인간성에 대한 기본 가설들이다. 문화를 특징짓는 문화유산과 관습은 임의로 정하는 것이 아니고 기본적인 가치와 믿음의 표현이다. 따라서 그러한 관습과 표현을 바꾸는 것은 오래된 믿음과 가치에 도전을 하는 것이 된다.

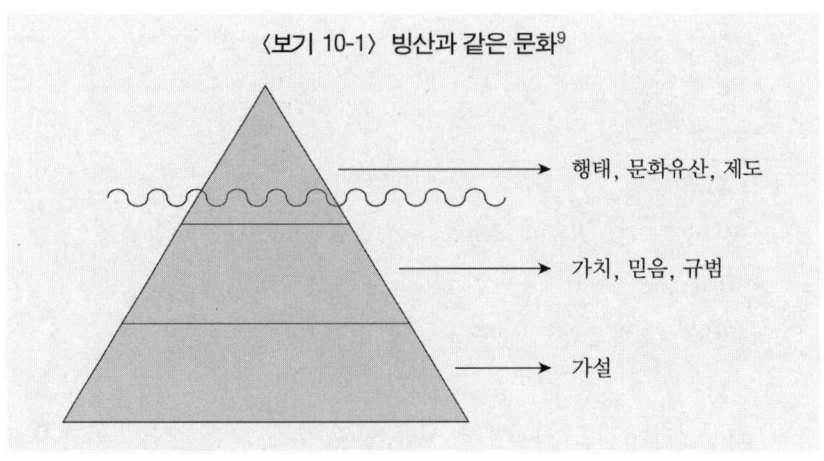

〈보기 10-1〉 빙산과 같은 문화[9]

 **문화의 가치와 협상 규범**

문화의 세 가지 측면을 검토해보자(〈보기 10-2〉 참조).[11]
- 개인주의와 집단주의
- 평등주의와 계급제
- 직접적인 의사소통과 간접적인 의사소통

이 세 가지 측면은 각각 동기, 영향력, 그리고 정보를 의미한다.[12] 개인주의와 집단주의는 자아와 집합체의 유지에 대한 인간의 기본적 동기에 관한 것이다.[13] 평등주의와 계급제는 수평적이든 수직적이든, 인간이 어떻게 다른 사람에게 영향을 미치느냐에 관한 것이다. 마지막으로 의사소통의 직

〈보기 10-2〉 문화의 기준[14]

목표: 개인주의적 관심과 집단주의적 관심	개인주의자 / 경쟁주의자: 핵심 목표는 자신의 이익(또는 자신과 다른 사람의 차이)을 극대화시키는 것이다. 정체성의 근원은 자아이다. 자신을 자유계약자나 독립적인 행위자로 여긴다.	집단주의자 / 협력주의자: 핵심 목표는 집단의 복지를 향상시키는 것이다. 정체성의 근원은 집단이다. 자신을 집단 구성원으로 생각한다. 사회관계를 중시한다.
영향력: 평등주의와 계급제	평등주의자: 사회적 제약을 의식하지 않는다. BATNA를 교섭력의 주요 근원이라고 여긴다.	계급주의자: 사회질서가 갈등해소전략상 중요하다고 여긴다. 하급자가 상급자에게 경의를 표하기를 바란다. 상급자는 하급자를 돌보아야 한다.
의사소통: 직접소통과 간접소통	직접적인 의사소통자: 명확하고 직접적인 의사소통을 중시한다. 직접 질문한다. 상황적인 요소에 영향을 받지 않는다. 면피용 문제들이 발생한다.	간접적인 의사소통자: 이야기나 추론과 같은 간접적인 정보교환을 한다. 상황적인 규범이다.

간접성은 정보와 메시지를 교환하는 방법에 관한 것이다.

개인주의와 집단주의

- **개인주의**

협상 스타일에 대해 제5장에서는 개인적·경쟁적·협력적인 관점에서의 동기를 살펴보았다. 문화 스타일로서의 개인주의는 개인적 동기를 축약한 것이다.[15] 개인주의 문화에서는 행복의 추구와 복지에 대한 관심이 매우 중요하다. 개인주의 문화에서는 그것이 비록 가족이나 직장, 국가의 목적과 상충되더라도 개인 목적에 우선권을 둔다. 개인적인 행복과 표현을 집단의 필요보다 우위에 둔다. 개인주의 문화에서는 자신의 세계와 다른 사람에 대한 영향력을 즐긴다. 개인적인 성취는 경제적·사회적 제도에 의해 보상을 받는다. 그리고 개인주의 문화에서 법제도는 개인의 권리를 보호하기 위해 만들어진다. 개인주의는 배분적인 전략을 중시한다. 이기적인 사람일수록 교섭력을 증가시키기 위한 전략을 중시한다. 한 조사에 의하면, 미국의 MBA 과정 학생들은 외국의 MBA 과정 학생들에 비해 윤리적으로 의문스러운 전략에 관용적이다.[16] 미국의 MBA 과정 학생들은 다른 나라의 협상자들이 비윤리적이라고 여길지도 모르는 경쟁적인 교섭전략과 허세도 잘 받아들인다.[17] 반면에, 미국의 협상자들은 상대방 신상에 대한 소문은 확실히 잘 받아들이지 않는다.

- **집단주의**

집단주의 문화는 사회집단에 뿌리를 두고 있으며, 개인은 집단의 한 구성원으로 간주될 뿐이다. 집단주의자들은 집단목표에 우선순위를 부여하며, 그들의 행위와 관심사는 집단으로부터 시작된다. 집단주의 문화에 젖은 사람들은 그들이 속한 직장과 조직을 자신과 불가분의 관계로 여긴다. 집단주의자들은 자신의 행동이 집단의 다른 구성원들에게 어떤 영향을 줄지에 관심이 크다. 그들은 집단 구성원들과 자원을 함께 나누고, 집단에 자기 생활을 맡길 정도로 강한 연대감을 느낀다.[18] 주도권과 영향력을 중시하는 개인주의 문화와 달리, 집단주의 문화는 조정의 중요성을 강조한다. 또한 집단주의 문화는 개인주의 문화보다 집단 구성원들 사이의 조화를 중시한다. 사회규범과 제도는 더 큰 목표를 위해 희생과 의무를 강조한다. 법제도는 개인의 권리보다 집단의 이익을 중시하며, 정치경제 제도는 개인이 아니라 계층을 중시한다.[19]

개인주의자들은 체면을 중시하고 자신의 성과에 관심을 두는 데 반해, 집단주의자들은 다른 사람의 성과에도 관심이 크다. 미국인과 홍콩인 간의 협상을 분석해보면, 미국인은 자기 이익과 공동의 규범을 중시하는 반면, 홍콩인은 평등규범을 중시한다.[20] 미국인 협상자들은 공통의 이익을 극대화하려고 하지만, 홍콩인은 평등한 결과를 얻으려고 한다. 개인주의자인 캐나다인과 집단주의자인 일본인에 대한 조사에서,[21] 캐나다인들은 자신들의 성과가 평균보다 못하다는 결론을 내리는 데 주저했다. 반면에, 일본인들은 자신들이 더 잘했다고 말하는 데 머뭇거렸다. 즉 자신들을 비판했다. 같은 문화권 내에서도 극단적인 개인주의에서부터 극단적인 집단주의까지 다양하게 나타난다고 볼 수 있다. 자신이 속한 문화권의 가치에 맞춰 행동하는 한 가지 요소는 책임압박 accountability pressure 인데 자신들이 그렇게 행동하는 이유에 쉽게 대답할 수 있기 때문이다.[22]

- 협상에 대한 함의

개인주의와 집단주의에 따라 협상과정에서 다음과 같은 여러 특성들이 나타나는데, 이를 다음 일곱 가지 면에서 살펴보고자 한다.
- 사회 네트워크
- 협력

- 자기집단에 대한 선호
- 사회적 태만과 분발의 차이
- 감정과 내적 경험
- 기질론과 상황론
- 논쟁해결에 대한 선호

사회 네트워크: 다른 문화권에서 온 사람들은 직장 내에서 나누는 우정의 정도, 제도적 관계와 정서적 관계의 중복 정도(정보를 얻고자 하는 사람과 편안함을 얻고자 하는 사람이 동일 인물인가), 인간관계의 긴밀 정도, 관계의 존속기간, 그리고 네트워크 관계가 상하관계인지 평등관계인지 등에서 차이가 난다. 예를 들어 개인 간의 신뢰는, 수년 또는 수십 년간 깊은 신뢰로 맺어진 중국인들의 인맥 망에서 중요한 요소를 차지한다. 많은 개발도상국들의 경우와 마찬가지로 중국은 낮은 신뢰환경에 처해 있으며 그 결과 중국인들은 주로 가족과 인척을 중심으로 신뢰망이 구축되어 있다. 그 바람에 국외자들은 중국에서 수년간을 보내지 않은 한 이 신뢰 조직망의 일원이 되기가 사실상 불가능하다.[23] 영향력과 인식작용에 근거한 신뢰는 미국 관리자들보다는 중국 관리자들 사이에 더 공고하다.[24] 한 조사에서, 미국 학생과 홍콩 학생을 각각 친구 및 낯선 사람들과 협상하도록 했다. 홍콩 학생은 미국 학생보다 친구와의 교류에서 더 활발한 행동을 보였다.[25] 미국의 관리자들은 직접은 모르더라도 네트워크상에 있는 사람들을 믿고 교류하는 반면, 집단주의 성향의 중국 관리자들은 잘 아는 사람과 교류할 때만 믿고 교류한다.[26] 집주인을 직접 만나지 않고도 집을 구입하는 미국인들의 문화에 히스패닉들이 당황하는 것도 이러한 문화 차이 때문이다.[27] 히스패닉은 대리인을 가족처럼 대접하여 집안 경조사에 초청하기도 한다.

문화는 서로 다른 규범을 가지고 조직 내의 네트워크를 발전시켜간다(〈보기 10-3〉 참조).[28] 북미인들의 사업관계는 시장원칙이 특징으로, 수익 여

⟨보기 10-3⟩ 업무관계를 지배하는 규범[30]

문화	태도	업무관계
북미인: 시장 규범	경제적 개인주의	오래 지속되지 않음 복잡성이 크지 않음
중국인: 가족 규범	가족에 대한 충성 경제적 집단주의	상향식 복종 관계
독일인: 법적, 관료적 규범	경제적 집단주의	공식 규칙에 의한 관계 낮은 정서적 관계
스페인인: 친화적 규범	자기 기준에 의한 집단주의	오래 지속됨 높은 정서적 관계

부에 따라 인간관계가 형성된다. 즉 북미인들은 우정과 같이 이전에 형성된 인간관계에 개의치 않고 실용적 측면에서 인간관계를 형성해나간다. 중국인의 사업관계는 가족적인 것으로 특징지어지는데, 직장인들은 회사를 위해 희생한다. 자신이 가지고 있는 것을 조직과 함께 나누며, 충성심과 상사에 대한 존경심을 가진다. 독일인의 업무관계는 법적, 관료적 관점, 형식적 범주, 그리고 규칙으로 특징지어진다. 스페인인의 업무관계는 사교성과 친밀감 등 친화적인 태도로 특징지어진다. 시티뱅크의 지점들을 대상으로 이들 나라의 문화를 비교 조사한 결과 그들은 이런 네트워크 규범들에 의지하고 있었다.[29]

협력: 집단주의 문화에 익숙한 사람은 개인주의 문화에 익숙한 사람보다 더 협력적으로 처신한다.[31] 예를 들면, 일본인들은 미국인들보다 더 협력적이며, 다른 사람들도 협력적이기를 기대한다.[32] 장래가 불확실하고 심지어 이용당할 가능성이 있는 상황에서도 집단주의자들은 협력을 강화한다. 이는 집단주의자가 집단목표를 더 중시하며, 이를 위해 자신을 기꺼이 희생한다는 것을 의미한다. 미국인들은 자신이 상대방에게 영향력을 행사했던

상황을 잘 기억하지만, 일본인들은 다른 사람에게 자신이 적응했던 상황을 더 잘 기억한다.[33] 갈등에 대한 미국과 일본의 신문기사를 살펴보면, 일본 신문은 미국 신문에 비해 쌍방 모두의 잘못이라고 언급하는 경우가 많다. 이는 쌍방 모두를 지적하는 것이 사회 유지와 집단주의에 도움이 되기 때문일 것이다.[34] 미국인은 다른 사람에게 영향력을 행사하면서 매우 효과가 컸다는 느낌(개인주의)을 밝히는 반면, 일본인은 다른 사람에게 적응하면서 생긴 유대감을 언급한다(집단주의).

다른 문화규범을 인식한다는 것은 중요한 협상전략이 될 수 있다. 1997년 일본 교토에서 열린 지구온난화 협상을 살펴보자. 교토 기후변화 컨퍼런스에서는 일주일이 넘게 지구온난화 문제보다 용어 문제에 매달렸다. 마지막에 가서야 일본을 제외한 참가국들은 여섯 가지의 온실가스 규제 조항에 합의했다. 온실가스를 1990년을 기준으로 2012년까지 미국은 7%, EU는 15%, 일본은 6% 줄이도록 되어 있었다. 그러나 일본은 5% 감축을 계속 주장했다. 미국 대표는 워싱턴에 어려움을 보고했고, 새벽 2시에 앨 고어 부통령이 하시모토 수상에게 전화를 했다. 고어가 다른 문화권을 다루는 기술은 훌륭했다. 그는 컨퍼런스를 주최하면서 일본이 보여준 리더십에 감사했으며(위계질서적인 문화규범 언급), 숫자문제 때문에 합의에 이르지 못하는 것은 주최국에 좋지 않다(집단의 복지를 지적)는 점을 지적했다. 그리고 그것이 효과를 발휘했다.[35]

자기집단에 대한 선호: 사람들은 논리적인 이유가 없음에도 자기집단 구성원을 더 좋아한다. 자기집단편향은 매우 강해서 추첨과 같은 자의적 방법에 따라 집단이 분류된 경우에도 자기집단 구성원을 더 호의적으로 생각하고 더 많은 배려를 한다. 개인주의에 비해 집단주의 문화에서 자기집단편향이 더 강하다.[36] 더욱이 자기집단이 소수집단이라는 것을 인식하면, 집단주의자들은 더욱 경쟁적인 면을 보인다.[37] 자기집단 선호주의는 종종 내부 구성원에게는 긍정적이지만, 다른 집단 구성원이나 집단 간의 관계에는 부정적이다(제9장 참조). 그러나 가브리엘Gabriel과 가드너Gardner에 따르면, 자기집단 선호와 같은 집단주의 행태를 반드시 집단주의 문화에서만 찾을 필요는 없다. 모든 사람은 집단주의를 유발할 수 있는 상호의존적인 자아와 독립적인 자아를 가지고 있기 때문이다.[38] 두 문화가 병존하는 사회에 살고 있는 개인들은 제공되는 문화적 신호에 따라 자연발생적으로 상호의존적인 자아 또는 독립적인 자아를 유발할 수 있다.[39](개인주의 또는 집단주의 자아 유발 사례는 〈보기 10-4〉 참조).

〈보기 10-4〉 개인주의와 집단주의[40]

사람은 경우에 따라서 개인주의적일 필요도 있고 집단주의적일 필요도 있다. 미국의 관리자들을 대상으로, 자신을 중시하는 개인주의적인 사람과 다른 사람과의 관계를 중시하는 사람으로 구분하여 여러 가지 조사를 했다. 관리자들은 우리가 준 '후임자 선정결정을 해야 하는 두 부류의 리더 이야기'를 읽었다. 한 이야기는 리더가 개인적 자질과 장점을 기준으로 사람을 선택하며(개인주의적 가치), 다른 이야기는 리더가 자신과의 관계를 기준으로 사람을 선택한다(집단주의적 가치). 그리고 미국의 관리자들이 어떻게 논쟁을 하는지를 살펴보았다. 집단주의 얘기를 읽은 사람은 훨씬 관대하고 협력적이었지만, 개인주의 얘기를 읽은 사람들은 매우 이기적이었다.

한 번 더 얘기를 들어서, 관리자들로 구성된 팀들끼리 협상을 하도록 했다. 집단주의 성향을 가진 사람들로 팀을 구성한다면 팀에 대한 충성도가 높아서 협상에서 경쟁적일 것이라는 가설을 설정했다. 그림 A가 가설이 옳다는 것을 보여주었다. 그림 A를 보면 일대일 협상에서 서로가 상호의존적인 경우(집단주의 구조)에 관대함이 더 컸다. 그러나 집단 간의 협상에서는 반대로 나타났다. 집단주의 협상자들은 관대함을 적게 보였다. 그림 B는 협상결렬의 정도를 보여주는데, 앞에서와 같은 패턴으로 이루어진다. 상호의존적인(즉 집단주의 성향) 구조하에 개인 간의 협상보다 집단간의 협상에서 결렬이 더 잦다. 이기적 행태나 타인 배려 행태는 협상에서 미묘하게 나타난다. 집단주의자들의 개인 협상에서는 힘이 강한 사람이 관대함을 베푼다. 그러나 팀 상황에서는 집단주의는 자기집단선호를 강화한다. 조사에 의하면, 양보점을 비롯한 다른 요건들이 객관적으로 동일한 경우에 집단주의 집단은 개인주의 집단에 비해 비용이 드는 소송 등을 잘 피해나갔다.

집단주의 구조의 사람 중에서는 아무도 소송에 말려들지 않았지만, 독립적인 사람들 중에는 20퍼센트가 소송으로 치달았다.

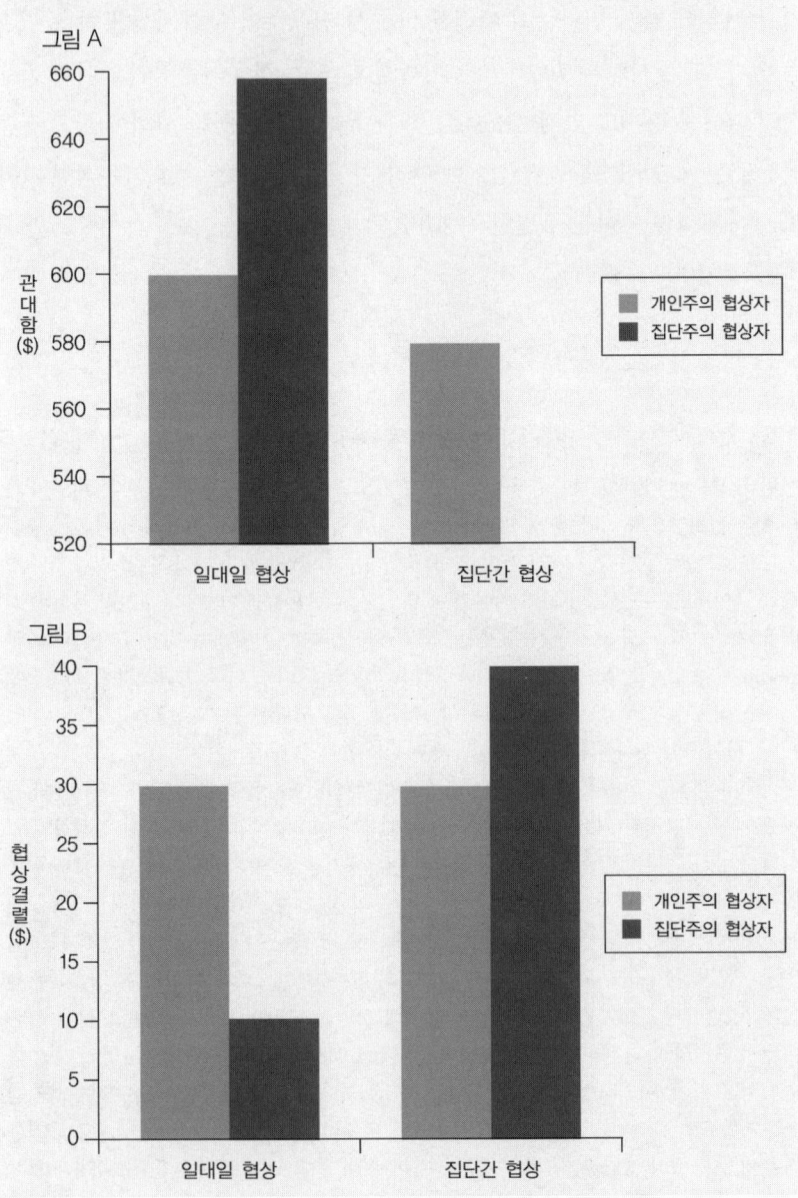

사회적 태만과 사회적 분발의 구분: 혼자 일할 때보다 집단으로 일할 때 노력을 덜 하는 경향을 사회적 태만social loafing이라고 말한다. 예를 들면, 혼자 일 때보다 집단으로 있을 때 박수도 조금 치고, 일도 덜 하며, 기여도 덜 한다.41 사회적 태만 현상은 집단주의 문화에서는 적게 나타나는데, 왜냐하면 집단주의에서는 집단 노력을 높이 평가하기 때문이다. 관리자 수업을 하는 미국인과 중국인을 대상으로 한 연구에서, 미국 학생들은 태만현상을 보였으나 중국인들은 그렇지 않았다.42 일본인들을 대상으로 한 연구에서는 집단복리에 대한 관심, 즉 사회적인 공동노력이 구성원에게 동기를 부여하고 성과를 제고시켰다.43 자기중심주의(제3장에서 이미 논의되었다)와 같은 자기편향은 미국과 같은 개인주의 문화에서 많이 나타나는데, 이곳에서는 남들보다 두드러지고 더 잘되려는 욕망을 긍정적으로 평가한다. 반대로 집단주의 문화에서는 자기중심적 사고를 덜 가지며, 조화를 위해서 이러한 사고의 부정적인 특징이 부각된다.44

　　감정과 내적 경험: 집단주의자들과 개인주의자들은 그들이 감정적 경험을 얘기하는 방법이 서로 다르다. 중국인은 미국인보다 신체적이고 사회적인 용어를 더 많이 사용한다. 예를 들어 중국인과 미국인이 감정적인 사건에서 둘 다 영어로 말을 하고 있다고 가정할 때, 중국계 미국인은 유럽계 미국인보다 신체적인 용어(예컨대 '현기증이 난다")와 사회적인 용어(예컨대 "친구")를 더 많이 사용한다.45

　　화를 내면, 유럽계 미국인 협상자로부터는 양보를 더 많이 끌어내지만, 아시아인과 아시아계 미국인 협상자로부터는 양보를 많이 끌어내지 못한다.46 이것은 협상에서 화를 내는 것의 적절성에 대한 문화적 규범 때문이다. 화를 내는 것이 적절한 것으로 간주될 때, 아시아인 협상자는 유럽계 미국인처럼 양보를 많이 한다. 화를 내는 것이 적절하지 않은 것으로 간주될 때, 유럽계 미국인들은 아시아인에 비해 훨씬 양보를 적게 한다.

기질론과 상황론 비교: 기질론dispositionalism은 행동의 원인을 사람의 특질이나 성품에서 찾는 경향을 말한다. 상황론은 행동의 원인을 사람이 어쩔 수 없는 객관적 사실이나 외부에서 찾는 경향을 말한다. 예를 들어 매우 중요한 협상이 진행 중일 때 당신이 상대방에게 급한 전화를 했다고 가정하자. 상대방은 당신 전화에 응하지 않았으며, 당신은 비서를 통해 그가 시내에 있다는 사실을 알고 있다. 상대방이 전화에 답을 하지 않은 이유는 무엇일까? 상대방이 책임감 없는 사람일 수도 있으며(기질론), 메시지를 전달받지 못했을 수도 있다(상황론). 무엇이 원인이라고 생각하느냐에 따라 상대를 대하는 당신의 태도는 달라진다.[47]

개인주의 문화와 집단주의 문화는 인과관계를 서로 다르게 본다. 기질론은 집단주의에서보다 개인주의에서 더 우세하다. 이러한 문화의 차이가 얼마나 깊이 뿌리박혀 있는지 보기 위해 〈보기 10-5〉를 살펴보자.

〈보기 10-5〉의 그림 A, B에서 진한 색 물고기는 다른 고기들의 궤적으로부터 벗어나서 움직인다(짙은 화살표로 표시되어 있다). 〈보기 10-5〉와 유사한 비디오테이프를 보여주고 소감을 묻는다면, 미국인과 같은 개인주의 문화에서는 진한 색 물고기의 움직임에 대해 내적 요소(기질론)의 영향을 더 많이 인식하는 반면, 중국인과 같은 집단주의자들은 외적 영향(상황론)을 더 크게 인식할 것이다.[48] 진한 색 물고기의 움직임을 중국인들은 조화를 이루기 위해 노력하고 있는 것으로 보는 반면, 미국인들은 진한 색 물고기가 스스로 돋보이려 한다고 보았다. 미국과 중국의 신문기사를 보면, 같은 범죄사실에 대로 해서 미국 신문은 기질을 언급하는 반면, 중국 신문은 주로 상황을 언급했다.[49] 불법무역거래 스캔들 보도의 예에서, 미국 신문은 연루된 개인에 대해서 많이 언급하는 반면, 일본 신문은 해당 조직에 대해 많이 언급했다.[50] 비슷한 예로, 팀 구성원이 옳지 못한 행동을 하면 미국인은 개인의 특성을 들추어내는 반면, 홍콩인은 상황적 요인에 대해 언급한다. 예를 들어 동 아시아인들은 서구인들에 비해 외부적인 제약과 집단세력에 더 민감하지만,

〈보기 10-5〉 기질론과 상황론[51]

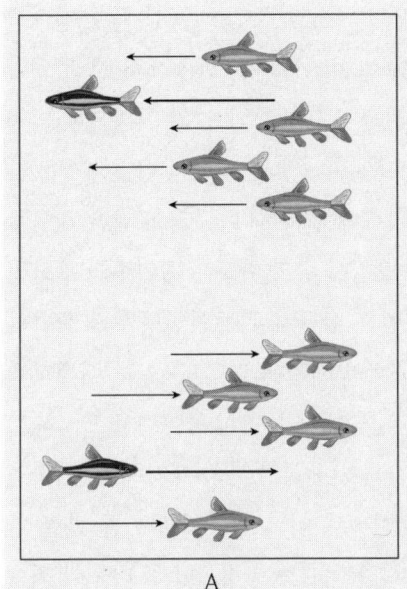 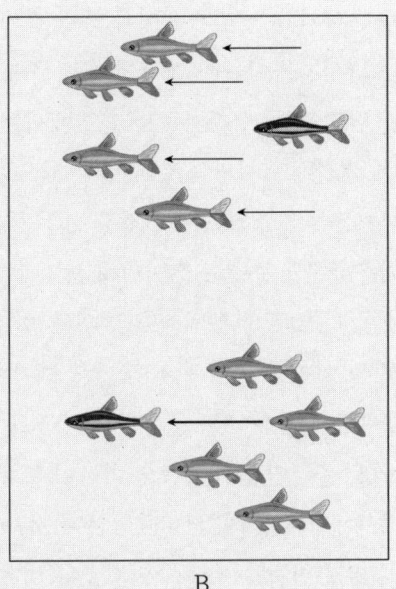

그림은 물고기의 궤적을 보여준다. 진한 색 물고기는 짙은 화살표의 궤적으로 표시되어 있다. A에서는 집단이 개인을 따르고(위), 개인이 집단에 합류한다(아래). B에서는 집단이 개인을 떠나고(위), 개인이 집단을 이탈한다(아래).

다만 성격적 특성을 무시하는 상황이라는 정보가 있을 때 그러하다.[52] 더욱이 동아시아인들은 집합체나 단위조직 행사에 대한 책무를 제일 먼저 할당하고, 그다음에 그 집단을 대표하는 관리자에 대한 책무를 챙긴다. 그리고 지도자는 위임권 논리를 통해 책임을 맡게 된다.[53] 기질론은 편견에도 영향을 준다. 미국과 같은 개인주의 문화권 사람은 그리스와 같은 집단주의 문화권 사람보다 고정파이편향에 빠지기 쉽다.[54]

분쟁해결에 대한 선호: 상이한 문화권의 사람들이 분쟁해결을 위해 사용할 수 있는 절차로 교섭bargaining, 조정mediation, 당사자주의 판결adversarial adjudication, 심문자 판결inquisitorial adjudication의 네 가지를 들 수 있다. 교섭에서는 두 당사자가 논의 과정이나 타결 결과를 전적으로 주도할 수 있다. 조정에서는 당사자들이 최종결정에 대해 주도를 하며, 제3자는 과정에서 안내 역할을 담당한다. 당사자주의 판결에서는 판사가 구속력이 있는 결정을 내리지만, 대신에 당사자들은 과정에 대한 주도권을 가진다. 심문자 판결에서는 당사자들은 과정과 최종결정을 모두 제3자에게 일임한다. 중국과 같은 집단주의문화권은 분쟁해결을 위해 선호하는 방법이 미국과 같은 개인주의 문화권과는 다르다.[55] 문제해결을 위해 일본인은 상급자에게 일임하기를 좋아하며, 독일인은 규정에, 미국인은 해당 문제의 해결을 맡길 수 있는 이해관계 모델을 선호한다.[56] 중국인과 미국인 상업중재자 사이의 차이점을 조사해보았다. 중국인 중재자들은 미국인 중재자들보다 회사 간의 계약위반을 더 엄격하게 다루는데, 아마도 이는 그들이 실제로 어느 집단의 행위를 관찰 할 때 내적 귀인internal attribution 요소를 더 중시하기 때문일 것이다.[57] 더욱이 귀속적인 경향(즉 집단주의자들이 행동을 상황의 기능[상황에 의해 좌우되는 것으로 보고, 개인주의자들은 행동을 기질의 기능[기질에 의해 좌우되는 것으로 보는 것)은 선호도의 간격을 더 크게 만든다. 특히 협상상대가 마음에 들지 않을 경우, 개인주의자들은 상대방 행동의 원인을 기질에서 찾으면서 공식적인 분쟁해결 절차를 희망한다. 반면에 집단주의자는 상황적 요소에서 원인을 찾으면서 비공식적인 절차를 선호한다.[58]

평등주의와 계급제

다른 문화권 간의 행동에 영향을 주는 핵심 요소는 다른 사람과의 인간관계에 영향을 주는 수단이라고 할 수 있다. 어떤 문화는 계급 간에 융통성이 있는 평등주의에 가까운 반면, 또 어떤 문화는 계급 간에 경계가 있으며 위계질서가 영향력을 결정하기도 한다.

- **평등주의 권력관계**

평등주의 권력관계에서는 모든 사람이 평등하게 대접받기를 기대한다. 평등주의 권력관계는 모든 사람이 동일한 지위에 있지 않으며 지위 차이가 쉽게 변할 수 있다. 조직 내에 존재하는 사회적 경계선은 늘 변화하며, 높은 사회적 지위는 오래가지 않을 수도 있다. 평등주의 문화는 구성원들에게 갈등을 스스로 해결하도록 한다. 협상력의 경우에도 평등주의 문화에서는 지위와 계급에 상관없이 '합의에 도달하지 못했을 때 택할 수 있는 최선의 대안BATNA'과 정보가 힘의 원천이다. 그러나 이러한 점이 계급제 문화에서는 반드시 옳은 것이 아니다.

- **계급제의 권력관계**

어떤 문화에서는 사회적 지위에 상당한 경의를 표하고 있다. 지위는 사회적인 힘을 의미하며 쉽게 바뀌지 않는다. 사회적 약자는 강자에게 복종하며, 강자는 복종에 대한 대가로 약자들을 돌보아야 할 의무가 있다.[59] 갈등은 계급사회의 안정성을 해치는데, 이는 약자가 강자의 기대를 만족시키지 못했거나 강자가 약자의 필요를 충족시키지 못했음을 의미한다.[60] 계급문화의 규범은 계급이 낮은 사람이 계급이 높은 사람들에게 도전하지 않는 것이므로, 계급문화에서는 평등주의 문화에서보다 다른 사회계급 구성원 간 갈등이 적다.[61] 더욱이 계급제에서는 같은 계급 구성원들 간의 갈등 해결도 상급자에게 맡겨진다.[62] 계급제는 상호작용에 대한 규범을 제시함으로써 갈등을 줄인다. 이 때문에 중국과 일본에서는 강자가 권위주의적인 자세로 분쟁에 개입하여 더 보수적인 결정을 내린다. 반대로 서구 문화권에서의 강자는 일반적으로 분쟁을 일으키는 당사자들을 개입시키며 계약내용을 뛰어 넘는 통합적 결과를 얻어낸다.[63]

홉스테드Hofstede는 73개국을 대상으로 권력간격power distance과 개인주의-집단주의 측면을 조사 연구했다.[64] 〈보기 10-6〉은 개인주의와 권력간격을

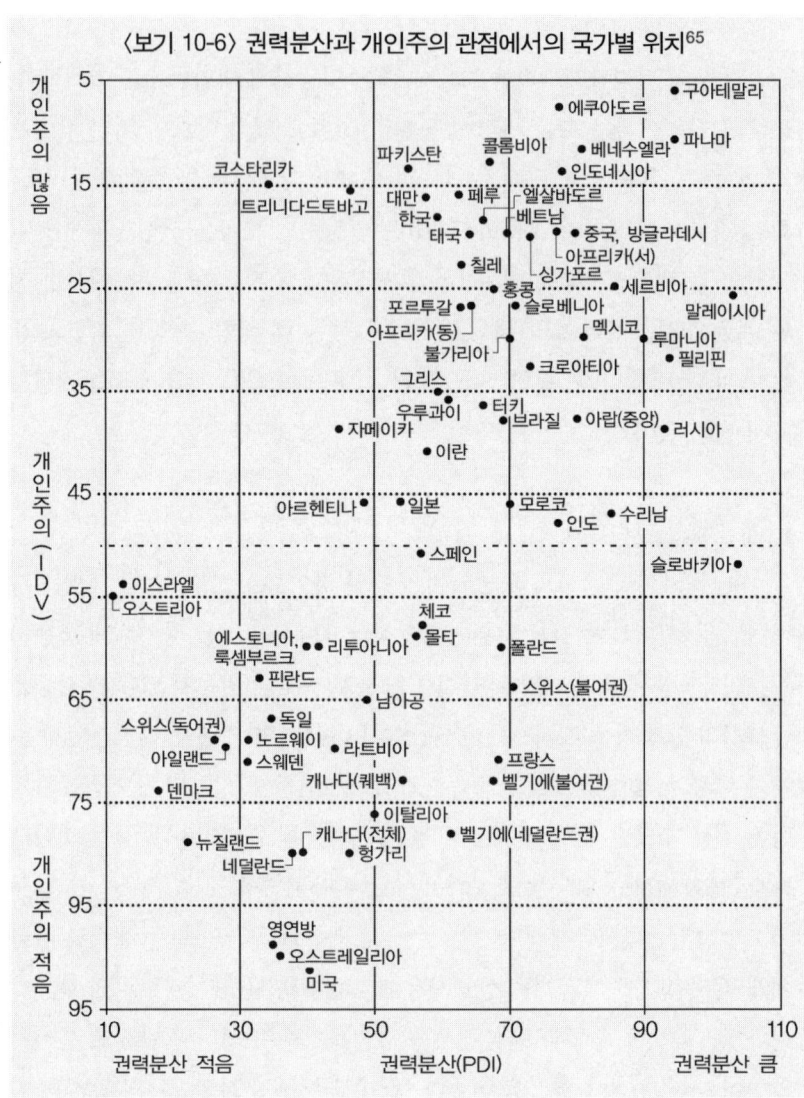

〈보기 10-6〉 권력분산과 개인주의 관점에서의 국가별 위치[65]

축으로 해서 각 나라들이 어디에 위치하는지를 보여준다. 권력간격을 사회 구조의 상층부와 하층부 사이에 얼마나 큰 거리가 존재하는지를 보여주는 지표이다. 이를 보면 개인주의와 권력간격은 상관관계가 크다는 점을 알 수 있다. 집단주의 성향이 높은 나라들은 또한 권력간격이 크다. 가장 집단주의적이며 권력간격이 큰 나라에는 과테말라, 파나마, 에콰도르가 포함되어 있다. 가장 개인주의적이며 권력간격이 낮은 나라에는 영국, 미국, 호주가 포함되어 있다.

협상에 대한 함의

협상대표를 잘 선택하라: 다른 문화권과 협상을 할 때 명심해야 할 첫 번째 과제 중 하나는 누가 협상을 할 것인가를 결정하는 일이다. 평등주의 문화에서는 힘이 BATNA에 의해 결정이 되므로 서로 지위가 다른 사람들이 협상 테이블에 나타나는 것은 흔한 일이다. 그러나 계급주의 사회에서는 힘이 직책과 계급에서 나오기 때문에 CEO와의 협상에 직급이 낮은 사람을 보내는 것은 상대방에 대한 모욕이다.

인간관계의 네트워크를 이해하라: 계급적 권력관계를 가진 문화에서는 협상이 여러 단계를 거쳐, 나중에는 최고위층으로부터 승인을 받아야 한다. 예를 들어 베이징 시와 맥도날드 간의 장기계약을 중국 중앙정부가 무효화시킨 적이 있다. 10년 이상 임차권을 부여하는 계약은 중앙정부의 승인을 필요로 하기 때문이다.[66] 중앙집중화한 중국의 권력구조에서 협상대표는 최종 결정권한을 거의 가지고 있지 않다. 이러한 권력구조 때문에 중국측 협상자는 합의가 중국 측에 유리하게 이루어졌다는 점을 확실히 밝히려고 한다. 따라서 중국과의 협상에서 중국 고위층에게 중국 측이 '이겼다'는 점을 설득시키는 것이 협상을 타결하는 데 유리하다.

체면걱정: 계급문화에서는 체면을 세워주는 것이 매우 중요하다.[67] 중국, 일본, 독일, 그리고 미국이라는 네 문화권에 대한 한 연구에 따르면, 상대

방의 체면을 세워주는 것은 평정유지, 사과하기, 그리고 마지못해 응하기와 관련이 있는 반면, 자신의 체면을 세우는 것은 적극적으로 방어하는 것과 관계가 있다고 한다.[68] 체면이 위협을 받을 때 서구 문화권 사람들은 더 적극적으로 행동하는 반면 동양문화권의 사람들은 더 소극적으로 행동한다.[69] 아첨은 중국식 체면 세워주기의 일반적인 형태다.[70] 패치트먼Pachtman은 다음과 같이 경고한다.

> 아첨이 당신에게 주는 의미를 인식하라. 이에 대한 적절한 대응은 "고맙습니다"라고 말하는 것이 아니다. 대신에 아첨 내용을 부인하고 나서("아니, 그렇지 않습니다" 등으로) 답례로 상대방에게 더 큰 아첨을 하는 것이다. 사과는 체면을 세워주는 좋은 방법이지만 사과하는 사람에게 부담이 된다. 중국인이 당신의 사과에 대해 대가를 받으려고 하면 조금은 양보할 각오를 하라.[71]

협상에서의 처신: 서구인들은 협상을 모든 당사자가 자신의 이익을 위해 자기 목소리를 내면서 서로 밀고 당기는 트레이드오프로 인식한다. 그러나 동양의 관점은 전혀 다르다. 예를 들어 일본인들의 협상은 부모 - 자식 간의 그것과 유사하다.[72] 신분관계는 명확하며 중요하다. 아들(판매자)은 자신의 상황을 조심스럽게 설명하면서 가능한 한 많은 것을 요청한다. 일단 아버지(구매자)가 거절하고 나면 더는 협상 여지가 없기 때문이다. 아들(판매자)은 아버지의 결정을 받아들이는데, 논쟁은 부자관계를 해칠 뿐 아니라 아버지(구매자)가 이미 자식의 필요성을 다 고려했을 것으로 믿기 때문이다.

직접 의사소통과 간접 의사소통

같은 메시지라도 문화에 따라 다른 방법으로 전달을 한다. 정보를 직접적으로 전달하느냐 또는 간접적으로 전달하느냐를 문화적 차원에서 볼 필요가 있다. 명시적 메시지와 함축적 암시 사이에 포함되어 있는 정보의 양은 문화에 따라 다르다.[73] 문화권마다 정보공유에 대해 서로 다른 규범들을 가지고 있다. 어떤 문화는 직접대화를 선호하는 반면에 또 어떤 문화는 간접적이고 신중한 대화를 선호한다. 이러한 차이는 사람들이 얼마나 함축적 암시에 의존하느냐와 연관이 있다.[74]

- 직접 의사소통

미국 같은 직접 의사소통 문화에서는 메시지가 명시적이고 직접적이며 의사소통은 행동중심적이고 해결 위주이다.[75] 이러한 문화에서는 의미하는 바가 메시지에 모두 포함되어 있으며, 정보는 뉘앙스 없이 명확하게 제공된다.[76] 게다가 정보는 어디서, 어떤 조건하에 배포되든 거의 차이가 없다. 이러한 이유로 이들은 협상에서 상대방의 관심사와 대안을 직접 물어본다.

- 간접 의사소통

어떤 문화에서는 갈등이 발생할 때 당사자들이 직접 맞서는 것을 꺼린다. 이것은 갈등을 제기하지 않는다는 말이 아니라, 갈등을 간접적으로 제기한다는 의미이다. 의사소통은 직접적으로 해석되기보다 추론에 의해 이루어진다. 메시지의 문맥은 이미 알고 있는 지식을 활용하여 이해해야 한다[77] (직·간접 의사소통문화의 유형에 대해선 〈보기 10-7〉 참조). 협상에서 많은 제안을 하는 것은 간접적인 의사소통의 한 유형이다.[78] 제안 방식에 의해 무엇이 서로에게 중요하며 어디에서 양보가 이루어질 것인지를 추론할 수 있다. 간접대화 문화에서는 메시지가 간접적이고 우회적으로 전달되며, 대화는 명확히 손에 잡히지 않는다.[79] 예를 들어 일본의 협상자들은 마음에 들지 않는 대안에 부딪치면 아니라고 말하기보다는 침묵을 지킨다.[80]

직접 문화권의 협상자들은 질의응답 방식으로 정보를 직접 주고받기를 원한다. 반면에 간접 문화권의 협상자들은 상대방에게 영향을 주기 위해 이

〈보기 10-7〉 **직접 의사소통 문화와 간접 의사소통 문화**[83]

직접 의사소통 문화	간접 의사소통 문화
독일, 미국, 스위스, 스칸디나비아	일본, 러시아, 프랑스, 아랍, 지중해 국가 (일반적으로 가족, 친구, 동료 그리고 개인관계를 맺고 있는 사람들 간에 광범위한 정보 네트워크를 갖는 문화)

야기를 조금씩 흘리며, 상대방의 이야기와 제안으로부터 정보를 모아가는 등 간접적인 방법으로 정보교환을 한다.[81] 문화 규범과 가치는 협상에서 호혜주의 원칙에 영향을 준다. 미국과 일본을 대상으로 한 조사에 의하면, 협상자들은 자신의 문화규범에 맞는 행동을 서로 주고받았다.[82] 미국의 협상자들은 직접적인 정보교환에 더 잘 응했으며, 일본인들은 간접적인 정보교환에 더 잘 대응했다.

- **협상에 대한 함의**

필요한 정보를 얻는 능력에 차이가 있다: 협상 테이블에서 정보를 알도록 하는 것이 파이 늘리기에 매우 중요하다. 합의도출에 필요한 정보를 전달하기 위해서 전후사정에만 의존하여 추측하는 것은 충분하지 않다.[84] 아데어Adair는 같은 문화권 또는 혼합 문화권 간 협상에서의 합의도출과정에 대해 연구 조사한 바 있다. 홍콩, 일본, 러시아, 태국의 관리자들은 간접적인 합의전략(예: 동시에 여러 대안을 제시)을 많이 구사한 반면에 이스라엘, 독일, 스웨덴, 미국의 관리자들은 직접적인 합의전략(예: 정보의 우선순위를 요청)을 즐겨 구사했다.[85] 간접문화권의 사람들은 보완적이고 간접적인 정보교환의 '댄스' 속으로 부드럽게 들어갔다.[86] 예를 들어 간접문화권의 협상자들은 우선순위가 높은 정보와 제안들을 보완함으로써 상호 제안만으로는 충분하지 못했을 정보를 보충할 수 있었다.

간접대화는 더 복잡하고 미묘한 대화기술을 필요로 하기 때문에, 직접

대화자들은 종종 그것이 실행하기 어렵고 불가능한 것으로 생각한다. 반대로 간접 대화자들은 필요할 때면 언제든 직접 대화를 할 수 있다.[87]

브레트Brett와 그의 동료들은 프랑스, 러시아, 일본, 홍콩, 브라질, 미국의 여섯 문화권에서의 협상전략에 대해 조사를 했다. 직접적이거나 직간접의 혼합 정보공유전략을 사용하는 문화권이 통합적이며 파이 늘리기 협상에 가장 효과적이었다.[88] 반면에 간접적 의사소통 문화권은 선호와 우선순위에 대한 정보교환이 충분치 못했다. 위의 6개국 간 협상조사에서 러시아와 홍콩의 협상자들은 가장 낮은 공동이익, 즉 가장 불완전한 합의를 만들어냈다.[89] 러시아와 홍콩은 간접 의사소통 국가들이다. 그러나 일본의 협상자들은 간접 의사소통권에 속하면서도 높은 공동이익을 도출했다. 그 이유는 일본의 협상자들이 러시아나 홍콩의 협상자들보다 직접적인 정보교환에 더 적극적이었다는 점이다. 이런 점에서 보면 트레이드오프와 직접반응을 확인해보고 비교하는 것이 협상에서는 반드시 필요하다.[90] 더욱이 제안들은 문화를 뛰어넘어 영향을 미친다. 조기 제안은 일본인 협상자들에게는 공동이익을 크게 창출하지만 미국인 협상자들에게는 적게 창출한다.[91] 반대로 이해관계와 문제점에 대한 직접적인 정보교환은 미국 협상자들에게는 공동이익을 크게 창출하지만 일본인 협상자들에겐 적게 창출한다.[92]

직접문화권에서는 협상의 진행이 먼저이다. 그러나 간접문화권에서는 인간관계가 먼저이며, 이것이 협상진행의 중요한 배경을 제공한다. 샌디에이고에서 '글로벌 인텔리전스 컨설턴트'사를 창업한 대만 태생인 프랭크 리Frank Lee는 "중국인과의 협상에서는 첫 30분간이 바로 준비운동에 해당된다."고 말한다. 만약 미국인들이 중국인 협상자들에게 지나치게 빨리 협상에 들어가자고 조른다면, 마찰을 일으킬 수 있다.[93]

분쟁해결 선호방식에 차이가 있다: 미국의 관리자들은 이해관계 위주의 해결과정에 만족해한다.[94] 그러나 다른 문화권에서는 분쟁을 모두가 만족하는 방법으로 해결하는 것을 선호한다.[95] 한 예에서 보면, 미국의 관리자들은 집단의 이해를 논의하고 복합적인 문제들을 함께 다루는 등 이해관계 위주의 방식을 선호한다.[96] 또 다른 조사에서 보면, 미국의 관리자들은 중국계 홍콩 관리자들보다 문제를 더 많이 해결하고 합의에 더 잘 도달했다. 반면에 홍콩의 관리자들은 갈등해결에서 더 좋은 능력을 보이고,[97] 상관관계로 연결되어 있는 제3자를 선택할 가능성이 높았다.[98] 간접문화권의 사람들이 거절을 표시하는 방법의 하나는 상대에게 망신을 주는 것이다. 한 예로, 중국의 관리자는 미국의 관리자에 비해 상대를 무시하고 도덕적으로 교훈을 주려는 경향이 컸다.[99] 집단주의 문화에서 망신을 주는 것은 사회적으로 흔히 나타나는 행태이다.[100] 반면에 미국의 관리자들은 갈등에 대해 직접적인 접근법을 취한다.

 다른 문화권 간 협상의 어려운 점

다음으로는 파이 늘리기, 파이 나누기, 신성가치, 편향된 분쟁 중단, 자기만족 중심주의, 제휴 편향, 회유와 강제에 대한 잘못된 인식, 그리고 순진한 현실론naive realism으로 인한 다른 문화권 간 협상의 어려움을 고찰해보자.

파이 늘리기

같은 문화권 내에서보다 다른 문화권과 협상을 할 때 파이 늘리기는 더욱 어렵다. 5개국(일본, 홍콩, 독일, 이스라엘, 미국)을 대상으로 한 한 획기적인 연구에서 동일문화권협상과 다른 문화권과의 협상에 대한 조사를 실시했다. 일본과 미국 간의 협상은 동일문화권협상(일본-일본, 미국-미국 협상)에 비해 파이 늘리기를 더 못한 것으로 나타났다.[101] 일본과 미국 협상자들 간 동일문화권과 다른 문화권 협상에서의 공동이익을 조사한 다른 연구에서는 다른 문화권협상에 비해 동일문화권 협상에서 공동이익이 크게 낮은 것으로 밝혀졌다.[102] 주요 이유는 협상 당사자가 상대방의 우선순위나 양립 가능한 문제의 활용에 대한 이해가 부족했기 때문이다. 다른 문화권과의 협상에서는 협상자들의 스타일이 다르므로 상대방의 우선순위에 대한 이해가 부족하여 그만큼 가치를 만들어내지 못한다. 각 문화권은 다른 문화권이 자신들의 협상방식을 받아들이기 원한다. 예를 들어 북미인들은 직접대화를 바라는 반면, 간접대화 문화권에서는 상대방에게도 스스로 답을 찾아내는 시행착오적이면서 암묵적인 의사소통을 기대한다. 미국인들은 내부에서뿐 아니라 다른 문화권과 협상할 때도 정보의 직접교환을 원하며, 우회적인 영향력 행사전략을 피하려고 한다. 반면에 일본인들은 간접 의사소통을 원하므로 동일문화권협상에서는 간접영향력 행사를 시도하지만 다른 문화권과의 협상에서는 자신들의 행동을 환경에 적응시켜나간다.[103]

파이 나누기

다른 문화권과 비교해볼 때 미국인들은 자기 이익을 따지는 데 쑥스러워하지 않으며 따라서 더 높은 기대치를 가지고 있다. 이러한 기대치는 협상자가 제시하는 첫 번째 제안에서 뚜렷이 나타나며, 그 기대치는 그가 얻을 파이의 선행지표가 된다. 실제로 상대보다 높은 기대치를 가지고 있는 미국인들은 중국과 일본의 관리자들보다 더 좋은 결과에 도달하게 된다. 집단주의 문화는 자기이익 위주가 아니라는 점도 한 요인이 된다.[104]

신성가치와 금기시하는 트레이드오프가 문화에 존재한다

신성가치sacred value 또는 보호받는 가치란 집단의 근본이나 문화에 깊이 녹아 있는 신념, 관습, 가설 등을 의미한다.[105] 신성가치란 너무나 근본적이어서 논의의 대상이 되지 않는다고 생각하는 가치와 믿음이다. 신성가치는 다른 가치, 특히 경제적 가치와는 교환할 수가 없다. 사람들이 '성스러운 물건'을 사거나 팔려고 할 때, 그들은 가격을 왜곡하고, 질문에 답하길 거부하며, 도덕적 분노와 인식상의 혼란을 드러낼 가능성이 높다.[106] 그러나 그것이 그들의 경제적 이해관계와 직결될 때, 사람들은 이 금기시하는 거래에 눈을 질끈 감을 수도 있다.[107] 남부 맨해튼의 그라운드 제로(2001년 9월 11일 알카에다의 테러로 폐허가 된 세계 무역센터 자리) 인근 부지에 회교사원 건축허가를 둘러싼 반발을 고찰해보자. 종교의 자유에 대한 이야기로 그 결정을 정당화하는 마이클 불름버그Michael R. Bloomberg 시장과 뉴욕시 문화재보존위원회에 의해 건축승인이 내려지기 전에 유대인 단체인 '반비방연맹Anti-Defamaion League', 그리고 사라 폴린Sarah Palin, 뉴트 깅리치Newt Gingrich 등 공화당의 유력 정치인들을 위시한 다수의 반대자 및 반대단체들이 이전의 세계무역센터 부지에서 겨우 몇 블록 떨어진 곳에 회교사원을 짓겠다는 것에 분노하며 강도 높은 반대투쟁을 벌였다. 반대자들은 종교적, 애국적 상징성으로 자신들의 감정적 주장을 가리고는 회교사원들이 폭파범들을 양성하고 있다고 주장했다.[108]

신성가치를 연구하기 위해 베이런J. Baron과 스프랜카M. Spranca는 사람들이 도덕이나 윤리적 근거로 반대할 수도 있는 행동 목록을 만들었다.[109] 참여자들은 만약 그들이 그 행동을 지지하고, 그 행동이 수행되는 것을 보기 위해 많은 돈을 지불할 의향이 있으면 "예"라고 답을 하고, 만약 지지하지 않으면 "아니오" 또는 "모르겠다"로 답을 한다. 일부 행동은 다음과 같다.

- 인간 활동에 의한 처녀림 파괴로 많은 식물과 동물들이 멸종하게 된다.
- 정상적인 아이에게 안전한 마약을 복용시켜 아이큐를 증진시킨다.
- 사람을 더 똑똑하게 만들기 위해 유전공학을 활용한다.
- 임신 초기에 정상적인 태아의 유산을 시도한다.
- 임신 중반기에 정상적인 태아의 유산을 시도한다.

- 돌고래 낚시를 고통스러운 방법으로 한다.
- 인구조절을 위해 여성들에게 유산을 강요한다.
- 정치적 견해를 비폭력적으로 표시했는데도 감옥에 보낸다.
- 높은 가격으로 신장이나 눈 등의 장기를 파는 것을 허용한다.
- 돈이 없다는 이유로 신장을 이식시킬 필요가 있는 사람의 수술을 거절한다.
- 의사가 불치병 환자의 자살을 돕는 것을 허용한다.
- 딸이 시집갈 때 돈을 받고 팔아넘긴다(예, 가장 높은 금액을 써낸 사람에게 딸을 시집보낸다).
- 정치적 견해를 비폭력적으로 표시한 사람을 처벌한다.

바꿀 수도, 바뀔 수도 있는 세속가치와 반대되는 개념이 신성가치이다. 예외가 있기는 하지만, 문화권마다 신성가치가 존재한다. 한 문화권이 신성시하는 가치를 다른 문화권에서는 그렇게 여기지 않을 때 심각한 갈등이 일어날 수 있다. 상대방의 신성가치와 트레이드오프를 하자는 것은 금기이다.[110]

트레이드오프 법칙은 대체가능성 문제를 포함하여 희소자원 갈등을 다루는 데 이상적이다. 합리성법칙(부록 1 참조)에서 사람들은 그들의 성과를 극대화하는 방법으로 자원들을 비교하고 거래할 수 있다. 합리적인 협상이론에서는 모든 것은 비교가 가능하며, 가격을 가지고 있다고 전제한다(부록 1 참조). 그러나 어떤 갈등상황에서는 이러한 생각이 불가능하다.[111] 가격을 매기는 것을 싫어함은 물론, 그것을 교환한다는 생각조차 하지 않는 경우가 있다. 와인, 집 또는 정원사의 서비스에 금전적 가치를 매기는 것이 쉬운 일은 아니지만, 그렇더라도 거래를 제안한 사람의 도덕성은 문제시되지 않는다. 하지만 인간의 목숨, 가족의 의무, 국민으로서의 영예 또는 신체에 금전적 가치를 부여하는 것은 사회적 정체성과 지위에 손상을 준다.[112] 댐 건설 때문에 인디언 원주민들을 대대로 살아온 땅으로부터 이주시키는 과정에서,

한 야바파이 원주민 소년은 "그 땅은 우리 어머니다. 당신은 당신의 어머니를 사고파느냐?"라고 말한 바 있다.[113]

신체의 장기와 같은 신성가치를 돈, 시간, 또는 편리함과 같은 세속가치와 바꾸는 것도 금기시된다. 어느 나라나 오래전부터 내려오는 신성가치가 있는데, 이해관계가 중요한 협상이라 해도 이를 교환하는 것은 받아들이기 쉽지 않다. 신성한 문제들이 협상에 부정적인 영향을 미치는 정도는 당사자들의 BATNA에 따라 달라진다.[114] 당사자들이 강력한 BATNA를 가지고 있을 때, 신성한 문제들은 난국을 조성하고 공동성과를 축소시키고 부정적인 인식을 갖게 한다. 그러나 협상자들이 매력적인 BATNA를 갖고 있지 않을 때, 그들은 원칙을 지킬 수 없게 된다. 이스라엘-팔레스타인 분쟁에 대한 한 연구에 따르면, 양쪽 협상자들은 자기들의 위상획득에 집중할 때 보다는, 원칙을 고수하고 분쟁을 계속하면서 내재하는 '손실'에 집중할 때, 기꺼이 분쟁해결 가능성에 대한 새로운 정보를 획득하고, 현재의 위상을 재평가하고, 그리고 타협을 지지했다.[115]

신성한가 세속적인가에 관한 절대적인 기준은 없으며, 문화권에 따라 다르게 정의된다.[116] 사회문화적 규범은 어떠한 입장이 신성한 가치인가에 하는 점에 영향을 준다. 지금은 흡연이 일반적으로 금지되지만, 얼마 전까지만 해도 용인되는 행동이었다. 어떠한 문제의 신성함 여부는 갈등을 정의할 때 사용하는 호칭과 이름에 영향을 받는다. 예를 들어 이란 정부는 미국해군의 공식 온라인 지침서가 '페르시아 만'을 '아라비아 만'이라고 지칭할 때 공격적인 자세를 취했다. 이란 옹호 단체들, 이란 정부, 그리고 페이스북 항의자들로부터 쏟아져 나온 분노가 이미 조성되어 있는 두 나라 사이의 긴장관계를 더욱 고조시켰다. "이것은 민족적 분열을 초래하는 용어이다. ……분쟁을 촉진시키는 용어다"라고 워싱턴 소재 '이란 미국위원회' 정책실장인 자말 아브디Jamal Abdi는 말했다. '페르시아 만'이라는 이름은 1960년대에 일부 아랍 국가들이 그것을 '아라비아 만'이라고 부르기 시작한 이후 수십 년 동안이란인에게는 문화적 자존심이 걸린 문제가 되어왔다. 물론 그곳은 수세기 동안 '페르시아 만'으로 불러왔으며, 지금도 계속 그렇게 부르고 있다. 이전에 페르시아로 불리던 지역을 대표하는 이란 정부는 '아라비아 만'이라는 별칭을 사용하는 국가에겐 어김없이 잔소리를 해댔다.[117]

신성이라는 용어는 타협할 수 없다고 생각되는 문제에 대한 선호를 설명하는 용어이다. 신성한 문제라고 말하는 것은 마음에서 느끼는 가치의 반영이라기보다 협상전략이 될지도 모른다. 그것은 취소할 수 없는 약속이라고 주장하는 전략과 유사하다.[118] 실제로는 신성하지 않지만 그와 같이 보이는 문제들을 의사신성가치|擬似神性價値, pseudosacred라고 한다.[119]

갈등의 원인을 편파적으로 주장한다

상호교류에서 자기위주로 상대방을 깎아내릴 때 발생하게 되는 현상의 하나가 갈등원인편파주장biased punctuation of conflict 현상이다.[120] A와 B는 오랫동안 갈등관계에 있었는데, 이들의 관계는 B가 먼저 적대적인 행동을 하면 A는 합법적인 보복행동을 하는 B-A, B-A, B-A 방식의 반복이었다. 그러나 B가 이것을 거꾸로 공격자와 방어자를 바꿔 A-B, A-B, A-B 방식이라고 주장하고 나섰다. 이렇게 갈등을 편파적으로 주장하는 것은 전쟁의 원인이 되기도 한다. 아랍과 이스라엘 간의 오랜 갈등의 역사를 생각해보자. 두 나라는 오랜 역사에서 자국에 유리한 사건만을 선택하여 주장함으로써 그 땅에 대한 자국의 권리를 정당화하며 상대방을 침략자라고 규정한다.

협상은 한쪽의 행동이 상대방에게 영향을 주는 인과관계의 흐름이다.[121] 외부에서 보면 그들의 교류는 끊임없이 지속되는 것으로 보인다. 그러나 갈등에 직접 관련된 당사자는 그렇게 생각하지 않는다. 그들은 자신들의 교류야말로 인과관계가 각각 독자적이라고 여긴다.[122] 이러한 사고를 인과관계독립causal chunking 또는 인과관계구분causal punctuation이라고 부른다.[123] 인과관계구분은 상대방에 대한 인상뿐 아니라 영향력에도 영향을 미친다. 구분방식에는 두 종류가 있는데, 하나는 자신이 원인이 되는 것이고 다른 하나는 상대방이 원인이 되는 것이다. 사람들은 공세적인 상황에서는 자신이 원인이라고 여기며(예: 내 행동이 다른 사람 행동의 원인이 된다), 수세적인 상황에서는 상대방이 원인이라고 여긴다. 일련의 갈등관계를 끝낼 방법에 합의하지 못하면 상이한 문화권에 분쟁이 발생한다.

자민족중심주의

자기중심주의가 자신에 대한 맹목적인 믿음을 의미한다면, 자민족중심주의ethnocentrism는 자기집단에 대한 맹목적인 믿음을 말한다.[124] 자기집단에는 강한 집착을 보이지만 타 집단은 부정적으로 보는 민족중심주의 때문에 두 집단이 똑같은 행태를 보이더라도 자기문화는 좋게 보고 남의 문화는 나쁘게 보는 편향을 가지게 된다. 즉 같은 행태에 대해서 해석을 달리하는 것이다. "우리는 충성스러운데 저들은 파당적이다. 우리는 용감하며 우리 권리를 기꺼이 보호하려고 하는데, 저들은 적대적이고 건방지다"고 생각한다.

사람들은 자기집단의 구성원들을 잘 모르고 교류가 없더라도 자기집단에게는 호의를 보인다.[125] 하지만 집단 간 갈등과 편향이 항상 부족한 자원 때문에 일어나는 것은 아니다. 집단 간 갈등 중 많은 경우는 문화가치에 대한 근본적 차이에서 발생한다.

자기집단편향의 좋지 않은 부산물의 예로, 다른 문화권의 사람들은 서로 비슷하다고 오해하는 경향을 들 수 있다. 따라서 "그들은 모두 똑같아 보인다"는 경멸적인 표현은 인종 내부에 대한 오류, 그리고 문화 내부에 대한 오류가 인종 간 또는 문화 간 오류보다 더 널리 퍼져 있다는 의미다. 다른 문화권의 사람들을 개인이 아니라 집단의 일부분으로 인식하기 때문이다.

고정관념은 자민족중심주의에서도 나타난다. 여러 문화집단들이 고정관념을 갖는 것은 흔한 일이지만, 그것은 대체로 실제에 기초하지 않고 있다. 문제는 사람들이 고정관념을 마치 사실인 것처럼 행동한다면, 이는 스스로 만들어놓은 이미지에 맞추어 행동하는 것일 뿐이라는 점이다. 예를 들어 미국인들은 일본인들에 대해 협상에서도 얼굴 표정이 변하지 않는 '포커페이스'라고 생각한다. 그러나 협상이 진행 중일 때 양측의 얼굴 표정을 찍은 결과를 보면, 미국인과 일본인 사이에 미소나 찡그림과 같은 표정의 빈도수에는 차이가 없었다. 이것은 무엇을 의미하는가? 미국인들은 일본인들의 표정을 제대로 읽을 수 없기 때문에 그저 일본인들은 무표정하다는 식으로 잘못 알고 있는 것이다.[126]

자신과 친한 쪽에 더 호의적이다

친화편향親和偏向, affiliation bias은 타인의 행동을 그 자체가 아니라 자신과 얼마나 가까운가에 기초하여 평가하는 것을 말한다. 예를 들어 미식축구 경기를 볼 때 팬들은 상대 팀이 반칙을 더 많이 한다고 여긴다.[127] 긴장관계에 있는 나라와의 국경 근처에 로켓 기지를 건설하거나, 새로운 공격무기를 실험하고, 또 강대국과의 무역관계를 구축하는 일에 대해 생각해보자. 냉전기간에 미국인들은 소련이 이러한 행동들을 했을 때에 비해 미국이 했을 때 더 호의적이었다.[128] 똑같은 행동이라도 그 행동을 누가 했느냐에 따라 사람들은 냉소적으로 보기도 하고 호의적으로 보기도 한다.

나에게는 회유가, 상대에게는 강압이 효과적이라고 오해한다

제2차 세계대전 당시 미국의 저널리스트인 에드워드 머로 Edward R. Murrow는 런던에서 밤마다 나치가 영국도시를 폭격한 것에 대해 영국인들이 받는 심리적·물질적 결과에 대해 보도했다.[129] 독일에 저항하려는 영국의 의지를 꺾으려는 나치의 의도와는 달리 폭격은 오히려 저항의지를 강화시켰다. 미국은 제2차 세계대전에 참전하자마자 영국의 독일 공습에 가담했다. 독일국민의 저항의지를 꺾는 것이 그 목적의 일부였지만, 전략정보국the Office of Strategic Services: OSS이 나중에 조사한 바에 의하면 심한 폭격을 받았던 지역과 그렇지 않았던 지역 주민들의 저항의지에는 별 차이가 없었다.

진주만이나 남아프리카공화국, 북베트남 등의 분쟁지역에서도 동일한 심리적 경향이 나타났다. 이러한 예들은 적에게 자극을 주기 위해서는 무엇이 효과적이며 자국과 동맹국에 동기를 부여하기 위해서는 무엇이 효과적인지에 대한 인식에서 나라마다 큰 차이가 있다는 사실을 보여준다. 적에게는 강압이 더 효과적이고, 자신들에게는 회유가 더 효과적이라고 여긴다. 이러한 인식이 공격적 행동을 더 부추기게 된다는 사실은 유감스러운 일이다.

왜 이러한 행동이 일어나는가에 대해서는 세 가지 이유로 설명할 수 있다.[130] 첫째로, 징벌 전략을 선호하는 것은 상대의 행동을 원하는 방향으로 이끌기 위해서뿐 아니라, 상대에게 물리적 고통을 주고 괴롭히려는 욕망이 있기 때문이다. 적에게 징벌을 가하는 것을 선호하는 이유는 적에게 상처를 입히는 것과 적의 행동을 고쳐보고자 하는 희망은 결코 양립될 수 없다는 생각에 기초한다. 둘째로, 사람들은 거칠게 보이는 것이 자신들의 의도를 더 잘 전달하여 바람직한 결과를 가져온다는 생각을 하므로 적에게 더 강압적인 전략을 사용한다. 끝으로, 철저히 배타적인 사회적 구분(그들, 우리 등)을 하는 것만으로도 관련 집단들의 구성원에 대해 상이한 인식을 갖게 한다. 즉 타 집단 구성원에 비해 자기집단 구성원에게 더 우호적인 태도를 보이게 된다.[131] 다른 문화권 간의 논쟁에서는 고정관념 때문에 사회적 구분현상이 특히 강하게 나타난다.

보이는 것을 그대로 인정한다: 순진한 현실론

미국의 고등학교 학생들을 위한 권장독서목록을 놓고 영어 교사들 사이에 격렬한 토론이 벌어진 적이 있었다. 고전을 선호하는 전통주의자와 민족·인종·성별에 따라 다양한 독서목록이 바람직하다고 믿는 수정주의자 간의 대토론이었다. 전통주의자와 수정주의자는 자신들과 상대방이 각각 무엇을 선호하는지에 대해 이야기했다.[132] 각 당사자들은 상대와의 견해차이를 확대, 과장했다. 전통주의자들은 수정주의자들을 실제보다 더 극단적이라고 보았으며, 수정주의자들은 전통주의자들을 실제보다 더 보수적이라고 여겼다. 그러나 두 집단이 선정한 독서목록 15권 중에 7권이 서로 일치했다. 그럼에도 양측은 서로의 신념의 차이를 과장함으로써 갈등을 심화시켰다. 상대방의 견해는 획일적이라고 보고, 자신의 견해는 다양하고 융통성이 있다고 여겼다.[133] 이러한 잘못된 인식은 "저들은 똑같아!"라는 믿음을 만들게 된다. 파벌주의가 상대방을 실제보다 더 극단적이고 융통성이 없다고 여기게 만들어 불필요한 이념적 갈등을 가져온다.

상대방 행동의 원인으로 상황적인 요소를 과소평가하고 기질 탓으로 돌리는 경향을 **근본귀인오류**根本歸因誤謬, fundamental attribution error라고 한다.[134] 환경에 대한 많은 논쟁들은 경제개발에 관심이 있는 집단과 생태계 보존을 주장하는 집단 간에 이루어진다. 사람들은 부정적인 갈등의 원인을 상대방의 기질 탓으로 돌리는 근본귀인오류를 범한다. 개발론자들은 환경론자들을 정신병자라고 비난하고, 환경론자들은 개발론자를 음흉하고 욕심이 많다고 비난한다.

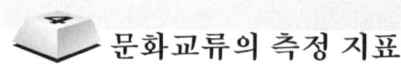 문화교류의 측정 지표

당신이 근무하는 제약회사는 국제적 기반의 구축을 원한다. 당신은 여러 나라에서 그 일을 수행할 관리자들을 선정하는 일을 하고 있다. 좋은 사람을 선정한다면 70%에 달하는 실패율을 피할 수 있다.[135] 해외기반 구축에 드는 비용으로는 책임자의 봉급, 가족 이동 비용, 해외사무실 개설 비용, 판매 감소, 현장적응 실패, 그리고 인간관계의 손실 등이 포함되어야 한다. 그러나 기존의 인물 평가 척도로는 해외사업의 적임자를 뽑기에 충분하지 못하다. 아래의 요소들은 이러한 고민에 도움을 줄 것이다.[136]

- 관념적인 복합성: 관념적으로 복합적인 사람(흑백 관념이 아니고 회색의 관념으로 생각하는)은 다른 사람과의 사회적 거리가 멀지 않은 것으로 나타난다.[137]
- 폭넓은 분류: 폭넓은 분류를 사용하는 사람은 폭이 좁은 분류자보다 새로운 환경에 잘 적응한다.[138]
- 공감
- 사회성
- 고정관념의 비판적 수용
- 다양한 견해의 포용
- 주재국 문화에 대한 관심
- 업무방침
- 문화적 융통성(자신의 문화가치에 기초한 행동을 주재국 문화에 기초한 행동으로 대체할 수 있는 능력)
- 사회적 태도(새로운 문화 간의 관계를 만들 수 있는 능력)
- 의사소통 자세(예: 실수를 두려워하지 않고 주재국 언어를 사용)
- 인내(판단 유보)
- 문화 간의 감수성

- 사람들 간의 차이에 대한 포용력
- 유머 감각
- 협력을 통한 갈등해결 능력

 **다른 문화권 간 협상에 대한 조언**

국제협상은 개인의 행동양태에 따라 그 성격이 특징지어지고, 깊게 뿌리박힌 사회적·제도적 차이가 드러난다.139 협상자들은 자신이 속한 사회의 제도적 정당성을 주장하는 대신에 인간관계에 초점을 맞춰야 한다. 실제로, 협상 1주일 전에 측정된 협상자들의 문화지능CQ은 그들이 다른 유형의 지능을 제어하면서 얼마만큼 통합적인 행동에 참여하고, 다른 문화권 간의 협상에서 공동의 이익을 극대화할지를 예측해준다.140 더욱이 통합적 협상으로 이끄는 자질은 문화지능에서 높은 점수를 받은 협상자보다 낮은 점수의 협상자에게 더 풍부하다. 이는 서로 대립하는 양쪽 협상 당사자들이 높은 문화지능을 가졌을 것이란 점을 시사한다. QCE 또는 소통경험의 질QCE: Quality of Communication Experience은 같은 문화권 간 소통과 다른 문화권 간 소통의 특징과 질을 측정한 것이다.141 실제로 QCE는 같은 문화권 간 협상보다 다른 문화권 간의 협상에서 더 낮다. 중요한 것은 QCE가 높을수록 협상결과가 더 좋아진다는 점이다. 지금부터 다른 문화권과의 협상의 효율성을 제고할 수 있는 전략을 검토하고자 한다.142

오해를 부르는 전략 차이가 문화권 간에 있을 수 있음을 예상하라

다양한 문화권 간의 협상자들은 세 가지 차원(개인주의-집단주의, 계급제-평등주의, 직접대화-간접대화)에서 협상행태에 차이를 보인다. 이러한 차이를 예상할 수 있는 협상자는 다른 문화권과의 협상에서 파이 늘리기와 파이 나누기에 유리하다. 문화적 차이를 이해하는 사람은 상대와의 차이를 상대방의 탓으로 돌리지 않고 문화가 다르기 때문에 나타나는 자연스러운 결과로 본다.

문화적 차이가 오히려 파이 늘리기에 도움이 된다

우리는 제4장(통합적 협상)과 제8장(협상에서의 창의성)에서 파이를 늘리고 공동이익을 창출하는 수단이 되는 것은 상호 유사성이 아니라 차이점이라는 사실을 언급한 바 있다. 차이의 정도는 동일문화권 구성원 간에서보다 상이한 문화권 구성원 간에서 더 클 것이다. 이 말은 다른 문화권과의 협상에서 통합적 합의를 통한 윈 - 윈 가능성이 더 크다는 것을 의미한다. 문화적으로 깨어 있는 협상자는 믿음, 가치, 리스크, 기대치, 그리고 능력에서 차이점들을 찾아내어 트레이드오프함으로써 공동이익을 추구할 수 있다.

무엇이 협상의 힘인지에 대해 상대방은 당신과 견해가 다를 수 있다

계급주의 문화권 사람들과 협상할 때는 협상과 아무런 관련이 없더라도 기업과 제품에 관한 정보를 발표할 준비를 하는 게 좋다. 평등주의 문화의 협상자는 계급주의 문화의 협상자가 한 발표에 필적하는 발표를 하지 못하면 약하게 보일 위험이 있다. 같은 논리로, 계급주의 문화의 협상자는 자신의 문화에서는 그렇지 않지만 평등주의 문화에서는 힘에 입각한 설득은 좋지 않다는 점을 이해해야 한다. 게다가 평등주의 문화에서는 상대방을 힘에 의해 설득한 경우에는 곧바로 자신에게 같은 일이 벌어지기 때문에 나중에는 파국이 초래된다.[143] 문화적인 스타일에 이해가 부족하여 곤욕을 치른 미국인 기업가의 예를 살펴보자. 그 미국 회사는 오랜 협상 끝에 일본 기업과 큰 계약을 맺게 되었다. 서명식에서 일본 측 책임자가 계약서를 세심하게 읽고 있었다. 미국인은 겁이 나서 품목당 100달러를 깎아주겠다는 제안을 했다. 미국인이 몰랐던 것은, 일본인 사장은 별 의미 없이 그저 권위를 과시하고 있었다는 점이다.[144]

원인을 엉뚱한 데로 돌리는 실수를 범하지 말라

귀인오류attribution errors는 상대방의 행동이나 사건발생 원인을 엉뚱한 데로 돌리는 것을 말한다. 예를 들어 사람들은 남들의 행동을 그들의 기본적인 성격 탓으로 설명한다(예: 미소는 좋은 성품의 표시로 여겨지고, 얼굴을 찡그리면 성질이 나쁜 것으로 간주한다).[145] 그러나 사람의 행동은 성격보다는 상황에 좌우되는 경우도 자주 있다.

상대방 문화에 존경을 표하는 방법을 찾으라

다른 문화권과의 협상에서 준비할 중요한 일의 하나는 다른 문화를 존경하는 방법을 찾아보는 것이다. 다른 문화도 자신의 문화와 같은 관습을 가지고 있으며, 상대방의 관습을 모른다 해도 이해가 될 것이라고 여기면 큰 착각이다. 예를 들어 1992년 월트디즈니는 파리의 유로디즈니 테마파크에 50억 달러를 투자했다. 그들은 디즈니 복장과 미국식 차림새로 통일된 인력들을 투입했다. 공원에서는 음주를 금지했고 회의는 영어로 진행되었다. 프랑스인들은 이러한 규정과 제약을 불필요한 문화적 강요로 인식했다. 그들은 모욕을 주거나 훈련 중에 퇴장하기도 하고, 소송을 제기하는 등의 방법으로 보복했다. 프랑스 언론들도 반反디즈니 캠페인을 시작했고, 철도근로자들은 파리-디즈니랜드 노선에서 몇 달 동안 주기적으로 파업을 했다. 연간 이직률은 25%를 넘어섰고 인건비가 40%나 상승했다. 디즈니는 큰 대가를

〈보기 10-8〉 문화적 시각 실험[148]

샴 카마스Shyam Kamath 교수와 마틴 디마라스Martin Desmaras 교수는 미국과 브라질 관리자 간의 모의협상을 준비했다. 상이한 문화권의 최고위 결정권자들은 대부분 상대에 대한 준비가 되어 있지 않다. 그러나 이 상황에서 관리자들은 다르다. 각 당사자들은 상대방 문화를 주의 깊게 연구하고 자신의 협상 스타일을 거기에 적응시키고자 했다. 협상이 시작되자 브라질 관리자는 곧바로 요점에 들어가려고 하는 반면, 미국인은 논의에 들어가기 전에 인간관계를 유지하려고 하는 이상한 상황이 발생했다. 미국인은 "놀란 것은 그들이 바로 업무에 들어가기를 원했다는 점이다. 처음부터 본론에 들어가는 것은 우리가 더 잘하는데, 그들이 바로 가격을 제시하는 것이었다"고 말했다. 브라질 사람은 "미국인은 처음에 좀 시간을 갖기를 원했다. 우리가 오히려 미국인처럼 행동했다"라고 말했다. 헤르츠Hertz Corp.사의 사업개발관리자인 킴 스미스Kim Smith는 "그들이 미국인처럼 행동하고 우리가 브라질인처럼 행동한다면 아무것도 이룰 수 없을 것이라는 걱정이 들기 시작했다"고 말했다.

치르고 나서 규정을 바꾸었다.[146]

다른 문화권과의 협상에서 상호보완적인 방식은 실패할 수도 있는데, 이는 협상자들이 그들 자신의 문화적 가정과 양식에 고정시키려 하기 때문이 아니라, 상대방의 문화적 가정과 양식에 꼭 맞추려고 하기 때문이다. 이런 현상을 도식적인 과잉보상schematic overcompensation이라 부른다.[147] 100명의 노련한 일본인 협상자들과 미국인 협상자들에 대한 한 연구에서, 아홉 가지 요소 중 여섯 개에서 의견충돌이 있었다. 예컨대 당사자들은 상대편과의 협상에 대해 아주 다른 예상을 하고 있었다(〈보기 10-8〉 참조).

다른 문화권에선 시간이 어떻게 인식되고 있는지 알아야한다

시간에 대한 인식은 문화권에 따라 매우 다르다.[149] 중국정부와 필립 모리스Philip Morris International 간의 긴 협상 사례를 살펴보자. 3년 이상을 끈 협상 후에 중국정부는 필립 모리스와의 합작생산으로 해외시장에서 판매되는 담배

100여 가지 중 세 가지를 중국시장에서 판매하기로 결정했다. 필립 모리스 최고경영자인 앙드레 칼란초풀로스Andre Calantzopoulos에 따르면, 중국과의 협상이 지연된 일부 이유는 문화적 차이 때문이었다. 그는 "중국 기준으로 '빠른 시간 내'는 몇 십 년을 말하는 것이고, 미국 회사들의 그것은 다음 분기를 말하는 것"이라고 말했다.[150]

국제적인 협상에서 협력적이거나 경쟁적인 행동은 관계설정, 문제점 확인, 해결책 도출, 합의 도달의 네 단계를 거치며 성쇠를 거듭한다.[151] 이쯤에서 양쪽의 문화적 차이가 확연히 드러난다. 아마도 가장 두드러진 현상은 3단계와 4단계에서 직접 문화를 이용하여 더 합리적인 논의를 하는 점일 것이다. 어느 때든 문화적 차이가 드러나 서구 측 협상자들이 논의하고(즉. 불편해진 관계를 복원하려는 그들의 생각을 상의하고) 싶어 하는 방향으로 진전되겠지만, 문화적으로 다른 배경을 가진 사람들이 그 상의의 의미를 공유하지 못할 수도 있다.[152]

변화에 대응하기 위한 대안을 미리 준비해야 한다

국제 비즈니스에서 성공하기 위해서는 비즈니스 능력뿐 아니라 국제업무 능력도 필요하다.[153] 하지만 문화 차이가 당신의 가치 및 규범과 갈등을 일으킬 수 있다. 예를 들어 '기업 여성 관리자 인터내셔널Corporate Woman Directors International'의 2010년 보고서는 성별을 엄격히 구분하는 이슬람법이 시행중인 사우디아라비아에서는 회사 임원들의 단지 1%만이 여성들이라고 지적하고 있다. 사우디아라비아에서 사업을 하는 미국인 여성 관리자들은 소매가 팔꿈치까지 내려오는 긴 구식 드레스를 입어야 하고, 항상 그들의 미국인 남성 상대자들이 있는 곳에서 사업을 해야 한다는 요청을 받고 있지만, 그들은 대체로 동료들과 공적 장소에 마음대로 모습을 드러내지 못하고 있다. 2008년에 사우디 수도인 리야드의 금융회사에서 일하는 한 미국인 여성은 스타벅

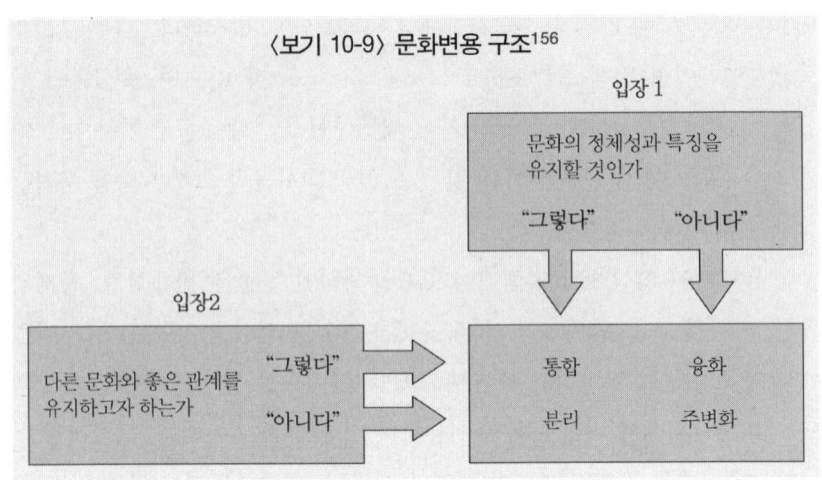

스에서 한 남성 동료와 자리를 함께 했다가 체포되었다.[154]

베리J. W. Berry는 서로 다른 두 문화권이 상대 문화에 대해 취할 수 있는 입장으로 네 가지를 들고 있다(〈보기 10-9〉 참조).[155] 첫 번째 입장은 문화의 정체성과 특징을 유지할 것인가이며, 두 번째는 다른 문화와 좋은 관계를 유지하고자 하는가이다.

- 통합integration은 자신의 문화를 유지하면서 동시에 다른 문화와도 접촉하는 것이다.
- 융화assimilation는 자기문화를 유지하지 않고 타문화와 접촉하는 것이다.
- 분리separation는 자기문화를 유지하며, 상대 문화와 접촉을 하지 않는 경우이다.
- 주변화marginalization는 자기문화를 유지하지도 않고 상대 문화와 접촉도 하지 않는 것이다. 가장 바람직하지 않은 경우이다.[157]

때때로, 변화를 수용할 것인지의 여부는 일련의 기술이 있는지 여부에 따라 결정되기도 한다. 대부분의 미국인은 다른 문화권에 비해 영어 하나만 사용한다. 그리고 다른 문화권에서는 미국인이 하나의 언어만 사용한다는 점을 알고 이에 대응한다. 미국인과 멕시코인의 교류에 관한 조사에 의하면, 멕시코인은 자기들끼리는 자국어를 사용하다가 미국인과 얘기할 때는 바로 영어로 바꾸지만 미국인이 언어를 바꾸는 일은 거의 없었다.158

 결론

모든 기업이 세계화를 추구하므로, 비즈니스에 성공하기 위해서는 다른 문화권과의 협상을 피할 수 없다. 하지만 유감스럽게도 다른 문화권과의 협상은 동일문화권 협상에 비해 파이 늘리기에서 비효율적인 경우가 많다. 문제의 일부는 문화 차이에 대한 인식결여이다. 이 장에서는 브레트Brett의 이론을 빌려 문화의 차이를 개인주의-집단주의, 평등주의-계급제, 직접 대화 간접 대화의 세 차원에서 살펴보았다.159 다른 문화권과의 협상에서 어려운 점은 파이 늘리기, 파이 나누기, 신성가치와 금기시되는 트레이드오프, 갈등원인편파주장, 자민족중심주의, 친화편향, 회유와 강압에 대한 잘못된 생각, 그리고 순진한 현실론 등이다. 협상자들은 서로 간의 가치 차이를 이해하고 문화 차이를 분석함으로써 파이를 늘리고, 핵심에 대한 서로의 생각을 이해하고, 귀인오류를 피하고, 타문화를 존중해야 하며, 또한 통합, 융화, 분리, 주변화와 같은 변화를 위한 여러 대안을 검토해야 한다.

제11장
묵시적 협상과 사회적 딜레마

1997년에 최초로 조인된 유엔 교토의정서는 선진국들이 2012년까지 온실가스 배출을 평균 5%(1990년 수준과 비교하여) 감축하도록 요구했다. 선진국들은 처음에는 협조적이었다. 그러나 두 번째 의무 이행기간이 가까워지자, 일본이 앞으로 7년 동안 온실가스 감축 목표치를 선언하지 않을 것이라며 협정에서 탈퇴하겠다고 위협했다. 온실가스 감축대상국에서 제외될 것으로 보이는 개발도상국들은 교토의정서가 세계 시민들을 위한 협상이 아니었다고 말했다. 예를 들어 브라질은 그들의 삼림을 보호하기 위해 앞으로 10년 동안 이산화탄소 배출량을 36%로 감축하겠다고 약속했지만, 브라질 의회의원들은 그런 목표를 달성하기 위한 법률을 아직도 통과시키지 않고 있다. 교토의정서를 회피하려고 안간힘을 쓰던 캐나다는 일본의 저항을 핑계 대며 그들 자신의 감축목표를 선언하지 않고 있다. 미국은 2013년부터 2020년까지 선진국에서 개발도상국에 지원할 300억 달러의 자금 조성을 반대했다. 1997년 협정의 첫 단계는 단지 선진국들에게 온실가스 배출을 줄이도록 요구하는 것이었다. 하지만 협정의 첫 단계가 2012년에 끝나기 때문에 개발도상국들은 선진국들에게 두 번째 단계를 위한 새로운 감축목표를 제시하라고 요구했다. 선진국들은 미국이 교토의정서에서 탈퇴했으며, 중국과 같은 강력한 개발도상국들이 감축대상국에서 제외된 점을 이유로 이 요구를 묵살했다. 미국은 중국, 인도 및 기타 신흥 공업국들을 온실가스감축 협정의 법적 동배로 취급하지 않는 협정엔 참여하지 않을 것이라고 딱 잘라 말했다.

한편 이들 신흥 공업국들은 미국이 이산화탄소 감축계획을 세우지 않는 한 어떤 법적 감축계획 협정에도 참여하지 않을 것이라는 태도를 보였다.[1]

지금까지 우리는 구속력이 있는 상호 합의, 즉 **명시적 협상**explicit negotiations에 대해 살펴보았다. 그러나 조직 안팎에서의 많은 협상들은 교토의정서의 경우처럼 계약이나 명시적인 합의가 없이 이루어진다. 이것을 **묵시적 협상**tacit negotiations이라고 부른다.[2] 묵시적 협상에서 협상자들은 결과적으로는 상호 의존적이지만, 결정은 독자적으로 내린다. 협상자들의 성과는 그들 자신이 취하는 행동과 다른 협상자들이 취하는 행동에 의해 결정된다. 사람들은 협력하기도 하고(예, 배출가스 감축에 동의하는 것), 경쟁적으로 행동하기도 한다(예, 배출가스 감축을 거부하는 것).

유명한 수학자 존 내시John Nash는 협력과 경쟁이라는 두 협상상황의 차이점을 구체화했다. 그는 협상을 '협력 게임cooperative games'과 '비협력 게임noncooperative games'의 두 축으로 구분하여 설명했다.[3] 협력이라는 용어와 비협력이라는 용어를 사용했지만, 내시는 관련 당사자들의 동기나 행태는 언급하지 않았으며 어떻게 이러한 상황이 만들어졌는지에 관해서만 분석했다(〈보기 11-1〉 참조).

협상에서 우리의 성과는 상대방의 행동에 따라 달라진다. 입찰 전쟁이나 네거티브 캠페인과 같이 자신의 이익은 극대화할 수 있지만 사회 전체적으로는 바람직하지 않은 상황을 **사회적 딜레마**social dilemma라고 부른다. 이번 장에서는 사회적 딜레마를 두 사람이 관련된 딜레마와 여러 사람이 관련된 딜레마로 나누어 다룬다. 여기서 전자를 특히 **죄수의 딜레마**prisoner's dilemma라고 부른다. 딜레마라고 부르는 이유는 가능한 선택이 위험을 수반하기 때문이다. 어떤 선택은 착취의 위험이 따르고, 또 어떤 선택은 다른 사람에게 반감을 사게 된다. 지금부터 딜레마를 어떻게 효과적으로 처리할 것인지 살펴보자.

〈보기 11-1〉 협상상황의 두 형태[4]

협력 협상	비협력 협상
• 계약이 명시적이다 • 상호 이해(합의 이전에 무엇을 얻을 수 있는지를 안다) • 사람들은 제안과 대응을 통해 협상하고 그들의 제안을 설명하며 합리화할 수 있는 단어를 사용할 수 있다 • 사람들은 자발적으로 협상 테이블에 나온다	• 계약이 묵시적이다 • 다른 사람이 무엇을 할지를 잘 모른다 • 사람들은 그들의 행동을 통해 협상한다 (그들이 무엇을 할 것이라는 약속보다는) • 원하지 않으면서 협상에 끌려 들어간다

 사회적 딜레마로서의 기업 활동

사업상의 경쟁자들은 일상적으로 사회적 딜레마에 직면한다. 통신 회사 같은 일부 기업들은 특히 사악한 경쟁을 하고 있다. 중국에서 있었던 한 고약한 기업경쟁 사례를 살펴보자. 거대 소프트웨어 기업인 텐센트Tencent가 라이벌 기업인 '치후Qihoo 360'이 만든 항바이러스 소프트웨어 '360 세이프Safe'를 장착한 컴퓨터상의 메시지 서비스 '추추QQ'를 폐쇄했다. 이들 두 회사 사이의 싸움은 몇 달 전 치후 360이 텐센트의 추추 소프트웨어가 사용자들의 정보를 누출하고 있다고 비난하며 자신들이 그런 누출을 방지할 서비스를 하겠다고 제의하면서 시작되었다. 텐센트는 치후를 명예훼손에다 악덕 기업행위를 했다며 정식으로 고발했다. 중국 인터넷 사용자들의 78% 이상은 이들 두 회사가 고객들의 필요를 보살피는 일을 포기했다고 느낀 것으로 나타났다. 결국 이 라이벌 회사들은 서로가 필요하다는 것을 깨닫고 메시지 서비스를 재개함으로써 동맹관계가 구축됐다.[5]

이와는 대조적으로 일부 다른 기업들은 그들의 경쟁목표를 제휴할 수 있는 협력 포인트를 찾으려고 했다. 예를 들어 2010년에 애플과 버리이즌 와

이어리스Verizon Wireless는 서로 협력하여 버라이즌 네트워크에 사용할 수 있는 아이폰iPhone을 만들기로 했다. 3년 동안 아이폰은 AT&T 네트워크에서만 사용이 가능했다. 이들의 제휴는 더 인기 있는 구글의 안드로이드Android 소프트웨어 시장을 잠식하기 위한 직접적인 시도였다. 2010년 말 미국시장에서 스마트폰이 32%의 점유율을 차지하고 있었던 데 비해 아이폰 소프트웨어 패키지는 25%였다.⁶ 이와 유사하게, 별도의 광고회사를 이용하는 국립 유가공 회사 두 곳이 미국시장에서 우유판매를 늘리기 위해 단일 마케팅 시스템을 만들기로 합의했다. "갓 밀크?Got Milk?" 캠페인을 이용해온 비영리단체인 우유판매관리주식회사Dairy Management Inc.와, 유명인들이 밀크로 콧수염을 기른다는 인기광고 콜렉션을 이용하던 국립우유가공진흥위원회National Fluid Milk Processor Promotion Board가 2000년까지 음용유 총판매를 4% 증가시키기 위한 캠페인을 함께 벌이기로 했다.⁷ 회사 간 협력의 일반적인 형태는 포괄광고(즉 개별 상점광고 대신 지역 쇼핑몰 광고를 하는 것)에 기꺼이 참여하는 것이다. 시뮬레이션 결과 쇠퇴국면에 직면한 기업들이 포괄광고에 더 치중하는 것으로 드러났으며, 더욱이 그것이 다른 회사들의 포괄광고 활용에 크게 영향을 미치는 것으로 밝혀졌다.⁸

죄수의 딜레마

델마Thelma와 루이스Louise는 강도혐의로 체포된 죄인들이다. 사법당국은 가택침입에 대한 증거를 가지고는 있으나 강도와 폭행에 대해서는 증거를 가지고 있지 못했다. 검사는 체포 후 곧바로 델마와 루이스를 분리 수감시켰다. 둘은 따로 조사를 받았으며, 그들이 할 수 있는 대안은 죄를 자백하거나 또는 침묵을 지키는 두 가지뿐이었다. 두 가지 대안의 결과는 상대방이 어떻게 하느냐에 달려 있다. 델마와 루이스는 독립적으로 선택을 해야 한다. 그

〈보기 11-2〉 델마와 루이스가 행동한 결과

	델마 (T)	
루이스 (L)	자백하지 않는다	자백한다
자백하지 않는다	A T = 1년형 L = 1년형	B T = 0년형 L = 15년형
자백한다	C T = 15년형 L = 0년형	D T = 10년형 T = 10년형

들은 서로 의논을 할 수 없으며 독립적이고 취소할 수 없는 결정을 해야 한다. 이러한 결정 상황을 〈보기 11-2〉가 보여주고 있다. 상대방이 어떤 선택을 하느냐에 따라 자신이 15년형까지 받을 수도 있다. 당신이 델마의 조언자라고 가정하자. 당신의 관심은 도덕이나 윤리가 아니며, 어떻게 하면 형을 적게 받도록 할 것인가이다. 어떤 조언을 하겠는가?

이상적으로는 둘 다 자백하지 않음으로써 모두 1년형을 받는 것이다(경우 A). 그러나 이 대안은 위험하다. 만약 다른 한 사람이 자백을 한다면 자백하지 않은 사람은 15년형을 살아야 한다(경우 B, C). 사실 각자의 관점에서 가장 바람직한 상황은 자신은 자백을 하고 상대는 자백을 하지 않는 것이다. 그러면 자백한 사람은 석방되고 상대는 15년형을 받게 된다. 이런 상황에서 델마는 어떤 선택을 해야 하는가?

답을 내기가 쉽지 않다. 각자가 자신의 관점에서 가장 유리한 행동을 할 때 그 결과는 둘 다에게 재난으로 나타난다. 둘은 모두 10년형을 받게 될 것이기 때문이다(경우 D). 죄수의 딜레마가 보여주는 패러독스는 자기이익 위주의 행동은 모두에게 재난이 된다는 것이다. 개인과 집단 간의 갈등은 합리적인 분석을 필요로 한다. 협력에 의해 더 좋은 결과가 나온다는 것을 알기는 쉽지만, 어떻게 실천에 옮길 것인지는 쉽지 않다.

협력과 변절

〈보기 11-2〉에서 본 죄수의 딜레마 상황을 이용해서 의사결정 분석을 해보기로 하자. 죄수의 딜레마에서 '침묵'과 '자백'이라는 죄수들의 선택을 '협력'과 '변절'이라는 말로 바꾸어보자. 협력과 변절이라는 용어를 사용하면 죄수의 딜레마 게임을 기업의 입찰 참여, 기업이나 정치인들의 네거티브 광고 등과 같은 상황에 적용할 수 있다. 그러나 죄수의 딜레마는 범죄와 기업 전략을 설명하지는 못한다. 죄수의 딜레마는 원래 미국과 소련 간의 "군비경쟁"에 대한 분석을 위해 발전된 것이다. 미·소 양국은 군비에 필수적이라고 생각한 핵무기 개발과 배치에 진력했다. 핵무기 확산에 대한 연구는 정책수립과 토의에 중요한 과제다.[9]

합리적 분석

우리는 이 상황의 분석을 위해서 게임이론을 사용하며, 다음 세 가지 상황, 즉 ① 반복되지 않는 일회성 상황(예: 델마와 루이스의 경우), ② 결정이 몇 번 되풀이되는 상황, ③ 무한히 의사결정이 되풀이되는 상황을 대상으로 분석할 것이다.

- 경우 1: 반복되지 않는 일회성 선택

게임이론 분석은 우세전략추구법칙principle of dominance detection에 의한다. 이 법칙은 상대방이 어떠한 선택을 하든 자신에게 유리한 선택이 있다면 반드시 이를 선택한다는 법칙이다.

이를 쉽게 설명하기 위해, 당신이 델마, 상대방이 루이스라고 하자. 루이스가 침묵을 지키면(고백하지 않으면) 어떠한 상황이 벌어질지 먼저 생각하자. 이 경우는 〈보기 11-2〉의 첫째 줄에 해당한다. 당신도 침묵을 지킨다면 A칸에 해당하며, 두 사람 모두 1년형을 받는다. 이 결과는 그렇게 나쁘진 않지만, 당신은 더 좋게 될 수 있었던 걸 놓친 셈이다. 만약 당신이 자백을 결심했다면 B칸에 해당하며, 이 경우 당신은 풀려나고 루이스는 15년형을 받게 된다. 분명히 석방은 1년 징역형보다는 훨씬 좋은 것이며 따라서 루이스가 침묵하는 상황에서는 당신은 자백을 하는 것이 최선의 선택이 된다.

이번에는 루이스가 자백을 하면 어떻게 될까? 이 상황은 둘째 줄에 해당한다. 당신이 침묵한다면 C칸에 해당하며, 당신은 15년형을 받지만 루이스는 풀려나게 된다. 당신도 자백을 한다면 D칸에 해당하며, 두 사람 모두 10년형을 받게 된다. 좋은 결과는 아니지만 C칸의 15년형보다는 확실히 나은 선택이다. 따라서 루이스가 자백을 하는 경우에도 당신은 자백을 하는 것이 최선의 선택이 된다.

두 경우를 종합해보면, 루이스가 침묵을 지키든 자백을 하든 간에 델마는 자백을 하는 것이 최선이다. 자백이 '우세'한 전략이다. 이 우세한 전략을 반드시 선택해야 하는 것이 '우세전략추구법칙'이며, 이 게임의 참여자는 상황이 어떻든 간에 자백을 선택해야만 한다. 루이스 입장에서 보면, 델마와 마찬가지의 결론에 도달하게 된다.

따라서 델마와 루이스는 각각 합리적인 선택을 한다면 모두 자백을 하여 D칸의 상황에 이르게 되며, 두 사람은 10년이라는 오랜 기간을 감옥에 갇혀 있어야 한다. 이는 불행한 결과이며, 두 사람 모두 D보다는 A에 있기를 희망한다. 어떻게 하면 이런 비극적인 상황에서 빠져나올 수 있을까?

서로 대화를 한다면 이러한 재난에서 나올 수 있다. 그러나 게임의 법칙이 대화를 할 수 없도록 되어 있다. 그렇다면 상호 '변절'에 의해 야기될 재난으로부터 벗어나기 위해서는 어떠한 방법이 있을까? 두 당사자가 반복시도multiple trials를 해본 뒤에 의사결정을 하는 것이 하나의 방법이다. 즉 당사자들이 한 번에 선택을 끝내지 않고, 일단 한 번 선택을 한 후에 상대방의 반응을 듣도록 하며, 그 결과를 분석한 후에 다시 다른 선택을 해보는 것이다. 이러한 교류의 되풀이를 통해 서로 협력할 수 있는 메커니즘을 만들 수 있을 것이다. 게임이 한 번 이상 이루어진다면, 참여자들은 첫 라운드에서 협력함으로써 상대의 협력을 이끌어낼 수 있다는 것을 알게 된다. 이러한 상황을 지금부터 살펴보자.

- **경우 2: 제한적인 반복시도**

한번 선택을 하고 그 결과에 따라 결정하는 대신에 델마와 루이스는 〈보기 11-2〉의 게임을 총 다섯 번 한다고 가정하자. 범죄인이 특별한 교류를 반복한다는 것이 이상하다면 두 정치인이 어떤 직책을 놓고 서로 네거티브 캠페인을 하는 상황으로 바꾸어 생각하자. 그들이 사는 주에서는 그 직책에 한 사람이 최대 5년까지 재임할 수 있다. 그리고 임기는 1년으로, 선거는 매년 이루어진다. 선거 때마다 후보자는 캠페인을 할 것인지 말 것인지를 독립적으로 결정하며, 나중에 상대방의 결정을 알게 된다. 이러한 방식이 매년 한 번씩 5년 동안 계속된다.

반복되는 게임의 속성을 분석하기 위해서는 앞에서 나온 우세전략추구법칙과 함께 **후진귀납법**backward induction을 사용하는데, 이것은 게임의 마지막 상황에서부터 뒤를 돌아보면서 어떠한 선택을 해야 하는지를 결정하는 원칙이다.

마지막인 다섯 번째 선거에서 참여자가 어떠한 선택을 할지 먼저 살펴보자. 마지막 선거라는 것은 같은 상황이 더는 반복되지 않는다는 것을 의미하므로 후보자들에게는 일회성 선택을 하는 것과 같다. 따라서 경우 1과 똑같은 결과가 나오며, 우세전략추구법칙이 적용되어 각 후보자는 네거티브 캠페인을 선택하게 된다. 이와 같이 마지막 선거에서 두 후보자가 모두 캠페인을 할 것이라는 사실을 알고 있는 상황에서 네 번째 선거는 어떻게 치르게 될까?

후보자의 관점에서 캠페인을 하지 않는, 즉 협력적 태도를 보이는 이유는 다음 선거에서 상대의 행동에 영향을 주기 위해서이다. 즉 전 단계에서 협력적인 선택을 함으로써 앞으로의 협력 의지를 표시하는 것이다. 그러나 두 후보자가 마지막 선거에서 캠페인을 할 것이 뻔한 상황에서 네 번째 선거에서 협력을 한다는 것은 무의미한 일이다. 그러면 세 번째 선거에서는 어떠할까? 후보자가 마지막 선거에서 협력을 하지 않고 네 번째 선거에서도 협력을 하지 않으므로, 같은 이유에서 세 번째 선거에서도 협력해야 할 어떤 이유도 찾지 못할 것이다. 이러한 논리를 계속해서 적용하면, 결국 제한된 회수의 선거에서는 항상 협력을 하지 않게 된다. 즉 선택이 반복되는 상황에서도 '변절'이 '우세'한 전략이라는 결론에 이르게 된다.[10]

이러한 결과는 오랜 관계를 유지해왔음에도 협력은 불가능하다는 것을 의미한다. 이것은 직관, 관찰, 그리고 논리와는 반대이다. 여기서 우리는 반복이 무한정 되풀이되는 좀 더 현실적인 상황을 살펴보기로 하자(현실적이라는 데는 다소 논쟁의 소지가 있기는 하다).

- 경우 3: 무한정한 반복시도

상대와 무한히 교류를 하는 경우 후진귀납의 논리는 깨진다. 돌이켜서 생각을 다시 시작할 마지막 지점이 존재치 않기 때문이다. 따라서 우리는 뒤에서부터 앞으로 생각을 해가는 논리forward-thinking logic에 의존할 수밖에 없다.

무한히 오랫동안 다른 사람과 죄수의 딜레마 게임을 한다면, 자신의 행동이 다른 사람에게 영향을 줄 수 있다는 생각을 할 수 있다. 우리는 처음 시도에서 협력적인 선택을 함으로써 협력 의지를 표시할 수 있다. 마찬가지로 우리는 행동으로 그들의 행동에 보상할 수도 있으며 보복을 할 수도 있다.

이러한 상황에 대한 게임 분석 결과에 의하면, 1차 시도에서 협력을 하는 것이 최적의 선택이다.[11] 그렇다면 우리는 어떠한 경우에도 협력적이어야 할까? 아니다! 단순히 협력을 택했다가는 상대에게 이용당하고 말 것이다. 그렇다면 어떤 전략이 가장 좋을까? 여기서 잠시 답을 생각해본 후에 계속 읽도록 하자.

- '죄수의 딜레마 게임' 리그전

1981년 《사이언스 매거진》에는 유명한 게임 이론가인 로버트 액셀로드Robert Axelrod의 게임 제안이 실렸다. 죄수의 딜레마 게임을 실시하면서, 이기기 위한 전략을 한 사람이 하나씩 제시할 것을 독자들에게 요청했다. 전략은 FORTRAN 코드의 컴퓨터 프로그램으로 제출하고, 모든 조건 아래에서 매 라운드마다 어떻게 행동하라는 지침을 포함해야 한다. 각자 제출한 전략은 다른 모든 사람이 제출한 전략들과 돌아가면서 대결을 하며, 한 게임은 200라운드로 구성된다. 승부는 모든 상대와의 게임에서 얻은 총량으로 평가한다. 이러한 제안에 대해 전 세계에서 수많은 학자들이 전략을 제출했다.

- 우승자는 패자였다

이 경기의 우승자는 제출된 전략 중 가장 간단한 전략이 차지했다. 단 네 줄짜리 FORTRAN 코드였다. 그 전략 이름은 팃포탯tit-for-tat(되갚음)으로, 아나톨 래포포트Anatol Rapoport가 제출한 것이었다. 팃포탯은 다른 모든 전략들을 상대로 가장 높은 점수를 얻었다. 팃포탯의 원칙은 간단하다. 첫 라운드에서는 항상 협력한다. 그리고 두 번째 라운드부터는 상대가 그전 라운드에서 한 그대로 따라한다. 예를 들어 팃포탯의 상대가 처음에는 협력하고 두 번째는 변절하고 세 번째는 협력했다고 하자. 이 경우 팃포탯은 첫 번과 두 번째에는 협력하고 세 번째에는 변절하고 네 번째에는 협력을 한다.

팃포탯은 그가 상대한 어떤 전략도 이기지 못했다. 그가 첫 라운드에서 협력을 했기 때문에 상대보다는 결코 더 많은 것을 얻을 수가 없다. 팃포탯은 기껏해야 상대가 얻은 만큼 얻을 수 있었다. 결코 상대를 이기지 못한다면 어떻게 팃포탯이 가장 많은 점수를 얻을 수 있었을까? 상대로부터 협력을 이끌어낸 것이 바로 해답이다. 그렇다면 무엇이 이러한 행동을 이끌어냈을까?

- **팃포탯이 왜 효과적인가에 대한 심리적 분석**
  - **시기하지 않는다**: 팃포탯이 효과적인 이유 중 하나는 시기하지 않는 전략이라는 점이다. 팃포탯은 상대를 치는 데 목적을 두지 않으며 상대에 맞서는 전략 이상의 것을 할 수 없다. 오히려 팃포탯은 자신이 최종적으로 얻는 것을 극대화하려고 시도하는 전략이다. 불행하게도 사람들은 종종 상대방이 얼마나 많이 획득하고 있는가에 정신이 팔린다. 그리고 협상이 긍정적이지 못하고 부정적인 결말로 이어지게 될 때 공정성이 사리추구보다 더 중요한 관심사가 된다.[12]
  - **멋지다**: 팃포탯은 항상 협력으로 교류를 시작한다. 게다가 자신이 먼저 변절하지는 않는다. 따라서 팃포탯은 멋진 전략이다. 이러한 특징은 중요한데, 상대가 첫 라운드에서 변절을 선택할 때 받는 충격에서 회복되기가 어려운데도 이를 택하기 때문이다. 경쟁적이고 공격적인 행동은 관계를 자주 얼어붙게 만든다. 또한 공격은 공격을 낳는다. 팃포탯 전략은 모두를 파멸의 덫으로부터 보호한다.
  - **맞대응한다**: 지속적인 협력 전략은 상대가 쉽게 이용할 수 있다. 따라서 상대가 변절하면 자신도 변절한다. 변절에는 변절로 대응하는 것이 이 전략의 중요한 특징이다. 변절에 맞대응함으로써 나를 이용할 수 없다는 메시지를 전달한다. 대신에 팃포탯은 경쟁적 상대로부터 경쟁상황을 효율적으로 벗어나게 함으로써 비협력적 교류를 최소화한다.[13] 1816년부터 1999년까지 국제 간 전략적 경쟁에 대한 분석에 따르면, 총체적이고 즉각적인 전쟁억제에는 결연한 행동을 보여주는 것이 중요하

다는 것을 알고 그런 국가라는 명성을 유지하기 위해 일부러 갈등을 시작하고 단계적으로 확대하는 국가가 있었다.[14]
- 용서한다: 팃포탯은 협력에는 협력으로 맞대응한다는 점에서는 용서하는 전략이다. 갈등 중인 사람이 변절에서부터 회복되고 공격의 악순환을 끝내기는 어렵다. 팃포탯의 '눈에는 눈 eye-for-an-eya' 보복전략은 상대 공격에 대한 자신의 대응이 결코 자신이 받은 것보다는 크지 않을 것이라는 점을 확실히 한다.
- 단순하다: 팃포탯이 효과적인 또 다른 이유는 그것이 단순하기 때문이다. 사람들은 팃포탯 전략을 구사하는 상대방이 무엇을 원하는지 쉽게 알 수 있다. 사람들이 무엇을 기대해야 할지 불분명한 경우에는 방어적인 행동을 취하기 쉽다. 불확실성이 높으면 상대에 관해 최악의 것을 가정하게 된다.

요컨대, 팃포탯은 극단적으로 안정적인 전략이다. 이를 따르는 협상자는 상대에게도 이를 따르도록 만드는 경우가 자주 있다. 그러나 죄수의 딜레마 게임을 하는 사람들 중 실제로 팃포탯을 따르는 사람은 거의 없다. 이 게임에 참여한 600명을 분석한 바에 의하면 변절 비율은 거의 40%이며 평균 이익은 가능한 최대치의 1/10에 불과했다. 그러나 팃포탯만이 안정적인 것은 아니다. 다른 전략도 안정적인 것이 있다. 예를 들어 확실히 변절하는 것도 안정적인 전략이다. 매번 변절하는 두 참여자는 다른 것을 선택할 이유가 거의 없다. 한번 변절을 하면 다시 협력하기가 어렵다는 애기이다.

- 변절로부터의 회복

맥주산업은 적대적인 캠페인을 벌여 시장 점유율을 뺏으려고 하는 회사들이 많아 경쟁이 매우 치열하다. 컴퓨터 산업 역시 꼭 같은 적대적 캠페인 전략을 펼쳐 시장 점유율을 가로채려는 회사들로 인해 경쟁이 매우 치열하다. 2010년에 애플은 그들의 매킨토시 컴퓨터 판매를 위한 일련의 대대적인 광고활동을 벌였다. 그 광고에서 애플은 매킨토시를 세련된 젊은이에 비유하고, 다른 상표의 컴퓨터들을 시대에 뒤떨어진 특징 없는 옷을 입은 중늙은이에 비유했다.[15] 이와 유사한 경우로 라이벌인 코카콜라와 펩시콜라는 세계 1, 2위 청량음료 메이커 자리를 놓고 수십 년간 경쟁해왔으며 광고에서 서로를 잡아 비트는 일에도 양 사 모두 엇비슷한 시간을 소비했다. 펩시 맥스Pepsi Max는 여러 라이벌 청량음료 회사의 배달기사들이 악단 '워War'가 연주하는 "왜 우리는 친구가 될 수 없을까Why Can't We Be Friends"라는 노래가 울려 퍼지는 만찬장에서 짧은 우정을 쌓는 내용의 광고 하나를 내보냈다. 펩시 맥스 배달기사와 코크 제로Coke Zero 배달기사는 서로 상대방의 청량음료를 시음하고 코카콜라 기사가 펩시콜라를 더 좋아하는 장면도 나온다. 펩시콜라 기사가 그 장면을 스냅사진으로 찍을 때, 만화 같은 싸움이 벌어진다.[16] 이 변절 형태의 적대적인 광고에 수십만 달러가 들어갔다. 어떻게 하면 점점 확대되고 있는 이 변절의 소용돌이를 끝낼 수 있을까? 다음 전략들을 살펴보자.

- **상황 탓으로 돌리라**: 우리는 상호 파괴적인 갈등이 심화되는 것을 상대의 악의나 고의의 탓으로 돌리는 경향이 있다. 우리는 자신이 경쟁자와 같은 입장에 있었다면 마찬가지 행동을 취했을지도 모른다는 점을 인식하지 못하고 있다. 그 이유는 사건에 대한 우리의 시각과 상대의 시각을 서로 다르게 보기 때문이다. 자신의 행동을 상대에 대한 방어라고 보기 때문에 상대방은 우리의 행동에 화가 나지 않을 것이라고 생각한다. 이러한 문제에 대한 해결책은 거꾸로 상대방의 행동을 우리의 행동에 대한 대응으로 이해해보는 것이다. 예를 들어 앞의 상황에서 경쟁자의 적대적인 캠페인은 1년 전 당신이 했던 캠페인에 대한 대응일 가능성이 있는 것이다.

- **한 번에 하나씩 하라**: 신뢰는 일단 한번 무너지면 다시 쌓는 데 시간이 걸린다. 상대가 협력적인 행동을 할 때 효과적으로 보상을 하면서 서서히 신뢰를 다시 쌓으라. 예를 들어 제9장에서 살펴본 긴장관계의 점진

적 감축방법인 GRIT 전략은 분쟁당사자들에게 조금이라도 양보를 하라고 요구하는데,[17] 이러한 접근법은 결국 당신이 크게 양보하게 될 가능성을 낮추게 된다.

- **상대방이 보복을 하게 하라**: 제3장에서 파이 나누기에 대해 살펴보았듯이, 사람들은 공정성에 관심이 크다. 신뢰를 다시 쌓는 방법의 하나는 상대방이 보복을 하게 해서 만회할 수 있는 기회를 주는 것이다. 틀어진 관계를 회복시키기 위해서는 상처를 준 쪽의 회개와 상처를 받은 쪽의 용서가 필요하다.[18] 놀라운 것은 미래의 협력관계를 만드는 데는 과거의 상처에 대한 보상이 비록 작다 하더라도 큰 보상 이상의 효과가 있다는 사실이다.

- **여러 결정을 한 번에 하라**: 델마와 루이스의 경우처럼 당신이 죄수의 딜레마 게임을 한다고 가정하자. 당신은 게임의 조건과 보상 내용에 대해 알고 있으며, 다음 세 가지, 즉 "상대는 이미 선택을 했다", "상대는 나중에 선택을 하게 될 것이다", "상대도 당신과 동시에 선택을 할 것이다" 라는 얘기 중 어느 하나를 들었다고 하자. 어떤 경우에도 당신은 자신이 선택하기 전에는 상대의 선택을 모른다. 이 경우에 상대의 선택시점이 당신의 선택시점과 인접할 때, 즉 동시에 선택하게 될 때 더 협력적이 된다.[19] 시간적인 인접성은 우리의 행동이 상대의 행동에 영향을 줄 수 있다고 하는 인과관계의 환상을 가져다준다. 이 같은 논리적으로 불가능한 환상은 시간적으로 차이가 나는 결정에서는 생기지 않는다.

죄수의 딜레마 게임에서 사람들은 선택을 동시에 하게 된다. 따라서 한 사람의 선택은 다른 사람의 선택에 영향을 미칠 수 없으며, 다음 선택에 영향을 줄 수 있을 뿐이다. 즉 델마가 자백을 할 것인지 여부를 결정할 때, 텔레파시가 없다면 루이스에게 영향을 줄 수 없다. 그러나 논리적으로 가능하지 않은데도 사람들은 자신의 행동이 상대에게 영향을 주는 것처럼 행동한다.

〈보기 11-3〉 더글라스 호프스태터가 《사이언티픽 아메리칸》지를 통해
친구 20명에게 보낸 편지[20]

친애하는 _____ 에게,
저는 이 편지를 여러분 20명에게만 특별히 보냅니다. 저는 여러분에게 죄수의 딜레마 게임을 한 라운드만 할 것을 제안하고자 하는데, 승자에게는 《사이언티픽 아메리칸》지가 제공하는 상금이 주어집니다. 이는 매우 간단한 것으로 그 방법을 알려 드리겠습니다.

여러분 각자는 저에게 C와 D 중 어느 한 글자만 보내주시면 됩니다. C는 협력cooperate을 의미하며, D는 변절defect을 의미합니다. 이것은 다른 19명과 각각 게임을 하는 데 사용됩니다.

그리고 모든 사람이 C라고 보내면 각자 57달러씩을, 모두가 D라고 보내면 각자 19달러씩을 받습니다. 그리고 D라고 보낸 사람은 최소한 다른 사람만큼은 받습니다. 예를 들어 11명이 C, 9명이 D라고 보내면, C를 선택한 사람은 자기 이외에 C를 선택한 사람 숫자에 3달러씩을 곱해서 총 30달러씩을 받습니다. 반면에, D를 선택한 사람은 C를 선택한 사람 숫자에 5를 곱해서 총 55달러를 받고 다시 자기 이외에 D를 선택한 사람의 숫자에 각 1달러씩, 즉 8달러를 더 받습니다. 다시 말해서 D를 선택한 사람은 1인당 총 63달러씩을 받게 됩니다. 어떤 경우에도 D를 선택한 사람은 C를 선택한 사람보다 많이 받습니다. 물론 C를 선택한 사람이 많으면 많을수록 모든 사람은 더 좋아집니다.

어쨌든 명백히 해둘 일이 하나 있는데, 당신의 목표는 승자가 되는 것이 아니고 돈을 많이 받는 것입니다. 즉 모든 사람이 D라고 써서 당신이 누구에게도 지지 않고 19달러를 받는 것보다는, 앞의 예처럼 비록 다른 사람이 D라고 써서 63달러를 받더라도 당신이 30달러를 받는 것이 더 좋습니다. 게다가 게임에 함께 참여했던 사람들을 나중에 만날 일도 없습니다. 당신은 전체 상금을 최대로 할 필요는 없으며, 오로지 당신이 받을 돈만 최대로 만들면 됩니다.

물론 당신의 희망은 혼자만 D를 선택하여 상금을 제일 많이 받는 것입니다. 즉 당신은 95달러를 받고 나머지 사람들은 각각 54달러씩을 받게 됩니다. 더는 장황하게 설명하지 않겠습니다. 답은 당신이 이 편지를 받은 날에 전화로 받겠습니다.

말할 필요도 없이 당신은 이 편지를 받았으리라고 생각하는 다른 사람과 상의해서는 안 됩니다. 다른 누구와도 상의하지 마십시오. 이 작업의 목적은 사람들이 홀로 어떤 결정을 하는지를 보는 데 있기 때문입니다. 끝으로 선택의 이유를 간단히 언급해주시면 고맙겠습니다.

— Doug H. 로부터

이러한 관념에 대한 분석을 위해 더글러스 호프스태터Douglas Hofstadter는 20명의 친구들에게 다음과 같은 편지를 썼으며, 이것은 나중에 《사이언티픽 아메리칸》에 실렸다.(〈보기 11-3〉 참조).

호프스태터는 이 상황에서 어느 한 사람의 행동이 다른 모든 사람의 행동을 암시할 수 있는지에 대해 의문을 던졌다. 그는 사람들이 정말 합리적이라면 모두 변절하거나 모두 협력해야 한다고 결론을 내렸다. 모든 참여자가 같은 답을 제시했다면 어떤 답일까? 아마도 협력이 최선일 것이다. 모두 협력을 하면 각자 57달러씩을 받고, 모두 변절하면 각자 19달러만 받기 때문이다. 이러한 관점에서는, 어느 한 사람의 행동이 같은 시점의 다른 사람 행동에 영향을 준다고 하는 마법과 같은 생각이 논리적으로 보이기도 한다. 또 다른 예로, 한 선거에서 투표를 하는 이유를 물었더니 다른 사람이 투표할 것이므로 자신도 하겠다고 결심했다는 사람도 있었다. 물론 한 사람의 투표 행태가 그 선거에서 다른 사람에게 영향을 줄 수는 없지만, 사람들은 그렇게 믿고 행동한다. 호프스태터는 그와 같은 선택과 씨름하는 의사결정자는 자신의 논리를 다른 사람도 믿는다고 생각해야 한다고 말한다. 우리는 다른 사람도 합리적이며 모든 사람이 다 합리적이라는 것을 믿어야 한다. 호프스태터는 이것을 초합리성superrationality이라고 부른다. 따라서 변절을 선택했다면 그것은 선택 이유를 다소 과소평가한 것이다. 호프스태터의 게임에서 14명이 변절을 택했고, 6명이 협력을 택했다. 변절자는 43달러, 협력자는 15달러를 받았다. 로버트 액셀로드도 참여했지만 일회성 게임에서는 협력할 이유가 없다면서 그는 변절을 선택했다.

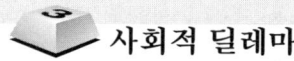

사회적 딜레마

가끔 관리자들은 자신들이 여러 사람들과 죄수의 딜레마 상황에 빠져

> ⟨보기 11-4⟩ 지원자 딜레마[21]
>
> 사회적 딜레마의 예로는 자원자 딜레마volunteer dilemma가 있다. 이것은 어느 집단에서 적어도 한 사람은 집단을 위해 자신을 희생해야 하는 상황을 말한다. 저녁 회식을 예로 들어보자. 한 사람이 다른 사람들을 집에 데려다줘야 한다면 모두가 술을 마실 수는 없다. 운전자로 '지정된' 사람은 그 집단을 위해 희생해야 하는 자원자이다. 대부분의 조직체는 자원자가 없다면 그 기능을 제대로 하지 못할 것이다. 자신을 희생하는 자원 행동은 집단의 유대를 강화시켜준다.

있음을 깨닫게 된다. 이러한 상황에서 협상자는 협력적 전략과 이기적 전략 사이에서 선택을 해야 하는데, 이와 같이 여러 사람이 관련된 죄수의 딜레마를 사회적 딜레마라고 부른다(지원자 딜레마와 최후통첩 딜레마에 대해서는 각각 ⟨보기 11-4⟩와 ⟨보기 11-5⟩ 참조). 일반적으로 사람들은 죄수의 딜레마에서와 마찬가지로 사회적 딜레마에서 더욱 경쟁적으로(이기적인 방법으로) 행동하는 경향이 있다. 왜 그럴까?

첫째 이유로는 죄수의 딜레마는 당사자가 둘이지만 사회적 딜레마에서는 여러 사람이 관련된다. 사람들은 둘만 있을 때보다 여러 사람이 관련되면 더 경쟁적으로 나서기 때문이다.[22]

둘째, 변절의 비용이 한 사람에게 집중되지 않고 여러 사람에게 분산된다. 즉 한 사람이 이기적인 선택을 하고 다른 사람들은 협력을 선택한다면, 변절한 사람 이외의 모든 사람들이 비용의 일부(전체가 아니다)를 분담하게 된다. 따라서 변절한 사람은 다른 사람들이 고통을 당하기는 하지만 나누어 받기 때문에 심한 것은 아니라고 스스로를 위로한다. 이러한 마음가짐 때문에 사람들이 이기적으로 행동하게 된다.

셋째, 사회적 딜레마는 죄수의 딜레마보다 더 위험하다. 두 사람 간의 딜레마에서는 보복의 정도가 어느 정도 예견된다. 그러나 사회적 딜레마에서는 그렇지 않다. 최악의 시나리오는 한 사람만이 협력을 선택하고 나머지 모두가 변절을 선택하는 경우이다. 이러한 상황의 대가는 매우 크다. 위험과

〈보기 11-5〉 최후통첩 딜레마

또 다른 예로, **최후통첩 딜레마**ultimatum dilemma를 살펴보자. 최후통첩 교섭 상황에서는 한쪽이 상대에게 최종제안을 할 때, 상대가 이 제안을 받아들이면 제안자는 자신이 요구한 것을 받을 수 있고 상대도 그에게 제시된 것을 얻을 수 있다. 그러나 제안이 거절된다면 합의는 이루어지지 않고 협상자들은 각자의 양보 기준치만 받게 된다고 하자. 이러한 최후통첩 상황에서 우리는 어떻게 협상을 할 것인가? 어떤 최종제안을 상대에게 해야 할 것인가? 또 상대의 제안을 받아들이거나 거절할 때 어떤 기준을 적용해야 할 것인가?

어떤 사람이 100달러짜리 지폐를 들고 버스에 올랐다. 그리고 당신에게 다가와서 지금 당신 옆자리에 앉아 있는 낯모르는 사람과 100달러를 서로가 동의하는 비율로 나누어 가질 수 있다면 당신에게 이 돈을 줄 테니 나누어 가지라고 말한다. 다만 당신은 오직 한 번만 제안을 할 수 있다고 한다. 당신은 옆에 앉아 있는 사람과 상의할 수 없으며, 돈을 나누는 비율을 정한 뒤에 이 제안을 '받을 것인지, 안 받을 것인지take-it-or-leave-it'만을 물어볼 수 있다. 만약 옆 사람이 당신의 제안에 응한다면 그 비율로 100달러를 나누어 가지면 된다. 제안을 거절하면 아무도 돈을 받을 수 없으며, 더는 기회가 주어지지 않는다. 당신은 어떻게 하겠는가?(다음 내용을 더 읽기 전에 당신은 어떻게 할 것이며, 또 왜 그렇게 하는지를 말하라).

먼저 결정이론법칙principles of decision theory에 따라 이 문제를 풀고 난 다음에, 그 해결방안이 우리의 직관과 일치했는지를 살펴보도록 하자. 다시 한 번 게임의 마지막 상황에서부터 되돌아보는 '후진귀납법'을 활용하도록 한다. 이 게임에서 마지막에 내리는 결정이 곧 최후통첩이다. 당신이 옆에 있는 참여자 2에게 제안을 한다면, 상대는 당신의 제안을 받아들일 것인지 거절할 것인지를 결정해야 한다. 합리적인 관점에서 보면, 참여자 2는 당신이 아무리 작은 금액을 주겠다고 하더라도 받아들이는 것이 옳다. 한 푼도 받지 않는 것보다는 낫기 때문이다.

이제 참여자 1(당신)에게 어떤 제안을 할 것인지 물어보자. 당신은 참여자 2가 0달러보다 많이 준다는 제안이라면 무조건 받아들이는 것이 합리적이라는 것을 알기 때문에, 이론적으로는 참여자 2에게 0.01달러를 제안하고 당신 자신은 99.99달러를 가지려고 할 것이다. 이러한 제안을 **부분게임 완전균형**subgame perfect equilibrium이라고 부르는데, 게임의 매 단계별로는 합리적이고 물질적 이득을 위해 행동한다고 가정했을 때 얻어지는 균형을 의미한다.[23] 다시 말하면, 나중에 한 번 더 게임이 벌어진다 해도 현 시점에서 당신에게는 99.99달러를, 참여자 2에게는 0.01달러를 제안한 당신의 제안은 이 시점에서는 합리적이다.

그러나 이러한 이론적인 예측과는 달리 사람들은 대부분 그렇게 행동하지 않는다. 제안자들은 대부분 0.01달러보다 훨씬 큰, 50달러에 가까운 금액이나 50달러를 제안한다. 그리고 참여자 2도 50-50 배분이 아니면 거절하는 경우가 자주 있다.[24] 즉 참여자 2는 1달러나 2달러, 심지어는 49달러보다도 0달러를 선택하는 경우가 자주 있다. 이런 경우 참여자 1(당신)과 참여자 2 모두는 비합리적인 결정을 한 것이다. 이러한 결정은 이익에 반하는 것처럼 보이지만 제2장에서 보았듯이 사람들은 자신이 받는 절대 금액보다 상대와의 비교에 더 관심을 갖는다.[25] 전체 파이의 크기를 알고 있느냐에 따라 받아들이는 태도에도 차이가 있다.[26] 상대방이 전체 파이의 크기를 모르는 상태에서 1달러 제안을 받으면 이를 거절할 가능성이 크다. 이런 구상 역시 문제가 될 수 있다. 최후통첩 게임은 '가지는 것' 또는 '주는 것'으로 꾸며질 수 있다. 받는 사람에 대한 할당액은 게임이 '가지는 것'으로 꾸며질 때 가장 많으며, '주는 것'으로 꾸며질 때 가장 적다.[27] 시한을 정하는 것은 문제가 될 수 있다. 응답자들은 보통 시한을 너무 짧게 정하는데, 다른 참여자들의 시한에 대해 잘 모르는 경우 더 좋은 전략은 시한을 길게 잡는 것이다.[28] 감정이 문제가 될 수 있다. 감정에 의존하지 않는 제안자들에 비해 감정에 의존하는 제안자들은 덜 관용적인 제안을 한다.[29]

불확실성이 크면 사람들이 더욱 이기적이고 경쟁적으로 행동하게 된다.

넷째, 사회적 딜레마에는, 죄수의 딜레마에는 없는 익명성이 존재한다. 양자 상황에서는 익명이 불가능하지만, 사회적 딜레마에서는 사람들이 집단 속에 숨을 수가 있다. 책임감을 덜 느낄 때 사람들은 이기적이고 경쟁적으로 행동하기가 쉽다.

마지막으로, 사회적 딜레마에서 사람들은 상황에 대한 통제력이 약하다. 고전적인 죄수의 딜레마에서는 상대의 행동에 직접 영향을 줄 수 있다. 특히 변절을 선택함으로써 상대를 압박할 수 있고, 협력을 선택함으로써 상대에게 보상할 수도 있다. 이 논리가 팃포탯 전략의 아름다움이다. 그러나 사회적 딜레마에서는 누군가가 변절을 하더라도 다음 라운드에서 상대를 반드시 보복할 수 있는 것이 아니다. 이미 보았듯이 변절의 대가가 여러 사람에게 분산되기 때문이다. 전형적인 사회적 딜레마의 예로 OPEC을 한번 살펴보자. OPEC은 석유 감산에 모두 동의하는 중동의 석유생산국들로 이루어져 있다. 생산량을 줄이고 수요가 늘어나면 가격이 오른다. 그러면 OPEC의 각 회사들은 생산을 늘리고 싶은 유혹을 받게 된다. 그러나 모두가 약속을 어기고 생산을 늘리면 다시 가격은 떨어질 것이고, OPEC 전체의 이익도 떨어지게 된다.

공유지의 비극

당신이 농부라고 가정하자. 당신은 소 몇 마리를 기르고 있으며, 다른 100명의 농부들과 목초지를 공유하고 있다. 농부 한 사람당 소 한 마리만 목초지 사용이 허용된다. 그러나 누가 감시하는 것은 아니므로 당신은 소 한 마리를 더 추가하고 싶은 유혹을 받는다. 한 마리를 추가해서 목초지를 두 배로 활용한다 해도 다른 사람들은 거의 고통을 받지 않기 때문이다. 그러나 모두가 그러한 선택을 한다면 풀은 고갈되고 모두에게 재난이 될 것이다. 이러한 상황에서 가족들을 먹여 살리고 싶으면 당신은 어떻게 해야 하겠는가?

'공유지의 비극'에 대한 분석[30]은 공해, 천연자원의 이용, 그리고 인구과잉과 같은 현실문제에 응용된다. 우리는 공해 배출, 투표 불참 행동, 그리고 스티로폼 컵의 방치 등이 다른 사람에게 큰 영향을 끼치지 않는다고 생각하면서 이기적으로 행동한다. 그러나 모두가 이렇게 행동한다면 그 결과는 재난이다. 공기는 숨쉬기가 어려워지고, 투표 불참으로 내가 지지하는 특정 후보는 선출되지 못하며, 그리고 매립지는 오염물로 넘쳐흐르게 될 것이다. 이렇게 사회적 딜레마에서는 자기 이익을 합리적으로 추구하더라도 그것이 모이면 집단으로는 재난이 될 수 있다.

사회적 딜레마 상황에서 각자는 죄수의 딜레마와 비슷한 선택을 한다. 죄수의 딜레마에서처럼 선택은 협력과 변절로 구분된다. 변절의 선택은 개인적으로 적어도 단기간에는 이익이 된다. 그러나 모두가 협력할 때보다는 모두가 변절하는 경우가 좋지 않은 결과를 가져온다.

사회적 딜레마의 중요한 특징은 이기심의 합리적 추구가 집단의 복지에 해가 된다는 점이다(이 점에서 사회적 딜레마는 쾌락주의나 방임주의 경제원칙과는 모순된다). 이 점은 매우 중요하며, 잠재적으로 재난의 가능성을 내포한다. 개인적 목적 추구에 제한을 두지 않는다면 사회는 고통을 받게 된다.

사회적 딜레마 형태

사회적 딜레마에서 중요한 두 가지 형태로서 **자원보전 딜레마**resource conservation dilemma와 **공공재 딜레마**public goods dilemma가 있다.[31] 자원보전 딜레마, 또는 집단 함정collective trap은 개인이 자원을 공동으로 얻을 때 발생한다(예: 공동농장의 농부). 이 딜레마에서 개인이 겪는 폐해로는 공해, 석유나 석탄 등 화석연료의 고갈, 물 부족, 그리고 네거티브 광고 등을 들 수 있다. 사람들이 자원을 너무 많이 소비한다면 이것은 '변절'을 선택하는 행위이며, 그 결과는 모두에게 재난이 된다. 집단이 자기 자신을 유지하기 위해서는 자원의 소비가 자원의 보충 비율을 초과해서는 안 된다.

공공재 딜레마에서 사람들은 공공자산이나 사회집단에 자원을 기부하거나 증여한다. 이 사례에는 공공 라디오와 TV 방송국에 기부하기, 세금 납부하기, 투표하기, 위원회 활동하기, 그리고 조합 가입 등이 포함된다. 여기서는 기여를 하지 않는 것이 '변절'의 선택을 의미하며, 이들을 변절자 또는 무임승차자라고 한다. 다른 사람들은 무임승차를 하는데도 혼자서만 기여를 하는 사람을 '봉sucker'이라고 한다.

자원보전 딜레마는 사람들이 물건을 취하는 상황에서의 딜레마이고, 공공재 딜레마는 사람들이 기여를 해야 하는 상황에서의 딜레마이다. 두 가지의 딜레마, 즉 너무 많이 가지는 것과 기여를 하지 않는 것은 하나의 조직 내에서 또는 조직 간에 발생할 수 있다(〈보기 11-6〉 참조).

⟨보기 11-6⟩ 사회적 딜레마의 종류

	자원보전 딜레마(취하는 것)	공공재 딜레마(기여하는 것)
내적 (조직 내)	- 자원(예, 돈, 토지, 지원) - 예산 따기 - 가격 경쟁	- 위원회 활동 - 가치인정 - 세금 납부
외적 (조직 간)	- 브랜드 경쟁 - 과잉 수확 - 공해	- 공영 TV 방송

사회적 딜레마에서 협력을 추구하는 방법

조직에서 대부분의 집단은 사회적 딜레마 상황을 겪고 있다.[32] 구성원들은 공공이익을 위해 자기 자신의 이익을 얼마나 취하고 또 공공에 얼마나 기여할 것인지를 스스로 결정하게 된다. 예를 들어 컴퓨터, 복사용지, 우표, 그리고 봉투 등의 사용에 전혀 규제가 없는 조직을 생각해보자. 구성원들은 물자 낭비 유혹을 받게 되며, 그 결과 물자 고갈을 가져오게 된다.

성별이나 인종, 권력, 지위, 그리고 나이 등에 따른 사람들의 개인적 특성에 대한 연구 결과,[33] 개인적 차이가 죄수의 딜레마 게임에서 개인의 행태에 영향을 준다는 믿을 만한 증거는 발견되지 않았다. 실제로 사람들은 학문적 분석을 통해 예측하는 것보다 더 협력적이다. 많은 조사에서 사용하는 일회성 게임이나 제한된 횟수의 게임에서는 '변절'이 확고한 답이 될 수밖에 없기 때문이다. 그러나 게임이 무한정 계속되는 경우라 할지라도, 사람들은 그러한 상황에서 그들이 협력해야 하는 만큼 협력적이지는 않다. 그렇다면 조직원들 간의 협력과 신뢰를 증대시키기 위해 관리자는 어떻게 해야 할까? 협력을 최대화하기 위한 두 가지 주요 접근법으로서 제도 변화와 관련이 있는 구조적 전략(이것은 종종 제도상의 변화이다)과, 조직 구성원과 관련되는 심리적 전략(여기엔 보통 조직 관계자들이 참여한다, ⟨보기 11-7⟩ 참조)을 살펴보

〈보기 11-8〉 사회적 딜레마에서 협력 증대를 위한 전략[34]

구조적 전략	심리적 전략
- 인센티브를 조정하라 - 행동을 감시하라 - 규제 - 민영화 - 거래가능 허가증	- 심리적 계약 - 상위 목표 - 대화 - 인간적인 관계를 가져라 - 공개적 제재 - 협력의 이점에 초점을 맞춰라

도록 하자.

- **구조적 전략**

구조적 전략은 사회적 딜레마의 형성 방식에 근본적으로 변화를 주게 된다. 그것은 주로 신중한 문제해결과 인센티브의 변화를 통해 얻을 수 있다.

- 인센티브를 조정하라: 협력에 대한 금전적인 인센티브, 자원의 사유화, 그리고 감시 시스템은 협력의 가능성을 증대시킨다. 예를 들어 고속도로에 다인승용 전용차선을 설치하면 '나 홀로' 운전자들은 카풀 동기가 생기게 된다. 그러나 인센티브를 재조정하는 데는 시간과 비용이 많이 든다.

변절자들이 협력을 꺼리는 이유 중에는 협력비용이 높기 때문인 경우가 많다. 예를 들어 주차위반 티켓이 여러 장 쌓여 물어야 될 돈에 부담이 생기면, 아예 벌금을 내지 않는 '변절'을 선택한다. 가끔 시 당국은 납부기일을 넘긴 티켓에 대해 낮은 금액을 물도록 사면조치를 취함으로써 '협력'을 유도하기도 한다. 대출도서의 반납 지연에 대해서도 유사한 조치가 취해진다.

조직에서의 협력은 보상이나 가치인정을 통해 만들어진다. 이 달의 종업원상 등과 같은 가치인정은 사회적 딜레마 상황에서 변절보다는 협력을 이끌어내기 위해 구상된 것이다.

변절에 따른 리스크를 증대시킴으로써 협력을 이끌어낼 수도 있다. 예를 들어 미국에서 주나 연방 소득세를 납부하지 않으면 위법인데, 발각되면 감옥에서 몇 년을 보내야 한다는 생각이 변절의 유혹을 줄여준다. 그러나 대부분의 묵시적인 협상에서는 이런 방법으로 통제할 수 없으므로 변절의 유혹이 생기게 된다.

- 행동을 감시하라: 행동을 감시할 때 사람들은 집단의 규범을 잘 지킨다. 자기 자신의 행동을 스스로 지켜볼 때도 같은 효과가 나타난다. 예를 들어 물 부족 기간에 스스로 물 소비량을 측정한다면 물을 덜 사용하게 된다.[35] 게다가 물 소비량을 측정하는 사람들은 가뭄 동안 과소비의 전체 비용에 대해서까지도 관심을 표시했다.

  행동을 감시하는 한 방법으로 리더를 선출하는 것이 있다. 예를 들어 사람들은 그들이 공동 자원의 사용 제한에 실패했다는 피드백을 듣고 나면 리더를 뽑고자 할 것이다.[36] 사회적 딜레마 상황에서 리더 특히 독재적인 리더가 선출되면, 구성원들은 자신의 자유가 구속될까 두려워한다.[37] 리더의 선출 필요성에 대한 조사 결과, 사람들은 자원보전 딜레마에서보다 공공재 딜레마 상황에서 리더의 선출을 더 주저하는데, 이는 집단재보다 사유재의 사용에서 자유를 구속받는 게 더 싫기 때문이다.[38]

- 규제: 규제란 사회복지를 향상시키기 위해 정부가 시장에 개입하는 것을 말한다. 물과 같은 공공재에 대한 배급제가 그 예이다. 규제는 농업부문에서도 발생한다. 미국의 전화산업은 심하게 규제받았다. 1934년, 미 의회는 연방통신위원회FCC를 만들어 통신과 라디오 방송을 규제했다. 규제가 항상 책임 있는 행동을 유도하는 시스템을 만드는 것은 아니지만(예: 정부보조 보험제도로 인한 도덕적 해이) 규제의 의도는 공공이익의 보호에 있다.

- **민영화**: 사유화란 공공재를 특정 개인이나 집단의 관리 아래 놓는 것으로, 개인의 관리 아래 놓이면 공공재가 더 잘 보호된다는 기본 논리에서 출발했다. 예를 들어 시카고 시는 2008년에 시의 공공주차 징수권을 11억 5,000만 달러를 받는 조건으로 75년간 한 개인회사에 임대함으로써 주차징수사업을 민영화시켰다. 그러나 리처드 데일리Richard Daley 시장의 시당국은 일시불로 받은 그 돈의 대부분을 겨우 2년 동안에 다 써버렸다. 그럼에도 여전히 6억 5,500만 달러의 예산부족에 직면하고 있는 시카고 시는 재활용 서비스사업 부문에서부터 시 축제에 이르기까지 모든 것에 대한 민영화 계약 가능성을 모색했다. 시 관리들은 서비스 사업을 민영화 하는 것은 미래의 재정상, 운영상 리스크를 민간 운영자에게 넘기는 것이라고 말했다.[39] 다른 사례를 들어보자. 오클라호마 주의 털사Tulsa 동물원 운영권이 털사 시로부터 비영리 단체인 '털사 동물원 관리법인Tulsa Zoo Management Inc.'으로 넘어갔는데, 이 비영리 법인의 이사회는 시장은 물론 현지 기업과 공동체 지도자들로 구성되었다. 몇 년 간 동물원 운영비 부족으로 고민해 오던 시 당국은 동물원의 운영과 재정 관리를 개인단체에 넘긴 것이다. 털사 시 시장인 듀이 바틀렛Dewey Bartlett은 시 당국은 많은 일을 잘해가고 있지만, 민간부문을 비롯하여 일부 부문은 잘되고 있지 않다"고 말했다.[40]

- **거래 가능 환경허용제도**: 거래 가능 환경허용-tradable environmental allowance: TEA 제도는 사회적 딜레마를 다루기 위한 방법의 한 예이다. TEA 제도에서는 회사들이 공해를 몰래 배출하는 대신에 공해배출권이나 희귀자원 사용권을 구입한다.[41] 이렇게 되면 사용자들은 이러한 권리를 전통적 관념상의 재산으로 여기게 되어 자원을 신중하게 보호하게 된다는 것이 이 제도의 기본 아이디어이다.[42] 거래 가능 환경허용제도는 여러 나라에서 어업, 물 공급, 그리고 대기 및 수질오염 관리에서 효과를 보았다.[43] 예를 들어 어업에서 총허용조업량total allowable catch: TAC은 정부가 정

해서 협회나 개인에게 배분된다. 공해배출권의 경우처럼, 이 배분량은 개인이나 기업 간에 서로 교환될 수 있다.

- 심리적 전략

정부나 공공조직의 개입이 필요한 구조적 전략에 비해 심리적 전략은 비용이 들지 않으며, 다만 영향력 있는 대리인의 지혜가 필요할 뿐이다.

- 심리적 계약: 법적 계약은 서면으로 작성해야 하며, 제6장에서 논의한 억지력 기반 신뢰 메커니즘과 유사하다. 이에 비해 심리적 계약은 '악수에 의한 거래'handshake deal이다. 이것은 법적으로는 구속받지 않지만 심리적으로는 압박을 받게 된다. 사람들은 협력하겠다고 약속을 하고 나면 더욱 협력하는 경향이 있다. 이러한 약속은 구속력이 없고 '쉽게 할 수 있는 말'cheap talk이지만, 우리는 마치 구속력이 있는 것처럼 행동한다. 이러한 행동의 원인은 사람들이 스스로 한 얘기를 지키려는 심리, 이른바 **약속규범**norm of commitment 때문이다.[44] 약속규범은 매우 강력해서 자신들이 원하지 않는 일도 하며, 매우 불편한 일도 종종 하게 된다. 예를 들어 방문 판매원에게 상품 설명을 허용하고 나면 사람들이 그 물건을 살 가능성은 더욱 커진다. 또 다른 예로, 교통안전을 위해 주거지역에 표지판을 세우는 것이 필요하지 않겠느냐는 시 당국의 질문에 동의했던 집주인들은 자기 집 앞에 '운전 조심'이라는 커다란 표지판(10피트 높이)을 세우려는 시 당국의 제안에도 동의하게 된다.[45]
- 상위 목표: 사회적 딜레마에서 우리의 행동은 어떤 행동이 적절하며 기대되느냐에 대한 우리의 생각에 영향을 받는다. 이를 연구하기 위해 죄수의 딜레마를 활용하여 조사를 한 바 있다. 그러나 조사 대상자들에게 그들이 하는 게임이 '죄수의 딜레마 게임'이라고 설명하지 않았으며, 대상자에 따라 게임 이름을 '월스트리트 게임'이나 '공동체 게임'이라고 불렀다.[46] 하지만 게임의 방식은 서로가 꼭 같았다. 합리적으로 분석한다

면 이름이 무엇이든 '변절'이 최상의 전략이지만, '월스트리트 게임'에서보다 '공동체 게임'에서 협력의 비율이 세 배나 높았다. 이는 이름과 같은 사소한 실마리에도 사람들은 매우 민감하게 반응한다는 것을 의미하지만, 실제로 사람들은 비경제적인 결정 상황보다 경제적인 결정과 관계되는 사회적 딜레마에서 더 경쟁적으로 행동한다.[47]

- 의사소통: 협력의 핵심요소는 의사소통이다.[48] 의사결정을 하기 전에 구성원들과 의사소통이 가능하다면, 협력의 가능성과 크기는 매우 커질 것이다.[49] 의사소통의 유형 또한 중요하다. 업무와 관련된 의사소통은 그렇지 않은 의사소통과는 달리 공정성과 신뢰를 근간으로 하는 대인관계 규범을 활성화시킴으로써 더 큰 협력을 이끌어낸다.[50]

이것은 두 가지 이유로 설명할 수 있다.[51] 첫째는, 의사소통이 집단 정체성을 강화시키기 때문이다. 둘째는, 의사소통은 집단구성원들이 협력의사를 공개적으로 표명하도록 허용하기 때문이다. 이런 상황에서의 구두약속이란 상대에게 기꺼이 협력하겠다는 것을 의미한다. 따라서 이런 상황에서는 상대에 대한 불확실성이 줄어들고 의사결정자에 대한 믿음이 증대된다. 이상의 이유에서 가장 중요한 것은 의사소통을 통해 약속을 했다는 점이다.[52]

우리는 대면대화의 효율성을 서면 의사소통이나 의사소통을 아예 하지 않는 경우와 비교하여 조사했다. 그 결과, 대면대화를 통한 거래에서 서로에게 가장 도움이 되는 결론에 도달했다. 이는 각자가 '합의에 도달하지 못했을 때 택할 수 있는 최선의 대안'BATNA보다 높은 가격에서 협력할 수 있었기 때문이다.[53] 약속은 그다음에 하는 행동에 영향을 준다. 사람들은 자기가 한 말을 어기기 싫어하는데, 자신의 말에 구속력이 없을 때도 그러하다. 만약 구두약속을 하지 못할 상황이라면 사람들은 비언어적 약속이라도 하려고 한다.

약속이 협력을 증대시키는 데 효과적인 또 다른 이유는 집단정체성을 공유하게 만들기 때문이다. 의사소통은 서로를 알게 하며, 그것을 통해 자기집단에 더 매력을 느끼게 된다. 사람은 사회집단과의 관계에서 정체성을 확보한다.[54] 우리의 정체성이 집단 내 다른 사람과의 인간관계에서 나온다면, 우리는 집단의 이익을 증진시키려고 노력하게 된다. 이러한 정체성 인식으로 인해 사회적 딜레마 상태에서도 협력적이며 집단에 도움이 되는 선택을 할 수 있다.

사회적 정체성은 인간관계를 통해 만들어진다. 예를 들어 1991년 캘리포니아는 인구증가, 물 공급 정책, 5년간의 가뭄 때문에 물 부족 현상이 극심했다. 많은 지역의 주민들은 자발적으로 물을 아끼고 수자원위원회Public Utilities Commission가 정한 규정을 준수했다. 샌프란시스코 지역의 전화조사 결과, 위원회와 강력한 유대관계를 가지고 있을 때 시민들은 시책에 더 협력적이었다.[55] 물 부족 딜레마에서 협력을 촉구하는 위원회의 효율성은 위원회가 주민사회와 맺는 사회적 연대감에 달려 있었다.

- **상대와 인간적인 관계를 가지라**: 사람들은 종종 상대방과 인간적인 교류를 하는 것이 아니라 개체나 조직과 교류하는 것처럼 행동한다. 예를 들어 화가 난 어느 승객이 항공사가 환불을 거부한다고 항의하지만, 실제로 환불을 거절한 것은 항공사가 아니라 항공사의 대표이다. 서로의 관계가 인간적인 관계로 변하면 비인간적인 조직과 거래를 한다고 느낄 때보다 사람들은 더 협력을 하게 된다. 더욱 중요한 것은 사람들이 당신을 협력자로 본다는 점이다. 상대방이 지난번에 협력적이었다면, 당신은 이번에 그와 더 많은 협력을 하게 될 것이다.[56]

크네즈M. Knez와 캐머러C. Camerer는 기업의 규모가 커지면서 죄수의 딜레마 상황이 되어갈 때 대체로 협력적이었던 회사가 어떻게 변해가는 지에 대해 시뮬레이션 조사를 했다.[57] 어떤 관리자들은 함께 일해본 적이 있고, 또 어떤 관리자들은 그러한 경험이 없다. 과거에 함께 일해 본 경험이 있는 관리자들은 죄수의 딜레마 상황에서 더 협력적이었다. 게다가 그 차이는 아주 컸다. 전자의 경우에는 약 71%가 협력적이었던 반면에 후자는 15~30%만이 협력적이었다.

사람들이 협력하는 또 다른 이유는 자기 자신을 괜찮은 사람이라고 여기고 싶기 때문이다. 앞에서 예로 들었던 호프스태터의 죄수의 딜레마 게임에서 어떤 사람은 《사이언티픽 아메리칸》의 독자들이 자신을 변절자로 보기를 원하지 않으므로 협력적인 선택을 했다고 말했다.[58] 이러한 행동양식은 감상적인 관리impression management의 한 형태이다.[59] 감상적인 관리 문제는 사람들이 공개적일 때보다 익명성이 있을 때 더욱 다르게 행동하지 않을까 하는 의문을 제기한다. 답은 '그렇다'이다. 그러나 공개적 행동이 개인적 행동보다 항상 협력적인 것은 아니다. 예를 들어 배후의 이해당사자들을 위해 협상하는 사람은 자기 자신을 위해 협상하는 사람보다 더 열심히 경쟁적으로 협상을 한다.[60]

- **사회적 제재**social sanction: 사회적 제재는 변절이 발생할 때 공동체나 집단에서 실행하는 응징이다. 법적 제재와는 달리 사회적 제재는 경제적 처벌이나 벌금을 과하지는 않고, 질책의 한 형태라고 해야 할 것이다. 미국 하원 다선의원인 찰스 랑겔Charles Rangel은 소득세 탈루와 사무실에서의 기부요청행위로 하원에서 30년 만에 처음으로 절대 다수표로 징계(비난 결의안) 받은 의원이 되었다. 하원에서 제명조치 다음가는 중징계인 비난 결의안은 미국의 최다선 의원 중 한 사람이며 가장 존경받던 의원의 입장을 곤혹스럽게 만들었다. 그에 대한 하원의원들의 비난 결의안은 재량권 남용에 대한 분명한 경고로 받아들여졌다. 비난 결의안이 통과된 후 랑겔 의원이 한 말은 "나는 내가 의회에 의해 심판받으리라고는 전혀 생각하지 못했다. 나는 의회가 아닌 나의 삶을 통해 평가받을 것이다"라는 것이었다.[61]

- **협력의 이점에 초점을 맞추라**: 사회적 딜레마 상황에서 어떤 특정 선택을 하게 될 확률은 그 선택을 통해 원하는 결과를 얻을 수 있는 매력이

얼마나 클 것인지와 함수관계가 있다.[62] 어떤 선택에 대한 매력이란 상상이나 시뮬레이션의 결과이다.[63] 한 조사에서는 죄수의 딜레마 게임을 활용해 사람들의 긍정적인 사고 능력을 연구했다. 참여자들에게 중간에 실제로 나타난 것보다 '더 나쁘거나' 또는 '더 좋은' 대안을 생각하도록 지침을 주었다. 그리고 그 게임을 좀 더 진행시켰는데 놀라운 결과가 나왔다. 더 좋은 대안을 생각했던 협상자들은 협력적이었고, 더 나쁜 대안을 생각했던 협상자들은 변절을 많이 했다.[64] 이러한 사실은 좋을 수 있다고 하는 긍정적인 생각은 협력을 증대시킨다는 것을 말해준다.

사회적 딜레마 상황에서 담합을 하지 않고 협력하는 방법

지금까지 상대와의 협력을 통해 공동이익을 증대시키고 그것이 결국은 자신의 이익을 증대시키게 되는 방법을 살펴보았다. 그러나 당사자들이 서로 협력하는 것이 불법인 경우가 많으므로 신중해야 한다. 기업들 간의 가격 담합 문제를 살펴보자. 한 가지 예로 제약회사들이 특정 분야에 진입하는 새로운 경쟁사에 대해 어떻게 대응하는지를 알아보자. 회사들이 서로 담합을 할 수 없을 때 사회적 딜레마 상황에서 협력을 증진시킬 수 있는 방법으로는 다음과 같은 것들이 있다.[65]

- **전략을 단순화하라**: 전략이 단순할수록 경쟁자가 당신의 전략을 읽기 쉽다. 불확실성과 경쟁적인 행태는 거의 비례한다. 불확실성이 클수록 서로 경쟁적이 된다.[66] 따라서 경쟁자에게 불확실성을 최소화해주는 것이 좋다.
* **행동을 통해 신호를 보내라**: 행동이 말보다 더 큰 목소리라는 격언을 명심하라.
- **먼저 변절하지 말라**: 이미 본 것처럼 변절의 악순환에서 벗어나기는 쉽

지 않다. 따라서 먼저 변절하지 말라.
- **상대이익과 비교하지 말고, 오로지 자신의 이익에만 초점을 맞추라**: 사회적 딜레마가 경쟁적 동기를 유발시키는 경우가 자주 있다(제5장에서 논의했다). 경쟁적 동기는 상대를 이기겠다는 욕망이다. 그러나 자신의 이익에 초점을 맞추는 것이 성공할 확률이 더 높다.
- **자기중심편향을 조심하라**: 대부분의 사람들은 자신의 행동이 상대의 행동보다 협력적이라고 여긴다. 그러나 경쟁자가 보는 당신은 당신 자신이 보는 당신보다 더 부정적이라는 사실을 염두에 두어야 한다. 당신이 전략을 세울 때 당신의 경쟁자들이 당신 자신의 평가보다 당신을 덜 좋게 본다는 사실을 명심하라.

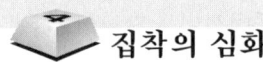

집착의 심화

전망이 좋은 인터넷 업체에 소액투자를 했다고 가정하자. 3개월이 지난 후 회사가 경영손실을 입었다는 것을 알았으며, 당신도 투자손실을 입었다. 당신의 목표는 장기적으로 돈을 버는 것이다. 앞으로 이 회사에 계속 투자하겠는가? 이 상황에서 두 가지 가능한 선택을 고려해야 할 것이다.

1. 이미 투자한 작은 금액의 손실을 인정하고 포기하기.
2. 그 회사에 더 많은 돈을 투자하여 추가 위험부담을 감수하기. 이 경우엔 그 회사의 주가가 상승하여 큰 이익을 낼 수도 있고 추가로 수직으로 떨어져 큰 손실을 볼 수도 있다.

제2장에서 설명한 판단 참고치 효과reference point effect에 의하면, 대부분의 협상자들은 그 회사에 투자를 계속하게 된다. 그들은 최초 투자에 기초하여 '손실 구조'를 이미 채택했기 때문이다.

그러나 인터넷 회사가 초기에 좋은 성과를 보이지 않았고, 당신은 이에 따른 손실을 매몰비용으로 간주했다고 가정하자. 즉 당신은 이미 당신의 판단 참고치에 적응한 것이다. 이제 손실을 본 그 회사에 더는 투자를 하지 않는 것과 더 많은 투자를 하는 모험 중 어느 것이 현명한지를 자문해보자.
1. 이 시점에서는 그 회사에 투자를 하지 않는다. 그냥 빈 손 들고 나온다.
2. 이판사판 심정으로 최근에 실적이 좋지 않았던 그 회사에 추가 투자를 한다.

이런 상황에서 대부분의 사람들은 투자를 하지 않는 선택을 한다. 손실보다는 확실한 게 더 좋기 때문이다. 협상자의 심리적인 판단 참고치도 심화의 덫에 빠지는 경향에 영향을 준다. 협상자는 손실을 입으면 위험을 무릅쓰는 결정을 하며, 이익을 얻으면 위험을 피하려고 한다. 협상자는 백지상태에서 시작할 때보다, 불리한 상황에서 벗어나려고 할 때 더 위험을 무릅쓰는 경향이 있다. 라스베이거스의 도박사들처럼 상대를 좀 더 오랫동안 제압하려는 협상자는 심화의 덫에 걸리게 된다. 대부분의 의사결정자들과 협상자들은 그들의 판단 참고치를 다시 조정하려 하지 않는다. 오히려 자신의 판단 참고치에 적응하지 못하고 결국에는 이익이 되지 않는 위험한 결정을 한다.

- **집착의 심화**escalation of commitment는 자신들의 행동이 효과가 없고 협상상황이 급격히 불리하게 돌아가는 것이 명백한데도 손실의 길을 고집하는 경향을 말한다. 심화 딜레마는 개인적 딜레마와 타인 간의 딜레마 두 가지로 구분할 수 있으며, 둘 다 지금까지 그 상황에 관련되지 않았더라면 지금 하려는 결정과는 다른 결정을 하게 되는 상황에서 나타나는 딜레마이다.
- **개인적인 집착심화 딜레마**personal escalation dilemma는 한 사람만 관련이 되며, 손실의 길이 보이는 상황에서도 계속 진행할 것인지 아니면 손실을 끊어버리는 것이 좋은지에 관한 딜레마이다. 큰돈을 잃은 다음에도 계속

도박을 하는 것, 고장으로 많은 비용을 치르고도 자동차나 집수리에 돈을 퍼붓는 것, 줄어들지도 않는 긴 줄에 서서 차례를 기다리는 것은 집착심화의 예이다. 어떤 의미에서는 멈추는 것은 실패를 인정하고 손실을 받아들이는 것이며, 투자를 지속하면 손실을 만회할 수도 있다.

- **타인 간의 집착심화 딜레마**interpersonal escalation dilemmas는 두 사람 이상이 관련되는 경쟁적 관계에서 발생한다. 조합원들의 파업은 심화 딜레마 상황인 경우가 자주 있으며, 전쟁의 경우도 그러하다. 베트남 전쟁 초기에 존슨 대통령이 겪은 상황을 살펴보자. 존슨은 당시 국무부 부장관 조지 볼George Ball로부터 다음과 같은 메모를 받았다.

각하께서는 현재 중대한 결정에 직면해 있습니다. 일단 전투명령을 하달 받게 되면 우리 미군은 많은 사상자를 내게 될 것입니다. 우리 미군은 심각할 정도로 적대적이지는 않지만 비협조적인 지역 내에서 전투를 치르기에는 장비가 빈약한 실정입니다. 대규모 사상자가 발생하게 되면, 우리는 이미 돌이킬 수 없는 상황에 처할 것입니다. 이미 너무 깊숙이 개입했기 때문에 목표를 완전히 달성하기 전에는 멈출 수가 없으며, 멈춘다면 그것은 국가적으로 굴욕이 될 것입니다. 그러나 제 생각으로는 막대한 비용을 지불했음에도 목표를 달성하기보다는 굴욕을 감수하고 중단하게 될 가능성이 더 크리라고 예상됩니다.[67]

편견이 없는 사람이 보기에는 실패의 길이 명백한데도 사람들은 심화 딜레마에 빠지게 되는 경우 자원을 더 투입하게 된다. 사람들은 보통 처음에는 손해를 볼 것 같지 않기 때문에 심화의 늪에 빠지게 된다. 심화 딜레마는 결정을 해야 하는 사람이 그 시점까지 자신이 관련되지 않았다면 지금과는 다른 결정을 하거나, 또는 객관적인 제3자라면 그런 결정을 하지 않을 경우에 발생한다. 심화 상황에서는 도박(개인적 딜레마)이나 최종제안(타인 간의 딜레마)의 경우처럼 상황을 반전시키기 위해 자원을 더 투입하려는 결정이 이루어진다. 이러한 과정은 추가자원이 투입되는 동안 여러 번 반복된다. 이미 이루어진 투자가 크고 잠재손실이 참담하면 할수록 사람들은 더욱 반전시키려는 노력을 한다.

첫 단계에서 사람들은 의심스럽거나 적대적인 결과에 접하게 된다(예: 나의 제안에 대한 협상 상대의 거부, 시장점유율의 하락, 성과 부진, 경쟁자의 기만이나 적대적인 행동). 이 사건은 협상자로 하여금 현재의 행동을 즉시 재검토하게 만들며, 그때 현재의 행동을 지속하는 것의 효용이 취소나 변경의 효용보다 중시된다. 이때의 결정이 자신의 행동에 대한 집착 여부를 결정한다. 이 집착이 작다면 협상자는 양보를 하고 통합적 합의를 이루거나 또는 자신의 BATNA로 복귀한다. 그러나 집착이 크다면 협상자는 집착을 지속하고 결정과정을 다시 반복한다.

협상자들이 결과가 부정적일 것이라는 낌새를 알게 되면, 그 상황에서 나에게 돌아오는 것은 무엇인지를 스스로 반문하게 된다. 그러나 협상의 결과보다도 협상의 과정 자체가 종종 협상을 지속하는 이유가 된다. 이러한 판단은 협상을 지속하는 것이 협상자의 실제 목표와 일치하지 않는데도 마치 일치하기나 한 것처럼 스스로를 강화強化, reinforcement하는 잘못에 빠지게 만든다. 자존심이 센 사람일수록 이러한 심리의 제물이 되기 쉽다. 즉 자존심이 센 사람은 자아와 그것의 유지에 더 많이 투자한다.[68] 종종 체면을 유지하려는 경향이 협상자를 집착으로 이끈다. 어떤 협상자는 자신이 후퇴를 하면 어리석고 바보처럼 보일까 걱정한다. 자아의 보호가 협상의 성공보다 우선순위가 높은 경우도 자주 있다.

협상에서 집착의 심화를 피하는 방법

협상자들은 대부분 갈 데까지 가서야 자신이 집착의 심화에 빠진 것을 알게 된다. 일이 더 꼬이는 이유는 심화 딜레마가 발생하는 경우 대부분의 협상자(도박사 같은)가 초기에는 이기거나 또는 초기입장을 강화시킬 수 있는 좋은 징조를 얻기 때문이다. 어떻게 하면 협상자가 집착 딜레마에서 빠져 나올 수 있을까?

가장 좋은 충고는 리스크 관리정책을 취하는 것이다. 그 상황과 관련된 위험을 잘 이해하고, 그 위험을 잘 관리하는 방법을 배우며, 그리고 감내할 수 있는 손실의 한계를 정하는 것이다. 다른 관점에서 협상 정보와 결과를 찾아내는 것도 중요하다.

- **한계를 설정하라**: 이상적인 경우, 협상자는 명백히 정의된 BATNA를 가져야 한다. BATNA보다 나쁜 제안을 만들거나 받아들여서는 안 된다.
- **좁은 시야**tunnel vision**를 피하라**: 협상자는 상황에 대한 다양한 시각을 가져야 한다. 협상에 직접 참여하지 않은 사람에게 평가를 듣는 것이 좋다. 당신의 견해, 희망, 기대치, 또는 그 상황에서 당신이 빠져 나올 때 드는 비용 등을 생각하면서, 편견을 가지고 그들의 평가를 들어서는 안 된다. 그렇게 되면 당신은 자신의 견해에 맞춰 그것들을 판단하게 되는데, 그런 것은 결코 당신이 바라던 바가 아니다. 당신은 정직하고 비판적인 평가를 원하기 때문이다.
- **매몰비용을 인정하라**: 아마도 집착의 심화를 피하기 위해 가장 강력한 방법은 매몰비용을 인정하고 받아들이는 것이다. 매몰비용은 다리 아래 흐르는 강물과 같아서, 이미 써버려서 돌이킬 수 없는 돈을 말한다. 협상자들이 프로젝트, 제품, 또는 프로그램의 중단을 고려해보는 것은 도움이 된다. 이런 방법을 통해 현 상황에서 추가투자를 해야 할 것인지를 결정해야 한다. 즉 당신이 오늘 처음 결정을 하는 것이라면, 지금 고려 중인 투자를 하겠는가(지속적인 투자) 또는 다른 행동을 취하겠는가 하는 상황이 되는 것이다. 이 상황에서 만약 당신이 투자 결정을 할

생각이 없다면 그 계획을 끝내고 다른 계획으로 이동할 방법을 생각해야 할 것이다.

- **책임감과 권위를 다양화하라**: 몇몇 경우 최초 협상자에게 편견이 생겼다고 여기면 그들을 바꾸는 것이 좋다. 그때 외부 의견을 듣거나 그 상황에 개인적인 이해관계가 없는 사람을 임명해야 한다.
- **상황을 다시 정의하라**: 상황을 똑같은 과거의 문제로 보지 말고 새로운 문제로 보는 것이 도움이 된다. 또한 결정 영역을 바꾸는 것도 도움이 된다. 워싱턴 D.C.의 교사들은 2010년 그들이 새로운 계약을 비준했을 때의 계약내용을 획기적으로 재 정의했다. 즉 학생들의 교육성과에 기초하여 성과가 부진한 교사를 교실에서 퇴출시키는 교육행정당국의 재량권을 확대시킨 것이다. 이전 같으면 교육자들에게 이런 일은 상상할 수도 없는 것이었다. 처음에 그들은 제시된 안건 중 많은 것들 — 학생들의 시험점수 상승과 연계한 능력급 지급, 연공서열제도 약화와 재직기간 단축 등 — 을 격렬하게 거부했다. 그러나 지속적인 노력을 통해 그러한 제안들이 대세를 이루는 견해와 통합을 이루게 되어 현상유지 기대를 효과적으로 변화시켰다.[69]

결론

죄수의 딜레마와 사회적 딜레마는 계약과 강요의 메커니즘이 없다는 데 특징이 있다. 이러한 딜레마에서 사람들은 이기적인 선택을 하거나 또는 남에게 이용당하기 쉬운 협력적인 선택을 하게 된다. 두 사람 간에 벌어지는 죄수의 딜레마에서 최적의 파이 늘리기와 파이 나누기 전략은 팃포탯 전략이다. 그러나 이것은 반복되는 두 사람 간의 게임에서만 적용된다. 조직 내 또는 조직 간의 묵시적 협상은 두 사람보다 많은 사람들이 관련되는 사회적 딜레마를 가져온다. 사회적 딜레마에서 협력을 가져오는 좋은 방법으로는 인센티브를 조정하고, 변절하려는 유혹을 제거하고, 구두약속을 하도록 하고, 관련 당사자와 대화를 하고, 사회적 정체성을 구축하고, 약속을 공개하고, 개인적인 관계를 만들고, 상황을 다시 정의하고, 그리고 감정을 관리하도록 도와주는 것이 있다. 심화 딜레마는 사람들이 객관적으로 손실이 뻔해도 투자를 하려고 할 때 생긴다. 심화를 방지하기 위해서는 한계를 미리 정하고, 여러 가지 관점을 들어보고, 매몰비용을 인정하고, 그리고 책임을 여러 사람에게 분산시키며, 상황을 재정의하는 방법이 있다.

제12장
정보기술을 활용한 협상

기밀로 취급해온 수만 건의 미국 군사 및 외교문서 내용을 2010년에 위키리크스 Wikileaks 창립자인 줄리언 어산지 Julian Assange가 폭로했을 때, 문제의 인터넷 사이트를 정지시키기 위해 비밀협상이 숨 가쁘게 진행됐다. 위키리크스에 따르면, 미국 군부는 폭로 위협을 받는 1만 5,000건 이상의 서류에 담긴 민감한 정보 — 거기엔 아프가니스탄 전쟁에서의 정보제공자 이름도 포함되어 있었다 — 를 제거하기 위해 위키리크스와 협상을 벌였다. 하지만 펜타곤은 위키리크스와의 협상을 부인했다. 어산지는 힘의 전략을 활용하여 만약 자신 또는 자신의 조직에 대해 법적 조치를 취한다면, 더 민감한 수천 건의 외교 관련 전문내용을 폭로하겠다고 위협했다. 미국은 조심스럽게 움직였다. 위키리크스가 확보한 것으로 알려진 외교전문의 1% 미만만 공개되었다. 미국 당국자들은 전량 회수를 위한 새로운 기술상의 문제점들을 협의했으나 뾰족한 방안을 찾지 못했다. 첫째, 전문의 모든 복사본을 회수할 방법이 없었다. 둘째, 어산지를 기소할 명확한 법적 근거가 없었다. 미국 법무부는 방첩법 Espionage Act 으로 어산지를 기소하는 방안을 고려했으나, 이 누출정보를 입수한 제3자를 기소할 만큼 그 정보가 제대로 활용되지 않았다는 사실이 당국자들 간의 협의 과정에서 기소 약점으로 거론되었다. 언론에서 기소 문제가 부각되자, 위키리크스는 캐나다의 수력발전 댐들에서 덴마크의 백신 공장들에 이르기까지 미국 국가 안보에 아주 중요한 것으로 여겨지는 온 세계의 케이블 리스팅 사이트들을 폭로했다. 당사자 간에 비밀협상이 진행되고 있다는 소문이 흘러나왔다.[1]

위키리크스 사건은 인터넷, 그리고 새로운 정보기술세계가 협상에 어떤 영향을 미치는 지에 대한 몇 가지 문제를 제기했다. 이번 장에서는 협상, 특히 이메일을 통한 협상e-negotiation에서 정보기술이 미치는 영향을 살펴본다. 우리는 협상에서 정보기술의 영향을 평가하기 위해 간단한 사회교류 모델인 장소-시간 모델을 사용하고자 한다. 이 모델은 같은 장소 또는 다른 장소에서 협상하는 사람들과 같은 시간대 또는 다른 시간대에 협상하는 사람들에 대해 분석해본다. 정보기술이 어떻게 협상행태에 영향을 주는지에 대해서도 별도로 살펴본다. 그리고 협상자들이 효과적으로 파이를 확대하고 나누기 위한 전략을 설명한다.

장소 - 시간 사회교류 모델

장소 - 시간 모델은 풍부성richness이 다른 네 가지 상호작용 모델, 즉 같은 장소+같은 시간, 다른 장소+다른 시간, 같은 장소+다른 시간, 다른 장소+같은 시간을 나타낸다(〈보기 12-1〉 참조).[2] 풍부성은 소통매체의 잠재적인 정보전달 수용능력이다.[3] 대면 대화는 상대적으로 '풍부'한 반면 메모와 업무편지 같은 형식적인 문서 메시지는 상대적으로 '빈약'하다(〈보기 12-2〉 참조).[4]

대면대화는 말투, 얼굴표정, 그리고 몸짓을 포함한 복합적인 요소들의 관찰을 통해 그 맥락을 이해할 수 있기 때문에 가장 풍부한 정보를 제공한다. 이와 대조적으로 형식적이고 통계적인 문서는 복합적인 상황을 거의 제공하지 않으므로 가장 빈약한 정보만을 제공한다. 그리고 대화의 지리적 근접성과 시간적 제약은 협상자들에게 영향을 준다.

그러면 대화의 네 가지 유형을 장소 - 시간 모델을 통해 자세히 살펴보자.

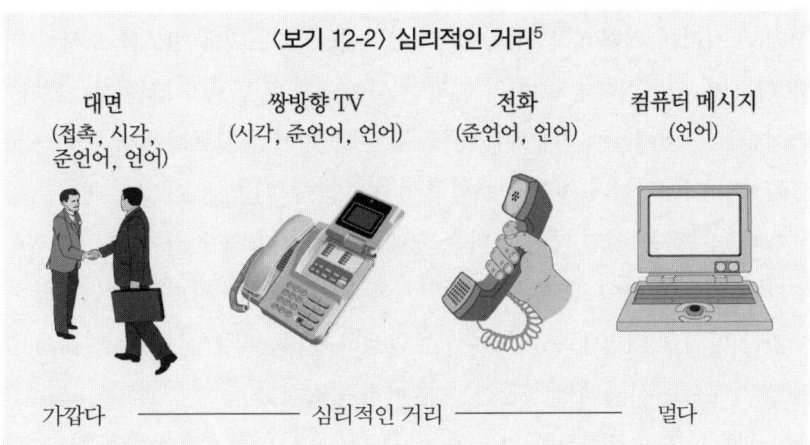

〈보기 12-1〉 관계에 대한 장소 - 시간 모델

	같은 장소	다른 장소
같은 시간대	- 대면	- 전화 - 원격 화상회의
다른 시간대	- 단일 텍스트의 편집 - 업무 연결	- 이메일 - 음성 메일

〈보기 12-2〉 심리적인 거리[5]

대면
(접촉, 시각,
준언어, 언어)　　쌍방향 TV
(시각, 준언어, 언어)　　전화
(준언어, 언어)　　컴퓨터 메시지
(언어)

가깝다 ——— 심리적인 거리 ——— 멀다

대면대화 face-to-face communication

　협상자들은 대부분 대면협상을 아주 선호한다. 대면접촉은 협력이나 최초의 관계정립에 결정적인 역할을 한다. 대면협상은 협상자들이 처음 만날 때 특히 중요하다. 이 만남에서 교류의 규범이 정해진다. 협상자들은 전화보다는 얼굴을 마주볼 때 더욱 협력적으로 임한다.[6] 전화나 제한된 형태의 대화와는 반대되는 개념으로서, 얼굴을 마주보고 하는 대화는 사람 사이에 일치감과 교류를 활성화시키며 신뢰와 협력관계를 높인다.[7] 얼굴을 마주하는 만남은 복잡한 협상의 경우에 더욱 이상적이다. 대면 협상은 서면(이메일)으로만 하는 협상이나 전화로 하는 협상보다 공통적인(윈 - 윈) 결과와 균형 잡힌 잉여 분배(파이 나누기)를 도출할 확률이 더 높다.[8] 더욱이 서면(이메일)으로만 하는 협상은 곤경에 처할 빈도가 높고, 전화로 하는 협상은 구매자와, 높은 이익을 가져다 줄 판매자를 놓칠 가능성이 높다.

대면대화의 빈도는 사람들이 얼마나 가깝게 위치하고 있느냐에 따라 쉽게 예측할 수 있다. 다른 사무실이나 다른 층에 근무하는 사람보다 같은 층이나 같은 사무실에 근무하는 사람들끼리 대화를 많이 한다. 대화 빈도는 말 그대로 거리에 의해 결정된다. R&D 연구원들 간의 대화 빈도를 조사한 바에 의하면, 사무실이 5~10미터 거리만 되어도 대화 빈도가 크게 감소했다.[9] 인접한 사무실에 근무하는 사람들은 같은 층의 다른 사무실에 근무하는 사람들보다 이메일이나 전화를 포함하여 대화를 두 배 이상 더 많이 한다.[10]

대면대화는 쉽기 때문에 다른 형태의 대화보다 자주 일어난다. 우리는 얼마나 많은 협상이 우연한 만남에서 이루어지는지를 과소평가하는데, 이 우연한 만남은 대면대화 이외에서는 발생하지 않는다. 협상기회를 갖는 것은 장기적으로 사업에서 성공하는 데 매우 중요하다.

사람들은 주로 비언어적 신호에 의존하여 사회적 상호작용을 한다. 메시지 의미의 93%는 목소리의 억양과 같은 비언어적인 부분에 담겨 있다는 평가가 있다(부록 2 참조).[11] 오바마 대통령은 2008년 취임연설을 할 때, 국민들에게 신뢰와 지도력 이미지를 주기 위해 비언어적인 소통방식을 이용했다. 대통령은 연설의 핵심 개념을 강조하기 위해 손 제스처를 썼으며 메시지와 이슈에 맞추기 위해 목소리의 음질을 변화시켰다. 그의 목소리는 미국이 당면하고 있는 문제들을 단호히 맞서 해결할 것임을 선언할 때는 더 높아지고 더 당당해졌다.[12]

비언어적 대화는 의복과 장신구의 선택으로 까지 확대될 수 있다. 예를 들어 대통령 선거운동 때 오바마가 그의 양복 옷깃에 미국국기가 그려진 핀을 꼽는 것을 깜박 잊고 연단에 섰을 때, 미국의 한 언론사는 흥분하며 그 사실을 보도했다. 매들린 올브라이트Madeline Albright는 국무장관으로 있을 때 다양한 외교 행사에 맞춰 전략적으로 옷깃에 다는 핀을 선택했다. 사담 후세인 Saddam Hussein이 서방의 무기사찰요구를 거부한 것을 올브라이트 국무장관이 비난한 후 이라크의 한 국영신문이 그녀를 '전대미문의 뱀'에 비유하자, 올브라이트는 이라크 관리들과의 다음번 회담장에 뱀이 나뭇가지를 감고 있는 핀을 옷깃에 꼽고 나갔다. 그녀의 관점이 정해진 것이다. "그런 것을 시도하기 오래 전에 나는 장신구가 나의 개인적인 외교무기의 일부가 되었음을 알았다"고 그녀는 말했다.

중요한 행위적·인식적·감성적 과정은 사람들이 직접 만났을 때 비로소 작동한다. 그러나 훈련이 되어 있지 않다면, 대면접촉을 단순히 협상을 원활히 해주는 윤활유 정도로 생각할지도 모른다. 대면협상은 다른 사람과 같은 생각을 하게 만들고 일체감을 느끼게 한다. 사람들이 그렇게 느끼든 안 느끼든, 일체감은 사람들 간의 신뢰를 증진시키는 데 결정적인 역할을 한다. 비언어적 행동(몸짓, 제스처, 눈 마주침, 머리 끄덕임)과 준언어적 행동(유창함, 더듬거림 등)은 일체감 형성에 중요한 역할을 한다. 동일한 인물이라 할지라도 시선을 마주치고, 고개를 끄덕이면서 얘기하고, 앞쪽으로 바짝 당겨 앉아서 직접 제스처를 취하는 경우에 비해, 멀리 떨어져 앉아서 제스처의 전달이 안 되며, 뒤로 비스듬히 기대어 다리를 꼬고 시선을 아래로 향한 경우에는 감정적으로 일체감을 주기 어렵다.

성별 차이가 날 때도 있다. 여성들이 협상할 때 그 합의는 시각적 접촉을 가질 때 양질의 것이 될 것이다. 하지만 남성과 협상자할 때는 그 반대 현상이 일어난다. 그들은 시각적 접촉이 없을 때 더 나은 합의에 이른다.[13]

그러나 우리는 대면대화라고 하는 사치를 항상 누릴 수만은 없다. 사람들은 전화로도 얘기하며, 전화를 걸어도 항상 연락이 닿을 수 있는 것도 아니다. 어떤 조사에 의하면, 전화를 걸어도 그 시도의 70%는 의도한 상대와 통화할 수가 없었다고 한다.[14]

같은 시간대 — 다른 장소 모델

협상을 실시간으로 진행하지만, 물리적으로는 같은 장소에 위치하지 않는 '같은 시간대—다른 장소 모델'은 대면협상의 대안이다. 가장 흔한 대안은 전화이며, 화상회의도 그 하나이다. 흥미롭게도 협상자들이 서로 얼굴을 마주보지 않고, 상대가 물리적으로 가까운 곳이 아닌 먼 곳(수천 피트 떨어진 곳)에 있다고 믿을 때 통합적 합의를 더 잘 이룬다.[15] 분명히 상대가 먼 곳에 있다는 느낌이 협상자의 마음속에 더 큰 그림을 그리기 때문일 것이다. 미국 재향군인회는 전국적인 규모의 화상회의 네트워크를 이용함으로서 400명의 정보전달 요원들이 연간 약 300만 달러의 여행경비를 절약할 수 있게 한다. 재향군인회는 그들의 본부와 4곳의 지역 사무실이 지리적으로 멀리 떨어져 있기 때문에 같은 시간대에 다른 장소 모델을 활용하고 있는 것이다.[16] 전화로는 사람들의 표정을 볼 수 없으며, 화상회의에서는 중간 멈춤, 상호 응시, 그리고 다른 사람의 비언어적 반응(예: 주위를 둘러보거나 아래를 내려다봄)을 확인할 수 없다. 지금부터 같은 시간대, 다른 장소 협상에 대한 4가지 주요 문제점들을 확인해보자.

- 비공식 대화의 부족: 아마도 대부분 느끼는 것이지만 같은 시간대, 다른 장소 협상의 가장 큰 한계는 홀이나 사무실 안에서 비공식적 잡담을 할 수 없다는 점일 것이다. 화장실에서, 커피 자판기 앞에서, 또는 점심을 먹고 오는 길에 나누는 대화에서 가장 어려운 문제가 해결되고 개인적인 문제들이 언급된다. 많은 기업들은 조직 내에서 발생하는 비공식 대화가 얼마나 중요하고 큰 역할을 하는지를 잘 알고 있으며, 비공식 대화를 활성화하기 위한 조치들을 취하고 있다. 예를 들면, 즉석교신instant messaging, IM*의 활용이 회사 사원들 간에 나날이 늘고 있다. 짧고 서둘

- 인터넷을 통해 실시간으로 대화를 나눌 수 있도록 도와주는 채팅룸의 한 종류이다. 주로 음성

러 쓴 것이지만, IM은 두 사람 간의 회합 일정을 잡는 데 활용되고 영업상의 전화를 할 때도 '보완수단'back channel으로 활용된다.17 그리고 이메일보다 더 자연스럽게 감정이 전달된다.

- **기회 상실**: 협상은 사람들이 합의에 이르지 못하거나 부족한 자원을 가지고 옥신각신할 때만 발생하는 것은 아니다. 사실 많은 협상은 과감한 합작과 같이 새로운 기회를 만들기 위해 이루어진다. 그러나 이러한 협상은 사전에 계획되지 않고, 비공식적이고 우연한 만남에서 이루어지는 경우가 많다.

- **피드백의 분리**: 거리가 떨어져 있는 것의 또 다른 부정적 영향은 피드백이 부족하다는 점이다. 거리가 떨어져 있으면 대면협상에서는 가능한 피드백이 차단된다. 한 관리자가 본사에 근무하는 직원을 상대한 경우와, 15킬로미터 떨어진 곳에서 근무하는 직원을 상대한 경우를 비교해 보았다.18 본사에 근무하는 직원은 이 관리자의 사무실에 불쑥 들르거나 또는 복도 같은 데서 따라와서는 "나는 당신의 X프로젝트 계획에 대해 들었다. 그 계획이 왜 잘못되었는지를 말해주겠다"고 말하기도 한다. 관리자는 그런 지적에서 새로운 사실을 깨닫기도 하면서 서로 좋은 정보를 얻고 헤어진다. 이와 대조적으로, 멀리서 근무하는 직원은 일주일에 한 번씩 방문해서 정식 보고서를 제출하지만, 이는 복도에서 비공식적으로 나눈 토론보다 문제해결에 도움이 되지 않는다. 즉 멀리 떨어져서 하는 협상은 자연스럽게 문제점을 찾아내고 고치는 우연한 기회를 얻지 못하는 한계가 있다.

프리드먼R. Friedman과 큐럴S. Currall은 이메일이 갖는 중요한 문제점 네 가지를 작아진 핵심 피드백, 사회적 계기가 최소화해짐에 따라 갈등이 커

이 아닌 텍스트 기반의 의사소통을 하게 된다. 대개 인스턴트메시징 시스템은 자신의 리스트에 지인들을 등록시켜 놓고 접속만 하면 얼마든지 그 사람들과 대화를 나눌 수 있게 해준다. 특히 최근 들어 직장에서 모바일 기기를 통한 IM 사용이 꾸준히 늘고 있다. '쪽지'라고도 불린다.

지는 인과관계 결정요인, 지나치게 긴 이메일, 그리고 노여움이라고 보았다.[19]

- **협상의 타이밍**: 만약 협상자가 인접한 곳에 있다면 갈등은 더 빨리 인식되고 표출될 것이다. 관리자들은 문제를 '미연에 방지'하는 데 초점을 둘 것이고, 문제를 좀 더 신속하게 해결할 것이다. 그러나 지리적으로 떨어져 있다면 문제해결에 다소 제약이 따른다. 이러한 경향은 협상행태를 점점 더 비협조적으로 만든다.

협상에서는 거리가 떨어져 있는 경우에 많은 불이익이 발생하지만, 그것이 항상 협상자에게 부담이 되는 것은 아니다. 고정적으로 이루어지는 전화 미팅은 협상을 더 잘 준비하고 과제를 더 잘 발표하도록 해주기도 한다. 이것은 상대방의 반짝거리는 눈을 보지 않도록 협상자들 간에 완충지대를 만들어주는 장점도 있다. 더욱이 사람들은 업무그룹 구성원들이 가까이 있는 그룹보다는 멀리 있는 그룹과의 공동목표를 위해 행동하는 것으로 추정하는 경향이 더 농후하다.[20]

다른 시간대 – 같은 장소 모델

'다른 시간대–같은 장소 모델'에서 협상자들은 다른 시점에 교류를 하지만 같은 공간에서 접촉을 하게 된다. 이전 근무조가 넘겨준 일을 떠맡은 교대조나, 같은 전자문서를 함께 관리하는 동료 등을 예로 들 수 있다. 한 사람의 업무가 끝나서 다음 파트너에게 넘겨주면, 그는 이것을 좀 더 보완하여 완성한다.

다른 장소 – 다른 시간대 모델

'다른 장소-다른 시간대 모델'에서는 협상자들은 멀리 떨어져서 다른 시간대에 협상을 한다. 전화가 중요한 거래수단이 된 것처럼 인터넷도 거래의 중요한 수단이 되고 있다.[21] 예를 들어 2011년에 미국국민의 61%는 저당권 설정 때 온라인을 통해 여러 저당권 회사들의 저당 조건을 비교했다.[22] 대출을 받아 집을 살 때 로어마이빌콤LowerMyBills.com과 랜딩트리LendingTree 같은 웹사이트를 통해 재정정보를 보내면 이메일을 통해 대출회사와 브로커로부터 대출 제안서를 받는다.[23]

과학기술의 발전으로 고등학교도 다니지 못한 중국의 가난한 이주 노동자들이 과학기술을 이용하여 노동쟁의를 벌일 수 있게 되었다. 혼다 제륜장치 제조회사Honda Lock 노동자들은 쟁의를 벌이는 몇 시간 동안 중국 전체에 깔려 있는 온라인망을 통해 구체적인 파업내용을 알려 참여를 독려했다. 데스크톱 컴퓨터로 무장한 그들은 공식적인 검열을 따돌리고 안전요원들이 근로자들에게 폭력을 휘두르는 장면을 비디오로 전송해 수많은 사람들이 시청할 수 있게 했다. 이 회사가 문제의 블로그를 삭제하자, 근로자들은 휴대전화를 이용하여 무선부호 워드로 항의집회 개최 여부를 논의했다. 그 같은 행동을 통해 그들은 광대역 커뮤니케이션 웹에 더욱 가까이 다가가게 되었으며, 중국 전역의 노동계층이 불만과 협상전략을 공유할 수 있게 되었다.[24]

이와 유사한 경우로 2011년 봉기 때 이집트 시위자들을 재빨리 조직화하여 30년간 군림해온 무바라크 독재정권을 무너뜨릴 수 있게 한 것도 인터넷이었다. 이집트의 행동가들은 페이스북을 이용하여 카이로에서의 시위를 준비했다. 이집트 정부는 항의의 물결이 확산되는 것을 우려한 나머지 세계 어느 정부보다도 가장 먼저 국내 전역에 인터넷 사용과 문자메시지 서비스를 차단했다. 그러나 그것이 효과가 없었다. 2월 1일, 구글이 스피크투트윗SpeakToTweet이라 불리는 서비스를 시작했으며, 전화번호를 이용하여 이집트인들의 목소리가 트위터에서 트위터로 확산되었다. 아랍어로 된 메시지들이 스몰 월드 뉴스Small World News에 의해 중계되었다. 2월 2일, 보도통제로 인해 기세가 꺾였던 시위가 조직력 없이도 입에서 입으로 전해진 소문으로 시위자들이 계속 불어나자, 정부는 다시 한 번 국내의 통신 네트워크를 마비시켰다. 9일 후 항의의 물결이 걷잡을 수 없이 확산되어 가자 마침내 무바라크가 사임했다.[25]

다음으로는 이메일을 통한 협상에 영향을 줄 수 있는 중요한 편향 네 가지를 살펴보자.

● 대화가 동시에 이루어지고 있다고 착각한다

협상자들은 그들이 함께 있지 않은데도 마치 동시에 대화를 하는 것처럼 착각하는 동시성편향同時性偏向, temporal synchrony bias을 가지고 있다. 사람들이 좋아하는 협상국면 중 하나는 마치 테니스게임처럼 제안을 하고 다시 대안을 제시하는 과정이다. 이를 협상 댄스라고도 한다.[26] 하지만 e-협상은 대면협상이라는 자연스런 댄스를 혼란스럽게 만든다. 우리는 자체 연구를 통해 e-협상 때는 대면협상 때보다 방향전환이 덜 일어난다는 사실을 알게 되었다.[27] 게다가 가벼운 얘기를 주고받으며 신뢰와 교감을 증진시키는 것은 댄스의 '턴turn', 즉 협상에서의 방향전환 빈도에 달려 있다.[28]

대화에서의 방향전환은 협상과정이 부드럽고 자연스럽게 보이게 할 뿐 아니라 중요한 정보 기능을 한다. 즉 대화에서의 방향전환은 사람들이 잘못 이해한 것을 즉각 바로잡게 한다. 대면교류에서는 듣는 자와 말하는 자가 정보를 신속하게 수정해나가는 과정을 거칠 수 있다.[29] 그러나 e-협상에서는 협상자들이 내용을 명확히 확인할 기회도 갖지 못한 채 의사소통이 빈약해지는 상황에 처하게 된다. 따라서 e-협상자는 대면대화에서보다 더욱 많은 가정을 해가면서 협상에 임해야 한다. e-협상에 대한 조사에 의하면, 실제로 e-협상자들은 대면대화를 할 때보다 확인을 위한 질문을 훨씬 적게 한다.[30]

● 협상을 그만둬버리고 싶은 편향

퇴장편향exit bias은 협상이 불안정하여 그만둬야겠다는 인식작용을 말한다. 반대로 지속 규범continuation norm은 협상은 계속할 가치가 있다는 믿음을 말한다.31 시각정보의 부족과 공간적 거리의 증가가 대응의 기대치를 떨어뜨리고 현재의 협상에서 물러나고 싶은 마음을 부추길 수 있다. 시각적 익명성과 원격거리는 모두 지속규범의 활성화를 억제하며, 이로 인해 협상자들이 현재 진행 중인 협상을 중단하게 된다.

- 목소리가 큰 것이 유리하다고 생각한다

격렬한 대응 편향flaming bias은 협상자들이 이메일을 통해 소통하며 협상할 때 적대적인 협상 방식(제5장에서 기술한, 너무 많은 요구를 하는 적대적인 감정의 협상방식과 유사하다)을 채택하는 경향이다. 반면에 동일한 협상자가 대면대화로 협상할 때는 우호적인 감정의 협상방식을 택하기도 한다. 실제로 사람들은 이메일 교신 때는 무례하고 충동적인 행태가 증가하는데,32 이는 사람들이 이메일로 교신할 때는 문체보다 내용에 더 관심을 기울이기 때문이다. 예컨대 나쁜 소식은 대면대화를 통해 전해지기 보다는 이메일을 통해 더 빨리 윗사람들에게 전달된다.33 대면협상과 이메일협상을 비교하면, 이메일을 통해 협상하는 사람들이 상대를 더 부정적으로 대하는 경향이 나타난다.34 한 조사에 의하면 이메일 대화는 대면대화 때보다 여덟 배나 더 무례한 행동을 보였다.35 이와 유사한 경우로, 업무평가를 하는 평가관들은 전통적인 서류방식을 사용할 때 보다 이메일을 사용할 때 동료들에게 더 부정적인 피드백을 제공한다.36 반대로 대면협상을 하는 사람들은 종종 예의바른 의식이 행해져 신뢰와 조화를 위한 장이 마련된다.

온라인 경매업체인 이베이eBay에서 일어나는 분쟁을 처리하는 온라인 중개 서비스업체인 스퀘어트레이드SquareTrade에 대한 분쟁 연구에서, 토론자들이 내는 역정이 그들의 논쟁해결 가능성을 감소시키는 것으로 드러났다. 한쪽이 역정을 내면 다른 쪽도 역정으로 대응한다.37 구매자들과 판매자들 사이의 이 같은 이베이 분쟁에서 나온 텍스트 데이터를 조사한 결과 사람들이 분쟁의 개략적인 보고서를 제출했을 때 해결 가능성이 더 높았지만, 그들이 적대적인 감정을 표출하거나 명령을 했을 땐 해결가능성이 더 낮았던 것으로 밝혀졌다.[38]

사람들은 사회적 측면과 연관된 실마리가 없거나 약할 때, 사람들은 거리감을 느끼며 때로는 상대방을 아예 모르는 사람으로 여기게 된다. 그들은 자신의 좋은 모습을 보이는 데는 별 관심이 없으며, 유머도 구사하지 않으며 설령 구사한다 하더라도 그 내용이 산만해지고 이해하기도 어려워진다. 정보기술을 통해 대화를 나눌 때는 부정적인 감정표현을 최소화하기가 어렵다. 부정적인 표현을 억제하게 만드는 요인들이 아예 존재하지 않기 때문이다. 즉 긍정적인 감정표현을 하도록 만들어주는 사회규범이 없으면 사람들은 부정적인 표현을 많이 하게 된다. 어느 MBA 과정 학생은 상사에게 무신경하게 이메일을 보냈다가 해고를 당하고 말았다. 그 학생은 자신의 보직 문제 협의를 위해 이메일을 보내면서 조직 내의 문제점과 조직관리자의 문제점을 느낀 대로 솔직하게 언급했다. 그는 곧 간부회의에 불려갔는데, 모든 간부들이 그가 보낸 이메일 카피를 들고 있었다.[39]

- 상대의 행동을 본성이 나쁜 탓으로 돌린다

사람들은 마음에 들지 않는 상대방의 행동을 자질 탓으로 돌리고 상황적인 요소는 무시하는 경향이 있다.[40] 이메일을 하면서 상대가 나쁜 의도를 가졌다고 여기는 경향을 나쁜 본성 귀인편향本性歸因偏向, sinister attribution bias이라고 한다.[41] 또한 우리가 모르는 사람이나 타 집단을 대표하는 사람들에게 나쁜 동기가 있다고 덮어씌우는 경향을 '본성귀인오류sinister attribution error'라고 한다.[42] 외부집단 구성원에게 나쁜 동기가 있다고 보는 경우는 이메일에서 특히 많은데, 사회적 실마리가 없는 것이 사회적 거리감을 느끼게 하기 때문이다. 대면협상에 비해 e-협상자는 상대를 더 신뢰하지 않고 의심한다.[43] 그러나 실제로 e-협상자들은 대면협상자보다 상대를 더 많이 속이는 것 같지는

〈보기 12-3〉 협상결과에 대한 정보기술의 영향[44]

	e-협상과 대면협상의 비교	강화된 e-협상(가벼운 이야기, 내부집단 지위 등을 통해)과 그렇지 않은 e-협상의 비교
파국 비율 (ZOPA 발견)		- 이메일을 통한 간단한 개인신상의 공개는 파국을 줄여준다. - 타 집단과의 협상은 자기집단 협상보다 파국에 자주 이른다.
통합적 행태 (예, 여러 의제의 동시제안)	- e-협상자들이 동시제안을 더 많이 한다.	
파이 크기 (파이 늘리기)	- 대면협상이 공동이익을 가져오는 데 유리하다는 연구와, 별 차이가 없다는 연구가 있다.	- e-협상 전의 간단한 전화는 좋은 결과를 가져온다.
분배 행태 (예, 위협 등)		- 집단명성을 중시하는 협상자는 자신의 명성을 중시하는 협상자보다 공격적이어서 나쁜 결과를 가져온다.
파이 나누기 (분배 결과)	- 컴퓨터 매개 협상이 대면협상보다 공평하게 배분한다.	
신뢰와 교감	- e-협상에는 교감이 부족하다.	- e-협상 전의 간단한 전화는 협력과 인간관계의 질을 높인다. - 교감을 쌓으려는 협상자는 군림하려는 협상자보다 더 많은 신뢰를 쌓는다.

않다. 즉 상대방을 더 의심해야 할 만한 사실적인 근거는 없는 것이다.

이상의 분석을 통해 어떻게 정보기술이 협상결과에 영향을 주는지를 다시 정리해보자. 〈보기 12-3〉은 어떻게 정보기술(특히 e-협상)이 경제적 척도(1단계 통합적 합의, 분배 결과)와 사회적 척도(예: 신뢰, 존경 등)에 영향을 주는지를 요약하고 있다.[45] 대면대화를 하는 협상자는 결론에 더 잘 도달하고 난관도 잘 벗어난다. 서로 이익이 되는 결론에 도달할 가능성은 대화의 정보

전달 역량, 즉 풍요함의 함수이다. 예를 들어 서면이나 대면으로 협상을 하면 의사소통 없이 단순히 제안만을 하도록 하는 경우보다 교섭영역ZOPA에 더 잘 이른다.[46] 정보기술이 파이를 늘리는 협상 능력에 장애가 되는지에 대한 논란은 지금도 계속되고 있다. 대면협상을 컴퓨터를 매개로 한 협상과 비교해보면 후자가 전자보다 더 합의에 잘 도달했다.[47] 그리고 가치의 관점에서 보면 그 결과도 더 공정했다.[48]

 ## 정보기술이 사회적 행태에 미치는 영향

정보기술은 협상뿐 아니라 일반적인 사회행태에도 많은 영향을 미친다.[49] 성공하기 위해 협상자들은 자신의 행동이 정보기술에 의해 어떻게 영향을 받는지를 이해해야 한다.

온라인 협상에서는 서로를 덜 신뢰한다

대면협상에 비해, 온라인 협상을 하는 사람들은 협상을 시작하기 전에도, 온라인 대화를 한 이후에도 서로를 덜 신뢰한다.[50] 협상자들이 협상 이전에 서로를 덜 신뢰한다는 것은 그들이 대면협상보다 온라인 협상에 낮은 기대를 하고 있다는 의미다. 당연히 온라인 협상자들은 상대편과 앞으로의 관계에 대한 기대와 성과에 대한 확신, 그리고 전체적인 만족도에 대해 호감도가 낮다고 이야기한다.

약자가 상대적으로 강해지는 효과가 있다

교실 수업, 점심 대화, 업무 미팅에 가보면 두 사람인 경우에는 어느 한쪽만 주로 말을 하고 있으며, 다수 집단에서는 몇 사람만이 75% 이상의 말을 한다. 예컨대 네 명 집단에서는 두 사람이 62% 이상을, 여섯 명 집단에서는 세 사람이 70% 이상을, 여덟 명 집단에서는 세 사람이 70%의 말을 한다.51 성과가 기여도에 비례하는 경우에도 참여도가 똑같지는 않다.

그러면 누가 대면대화나 협상을 주도할까? 거의 예외 없이 지위를 통해 이것을 예상할 수 있다. 높은 사람이 얘기를 많이 하며, 주제에 대해 전문가가 아닌 경우에도 역시 그러하다. 놀랄 것도 없이 관리자들이 부하들보다 말을 많이 하며, 남자들이 여자들보다 많이 한다. 조직 내 지위 시스템이 명확하지 않다면, 협상자들은 성별, 나이, 인종 등의 외관적인 상징에 의존한다. 그리고 상황적인 요소도 지위의 인식에 영향을 준다. 자리배치가 중립적이라고 해도, 테이블의 상석에 앉는 사람이 구석에 앉는 사람보다 말을 많이 한다.52 양복을 입은 사람이 그렇지 않은 사람보다 말을 더 많이 한다. 몸짓도 지위를 알 수 있는 실마리가 되는데, 동의의 의미로 끄덕이는 것, 다독거림(높은 지위에 있는 사람은 낮은 지위에 있는 사람을 다독거린다), 머뭇거림, 그리고 찡그림 등이 그것이다. 고故 스티브 잡스Steve Jobs 같은 지도자들은 능숙한 몸짓으로 독서대 아래서 걸어 나오기, 청중과 얼굴 마주하기, 시선 마주치기, 신체의 움직임을 편안하고 자연스럽게 하기와 같은 비언어적 의사소통 몸짓의 달인들이었다. 반대로 평소에 강한 톤의 말을 곧잘 하는 소니 유에스에이Sony USA 최고경영자인 하워드 스트링거Howard Stringer는 도쿄에서 일본 언론인들을 만났을 때 볼펜을 계속 만지작거리면서 이야기를 했으며, 기자들에게 신경질적이고 어수선한 태도를 보였다.53

협상자들이 이메일과 같은 기술을 통해 교류할 때는 어떻게 될까? 전통적인 지위를 나타내는 표시는 사라지고 역동적인 단서도 확실히 영향력이 감소하며 힘과 지위의 차이가 최소화된다. 전통적으로 약한 위치에 있는 사람들이 정보기술을 통한 대화에서는 상대적으로 강해진다. 지위의 차이를 알 수 있는 근거가 사라지기 때문이다.54 한 조사에서, 일부 관리자들은 이메일을 통해 협상을 하도록 하고, 또 다른 관리자들은 즉석교신instant messaging, IM 으로 협상을 하도록 했다.55 IM은 대면대화와 유사한 효과가 있었는데, 곧바로 그리고 실시간에 답을 해야 했기 때문이다. 예를 들어 어떤 사람이 IM으로 제품의 질에 대한 질문을 받았을 때, 판매자는 대답을 빨리 그리고 확실하게 할 필요가 있다. 우리는 IM이 협상자가 강한 협상력을 가지고 있을 때 유리하며, 약한 위치에 있을 때는 그 반대라는 가설을 만들어보았다. 왜냐하면 약한 위치에 있는 사람들은 약점이 노출되면 자신을 잘 보호할 수 없기 때문이다. 이러한 가설은 우리가 발견한 결과와 일치했다. 자기 제품에 대해 강력한 논리와 주장을 가지고 있는 사람은 IM 협상에서 잘해나갔다. 고객들을 말로 잘 설득할 수 있기 때문이다. 그러나 논리와 주장이 약한 사람은 IM 에서 자기입장을 관철하지 못했으며, e-협상을 더 잘했다. 따라서 당신이 약한 협상력을 가지고 있다면 매체가 빈약한 상황이 오히려 도움이 될 것이다. 하지만 강한 협상력을 가지고 있다면 대면대화를 주장하되, 안 될 때는 IM 이라도 사용하자고 주장하는 것이 좋다.

 개인적으로 다른 사람을 잘 접촉하지 않는 사람은 이메일을 좋아한다. 지위나 계급과 같은 전통적인 단서는 이메일에서는 분명하지 않다. 당신이 사장과 이메일을 하는지 비서와 하는지도 분명하지 않다. 이메일은 사람의 이름만 전하는 경우가 많기 때문이다. 주소는 생략되며 이를 잘 포함하지 않는다. 상대의 신분이 알려지더라도 소속기관 정도이지 부서나 직무, 사회적 중요도, 그리고 조직 내에서의 위치 등은 잘 알려지지 않는다. 옷차림, 매너, 나이, 성별과 같은 역학적인 지위의 실마리도 이메일에는 없다. 따라서 높은 지위를 가진 사람이 대화를 주도할 수 없기 때문에 이메일은 완충기와 같은 역할을 한다. 이메일 등에서는 지위를 암시하는 실마리가 없기 때문에 사람들은 훨씬 개방적으로 나서며, 자기입장 표명에 주저하지 않게 된다. 또한 사람들은 사회규범과 상대방의 입장에 맞추려는 노력을 덜 하게 된다.

 결론적으로 말해서, 정보기술에 의한 대화를 할 때 사람들의 참여도는 대면대화에 비해 떨어지지만, 구성원의 기여도는 더 균등하다.[56] 예를 들어 경영진들이 대면으로 만나면 남성은 여성보다 제안을 다섯 배나 많이 한다. 같은 집단이 컴퓨터를 통해 대화를 하면 남녀 간에 별 차이가 없다.[57] 그리고 직무를 완료하는 데 걸리는 시간은 대면의 경우보다 이메일의 경우가 더 오래 걸린다. 아마도 쓰는 것보다는 말하는 것이 빠르기 때문인 것 같다.

인적 네트워크의 보완에 도움이 된다

전통적인 조직에서 인적 네트워크는 '누가 누구와' 의사소통을 하느냐에 따라 결정된다. 그러나 새로운 조직에서의 인적 네트워크는 '정보기술을 통해 누가 누구와' 의사소통을 하느냐에 따라 결정된다. 아마도 정보기술로 대화를 하는 사람은 그들의 조직에 더 잘 융합할 것이다.[58] 컴퓨터를 통한 교류는 그동안 인적 네트워크가 부족했던 계층에게 도움이 된다.

협상행태에 영향을 주는 인적 네트워크의 본질은 정보기술이 대화수단으로 등장하면서 크게 변했다. 이메일 네트워크나 이메일을 통해 대화하는 사람들 간의 연결은 네트워크가 부족했던 사람들의 정보원천을 증대시켜주었다. 사람들이 도움(예: 정보나 자원)이 필요할 때는 가까운 인적 네트워크를 가동한다. 그와 같은 도움이 가능하지 않을 때는 이웃이나 낯선 사람과 같은 약한 관계를 통해 친구나 동료로부터 얻을 수 없는 도움을 찾는다. 그러나 개인적인 관계나 상호기대가 없을 때는 약한 유대관계로부터의 도움은 이루어지지 않거나 가능성이 낮다.

어떤 기업, 특히 글로벌 기업이나 정보통신기술 분야의 기업은 이메일이나 물리적 접촉이 없이 회사 내에서 연결고리 역할을 하는 종업원들에게 의존할 필요가 있다. 사람들은 종종 문제에 처해 있는 사람과 지구 저편에 있는 사람을 돕기 위해 시간을 들이는데, 그 동기는 매우 작은 것에서 시작한다.

또 다른 방법은 쉽게 접근할 수 있는 데이터베이스에 정보를 보관하는 것이다. 기술관련 회사에서는 데이터베이스에 출판된 보고서와 과학 매뉴얼도 포함시킨다. 그러나 엔지니어와 관리자들은 필요한 정보를 얻기 위해 기술보고서를 참고하려고 하지는 않으며, 문제해결을 위해 필요한 정보는 대부분 대면대화를 통해 얻어진다. 조직구성원들은 강한 동료관계를 통해 도움을 주고받는데, 이는 물리적 근접성, 유사성, 그리고 친밀성을 통해 만들어진다. 예를 들어 회사들의 80%는 그들이 장차 개인네트워크 임차체계 활용을 늘리려 하는 것으로 나타났다. 여기에는 페이스북이나 링크드인 LinkedIn과 같은 사이트를 통해 이루어지는 종업원 소개와 계약의 활용도 포함된다. 이들 회사들은 요직 1명 모집에 미지의, 때로는 자격미달인 지원자 수천 명을 끌어 모을 수 있는 몬스터Monster와 커리어빌더CareerBuilder 같은 온라인 고용웹사이트의 활용 빈도를 줄였다.[59]

보내고 받는 메시지가 인적 네트워크를 강화하고 조직에의 헌신을 증대시키는 역할을 할 수 있을까? 사람이 보내는(받는 것이 아닌) 이메일 분량은 조직에의 헌신도를 가늠하게 해준다.[60] 따라서 대면회합에서 참여도가 낮은 사람에게는 이메일이 기여를 높일 수 있는 대안이 될 수 있다.

위험을 감수하는 경향이 커진다

다음 두 가지 대안을 생각해보자.
1. 2년 동안에 2만 달러의 이익을 창출한다.
2. 4만 달러를 벌 확률이 50%, 아무런 소득도 없을 확률이 50%이다.

대안 1은 안정적인 투자지만, 대안 2는 위험이 따른다. 이 두 가지 대안은 산술적으로는 어느 대안이나 똑같다. 즉 객관적으로는 어느 대안에 대한 선호가 있을 수 없다(부록 1 참조). 그러나 이런 상황에서 대부분은 위험이 없이 언제나 얻을 수 있는 방안을 택한다. 다음 상황에서는 어떤지 살펴보자.

1. 2년 동안에 2만 달러의 손실을 본다.
2. 4만 달러의 손실을 볼 확률이 50%, 손실을 보지 않을 확률이 50%이다.

대부분의 관리자들은 위험을 감수하는 대안 2를 선택한다. 프레이밍 효과framing effect(제2장 참조)에 따라, 사람들은 이득이 있을 때는 위험을 피하려고 하지만 손실이 있을 때는 위험을 무릅쓴다.[61] 이것은 자기모순이며 변덕스러운 행동으로, 참고 기준치reference point를 조작함으로써 사람들의 선택을 바꿀 수가 있음을 보여준다.

같은 상황에서 집단은 개인보다 위험을 더 감수하는 경향이 있다. 대면 대화의 경우에 집단이 위험을 감수하는 경향이 있다는 것은 과장된 말이다. 역설적이게도 정보기술을 매개로 결정을 하는 집단은 이익과 손실 모두에서 위험 수용적이다.[62] 게다가 관리자들은 그들의 결정이 정보기술을 통해 이루어지든 대면을 통해 이루어지든, 자신들의 결정에 대해 똑같이 신뢰를 한다. 예를 들어 대면과 이메일 양쪽 모두를 통해 협상을 하는 사람들을 비교해보면 이메일만 사용하는 사람이 난관에 자주 봉착한다.[63]

협상자들 간에 교감이 부족하다

신뢰와 교감을 쌓는 것은 협상의 성공에 중요하다. 대면접촉과 교감이 크면 클수록 합의가 잘 이루어진다. 교감은 정보전달 역량이 부족한 통신수단으로는 확립되기 어렵다. 예를 들어 협상자들 간의 시각적 접근은 교감을 강화시키고 따라서 협력을 강화하고 파이를 확대시킨다.[64] 가상 파업협상에서 일부에게는 얼굴을 맞댄 채로 서 있게 하고, 또 다른 사람들에게는 옆으로(얼굴을 보지 않고) 서 있도록 했다. 얼굴을 맞댄 협상자들은 일찍 합의에 이르고 파이를 크게 키웠다. 또한 그들 간에는 교감도 더 높았다. 다른 조사에서는 대면협상, 비디오 컨퍼런스, 그리고 오디오 협상 간의 비교가 이루어졌다.[65] 대면협상자들은 다른 협상자들보다 많은 교감이 있었다. 게다가 외부관찰자들이 보기에 대면협상자들은 서로 마음이 더 잘 맞는 것으로 보였다. 대면협상자들은 서로를 더 신뢰하고 협력해서 결정하는 것을 더 잘했다.

편집증

TV 쇼 〈새터데이 나이트 라이브〉에서 줄리아 스위니Julia Sweeney가 맡았던 팻Pat은 성별이 알려지지 않은 인물이다. 팻은 남녀 공용인 이름으로 백을 든 차림에 명백히 남녀를 구분할 수 있는 모습은 보여주지 않는다. 사람들은 그가 남자인지 여자인지를 모른 채 대화하는 것에 갑갑해한다. 성별의 불투명성은 정보기술을 통한 대화에서도 잘 나타난다. 상대에게 남자인지 여자인지를 물어보는 것은 예의가 아니다. 따라서 성별은 불확실한 채 남겨진다. 불확실성은 편집증paranoia을 증대시킨다. 편집증에 걸린 사람은 다른 사람이나 어떤 상황에 대해 최악의 상태를 연상한다.[66]

기술변화가 새로운 사회적 상황을 만들 때, 사람들은 새로운 행동방식을 만들어낸다. 오늘날의 정보기술은 사회적 단서나 경험의 공유에 취약하다. 사람들은 남들과 얘기를 하더라도 자기네끼리만 하는 경향이 있다.[67] 그 결과 메시지는 사회에 덜 알려지게 된다. 이러한 현상의 장점은 사회에서 가식과 아첨이 사라진다는 것이고, 단점은 타인에 대한 예의와 관심이 줄어든다는 점이다. 컴퓨터에 의한 대화의 두 가지 특성 즉 평문(암호화를 하지 않은 텍스트)과 메시지의 지각知覺 단명성은 그것이 비록 내용은 분명하지만 '오래가지 못하는 것'으로 인식되어 메시지를 보낸 사람을 쉽게 잊거나 무시하게 된다는 점이다. 그 결과 사회적으로 지켜야 할 규범을 무시하고 자신을 드러내 보이면서 너무나 퉁명스러운 메시지를 보내게 된다.[68]

다음 대화가 대면에서 일어난 것인지, 아니면 인터넷 상에서 일어난 것인지 생각해보자.

A: 내일까지 답을 주지 않으면 저의 제안에 동의하신 것으로 알겠습니다.

B: 제 견해로는, 이 혁신적인 기술을 당신 부서에 전파해줄 만한 어떤 합리성이나 인센티브도 찾지 못하겠습니다.

A: 기업의 연줄로 밀어붙이는 것이 우리 모두의 경력에 도움이 되지 않는다는 것을 상기시켜드릴 필요는 없겠습니다.

B: 당신 제안은 이상합니다.

A: 이것이 저의 최종제안입니다.

이러한 대화는 인터넷상에서 이루어진 것이라고 대부분 제대로 답한다. 이와 같이 열을 받게 되는 현상이 발생하는 것은 이메일을 통한 행동과 결정(단순한 메시지가 아니라)이 극단적이고 충동적으로 되어간다는 것을 말해준다.[69]

 ## 정보기술을 통한 협상의 전략

가끔 협상자들은 대면대화를 할 수 없는 경우가 있다. 그런 상황에서 성공적으로 파이 늘리기와 파이 나누기를 하기 위해서는 다음과 같은 전략을 고려하면 도움이 된다.

처음에는 대면접촉을 하라

가상 팀과 대면 팀을 상대로 브레인스토밍의 효과와 협상 연습의 효과를 비교해보았다.[70] 브레인스토밍 훈련은 가상 팀이 더 잘했고, 협상 연습은 대면 팀이 더 잘했다. 그리고 대면 팀이 처음에는 의사소통을 더 잘했지만, 가상 팀도 경험이 쌓이자 거리낌 없이 대화를 잘했으며, 대면 팀과 마찬가지로 정보도 서로 공유했다.71 알거B. J. Alge에 따르면, "오랫동안 복잡한 프로젝트를 함께 진행할 작업 팀을 갖기를 원하는 관리자는 같은 지역에 있는 사람들을 뽑거나 최소한 그들이 서로에 대해 알 수 있는 기회를 제공해야 한다. 팀원들이 서로 사귀고 친숙해지면 그들은 비언어적 대화, 인간관계에서의 암시, 그리고 뉘앙스 등이 없는 삭막한 인터넷을 통해서도 효과적으로 아이디어를 주고받을 수 있다."72

경우에 따라서는 짧은 대면만으로도 교감을 가질 수 있으며, 불확실성을 줄이고 서로 간에 신뢰를 쌓게 해준다. 대면접촉은 상대를 인간적으로 알 수 있도록 하며, 이것은 장차 멀리 떨어져서 일을 하더라도 상대에 대한 어떤 기대감을 갖도록 해준다. 한 조사에서 조사대상이 된 관리자들의 59%는 그들의 기술주도형(온라인) 회합의 활용이 경기후퇴시기에 증가했다고 말했지만, 거의 80%는 그들이 대면접촉을 승인했다고 지적했다. CSP 테크놀로지 사의 판매 및 마케팅 담당 부사장인 댄 레퀴어Dan L'Ecuyer는 "협상 기술은 대면 접촉을 통해서만 발휘되는 것 같다. 나는 대면접촉 없는 전략으로는 결코 성과를 올릴 수 없다고 생각한다"고 말했다.73

하루 동안의 비디오 컨퍼런스 / 전화 컨퍼런스를 활용하라

만약 처음에 대면으로 회합을 갖기가 어렵다면 그 대안으로 모든 사람이 온라인에서 얼굴을 보도록 하는 것이다. 팀의 규모와 구성원들의 위치에 따라 이 대안이 대면보다 가능성이 더 높을 수도 있다. 어느 연구조사에서 한 집단에게는 서로 만나본 적이 없는 협상자들이 이메일 협상을 하기 전에 간단한 전화통화를 하도록 했고,74 다른 집단에게는 상대와 사전에 전화통화를 하지 않도록 했다. 그 전화의 목적은 단순히 서로를 알게 하기 위함이었다. 몇 마디 나누면서 인간적인 정보를 교환하는 간단한 노력이 교감을 형성하고 이메일이라고 하는 척박한 수단의 어려움을 극복하도록 했다. 처음 전화를 나눈 협상자들은 상대에 대한 자신들의 태도가 변해 있음을 알게 되었다. 전화로 얘기를 나눈 사람들은 그렇지 않은 집단에 비해 협상이 시작되기 전에 이미 협력적으로 변해 있었다. 개인적 교류를 가진 협상자는 향후에도 그 사람과의 교류가 부드럽게 진행되리라는 데 더 자신감을 가졌다. 처음에 전화로 인사를 나누었던 협상자는 그렇지 않은 사람에 비해 교착상태에 이를 가능성이 더 적고 좋은 성과를 얻을 가능성이 더 크다. 이메일을 주고받기 전에 전화 한 통화로 인간관계를 구축하려는 단순한 노력이 매우 긍정적인 결과를 가져온 것이다.

덕담하기의 효용은 크다

제6장에서 살펴본 덕담하기schmoozing는 업무와 관련이 없이 접촉하는 것을 의미하며, 다른 사람과의 관계를 돈독히 하는 심리적인 효과를 가지고 있다.[75] 온라인상으로 이루어지는 덕담이나 가벼운 얘기의 효과를 실험해본 결과 그 효과는 매우 컸다. 덕담은 상호 간에 일체감을 향상시켰으며, 곧바로 업무에 들어가는 것에 비해 효과적이었다.[76] (전화로) 덕담을 주고받은 협상자는 실현 가능한 목적을 개발하고 합의가 가능한 범위를 넓힐 수 있으며, 이러한 말을 주고받지 않은 사람에 비해 교착상태에 덜 이른다. 덕담의 핵심 요소는 일체감이다. 더욱이 이메일 협상에 들어가기 전에 전화로 가벼운 얘기를 주고받은 협상자들은 상대와의 향후 협상과정을 낙관적으로 보았다.[77]

신뢰와 일체감을 만드는 또 다른 방법은 사회 정체성을 공유하는 것이다. 예를 들어 같은 대학의 관리자들 간의 e-협상과 경쟁 대학 간의 협상을 비교해본 결과, 같은 대학 구성원이라는 소속감이 e-협상에서 타결의 가능성을 더 높였다.[78] 반면에 상대와 사회적인 유대가 없는 협상자들은 협상 성과가 항상 기대 이하였다.

아마도 덕담이나 가벼운 얘기의 가장 매력적인 점은 비용이 덜 들면서도 효과적이라는 점일 것이다. 짧은 이메일의 교환조차도 업무관계를 좋게 이끈다. 그러나 업무와 관련이 있는 사람들끼리 가벼운 얘기를 주고받는다는 것은 쉬운 일이 아니다. 멀리 떨어져 있는 팀원들끼리는 업무 위주로 행동하려는 경향이 있다. 가벼운 얘기를 시작하려면, 업무와 관련이 없는 자기 얘기부터 먼저 하라(예: "나는 카약을 좋아한다"). 그리고 당신의 작업공간에 대해 언급하라(예: "오늘은 좀 늦게 출근했다. 내 문 앞에 20명이 줄을 서 있다. 그 바람에 당신에게 이메일을 길게 쓸 수가 없어 미안하다"). 그리고 당신이 개인적으로 상대에게 관심이 있음을 보여주는 질문을 하라. 이것은 유사점을 찾는 데 아주 좋은 방법이다. 끝으로 다시 이메일이 오갈 수 있는 단서를 제공하라(예: "나는 초안에 대한 당신의 의견을 기대한다. 나도 당신이 요청한 테이프를 보내겠다").

유머

이메일 협상에서 유머 사용은 특히 중요하다. 협상 때 협상자들의 유머 사용이 빠르면 빠를수록 더 좋다. 유머로 이메일 협상을 시작하면 신뢰와 만족도가 높아지는 것은 물론 더 훌륭한 공동 및 개인적 성과를 올릴 수 있다.[79] 게다가 협상이 순수하게 분배적인 것일 때는, 첫 제안을 하면서 유머를 사용하는 협상자들은 협상영역 내의 안건으로 첫 제안을 하여 더 균등하게 배분되는 타결을 가져올 가능성이 높다.

 결론

우리는 대화수단이 협상에 어떻게 영향을 주는지를 조사하기 위해 시간-장소 사회교류 모델을 사용했다. 우리는 정보기술의 사용이 어떻게 인간

의 행태에 영향을 주는지도 살펴보았다. 특히, 대면대화에 비해서 비대면교류가 실제로 얼마나 효과가 있는지에 대해서도 초점을 맞추었다. 그 이유의 일부는 사람의 지위나 권위에 대한 암시가 대면대화보다 명확하지 않기 때문이다. 우리는 인적 네트워크를 논의하고 정보기술이 관리자의 영역과 영향력을 얼마나 효과적으로 확장시켜 주느냐도 논의했다. 사람들은 정보기술로 교류를 할 때 위험을 감수하는 행태(예: 확실한 것보다 모험을 선택)를 보인다는 것도 살펴보았다. 아마도 비대면협상의 가장 큰 문제점은 교감이 없어서 예의 바른 표현을 하지 않는 등 사회규범을 덜 인식한다는 점일 것이다. 우리는 협상자들이 사회규범을 확립할 수 있도록 처음에는 대면경험을 하게 하거나, 하루 동안 비디오컨퍼런스를 갖거나, 또는 업무를 시작하기 전에 덕담을 나누는 등 정보기술을 활용한 협상을 활성화시킬 방법도 논의했다.

APPENDICES

부 록

부록 1
당신은 합리적인 판단을 하고 있는가?

이 부록은 합리적인 행동에 대한 원칙들을 소개하고 자신이 얼마나 합리적인가를 스스로 평가해보기 위한 것이다. 첫째, 개인적 합리성individual rationality의 핵심 법칙을 소개한다. 사람들이 독자적인 결정을 내릴 때의 원칙에 초점을 맞춘다. 둘째, 게임이론의 합리성game theoretic rationality을 소개한다. 사람들이 상호 의존적인 결정을 내릴 때의 합리성에 대한 것이다.

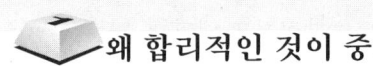왜 합리적인 것이 중요한가?

먼저 협상자는 왜 합리적이어야 하는지를 검토해보자. 협상행위의 합리적 모델은 협상자에게 다음과 같은 이점을 제공한다.
- 파이 늘리기와 파이 나누기에 유리하다: 합리적 행동 모델은 협상자가 자신의 이익(금전적 소득, 직업적 출세, 명예 등)을 극대화하려고 하는 극대화법칙principle of maximization에 기초하고 있다. 즉 자신의 이익을 극대화하는 최선의 방법은 합리적 모델의 처방을 따르는 것이다.
- 상대적 우월성의 측정이 가능하다: 이 부록에서 제시하는 합리적 모델은

결정의 상대적 우월성 여부를 명확히 해주며, 당신이 스스로의 행동을 정당화하거나 합리화하는 것을 용납하지 않는다. 진실은 때때로 당신에게 상처를 입힐 수도 있지만, 그것은 좋은 경험 습득과정이 될 것이다.

- 이상ideal을 제공한다: 합리적 모델은 완벽성perfection 또는 최적성optimality을 측정하게 해준다. 만약 합리적 모델이 존재하지 않는다면 우리는 사람들이 협상에서 어떻게 행동하는 것이 좋은지, 그리고 그들이 무엇을 추구해야 하는지를 평가할 방법이 없다. 또 합리적 모델이 없다면 무엇이 '좋은' 결과인지에 대한 컨센서스가 없기 때문에, 이 책이 여러분에게 충고를 해줄 수도 없을 것이다. 합리적 모델은 하나의 이상을 제공한다.

- 자기 진단이 가능하다: 합리적 모델은 협상자들이 어디에서 실수를 하는지를 밝혀주기 때문에 진단 목적으로 유용하게 활용될 수 있다. 합리적 모델은 탄탄한 의사결정이론theory of decision making 위에 세워졌기 때문에 협상자의 판단에 통찰력을 제공한다.

- 비합리적인 사람을 상대할 때 더욱 유리하다: 협상자들은 상호성규범norm of reciprocity에 따르려는 경향이 있다(적대적이거나 비효율적 행동에 대해서조차). 따라서 합리적인 행동에 익숙한 협상자는 비합리적인 사람들을 더 잘 다룰 수 있다.

- 행동의 일관성을 지키는 데 도움이 된다: 합리적 모델의 또 다른 장점은 그것이 일관성 유지에 도움이 된다는 것이다. 일관성이 없으면 상대방에게 모호한 메시지를 보내게 된다. 사람들은 혼란스럽고 불확실할 때 더욱 수세적으로 임하며 상대를 신뢰하지 않는다.

- 최선의 의사결정방법을 제공한다: 합리적 모델은 결정을 하고, 대안 중에서 선택을 하는 방법을 제공한다. 이제 합리적 모델을 정확하게 이행한다면 '최선'의 결과를 만들어낼 수 있음을 이해하게 될 것이다.

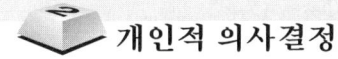 **개인적 의사결정**

협상은 궁극적으로 의사결정에 관한 것이다. 만약 자신에 대해 좋은 결정도 내릴 수 없다면, 공동 의사결정은 더욱 어렵다. 따라서 먼저 개인적 합리성에 대해 검토해보기로 한다. 우리가 해야 하는 결정은 디저트로 초콜릿 케이크를 먹을지, 체리 파이를 먹을지를 결정하는 등의 작은 일에서부터 직업이나 배우자 선택처럼 매우 중요한 일에 이르기까지 다양하다. 주말을 어떻게 보낼 것인가 하는 결정은 여생을 어떻게 보낼 것인가 하는 문제와 근본적으로 다른 것으로 보이지만 거기에는 일반적인 공통점이 있다. 합리적 의사결정 모델은 매우 중요한 결정은 물론이고 사소한 결정에서도 필요한 분석도구를 제공한다. 의사결정의 형태는 위험이 없는 선택, 불확실성 하에서의 의사결정, 그리고 모험적 선택으로 나누어볼 수 있다.

위험이 없는 선택

위험이 없는 선택riskless choice, 즉 확실성이 있는 의사결정은 이미 준비되어 있는 두세 가지 대안 중에서 하나를 선택하는 경우이다. 예를 들어 두 채의 아파트 중에서 선택을 하는 일은 31가지 종류의 아이스크림 중에서 선택하는 것이나 읽을 책을 고르는 것과 같이 안전한 선택이다. 이러한 일들은 매우 간단하고 쉬운 일이기 때문에 굳이 '의사결정'이라고 생각하지 않는 경우가 많다. 그러나 어떤 경우에는 허둥대면서 결정도 내리지 못한다.

당신이 X 대학과 Y 대학으로부터 MBA 과정 입학허가를 받았다고 가정하자. 이러한 부러운 상황을 진입갈등approach-approach conflict이라고 하는데, 이는 두 가지 대안이 모두 매력적인 상황을 의미한다. 어느 대안이 당신에게 최선인가를 결정하기만 하면 된다. 당신은 다음 주까지 최종결정을 내리면 된다.

이러한 상황을 분석하기 위해 **복수속성효용기법**multiattribute utility technique, MAUT을 적용해보자.[1] 복수속성효용기법에 의하면, 의사결정자는 다섯 가지 과제, 즉 ① 대안 확인, ② 속성 확인, ③ 효용성 평가, ④ 속성별 우선순위 매기기, ⑤ 최종 선택하기를 수행한다.

- 대안 확인

보통 첫 단계는 매우 간단하다. 의사결정자는 연관성이 있는 대안을 단순히 확인한다. 당신은 입학허가를 받은 학교를 확인하게 될 것이다. 다른 상황에서는 대안이 명확하지 않은 경우도 있으며, 대안을 확인하기가 복잡한 경우도 많다. 예를 들어 입학허가서를 받지 못한 경우에 당신은 앞으로 무엇을 할 것인가를 곰곰이 생각해보아야 할 것이다.

- 속성 확인

두 번째 단계는 더욱 복잡하며, 대안과 관련된 핵심 속성을 확인하는 것이다. 그 속성은 대안을 매력적인 것으로 또는 흥미 없는 것으로 만들 수 있는 속성을 의미한다. 예를 들어 학교를 선택할 때의 관련 속성은 학비, 평판, 필수 수강과목, 취업 전망, 기후, 문화적 측면, 가족 문제, 그리고 교수진용 등을 포함한다.

- 효용성

다음 단계는 각 속성별 대안의 상대적 효용성, 즉 가치를 평가하는 것이다. 예를 들어 각 속성을 학교별로 1에서 5까지 등급을 매길 수 있다. X 대학의 평판을 5로 매우 높게 매길 수 있으나 그곳의 기후는 1로 매우 나쁘게 평가할 수 있다. 또한 Y 대학의 평판은 중간 정도인 3으로 매길 수 있으나 기후는 최상인 5로 평가할 수 있다. MAUT에서는 속성이 상호 독립적이라고 가정한다(즉 한 가지 속성의 가치는 다른 속성의 가치와는 독립적이다).

- **가중치**

각 속성이 자신에게 얼마나 중요한가를 결정해야 한다. 각 속성의 중요도는 결정과정에서 가중치로 환산된다. 또한 우리는 상대적으로 덜 중요한 속성을 1로 매기고, 매우 중요한 속성을 5로 매기는 단순 점수제를 사용할 수 있다. 예를 들어 당신은 특정 학교의 평판을 대단히 중요하게(5점) 생각하지만, 그 학교가 위치한 도시의 문화적 특성은 아주 낮게(1점) 평가할 수도 있다.

- **결정하기**

MAUT 절차의 마지막 단계는 각 대안의 종합적 평가를 단일하게 산출하는 것이다. 이를 위해 먼저 각 속성의 효용성을 해당 가중치로 곱한 다음, 각 속성의 가중점수를 합산한다. 마지막으로 총점이 가장 높은 대안을 선택한다. 이러한 절차를 〈보기 A1-1〉에 예시했다.

우리는 〈보기 A1-1〉의 가상적 예로부터 그 학생에게 X 대학이 Y 대학보다 나은 선택임을 알 수 있다. 만약 어느 속성의 중요도가 변한다면(예: 학비, 평판, 기후 또는 문화), 종합적인 평가도 변할 수 있다. 마찬가지로 만약 어느 속성에 대한 평가가 변한다면, 최종선택도 변할 수 있다. 이러한 의사

〈보기 A1-1〉 복수속성 의사결정

특성 (가중치)	Y 대학 (평가)	X 대학 (평가)
학비 (4)	싸다 (5)	비싸다 (1)
평판 (5)	중간 (3)	상위 (5)
기후 (3)	매우 나쁘다 (1)	매우 좋다 (5)
문화 (1)	좋다 (4)	매우 나쁘다 (1)

Y 대학의 효용성 = (4×5)+(5×3)+(3×1)+(1×4) = 42
X 대학의 효용성 = (4×1)+(5×5)+(3×5)+(1×1) = 45

결정이론이 우리에게 선택하는 법을 알려줄 수 있지만, 그 선택을 위해 필요한 속성가중치까지 알려주지는 못한다.

우세성법칙dominance principle에 의하면, 하나의 대안이 다른 대안보다 적어도 한 측면에서 전적으로 낫고 다른 측면에서도 다른 대안에 처지지 않는다면, 그 대안은 다른 대안보다 우월하다. 예를 들어 Y 대학이 학비에서 5점, 평판에서 5점, 기후에서 4점, 문화에서 4점을 받고, X 대학이 각각 1, 5, 4, 3점을 받았다고 상정해보자. 이 경우 Y 대학이 두 가지 측면에서(평판과 기후) X 대학에 처지지 않고 다른 두 측면(학비와 문화)에서는 X 대학보다 낫다는 것을 금방 알 수 있다. 우세한 대안을 확인하는 것은 의사결정을 단순화한다. 만약 하나의 대안이 다른 대안보다 우세하다면 우리는 우세한 대안을 선택해야 한다.

이 예는 매우 단순한 것이다. 대개 우리는 각각 여러 가지 속성을 가지고 있는 많은 대안들을 고려해야 하는 상황에 처한다. 한눈에 우세한 대안을 집어내기는 쉽지 않다. 그런 경우에는 어떻게 해야 할까? 첫 단계는 우선 쉽게 처지는 것으로 보이는 대안들을 먼저 제거하는 것이다. 그리고 남은 대안들 중에서 선택을 한다.

선택의 방식으로서 우세성법칙이 매우 강력한 것처럼 보이지만, 그것은 하나의 대안이 다른 대안들보다 명백히 우세한 상황에서만 적용된다. 그것은 가치들을 트레이드오프하면서 대안들 중에서 선택을 하는 고통스러운 작업에는 도움이 되지 않는다. 일부 사람들은 '무작위' 선택권을 이용할 수도 있다. 무작위 선택의 분별력은 그 선택이 '비할 바 없이 훌륭한' 옵션인지 아니면 '좋지도 나쁘지도 않은' 옵션인지에 따라 달라진다. '비할 바 없이 훌륭한' 옵션에 속하는 조직적 무작위 선택은 금전손실을 초래하는 일련의 결정이 될 수도 있다. 그러나 '좋지도 나쁘지도 않은' 옵션에 속하는 선택을 할 때는 그렇지 않다.[2] 이제 MAUT와 우세성법칙에 도전해보자.

불확실성하에서의 의사결정

때때로 우리는 대안이 불확실하거나 알려지지 않았을 때도 의사결정을 해야 한다. 이러한 상황을 불확실성 하에서의 의사결정 또는 무지상태에서의 의사결정이라고 한다.[3] 이런 상황에서 의사결정자는 사건의 발생 가능성에 관해 알지 못한다. 옥내 또는 옥외에서 사교행사를 벌이는 계획에 대해 생각해보자. 만약 날씨가 좋고 따뜻하면 옥외에서 하는 것이 낫고, 비가 오거나 추우면 옥내에서 하는 것이 좋다. 그 계획은 한 달 전에 미리 정해져야 한다. 그러나 한 달 전에 미리 날씨를 예측할 수는 없다. 모험과 불확실성의 구별은 확률이 정확히 알려졌는지(예: 운수 게임), 또는 정확하지는 않지만 확률이 의사결정자에 의해 판단되는지(예: 운수 게임 이외의 거의 모든 것)에 달려 있다. 그러므로 '무지'는 의사결정자가 실마리를 갖지 못하는 불확실성의 극단으로 볼 수 있다(예: 도쿄 주식시장에서 다이이치 주식의 내일 종가가 1,600엔 이상이 될 확률).

모험적 선택

불확실성하에서의 의사결정에서는 사건 발생 가능성을 알 수 없지만, 모험적 선택 상황에서는 확률을 알 수 있다. 대부분의 의사결정 이론은 어떤 사건이 일어날 확률 측정에 기초하고 있다. 모험적 선택 상황에서는 그 결과가 충분히 알려져 있지 않기 때문에 우리는 그 결과를 종종 '전망prospects'이라고 부른다. 많은 사람들은 도박에서처럼 가능성을 잘 알 수 없을 때도 위험을 정확히 계산하지 않는다.

협상 당사자들은 어떤 특정 사건의 발생 여부를 완벽하게 확신할 수 없기 때문에 협상이란 모험적 선택을 해야 하는 상황이다. 예를 들어 협상 당사자들이 '합의에 도달하지 못했을 때 택할 수 있는 최선의 대안BATNA'을 추구하면 협상이 결렬될 수도 있으므로 협상자는 합의 도달 여부를 확신할 수 없다. 협상에서 모험적 선택의 의사결정을 이해하기 위해서 기대효용이론을 알아야 둘 필요가 있다.

- **기대효용이론**expected utility theory

기대효용이론EU은 16세기 프랑스 귀족들이 궁정 수학자들에게 자신들이 도박하는 것을 도와달라고 요청하면서 개발되기 시작한 오랜 역사를 가진 이론이다. 현대의 효용이론은 도박, 확률, 그리고 이익분배에서 많이 활용된다. 그렇다면 우리가 효과적인 협상자가 되기 위해 도박에 관해 알아야 하는 이유는 무엇일까? 사실상 모든 협상은 선택과 관련이 되고, 많은 선택은 불확실성과 연관이 되며, 그리고 이러한 불확실성이 협상을 도박으로 만드는 것이다. 효율적인 협상을 위해서는 먼저 자신이 선호하는 것이 무엇인가를 명확히 해야 하며, 효용이론은 우리가 그렇게 하는 것을 도와준다. 기대효용이론은 개인의 선택이론으로서,[4] '합리적 행동rational behavior'에 관한 이론이다. 만약 어떤 사람이 자신의 의사결정효용이나 기대만족을 극대화하도록 행동할 때, 그 행동을 '합리적'이라고 부른다. 효용을 극대화하는 것은 종종 금전수익의 극대화와 동일시된다. 그러나 만족은 많은 경우에 금전이 아닌 형태로 찾아온다. 사람들이 돈 이외의 것도 중요시하는 것은 명백한 사실이다. 예를 들어 날씨, 문화, 생활의 질, 그리고 자존심 등은 월급과 함께 직업결정을 좌우하는 요소들이다.

기대효용이론은 밝혀진 선호도에 기초하고 있다. 사람들의 선호도나 효용은 직접 측정할 수 없지만 그들의 선택과 계획으로부터 추론할 수는 있다. 누군가가 소중히 여기는 가치와 진정으로 원하는 것을 이해하기 위해서는 그가 어떠한 선택을 하는가를 살펴보아야 한다. 행동이 말보다 의미를 더 잘 드러낸다. 이러한 의미에서 효용성 극대화는 동의어반복이라 할 수 있다. 어떤 사람의 선택은 개인의 효용을 반영한다. 따라서 행동은 가상의 효용 잣대를 극대화하는 것으로 표현될 수 있다.

기대효용이론은 도박에서의 선호도에 관한 몇 개의 공리公理, axiom*에 기초하고 있다. 기대효용이론의 기본 결론은 '어떤 사람의 선호가 특정 공리를 만족시킨다면 그 사람의 선택은 기대효용을 극대화한다'라는 정리定理, theorem**로 요약된다. 합리적 행동이 무엇인지를 얘기하기 전에 먼저 효용함수를 이해할 필요가 있다.

- **효용함수** utility function

효용함수는 직업, 배우자 후보, 아이스크림의 맛과 같은 어떤 객체에 대한 개인의 선호도를 의미한다. 효용함수는 어떤 물건이나 물건을 상으로 받는 도박(예: 동전을 던져 하와이 여행권이나 무료식권을 타는 일)에 점수를 매긴다. 예를 들어 현재 재직 중인 회사에 그대로 머물러 있고자 하는 한 관리자의 선택은 10점 만점에 7점을 줄 수 있다. 직장을 옮기고자 하는 선택에는 새로운 직장에서의 전망에 따라 10점도 줄 수 있고 2점도 줄 수 있다. 현재의 직업은 확실한 것이며, 대체직업은 그 불확실성으로 인해 도박이라 할 수 있다. 우리는 어떻게 이 두 가지 중에서 합리적 결정을 내릴 수 있을까?

먼저 우리의 효용함수를 검토해볼 필요가 있다. 효용함수는 다음의 일곱 가지 공리를 기초로 존재한다. 공리들은 일련의 결과에 대해 정의된 선호/무차별 관계에 의해 형성될 수 있다.[5] 다음 공리들은 협상이나 공동의사결정뿐 아니라 개인적 의사결정에도 기초가 될 것이다.

① **비교 가능성** comparability: 기대효용이론의 핵심 가정은 '모든 것이 비교 가능하다'는 것이다. 즉 두 가지 물건이 주어졌을 때, 당신은 어느 한쪽을

---

* 한 이론의 출발점이 되는 최초의 전제를 공리라고 한다. 가장 유명한 공리로는 '1은 자연수이다', 'n이 자연수이면 $n+1$도 자연수이다'와 같은 것이 있다.
** 공리나 정의를 활용해서 수학적 논증을 한 결과 '참'으로 증명된 것을 정리라고 한다. 이러한 정리 중에서 특히 중요한 것에는 이름이 붙기도 한다. '피타고라스 정리'가 그런 예이다.

다른 쪽보다 선호하거나 둘 사이에 차이가 없다고 생각할 것이다. 두 가지 물건이 있다면 당연히 양자를 비교할 수 있다. 예를 들어 우리는 10원과 5원을 비교하거나, 치즈버거와 10원을 비교할 수 있다. 우리는 중서부 소재 직장과 서부 해안지역에 소재한 직장을 비교할 수도 있다. 효용이론은 '다양한 만족'을 하나의 차원으로 바꾸어 적용한다. 결혼이라든가 자녀문제 등 사회적·감정적인 문제에서 비교하기 어려운 일들이 많다. 그러나 효용이론에서는 모든 것이 합리적으로 비교될 수 있어야 한다. 다만 많은 사람들은 이러한 생각에 불편해할 것이다.

② **폐쇄속성**closure property: 폐쇄속성이란, 만약 x나 y가 가능한 대안이라면 그 결과가 x나 y로 표시되는 모든 형태(x, p, y)의 도박이 대안이라는 의미이다. 이 공식에서 x와 y는 가능한 대안을 의미하며, p는 x의 발생확률을 의미한다. 그러므로 (x, p, y)는 x가 p라는 확률로 발생하고, x가 발생하지 않으면 y가 발생한다는 것을 의미한다. 따라서 (x, y, p)는 $y, (1 - p), x$라고 표시할 수 있다. 이것은 y의 확률은 $(1 - p)$이고, y가 발생하지 않으면 x가 발생한다는 의미이다. 월급의 인상 확률을 30%로 가정해보자. 폐쇄속성에 의해 30%의 월급 인상 가능성은 월급이 인상되지 않을 가능성이 70%라는 것과 동일하다.

이렇게 효용이론은 단순 명백한 것이어서 그것을 상세히 설명하는 것이 도리어 어리석은 짓으로 보일 수 있다. 그러나 우리는 사람들이 어떻게 해서 이러한 기초상식을 항상 어기면서 행동하는지를 보게 될 것이다.

③ **이행성**移行性, transitivity: 이행성은 우리가 x를 q보다 좋아하고, q를 z보다 좋아한다면, 우리는 x를 z보다 좋아해야만 한다는 사실을 의미한다. 마찬가지로, 우리가 x와 q 간에, q와 z 간에 차이를 느끼지 않는다면, x와 z 간에도 차이를 느끼지 않을 것이다.

고용주가 당신에게 시애틀로의 전근, 피츠버그로의 전근, 또는 5,000달러의 연봉 인상이라는 세 가지 선택권을 제시했다고 가정해보자. 당신은 피츠버그로의 전근보다 연봉 5,000달러 인상을 선호하고, 연봉 5,000달러 인상보다 시애틀 전근을 선호한다고 하자. 따라서 이행성에 따라 당신은 피츠버그로 전근 가는 것보다 시애틀 전근을 선호한다. 당신이 원하는 것들이 이행적이지 않다면, 당신은 항상 어딘가로 이전하려고 할 것이고 제3자는 당신이 더 선호하는 대안을 계속 제시하면서 돈을 벌 수 있을 것이다.

④ **약분 가능성** 約分可能性, reducibility: 복합복권 compound lottery에 대한 사람들의 태도를 통해 약분 가능성 공리를 살펴보자. 복합복권이란 복권 당첨으로 받은 상품이 또 다른 복권인 경우를 말한다. 약분 가능성 공리에 의하면, 복합복권에 대한 사람들의 태도는 (중간과정을 약분하여 정리한 후에 나온) 최종상금과 당첨 확률에 의해 결정된다. 즉

$$(x, x, q, y) = [(x, x, y), q, y]$$

이다. 그러나 실제의 도박 메커니즘은 이와 다르다.

제1지망으로 선택한 대학의 입학처장이 당신에게 MBA 입학허가 가능성은 25%라고 통보했다고 가정해보자. 당신은 이 상황을 어떻게 느끼는가? 또한 그 입학처장이 당신에게 입학허가서를 받지 못할 확률이 50%이며, 절반이 합격하고 절반은 불합격하는 추첨형태의 합격절차를 밟게 될 확률이 나머지 50%라고 당신에게 통보했다고 가정해보자. 당신은 어떤 상황을 선호하는가? 약분 가능성 공리에 따르면, 두 가지 상황은 완전히 동일하며, 당신이 입학허가를 받을 확률은 두 경우 모두 정확히 25%이다. 두 상황의 차이점은 하나는 **복합도박** compound gamble과 유사하고, 다른 하나는 그렇지 않다는 것뿐이다.

복합도박은 그 결과 자체가 또 한 번의 도박이라는 점에서 단순도박과는 다르다. 그러나 확률은 두 경우에 완전히 같다. 다만 도박에 대한 선호도에 따라 이 결과는 같은 것으로 보이지 않을 수 있다. 이 공리가 협

상에서 가지는 함의는 매우 중요하다. 협상자에게 제시된 대안의 형식, 즉 단순도박형식인지 복합도박형식인지가 우리의 행동에 큰 영향을 미치기 때문이다.

⑤ **대체 가능성**substitutability: 대체 가능성 공리에 의하면, 사람들의 선호에 차이가 없는 상품을 제공하는 도박들은 서로 바꾸어 할 수 있다. 예를 들어 어떤 복권의 상을 다른 복권의 상과 바꿀 수도 있고 바꾸지 않을 수도 있다고 하자. 만약 당신이 두 상의 차이를 느끼지 못한다면, 당신은 복권 간의 차이도 느끼지 못할 것이다. 만약 당신이 상들 간의 차이를 느낀다면, 당신은 좋아하는 상을 제시한 복권을 선호할 것이다.

당신이 어느 회사의 재무부서에 근무하고 있는데 상사가 마케팅 부서나 판촉부서로 옮기는 것을 제안했다고 가정해보자. 당신은 두 부서 중 어디나 좋다고 대답한다. 그런데 그 상사가 갑자기 당신에게 판촉부서로 옮기거나 다른 주에 위치한 본사 재무부서로 옮기는 두 가지 제안을 하면서 선택을 요구한다. 한참 고민 후 당신은 판촉부서보다는 본사로 전근하기로 결심한다. 그런데 며칠 후 그 상사는 또다시 마케팅 부서로 옮기든지 아니면 본사 재무부서로 전근을 가든지 선택하라고 요구한다. 대체 가능성 공리에 따르면, 당신에게는 마케팅 부서나 판촉부서의 차이가 없으므로 새로운 제안에서도 본사로 전근을 가겠다는 선택을 해야 한다. 마케팅 부서와 판촉부서는 대체 가능한 선택이기 때문이다.

⑥ **중간성**betweeness: 중간성 공리는 만약 x가 y보다 낫다면 x는 x와 y 중 어느 것인가가 발생 가능성이 있는 경우보다 좋으며, 어느 것인가가 발생하더라도 그것은 y보다 나아야 된다. 이것은 금전적인 일과 관련해서는 분명한 원칙이다. 예를 들어 우리는 5원보다는 10원을 가지기를 원하며, 5원보다는 '10원이나 5원'을 가질 경우를 원할 것이다. 그러나 스카이다이빙, 러시안 룰렛, 번지점핑처럼 비금전적인 경우를 생각해보자. 스카이다이빙을 하는 사람은 아무래도 살아남는 것보다 살 수도 있

고 죽을 수도 있는 상황을 더 좋아할 것으로 보인다. 그렇지 않다면 스카이다이빙을 하지 않고 살아 있으면 되기 때문이다. 자신의 생명을 걸고 모험을 하는 사람은 이 중간성 공리에 어긋나는 행동을 하는 것으로 보인다. 그러나 좀 더 주의 깊게 살펴보면, 이 상황도 중간성 공리에 어긋나지 않는다. 스카이다이빙의 결과는 ⓐ 스카이다이빙을 하고 나서 살아 있는가, ⓑ 스카이다이빙을 하지 않고 살아 있는가, ⓒ 스카이다이빙을 하면서 죽는 것의 세 경우이다. 그러므로 스카이다이빙을 하기로 선택했다면, 그 사람은 ⓐ와 ⓒ를 혼합한 확률을 ⓑ보다 선호한 것이 된다. 이 분석은 '경험'이 곧 효용이 있음을 보여준다.

⑦ **연속성 또는 해결 가능성**continuity or solvability: A, B, C라는 세 가지 선택 중에서, 당신은 B보다 A를, C보다 B를 좋아하며, A를 얻을 확률이 p이고, C를 얻을 확률은 $1-q$라고 가정해보자. 만약 $p=0$이면 복권 결과는 C에 상당하고, $p=1$이면 복권 결과는 A에 해당한다. 첫 번째 경우에 당신은 복권(C에 해당)보다는 B를 좋아하고, 두 번째 경우는 B보다는 복권(A에 해당)을 좋아한다. 연속성 공리에 따르면, p의 값이 0과 1 사이에 있는 경우에는 B와 복권에 대한 당신의 선호에 차이가 없다.

이제 10센트를 받는 것, 5센트를 받는 것, 그리고 새벽에 총에 맞는 것을 예로 살펴보자.[6] 우리는 분명히 5센트를 받는 것보다는 10센트를 받는 것을 좋아하고, 총에 맞는 것보다는 5센트를 받는 쪽을 좋아할 것이다. 그러나 연속성 공리에 의하면 '10센트를 받거나 새벽에 총에 맞거나' 할 확률이 5센트를 받을 확률과 같다. 이러한 설명을 끌어내는 것이 생명은 돈으로 환산할 수 없다는 이유에서 혐오스럽게 들릴 수도 있다. 하지만 이 예의 연속성은 우리가 대단히 작은 확률은 잘 인식하지 못하고 있기 때문에 가능한 것이다. 이론적으로는 사람들은 결코 생명의 위험을 감수하지 않지만, 현실세계에서는 생명을 거는 일이 항상 일어난다. 예를 들어 우리는 비록 아주 작은 확률이지만 자동차에 치여 죽을 위험을 안고서 5센트도 안 되는 물건을 사기 위해 길을 건넌다.

요컨대, 이상의 공리들이 지켜지면 효용함수는 항상 ⓐ 대안과 도박 중에서 사람의 선호를 표시할 수 있으며, ⓑ 도박의 효용은 기대치의 효용과 같다'고 하는 기대법칙을 충족시킨다. 이 기대효용의 척도는 원점과 측정단위 없이 독특하게 표시된다.

- **기대가치법칙** expected value principle

당신이 매우 혁신적인 창업회사에 투자할 흔치않은 기회가 생겼다고 가정해보자. 그 회사는 휘발유 없이 가는 차를 만들 수 있는 신기술을 개발했다. 그 차는 연료절약형이며, 환경친화적이고, 보통의 휘발유 차보다 유지비도 적게 든다. 반면에 그 기술은 새롭기는 하지만 아직 입증되지 않았다. 더욱이 그 회사는 주요 자동차 제조회사와 경쟁할 여력이 없다. 그럼에도 만일 이 신기술이 성공하게 되면 현재 시점에서 이 회사에 투자할 경우 30배의 이익이 보장된다. 당신이 방금 숙모로부터 5,000달러의 유산을 받았다고 가정해보자. 당신은 비록 위험하기는 하지만 그 회사에 투자하여 15만 달러를 벌 수 있다. 아니면 당신은 5,000달러를 챙기면서 투자기회를 포기할 수도 있다. 당신은 그 회사의 성공 확률을 20%로 보고 있다. 또한 최소 5,000달러의 투자가 요구된다고 하자. 이 경우 당신은 어떻게 할 것인가?

이 상황에서는 어떤 유력한 대안이 명확히 제시되어 있지 않기 때문에 의사결정의 해법으로 우세성법칙 dominance principle을 적용할 수는 없다. 그러나 이 상황은 **기대가치법칙**을 적용하는 데 필요한 요소를 포함하는데, 기대가치법칙은 앞의 예에서 보듯 의사결정자가 두 가지 이상의 가능성 중에서 선택해야만 하는 경우에 적용된다. 가능성에 대한 '기대expectation' 또는 '기대가치expected value'는 결과의 객관적 가치를 발생 확률로 곱한 것의 합이다.

여러 가지 이유로 당신은 투자가 15만 달러의 수익을 낳을 확률이 20%가 된다고 믿고 있으며, 그 경우 수학적인 투자수익 기대치는 0.2 × 15만 달러 = 3만 달러이다. 투자가 수익을 올리지 못할 확률은 80%, 이 경우 투자수익 기대치는 0.8 × 0달러 = 0달러이다. 따라서 이 도박의 기대가치는 3만 달러에서 비용 5,000달러를 뺀 차액인 2만 5,000달러가 된다.

기대가치법칙은 의사결정자가 최대한의 기대가치가 있는 가능성을 선택하는 것이다. 이 경우, 모험적 선택(기대가치 2만 5,000달러)은 확실한 선택(기대가치 0달러)보다 기대가치가 훨씬 크다.

의사결정자가 주어진 대안의 주관적 가치를 결정하는 데는 기대가치평가법칙expected value evaluation principle을 적용하면 된다. 당신은 투자기회를 다른 사람에게 '팔' 수도 있는데, 이 경우 적정 가격은 얼마일까? 기대가치평가법칙에 의하면 전망은 기대가치와 같아야 하며, 따라서 그 도박의 '공정 가격'은 2만 5,000달러일 것이다.

기대가치법칙은 직관적으로는 강력한 것이다. 그러나 이것을 의사결정에 사용할 수 있을까? 이 질문에 답하기 위해서는 기대가치를 규범으로 사용하는 논리를 검토하는 것이 도움이 될 것이다. 이 문제의 장단기적 결과를 검토해보자.[7] 당신이 향후 50년 동안 매년 5,000달러씩 유산을 받는다고 가정해보자. 당신은 매년 5,000달러를 창업기업에 투자할 것인지(모험적 선택), 아니면 그 돈을 그냥 보관할 것인지(확실한 선택)를 결정해야 한다. 전망의 기대가치는 장기평균가치long-run average value이며, 이 법칙은 대수의 법칙law of large number*이라는 기본법칙에서 나온다.[8] 대수의 법칙은 도박이 반복되면 반복될수록 평균수익은 기대가치에 가까워진다는 의미이다. 따라서 50년 동안 투자를 계속하면 평균수익이 약 2만 5,000달러가 될 것이라는 사실은 상당히 설득력이 있다. 어떤 해에는 잃을 것이고 또 어떤 해에는 수익을 올

- 적은 규모 또는 소수로는 명확하지 않지만 대규모 또는 다수로 관찰하면 거기에 일정한 법칙이 있게 되는데, 이를 대수의 법칙이라고 한다. 예를 들어 사람의 사망에 관해서 어떤 특정인이 언제 사망할 것인지 예측할 수는 없으나, 많은 사람들을 대상으로 해서 관찰해보면 매년 일정한 비율로 사망하는 것을 알 수 있게 된다. 이 경우를 사망률에 관한 대수의 법칙이라고 한다.

릴 테지만, 평균적으로 수익은 연간 2만 5,000달러가 될 것이다. 이런 방식에서 보면, 투자하는 쪽이 합리적인 것처럼 보인다.

이제는 투자결정이 곧 평생의 유일한 기회일 것으로 가정해보자. 이 경우에 대수의 법칙은 기대가치결정법칙에 적용되지 않는다. 당신은 15만 달러를 벌거나, 5,000달러를 모두 잃어버리거나, 5,000달러를 그대로 챙기거나 하게 될 것이다. 그 사이에 어떠한 선택도 없다. 이러한 상황에서 당신은 기대가치법칙에 따르는 것을 거부할 충분한 이유가 있을 수 있다.[9] 당신이 차를 살 필요가 있다고 가정해보자. 만일 그 도박이 성공적이라면 차를 사는 데 아무런 문제가 없을 것이다. 그러나 도박이 실패한다면 차를 살 돈이 전혀 없을 것이다. 그러므로 당신은 5,000달러 이하의 중고차를 사는 것이 현명한 판단인지를 결정해야 한다.

기대가치 개념은 모험을 감수하는 행동의 표준을 정하는 기초라고 할 수 있다. 예를 들어 앞의 상황에서 당신은 투자라는 도박을 강행하든지, 아니면 투자기회를 타인에게 넘기고 2만 5,000달러를 버는 선택을 할 수 있다. 이 경우 확실한 것의 가치(즉 2만 5,000달러를 받는 것)는 도박의 기대가치와 동일하다. 그러므로 양 대안의 주관적 값어치는 동일하다. 그러면 당신은 어떻게 할 것인가? 여기서 당신의 선택이 당신의 **모험에 임하는 태도**를 보여준다. 당신이 그 두 가지 선택에서 차이를 느끼지 않고 동전 던지는 확률에 만족한다면, 당신은 **모험 중립적**risk-neutral 또는 **모험 무관심적**risk-indifferent이라 할 수 있다. 당신이 확실한 것을 선호한다면, 당신의 행동은 **모험 회피적**risk-averse이라 할 수 있다. 당신이 도박을 선택한다면, 당신의 행동은 **모험 추구적**risk-seeking으로 분류될 수 있다.

개인적인 차이가 모험에 임하는 태도에 달려 있다면, 사람들은 일관되게 모험 추구적 또는 모험 회피적 행동을 보이지는 않을 것이다.[10] 오히려 모험에 임하는 태도는 그 사건의 상황에 달려 있다. 모험에 임하는 태도의 네 가지 형태는 사람들이 중간 이상의 높은 확률의 수익과 낮은 확률의 손실에 대해서는 모험 회피적이 되고, 낮은 확률의 수익과 중간 이상의 높은 확률의 손실에는 모험 추구적이 될 것임을 예측하게 한다.[11]

- **기대효용법칙**expected utility principle

다음 두 가지의 규칙으로 게임을 할 때 당신은 얼마를 기꺼이 지불할 것인가? ⓐ 찌그러지지 않고 균형 잡힌 동전을 앞면이 나올 때까지 던진다. ⓑ 동전 앞면이 첫 번째로 나오면 2달러를 받으며, 두 번째에 나오면 4달러, 세 번째에는 8달러, 네 번째에는 16달러 등으로 계속된다. 더 읽기 전에 당신은 이 게임에 얼마를 걸 것인지를 생각해보라.

이성적 분석에 기초한 결정을 내리기 위해 각각의 가능한 결과로부터 얻어지는 수익을 발생 가능 확률로 곱하여 그 기대가치를 산정해야 한다. 동전을 던져서 n 번째에 처음으로 앞면이 나올 확률은 $1/2^n$이고, 이때 받는 돈은 2^n달러이다. 따라서 두 수를 곱해서 얻은 수치는 1달러가 되며 n은 무한정이므로 이 게임의 가치는 무한대·이다.[12] 이 게임의 기대가치가 무한대인데도 대부분의 사람들은 이 게임에 단지 몇 달러 정도만을 건다. 대부분의 사람들은 이 경우에는 기대가치법칙이 우리를 어리석은 결론에 이르게 한다고 믿고 있다. 이와 같이 객관적인 매력이 있음에도 이 게임에 돈 걸기를 망설이는 것을 **상트페테르부르크 패러독스**St. Petersburg Paradox··라고 부른다.[13]

이와 같은 수수께끼를 어떻게 설명할까? 결과의 변화 가능성이 무한히 클 때는 기대가치를 정할 수가 없다고 주장할지도 모른다. 현실적으로 그 게임을 진행하는 측은 자신의 재산보다 더 큰 상금 지불은 보장할 수 없기 때

- 첫 번째에 앞면이 나오는 경우의 기대가치가 $1, 두 번째에 앞면이 나오는 경우의 기대가치도 $1, 세 번째에 앞면이 나오는 경우의 기대가치도 $1이다. 100만 번째에 가서 앞면이 나올 경우의 기대가치도 $1이 된다. 따라서 기대가치는 $E(X) = 2(1/2)+4(1/4)+8(1/8)+ \cdots = 1+1+1+\cdots =$ 무한대(∞)가 되는 것이다.
- ·· 이 게임을 처음 설명한 사람은 18세기 스위스의 천재 수학자이며 물리학자인 베르누이Bernoulli로서, 이 게임에 대해 러시아의 상트페테르부르크에서 강의를 하여 이런 명칭이 붙었다.

문에, 제한을 두지 않는다면 그 게임은 계속될 수가 없다.[14] 아무튼 우리가 이러한 선택을 요구받았다면 어떻게 해야 할 것인가? 우리는 이러한 기회를 귀중하게 여겨 수십만 달러를 거는 모험을 하는 것은 대단히 어리석은 짓이라는 결론에 도달했다. 그렇다면 그 이유를 어떻게 설명할 것인가?

- **한계효용체감**Diminishing Marginal Utility: 사람들이 여러 가지 가능성 중에서 선택을 할 때, 일반적으로 객관적 기대가치에 따르지 않고 주관적인 기대가치에 따른다는 사실은 상트페테르부르크 패러독스에 대한 사람들의 반응과 일치한다. 다른 말로 하면, 돈의 심리적 가치는 객관적 가치가 커지는 것에 비례하여 증가하는 것은 아니다. 물론 우리 모두 적은 돈보다는 많은 돈을 좋아하지만, 20달러가 10달러보다 반드시 두 배만큼 좋은 것은 아니다. 또한 연봉이 2만 달러에서 5만 달러로 3만 달러 오를 때 느끼는 만족감은 60만 달러에서 63만 달러로 3만 달러 오를 때 느끼는 만족감과 분명히 같지 않다. 베르누이Bernoulli는 돈의 효용(u)과 돈의 총액(x)에 대한 로그 함수를 제안했다. 이 함수를 표로 그리면 옴폭하게 파인 형태를 띠는데, 이는 돈의 한계효용이 감소한다는 의미이다. 즉 돈의 액수를 일정하게 늘릴 경우, 늘어나는 돈의 효용은 점점 작아진다는 의미이다. 한계효용체감법칙principle of diminishing marginal utility은 정신물리학과 연관이 있다. 좋은 것은 곧 물리게 된다는 의미로, 피자도 처음 입에 넣을 때 최고의 맛을 느끼며, 배가 부를수록 그 맛의 효용은 점점 떨어지는 것을 말한다.

한계효용체감법칙은 단순하지만 의미심장하다. 이를 '모든 사람의 효용함수'라고 부른다.[15] 베르누이는 도박에서 정당한 가격은 기대(화폐)가치가 아니라 기대효용에 의해 정해져야 한다고 한다(〈보기 A1-2〉 참조). 따라서 〈보기 A1-2〉에 나타난 로그 효용함수는 도박의 가치가 유한함을 보여준다.

기대효용이론EU에 의하면, 전망 결과들에 대한 주관적 효용가치를 숫

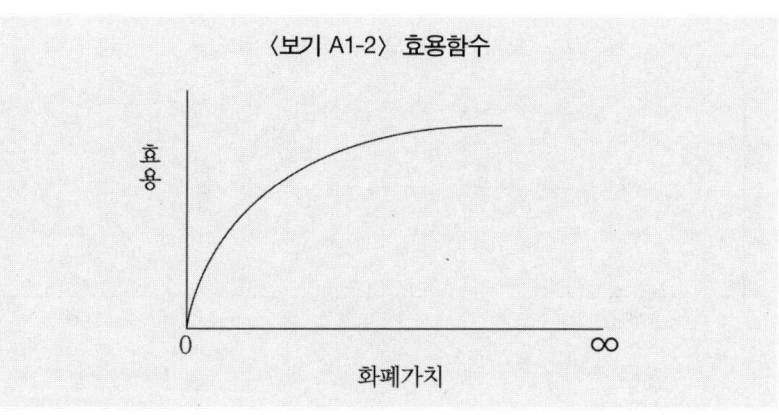

〈보기 A1-2〉 효용함수

자로 표시하고 있다. 마음에 와 닿는 결과일수록 효용은 높다. 전망의 기대효용은 가중치를 부여한 잠재적 결과의 효용 합계이다. 기대효용 이론에 의하면, 둘 이상의 전망 중에서 선택할 때 사람들은 최고의 기대효용을 가진 대안을 선택해야 한다. 특히 평가를 할 때는 모험적인 선택이, 합리적으로 판단할 때는 동등한 효용을 가진 '확실한 선택' 대안과 기대효용이 같아야 한다.

기대효용법칙EU은 필연적으로 기대가치법칙EV과 동일한 형태이다. 다만 기대가치 모델에서는 기대치가 객관적 가치(달러)를 사용하여 계산하는 데 반해 기대효용 모델에서는 주관적 가치(효용성)로 계산한다는 차이가 있다.

- 모험 시도risk-taking: 어떤 사람의 효용함수는 모험에 대한 그 사람의 성향을 나타낸다. 만일 효용함수가 오목한 형태의 것이라면, 의사결정자는 항상 확실한 것을 선택하며 그의 행동은 모험 회피적이라 할 수 있다 (〈보기 A1-3〉, A형 참조). 모험 회피적인 사람은 도박의 기대가치가 확실한 선택과 완전히 동일하다 하더라도 확실한 선택을 선호한다. 즉 10달러를 얻을 확률이 50%이고 아무것도 얻지 못할 확률이 50%인 경우보다 확실한 5달러를 선호한다. 만약 어떤 사람의 효용함수가 볼록한 형

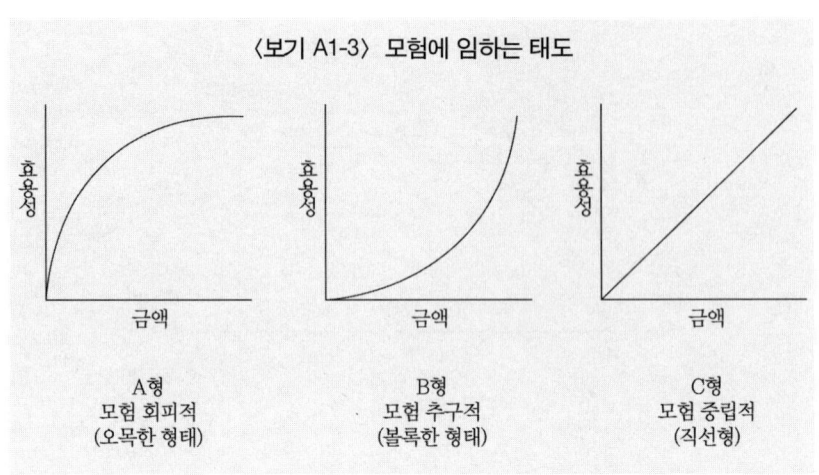

〈보기 A1-3〉 모험에 임하는 태도

A형
모험 회피적
(오목한 형태)

B형
모험 추구적
(볼록한 형태)

C형
모험 중립적
(직선형)

태라면, 그는 모험적인 선택을 할 것이다(〈보기 A1-3〉, B형). 만약 효용함수가 직선이라면, 그의 의사결정은 모험 중립적일 것이다(〈보기 A1-3〉, C형).

사람들의 효용함수가 대부분 오목한 형태의 모험 회피적인 함수라면 사람들은 왜 도박을 하게 될까? 큰 보상의 가치가 그것이 나올 작은 확률에 상응하는 가치보다 작은 오목형 효용함수에서는 도박을 하는 것이 매력은 없을 것이다.

당신의 부하가 당신에게 특정 마케팅 전략에 대해 다음의 가능성을 제시했다고 가정하자.

- 전략 A: 4만 달러를 벌 확률 80%, 수입이 없을 확률 0%
- 전략 B: 확실히 3만 달러를 벌게 됨

당신은 어느 안을 선택할 것인가? 전략 A를 택한 사람은 20%뿐이었다. 이번에는 다른 예를 살펴보자.

- 전략 C: 4,000달러를 벌 확률 20%, 그렇지 않으면 $0
- 전략 D: 3,000달러를 벌 확률 25%, 그렇지 않으면 $0.

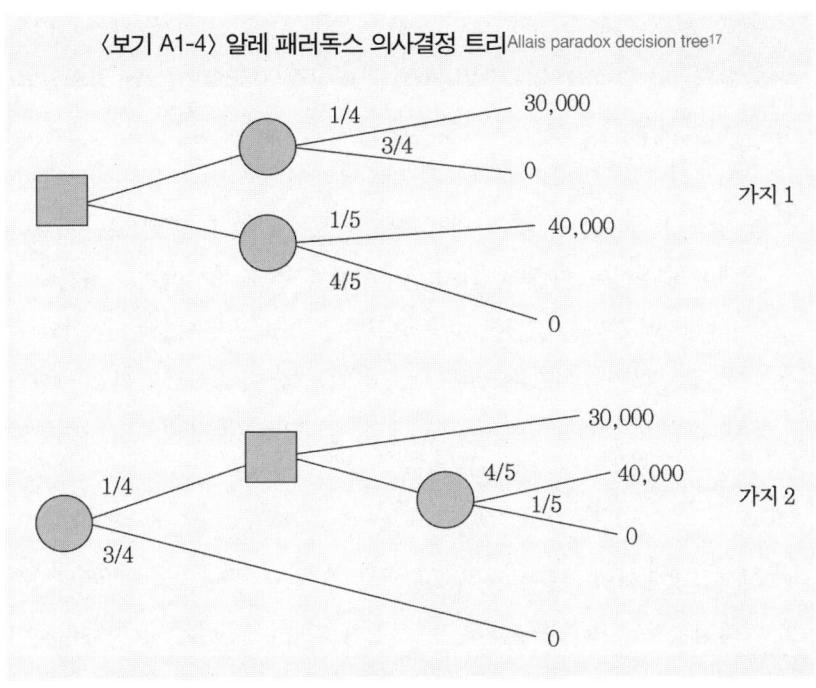

〈보기 A1-4〉 알레 패러독스 의사결정 트리 Allais paradox decision tree[17]

이러한 선택에 직면하여, 65%의 관리자가 전략 C를 선택했다.[16]

그러나 이 예에서 관리자가 선택한 행동은 A와 B 사이의 선택과 C와 D 사이의 선택에서 일관성을 요하는 기대효용법칙EU에 어긋난다.• 〈보기 A1-4〉에서 가지 1은 전략 C와 D를 표시한 것이다.

〈보기 A1-4〉의 가지 2에서는 A와 B 사이에 다른 단계의 도박이 추가되었는데, 그것은 결과적으로 가지 2의 2단계 도박을 가지 1의 1단계 도박과 동일한 것으로 만들었다. 가지 1이 객관적으로 가지 2와 동일하기 때문에 관리자는 각 결정에 직면했을 때 상이한 선택을 해서는 안 된다. 달리 말하면, A 대 B와 C 대 D의 선택에서 그 비율은 동일하다. 즉

• 프랑스의 경제학자 모리스 알레Maurice Allais가 설명한 현상이므로 알레 패러독스라고 부른다. 알레는 1988년 프랑스 최초로 노벨 경제학상을 수상했다.

(0.8 / 1) = (0.20 / 0.25). 그러나 관리자의 선호도는 대개 뒤바뀐다. **확실성효과**certainty effect에 의하면, 사람들은 단지 가능성이 있을 정도인 결과에 비해 확실한 결과에 가중치를 더 두는 경향이 있다. 확실한 것(1)으로부터 어느 정도의 불확실성으로 확률이 줄어드는 것은 어느 수준의 불확실성(0.2)으로부터 다른 불확실성(0.25)으로 줄어드는 것보다 명백한 손실을 드러낸다. 관리자는 확률에 관해 이성적으로 생각하지 않는다. 1에 가까운 것들은 종종 확실한 것으로 잘못 오인한다. 이와 유사한 것으로 **가능성효과**possibility effect가 있는데, 이는 사람들이 가능성이 적은 결과보다 가능성이 큰 결과에 상대적으로 더 가중치를 부여하는 경향을 말한다.

- **의사결정에서의 가중치**decision weights

의사결정자는 확률을 의사결정을 위한 가중치로 변형시키며, 이것이 주관적 가치를 매기는 데 적용된다. **전망이론**•은 어떤 결과가 일어날 확률과 그 확률이 의사결정과정에서 갖는 가중치와의 관계를 설명한다.

〈보기 A1-5〉는 누적전망이론에서 제안된 확률 - 가중치함수probability-

• 전망이론prospect theory: 카너먼Kahneman과 트버스키Tversky가 1979년 계량경제학회지 《이코노메트리카Econometrica》에 발표한 이론이다. 불확실한 조건하에서의 의사결정에 관한 이론으로, 전통적인 관점으로는 설명하기 어려운 인간의 행동, 예를 들면 비용이 많이 드는 설비보험 계약서에는 선뜻 서명하면서도 몇 푼 안 되는 할인 혜택을 받으려고 장거리 운전을 마다하지 않는다거나, 반대로 연금수입이 줄어든다는 뉴스를 접하고도 소비를 줄이지 않는 행동 등을 실험을 통해 체계적으로 분석했다. 그들은 사람들이 위험이 수반되는 일련의 의사결정을 할 때, 전통적인 기대효용이론과는 달리 손익의 비중과 확률을 다르게 잡는다는 것을 발견했다. 즉 기대 손실과 이익의 크기가 같더라도 기대 이익에 따르는 기쁨보다는 손실에 따르는 괴로움을 더 강하게 느낀다는 것이다. 이 예로 주식 투자자의 경우, 1달러를 잃을 때 느끼는 고통이 1달러를 벌 때 느끼는 기쁨의 두 배에 이른다는 것을 들기도 한다. 또한 두 사람은 사람들이 이익을 실현하기 위해서보다는 손실을 피하기 위해 위험을 기꺼이 감수하는 경향을 보임을 발견했다. 주식 투자자들의 경우, 눈앞의 이익에 대해서는 위험을 기피한 반면에 눈앞의 손실에 대해서는 위험을 기꺼이 감수하는 것이다. 카너먼은 2002년 미국의 경제학자 버넌 스미스Vernon L. Smith와 함께 노벨 경제학상을 공동 수상했다.

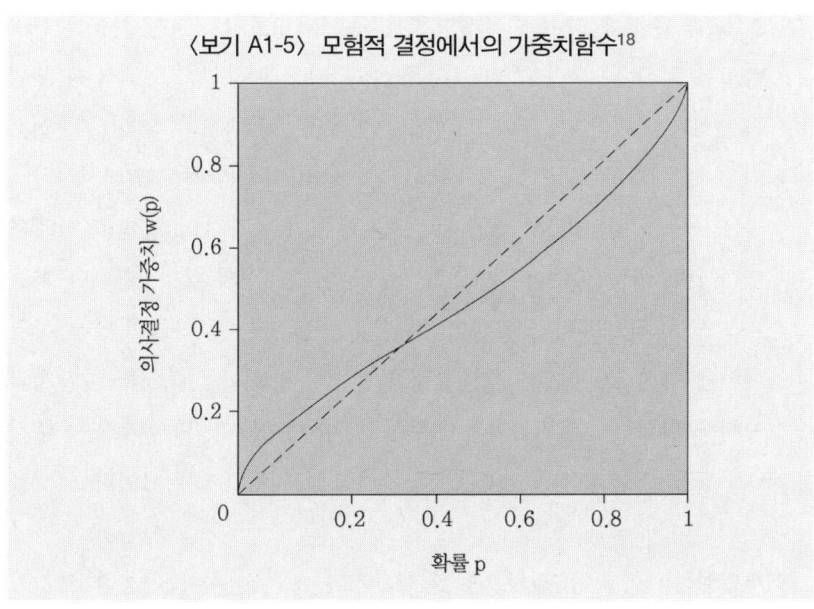

〈보기 A1-5〉 모험적 결정에서의 가중치함수[18]

weighting function를 보여준다. 그것은 0에 근접할수록 오목해지고 1에 근접할수록 볼록해지는 역S자 형태의 중요한 특징을 보여주고 있다.

- **극단 효과**extremity effect: 사람들은 낮은 확률에는 가중치를 높이고, 높은 확률에는 가중치를 낮추는 경향이 있다.
- **교차점**crossover point: 교차점 확률은 객관적 확률과 주관적 가중치가 일치하는 점이다. 전망이론에서는 교차점이 발생하는 위치를 정확히 지정하지 않고 있으나, 그 위치는 분명히 50%보다 낮은 위치에 있다.•[19]
- **합산점 이하**Subadditivity: 두 개의 확률 p_1과 p_2를 더하면 확률 p_3가 된다 ($p_3 = p_1 + p_2$). 예를 들어 당신이 3종의 주식(A, B, C)에 투자하는 것을 고려한다고 가정해보자. 당신은 주식 A의 오늘 종가가 어제보다 2포인

- 〈보기 A1-5〉에서는 시각적으로는 교차점이 50%보다 낮다. 그러나 왜 그런지를 저자는 밝히지 않고 있다. 여러 사례를 통해 경험적으로 그러하다는 의미로 해석된다.

트 오를 확률이 20%, 주식 B의 오늘 종가가 2포인트 오를 확률은 15%라고 추정한다. 그 두 주식은 다른 산업, 다른 회사의 것으로서 서로 연관관계가 전혀 없다. 이제 주식 C의 가격을 생각해보자. 당신은 주식 C의 오늘 종가가 2포인트 오를 확률을 35%라고 생각하고 있다. 주식 A나 B 둘 중 하나라도 2포인트 오를 가능성은 각각의 확률을 더해서 35%이며, 이것은 주식 C가 2포인트 오를 가능성과 같다. 그러나 확률과 가중치 관계에서는 덧셈이 잘 맞지를 않는다. 즉 확률이 낮은 상황에서는 곡선(〈보기 A1-5〉)가 평평한 것에서 보듯이 가중치들은 합계의 이하에 위치하고 있다. 이는 대부분의 의사결정자가 주식 A 또는 주식 B가 오를 가능성을 주식 C가 오를 가능성보다 낮게 평가한다는 것을 의미한다.

- **저확실성** Subcertainty : 전적으로 확실하거나 또는 아주 불가능한 사건을 제외한 나머지 사건들의 가중치를 더하면 1이 되지 않는다. 이 의미는 모든 가능성 p는 $0 < p < 1$이며, $p(p)+p(1-p) < 1$이라는 것이다.
- **회귀성** Regressiveness : 회귀법칙에 의하면, 어떤 양의 극단이라 해도 그 양의 평균가치로부터 크게 벗어나지는 않는다. 확률-가중치곡선이 상대적으로 평평해지는 것은 사람들의 결정이 불확실성 하에서는 확률의 변화만큼 반응하지 않는다는 것을 설명해준다. 또 다른 측면은 극단이 아니면서 높은 확률은 낮게 평가되고, 낮은 확률은 높게 평가된다는 점이다.

전망에 대한 주관적 가치는 의사결정의 가중치와 결과에 대한 주관적 가치에 의존한다. 전망이론은 다양한 결과와 그것에 대한 주관적 가치 사이에 특정한 관계가 있다고 주장한다(〈보기 A1-6〉 참조).[20]

가치함수에는 세 가지 주목할 만한 특징이 있다. 첫째 특징은 의사결정자의 **참고치** reference point 에 관한 것이다. 관련 결과의 중심가치를 기준으로 그것보다 작은 가치는 손실로, 큰 가치는 이익으로 생각된다. 중심

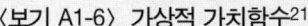

〈보기 A1-6〉 가상적 가치함수[21]

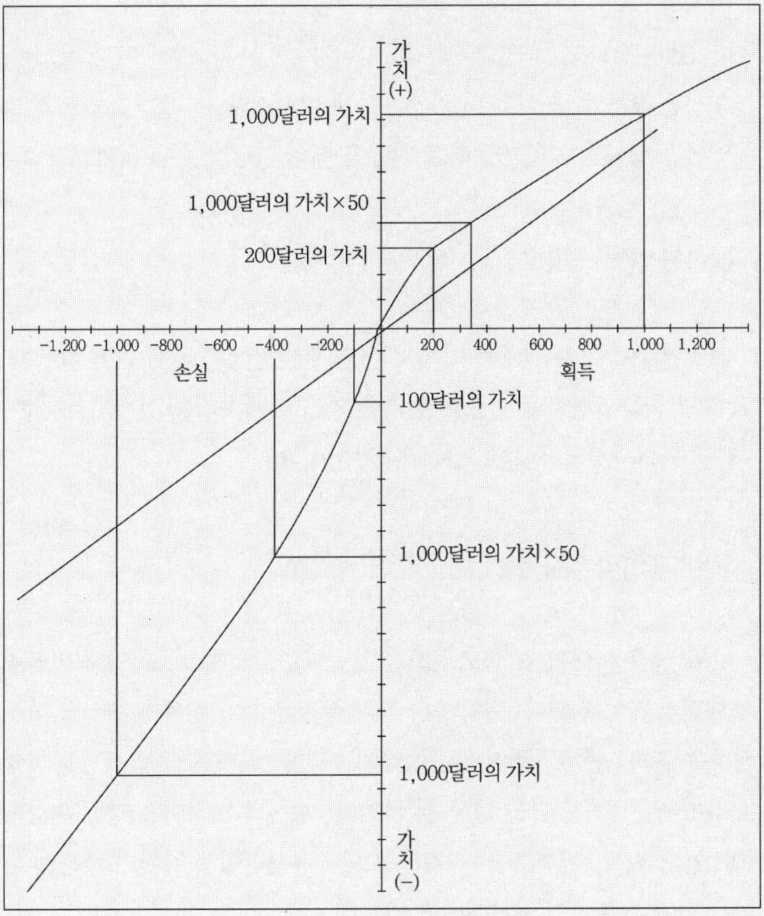

가치는 협상자의 참고치이다. 사람들은 부의 변화에 민감하다. 둘째 특징은 그 함수의 모습이 참고치를 중심으로 현저하게 변화한다는 것이다. 이익의 경우에 가치함수는 오목한데, 이는 한계효용체감을 나타낸다. 이익증가의 출발점이 크면 클수록 일정 증가분의 중요성은 작아진다. 손실의 영역에서도 마찬가지 현상이 발생한다. 즉 일정량의 감소가

참고치로부터 먼 곳에서 출발할수록 그 심각성은 줄어든다.

마지막으로, 가치함수는 이익보다 손실의 영역에서 눈에 띄게 가파르다. 달리 말하면, 동일한 크기의 이익과 손실은 사람에 따라 상이한 중요성을 갖는데, 손실은 더욱 중요하게 여겨진다. 우리는 75달러를 벌어 느끼는 행복감보다 75달러를 잃었을 때의 실망감이 더 크다.

결합원칙|combination rules

결정의 가중치와 결과의 가치가 어떻게 전망에 대한 주관적 가치를 결정하는가? 의사결정자에게 중요한 것은 얻거나 빼앗기는 실제의 양이 아니라, 그 양과 의사결정자의 참고치와의 차이이다.

요약: 개인의 의사결정

만일 확률을 주의 깊게 검토하지 않는다면, 때때로 틀리거나 비합리적인 의사결정을 하게 된다. 협상자의 확률 산정은 그가 어떻게 협상을 하는지에 영향을 준다. 영리한 협상자는 상대가 이익을 위해 자신의 결정을 어떻게 교묘히 조작했는지를 알고 있을 뿐 아니라, 자신의 결정이 어떻게 편향되었는지도 알고 있다. 이제 우리는 개인의 의사결정방법을 알았기 때문에 다자간 또는 상호 의존적인 의사결정을 검토해보자.

 **게임이론의 합리성**

협상의 결과는 협상 당사자들 각각의 효용성 관점에서 확인될 수 있다. 예를 들어 〈보기 A1-7〉에서 당사자 1의 효용함수를 u_1로, 당사자 2의 효용

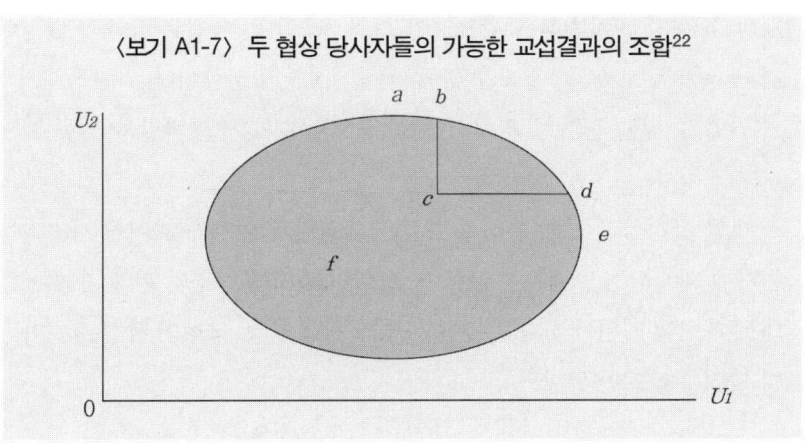

〈보기 A1-7〉 두 협상 당사자들의 가능한 교섭결과의 조합[22]

함수를 u_2로 표시하자. 효용은 실제적인 금전적 성과나 이득 그 자체가 아니고 협상 당사자들이 특정 상품이나 성과로부터 얻어내는 만족도를 의미한다. 〈보기 A1-7〉에서는 당사자 1과 당사자 2가 얻을 수 있는 모든 효용의 조합을 영역 F로 표시하고 있다. 그리고 두 당사자의 대립점conflict point을 $c(c_1, c_2)$로 표시하고 있다. c는 그 상태에서는 서로 합의하려고 하지 않는 위치를 의미한다.

협상 합리성에 관한 두 가지 핵심 사안 중 하나는 파이 나누기에 관한 것이고, 다른 하나는 파이 늘리기에 관한 것이다. 첫째, 사람들은 자신의 기준치보다 작은 효용에 동의해서는 안 된다. 둘째, 만일 현재의 대안 이외에 한쪽에 더 유리하면서도 다른 한쪽의 효용을 감소시키지 않는 파레토 우위Pareto superior(예: 제4장 통합적 합의의 제3단계)가 있는 다른 대안이 존재한다면 협상자는 현재 대안에 합의해서는 안 된다.

예를 들어 〈보기 A1-7〉에서 f 지역은 각 협상자의 효용함수로 표시된 대안 중 실현 가능한 것들의 조합이다. 삼각형 지역 bcd는 개인의 합리성 조건을 충족시키는 모든 점의 조합이다. f의 우측 경계지역인 $abde$는 공통 합리성 조건joint rationality requirements을 충족시키는 점들의 조합이다. bcd 영역과 경계선 *abde*의 교차지점은 활모양의 선인 *bd*인데, 이것은 양쪽의 합리성 조건both rationality requirements을 모두 충족시키는 점들의 조합이다. *b*는 당사자 1이 수락할 수 있는 결과 중 최저점이며, *d*는 당사자 2가 수락할 수 있는 결과 중 최저점이다.

개인 합리성과 공통 합리성 가설은 협상자가 어떻게 파이를 나누어야 하는가에 대해서는 말해주지 않으며, 오히려 파이를 나누기 전에 가능한 한 최대로 파이를 키워야 한다는 것을 설명해주고 있다. 그러면 당신은 얼마만큼의 파이를 가져야 할까?

내시 교섭이론Nash bargaining theory

내시 교섭이론은 협상자가 어떻게 파이를 나누는가를 구체적으로 설명해준다. 그것은 "개인이 어떤 상황에서 기대하는 만족의 양, 또는 교섭기회를 갖는 것이 각자에게 얼마나 가치 있는지를 결정하는 방법을 제시하고 있다.[23] 내시의 이론은 협상결과의 구체적 예측점인 내시 해법Nash solution을 제시하는데, 이는 협상자가 합리적으로 행동할 경우의 협상결과를 말한다.

내시 이론은 협상자는 합리적이라는, 즉 그들은 효용을 극대화하도록 행동한다는 가정에 기초하고 있다. 협상자들 간의 차이점은 게임의 수학적 기술로 표시되며, 협상자들은 서로의 취향과 선호도를 잘 알고 있다고 가정한다.

내시 이론은 이미 앞에서 언급한 EU 관련 공리들을 기초로 하며, 공리의 특성들을 구체화함으로써, 하나를 제외한 모든 대안들을 제거하고 있다. 내시는 내시 해법으로 알려진 협상의 합의점u은 다음의 다섯 가지 공리를 만족시킨다고 주장하고 있다. 즉 그것은 유일성uniqueness, 파레토 최적Pareto-optimality, 대칭성symmetry, 동등한 효용표현의 독립성independence of equivalent utility representations, 부적절한 대안의 독립성independence of irrelevant alternatives이다.

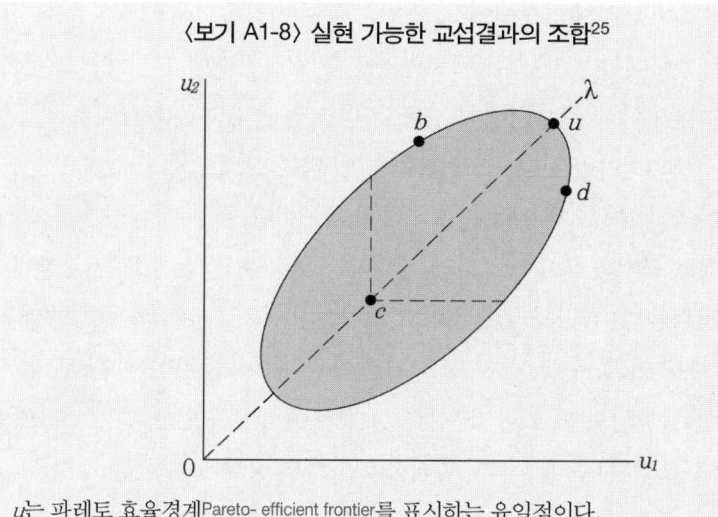

〈보기 A1-8〉 실현 가능한 교섭결과의 조합[25]

u는 파레토 효율경계Pareto-efficient frontier를 표시하는 유일점이다.

- 유일성uniqueness

유일성 공리는 각 교섭상황에는 유일한 해법이 존재한다는 것이다. 즉 주어진 교섭상황이나 게임에서 최선의 해법은 단 하나만이 존재한다는 것이다. 〈보기 A1-8〉에서 유일한 해결방안은 u로 표시되어 있다.

- 파레토 최적Pareto-optimality

협상자들은 교섭과정에서 양 당사자가 모두 미흡하다고 생각하는 결과에 합의해서는 안 된다. 파레토 최적(또는 효율) 공리는 노이만von Neumann과 모르겐슈테른Morgenstern에 의해 만들어진 공통 합리성 가정으로, 제4장에서 검토한 통합적 합의의 제3단계이다.[24] 파레토 효율경계Pareto-efficient frontier는 배분되지 않은 자원이 남아 있지 않은 상태에서 가능한 합의들의 전체 조합이다. 만일 한 당사자가 y를 x보다 더 선호하고 다른 당사자가 x만큼은 선호하는 y가 존재하지 않는다면, 주어진 선택권 x는 파레토 경계 위에 있다.

〈보기 A1-8〉을 살펴보자. 두 사람 모두 합의점 $u(u_1, u_2)$를 선호한다.

활모양의 bd 내부에 있는 $c(c_1, c_2)$와 같은 점들은 파레토 비효율Pareto-inefficient로 선택에서 배제된다. 내부영역은 파레토 경계에 위치하지 않은 선택들로, 이들은 효용극대화법칙에 어긋난다. 협상의 타결은 파레토 효율조합에서 선택되어야만 한다. 그 이유는 어떤 다른 선택도 어느 한쪽 또는 양쪽 협상자들의 불필요한 양보를 요구하기 때문이다.

파레토 최적의 중요성에 관해 생각하는 또 다른 방법은 모든 협상에서 파레토 최적을 생각해보는 것이다. 그 협상은 자동차, 직장, 주택, 합병에 관한 것일 수도 있고, 수백, 수천 명을 위한 좌석 배치, 수백만 달러 규모의 거래에 관한 협상일 수도 있다. 당신과 상대방(예: 자동차 딜러, 고용주, 판매자, 비즈니스 동료 등)이 분배방식에 합의하기만 하면 당신은 그 돈을 챙길 수 있다. 당신은 분명히 가능한 한 많은 돈을 챙기고자 하는데, 이는 협상의 분배 측면에 해당된다. 당신과 상대방 모두가 분배방식을 받아들일 수 있다면서 분배에 합의하는 장면을 잠시 상상해보라. 그리고 당신이 일정액의 절반 또는 1/3을 협상 테이블에 남겨놓고 나오는 장면을 상상해보라. 또한 건물에 불이 나서 돈이 타버린다고 상상해보라. 이러한 시나리오는 파레토 최적 합의에 이르는 데 실패하는 상황을 보여준다. 우리 대부분은 그런 불행한 사건이 발생하는 것을 결코 상상하지 않는다. 그러나 많은 협상상황에서 사람들은 돈이 불에 타게 내버려두고 있다.

- **대칭성**symmetry

대칭적 교섭상황에서 양 당사자들은 완전히 동일한 전략의 가능성과 교섭력을 가지고 있다. 따라서 누구도 상대보다 낮은 이득을 가져오는 합의에 동의할 이유가 없다.

대칭성에 관해 생각하는 또 다른 방법은 두 협상자들을 대체시켜보는 것인데, 이러한 대체가 결과를 바꿔놓지는 않는다. 〈보기 A1-8〉에서 대칭성이란 u_1과 u_2가 동일하다는 것을 의미한다. 실현 가능한 결과의 조합은 가상의 45도 선을 중심으로 대칭이어야 하며, 동시에 $c_1 = c_2$이므로 이 점들은 45도 선 위에 존재하게 된다. 이 선을 끝까지 연장하여 f의 제일 끝에 위치하는 u, 즉 내시점Nash point을 얻을 수 있다.

대칭성법칙은 종종 교섭이론의 기본 가정으로 간주된다.[26] 당사자들의 효용을 알 수 있으면 게임의 해결책은 분명해진다.[27] 그러나 협상자들의 효용은 보통 알려져 있지 않다. 이러한 불확실성은 대칭성법칙의 유용성을 감소시킨다. 즉 협상자가 정보의 반쪽만을 가지고 있다면 대칭은 이루어질 수 없다.[28]

파레토 최적과 대칭성법칙은 대칭적 게임의 합의점을 독특하게 정의해주고 있다. 아래의 두 공리가 대칭 게임의 이론을 비대칭 게임으로까지 확대시켜준다.

- 동등한 효용표현의 독립성independence of equivalent utility representations

많은 효용함수들은 동일한 선호도를 표현할 수 있다. 만일 한 함수를 순서유지 선형변형linear transformation을 하여, 즉 효용척도의 원점을 이동하거나 효용단위를 바꿈으로써 다른 함수를 얻을 수 있다면 이 함수들은 행태적으로 서로 일치하는 것이다. 내시 해법 결과의 뚜렷한 특징은 그것이 두 당사자들의 효용척도 간의 교환 비율에 독립적이라는 사실이다. 즉 그것은 우리가 개별 효용에 부여한 가중치가 불변이라는 의미이다.

효용은 구간척도interval scale로 되어 있으므로, 게임의 해법은 플러스 방향으로 당사자 이득을 선형변형하는 데 민감하지 않다. 온도와 같은 구간척도는 측정단위를 가지고 있지만 자의적 원점(즉 0도)을 가지고 있다. 〈보기 A1-8〉에서 당사자 1과 당사자 2의 효용척도는 자의적 원점과 측정단위를 가지고 있다.

예를 들어 당신이 친구와 100개의 포커칩을 나누어 가지는 협상을 한다고 가정해보자. 당신이 그 포커칩을 현찰로 바꾸면 개당 1달러를 받을 수 있고, 당신 친구가 바꾸어도 1달러를 받을 수 있다. 당신 둘이 어떻게 포커칩을 나누겠는가 하는 것이 질문이다. 내시 해법에 의하면 당신 둘은 포커칩을 하나도 남김없이 모조리 나누어 가져야 한다(파레토 최적 법칙). 또한 내시 해법에 의하면, 당신과 친구는 공히 50개의 포커칩을 똑같이 나누어 가져야 한다(대칭성법칙). 이제까지는 내시 해법이 아마도 훌륭하게 보일 것이다. 그러면 상황을 약간 바꿔 보자. 당신이 포커칩을 바꾸면 개당 1달러를, 당신 친구가 바꾸면 개당 5달러를 받는다고 가정해보자(게임의 규칙상 옆길로 돈을 준다든가 교환가치를 재협상하지는 않는다). 이제 그 칩을 어떻게 나눌 것인가? 우리가 이제까지 해왔던 것은 당신의 효용을 동일하게 유지한 채, 순서불변 선형변형을 통해(가치에 5를 곱해서) 당신 친구의 효용을 변형시키는 것이다. 내시 해법에 의하면, 당신 친구의 효용은 변하지 않았을 뿐 아니라 오히려 상이하지만 동등한 선형변형에 의해 표현되기 때문에, 당신은 아직도 그 칩을 50 대 50으로 나누어야 한다.

어떤 사람들은 이 원칙에 동의하기가 어려울 것이다. 결국 당신과 친구가 정말로 '대칭적'이라면, 둘 중 하나가 거래에서 더 많이 가져서는 안 된다. 그러나 둘 중 하나가 더 많은 칩을 갖게 되는 논리를 생각해보자. 둘 중 하나의 부모님이 매우 편찮아서 수술할 돈이 필요한 상황이거나, 둘 중 하나는 부자여서 돈이 별로 필요하지 않거나, 또는 둘 중 하나는 낭비벽이 심해 돈을 가질 자격이 없을 수도 있다. 게다가 둘 사이에 이견이 있을 수도 있는데, 어느 한쪽은 자신을 사려 깊고 신중한 사람이라고 생각하지만 상대방은 그를 어리석고 경솔한 사람으로 간주할 수 있다. 이 모든 주장과 논리는 수학적으로 **부정**不定, indeterminate이기 때문에, 즉 모호하고 막연하기 때문에 내시 이론의 바깥 영역에 위치한다. 금전적 형평을 위해 자원을 나누는 것은 동전 던지기만큼이나 자의적인 것이다.

그러나 협상에서 모든 것이 돈으로 환산되는 것은 아니다. 내시 이론에 의하면 각자의 효용함수는 0에서 1까지로 표준화되어 있으며, 여기서 최선의 결과는 1이고 최악의 결과는 0이다. 따라서 어느 한 사람의 효용함수의 원점과 척도는 다른 사람과 관련이 없으므로 숫자로 표현된 실제 수준은 이론상 설 자리가 없고, 숫자 크기의 비교는 결코 결과에 영향을 미치지 못한다.

이 공리는 중요한 의미를 가지고 있다. 상대의 효용을 변형시키지 않고 자신의 효용변형을 허용함으로써, 결과가 개인 간 효용비교에 의존해야 할 가능성을 없애버린다. 간단히 말하면, 사람들이 자신의 효용성을 다른 사람의 효용성과 비교하는 것은 무의미하다. 마찬가지 논리가 월급, 사무실 크기, 그 밖의 다른 것을 비교하는 데도 적용된다.

하지만 사람들은 효용성의 개인 간 비교(제3장)에 익숙하다. 개인 간 비교와 '공정성'에 기본을 둔 주장은 본질적으로 주관적인 것인데, 그것은 공정한 배분에 합리적 방법의 여지를 남겨놓지 않는다.

- **부적절한 대안의 독립성**independence of irrelevant alternatives

부적절한 대안의 독립성 공리는 실현 가능한 결과 조합에서 최선의 결과는 그것을 포함하는 실현 가능한 결과의 어떠한 작은 조합에서도 역시 최선의 결과임을 설명하고 있다. 예를 들어 교섭 게임의 작은 조합은 합의점은 배제하지 않으면서 부적절한 대안들을 제외시킴으로써 얻을 수 있다. 부적절한 대안을 배제하는 것은 타결에 영향을 주지 않는다.

〈보기 A1-8〉에서 내시 해법은 u이다. 45도 선 아래의 반타원 안에 있는 타결 대안들이 제거되었다고 가정해보자. 부적절한 대안의 독립성 공리에 의하면, 이 변화는 타결 결과에 영향을 끼쳐서는 안 되며, 타결 결과는 그대로 u이어야 한다.

이 공리는 비대칭 게임이 대칭적으로 확대되는 것을 허용함으로써 비대칭 게임에서 특정 지점의 예측을 가능케 한다. 예를 들어 어느 게임이 비대칭 상황(즉 45도 선 아래에 있는 반타원을 제거한 상황)이라고 가정해보자. 이 상황은 아마도 당사자 2가 이익을 볼 수 있는 비대칭 상황일 것이다. 내시에 의하면, 비대칭 게임을 대칭 게임으로 확장하는 것이, 즉 45도 선 위에 있는 점들을 45도 선 아래로 투영하는 것이 유용하다. 일단 이 점들이 포함되면 그 게임은 대칭적이 되고, 내시 해법을 확인할 수 있다. 물론 새로이 확장된 게임에 의해 생겨난 타결 결과 역시 원래 게임에 포함되어야 한다.

부적절한 대안의 독립성 공리는 협상이 전개되는 방식에 의해 동기가 부여된다.[29] 자발적인 양보과정을 거쳐 고려중인 결과들이 최종 합의점 주변으로 점차 모여들게 된다. 이 공리는 쓸모없는 것을 골라내는 과정이 합의점을 변화시키지 않는다는 사실을 역설하고 있다.

요컨대, 내시 이론은 유일한 해법이 이러한 특성들을 가지고 있다는 사실을 설명한다. 내시의 해법은 양보 기준치로 측정된 이득의 기하평균(즉 성과)을 극대화하는 유일한 지점을 골라낸다. 이러한 이유에서 내시 해법은 내시 성과 Nash product라고도 알려져 있다. 만약 모든 가능한 결과들이 〈보기 A1-8〉 및 〈보기 A1-8〉에서처럼 두 협상자가 이끌어내는 효용을 측정하는 사각형 좌표의 그래프 위에서 그 위치가 결정된다면, 그 해법점은 오른쪽 위편 경계선상에 위치한 유일한 지점이다. 그 지점이 유일점인 이유는 두 개의 해법점이 원래 두 개의 결과의 확률을 혼합하여 달성할 수 있는 대안적인 결과를 대표하는 직선에 의해 결합될 수 있기 때문이다. 또한 점들을 연결하는 선상에 있는 지점들은 두 협상자의 효용성 중에서 좀 더 높은 성과를 산출한다. 달리 말하면 그 지역은 확률 혼합의 가능성 때문에 볼록한 것으로 추정되며, 그 볼록한 지역은 하나의 '최대 효용성 성과지점 a single maximum-utility-product point', 즉 '내시 지점 Nash point'을 가지고 있다.

부록 2
비언어적 의사소통과 거짓말 탐지

이 부록의 목적은 당신이 ① 상대방의 비언어적nonverval 의사소통을 더 잘 이해하고, ② 당신의 비언어적 의사소통을 상대방에게 좀 더 잘 전달하는 것을 돕는 데 있다.

 우리는 비언어적 의사소통으로부터 무엇을 기대하는가?

비언어적 의사소통이란 정확히 무엇을 의미하는가? 비언어적 의사소통이란 '말이 아닌' 그 무엇에 의한 의사소통으로서 다음과 같은 것을 포함한다.

- 목소리 신호 또는 준언어적 신호: 준언어적 신호에는 쉼pause, 억양, 유창함 등이 포함된다. 음색이나 음조의 변화와 같은 목소리 신호도 비언어인데, 말의 크기, 속도, 높낮이 등이 이에 포함된다.
- 얼굴 표정: 미소, 찡그림, 또는 놀라움 표시 등이다.
- 눈 마주침: 남을 응시하는 것은 이따금 친근감의 표시로 해석될 수 있다. 그러나 어떤 문화에서는 장시간 눈을 마주치는 것은 우월감이나 공

격성의 표시이기도 하다.[1]
- **사람 간의 공간**: 말하거나 의사소통을 할 때의 사람 간의 물리적 거리를 의미한다.
- **자세**: 팔을 벌리고 가슴을 펴는 등, 사람들이 신체를 어떤 특정 목적에 맞추어 움직이는 방식.
- **몸동작**: 사람들은 큰 자극이나 초조함을 겪을 때 몸을 더 움직이는 경향이 있다.
- **제스처**: 제스처에는 세 가지가 있다. 첫째는 '상징동작emblem'이다. 이는 미국인들이 'OK'를 의미할 때 엄지손가락을 세우거나, '침묵'을 의미할 때 검지로 입술을 막는 등 어떤 메시지를 상징화하는 것을 말한다. 둘째는 '보여주는 동작illustrators'이다. 이는 커다란 것에 대해 말할 때 손이나 팔을 넓게 벌리는 등 구두 메시지를 과장하여 윤색하는 것이다. 셋째는 '순응동작adaptors'이다. 이는 코를 만지거나 또는 특별히 과장된 표현 없이 씰룩거리는 것과 같은 행동을 말한다.
- **접촉**: 다른 사람을 만지는 것(적절한 방법으로)은 종종 긍정적 반응을 유도한다.

비언어적 의사소통은 우리가 그것을 통제할 수 없다는 점에서 막을 방법이 없기 때문에 정보가치가 있다. 협상자는 어떠한 비언어적 신호를 기대하며, 또 무엇을 드러내 보이고자 하는가? 이 질문을 다루기 위해 우리는 최근 다자협상과정을 이수한 50명의 경영대학원생을 대상으로 조사를 실시했다. 대부분의 학생들은 상대방의 진정한 기분과 의도를 알기 위한 창구로 세 가지 비언어적 신호에 의존했는데, ① 눈 마주침(거짓말을 하고 있는 사람은 상대방의 눈을 직시하는 것을 피한다), ② 몸을 가까이 기울이는 것("그가 말하면서 나에게 몸을 기울였을 때 나는 그를 더욱 신뢰하게 되었다"), ③ 신경질, 찡그림, 초조함(만약 사람들이 구두끈을 매만지거나, 펜을 툭툭 치거나, 입술을 깨물거나,

〈보기 A2-1〉 비언어적 행동	
사람을 불신하게 하는 비언어적 행동	사람을 신뢰하게 하는 비언어적 행동
* 잠시도 가만히 못 있고 나부대기 * 과잉 미소, 멋쩍어하는 미소 * 지나치게 심각한 어조, 정서가 결핍된 어조 * 시선 피하기, 눈 마주치기를 잘 못하는 것 * 지나치게 조용한 것	* 직설적으로 말하는 것 * 솔직한 태도와 행동 * 미소 * 주장이 분명한 것

참고: 이들 행동은 신뢰와 연결되는 것으로 생각되지만, 그렇다고 신뢰와 직결되는 것은 아니다.

다른 방법으로 긴장감을 표시한다면, 이는 대개 불안감과 신경질의 신호를 보내는 것이다. 흔치는 않지만 다른 표시로는 감정의 폭발, 땀을 흘리거나 얼굴을 붉히는 등의 자동적 반응을 들 수 있다)이 그것이다.

협상자가 다른 사람을 불신하게 되는 특별한 비언어적 행동은 무엇일까?(그런 행동의 목록은 〈보기 A2-1〉 참조).

다음으로 협상의 본질과 결과에 영향을 줄 수 있는 비언어적 의사소통의 세 가지 측면을 살펴보자. ①능력과 정확도라는 관점에서의 성별 차이, ②강력하고 영향력 있는 사람들의 비언어적 능력, ③카리스마가 있는 사람들의 비언어적 능력[2]이 그것이다. 힘과 카리스마가 협상의 성공에 상당한 영향을 끼친다는 것은 명백하다.

여성은 남성보다 '비언어적 재능'이 많은가?

여성이 남성보다 비언어적으로 훨씬 민감하다는 것이 일반적인 인식이다. 또한 과학적 증거는 이러한 주장을 뒷받침한다. 여성은 비언어적 표현에 더 능숙하다.[3] 일반적으로 여성은 남성보다 개방적이고, 표현이 풍부하며,

접근하기 쉽고, 사회활동에 적극적이다. 여성의 얼굴은 남성보다 읽기 쉽고, 여성은 남성보다 쉽게 미소 지으며, 다른 사람을 응시하고, 그들에게 접근한다.[4] 여성은 또한 남성보다 상대방을 응시하는 정도가 심하며, 상대방에게 더 가까이 접근한다.[5] 자리를 함께하고 있을 때 여성은 상대방에 대해 훨씬 집중하는 것처럼 보이며, 상대방으로부터 근심은 적게, 따스함은 많이 끌어낸다.[6] 그러나 성별에 따라 표현하는 기준이 다르다는 사실을 지적해둘 필요가 있다. 여성은 표현력이 더 풍부한 것으로 여겨지며, 남성은 더 침착한 것으로 여겨진다.[6] 만약 여성이 다른 사람의 좋은 소식을 듣고 긍정적인 감정표현을 하지 않는다면, 그는 남성보다 큰 대가를 치러야 할 것이다.[7]

비언어적 표현력은 사회적인 힘과 연관이 있다. 사회적으로 지위가 낮고 힘이 없는 사람은 더 큰 표현력을 가질 필요가 있다.[8] 여성은 전통적으로 남성에 비해 낮은 사회적 지위를 가져 왔다. 실제로 시각적 우세성 연구에서 (들으면서 보는 시간에 대한 말하면서 보는 시간의 비율을 측정), 여성들이 덜 우세하다. 일반적으로 영향력이 큰 사람들은 영향력이 낮은 사람들보다 시각적으로 더 우세하다.[9] 그러나 여성이 지도자의 위치에 있더라도 그 여성의 지지기반이 확실하지 않으면 남성이 그 여성보다 시각적 우세성을 더 나타낸다.[10] 사람들이 시각적 우세성을 표현할 때, 그들은 더욱 강력한 것처럼 인식된다. 더욱이 여성과 남성이 서로 상이한 힘을 가지고 있을 때, 힘이 약한 사람은 성별에 관계없이 상대방의 비언어적 표현을 좀 더 잘 읽을 수 있다.[11]

비언어적 표현을 수용하는 문제와 관련하여, 여성은 기만적 의사소통과 같은 숨겨진 메시지를 인식하는 데 남성보다 나은 것이 없다. 거짓이 배제된 상황에서는 여성이 남성보다 더욱 정확하다. 반면에 사람들이 기만적일 경우에는(즉 협상자가 누군가를 좋아하는 척하는 경우), 여성은 남성보다 정확하지 못하다.[12]

간단히 말하자면, 여성은 느낌을 알아채는 데는 낫지만 거짓을 탐지하는 데서도 반드시 낫다고는 할 수 없는데, 이는 지위가 낮은 사람은 상사의 마음상태에 더욱 민감하기 때문이다. 예를 들어 조직의 모의실험에서 남성과 여성이 상급자 또는 부하로 배정받은 경우, 성별에 따른 감정적 민감성에서는 별 차이가 없었다. 부하는 성별에 관계없이 상급자에 대해 좀 더 민감하다.

우세성 dominance

인간은 비언어적 신호를 통해 우세성과 힘을 과시한다. 우세한 사람은 우세하지 않은 사람에 비해 높이 앉고, 높게 서 있으며, 크게 말하고, 보다 큰 영역과 보다 많은 자원을 가지고 있다. 우세한 사람은 보다 쉽게 상대방의 영역을 침범하며(예: 발을 자신의 책상뿐 아니라 다른 사람의 책상 위에도 올려놓는 것), 제스처의 폭이 크며, 다른 사람보다 앞장서서 걷고, 다른 사람의 앞이나 테이블의 중앙에 앉으며, 더 자주 끼어들고, 시간을 조절하며, 상대방을 내려다보고, 상대방이 말할 때는 눈을 돌리기도 한다.[13]

사회적으로 높은 지위에서 발생하는 힘은 말하고 듣는 동안에 상대방을 바라보는 방식에 따라 설명될 수 있다. 힘없는 사람은 말할 때보다 들을 때 더 많이 바라보지만, 힘 있는 사람은 들을 때도 말할 때와 동일한 수준으로 볼 수 있다.[14] 사람들은 우세한 사람들과 접촉할 때는 종종 자신의 자세를 낮추면서 반응한다(즉 더 순종적으로 행동한다). 반면에 복종적인 사람과 접촉하는 사람은 종종 자신의 자세를 높인다(즉 자기주장을 더 내세우며 행동한다).[15] 흥미롭게도, 사람들의 상대방에 대한 호감은 상호작용이 호혜적일 때보다 보완적일 때 더욱 커진다. 이는 복종에 대응하는 지배와 지배에 대응하는 복종이, 지배에 대응하는 지배와 복종에 대응하는 복종보다 상대방에게 더 큰 호감을 가지게 한다는 의미이다.

남성과 여성이 같은 정도의 지식과 힘, 전문지식을 가지면(또는 남성이 더 많이 가질 때), 남성은 자신이 정말로 강한 것처럼 눈에 띄게 행동한다. 그

러나 여성이 우위를 점하고 있을 때, 여성은 남성보다 더 강한 사람처럼 보인다.[16]

개인적 카리스마

카리스마Charisma는 언어적, 비언어적 표현과 관련이 있는 사회적 기량이다. 사람들은 집중도, 포용성, 활기, 비언어적(및 언어적) 행동의 활력에서 놀라울 만큼 다양하다.[17] 표현에서의 차이는 자신의 감정이나 육체적, 정신적 건강을 조절하는 것과 같은 인간관계의 경험과 직접적으로 관련될 뿐 아니라 애정, 감정이입, 영향력, 직업적 성공과도 직접 연계되어 있다.

사람들이 자신의 감정을 상대방에게 계획적으로 전달하려고 하지 않을 때는 사람들의 감정이 비언어적 행동으로부터 쉽게 읽히는데, 표현 즉 '자발적으로 신호를 보내는 것'은 이러한 비언어적 행동을 손쉽게 읽을 수 있는 수단이 된다.[18] 표현은 사회적 상호작용의 분위기를 맞추는 데서 즉각 차이가 난다. 방으로 들어간다거나 대화를 시작하는 것,[19] 또는 다가오는 사람에게 인사하는 것[20]과 같은 사람들 사이의 평범한 행동조차도 이러한 사회적 기능이 즉각적으로 영향을 미친다는 사실을 시사한다. 그 이유는 무엇인가? 표현을 잘하는 사람은 첫 인상을 좋게 할 뿐 아니라 시간이 흘러도 표현을 잘못하는 사람들보다 남들에게 더욱 호감을 주게 된다.[21] 표현을 잘하는 사람은 그렇지 못한 사람보다 매력적이다.[22] 게다가 표현을 잘하는 사람은 남들의 관심을 끌며,[23] 상대방의 표현적 행동에도 관심을 보인다.[24] 표현을 잘하는 사람은 자신이 실제로 경험하지 않은 감정에 대해서도 확신에 찬 것처럼 행동하는 훌륭한 배우이다.[25] 이는 그들이 좋은 의미의 거짓말쟁이라는 말이기도 하다.[26]

인간관계에서 가장 성공적인 의사소통자는 비언어적으로 민감하고, 비언어적으로 표현을 잘하며, 비언어적으로 자제심이 있고, 자신의 '청중'을 위해 연기할 수 있는 사람이다.27 사회적 상호작용에서 표현을 잘하는 사람은 "분위기를 조성하고 경기장을 만들 수 있다".28

 거짓말 간파하기

비언어적 민감성(정확도의 관점에서)은 일반적인 교류에서와 마찬가지로 협상에서도 도움이 된다. 예를 들어 환자들의 신체언어body language를 잘 읽는 의사에 대한 환자들의 만족도는 높다.29 비언어적 행동에 민감한 학생들은 그렇지 못한 학생들에 비해 학습능력이 앞선다.30 그러나 비언어적 민감성은 성취하기가 어렵다. 기능으로서의 비언어적 민감성은 지적능력과 상관관계가 없는 별도의 재능이다. 얼굴 표정이나 몸 움직임을 이해하는 기술은 음색을 이해하는 기술과는 차이가 있다.31 비언어적 민감성이 나이와 함께 향상된다는 것은 좋은 일이다.32 거짓을 간파하기 위해서는 이와 관련된 표현을 나열한 〈보기 A2-2〉를 참조하라.

협상에서 비언어적 메시지를 읽는 것과 보내는 것은 거짓을 간파하는 것(나아가 거짓에 속지 않는 것)과 전혀 별개의 문제이다.33 협상 테이블에서 상대방의 거짓을 정확히 간파하는 것은 협상자에게 명백히 유리한 일이다. 실제로 비언어적 단서에 의존하는 것이 우리가 거짓을 간파할 수 있는 유일한 희망일지도 모른다. 우리는 거짓말쟁이는 자신의 비언어적 행동을 통제할 수 없으므로 그런 행동은 들통이 난다고 믿는다. 또한 결국 거짓말쟁이의 진짜 감정이 드러나게 될 것이며, 거짓말쟁이는 자신의 비언어적 신호를 조작하지 않을 것이라고 우리는 단순히 믿고 있다.34

불행하게도, 거짓을 간파하여 바보가 되는 것을 면하게 해주는 비언어적 표시기는 아직 발명되지 않았다. 사실 대부분의 사람들은 남들이 거짓말을 할 때 그가 거짓말을 하는지 여부를 알 수가 없다.36 정확도는 얼마나 많

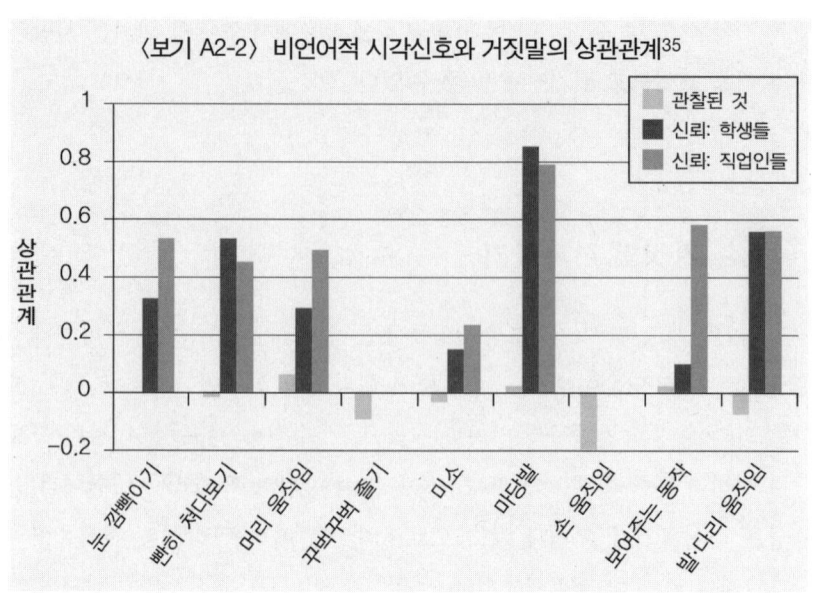

〈보기 A2-2〉 비언어적 시각신호와 거짓말의 상관관계[35]

은 기회를 가졌느냐와 밀접한 관계가 있다.[37] 전문적으로 훈련받은 사람들(법 집행자 그룹 등)은 좀 더 정확할 수 있다.[38] 예를 들어 법 집행자와 병원 심리학자들은 거짓말을 하거나 진실을 말하는 사람들의 비디오테이프를 판단하는 데 대단히 정확하다.[39]

협상에서는 거짓말을 하는 경우가 대단히 많다. 어떤 거짓말은 완전한 조작(검사보고서를 위조한다거나 다른 원매자가 언제라도 새로운 제안을 할 것이라고 꾸미는 등)일 수 있으며, 또 다른 거짓말은 과장(재산 평가가치 왜곡, 다른 사람의 BATNA의 장점에 대한 과장 등)일 수 있다. 거짓말쟁이로서는 어려운 거짓말을 성공적으로 밀어붙이는 것(즉 완전한 정보조작)이 쉬운 거짓말을 하기(과장)보다 훨씬 힘들다. 결론적으로, 협상자는 완전한 조작을 간파하기가 더 쉽다.

협상에서 거짓말을 간파할 수 있는 기회를 극대화하기 위해서는 어떻게 해야 할까? 이를 위해서는 간접적인 방법뿐 아니라 직접적인 방법도 도

움이 된다.[40]

직접적인 방법

삼각측량triangulation: 거짓말 탐지의 가장 좋은 방법 중 하나는 질문을 하는 것이다. 여러 가지 다른 관점에서 확인할 수 있도록 고안된 몇 가지의 질문을 하는 것을 **삼각측량**이라고 한다. 예를 들어 시간을 정확히 확인하고자 한다면 시계 하나에만 의존하는 것은 위험하다. 더 나은 방법은 시계를 두세 개 사용하는 방법일 것이다. 마찬가지로 거짓말쟁이가 누구인지를 알아내려면 비언어적 신호, 언어 신호, 그리고 외부 증거 등을 조사하는 것이 좋을 것이다.

직접적인 질문은 생략에 의한 부작위 거짓말을 줄이는 데 특히 효과적이지만 작위의 거짓말을 오히려 증가시킬 수 있다.[41] 형사와 검사는 혐의자가 거짓말을 하는지에 대해 여러 가지 질문을 한다. 그 질문들은 의도된 것이어서 거짓말을 하는 경우 대개 모순이 드러난다. 아무리 능숙한 사기꾼이라 해도 완벽하게 거짓말을 하기는 매우 어렵다.

객관적 증거: 또 다른 직접적인 방법은 모순과 모호성에 초점을 맞추는 것이다. 모순된다고 생각될 때는 증거를 요구하고, 적절하다고 생각될 때는 우발적인 상황을 제시해보라. 사람들은 중고차를 사면서 좋은 차라고 주장하는 주인의 설명을 그대로 믿지 않고 전문가 의견을 구한다. 예를 들어 경험 있는 차량정비사로 하여금 그 차를 살펴보도록 하기도 하는데, 이러한 추가적인 평가를 **객관적 증거**objective evidence라 부른다.

말투linguistic style: 거짓말을 할 때는 종종 사실이 아닌 얘기를 지어낼 필요가 있다. 결과적으로 사실이 아닌 얘기는 진실과 질적으로 차이가 난다. 진실을 말하는 사람과 비교할 때, 거짓말을 하는 사람은 인식의 복잡성이 별로 없고, 자신이나 남을 잘 인용하지 않으며, 그리고 적대적 감정을 나타내는 어휘를 좀 더 많이 사용한다.⁴² 거짓말을 할 때는 좀 더 망설이고, 말실수도 잦으며, 질문에 대해 짧게 답변하게 된다.

간접적인 방법

의사소통 방법을 다양화하라: 전화나 이메일보다 얼굴을 맞대고 의사소통을 할 때 거짓을 간파하기가 더 쉽다. 협상이 이제까지 전화, 서면, 또는 이메일로 진행되어왔지만, 상대방이 거짓말을 하는지 간파하고자 하는 협상자는 상대에게 얼굴을 맞대고 협의할 기회를 요청해야 한다. 이는 사람들이 전화나 이메일로 교신할 때보다 얼굴을 맞대게 되면 거짓말을 덜 하게 되며, 의사소통의 방식이 다양해지면 거짓말하는 사람은 자신을 통제하기가 더욱 어려워지고, 따라서 대면접촉을 통해 거짓을 간파하기가 훨씬 쉬워지기 때문이다. 거짓은 얼굴이나 말보다 손이나 몸짓을 통해 비언어적으로 '누설'leakage되기 쉽다. 이는 거짓말을 하는 사람이 자신의 얼굴이나 말에 대해 주의 깊게 관심을 기울이기 때문이다.⁴³ 예를 들어 거짓말을 하는 사람은 일반인보다 심하게 자기 몸을 만지거나 눈을 깜빡거리는 경향이 있다.

상대방의 얼굴에 의존하지 말라: 거짓을 탐지하기 위해 상대방의 얼굴을 보는 사람이 많지만, 이는 효과적이지 않다. 사람들은 상대방의 거짓을 여러 채널을 통해 아주 잘 간파하지만, 얼굴은 예외이다.⁴⁴ 실제로 사람들은 상대방의 얼굴을 보지 않을 때 오히려 거짓말을 더 잘 간파한다. 얼굴 표정은 최악의 경우에는 사실을 오도하며, 기껏해야 거짓의 단서로 사용될 수 있을 뿐이다. 상대방의 얼굴을 빤히 쳐다보는 것은 거짓을 간파하는 데 도움이 되지 않는다.

음색: 얼굴 표정보다는 음색에 주의를 기울이는 것이 거짓을 간파하는 데 도움이 된다.⁴⁵ 유용한 정보는 목소리를 통해 전달되는데, 사람들은 그것을 쉽게 발견하지 못한다. 사람들은 거짓말을 할 때 목소리가 높아지며, 서

⟨보기 A2-3⟩ 거짓말의 근접언어 지표paraverbal indicators에 대한 메타분석[47]

신호	확실히 거짓과 관련 있다?	참고
말의 지속시간	예(약하게), r = -0.67	거짓말쟁이는 더 짧게 말한다
말의 속도	아니오	
말에 휴지를 둔다	아니오	
말에 휴지를 안 둔다	아니오	
음 높이를 조정한다	예, r = 0.101	거짓말쟁이는 음이 높다
답 뜸들이기	예, r = 0.106	거짓말쟁이는 말하는 데 뜸을 더 들인다
말실수	예(약하게), r = 0.059	거짓말쟁이는 말실수를 더 많이 한다
말 되풀이하기	아니오	
말의 횟수	아니오	

틀고, 천천히 얘기하며, 자신이 내뱉은 말을 수정하는 빈도가 높아진다.[46](거짓말의 근접언어 지표paraverbal indicators에 대한 메타분석은 ⟨보기 A2-3⟩ 참조)

미세한 표정: 당신이 미세한 표정을 찾아내는 데 특별한 훈련을 받았다면(또는 그 미세한 표정을 찾아내기 위해 반복해서 볼 수 있는 비디오테이프가 있다면), 상대방의 얼굴에서 쉽게 거짓을 간파할 수 있다. 미세한 표정micro-expression은 사람들의 얼굴에 1/10초 동안 나타나는 표정이다. 이 표정은 그 사람이 품고 있는 진정한 느낌을 드러내는데, 주위를 의식하고 스스로 자제하기 때문에 얼굴에서 순식간에 사라져 버린다. 남녀 참석자들의 얼굴 표정을 비밀리에 관찰한 실험의 예를 보자. 참석자들에게 특별히 훈련을 받은 조교들과 대화를 나누도록 하고는 이들의 표정을 몰래 관찰했다.[48] 그 결과 특별훈련을 받은 여성 조교들은 남성 조교들보다 참석자들로부터 부정적인 비언어적 신호(미세한 표정)를 더 많이 받았으며, 남성 조교들은 여성 조교들보다 참석자들로부터 긍정적인 비언어적 신호를 더 많이 받았다. 참석자들이 여성에 대한 편견을 강하게 부인했음에도 결과는 그렇게 나타났다.

중간 채널 모순interchannel discrepancy: 거짓을 간파하기 위해서는 음색, 몸 동작, 제스처 등과 같은 복합적 신호로부터 어떤 모순을 찾아내야 한다. 일반적으로 얼굴이 아니라 몸을 주시하면서 실마리를 찾아야 한다. '보여주는 동작illustrators'은 거짓의 실마리를 제공할 수 있는 또 다른 형태의 몸동작이다.[49] '보여주는 동작'은 말 그대로를 행동에 옮기게 된다. 흔히 말을 나타내는 데 사용되는 것은 주로 손이다. 어떤 단어나 구절을 강조하고, 생각의 흐름을 공간에 표시하고, 그림을 허공에 그리기도 하고, 그리고 행동으로 보여주기도 하는데, 이러한 행동은 말한 것을 반복하기도 하고 강조하기도 한다. 눈썹이나 눈꺼풀의 움직임도 몸의 움직임과 마찬가지로 '보여주는 동작'의 예가 될 수 있다. '보여주는 동작'은 말로 표현하기 어려운 생각을 설명하는 데 도움이 된다. 예를 들어 사람들은 '의자'라는 단어보다 '지그재그zigzag'라는 단어를 설명할 때 '보여주는 동작'을 더 많이 사용하게 된다. 말에 열중할 경우에 '보여주는 동작'이 늘어난다. 자신이 직접 관련되지 않았을 때, 지루하고 흥미가 없을 때, 그리고 비탄에 빠졌을 때는 사람들은 '보여주는 동작'을 잘 사용하지 않는다. '보여주는 동작'은 종종 '상징동작emblem'과 혼동되지만, 이 두 가지 몸동작이 거짓말을 할 때는 반대방향으로 변화하기 때문에 양자를 구분하는 것이 중요하다. 거짓말을 할 때는 '보여주는 동작'이 줄어드는 반면에 상징동작은 늘어난다. 관심이나 열정을 가장하는 사람은 '보여주는 동작'을 말에 비례하여 증가시키지 못하기 때문에 곧 사실이 드러난다. 무엇을 말해야 할지 정확히 알지 못할 때도 '보여주는 동작'은 줄어든다. 예를 들어 만일 거짓말을 사전에 철저히 준비하지 않았다면 그는 단어 하나하나에 주의를 기울여야 한다.

눈 마주침: 거짓말을 하고 있는 사람은 눈을 자주 깜빡거리며, 동공이 확장되고, 눈이 마주칠 때마다 눈을 내리까는 경향이 있다. 그러나 눈을 깜빡이는 빈도나 동공이 확장되는 것은 육안으로는 거의 알 수가 없다(〈보기 A2-2〉에 '얼굴을 빤히 쳐다보는 것'이 판단에는 도움이 되지 않는 것으로 표시되어

있다). MBA 과정 학생들에게는 눈 마주침이 거짓을 간파하는 일차적 실마리라고 가르치고 있지만, 그것은 믿을 만하지 않다. 때로는 사람들이 그것을 쉽게 조절할 수 있기 때문이다.

자기중심적 편향을 경계하라: 대부분의 협상자들은 자신은 진실하고 정직하며 상대방은 부정직하다고 생각하는데, 이는 자기중심적 편향을 보여준다. 그러면서도 우리의 조사에서는 반대의 결과를 보이고 있다. MBA 과정 학생들은 10주 동안의 협상기간 중 자신은 해당 시간의 40% 정도에서 상대방을 속였고, 자신은 22% 정도의 시간 동안 속았다고 생각했다. 이는 자신이 더 영리하다고 하는 자기중심적 편향을 보여준 것이다.

동기부여와 유혹이 거짓과 기만에 미치는 영향

적당히 속일 수 있다고 생각할 때와 속임수로 얻는 이익이 매우 크다고 생각할 때, 사람들은 속임수를 쓰고자 하는 충동을 느낀다. 사람들이 상대방을 속여서 막대한 금전적 이익을 얻게 될 가능성이 크다면 어떻게 행동할 것인가에 대해 관찰한 예가 있다.[50] 그 결과 '제안자'와 '응대자'가 비슷한 기만 전략을 사용했더라도, 제안자가 보다 노골적인 거짓말을 했다.[51] 더구나 잠재적 이익이 클 때는 제안자는 더욱 기만적이 되었다. 제안자는 13.6%의 시간 동안에 속였고, 응대자는 13.9%의 시간 동안 속였다.[52] 목적이 있어서 하는 얘기motivated communication는 순수하게 기회포착을 위한 것은 아니다. 자신이 거짓말을 정당화할 수 있다고 느끼면(불확실성이 개입되는 등의 이유로), 거짓말의 손익이 같은데도 거짓말을 더 많이 하게 된다.[53]

거짓말은 감시의존적monitoring-dependent 거짓말과 감시독립적monitoring-independent 거짓말의 두 형태로 구분된다.[54] 감시의존적 거짓말의 경우에는 거짓말이 효과적이었는지를 확인하기 위해서 들은 사람의 반응을 살펴보는 것이 필요하며, 감시독립적 거짓말에서는 그럴 필요가 없다. 예를 들면, 만일 마감일에 대해 거짓말을 하려 한다면 상대방이 어떤 마감일을 선호하는가(실제보다 이른 날짜 또는 늦은 날짜)를 확인하는 것이 중요하다. 반대로, 이자율에 대해서 거짓말을 한다면, 융자금이 있는 사람은 누구나 낮은 이자율을 원하기 때문에 상대방의 반응을 미리 확인할 필요가 없다. 결과적으로, 사람들은 시각적 접근이 가능할 때 감시의존적 거짓말을 하는 경향이 있다. 감시독립적 거짓말을 하는 것은 시각적 접근이 가능할 때나 불가능할 때나 똑같다. 이러한 의미에서 시각적 접근은 거짓말을 하는 대상에게 실제로 해를 끼칠 수 있는데, 이는 속을 가능성이 증가하기 때문이다.

　　속이고자 하는 사람은 그 유인이 클 때 더욱 감정적으로 나선다.[55] 이러한 감정을 감추기는 매우 어렵다. 그러나 노련한 세일즈맨처럼 거짓말에 능숙하고 양심의 가책도 거의 받지 않는 사람들의 경우는 예외일 것이다.[56]

거짓과 비밀은 그 자체로 생명력이 있다

　　비밀을 지키라고 요구받은 사람은 그 비밀에 마음이 쓰일 수밖에 없다.[57] 그 비밀은 기억 속에서 더욱 선명해지면서 자신의 양심을 빼앗아 간다. 그 이유는 무엇인가? 비밀을 지키는 것은 정신적 자제력을 빼앗아 간다. 비밀은 종종 강박관념이나 유혹과 연결되어 있다.[58] 예를 들어 2인 1조 카드놀이 실험에서 참여 팀들은 팀원 간에 발로써 게임에 영향을 미칠 수 있도록 '비언어적 의사소통'을 하라는 지침을 받았다. 그중 일부 팀은 그들이 비언어적 의사소통을 하는 것을 다른 팀들에게 알려도 좋다는 지시를 받았고, 또 어떤 팀들은 그 사실을 비밀로 하라는 지침을 받았다. 게임 후에 비밀리에 비언어적 의사소통을 했던 팀들은 그렇지 않은 팀들보다 훨씬 재미를 느낀 것으로 나타났다.[59]

부록 3
3자개입

　의도가 아무리 훌륭하다 해도 협상과정이 깨지고 협상자들이 스스로 합의에 도달할 수 없는 경우가 있다. 국제 차원의 경우 협상이 깨어질 때 전쟁이 일어날 수도 있다. 실제로 1918년 12월에서 2005년 12월까지 434회의 국제적인 위기가 발생했다.¹ 그런 난국이 개인 차원에서 발생할 때는 법에 호소할 수 있다. 때로는 당사자들이 법적 대응을 피하기 위해 3자개입third-party intervention을 시도하기도 한다. 3자개입은 양자 간에 합의를 이루지 못할 경우의 비용이 대단히 클 때 합의에 도달하는 훌륭한 수단이 된다.
　협상자들은 합의에 실패하면 조정mediation이나 중재arbitration를 통해 해결하여 법적 대응을 피하기로 사전에 약속하기도 한다. 예를 들어 2000년 이후 대부분의 신용카드 회사들은 카드 계약에 중재조항을 의무적으로 포함시켜 소비자들이 법에 호소하기 이전에 중재를 활용하게 했다. 그러나 2009년에 미네소타 주 정부가 체납 신용카드 부채 소송에 개입했던 미국 최대 중재회사인 미국국가중재원National Arbitration Forum을 상대로 소송을 제기했다. 소비자를 상대로 한 사기, 기만적인 상행위, 그리고 허위광고 혐의로 고발을 당한 이 회사는 해당 사업에서 손을 뗐다. 그런 서비스를 해왔던 수많은 은행들도 이 소송 이후 소비자들과 카드 계약 시 중재조항 포함 의무 요구를 철회했다.²

국제적으로 중재청구가 급속도로 늘어나 각국 정부는 새로운 중재규정을 채택하게 되었다. 예를 들어 중국에서는 법률당국이 당사자들 간의 대화로 분쟁을 해결하도록 종용하고 있으며 분쟁 당사자들에게 대화로 해결할 기회를 주기 위해 소송을 유예하고 있다. 중재로 해결된 협약서는 법원이 인정한 약정으로 시행되고 있다.[3]

이제 우리는 제3자의 역할, 제3자가 갖는 어려움, 그리고 3자개입의 효율성을 높이기 위한 전략 등을 검토하고자 한다.

 제3자의 역할

제3자는 분쟁에 여러 가지 방식으로 개입할 수 있다.[4]

조정 mediation

조정은 분쟁당사자들이 자발적으로 해결을 하도록 제3자가 돕는 절차를 말한다(즉 조정자들은 분쟁당사자들에게 타결안을 강요할 수 없다). 조정은 근본적인 문제점들을 발견하고 통합적 합의를 촉진할 가능성을 제시한다.[5] 조정은 타결을 보장할 수는 없지만 타결성공률(보통 60~80%)이 매우 높음을 보여준다.[6] 조정은 또한 양쪽 당사자가 약하게 보이지 않으면서 양보를 할 수 있는, 즉 체면을 살려주는 중요한 역할을 할 수 있다.[7] 그리고 분쟁당사자들은 조정과정을 공정한 것으로 판단한다.[8]

중재 arbitration

중재의 절차에서는 제3자가 청문회를 개최하고, 그 자리에 증인들을 입회시킨 채 분쟁당사자들이 현안에 대한 자신들의 입장을 발표하며 각자의 입장을 보강해줄 증거를 제시한다.[9] 청문회 후 중재자는 구속력이 있는 타협안을 제시한다. 중재의 가장 큰 이점은 중재를 통해 항상 타협이 이루어진다는 것이다. 더욱이 중재절차를 밟는 경우에 분쟁당사자에게 부담을 줌으로써 자발적인 타협을 유도하게 된다.[10] 또한 중재는 조정과 유사하게 분쟁당사자가 그들의 지지자들로부터 '체면 유지'를 할 수 있게 해준다. 이는 타협안이 만족스럽지 못할 경우에 중재자를 탓할 수 있기 때문이다.[11] 중재의 두 가지 주요 형태에는 전통적 중재와 최종제안 중재가 있다.

- **전통적 중재**

전통적 중재traditional arbitration에서는 각 당사자들이 중재자에게 자신이 희망하는 타협안을 제출하고, 중재자는 양 당사자가 반드시 동의해만 하는 타협조건을 자유롭게 제시한다. 때때로 최종타결은 양 당사자가 제출한 타결조건의 중간선일 수도 있다. 예를 들어 온라인 타협 서비스 기관인 사이버세틀 닷컴Cybersettle.com은 각 당사자가 제출한 최종제안의 중간선에서 타결을 강요한다. 따라서 각 당사자는 자신에게 유리한 제안을 제출함으로써 중재자의 최종판단을 유도하고자 하는 동기를 갖게 된다.

전통적 중재의 명백한 불이익은 제3자가 당사자들이 제출한 두 가지 최종제안의 중간선에서 타협안을 강요할 가능성이 크다는 점이다. 이러한 기대는 양 당사자로 하여금 극단적인 최종제안을 제출케 한다는 약점을 가지고 있다. 분쟁당사자가 과도한 요구사항을 제출함으로써 양보 수준을 낮추고자 하는 경향은 '찬물을 끼얹는 효과'chilling effect라고 일컬어진다.[12]

- **최종제안 중재**

최종제안 중재final-offer arbitration는 전통적 중재에서 '찬물을 끼얹는 효과'의 문제점 때문에 개발되었다.[13] 최종제안 중재에서는 분쟁당사자들이 중재자에게 자신의 최종제안을 각기 제출하고, 중재자는 그 두 가지 제안 중 하나를 선택하는데, 양 당사자는 의무적으로 이를 받아들여야 한다. 따라서 분쟁당사자들은 중재자의 눈에 가장 공평한 것으로 보일 수 있는 최종제안을 제출하고자 하는 유인을 느끼게 된다.

중재 - 조정

중재와 조정meditation-arbitration의 강점(그리고 약점)을 인식하고 있는 일부 학자들과 관계 전문가들은 중재 - 조정 및 조정 - 중재의 혼합절차의 채택을 주창해왔다.[14] 중재 - 조정은 두 단계로 이루어진다. 즉 ① 중재를 먼저 하고, 만약 중재가 예정시한까지 합의를 이끌어내지 못할 경우 ② 조정에 들어간다. 여기서 제3자는 중재자 역할도 하고 조정자 역할도 한다.[15] 조정은 오직 중재가 실패할 때 시행된다.

조정 - 중재

조정 - 중재arbitration-mediaion는 세 단계로 이루어져 있다.[16] 제1단계에서 제3자는 중재 청문회를 개최한다. 이 단계의 마지막 순간에 제3자는 결정을 내리는데, 그 결정사항은 봉인되어 당사자들에게는 보여주지 않는다. 제2단계는 조정단계이다. 이 조정단계에서는 제3자의 결정이 들어 있는 봉투를 개봉하지 않은 채 잘 보이게 전시한다. 정해진 시한까지 자발적 합의에 이르는 조정에 실패한 경우에만 양 당사자는 제3단계(판결단계)에 들어간다. 여기서 제3자는 봉투에 넣어둔 결정사항을 꺼내어 분쟁당사자에게 그 내용을 보여주는데, 그 결정은 구속력이 있다.[17] 봉투에 들어 있는 결정 내용이 조정단계 후에 만들어진 것이 아니라 원래의 판결이라는 것을 확실히 하기 위해, 제3자는 조정단계가 시작되자마자 양 당사자로 하여금 봉투의 봉인 부분에

서명을 하게 할 수 있다. 중재 - 조정의 가장 큰 장점은 그것이 분쟁당사자로 하여금 이견을 스스로 타결 짓도록 유도한다는 점이다.[18]

조정 - 중재, 중재 - 조정의 효율성 실험에서, 두 개의 절차를 서로 경쟁시킨 결과 중재 - 조정 절차의 분쟁당사자들은 조정 - 중재 절차의 당사자들보다 더 많이 타협에 이르렀으며, 그 결과는 공통이익 달성에 더욱 효율적이었다.[19]

 **3자개입의 선택 기준**

우리는 3자개입의 네 가지 주요형태를 설명했다. 그 모든 경우에 3자개입은 공식적인 형태를 띠고 있지만, 좀 더 비공식적인 형태로 개입하는 것도 가능하다. 우리는 이제 3자개입의 주요 특징, 즉 3자개입을 택하는 선택점 choice points이 무엇인지를 살펴보자.

결과에 대한 주도권과 진행과정에 대한 주도권

어떤 형태의 3자개입에서도 핵심은 제3자의 주도권이라 할 수 있다. 결과를 주도할 수 있는 능력이 조정과 중재의 핵심적인 차이점이다. 결과를 주도한다는 것은 제3자가 각 당사자에게 구속력 있는 타협안을 강요할 수 있는 능력을 말한다. 이에 반해 과정을 주도한다는 것은 제3자가 토의, 질의응답, 그리고 의사소통 절차를 주도적으로 이끄는 능력을 말한다.

조정자는 과정의 주도권을 가지고 있으나 결과에 대한 주도권(즉 타결을 강요하는 힘)은 갖고 있지 않다. 중재에서 제3자는 과정과 결과에 모두 주도적으로 관여한다. 중재는 수동적이면서 탐구적이며, 중재자는 타협안을 강요할 재량권을 가지고 있거나 또는 한쪽 당사자의 최종제안을 반드시 선택하도록 할 권한을 갖고 있다는 점에 주목해야 한다.

공식 권한과 비공식 권한

제3자의 역할은 분쟁당사자들이 공식적으로 이해하고 있는 사실, 판례, 또는 인허가 및 증명절차에 기초해서 정의된다. 제3자 역할의 효과는 그들이 분쟁해결에 적법한 권한을 갖고 있다고 분쟁당사자들이 판단하는 범위 내에서만 발휘한다. 공식 역할이라 함은 전문조정자, 중재자 또는 옴부즈맨 등을 말한다. 비공식적인 제3자의 역할로는 결혼문제에 관여한 친구 등을 포함하여 매우 다양한 형태가 있다.

개입요청이 있는 경우와 개입요청이 없는 경우

흔히 제3자는 분쟁의 한쪽 당사자 또는 양 당사자의 요청에 따라 개입한다. 예를 들어 이혼을 하고자 하는 부부는 이혼조정자에게 도움을 청할 수 있다. 이와 같은 초대의 역할은 두 가지 측면에서 효과적이다. 첫째로, 개입요청이 있다는 것은 당사자 중 적어도 한쪽은 분쟁을 심도 있게 검토하고자 하는 동기가 있음을 의미한다. 둘째로, 개입요청은 제3자를 적절하고, 받아들일 만하고, 바람직한 사람으로 만들어서 영향력과 적법성을 증대시켜준다. 공항에서 항공사 직원과 승객 간의 다툼을 목격하고 개입하는 사람은 초대받지 않은 자의 역할을 할 수 있을 것이다.

개인 간 분쟁과 집단 간 분쟁

제3자는 대개 개인 간의 분쟁에 관여한다. 그러나 더 복잡한 상황에서는 그룹 또는 국가 간의 분쟁에서 3자개입이 발생하기도 한다.

내용에 대한 관심과 과정에 대한 관심

제3자의 역할은 검토 중인 안건 또는 내용 등 분쟁의 실질문제에 일차적으로 초점을 맞춘다. 그러나 의사결정의 과정과 방법에 좀 더 초점을 맞추기도 한다. 중재자들(조정자들도 어느 정도까지는)은 전통적으로 본질적 내용에 치중한다. 이와 대조적으로 결혼상담자들은 당사자들이 상대방의 말에 귀를 기울이게 하는 등 주로 과정에 초점을 맞춘다.

조장, 처방, 조종

조정자들은 조장facilitation, 처방formulation, 조종manipulation의 세 가지 방법을 이용한다.[20] 소통으로도 인식되고 있는 조장은 중재인이 분쟁 당사자들 사이의 소통채널로 이바지하는 게 특징이다. 합의를 조장하는 사람인 중재자는 때때로 그가 독자적으로 수집한 정보를 누설하여 분쟁 당사자들의 오해를 풀어준다. 예를 들어 1990년 인도-파키스탄 위기 때 파키스탄에 파견된 미국 대표는 파키스탄의 군사력이 인도에 비해 열세이며, 전쟁이 일어날 경우 미국은 파키스탄을 도울 의향이 없다는 뜻을 전했다.[21]

조장과는 달리 처방은 새로운 해결책을 고안하여 제의함으로서 협상에 크게 이바지한다. 예컨대 1992년 라이베리아 - 시에라리온 위기 때 서아프리카제국 경제공동체ECOWAS는 훌륭하게 협상절차를 제시하여 두 나라가 궁극적으로 합의하는 결과를 도출해냈다. 마지막으로 조종은 중재자가 자신의 위치와 세력을 이용하여 당사자들에게 인센티브를 제시하거나 때에 따라서는 위협을 하면서 협상과정에 영향을 미치는 것을 말한다. 예를 들어 1972년 남북 예멘 위기 때, 중재자인 리비아의 무아마르 카다피는 만약 합의를 하지 않을 경우 리비아에 파견된 양쪽 대표들을 감금하겠다고 위협했다. 그러면서 그는 남북 예멘이 합의를 한다면 연간 약 5,000만 달러씩을 양국에

원조하겠다고 제의했다. 국제적인 위기를 중재할 때 앞서 거론한 각 방식이 얼마나 큰 효과를 거두는 지에 대한 검정에서, 조종이 공식적인 합의를 이끌어내어 위기 감소에 이바지하는 데 가장 강력한 효과가 있는 것으로 드러났다. 조장은 긴장감소 지속 가능성을 증가시키는 데 가장 큰 효과가 있었다.[22]

분쟁 당사자들의 선호도

분쟁 당사자들은 어떤 유형의 중재를 가장 선호할까? 중재에 참여하는 당사자들은 일반적으로 ① 중립적인 제3자가 개입하여 분쟁 당사자들이 만족할 수 있는 해결에 이르도록 도와주는 과정을 통제하고, ② 분쟁당사자들이 어떤 대리인의 도움 없이 그 자신들에 대한 정보를 중계해주는 절차와, ③ 분쟁당사자들이 해결과정 이전에 합의한 실질적인 규정 또는 전형적으로 법원에서 활용되는 규정 중 어느 하나를 통제하는 걸 선호한다.[23]

중재자와 성별

남성 대 여성 중재자의 비교에서는 여성 중재자들이 더 변화적이긴 하나 중재목표를 달성하기 위한 계획에선 남성중재자들 못지않은 것으로 드러났다.[24] 여성 중재자들은 더 조장적인 데 반해 남성 중재자들은 더 명령적이다. 하지만 중재 효과에 대한 인식에선 성별 편향을 드러낸다. 남성 중재자들이 여성 중재자들보다 더 바람직한 것으로 인식되고 있는 것이다.[25]

 제3자의 어려움

제3자는 많은 어려움에 직면하게 된다.[26]

분쟁 당사자들의 기대에 부응하기

중재자들의 기대는 분쟁 당사자들이 합의에 이르도록 도와주는 범위를 넘어선다. 중재 프로그램이 성공하기 위해서는 분쟁 당사자들이 다음 다섯 가지 요소를 받아들여야 한다. ① 중재자의 유용성, ② 절차상의 공정성, ③ 합의에 대한 만족도, ④ 합의의 신뢰성, ⑤ 분쟁당사자들의 화해가 그것이다.[27] 중재자와 분쟁 당사자들 간의 신뢰는 중재과정의 핵심 요소이다. 분쟁 당사자들이 중재자를 신뢰하는지 여부를 결정하는 다섯 가지 핵심 요소는 ① 중재과정에서 드러나는 숙달도, ② 중재과정에 대한 설명, ③ 온정과 사려, ④ 분쟁당사자들과의 궁합, ⑤ 양 당사자들에 대한 편견 불식이다.[28]

플러스 타결 영역이 존재할 때의 합의 가능성 높이기

효율적인 3자개입은 플러스의 교섭영역이 존재하는지를 판단해줄 뿐 아니라, 그러한 경우에 당사자들이 합의에 도달하는 것을 도와준다. 만일 타결이 이루어지지 않을 것 같으면, 문제점을 빨리 인식하고 '합의에 도달하지 못할 경우의 최선의 대안BATNA'에 의존하는 것이 양 당사자의 이익에 부합한다. 예를 들어 이혼하는 사람들은 법정에서 싸우기보다 서로 마주보면서 금전적인 문제를 해결하는 추세가 늘고 있다.[29] 조정은 법정에서의 해결과 달리, 당사자들이 수시로 대화를 함으로써 좀 더 신속하게 합의에 도달할 수 있다는 장점을 가지고 있다. 어떤 사람은 두 시간씩 2회의 조정을 받은 결과 1만 달러의 변호사 비용을 절약할 수 있었다고 한다. 좋은 것은 그들이 '법적인 권리'에 초점을 맞추기보다 '장래의 필요', 즉 권리보다는 이익에 초점을 맞춘다는 점이다(제5장 참조). 그러나 이혼하는 부부가 감정적이라면 이러한 일은 일어나지 않을 것이다.

파레토 효율을 이루도록 노력해야 한다

제3자는 협상자들이 합의에 도달하는 것을 돕는 것만으로는 충분치 못하다. 제3자는 파레토 최적의 윈 - 윈 합의를 추구하는 것이 가장 이상적이다. 만약 제3자가 통합적 합의에 이르는 전략에 관해 적절히 훈련받지 못했거나 윈 - 윈 합의에 도달하는 것보다 합의에 이르는 것 자체에 의미를 부여한다면 이러한 형태의 합의에는 결코 도달할 수 없을 것이다. 제3자는 협상자가 절망감 때문에 통합적 합의 가능성에 대해 좁은 시각을 갖지 않도록 노력해야 한다.

분쟁당사자의 눈에 공정하게 인식되도록 해야 한다

사람들은 거래가 공정하다고 느낄 때 그것에 쉽게 동의하며, 약속을 덜 어기게 되고, 장래에도 더 쉽게 협상 테이블에 앉으려 한다. 협상자들 간의 관계가 호의적이고 진실할 때 중재자의 제안은 윈 - 윈이 될 가능성이 크고, 그 반대인 경우에는 중재자들이 고정 파이의 해결방안을 제안하기가 쉽다.[30] 분쟁 당사자들이 비대칭 갈등을 겪고 있을 때, 그들은 중재자를 편향적으로 볼 가능성이 높으며, 중재에 대한 만족도가 떨어진다.[31] 게다가 갈등을 더 크게 느끼는 쪽은 그들의 협력자에게 중재를 부탁할 공산이 크다.

당사자 간의 관계를 증진하기

이상적이고 효과적인 3자개입은 신뢰도를 높이고 당사자 간의 관계를 좋게 증진시키는 것이다.

협상과정에서 당사자에게 힘을 실어주기

훌륭한 중재자는 당사자들이 통합적 합의에 도달하는 것을 도와줄 뿐 아니라 당사자들이 스스로 합의에 도달할 수 있는 능력을 향상시켜주어야 한다. 분쟁을 효율적으로 해결하고 효과적인 결과에 도달하게 하는 협상자의 능력은 제3자의 영향력을 통해 증진되는 것이 이상적이다.

협상자의 편향을 해소하기

아무리 바람직한 상황에서라도 협상자들 사이에서는 편향이 난무한다. 분쟁이 가열되고 당사자들이 감정적으로 나서면 편향 또한 점증한다. 제3자들은 가능한 한 협상이 편향에서 벗어날 수 있도록 도와주어야 한다. 분쟁에는 다음과 같은 편향들이 잠복하고 있다.

- **분쟁편향을 과장한다**
널리 퍼져 있는 편향 중 하나는 당사자 간(협상에서), 때로는 제3자 간(조정에서)의 차이점을 과장하는 것이다.[32] 예를 들면 학생들은 동일한 미식축구 비디오테이프를 보면서도 서로 자기 팀이 상대 팀보다 반칙을 덜 한다고 인식한다.[33] 수용자가 제안자의 행동을 '부정적'으로 판단할 때, 수용자의 이 판단은 제3의 관찰자가 제안자를 본 것보다 더 부정적이기 십상이다.[34]
현대 사회갈등의 양쪽 입장(예: 자유주의 대 보수주의, 낙태반대 대 낙태찬성 등)을 조사해보면, 서로가 상대 입장의 극단성과 일관성을 과대평가하는 것으로 나타났다.[35] 네즈퍼스Nez Perce 족과 이 부족의 보호구역 안에 있는 지방정부 간의 뿌리 깊은 갈등에 대해 생각해보라.[36] 전체적으로 분쟁당사자들은 공격적이라기보다는 수세적이었다. 공격적인 행동은 상대방보다 그들 자신 쪽을 이롭게 하기 위해 시도한 행위이고, 방어적 행동은 상대방의 이익에 비해 그들 자신 쪽에 해를 주는 행동에 대한 반감이다.[37] 분쟁당사자들은 상대편의 공격성을 일관되게 과장했고, 마찬가지로 상대방의 방어성을 과소평가했다.

- **언론적대편향**hostile media bias

분쟁의 당사자들은 공평한 언론보도도 상대방에게만 유리한 편파보도로 간주하는 경향이 있다. 1982년 베이루트의 대학살에 대한 뉴스에 대해 아랍-이스라엘 분쟁에서 어느 일방을 지지하는 쪽은 모두 그 보도가 상대에게 유리한 편파보도라고 판단했다.[38] 협상자들의 조직 내 조정자 역할에 대한 조사에서도, 분쟁의 양 당사자들은 조정자가 상대편에 유리하게 편파적이라고 인식했다. 조정자가 자기편에 유리하게 편파적이었을 때조차도 당사자는 이러한 편파성을 알지 못한 채 조정자가 오히려 자기편에 불리한 편견을 가지고 있다고 넘겨짚기도 한다.

- **과신편향**overconfidence bias

일반적으로 분쟁당사자는 자신과 제3자가 공유하는 생각의 정도를 과대평가한다. 예를 들어 사람들에게 '최종제안 중재'에서 자신이 이길 가능성을 예상하라고 했더니, 서로가 제3자야말로 자신들의 제안을 선호할 것이라고 과신했다.[39] 양 당사자 모두 자신이 이길 가능성을 50% 이상으로 예측하는 것으로 확인되었는데, 이는 판단에서 편향이 있다는 증거라 할 수 있다. 그들 모두가 이길 수 없음은 명백하기 때문이다.

언론적대편향과 과신편향은 모순되는 것처럼 보인다. 즉 조정자가 상대방 의견에 동조한다는 생각과 자기 입장에 동조할 것이라는 기대를 동시에 가질 수는 없다. 이런 명백한 모순은 협상자들의 판단 특징에서 유래한다. 이러한 문제와 관련하여, 시뮬레이션을 통해 분쟁조정자에 대한 협상자의 인식을 연구한 조사가 있다.[40] 그 결과, 각 협상자는 자신의 행동이 상대방의 행동보다 성공적이라고 평가하면서 자기중심적(과신) 편향을 보이는 것으로 나타났다. 그러나 분쟁당사자들에 대한 조정자의 관심에 대해 질문을 받은 그들은 자신들이 불충분하게 대접받는다고 느꼈다. 각 당사자는 조정자들이 상대방과의 접촉에 더 많은 시간을 들이는 것으로 인식했으며, 상대방이 조정자를 설득하려는 시도를 막지 않는다고 생각했다. 또한 양측은 조정자가 자신들의 걱정에 관심을 덜 기울이고 있으며, 자신들의 관심사를 살펴보는 데 덜 적극적이라고 인식했다.

중립성 유지하기

그 누구도 제3자의 중립성을 보장할 수는 없다.[41] 사실 제3자는 프레이밍 효과framing effect에서 보듯이 당사자들을 괴롭히는 많은 편향을 드러낸다.[42] 실제로 중립적인 조정자라 해도 어느 한쪽에 편파적인 것처럼 보이는 실수를 범할 수 있다.[43] 또한 제3자는 어떤 대가를 치르더라도 조정에 임하려는 편견을 갖기 쉬운데, 이때 만약에 플러스의 교섭영역이 존재하지 않는다면 양 당사자 모두에게 좋지 않은 상황이 된다. 마지막으로, 만약 당사자들이 중재자가 타협안을 강요하려 한다고 믿는다면, 3자개입은 오히려 타결을 방해할 수도 있다. 이러한 이유 때문에 최종제안 중재가 전통적 중재보다 더 효과적일 수 있다.[44]

1989년에서 2004년 사이에 있었던 124건의 평화협정에 대한 실증적 분석에 따르면, 자신들의 이해관계 때문에 전쟁을 종결시키기 위해 처음부터 개입한 중립성향의 중재국들은 다음에 올 평화의 질을 희생해서라도 꼭 합의를 이끌어내야 할 동기가 있었다. 이와는 반대로 자기집단의 보호를 모색하는 '편향된 중재국들'은 자기 나라의 이익이 확실히 충족될 수 있는 방향으로 중재를 했다.[45] 따라서 민주주의와 항구적인 평화를 가져올 정교한 제도적 합의를 이끌어내는 중립적인 중재과정보다는 편향된 중재과정이 될 가능성이 높다.

관리자는 종종 조직 내의 분쟁해결을 요청받는다.[46] 전통적 중재자나 조정자와는 달리 관리자는 결과에 직접적인 이해관계가 있고, 분쟁당사자들과 지속적인 관계를 유지하고 있다. 또한 관리자들은 그 분쟁에 대해 기술적 전문지식과 배경지식이 있다. 관리자들은 분쟁에 개입할 수 있는 기술을 가진 경우에도 그 결과에 대한 자신의 통제력을 극대화하는 기술을 자주 선택한다.[47]

3자개입의 효율성을 위한 전략

3자개입의 효율성을 극대화하기 위해 협상자는 어떤 조치를 취해야 할 것인가? 다음 단계를 생각해보자.

당신의 책임 몫을 받아들이라

중재자들은 종종 분쟁 당사자들이 분쟁에 대한 그들의 책임 몫을 받아들이게 하기 위해 갖은 애를 다 쓴다. 분쟁 당사자들이 그들의 책임 몫을 인정할 때, 합의 진도와 화해가 더 빨라진다.[48]

자신의 입장을 정확히 평가받도록 하라

훌륭한 과학자는 '눈가리개'를 준비하고 실험을 할 것이다. 예를 들어 어떤 약의 효능을 실험하기 위해 어떤 환자들에게는 그 약을, 다른 환자들에게는 가짜 약이나 사탕을 준다. 그 실험을 하는 사람들은 자신도 누가 무슨 약을 받았는지를 모르는 상태에서 투약 결과를 측정한다. 당신의 협상입장도 마찬가지 방법으로 살펴보아야 한다. 예를 들어 당신이 상인이나 이웃과 심각하게 다투는 상황에 처해 있다면, 그 다툼에 등장하는 인물 중 누가 당신인지를 밝히지 말고 그 상황을 제3자에게 설명하는 것이 좋다. 그래야 제3자로부터 솔직한 의견을 들을 수 있다.

자신이 개입된 분쟁에서 제3자의 역할을 해보라

당신의 동료에게 협상 당사자 역할을 해달라고 부탁하고, 이를 기꺼이 응하면 당신이 처해 있는 협상상황을 자세히 설명해주라. 그리고 당신이 제3자의 역할을 해보라. 그런 다음에 당신이 양자 모두가 편하게 받아들일 수 있는 해결방안을 제시하려고 해보라.

윈-윈 협상 훈련

교섭영역의 크기를 확대하는 것만큼 중요한 기술은 없을 텐데, 이는 관심사를 찾아내고 부가가치가 있는 트레이드오프를 만들어내는 방법을 통해 가능해질 것이다.

부록 4
취업협상

 취업협상을 할 때 당신에게는 제1부(제1~4장)에서 언급한 모든 기술이 필요하다. 또한 당신은 자신의 협상 스타일을 잘 개발해놓을 필요가 있다(제5장 참조). 당신은 신뢰와 일체감도 구축할 수 있어야 하며(제6장 참조), 협상력의 안과 밖에 대해서도 알아야 하고(제7장 참조), 그리고 어떻게 창의성을 북돋울 것인지도 잘 알아야 한다(제8장 참조). 이 부록은 당신이 일생을 살아가면서 겪을 가장 중요한 협상을 하는 데 필요한 좀 더 많은 기술을 제공하기 위한 것이다. 이 부록의 내용은 사전준비, 협상의 행동지침, 그리고 취업제의 이후의 행동요령 등 세 단계로 구성되어 있다.

 사전준비

 급여협상은 당신의 향후 생활과 복지에 영향을 주기 때문에 대단히 중요하다. 이렇게 생각해보라. 연봉의 연간 인상률이 평균 5%라고 가정하면, 초임을 5만 5,000달러에서 시작하는 종업원은 5만 달러에서 시작하는 종업원보다 40년 직장생활 동안 60만 달러 플러스를 추가로 받게 된다.[1] 초봉을

협상하기로 작정하는 사람들은 평균 5,000달러를 더 받게 된다.

제1단계: 자신이 무엇을 진심으로 원하는지를 파악하라

이 단계는 쉬운 것처럼 보이지만 28세밖에 안 된 사람이 장래를 내다보고 은퇴나 자신이 누리게 될 혜택 같은 일에 관심을 갖고 처리한다는 것은 상당한 능력이 있음을 뜻한다. 노스웨스턴 대학 켈로그 경영대학원에 다니는 캐런 케이츠Karen Cates는 필수 생활비와 추가 생활비 점검 작업을 추천한다(〈보기 A4-1〉 참조).[4] 케이츠는 또한 급여와 혜택에 실용적이고 단계적인 접근을 권장한다(〈보기 A4-2〉 참조).

〈보기 A4-1〉 **필수생활비와 추가 생활비 점검표**[2]

필수생활비	추가 생활비
주택(실용품 포함)	여가생활(휴가, 행사, 문화활동, 책 기타)
자동차	서비스(직업, 가족)
컴퓨터	추가 교육
보험(자동차, 자택, 생명, 산재)	자녀양육(가정교육, 학교교육)
개인비용(식료품, 의료, 의복, 주거)	
학자금 상환	
세금(수입, 부동산)	

〈보기 A4-2〉 **급여와 혜택**[3]

급여	퇴직	유급휴가	생활보장
봉급	연금/401K	휴가, 병가, 연가	보험(생명, 산재, 건강 등)
보너스	보장성지급계획(실업수당)	교육기간	자녀양육 및 노인요양계획
기타 변액지급	저축계획	휴일 및 특별여행	복지 프로그램
주식/배당 이익			

제2단계: 사전준비를 하라

당신이 취업하고자 하는 회사와 업계의 현황에 관해 공부하라. 다행히 인터넷의 발달 덕분에 사람들은 손쉽고 빠르게 정보를 얻어낼 수 있다. 특별히 급여와 관련하여 몇몇 웹사이트는 직종별 급여수준과 그것이 명시된 구인정보를 제공하고 있으며, 심지어는 개인별 희망에 맞춘 봉급수준 분석에 관한 정보도 제공하고 있다. 그렇지만 인터넷 상의 유료정보는 출발점에 불과하다. 다시 말하면 이들 웹사이트는 당신이 취업협상을 할 때 낮은 수준의 급여로 타협하지 않도록 하는 길잡이를 제시해주는 데 지나지 않는다는 의미이다.

이미 제도화되어 있는 것들을 묻지 않기 위해서는 사전연구가 중요하다. 예를 들면, 많은 회사들은 직원들이 점심시간이 되면 모두 차를 타고 나가 점심을 먹는 것이 비효율적이라는 것을 알기 때문에 구내식당을 갖추고 메뉴 등을 인터넷 사이트를 통해 알려주고 있다.

제3단계: 당신의 BATNA와 기대치를 결정하라.

협상자는 항상 '합의에 도달하지 못했을 때 선택할 수 있는 최선의 대안'BATNA을 가지고 있다. 회사 측과 취업협상을 시작한 어떤 학생들은 아직 회사 측으로부터 구체적인 자리 제의를 받지 못했기 때문에 BATNA가 없다고 하는 경우가 있다. 물론 그 학생들이 상대방의 관심을 끄는 BATNA를 가지고 있지 않을 수는 있다. 그러나 그들이 구체적인 자리를 제의받지 못했다 해도, 살아가면서 무엇인가를 할 수는 있을 것이다. 그들은 취직 노력을 무한정 계속할 수도 있고, 해외여행을 할 수도 있다. 자원봉사 일을 할 수도 있고, 대학의 연구조교 자리를 얻을 수도 있다. 또한 직장을 계속 찾으면서 자신의 전공분야와는 다른 일을 알아볼 수도 있을 것이다. 따라서 이 모든 선택방안들은 BATNA가 될 수 있으며, 이것들을 잘 평가해서 그중 최선의 것을 찾아 신중히 검토해야 한다.

우리의 BATNA는 그것이 원하는 만큼 상대방의 관심을 끌기 어렵다. 드물기는 하지만 우리가 두세 곳의 좋은 직장으로부터 취업제의를 받았다든지, 집을 팔려고 할 때 두 사람이 동시에 좋은 가격을 제시했다든지, 또는 수익성이 좋은 투자기회를 얻게 된다면 우리는 협상에서 더 많은 것을 얻어낼 수 있을 것이다. 또한 당신의 BATNA가 매력적이라면, 당신은 매력적인 보상 패키지를 성공적으로 협상할 수 있다. 제2장에서 언급한 것처럼 BATNA는 계속 변하는 것이며, 당신은 거기에 수동적으로 대응해서는 안 된다.

우리의 BATNA를 어떻게 개선시킬 것인가를 생각하는 것이 중요하다. 대부분의 협상자들은 자신의 상황을 개선시키는 데 충분한 시간을 들이지 않기 때문에 절박한 심정으로 협상에 임하게 되는 것이다.

제4단계: 고용주의 BATNA를 연구하라

당신의 BATNA를 개발하는 것은 협상 전에 해야 할 일 중에서 반쯤만 하는 것이다. 다음 단계는 상대방의 BATNA를 파악하는 것이며, 이를 위해서는 다양한 정보를 조사해야 한다.

제5단계: 협상의제를 결정하라

고용주의 BATNA를 잘 평가해놓았다고 가정하자. 협상할 날짜가 빠르게 다가오고 있다. 이제 어떻게 해야 할까? 다음 단계는 협상에서 중요하게 논의할 의제들을 결정하는 것이며, 고용주가 당신을 대신해서 의제를 정하게 만드는 실수를 범해서는 안 된다. 당신은 자신의 요구사항과 이해관계에 대해 항상 얘기할 준비가 되어 있어야 한다.

당신의 입장에서 어느 의제가 중요한지를 결정한 다음에는 다시 한 번 체크리스트를 점검하여 그것을 좀 더 상세하게 다듬고, 논의할 문제들의 내용을 세분화해야 한다. 문제를 세분화하면 두 가지 면에서 효과가 있는데, 우선 당신이 중요하게 생각하는 일이 무엇인지를 좀 더 구체적으로 얘기할 수 있다(휴가는 유급인지, 며칠간이나 가능한지 등). 둘째로 의제를 세분화하면 창의적인 합의를 이루게 될 기회가 더 많아진다.

당신에게 중요한 일과 관심사를 정한 다음에는 상대방의 입장에서 본 중요사항을 생각해보자. 이를 위해서는 많은 정보와 연구가 필요하다.

제6단계: 몇 가지 시나리오를 준비하라

대부분의 경우 협상은 당초 계획대로 진전되지 않는다. 협상에서 무방비 상태에 놓이는 일이 없도록 다음의 경우를 포함하여 몇 가지 시나리오에 대한 대응책을 준비하라.
- 고용주가 당신의 수정제의에 즉각 동의하는 경우
- 고용주가 당신이 보기에 낮은 수준의 제의를 하면서 "이것이 나의 마지막 제안"이라고 단호하게 얘기하는 경우
- 고용주가 조금만 양보를 할 경우
- 고용주가 당신에게 좀 더 합리적인 제안을 하라고 요청하는 경우

제7단계: 코치를 쓰는 것을 생각하라

잡 코치job coach는 사람들의 경력을 발전시키거나 목표로 하는 급여수준을 받을 수 있도록 도와줄 수 있는 사람을 말한다. 잡 코치는 관리자들의 미래계획 수립을 도와주기도 한다. 마이 잡 코치MyJobCoach사의 CEO 피터 굿맨은 "법률문제가 생기면 당신은 변호사를 찾고, 자금계획을 세울 때는 회계사

에게 간다. 그런데 일생의 70%를 바치게 될 직업을 계획하면서 왜 코치에게 가지 않는가?"라고 말한다.5 렉서스 넥서스 리걸 마키츠Lexus Nexus Legal Markets 사는 신규사원들에게 잡 코치를 붙여준다. 잡 코치들의 도움으로 신규사원들이 그들의 아이디어를 회사의 문화 속으로 잘 융합시키게 되면 회사가 더 강력해질 것이라는 생각에서다.6 최고경영자들은 적어도 신규사원들의 보수를 협상할 때는 잡 코치들의 조언을 진지하게 받아들여 왔다. 예를 들면, 변호사 조지프 배첼더Joseph Bachelder는 최고 경영자의 계약 협상에 관한 아이디어를 개발해가면서 25년 이상 회사 최고 경영자들을 위해 주요 계약들을 협상했다. 와코비아 코퍼레이션Wachovia Corp.의 전 최고경영자인 켄 톰슨Ken Thompson은 주식가격 폭락과 막대한 손실로 맹비난을 받으며 미국에서 네 번째로 큰 이 은행에서 물러날 무렵, 회사 주가가 13년 만에 최저치로 폭락했는데도 2,800만 달러의 보수를 협상하고 있었다. 배첼더는 뱅크 원Bank One, IBM, 루슨트Lucent 및 이스트먼 코닥Eastman Kodak의 위시한 많은 회사에서 물러나는 최고경영자들에 대한 퇴임계약을 협상했다.7

 **협상 중의 행동지침**

당신은 모든 준비를 마쳤으며 이제는 실제로 협상을 해야 할 시간이다.

당신이 제시할 첫 번째 제의에 대해 잘 설명하라

당신의 제안을 뒷받침할 수 있는 설득력 있는 논리를 준비하고, 객관적인 기준을 동원하라. 당신에게 유리한 기준을 선택하여 그것을 집중적으로 설명하고, 당신에게 불리한 기준에 대해서는 그것이 왜 타당성을 갖지 못하는지 설명할 준비를 하라.

고용주 측의 제의는 일단 협상이 가능한 것이라고 생각하라

"당신의 제의에 대해 협상을 할 수 있을까요?"라는 식의 질문을 해서는 안 된다. 상대방이 부정적인 반응을 보이는 경우, 당신의 입장이 약해지기 때문이다. 그보다는 상대방의 제의를 일단 협상 가능한 것으로 여기고 당신의 요구와 이해관계를 다음과 같이 명확히 설명하라. "지금 우리가 얘기하고 있는 보험혜택 문제에 관해 몇 가지 질문을 해도 괜찮겠습니까?" 또는 "저는 회사가 제공하는 이전수당에 관심이 있으며, 이 문제에 대해 얘기하고 싶습니다."[8] 커리어빌더컴careerbuilder.com이 조사한 바에 따르면, 고용주의 31%는 현 종업원들과 급여인상에 대해 협상할 용의를 표명했고, 절반 이상(51%)은 신규사원에게 제시했던 첫 급여액수를 지급하면서 일부 협상 가능한 "해석상의 여지"를 그냥 내버려 둘 계획이었으며, 또한 21%는 신규사원에게 두 가지 이상의 급여제의를 할 용의가 있었다. 또한 급여인상을 할 수 없었다고 말한 많은 고용주들은 유연성 있는 근로시간, 보너스 및 재교육과 같은 비금전적인 특전을 협상할 용의가 있었다.[9] 대부분의 취업희망자들은 협상을 할 때 고용주 측을 밀어붙이지 못한다. 고용주 측의 첫 번째 제의에 대한 협상을 제대로 못하는 경우 근로자는 큰돈을 손해 볼 수 있다. "22세에 들어간 첫 직장에서 연봉이 2,000달러 오를 경우, 40년간 직장생활을 한다고 가정하면 증가된 2,000달러는 복리계산 효과로 인해 15만 달러 정도의 추가소득을 창출한다."[10] 연봉 9만 달러 규모의 자리를 협상하는 MBA 과정 학생의 경우에 그 효과는 훨씬 더 커지게 된다. 또 하나의 문제는, 고용주 측이 제시한 조건의 수락 여부를 결정해야 하는 짧은 시간에 당신이 원하는 것을 협상하지 못할 경우에는 다시는 그럴 기회가 없다는 점이다. 고용주 측이 제시한 조건에 대해 답을 해야 할 때가 당신으로서는 가장 힘이 있을 때이다. 왜냐하면 이때가 당신이 고용되기를 원하는 것보다 고용주가 당신을 고용하기를 더 원하는 유일한 기회이기 때문이다.[11] (회사 측과 협상할 때 요구할 수 있는

> **〈보기 A4-3〉 회사 측과 협상할 때 요구할 수 있는 것들**[12]
> **(누구든지 요구하는 높은 급여액 이외의 것들)**
>
> - 여분의 휴가일 수
> - 탄력적인 근로 시간제
> - 재택근무
> - 업무 중간에 쉬는 시간이 긴 날은 아예 출근을 늦춰 몰아서 일하기
> - 개인적 사정으로 인한 휴가와 육아휴가
> - 자동차 가솔린 변제
> - 대중교통기관 이용요금 변제
> - 가족수당 인상
> - 보조보험금 지급
> - 실무교육 증가
> - 체육관 회원권
> - 식품공급
> - 심부름 서비스
> - 조수를 고용할 수 있는 권리
> - 세탁비 제공
> - 교육양여금
> - 등록금 환급
> - 조수를 고용할 수 있는 권리

것들의 목록은 아래 〈보기 A4-3〉 참조)

당신의 요구와 논리를 검토하여 이를 재조정하라

당신이 회사를 위해 일할 용의가 있음을 표명하고 당신의 요구사항(원하는 것)이 어떻게 충족될 수 있는지를 회사 측에 얘기하라. 많은 취업희망자들이 실제로는 그 회사에서 일할 용의가 있음에도 고용주들은 그들이 자기 회사에서 일하기를 원치 않는 것으로 잘못 생각하여 어려움에 부닥치는 수가 있다. 따라서 당신이 그 회사에서 일할 용의가 있다는 것을 거듭 얘기해

야 한다. 케이츠Cates는 "당신의 요구사항을 협상 테이블에 올려놓아야 한다."고 충고한다.13 봉급협상은 취업희망자가 고용주 측의 문제해결을 도와주는 측면이 있다는 것이다. 다시 말하면, 고용주들이 회사 측의 제의를 취업희망자에게 받아들이게 하려면 무엇을 해야 할 것인지를 알게 해준다는 것이다. 이러한 과정에서 당신이 가장 우선순위를 두는 정보를 회사 측과 공유하게 되는 경우도 있을 수 있다.

당신의 BATNA와 기준치를 알리지 말라

협상자들에게는 상대방의 BATNA를 물어볼 수 있는 방법이 수없이 많다. 취업희망자에게 현재 받고 있는 급여수준을 물어보는 것도 그중 하나일 것이다. 한 가지 명심할 것은 이 물음에 대한 정보를 주는 것은 당신의 일이지 고용주의 일이 아니라는 것이다. 만일 당신이 현재 어느 회사에 고용되어 있다면, 논의의 방향을 당신이 회사를 옮기기 위한 조건으로 잡으라(업무내용이 더 흥미 있고 봉급수준도 좋다면 옮길 수 있다는 등). 당신이 고용되어 있지 않다면, 당신이 원하는 취업조건에 관해 설명하라. 다시 한 번 강조하지만, 당신이 회사 측이 제시하는 자리를 받아들일 것인지의 여부는 업무의 성격과 급여수준에 달려 있다고 설명해야 하며, 이전에 받던 급여내용을 구체적으로 밝혀서는 안 된다.

당신은 항상 대화를 이끌 준비가 되어 있어야 하며, 자신이 말하고자 하는 내용을 사전에 연습해두어야 한다. 만일 고용자 측이 당신에게 왜 현재의 직장을 떠나려 하느냐고 묻는 경우, 당신이 전번 고용주와 아무리 안 좋은 일이 있었어도 절대 그 사람을 비난하는 우를 범해서는 안 된다. 이 세상은 좁으며, 현재의 고용자 측과 전번 고용주 사이에 당신이 모르는 친분관계가 있을 수도 있는 것이다. 또한 더 중요한 것은 고용자 측이 당신에 대한 인상을 나쁘게 가질 수도 있다는 점이다(당신을 말썽꾸러기나 타인을 비방하기 좋아하는 사람으로 여길 수 있다).

취업에 관해 회사 측으로부터 아직 공식제의를 받지는 못했지만 회사 측에서 당신의 요구사항을 검토 중이라는 느낌을 받았다면, 공식적인 취업제의가 있을 때까지 봉급수준 등 구체적인 조건에 대해 얘기하는 것을 피해야 한다. 취업에 관한 공식제의를 받지 못한 상황에서는 취업제의를 받았을 때보다 협상에 임하는 당신의 입장이 약하다. 만일 회사 측으로부터 "일이 잘될 것이다" 또는 "취업제의가 곧 있을 것이다"라는 말을 들으면 감사의 뜻을 표시하고 언제 공식통보가 있을 것인지를 문의하라. 그런 다음 취업조건에 관해 얘기할 면담일정을 정하라. 당신이 협상을 하는 동안에는 모든 것이 협상 가능하다고 생각해야 한다. 만일 어느 부분은 협상이 불가능하다는 얘기를 들으면, 다른 모든 사람(신규 취업자, 경력직 취업자)에게도 이 조건이 동일하게 적용되는지를 문의하라.

사전연습을 하라

협상계획을 짜는 것은 중요하다. 세계적인 온라인 임금정보 공개 사이트인 페이스케일PayScale은, 임금인상 협상에는 자기의 진가를 보여주기, 자기 홍보하기, 그리고 친구나 사랑하는 사람이 보스인 것으로 가상하여 임금인상 요구를 하는 연습을 하는 세 가지 부분의 행동이 필요하다고 충고한다. 거울을 보고 연습하는 것도 도움이 된다고 했다.[14]

누군가를 위해서(당신을 위해서가 아닌) 협상하고 있다고 생각하라

많은 사람들은 취업협상을 할 때 자신이 욕심이 많다고 느끼거나 단호하게 행동하기가 어렵다고 생각하기 때문에 협상에 나서기를 꺼린다. 하지만 그런 사람들도 회사나 다른 누군가를 대신해서 협상을 할 경우에는 상당히 효율적으로 협상을 진행한다. 하나의 해결책은 당신이 당신의 가족을 대신해서 취업협상을 한다고 생각하는 것이다. 우리의 급여가 아이들, 배우자, 부모에 대한 부양능력에 미치는 직접적인 영향을 생각한다면 협상을 좀 더 효율적으로 해나갈 수 있을 것이다. 아직은 미혼이라서 아이가 없는 학생들에게도 장차 생기게 될 가족을 대신해서 취업협상을 하는 것으로 생각하라고 권유한다.

비교대상과 평가기준점

구직 협상과정에서 가장 유익한 정보는 지금 협상 상대자인 고용주와 유사한 다른 고용주들의 행태에서 유추되는 정보, 또는 그들의 비고용인들이 받고 있는 대접에 대한 정보일 것이다. 그 같은 비교대상과 평가기준점은 지금 진행되고 있는 일자리 협상에 영향을 줄 수도 있지만, 구직자가 이것을 알지 못할 수도 있다는 점을 명심해야 한다. 예를 들어, 사람들은 다른 종업원들에게 훨씬 많은 급료를 지급하는 고임금 직장보다 다른 종업원들과 같은 액수의 급료를 지급하는 저임금 직장을 택할 가능성이 높다. 사람들은 '하는 일에 비해 급료가 적은 것'을 싫어하며, 만약 이것이 (자기보다 덜 중요한 일을 하는 것 같은) 다른 사람들과 같은 대접을 하는 것으로 보인다면, 절대치로 계산하여 훨씬 많은 급료를 준다 해도 포기할 것이다.[15] 사회적 비교 social comparison에 대한 중요도는 두 가지 선택권을 평가할 때보다 한 가지 선택권을 평가할 때 훨씬 높다. 사회적 비교에서는 바람직한 직장을 선택하는 것이지만, 실질적인 급료에선 바람직스럽지 않은 상황에서 절대치 봉급 액수보다 더 우선사항으로 취급되어야 할 급료체계의 모순(즉 사회적 대조에 대한 관심)이 열등한(즉 열세의) 대안이 제시되는 경우처럼 '정당화'될 수 있다.[16] MBA 학생들이 일자리 제의에 어떻게 대응하는지에 대한 한 조사는, 상여금 결정이 경쟁률에 영향을 주지 않았으며, 오히려 구직자들은 회사가 그들의 질문에 어떻게 답하는지, 그리고 모집책들이 진심으로 대하는지 어떤지(자존심을 손상시키지 않고)를 크게 고려하는 것으로 드러났다.[17]

 취업제의를 받은 후의 대책

회사 측 제의를 곧바로 받아들이지 말라

회사 측으로부터 확실한 취업제의와 봉급수준이 통보되기 전까지는 협상을 시작하지 말라. 그렇지만 너무 시간을 끌어서는 안 된다. 이는 자칫 고용주 측의 계약포기를 초래할 수 있다. 그 대신에 회사 측 제의에 긍정적인 반응을 보여라. 케이츠는 다음과 같은 반응을 보이도록 권고한다. "이 제의 내용은 좋아 보이네요. 공식계약을 하기 전에 마지막으로 조건 하나하나를 검토할 시간을 주십시오. 곧 전화 드리도록 하겠습니다."[18]

제의를 문서로 받으라

만일 회사 측이 문서로 제의하는 것은 회사의 방침이 아니라고 하면 그것에 관해 알 수 있는 사람(회사의 인사과 등)에게 반드시 알아보도록 하라. 그리고 회사 측이 당신에게 제시했다고 생각되는 조건들을 편지나 메모로 작성하여 회사 측에 제출하겠다고 얘기하라. 매번 회사 측과 면담하면서 합의되었다고 생각되는 내용을 기록해두라.

열심히 하되 정중하게 하라

누군가로부터 취업제의를 받으면 감사를 표시하되 그 제의를 곧바로 받아들이지는 말라. 그 대신 "집에 가서 생각해보도록 하겠습니다"라고 대답하라. 그리고 다음날로 면담일정을 정하고 당신의 요구사항을 직접 설명하라.

회사 측 협상자가 권한이 있는 사람인지 파악하라

협상을 시작하거나 수정제의를 하기 전에 회사 내에서 누가 협상권한을 가지고 있는지 파악하라. 일반적으로 회사의 고위직을 맡고 있는 사람들이 협상에 나서는데, 이들은 능력 있는 사람을 고용하는 데 가장 신경을 쓴다. 당신은 인사과장 등 중간적 위치에 있는 사람과 협상하는 경우의 장단점을 잘 알고 있어야 한다(다자간협상에 관해서는 제9장 참조). 만일 협상이 잘 진척되지 않는다고 생각하면 다른 사람을 개입시키도록 하라. 하지만 그런 일을 할 때는 현재 협상하고 있는 상대방이 화가 나지 않도록 아주 정중하게 해야 한다.

당신의 요구조건을 명확히 얘기하라

강력한 협상전략 중 하나는 회사 측에 당신이 요구하는 것을 명확히 얘기하는 것이다. 이 전략은 협상을 질질 끌게 될지도 모른다는 회사 측의 우려를 불식시킬 수 있기 때문에 효과적이다. 그렇지만 당신의 요구조건을 제시할 때는 논리와 합리성을 바탕으로 해야 한다. 너무 지나친 것을 요구하면 취업기회를 잃을 수도 있다. 어떤 사람이 그 산업부문에선 낮은 급료를 주는 것으로 소문난 회사에 초보적인 업무담당으로 지원했다. 급료는 사전에 지원자에게 분명히 통보되어 있었다. 그 지원자는 몇 차례 면접을 치렀는데 마지막으로 고용주가 지급하고자 하는 급료의 2배를 요구했다. 그는 그의 급료 요구조건에 대해선 고집스레 양보하지 않았다. 당연히 그는 낙방했다.[19]

당신이 흥미를 느끼지 않는다면 협상하지 말라

당신의 운이 좋아 A, B, C, D의 4개사로부터 취업제의를 받았다고 가정하자. 충분한 연구와 비용 - 효과분석을 통해 당신은 마음속으로 A, B사가 모든 면에서 C, D사보다 낫다고 판단했다. 이제 C, D사와는 협상을 아예 하지 않을 것인지, 아니면 이 두 회사를 A, B사와 협상을 하는 데 자신의 입장을 강화하기 위한 수단으로 활용할 것인지 여부를 결정해야 한다. C, D사에 대해서는 회사 측의 제의를 받아들일 수 없다고 정중히 통보할 것을 권한다. 당신에게는 아직도 좋은 BATNA가 있으며, 그렇게 함으로써 서로 시간소모를 줄일 수 있다.

시한부 제의

회사 측의 제의 중에는 응답시한이 정해져 있는 시한부 제의(제의는 24시간만 유효하다 등)가 있다. 문제는 이러한 제의를 어떻게 다루어야 할 것인가 하는 점이다. 우리의 경험에 의하면, 회사 측이 일단 시한부 제의를 했다면 그것을 철회하는 경우는 거의 없다(가족문제, 건강문제 등 양해가 되는 긴급한 경우는 제외). 우리는 흔히 취업희망자들에게 BATNA의 범위를 벗어난 이 같은 시한부 제의를 심각히 고려해보라고 권고한다. 다른 회사들에 대해 당신에게 시한부 제의가 왔음을 알리고 인터뷰 날짜를 당기는 것이 가능한지를 물어보는 것은 결코 손해가 아니다.

몸값 경쟁을 유발하지 말라

몸값 경쟁은 월스트리트나 운동선수 계약에서 자주 일어난다. 그렇지만 우리는 취업희망자들에게 회사들 간의 몸값 경쟁을 유발하지 말도록 권고한다. 오히려 우리는 취업희망자들이 자신들은 회사 측에 대한 구체적 요구사항이 있을 뿐 몸값 경쟁을 유발할 의사가 없음을 알리라고 권고한다.

협상중단 시기를 알아야 한다

언제 협상을 중단해야 할지를 아는 것도 중요하다.[20] 다음 중 한 가지 또는 그 이상의 현상이 나타나면 협상을 중단하는 것이 좋다.
- 상대방이 응답하지 않을 경우
- 상호 양보 가능성이 점점 낮아질 경우
- 몇 차례 협상이 있은 후 "이젠 충분합니다"라고 얘기하는 경우

취업제의 중에서 선택하기 위해 합리적인 전략을 구사하라

당신은 운이 좋아서 몇 군데 회사로부터 취업제의를 받아 선택을 해야 한다고 가정하자. 우선 당신은 이처럼 좋은 상황에서 어떻게 대처해야 할지 생각해야 한다. 어떻게 선택할 것인가? 가장 간단한 방법은 각 회사들(즉 회사 A, 회사 B)이 제시하는 조건들(봉급수준, 특별급여, 여행, 휴가, 보너스 등)을 표로 만드는 MAUT 방식을 동원하는 것이다. 각 회사의 구체적인 조건들을 표에 집어넣고 이를 비교하는 것이다(당신의 마음속에 항목별로 1~5점 또는 1~10점의 점수를 부여하라). 그런 다음에 어느 회사가 가장 마음에 드는지를 결정한다. 좀 더 진전된 방법으로는 각 항목별로 가중치(1~5점)를 부여하여 계산하는 방법이 있다. 예를 들어 대부분의 사람들에게는 봉급수준이 가장 중요하기 때문에 5점의 가중치를 부여하고, 이전비용은 덜 중요하기 때문에 1~2점의 가중치를 부여하는 방법이다. 이러한 가중치 부여를 통해 좀 더 정밀한 판단을 할 수 있다(MAUT에 대한 단계적인 접근방식은 부록 1 참조).

미주

제1장 • 협상에서의 지성과 감성

1   Groupon turns down Google: What just happened here?(2010, December 4). *Seeking Alpha*. Seekingalpha.com. Stone. B., & MacMilan.D.(2010: 12~19), Groupon's $6 Billion snub. *Bloomberg Bsusinessweek*, p.6~7.
2   Fisher, R. & Ury, W.(1981), *Getting to Yes*(p.XVIII), Boston: Houghton Mifflin.
3   Laxz, D. A., & Sebenius, J. K.(1986), *The Manager as Negotiator*(p.6), New York: Free Press.
4   Shell, G. R.(1999), *Bargaining for Advantage: Negotiation Strategies for Reasonable People*(p.76). New York: Viking.
5   Walker, R.(2003, August), *Take It or Leave It: The Only Guide to Negotiating You Will Ever Need, Inc.*, 25(8) 75~82.
6   Gentner, Loewenstein & Thomson, L.(2003). Learning and Transfer: A General Role for Analogical Encoding. *Journal of Educational Psychology*, 95(2), 393~408.
7   Van Beven, I. & Thompson, I.(2003). A Look into the Mind of the Negotiator: Mental Models in Negotiation. *Group Process & Intergroup Relations*, 6(4), 387~404.
8   O'Cornnor, K. M., Arnold J. A., & Maurizio, A.M.(2010). The Prospect of Negotiating: Stress, Cognitive Appraisal and Performance. *Journal of Experimental Social Psychology*, 46(5), 729~735.
9   Thompson, L., Wang. J., & Gunia, B. C.(2010). *Negotiation, Annual Review of Psychology*, 61(1), 491~515.
10 Thurman, R.(2010, July 21). 36 facts about generation Y in the workplace & beyond. Brazan Careerist, Brazencareerist.com.
11 Noore, H.(2010, November 16). Apple and the Beatles: A long and winding road. New York Times. Nytimes.com.
12 United States Department of Labor, Bureau of Labor Statistics(2011, January), *The Employment Situation*. Bis.gov/news.
13 United States Department of Labor, Bureau of Labor Statistics(2011). *Employment status of the civilian population by sex and age*. Bis.gov.
14 Rosenwald, M.S.(2010, June 20). iPhone insurgency stirs where Blackberry rules. *The Washington Post*, p. A01.
15 Fisher, A.(2009, November 16). Flourishing in a merger of two culture. *Crain's New York Business*. p. 35.

16. Bazerman, M. H., & Neale, M. A.(1992). Negotiating rationally. New York Free Press.
17. Neale, M. A. & Bazerman, M. H.(1991). *Cognition and rationality in negotiation.* New York: Free Press; Thompson, I., & Hrebec, D.(1996). Lose-lose agreement in interdependent decision making. *Psychological Bulletin, 120*(3), 396~409; Loewenstein, J., Thompson, I., & Gentner, D.(2003). Analogical learning in negotiation teams; Comparing cases promotes learning and transfer. *Academy of Management Learning and Education, 2*(2), 119~127.
18. Nadler, J., Thompson, I., & van Boven, I.(2003). Learning negotiation skills; Four models of knowledge creation and transfer. *Management Science, 49*(4), 529~540.
19. Thompson & Hrebec, "Lose-lose agreements."
20. Ibid.
21. Diekmann, K., & Galinsky, A.(2006). Overconfident, underprepared: Why you may not be ready to negotiate. *Negotiation, 7*, 6~9.
22. Munro, G. D., & Stanbury, J. A.(2009), The dark side of self-affirmation; Confirmation bias and illusory correlation in response to threatening information. *Personality and Social Psychology Bulletin, 35*(9), 1143~1153.
23. Walter, I.(2010, June 1). Why we need to hang up on our distracted driving addiction. EHS Today. Ehstoday.com.
24. Webb, T.(2010, May 14). BP boss admits job on the line over Gulf oil spill. Guardian, p.1.
25. Simon, H. A.(1955). A behavioral model of rational choice. *Quarterly Journal of Economics, 69*, 99~118.
26. Dunning, D., Johnson, K., Ehrlinger, J., & Kruger, J.(2003). Why people fail to recognize their own incompetence. *Current Directions in Psychological Science, 12*(3), 83~87.
27. Kruger, J., & Cunning, D.(1999). Unskilled and unaware of it: How difficulties in recognizing one's own incompetence lead to inflated self-assessments. *Journal of Personality and Social Psychology,* 77(6), 1121~1134.
28. Ehrlinger, J., Johnson, K., Banner, M., Dunning, D., & Kruger, J.(2008). Why the unskilled are unaware: Further explorations of (absent) self-insight among the incompetent. *Organizational Behavior and Human Decision Processes,* 105(1), 98~121.
29. Billet, M. T., & Qian, Y.(2008). Are overconfident CEOs born or made? Evidence of self-attribution bias from frequent acquiers. *Management of Science,* 54(6), 1037~1051.
30. Ehrlinger, Johnson, Banner, Dunning, & Kruger, "Why the unskilled are unaware."
31. Walton, R. E., & McKersie, R. B.(1965). A behavioral theory of labor relations. New York: McGraw-Hill.
32. Bazerman & Neale, Negotiating rationality; Fisher & Ury, 'Getting to yes.'
33. Loewenstein, Thompson, & Gentner, "Analogical learning in negotiation"; Nadler, Thompson & van Boven, "Learning negotiation skills"; Thomson, L., & DeHarport, T.(1994). Social judgement, feedback, and interpersonal learning in negotiation. *Organizational Behavior and Human Decision Processes, 58*(3), 327~345; Thompson, L., Loewenstein, J., & Gentner, D.(2000). Avoiding missed opportunities in managerial life: Analogical training more powerful than case-based training. *Organizational Behavior and Human Decision Processes,* 82(1), 60~75.
34. Craver C. B.(1998). The impact of a Pass/fail option on negotiation course performance. *Journal of Legal Education,* 48(2), 176~186.
35. Bazerman, M. H., Curhan, J. R., Moore, D. A., & Valley, K. L.(2000). Negotiation, *Annual Review of Psychology, 51,* 279~314.
36. Peck, D.(2010, March). How a new jobless era will transform America. *The Atlantic.*

제2장 • 협상 준비

1. Boon J.(2010, December 9). The watchword in watches: Negotiate, *Bloomberg Businessweek*. Businessweek.com.
2. Thompson, I., & Hastie, R.(1900). Social perception in negotiation. *Organizational Behavior and Human Decision Processes*, 47(1), 98~123.
3. Akerlof, G.(1970). The market for lemons: Quality uncertainty and the market mechanism. *Quaterly Journal of Economics*, 84, 488~500. Meale, M. A., & Bazerman, M. H.(1991). *Cognition and rationality in negotiation*, New York, Free Press.
4. Allan, M.(2010, January 25). America's most expensive real estate deal goes bust. *The Atlantic Wire*. Theatlanticwire.com.
5. Grosskopf, B., Bereby-Meyer, Y., & Bazerman, M.(2007). On the robustness of the winner's curse phenomenon. *Theory and Decision*, 63(4), 398~418.
6. Schaper, D.(2010, November 12), Not so fast. Future for high-speed rail uncertain. *National Public Radio*. Mpr.org.
7. De Drew, C .K. W., & Van Knippenberg, D.(2005). The possessive self as a barrier to conflict resolution: Effects of mere ownership, process accountability, and self-concept clarity on competitive cognitions and behavior. *Journal of Personality and Social Psychology*, 89(3), 345~357.
8. Ross, L., & Stillinger, C.(1991). Barriers to conflict resolution. *Negotiation Journal*, 74(4), 389~404; Curhan, J. R., Neale, M. A., Ross, I., & Rosencranz-Engelmann, J.(2008). Rational Accommodation in negotiation. Effects of egalitarianism and gender on economic efficiency and relational capital. *Organizational Behavior and Human decision Processes*, 107(2), 192~205.
9. Ross & Stillinger, "Barriers to conflict resolution."
10. Oskamp, S.(1965). Attitudes toward U.S. and Russian actions: A double standard. Psychological Reports, 16, 43~46.
11. Fisher, R., & Ury, W.(1981), *Getting to yes*, Boston: Houghton Mifflin.
12. Bazerman, M. H., Neale, M.(1992). *Negotiating rationally*. New York: Free Press.
13. Davis, B.(2010, May 10). IMF approves Greek bailout, urges against debt default. *The Wallstreet Journal*, Wsj.com.
14. Blount-White, S., Valley, K.,Bazerman, M., Meale, M., & Peek, S.(1994). Alternative models of price behavior in dyadic negotiations: Market prices, reservation prices, and negotiator aspirations. *Organizational Behavior and Human Decision Processes*, 57(3), 430~447.
15. Lovallo, D., & Kahneman, D.(2003). Delusions of success: How optimi는 execurives' decisions. *Harvard Business Review*, 81(7), 56~63.
16. Diekmann, K.A. Tenbrunsel, A. E., Shah, P. P., Schroth, H. A., & Bazerman, M. H.(1996). The descriptive and prescriptive use of previous purchase price in negotiations. *Organizational Behavior and Human Decision Processes*, 66(2), 179~191.
17. Lax, D. A., & Sebenius, J. K.(1986). *The manager as negotiator*. New York: Free Press.
18. Fisher, Ury, & Patton, *Getting to yes*.
19. Kahneman, D., & Tversky, A.(1979). Prospect theory: An Analysis of decision under risk. *Econometrica*, 47(2), 263~291.
20. Bottom, W. P.(1998). Negotiator risk: Sources of uncertainty and the impact of reference points on negotiated agreements. *Organization Behavior and Human Decision Processes*, 76(2), 89~112.
21. Klein, A.(2003, June 15). Lord of the flies. *Washington Post*, p.W06.

22. The art of the art deal.(2007, June11). *Bloomberg Businessweek*. Businessweek.com.
23. Kray, I., J., Paddock. L., & Galinksy, A. D.(2008). The effect of past performance on expected control and risk attitudes in integrative negotiations. *Negotiation and Conflict Management Research*, 1(2), 161~178.
24. Bottom, "Negotiator risk."
25. Bazerman, M.H., Magliozzi, T., & Neale, M.A.(1985). Integrative bargaining in a competitive market. *Organizational Behavior and Human Decision Processes*, 35(3), 294~313; Neale, M. A.,& Northcraft, G.(1986). Experts, amateurs, and refrigerators: Comparing expert and amatueur negotiators in a novel task. *Organizational Behavior and Human Decision processe*, 38, 305~317; Neale, M. A., Hber, V. I., & Northcraft, G. B.(1987). The framing of negotiation Contextual versus task frames. *Organizational Behavior and Human Decision processe*, 39,(2) 228~241, Neale & Bazerman. *Cognition and rationality in negotiation*.
26. Bottom, W. P., & Studt, A.(1993). Framing effects and the districutive aspect of integrative bargaining. *Organizational Behavior and Human Decision processe*, 56(3), 459~474.
27. Appelt, K. C., & Higgins, E. T.(2010). May way: How strategic preference vary by negotiator role and regulatory focus. *Journal of Experimental Social Psychology*, 46(6), 1138~1142.
28. Neale, M. A., & Bazerman, M. H.(1985). The effects of framing and negotiator overconfidence on bargainer behavior *Academy of Management Journal*, 28, 34~49.
29. Crawford, V. P., & Sobel. J.(1982). Strategic information transmission. *Econometrica*, 50 1431~1451.
30. Bottom, "Negotiator risk."
31. Sandomir, R.(2010, December 28). In NBC's shadow, Comcast ponders an Olympic plunge. *New York Times*, p.B8.
32. Bottom, "Negotiator risk."
33. Kahneman, D., Knetsch, J. I., & Thaler, R. H.(1990). Experiment tests of the endowment effect and the Coase theorem. *Journal of Political Economy*, 98(6). 1325~1348.
34. Ibid.
35. Galin, A.(2009). Proposal sequens and the endowment effect in negotiations. *International Journal of Conflict Management*, 20(3), 212~227.
36. Gilovich, T. D., & Medvec, V. H.(1994). The temporal pattern to the experience of regret. *Journal of Personality and Social Psychology*, 67(3), 357~365.
37. Galinsky, A. D., Seiden, V., Kim, P. H., & Medvec, V. H.(2002). The dissatisfaction of having your first offer accepted: The role of counter-factual thinking in negotiations. *Personality and Social Psychology Bulletin*, 28(2), 271~283.
38. Ibid.
39. Medvec, V. H., Madey, S. F., & Gilovich, T.(1995). When less is more: Counter-factual thinking and satisfaction among Olympic medalists. *Journal of Personality and Social Psychology*, 69(4), 603~610.
40. Ibid.
41. Tversky, A., & Shafir, E.(1992). The disjunction effect in choice under uncertainty. *Psychological Science*, 3(5), 305~309.
42. Shafir, E.(1994), Uncertainty and the difficulty of thinking through disjunctions. *Cognition*, 50, 403~430.
43. Savage, L. J.(1954), *The Foundations of statistics*, New York: Wiley.
44. Farber, H. S., & Bazerman, M. H.(1986). The general basis of arbitrator: An empirical analysis of conventional and final offer arbitration. *Econometrica*, 54, 1503~1528. Farber, H. S., & Bazerman, M. H.(1989). Divergent expectations as a cause of disagreement in bargaining:

Evidence from a comparison of arbitration schemes. *Quarterly Journal of Economics, 104*, 99~120. Farber, H. S.(1981). Splitting the difference in interest arbitration. *Industrial and Labor Relations Review, 35*, 70~77.

45 Neale, M. A., & Bazerman, M. H.(1983). The role of perspective taking ability in negotiating under different forms of arbitration. *Industrial and Labor Relations Review, 36*, 378388. Bazerman, M. H., & Neale, M. A.(1982). Improving negotiation effectiveness under final offer arbitration: The role of selection and training. *Journal of Applied Psychology 67*(5), 543~548.

46 Bottom, W. P. & Paese, P. W.(1999). Judgement accuracy and the asymmetric cost of errors in distributive bargaining. *Group Decision and Negotiation, 8*, 349~364.

47 Friedman R.(1992). The culture of mediation. Private understandings in the context of public conflict. in D. Kolbe and J. Bartunek(Eds.). *Hidden conflict: Uncovering behind-the-scenes disputes*(pp.143-164). Beverly Hills, CA: Sage.

48 이 질문은 Raiffa가 1982년에 쓴 독창성이 풍부한 책 *The art and science of negotiation* (Cambridge, MA: Belknap)에서 했다.

49 Shellenbarger, S.(2007, July 12). The Job less traveled: Workers seek relief from business trips. *The Wall Street Journal,* p.B5.

50 Raffia, H.(1982). *The art and science of negotiation.* Harvard University Press, Cambridge, MA.

51 Anderson, C., & Shirako A.(2008). Are individuals' reputations related to their history of behavior? *Journal of Personality and Social Psychology, 94*(2), 320~333.

52 Aubert, V.(1963). Competition and dissensus: Two types of conflict resolution. *Conflict Resolution, 7,* 26~42; Druckman, D., & Zechmeister, K.(1973). Conflict of interest and value dissensus: Propositions on the sociology of conflict. *Human Relations,* 26, 449~466; Kelly, H. H., & Thibaut, K.(1969). Group problem solving. in G. Lindzey &E. Aronson(Eds.), *Handbook of Social Psychology*(pp.1~101). Reading, MA: Addison-Wesley; Thompson, I., & Gonzales, R.(1997). Environmental disputes: Competition for scarce resources and clashing of values. In M. Bazerman, D. Messick, A. Tenbrunsel, & K. Wade-Banzoni(Eds.), *Environment, ethics, and behavior*(pp.75~104). San Francisco, New Lexington Press.

53 Harinck, F., & De Dreu, C. K. W.(2004). Negotiating interests or values and reaching integrative agreements: The importance of time pressure and temporary impasses. *European Journal of Social Psychology, 35,* 595~611.

54 Harinck, F., De Dreu, C. K. W., & Van Vianen, A. E. M.(2000). The impact of conflict issues on fixed-pie perceptions, problem-solving, and integrative outcomes in negotiation. *Organizational Behavior and Human Decision Processes, 8*(2), 329~358.

55 Tenbrunsel, A.E., Wade-Benzoni, K. A., Tost, I., P., Medvec, V. H., Thompson, I., & Bazerman, M. H.(2009). The reality and myth of sacred issues in ideologically-based negotiations. *Negotiation and Conflict Management Research, 2*(3), 263~358.

56 Wernau, J. & Byne, J.(2010, October 18). Hilton Chicago hotel workers in last day of strike. *Chicago tribune.* Chicagobreakingnews.com.

57 Sullivan, B. A., O'Connor, K. M., & Burris, E. R.(2003). How regotiation-related self-efficicacy Affects tactics and outcome. Paper presented at the Academy of Managerment Annual Meeting. Seattle, WA.

58 Ury, W. L., Brett, J. M., & Golfberg, S. B.(1988). *Getting disputes resolved: Designing systems to cut the costs of conflict.* San Francisco: Jossey-Bass.

59 Fox, cablevision reach agreement(2010, October 30). Neward Star Ledger. Nj.com; Associated Press.(2010, October 16). Fox, Cablevision suspend dispute negotiations, *CBS News,* Cbsnews.com.

60 Raiffa, *The art and science of negotiation*.
61 Greenhouse, S.(2010, September 14). Ending strike, Mott's plant union accepts deal. *New York Times*, p. B6.
62 Raiffa, *The art and science of negotiation*.
63 Grondahl, P.(2003, March 2). Different worlds, same side of bargaining table. *Times Union*, p. B1.
64 Harmon, A.(1999, September 3), Auction for a kidney pops up on eBay's site. *The New York Times*, p.A13.
65 Associated Press, "Kidney donation is sister's key out of prison,"(2010.12.30).
66 Cohen, S.(2010, October 9). Paying for college(When you haven't saved enough)[Web log post]. *Forbes*, Blogs.forbes.com.
67 Raiffa. *The art and science of negotiation*.
68 Ibid.
69 Stuhlmacher, A.F., Gillespie, T. L., & Champagne, M. V.(1998). The impact of time pressue in negotiation: A meta-analysis. *International Journal of Conflict Management, 9*(2), 97~116.
70 Moore, D. A.(2004). The unexpected benefits of final deadlines in negotiation. *Journal of Experimental Social Psychology, 40*, 121~127.
71 Lim, S. G., & Nurnighan, J. K.(1994). Phases, deadlines, and the bargaining process. *Organizational Behavior and Human Decision Processes, 58*, 153~171.
72 Moore, "The unexpected benefits."
73 Roth A.E., Murnighan, J. K., & Schoumaker, F.(1998). The deadline effect in bargaining: Some experimental evidence, *American Economic Review, 78*(4), 806~823.
74 Sudan delegation to leave Darfur peace talks.(2010, December 31). cnn.cnn.com.
75 Moore, "The unexpected benefits."
76 Moore, D. A., & Kim, T. G.(2003). Mayopic social prediction and the solo comparison effect. *Journal of Personality and Social Psychology, 85*(6), 1121~1135.
77 Kruger, J.(1999). Lake Wobegon be gone! The "below-average effect" and the egocentric nature of comparative ability judgments, *Journal of Personality and Social Psychology, 77*(2), 221~232. Windschitl P. D., Kruger, J., & Simms, E. N.(2003). The influence of egocentrism and focalism on people's optimism in competitions: When what affects us equally affects me more. *Journal of Personality and Social Psychology, 85*(3), 389~408.
78 Based on Klein, A.(2003, June 15) Lord of the flies. Washington Post, p.W06.
79 Moore, "The unexpected benefits."
80 Associated Press(2010, December 15), Phoenix suburb approves Coyotes arena lease. Sportingnews.com.
81 Okhuysen, G., Galinsky. A. D., & Uptigrove, T. A.(2003). Saving the worst for last: The effect of time horizon on the efficiency of negotiating benefits and burdens. *Organizational Behavior and Human Decision Processes. 91*(2), 269~279.
82 Henderson, M. D., Trope, Y., & Carnevale. P. J.(2006). Negotiation from a near and distant time perspective. *Juornal of Personality and Social Psychology, 91*(40), 712~729.
83 Okhuysen, Galinsky. & Uptigrove, "Saving the worst for last."
84 Lewthwaite, G. A.(1991, May 7), Northerm Ireland talks deadlock over location. *Baltimore Sun*, p.5A.
85 Duryea, B.(2010 September 17), Peace talks promising......maybe, St. *Petersburg Tunes*, p.2A.
86 Raiffa, *The art and science of negotiation*.
87 Staudohar, P.D.(1999). Labor relations in basketball; The lockout of 1998-99. *Monthly Labor*

  Review, 122(4), 3~9.
88 Browne, J., & Dickson, E. S.(2010), We don't talk to terrorists: On the rhetoric and practice of secret negotiations. *Journal of Conflict Resolution, 54*(3), 379~407.
89 Raiffa, *The art and science of negotiation.*
90 Kaplan, j.(1994, January 9). Single-offer tactic can be costly. *Arizona Republic,* p. E6.
91 Drucman, D., Olekains, M., & Smith, P. I.(2009). Interpretive filters: Social cognition and the impact of turning points in negotiation. *Negotiation Journal, 25*(1), 13~40.
92 Liberman, V., Anderson, N. R., & Ross, I.(2010). Achieving difficult agreements: Effects of positive expectations on negotiation processes and outcomes. *Journal of Experiment Social Psychology,* 46(3), 494~503.

제3장 • 배분적 협상: 파이 나누기

1 Helft, M.(2010, December 3). Twines"Facebook fight rages on. *New York Times,* p. B1.
2 Raiffa, H.(1982),. *The art and science of negotiation.* Harvard University Press, Cambridge, MA.
3 Lax, D. A., & Sebenius, J. K.(1986). *The manager as negotiator,* New York: Free Press.
4 Raiffa, *The art and scince of negotiation.*
5 Horn, I.(2010, October 17). Report: Zuckerburg. Jobs dine, talk Ping in Apple CEO's home. *PCMag*.com.
6 Raiffa., *The art and science of negotiation,* p.40.
7 Croson, R., Boles, T., & Murnighan, J. K.(2003). Cheap talk in bargaining experiments: Lying and threats in ultimatum games, *Journal of Economic Behavior & Organization, 51*(2), 143~159.
8 Bazerman, M. H., Gibbons, R., Thompson, L., & Valley, K. L.(1998). Can negotiaors outperform game theory? In J. Halpern & R. Stern(Eds.), *Debating nationality: Nonrational aspects of organizational decision making*(pp.78~98). Ithaca, NY: ILR Press.
9 Farrell, J., & Gibbons, R.(1989). Cheap talk can matter in bargaining. *Journal of Economic Theory, 48,* 221~237.
10 Keenan, J., & Wilson, R. B.(1993). Bargaining with private information. *Journal of Economic Literature, 31*(1), 45~104; Roth, A. E.(1993). Bargaining experiments. In J. Kagel & A. D. Roth(Eds.). *Handbook of experimental economics,* Princeton, NJ: Princeton University Press.
11 Simon Cpwell Leaving 'American Idol'(2010, January 11). Cnn.com.
12 Klein, A.(2003, June 15). Lord of the flies. *The Washington Post,* p. W06.
13 Paese, P. W., & Gilin, D. A.(2000). When an adversary is caught telling the truth; Reciprocal cooperation versus self-interest in distributive bargaining. *Personality and Social Psychology Bulletin, 26*(1), 79~90.
14 Hendershots, S.(2010, July), Hiring an all-star employee can involve tightening your own belt. *Workforce Management,* Workforce.com.
15 Raiffa, *The art and science of negotiation.*
16 Kray, L., Thompson, L., & Galinsky, A.(2001). Battle of the sexes: Gender stereotype confirmation and reactance in negotiations. *Journal of Personality and Social Psychology, 80*(6), 942~958.
17 Thompson, L.(1995). The impact of minimum goals and aspirations on judgments of success in negotiations. *Group Decision and Negotiation, 4*(6), 513~524.
18 Chen, Ya-Ru, Mannix, E. A., & Okumura, T.(2003). The importance of who you meet: Effects

of self-versus other concerns among negotiators in the United State., the People's Republic of China, and Japan, *Journal of Experiment Social Psychology, 39*(1), 1~15.

19 Huber, V. L., & Neale, M. A.(1986). Effects of congnitive heuristics and goals on negotiator perfoe and subsequent goal setting. *Organizational Behavior and Human Decision Processes, 38*(3), 342~365; Hurber V. L., & Neale, M. A.(1987). Effects of self-and competitor goals on performance in an interdependent bargaining task. *Journal of Applied Psychology, 72*(2), 197~203; Northcraft, GB., Neale, M. A., & Earley, C. P.(1994). The Joint effects of goal=setting and expertise on negotiator performance. *Human Performance, 7*(4), 257~272; Thompson, "The impact of minimum goals."

20 Halpert, J. A., Stuhlmacher, A. F., Crenshaw, J. L., Litcher, C. D., Bortel, R.(2010), Paths to negotiation success. *Negotiation and Conflict Management Research, 3*(2), 91~116.

21 Galinsky, A. D., Mussweiler, T., & Medvec, V. H.(2002). Disconnecting outcomes and evaluation: The role of negotiator focus, *Journal of Personality and Social Psychology, 83*(5), 1131~1140, Thompson, "The impact of minimum goals."

22 Galinsky, A.D., & Mussweiler, T.(2001). First offers as anchors: The role of perspective taking and negotiator focus. *Journal of Personaltity and Social Psychology, 81*(4), 657~669.

23 Galinsky, A. D., Leonardelli, G. J., Okuysen, G. A., & Mussweiler, T.(2005), Regularoty focus at the bargaining table: Promoting distriburive and integrative success. *Personality and Social Psychology Bulletin, 31*(8), 1087~1098.

24 Thompson, "The impact of minimum goals."

25 Freshman, C., & Guthrie, C.(2009). Managing the goal-setting paradox: How to get better results from high goals and he happy, *Negotiation Journal, 25*(2), 217~231.

26 Galinsky, Mussweiler, & Medvec, "Disconnecting outcomes and evaluations."

27 Galinsky & Mussweiler, "First offers as anchors."

28 Ibid.

29 Ames, D. R.(2008). Assertiveness expectancies: How hard people push depends on the consequences they predict. *Journal of Personality and Social Psychology, 95*(6), 1541~1557.

30 Lancaster, H.(1998, January 27). You jave to negotiate for everything in life, so get good at it. *The Wall Street Journal*, p. B1.

31 Galinsky, A. D., Seiden, V. I., Kim, P. H., & Medvec, V. H.(2002). The dissatisfaction of having your first offer accepted; The role of counterfactual thinking in negotiations. *Personality and Social Psychology Bulletin, 28*(2), 271~283.

32 Furchgott, R.(2001, January 18). CarWoo: Demystifying the art of the deal. *New York Times*, Nytimes.com.

33 Galinsky & Mussweiler, "First offers as anchors."

34 News from the schools. name games.(2007, January 23), *Economist.com.*

35 Siegel, S., & Fouraker, L. E.(1960). *Bargaining and group decision making.* New York: McGraw Hill; Yukl, G. A.(1974). Effects of the opponent's initial offer, concession magnitude and concession frequency on bargaining behavior, *Journal of Personality and Social Psychology, 30*(3), 323~335.

36 Osgood, C. E.(1962) *An alternative to war or surrender,* Urbana: University of Illinois Press.

37 Hitty, J. A. & Carmeva;e. P. J.(1993). Black-hat/white-hat strategy in bilateral negotiation. Organizational Behavior and Human Decision Processes, 55(3), 444~469.

38 Kwon, S., & Weingart, L. R.(2004), Unilateral concessions from the other party: Concession behavior, attributions, and negotiation judgments. *Journal of Applied Psychology, 89*(2),

263~278.
39 Taibbi, M.(2009, February, 23). The devil's doorstep: A visit with Scott Boras. Men's Journal, Mensjournal.com.
40 Langer, E. J., Blank, A., & Chanowitz, B.(1978). The mindlessness of ostensibly thoughtful action: The role of placebic information in interpersonal interaction. *Journal of Personality and Social Psychology, 36*(6), 635~642.
41 Loewenstein, G. F., Thompson, L., & Bazerman M. H.(1989). Social utility and decision making in interpersonal contexts. *Journal of Personality and Social Psychology, 57*(3), 426~441.
42 Mouaward, J.(2010, October 27). Airline unions seek a share of the industry gains. *New York Times*, p. B1.
43 Lewicki, R. J., & Stark, N.(1996). What's ethically appropriate in negotiations: An empirical examination of bargaining tactics. *Social Justice Research, 9*(1), 69~95.
44 Popper, N.(2010, February 23). Bank of America's $150-million settlement with SEC gets grudging approval. *Los Angeles Times*. Latimes.com.
45 Battista, J.(2010, January 21). Union responds to Mara's comments. *New York Times*, p. B27.
46 Giambusso, D. & Queally, J.(2010, November 24), Negotiations break down over 167 police layoffs. Neward Star=Ledger, NJ.com.
47 Biertempfel, R.(2009, July 20). Pirates pull offers to SS Wilson, 2B Sanchez, *Pittsburgh Tribune Review*. Pittsburghlive.com.
48 Croson, Boles, & Murnighan, "Cheap talk in bargaining experiments."
49 Tinsley, C. H., O'Connor, K. M., & Sullivan, B.A.(2002). Though guys finish last: The perils of a distributive reputation. *Organizational Behavior and Human Decision Processes, 88*(2). 621~642.
50 Donmouer, R.(2009, June 3). Balmer says tax would move Microsoft jobs offshore. *Bloomberg*. Bloomberg.com.
51 Campbell, C.(2007, September 10~17). How to win, in a fight with Big Oil. *Maclean's: Toronto*, 120(35/36), p.62
52 Helft, M.(2009, December 21). Who walked? Google or Yelp? *The New York Times*. Nytimes.com.
53 Deutsch, M.(1961). The face of bargaining. *Operations Research, 9*(6), 886~897.
54 Tynan, R.O.(2005). The effects of threat sensitively and face giving on dyadic psychological safety and upward communication. *Journal of Applied Social Psychology, 35*(2), 223~247.
55 White, J. B., Tynan, R., Galinsky, A. D., & Thompson, L.(2004) Face threat sensitivity in negotiation: Roadblock to agreement and joint gain. *Organizational Behavior and Human Decision Processes, 94*(2), 102~124.
56 Thomas E.(1985, December 2). Fencing at the fireside summit: With candor and civility, Reagan and Gorbachev grapple for answers to the arms-race riddle. *Time*, 126(22).
57 Ibid.
58 Gunnarsson, S., & Collison, R.(Directors' Producers).(1985), *Final offer*, Montreal: National Film Board of Canada.
59 Deutsch, M.(1985). *Distributive justice: A social-psychological perspective*. New Haven, CT: Yale University Press.
60 Deutsch, M.(1985). *Distributive justice: A social-psychological perspective*. New Haven, CT: Yale University Press.
61 Schwinger, T.(1980). Just allocations of goods: Decisions among three principles. In G.

Mikula(Ed.) *Justice and social interaction: Experimental and theoretical contributions from psychological research*(pp.95~125)/ New York Springer-verlag.
62. Mikula G.(1980). On the role of justice in allocation decisions. In G. Miukula(Ed.). *Justice and social interaction: Experimental and theoretical contributions from psychological research*(pp.127~126). New York: Springer, Verlag.
63. Berkiwitz, I.(1972). Social norms, feelings and other factors affecting helping behavior and altruism. In L. Berkowitz(Ed.). *Advances in experimental social psychology*: Vol.6(pp.63~108). New York: Academic Press.
64. Leventhal, G.S.(1976). The distribution of rewards and resources in groups and organizations. In L. Berkowitz & E. Walster(Eds.), Advances in experimental social psychology Vol.9(pp.91~131), New York: Academic Press.
65. Deutsch, M.(1953). The effects of cooperation and competition upon group processes. In D. Cartwright & A. Zander(Eds.), *Group dynamics*(pp.319~353). Evanston, Il: Row, Peterson.
66. Austin, W.(1980). Friendship and fairness: Effects of type of relationship and task performance on choice of distribution rules. *Personality and Social Psychology Bulletin, 6*(3) 402~408.
67. Steil, J. M., & Makowski, D. G.(1989). Equity, equality and need: A study of the patterns and outcomes associated with their use in intimate relationships. *Social Justice Research, 3*(2), 121~137.
68. Sondak, H., Neale, M. A., & Pinkley, R.(1995). The negotiated allocation of benefits and burdens: The impact of outcome valence, contribution and relationship. *Organizational Behavior and Human Decision Processes, 64*(3), 249~260.
69. Ohtsubo, Y., & Kameda, T.(1998). The function of equality heuristic in distributive bargaining: Negotiated allocation of costs and benefits in a demand revelation context. *Journal of experimental social Psychology, 34*(1), 90~108.
70. Deutsch, *Distributive justice*.
71. Diekmann, K. A., Samuels, S. M., Ross, L., & Bazerman, M. H.(1997). Self-interest and fairness in problems of resource allocation. *Journal of Personality and Social Psychology, 72*(5), 1061~1074.
72. Bazerman, M. H., Loewenstein, G., & White, S.(1992). Reversal of preference in allocating decisions: Judging an alternative versus choosing smong alternatives. Administrative Science Quarterly, 37. 220~240. Used by permission of Administrative Science Quarterly.
73. Taylor, S. E., & Lobel, M.(1989). Social Comparison activity under threat: Downward evaluation and upward contacts *Psychological Reviews, 96*(4), 569~575.
74. Wills, T. A.(1981). Downward comparison principles in social psychology. *Psychological Bulletin, 90*(2), 245~271.
75. Hibberd, J., & Krukowski, A.(2007, July 16). WGA salvo kicks off contract talks. *TelevisonWeek,* 26(29), 3~4.
76. Homans, *Social Behavior.*
77. Badenhausen, K.(2010, November 4). The NBA's highest-paid players. *Forbes,* Forbes.com: Los Angeles Lakers salaries(2010). Hoopshype.com.
78. Chicago Bears salaries(2010), *Sports City,* Sportscity.com.
79. Adams, "Inequity in Social Exchange," p.37.
80. Walster, Berscheid, & Walster, "New directions in equity research."
81. Greenberg, J.(1988). Equity and workplace status: A Field experiment, *Journal of Applied Psychology, 73*(4), 606~613.
82. Schmitt, D. R., & Marwell, G.(1972). Withdrawal and reward reallocation in response to

inequity. *Journal of Experimental Social Psychology, 8*(3), 207~221.
83 Klein, "Lord of the flies."
84 Adams, "Inequity in social exchange."
85 Greenberg, J.(1990). Employee theft as a reaction to underpayment inequality: The hidden cost of pay cuts. *Journal of applied psychology, 75*(5), 561~568.
86 Lind, E. A. Kray, L., & Thompson, L.(1998). The social construction on injustice fairness judgments in response to own and others' unfair treatment by authorities. *Organized Behavior and Human Decision Processes, 75*(1), 1~22.
87 Thibaut, J. W., & Walker, L.(1975). *Procedural justice: A psychological analysis.* Hillsdate, NJ: Erlbaum: Thibaut, J., & Walker, L.(1978). A theory of procedure. *California Law Review, 66*(3), 541~566; Leventhal, "The distribution of rewards and resources"; Leventhal, G. S.(1980). What should be done with equity theory? New approaches to the study of fairness in social exchange. In K. Gergen, M. Greenberg, & R. Willis(Eds.), *Social exchange: Advances in theory and research*(pp.27~55). New York; Plenum Press.
88 Kass, E.(2008). Interactional justice, negotiator outcome satisfaction, and desire for future negotiations: R-E-S-P-E-C-T at the negotiating table. *International Journal of Conflict Management, 19*(4)(, 319~338.
89 Kotter, J. P., & Schlesinger, L. A.(1979). Choosing strategies for change. *Harvard Business Review, 57*(2), 106~114.
90 Boswell, W., & Olson-Buchanan, J.(2004). Experiencing mistreatment at work: The role of grievance filling, nature of mistreatment and employee withdrawal. *Academy of Management Journal, 47*(1), 129~139.
91 Daly, J. P., & Geyer, P. D.(1994). The role of fairness in implementing large0scale change: Employee evaluations of process and outcome in seven facility relocations. J*ournal of Organizational Behavior, 15,* 623~638.
92 Daly, J. P.(1995), Explaining changes to employees: The influence of justifications and change outcomes on employees' fairness judgments. *Journal of Applied behavioral Science, 31*(4), 415~428.
93 Associated Press.(2010, August 16). WADA rips MLB's drug policy. *Entertainment Sports Programming Network*, Espn.com.
94 Loewenstein, Thompson, & Bazerman, "Social Utility and decision making."
95 Ibid.
96 Lowenstein, G. F., Thompson, L., & Bazerman, M. H.(1989). Social utility and decision making in interperonal contexts. *Journal of Personality and Scoail Psychology,* 57(3), 426~441.
97 McClelland, G., & Rohrbaugh, J.(1978). Who accept the Pareto aziom? The role of utility and equity in arbitration decisions, *Behavioral Science, 23*(5), 446~456.
98 Messick, D. M.(1993), Equality as a decision heuristic, In B. A. Mellers & J. Baron(eds.) *Psychological perspectives on justice*(pp.11~31). New York: Cambridge University Press.
99 Loewenstein, G. F., Thompson, L., & Bazerman, M. H.(1989). Social utility and decision amking in interpersonal contexts. *Journal of Personality and Social Psychology,* 57(3), 426~441.
100 Henry, C.(2003, November 24). A fair deal — but for whom? *BusinessWeek, 3859,* 108~109.
101 Messick, D. M., & Sentis, K. P.(1979). Fairness and preference. *Journal of Experimental Social Psychology, 15*(4), 418~434.
102 Van Avermaet, E.(1974). *Equity: A theoretical and experimental analysis.* Unpublished doctoral dissertation, University of California, Santa Barbara.

103 Messick, D. M., & Rutte, C. G.(1992). The provision of public goods by experts. The Groningen study, In W. B. G. Liebrand, D. M. Messick, & H. A. M. Wilke(Eds.), *Social dilemmas: Theoretical issues and research findings*(pp.101~109), Oxford, England: Pergamon Press.
104 Van Avermaet, *Equity*.
105 Messick, "Equality as a decision heuristic."
106 Harris, R. J., & Joyce, M. A.(1980). What's fair? It depends on how you ask the question. *Journal of Personality and Social Psychology, 38*(1), 163~179.
107 Allison, S. T., & Messick, D. M.(1990) Social decision heuristics in the use of shared resource. *Journal of Behavioral Decision Making, 3*(3), 195~204.
108 Babcock, L., Loewenstein, G., Issacharoff, S., & Camerer, C.(1995). Biased Judgments of fairness in bargaining. *The American Economic Review, 85*(5), 1337~1343.
109 Ross, M., & Sicoly, F.(1979). Egocentric biases in availability attribution. *Journal of Personality and social Psychology, 37*(3), 322~336.
110 Kahneman, D., & Tversky, A.(1982). On the study of statistical Intuitions. *Cognition,* 11(2), 123~141.
111 Caruso, E. M.. Epley, N., & Bazerman, M. H.(2006). The costs and benefits of undoing egocentric responsibility Assessments in groups. *Journal of personality and Social Psychology, 91*(5), 857~871.
112 Thompson, L., & Loewenstein, G. F.(1992). Egocentric interpretations of fairness and interpersonal conflict. *Organizational Behavior and Human Processes, 51*(2), 176~197.
113 Camerer, C., & Loewenstein, G.(1993). Information, fairness, and efficiency in bargaining. In B. A. Mellers & J. Baron(Eds.) *Psychological perspectives on justice*(pp.155~181). Boston: Cambridge University Press.
114 Thompson & Loewenstein, "Egocentric Interpretations."
115 Caruso, Epley, & Bazerman. "The costs and benefits of undoing egocentric responsibility:; Epley, N., Caruso, E., & Bazerman, M. H.(2006). When perspective taking increases taking: Reactive egoism in social interaction. *Journal of Personality and Social Psychology, 91*(5), 872~889.
116 Epley, Caruso, & Bazerman, "When perspective taking increases taking.
117 Messick, "Equality as a decision heuristic."
118 Levine, J., & Thompson, L.(1996),. Conflict in groups. In E. T. Higgins & A. Kruglanski(Eds.). *Social Psychology: Handbook of basic principle*(pp.745~776). New York: Guiford.
119 Bettenhausen, K., & Murnighan, J. K.(1985). The emergence of norms in competitive decision-making groups. *AdministrativeScience Quarterly, 30*(3), 350~372; Levin, J. M., & Moreland, R. L.(1994). Group socialization: Theory and research. In I. W. Stroebe & M. Hewstone(Eds.), *The European review of social psychology: Vol.5*(pp.305~336), Chichester, England: Wiley.
120 Hoffman, M. A. & McCarthy, C.(2009, December 7). AIG, Greenberg settlement viewed as "win-win" deal. Business Insurance, Businessinsurance.com.

제4장 • 윈 - 윈 협상: 파이 늘리기

1 Dearen, J.(2010, December 7). Northern California wind turbines to be upgraded. *Bloomberg Businesweek*, Businessweek.com.
2 Follett, M.(1994). In P. Graham(Ed.), *Mary Parker Follett: Prophet of management — A celebration of writings from the 1920s.* Boston: Harvard Business School Press.

3   Thompson, L., Valley. K. L., & Kramer, R. M.(1995). The bittersweet feeling of success: An examination of social perception in negotiation. *Journal of Experimental Social Psychology, 31*(6), 467~492.
4   Fry, W. R., Fireston, I. J., & Williams, D. L.(1983). Negotiation process and outcome of stranger dyads and dating couples: Do lovers lose? *Basic and Applied Social Psychology, 4*, 1~16. ; Thompson, L., & DeHarpport, T.(1998). Relationships, good incompatibility, and communal in negotiations. *Basic and Applied Social POsychology, 20*(1), 33~44; Kurtzberg. T., & Medvee, V. H.(1999). Can we negotiate and still be friends? *Negotiation Journal, 15*(4), 355~361.
5   Lax, D. A., & Sebenius, J. K.(1986). *The manager as negotiator*, New York: Free Press.
6   Hudson, J.(2010, June 29). Is Google giving in to China? The Atlantic Wire. Threatlanticwire.com.
7   Connolly, C. & Shear, M.(2009, July 7), Hospitals reach deal with administration, *Washington Post*, Washingtonpost.com.
8   Froman, L. A., & Cohen, M. D.(1970). Research reports. Compromise and logroll: Comparing the efficiency of two bargaining processes. *Behavioral Science, 15*(2), 180~183.
9   D'Altorio, T.(2010, December 13). Chinese interest in Detroit creates a win-win situation. *Investment U Research*, Investment.com.
10 이 자료는 '통합적(윈 - 윈) 잠재력에 관한 협상 모의실험'에서 나타난 경영자의 업무수행능력에 기초하여 작성되었다.
11 Walton, R. E., & McKersie, R. B.(1965). *A behavioral theory of labor relations*. New York: McGraw-Hill.
12 Balke, W. M., Hammond, K. R., & Meyer, G. D.(1973). An alternate approach to labor-management relations. *Administrative Science Quarterly, 18*(3), 311~327.
13 Thompson. L., & Hrebec, D.(1996). Lose-lose agreements in interdependent decision making *Psychological Bulletin, 120*(3), 396~409.
14 Ibid.
15 Fisher, R., & Ury, W.(1981). *Getting to yes*. Boston: Houghton Mifflin: Bazerman, M. H., & Neale, M. A.(1983). Heuristics in negotiation: Limitations to effective dispute resolution. in M. Bazerman & R. Lewicki(Eds.), *Negotiating in organizations*(pp.51~67). Beverly Hills, CA: Sage; Thompson, L., & Hastie, R.(1990). Social perception in negotiation. *Organizational Behavior and Human Decision Processes, 47*(1), 98~123.
16 O'Connor, K. M., & Adams, A. A.(1999). What novices think about negotiation: A content analysis of scripts. *Negotiation Journal, 15*(2), 135~148.
17 Thompson & Hastie, "Social Perception in Negotiation."
18 Thompson L.,(1991), Information exchange in negotiation, *Journal of Experiment Social Psychology, 27*(2), 161~179.
19 Thompson, L.(1990). An examination of naive and experienced negotiators. *Journal of Personality and Social Psychology, 59*(1), 82~90: Thompson, L.(1990). The influence of experience on negotiation performance. *Journal of Experimental Social Psychology, 26*(6), 528~544.
20 Thompson, L., & DeHarpport, T.(1994). Social judgment, feedback, and interpersonal learning in negotiation. *Organizational Behavior and Human Decision Processes, 58*(3), 327~345.
21 Deutsch, M.(1973). *The resolution of conflict*. New Haven, CT. Yale University Press.
22 Kiser, K.(1999, October 1), The new deal. *Training, 36*(10), 116~126.

23 Curhan, J. R., Elfenbein, H. A., & Kilduff, G. J.(2009). Getting off on the right foot: Subjective value versus economic value in predicting longitudinal job outcomes from job offer negotiations. *Journal of Applied Psychology, 94*(2), 524~534.
24 McGrath, J. E., Kelly, J. R., & Machatka, E. E.(1984). The social Psychology of time: Entrainment of behavior in social and organizational settings. *Applied Social Psychology Annual, 5*, 21~44.
25 Bazerman, M. H., & Neale, M. A.(1982). Improving negotiation effectiveness under final offer arbitration. The role of selection and training. *Journal of Applied Psychology Annual, 5*, 21~44.
26 Galinsky, A., Ku, G., & Wang, C.(2005). Perspective-taking: fostering social bonds and facilitating coordination *Group Processes and Intergroup Relations, 8*, 109~125. Galinsky, A. D., Wang, C. S., & Ku, G.(2008). Perspective-takers behave more stereotypically. *Journal of Personality and Social Psychology, 95*(2) 404~419.
27 Richardson, D., Hammock, G., Smith, S., Gardney, W., & Signo, M.(1994). Empathy as a cognitive inhibitor of interpersonal aggression. *Aggressive Behavior, 20*, 275~289.
28 Schulte, B.(2007, May 31). Sowing a different tomorrow; on a mission to restore urban canopy, Arlington distributes trees to plant on private property. *Washington Post, Virginia Extra*, p.701.
29 Bazerman & Neale, "Improving negotiation efectiveness."
30 Galinsky, A., & Mussweiler, T.(2001). First offers as anchors: The role of perspective-taking and negotiator focus. *Journal of Personality and Social Psychology, 81*(4), 657~669.
31 Galinsky, A. D., Maddux, W. W., Gilin, E., & White, J. B.(2008). Why it pays to get inside the head of your opponent. The differential effects of perspective-taking and empathy in strategic interactions. *Psychological Science, 19*(4), 378~384.
32 Crotty, S. & Thompson, L.(2009). When your heart isn't smart: How different types of regret change decision and profits. *International Journal of Conflict Management, 20*(4), 315~350.
33 Galinsky, Maddus, Gilin, & White, "Why it pays o get inside he head."
34 Bazerman, M. H., & Neale, M. A.(1992). *Negotiating rationally*, New York: Free Press.
35 Thompson, "Information exchange in negotiation."
36 Ibid.
37 Carnevale, P. J., & Lawler, E. J.(1986). Time pressure and the development of integrative agreements in bilateral negotiations. *Journal of Conflict Resolution*, 30(4), 636~659.
38 Pruitt, D. G.(1981). Negotiation Behavior. New York: Academic Press; Hyder, E. B., Prietula, M. J., & Weingart, L. R.(2000). Getting to best: Efficiency versus optimality in negotiation. *Cognitive Science*, 24(2), 169~204.
39 Wiltermuth, S. & Neale, M. A.(2011). Too much information: The perils of nondiagnostic information in negotiations. *Journal of Applied Psychology, 96*(1), 192~201.
40 Chen, F. S., Minson, J. A., & Tormala, Z. L.(2010). Tell me more: The Effects of expressed interest on receptiveness during dialogue. *Journal of Experimental Social Psychology, 46*(5), 850~853.
41 Ten Velden, F. S., Beersma, B., De Dreu, C. K. W.(2010). It takes one to tango: The effects of dyads' epistemic motivation composition in negotiation. *Personality and Social Psychology Bulletin, 36*(1), 1454~1466.
42 Ibid.
43 DeRue, D. S., Conlon, D. E., Moon, H. & Willaby, H. W.(2009): When is straightforwardness a liability in negotiations? The role of integrative potential and structural power. *Journal of Applied Psychology, 94*(4). 1032~1047.

44 Bazerman & Neale, *Negotiating Rationality*.
45 Thompson, "Information exchange in negotiation."
46 Adair, W. I., & Brett, J. M.(2005). The negotiation dance: Time, culture and behavioral sequences in negotiation. *Organization Science, 16*(1), 33~51.
47 J. Brett(2003), "Negotiation Strategies for Managers," Executive Program, Kellogg School of Management.
48 Gilovich, T., Savitzky, K., & Medvec, V. H.(1998). The illusion of transparency: Biased assessments of others' ability to read one's emotional states. *Journal of Personality and Social Psychology, 75*(2), 332~346.
49 Vorauer, J. E., & Claude, S. D.(1998). Perceived versus actual transparency of goals in negotiation. *Personality and Social Psychology Bulletin, 24*(4), 371~385.
50 Loewenstein, G. F., & Moore, D. A.(2004). When ignorance is bliss: Information exchange and inefficeincy in bargaining. *Journal of Legal Studies, 33*(1), 37~58.
51 Lax & Sebenius, The Manager of negotiator.
52 Fisher, R.(2001, September 1). Doctor YES. CFO: *The Magazine for Senior Financial Executive*, p.66.
53 Pratt & Whitney Company, Union reach win-win agreement that avoids strike.(2010, December 7). *The Hartford Courant*, Courant.com.
54 Bazerman & Neale, Negotiating rationally; Kelley, H. H., & Schenitzki, D. P.(1972). Bargaining, In C. G. McClintock(Ed.), *Experimental social Psychology*(pp.293~337). New York: Holt, Rinehart, and Winston; Kelley, H. H.(1966). A classroom study of dilemmas in interpersonal negotiations. In K. Archibald(Ed.), *Strategic intervention and conflict*(pp.49~73). Berkeley: University of California, Institute of International Studies.
55 Ross, D.(2003, July 30). County proposes mall traffic solution, *Sequim Gazette*, p. A7.
56 Ross, D.(2003, July 9). Wal-Mart united against country during hearing. Sequim Gazetter, pp.A1, A5.
57 Schatzki, M., & Coffey, W. R.(1981), *Negotiation: The art of getting what you want*, New York, New American Library.
58 Leonardlli, G. J., Medvec, V., Galinsky, A. D., & Claussen-Schultz, A.(2008). Building interpersonal and economic capital by negotiating with multiple equivalent simultaneous offers. Under review at *Organizational Behavior and Humnab Decision Processes*.
59 Hyder, E. B., Prietula, M. J., & Weingart, L. R.(2000). Getting to best: Efficiency wersus optimality in negotiation *Cognitive Science*, 24(2), 169~204.
60 Thompson, E. A., Mannix, E. A., & Bazerman, M. H.(1988), Group negotiation: Effects of decision rule, agenda, and aspiration. *Journal of Personality and Social Psychology, 54*(1), 86~95; Weingart, L. R., Bennett, R. J., & Brett, J. M.(1993). The impact of consideration of issues and motivational orientation on group negotiation process and outcome. *Journal of Applied Psychology, 78*(3), 504~517.
61 Hyder, Prietula, & Weingart, "Getting to best," 194.
62 Weingart, L. R., Hyder, E. B., & Prietula, M. J.(1996). Knowledge matters: The effect of tactical descriptions on negotiation behavior and outcome. J*ournal of Personality and Social Psychology, 70*(6), 1205~1217.
63 Medvec, V. H., & Galinsky, A. D.(2005). Putting more on the table: How making multiple offers can increase the final value of the deal. *HBS negotiation newsletter, 8*(4), 4~6.
64 개인 인터뷰, 2000년 12월 4일(이름은 가명임).
65 개인 인터뷰, 2003년 9월 14일.
66 Quach, H.(2002, January 6), "Caveman" and conciliator: Sen. Ross Johnson adrolitly plays

to both sides of the aisle, and sings, too. *Orange County Register*, p. 1.
67　Lax & Sebenius, *The manager as negotiator*.
68　Ibid.
69　Ibid.
70　Froman & Cohen, "Compromise and logroll."
71　개인 인터뷰, 1993년 4월.
72　Lax & Sebenius, *The manager as negotiator*.
73　Kray, L. J., Paddock, L. E., & Galinsky, A. D.(2008). The effect of past performance on expected control and risk attitudes in integrations. *Negotiations and Conflict Management Research, 1*(2), 161~178.
74　Lax & Sebenius, *The manager as negotiator*.
75　Northcraft, G., & Neale, M. A.(1993). Negotiating successful research collaboration. In J. K. Murnighan(Ed.), *Social psychology in organizations: Advances in theory and research*. Upper Saddle River, NJ: Prentice Hall.
76　Bazerman, M. H., & Gillespie, J. J.(1999). Betting on the future: The virtues of contingent contracts. *Harvard Business Review, 77*(5), 155~160.
77　Gillespie, J. J., & Bazerman, M. H.(1998). Pre-settlement settlement(PreSS): A simple technique for initiating complex negotiations. *Negotiation Journal, 14*(2), 149~159.
78　Jones, G.(2006, March 2). Pact warns solution to digital media rights could take a year. *NMA Magazine*, p.4.
79　Gillespie & Bazerman, "Pre-settlement Settlement(PrsSS)."
80　Based on Lax, D. A., & Sebenius, J. K.(1997, February 24). A better way to go on strike. *The Wall Street Journal*, Section A. p.22.
81　Raiffa, H.(1982). *The art and science of negotiation*, Cambridge, MA: Belknap.
82　Bazerman, M. H, Riss, L. E., & Yakura, E.(1987). Post-settlement settlements in two-party negotiations. *Negotiation Journal, 3*(3), 283~292.
83　Lax & Sebenius, *The manager as negotiator*.
84　Ibid.
85　Giacomantinio, M., De Dreu, C. K. W., Shalvi, S., Sligte, D., & Leder, S.(2010). Psychological distance boosts value-behavior correspondence in ultimatum bargaining and integrative negotiation. *Journal of Experimental Social Psychology, 46*(5), 824~829.
86　Huber, V. L., & Neale, M. A.(1986). Effects of cognitive heuristics and goals on negotiator performance and subsequent goal setting. *Organizational Behavior and Human Decision Processes, 38*(3), 342~365.
87　Boyd, J. D.(2007, April, 23). CN-UTU rumble on the rails. *Traffic World, 271*(16), 28.

제5장 • 협상 스타일

1　Associated Press(2010, November 10). France raises retirement age despite protests. Msnbc.msn.com; Daily mail reporter(2010, October 17). Demonstrators take the streets across France to protest retirement age raise....as fuel runs low at Paris airports. Dailymail.co.uk.
2　Bazerman, M. H., & Neale, M. A.(1992). *Negotiating rationally*. New York: Free Press.
3　Lewicki, R. J., & Robinson, R. J.(1998). Ethical and unethical bargaining tactics: An empirical study. *Journal of Business Ehics, 17*(6), 665~682.
4　Marinucci, C.(2010, May 6). Fiorina cultivates image as tough but vulnerable. *The San Francisco Chronicle*, p.A1., Lockyer, S.(2007) Ex-HP exec Fiorina discusses the art of

professional, personal negotiation. *Nation's Restaurant News*, Nrn.com; Woollet, S.(2010, October 15). Cally Fiorina's troubling telecom past. *CNN Noney*. Tech.fortune.cnn.com.
5   Adapted from McClinock, C. G., & van Avermaet, E.(1982), "Social Values and Rules of Fairness: A Theoretical Perspective," in V. J. Derlega and J. Grzelak(Eds.), *Cooperation and helping behavior*(pp.43~71). New York: Academic Press.
6   Shell, G. R.(1999). *Bargaining for advantage: Negotiation strategies for reasonable people*. New York: Viking.
7   Based on Kuhlman, D. M., & Marchello, A.(1975). Individual differences in the game motives of own, relative, and joint gain. *Journal of Research in Personality*, 9(3), 240~251.
8   Ames, D. R.(2008). Assertiveness expectancies: How hard people push depends on the consequences they predict. *Journal of Personality and Social Psychology*, 95(6), 1541~1557.
9   Amanatullah, E. T., Morris, M. W., & Curhan, J. R.(2008). Negotiators who give too much: Unmitigated communion, relational anxieties, and economic costs in distributive and integrative bargaining. *Journal of Personality and Social Psychology*, 95(3), 723~738.
10 Lner, C. A., & Winter, D. G.(2001), The motivational basis of concessions and compromise: Archival and laboratory studies. *Journal of Personality and Social Psychology*, 81(4), 711~727.
11 Schneider, A. K.(2002). Shattering negotiation myths: Empirical evidence on the effectiveness of negotiation style, *Harvard Negotiation Law Review*, 7, 143~233.
12 Olekalns, M., & Smith, P. L.(1999). Social value orientations and strategy choices in competitive negotiations. *Personality and Social Psychology Bulletin*, 25(6), 675~668; Olekalns, M., & Smith, P. L.(2003). Testing the relationships among negotiators' motivational orientations, strategy choices, and outcomes. *Journal of Experimental Social Psychology*, 39(2) 101~117; Pruitt, D. G., & Lewis, S. A.(1975), Development of integrative solutions in bilateral negotiation. *Journal of Personality and Social Psychology*, 31(4), 621~633; Weingart, L. R., Bennett, R. J., & Brett, J. M.(1993). The impact of consideration of issues and motivational orientation on group negotiation process and outcome *Journal of Applied Psychology*, 78(3), 504~517; Weingart, L. R., Brett, J. M., Olekins, M., & Smith, P. L.(2007). Conflicting social motives in negotiating group. *Journal of Personality and Social Psychology*, 93(6), 994~1010.
13 Weingart, Bennett, & Brett, "The impact of consideration."
14 Olekalns & Smith, "Social value orientations."
15 Weingart, brett, Olekalns, & Smith, "Conflicting social motives."
16 Olekalns & Smith, "Testing the relationships."
17 Glick, Croson, R.(2001). Reputations in negotiation. In S. J. Hoch & H.C. Kunreuther(Eds.), *Whartonon making decisions*(pp.177~186). New York: Wiley.
18 Fisher, M.(2003, July 5). Why do women settle for less: A researcher says job seekers hate to haggle over pay Orange County Register, p.1; Baron, L. A.(2003). Ask and you shall receive? Gender differences in negotiators' beliefs about requests for a higher salary. *Human Relations*, 56(6), 635.
19 Thompson, L., & Deharpport. T.(1998), Relationships, goal incompatibility, and communal orientation in negotiations. *Basic and Applied Social Psychology*, 20(1), 33~34.
20 Pruitt, D. G., & Carnevale, P.J.(1993). *Negotiation in social conflict*. Parove, CA: Brooks-Cole; De Dreu, C. K. W., Weingart, L. R., & Kwon, S.(2000). Influence of social motives on integrative negotiation: A meta-analytic review and test of two theories. *Journal of Personality and Social Psychology*, 78(5), 889~905.

21 Amanatullah, Morris, & Curhan, "Negotiators who give too much."
22 Ibid.
23 Griffin, G., & Leib, J.(2003, June 9). Flying on fumes: A costly pilots contract, the dot-com meltdown and a failed merger put United in a tailspin and sent executives scrambling to recover. Denver Post, p. A01.
24 Sixel, L. M.(2006, September 30), Janitors try to build support: Union asks building owners, managers for help. *Houston Chronicle*, p.1.
25 Lowenstgein, G. F., Thompson, L., & Bazerman, M. H.(1989). Social utility and decision making in interpersonal contexts. *Journal of Personality and Social Psychology, 57*(3), 426~441.
26 Ibid.
27 Kerr, K.(2003, April 25), Carty known as tough CEO who smiled. Tulsa World, p. E1.
28 Van Lange, P. A. M.(1999). The pursuit of joint outsomes and equality in outcomes: An integrative model of social value orientation. *Journal of Personality and Social Psychology, 77*(2), 337~349.
29 Brett, J. M., Shairo, D. L., & Lytle, A. L.(1998). Breaking the bonds of reciprocity in negotiations. *Academy of Management Journal, 4*(4), 410~424; Donohue, W.A.(1981), Analyzing megotiation tactics: Development of a negotiation interact system, *Human Communication Research, 7*(3), 273~287; Putnam, I. L.(1983). Small group work climates: A lag-sequential analysis of group interaction. *Small Group Research, 14*(4), 465~494.
30 Kelly, H. H., & Stahelski, A. J.(1970). Social interaction basis of cooperators' and competitors' belief about others, *Journal of Personality and Social Psychology, 16*(1), 66~91.
31 McClintock, C. G., & Liebrand, W. B.(1988), Role of interdependence structure, individual value orientation, and another's strategy in social decision making: A transformational analysis. J*ournal of Personality and Social Psychology, 55*(3), 396~409.
32 Weingart, Brett, Olekalns, & Smith, "Conflicting social motives."
33 Gulliver, M. P.(1979). The effect of the spatial visualization factor on achievment in operations with fractions. *Dissertation Abstracts Internal, 39*(9-A), 5381~5382.
34 Lim, S. G., & Murnighan, J. K.(1994). Phases, deadlines, and the bargaining process. *Organizational Behavior and Human Decision Processes, 58*(2), 153~171; Stuhimacher, A. F., Gillespie, T. L., & Champagne, M. V.(1998). The impact of time pressure in negotiation: A meta-analysis. *International Journal of Conflict Management, 9*(2), 97~116.
35 Kruglanski, A. W.(1989). *Lay epistemics and human knowledge: Cognitive and motivational bases*. New York: Plenum Press.
36 De Dreu, C. K. W., Beersma, B., Stroebe, K., & Euwema, M. C.(2006). Motivated information processing, strategic choice, and the quality of negotiated agreement, *Journal of personality and Social Psychology, 90*(6), 927~943.
37 Ury, W. L., Brett, J. M., & Goldberg, S. B.(1988). *Getting disputes resolved: Designing systems to cut the costs of conflicts*, San Francisco; Jossey-Bass.
38 Fisher, R. Ury, W., & Paaton, B.(1991). *Getting to yes: Negotiating agreement without giving in*(2nd edition), Boson: Houghon Mifflin.
39 Lytle, A. L., Brett, J. M., & Shapiro, D. L.(1999). The strategic use of interests, rights and power to resolve disputes, *Negotiation Journal, 15*(1), 31~52.
40 Poitras, J., & Le Tareau, A.(2008). Dispute resolution patterns and organizational dispute states. *International Journal of Conflict Management, 19*(1), 72~87.
41 Bollinger, R.(2010, December 7). Judge invalidates agreement in McCourt case. Major

League Baseball. MLB.com.
42 Wysocki Jr., B., Maher, K., & Glader, P.(2007, May 9), New clout — A labor union's power: Blocking takeover bids; steel-company buyers learn they must get USW on their side. *The Wall Street Journal*, p. A1.
43 Zielenziger, M.(2003, January 12). Crazy like a fox and steel-tough. *Patriot-News Harrisburg*, p. A.20.
44 Ibid.
45 Demick, B.(2010, September 28). Propagandists tell North Koreans that supreme leader's son is a successor in the making. *The Los Angeles Times*, Articles.latimes.com; Moore, M.(2009, June 2), Kim Jong-un: A profile of North Korea's next leader, *the Telegraph*, Telegraph.co.uk.
46 Ury, Brett, & Goldburg, *Getting disputes resolved*.
47 Lytle, Brett, & Shapiro, "The strategic use of interests."
48 Ury, Brett, & Goldberg, *Getting disputes resolved*.
49 Ibid.
50 Fisher, Ury & Patton, *Getting to yes*; Ury, Brett, & Goldberg, *Getting disputes resolved*.
51 Lytle, Brett, & Shapiro, "The strategic use of interests."
52 Ball, J.(2006, March 8). The new act at Exxon; CEO Tillerson, prototype of Texas oilman, must focus on delicate global diplomacy. *The Wall Street Journal*, p. B1.
53 Curry, J.(2006, December 14), After forcing issue, Red Sox on verge of Matsuzaka deal, *New York Times*, p. D1.
54 Fisher, Ury & Patton, *Getting to Yes*.
55 Gottman, J. M., & Levenson, R. W.(2000). The timing of divorce: Predicting when a couple will divorce over a 14-year period. *Journal of Marriage & the Family, 62*(3), 737~745.
56 Lytle, Brett, & Shapiro, "The strategic use of interests."
57 Lerner, H.G.(1985). *The dance of anger*, New York: Jarper and Row.
58 Ury, Brett, & Godberg, *Getting disputes resolved*.
59 Ibid.
60 Corvey, S. R.(1999). Resolving differences. *Executive Excellence, 16*(4), 5~6.
61 Ibid.
62 Fisher, Ury, & Patton, *Getting to yes*.
63 Ury, Brett, & Goldberg, *Getting disputes resolved*, p.42.
64 Ibid.
65 Ibid.
66 MacDonald, C., & Jun, C.(2006, September 3). How mayor brokered end of school strike; No wage givebacks, but benefits cut. *Detroit News*, p.A1.
67 Ury, Brett, & Goldberg, *Getting disputes resolved*, p.56.
68 Conlon, D. E., Moon, H., & Ng, K. Y.(2002). Putting the cart before the horse: The benefits of arbitrating before mediating, *Journal of Applied Psychology, 87*(5), 978~984.
69 Ury, Brett, & Goldberg, *Getting disputes resolved*, p.15.
70 Ibid.
71 White, R. D.(2007, July 27). All hads on board at ports: A tentative contract deal, reached after negotiators delared an impasse, averts a strike by clerical workers. *Los Angeles times*, p. C1.
72 Ury, Brett, & Goldberg, *Getting diputes resolved*, p.16.
73 Brett, J. M.(2007). *Negotiating Globally: How to negotiate deals, resolve disputes, and make decisionsacross cultural boundaries*, 2nd edition, San Francisco, CA. Jossey-Bass.

74　Torbenson, E.(2003, April 3). American Airlines pilots agree to plan to avoid bankruptcy. *Dallas Morning News.*
75　Espo, D.(2001, September 20). Bush says U.S. will use 'every resource' to defeat global terrorism. *Associated Press Newswires.*
76　Ury, Brett, & Goldberg, *Getting disputes resolved,* p.52.
77　lytle, Brett, & Shapiro, "The strategic use of interests."
78　Posner, J. Russell, J. A., & Peterson, B. S.(2005). The circumplex model of affect: Anintegrative approach to affective neuroscience, cognitive development, and psychology. *Development and Psychology,* 17, 715~734.
79　Raiffa, H.(1982). *The art and science of negotiation.* Cambridge, MA: Belknap.
80　Thompson, L., Valley, K. L., & Kramer, R. M.(1995). The bitterseet feeling of success: An examination of social perception in negotiation. *Journal of Experimental Social Psychology,* 31(6), 467~492.
81　Kpelman, S., Rosette, A. S., & Thmpson, L.(2006). The three faces of Eve: Strategic displays of positive, negative and neutral emotion in negotiations. *Orgenizational Behavior and Human Decision Processes,* 99(1), 81~101.
82　Levine, R. C., Amanathullab, E. J., & Morris, M.(2009), *Untangling the web of emotional cecit: Measuring strategic use of emotions in negotiations.* Paper presented at the 22nd Annual IACM Conference Kyoto, Japan.
83　Grandey, A. A.(2003). When "the show must go on": Surface acting and deep acting as determinants of emotional exhaustion and peer-rated service delivery. *Academy of Management Journal,* 46(1), 86~96.
84　Allred, K. G., Mallozzi, J. S., Matsui, F., & Raia, C.P.(1997). The influence of anger and compassion on negotiation performance. *Organizational Behavior and Human Decision Processes,* 70(3), 175~187.
85　Allred, K. G.(2000), Anger and retaliation in conflict: The role of attribution. In M. Deutsch & P. T. Coleman(Eds.) *The handbook of conflict resolution: Theory and practice* (pp.236~255), San Francisco: Jossey-Bass.
86　Van Kleef, G. A., De Dreu, C. K. W., & Manstead, A. S. R.(2004). The interpersonal effects of anger and happiness in negotiations. *Journal of Personality and Social Psychology,* 86(1), 57~76.
87　Ibid.
88　Raven, B. H.(1900). Political applications of the psychology of interpersonal influence and social power. *Political Psychology,* 11(3), 515.
89　Sinaceur, M., & Tiedens, L.(2006). Get mad and get more than even: When and why anger expression is effective is negotiation. *Journal of Experimental Social Psychology,* 42(3), 314~322.
90　Van Kleef, De Dreu, & Manstead, "The interpersonal effects of anger."
91　Steinel, W., Kleef. G. A., & Harnick, F.(2008). Are you talking to me?! Separating the people from the problem when expressing emotions in negotiation. *Journal of Experimental Social Psychology,* 44(2), 362~369.
92　Van Kleef, G. A., & De Dreu, C. K. W.(2010). Longer-term consequences of anger expression in negotiation: Retaliation or spillover? *Journal of Experimental Social Psychology,* 46(5), 753~760.
93　Van Dijk, E., Van Kleef, G. A., Steinel, W., & Van Beest, I.(2008), A Social functional approach to emotions in bargaining: When communicating anter pays and when it backfires, *Journal of Personality and Social Psychology,* 94(4), 600~614.

94 Moritz, O.(2003, June 20), First lady Effa Manley, *New York Daily News*, p.33.
95 Klein, A.(2003, June 15). Lord of the flies, *The Washington Post*, p. W06.
96 Van Kleef, G. A., De Dreu, C. K. W., & Manstead, A. S. R.(2006). Supplication and appeasement in conflict and negotiation: The interpersonal effects of disappointment, worry, guilt and regret. *Journal of Personality and Social Psychology, 91*(1), 124~142.
97 Van Kleef, G. A., & Van Lange, P. A. M., "What Other's Disappointment May Do the Selfish People: Emotion and So9cial Value Orientation in a Negotiation Context." *Personality Bulletin, 34*(8)(2008): 1084~1095.
98 Janis, I. L., & Mann, L.(1977), Decision making: *A Psychological analysis of conflict, choice, and commitment.* New York: Free Press.
99 Kumar, R.(1997), The role of affect in negotiations: An integrative overview, *Journal of Applied Behavioral Science 33*(1), 84~100; Kramer, R.M., Prommerenke, P., & Newton, E.(1993). The Social context of negotiation: Effects of social identity and interpersonal accountability on negotiator decision making. *Journal of Conflict Resolution*, 37(4), 633~654.
100 Isen, A. M.(1987), Positive affect, cognitive processes, and social behavior. In L L. Berkowitz (Ed.), *Advances in experimental social psychology, Vol.20*(pp.203~253), San Diego, CA; Academic Press, Inc.
101 Isen, A. M. Dauhman, K. A., & Nowicki, G. P.(1987), Positive affect facilitates creative problem solving , *Journal of Personality and Social Psychology, 52*, 1122~1129.
102 Carnevale, P. J. D., & Isen, A. M.(1986), The influence of positive affect facilitates creative problem solving, J*ournal of Personality and Social Psychology, 52*, 1122~1129.
103 Allred, Mallozzi, Matsui, & Raia, "The influence of anger"; Barry, B., & Oliver, R. L.(1996). Affect in dyadic negotiation: A model and propositions. *Organizational Behavior and Human Decision Processes, 67*(2), 127~143. Forgas J. P.(1996). The role of emotion scripts and transient moods in relationships; Structural and functional perspectives. In G. J. O. Fretcher & J. Fitmess(Eds.), *Knowledge structures in close relationships: A social psychological approach*(pp.275~296), Mahwah, NJ: Erlbaum.
104 Carnevale & Isen, "The influence of positive affect."
105 Allred, Mallozzi, Matsui, F., & Raia, "The influence of anger."
106 Ibid.
107 Pietroni, D., Van Kleef, G. A., De Dreu, C. K. W., & Pagliaro, S.(2008). Emotions as Strategic information: Effects of other's emotional expressions on fixed-pie perception, demands and integrative behavior in negotiation. *Journal of Experimental Social Psychology, 44*(6), 1444~1454.
108 Barone, R.A.(1990). Environmentally induced positive affect: Its impact on self-efficacy, task performance nbegotiation, and conflict. *Journal of Applied Social Psychology, 20*(5), 368~384; Isen, Daubman, & Nowicki, "Positive affect facilitates creative problemsolving", Isen, A. M., Niedenthal, P. M., & Cantor, N.(1992), An influence of positive affect on social categorization. *Motivation and Emotion, 16*(1), 65~68.
109 Gorgas, J.P.(1988). On feeling good and getting your way: Mood effects on negotiator cognition and bargaining strategies. *Journal of Personality and Social Psychology, 74*(3), 565~577; Isen, Niedenthal, & Cantor, "An influence of positive affect on social categorization."
110 Drolet, A. L., & M. W.(2000). Rapport in conflict resolution: Accounting for how face-to-face contact fosters cooperation in mixed motive conflicts. *Journal of Experimental Social Psychology, 36*, 26~50; Moore, D. A., Kurtzberg, T. R., Thompson, L., & Morris, M.

W.(1999). Long and short routes to success in electronically mediated negotiations: Group affiliations and good vibrations. *Organizational Behavior and Human Decision Processes, 77*(1), 22~43; Thompson, L., Nadler, J., & Kim, P. H.(1999). Some like it hot: The case for the emotional negotiator. In L. Thompson, J. Levine, & D. M. Messick(Eds.), *Shared cognition in organizations: The management of knowledge*(pp.139~162). Mahwah, NJ: Erlbaum.
111 Fulmer, I. S., & Barry, B.(2004). The smart negotiator: Cognitive ability and emotional intelligence in negotiation. *International Journal of Conflict Management, 15*(3), 245~272.
112 Hunt, C. S., & Kernan, M. C.(2005). Framing negotiations in affective terms: Methodological and preliminary theoretical findings. *International Journal of Conflict Management, 16*(2), 128~156.
113 Foo M. D., Elfenbein, H., Tan, H. H., & Aik, V. C.(2004). Emotional intelligence and negotiation: The tension between creating and claiming value. *International Journal of Conflict Management, 15*(4), 411~429.
114 Elfenbein, H. A., Foo, M. D., White, J., Tan, H. H., & Aik, V. C.(2007), Reading your counterparty: The Benefit of emotion recognition accuracy for effectiveness in negotiation. *Journal of Nonverval Behavior, 31*(4), 205~223.
115 Elfenbein, Foo, White, Tan, and Aik, "Reading your counterparty."
116 Sullivan, B. A., O'Connor, K. M., & Burris, E. R.(2006). Negotiator confidence: The impact of self-efficacy on tactics and outcome. *Journal of Experiment Social Psychology, 42*(5), 567~581.
117 Andrade, E. B., & Ariely, D.(2009). The enduring impact of transient emotions on decision making. *Organizational Behavior and Human Decision Processes, 109*(1), 1~8.
118 Ames, D.r., Johar, G. V.(2009). I'll know what you are like when I see how you feel: How and when affective displays influence behavior-based impressions. *Psychological Science, 20*(5), 586~593.
119 Skinner, B. F.(1938). *The behavior of organisms: An experimental analysis.* New York, London: D. Appleton Century.
120 Wegner, D. M., & Wenzlaff, R. M.(1996). Mental control. In E. T. Higgins & A. W. Kruglanski (Eds.), *Social Psychology: Handbook of basic principles*(pp.466~492), New York: Guilford Press.
121 Hatfield, E., Cacioppo, J. T., & Rapson, R. L.(1992), Primitive emotional contagion. In M. S. Clark(Ed.), *Review of personality and social psychology: Vol.14, Emotion and social behavior*(pp.151~177). Newbury Park, CA: Sage.
122 Parkinson, B. & Simons, G.(2009). Affecting others: Social appraisal and emotion contation in everyday decision making. *Personality and Social Psychology Bulletin, 35*(8), 1071~1084.
123 Sschroth, H. A., Bain-Chekal, J., & Caldwell, D. F.(2005). Sticks and stones may break bones and words can hurt me: Words and phrases that trigger emotions in negotiations and their effects. *International Journal of Conflict Management, 16*(2), 102~127.

제6장 • 신뢰구축과 인간관계

1 Broder, J. M.(2009, December 10). U.S. climate envoy's good cop, bad cop roles. *New York Times,* p. A12.
2 Thompson, L.(1995). The impact of minimum goals and aspirations on judgements of success in negotiations. *Group Decision Making and Negotiation, 4*(6), 513~524;

Thompson, L., Valley, K. L, & Kramer, R. M.(1995). The bittersweet feeling of success: An Examination of social perception in negotiation. *Journal of Experimental Social Psychology, 31*(6), 467~492. Galinsky, A. D., Mussweiler, T., & Medvec, V. H.(2002). Disconnecting outcomes and evaluations: The role of negotiator focus. Journal of Personality and Social Psychology, 83(5), 1131~1140.
3   Foa, U., & Foa, E.(1975). *Resource theory of social exchange*. Morristown, NJ: General Learning Press.
4   Addapted from Foa U. and Foa E.(1975), *Resource Theory of Social Exchange*, Morristown, N.J: General Learning Press.
5   Curhan, J R., Elfenbein, H. A., & Xu, H.(2006). What do people value when they negotiate? Mapping the domain of subjective value in negotiation. *Journal of Personality and Social Psychology, 91*(3), 493~512.
6   Curhan, J. R., Elfenbein, H. A., & Kilduff, G. J.(2009). Getting off on the right food: Subjective value versus economic value in predicting longtitudinal job outcomes from job offer negotiations. *Journal of Applied Psychology, 94*(2), 524~534.
7   Based on J. , Curhan, H. , and Xu, H(2006), "What Do People Value When They Negotiate?: Mapping the domain of subjective value in negotiation. *Journal of Personality and Social Psychology*, 91(3), 493~512.
8   Axelrod, R.(1984). *The evolution of cooperation*, New York: Basic Books.
9   Kramer, R. M.(1999). Trust and distrust in organizations: Emerging perspectives, endurng questions, Annual Review of Psychology, 50, 569~598; Kramer, R, M., Brewer, M. B., & Hanna, B. A.(1996). Collective trust and collective action: The decision to trust as a social decision. In R. M. Kramer & T. R. Tyler(Eds.), *Trust in organizations*(pp.357~389), Thousand Oaks, CA: Sage.
10 Shapiro, D. L., Sheppard, B. H., & Cheraskin, L.(1992). Business on a handshake. *Negotiation Journal, 8*(4), 365~377; Lewicki, R. J., & Bunker, B. B.(1996). Developing and maintaining trust in work relationships, In R. M. Kramer & T. M. Tyler(Eds.), *Trust in organizations: Frontiers of theory and research*(pp.1124~139). Thousand Oaks, CA: Sage.
11 Office Slacker Stats.(2010). *Staff Monitoring* New, Staffmonitoring.com.
12 Pennebaker, J. W., & Sanders, D. Y.(1976). American graffiti: Effects of authority and reactance arousal. *Personality and Social Psychology Bulletin, 2*(3), 264~267.
13 Ruback, R. B., & Juieng, D.(1997). Territorial defense in parking lots: Retaliation against waiting drives. *Journal of Applied Social Psychology, 27*(9), 821~834.
14 Enzle, M. E., & Anderson, S. C.(1993). Surveillant intentions and intrinsic motivation. *Journal of Personality and Social Psychology, 64*(2), 257~266.
15 Hochschild, A. R.(1983). *The managed heart: Commercialization of human feeling.* Berkeley: University of California Press.
16 Thibaut, J. W., & Kelley, H. H.(1959). *The social psychology of groups.* New York: Wiley.
17 Kollock, P.(1994). The emergence of exchange structures: An experimental study of uncertainty, commitment and trust. American Journal of Sociology, 100(2), 313~345; Granovetter, M.(1973). The strength of weak ties. *American Journal of Sociology, 78*(6), 1360~1380.
18 Siamwalla, A.(1978, June), Farmers and middlemen: Aspects of agricultural marketing in Thailand. *Economic Bulletin for Asia and the Pacific, 29*(1), 38-50; Popkin, S. L.(1981). public choice and rural development-free riders, lemons, and institutional design. In C. S. Russell & N. K. Nicholson(Eds.), *Public choice and rural development*(pp.43~80). Won,

DC: Resources for the Future.

19. Akerlof, G. A.(1970). The market for "lemons"; Quality uncertainty and the market mechanism. Quarterly *Journal of Economics, 84*(3), 488~500.
20. Dwyer, F. R., Schurr, P. H., & Oh, S.(1987). Developing buyer-seller relationships. *Journal of Marketing, 51*(2), 11~27; Kollock p. "The emergence of exchange structures."
21. Kollock, "The emergence of exchange structures."
22. Marlowe, D., Gergen, K. J., & Doob, A. N.(1966). Opponents' personality, expectation of social interaction and interpersonal bargaining, *Journal of Personality and Social Psychology*, 3(2), 206~213.
23. Sondak, H., & Moore, M. C.(1994). Relationship frames and cooperation. *Group Decision and Negotiation, 2*(2), 103~118.
24. Mannix, E. A., Tinsley, C. H., & Bazerman, M. H.(1995). Negotiating over time: Impediments to integrative solutions. Organizational Behavior and Human Decision Processes, 62(3), 241~251.
25. Lewicki & Buner, "Developing and maintaining trust."
26. McAlister, D.(1995). Affect-and cogniti-based trust as foundations for interpersonal in organization. Academy of Management Journal, 38(1), 24~59; Lewis, D. J. & Weigert, A.(1985). Trust as a social reality. *Social Forces, 63*(4), 967~985.
27. Olekalns, M., & Smith, P. L.(2005). Moments in time: Metacognition, trust and outcomes in dyadic negotiations. *Personality and Social Psychology Bulletin, 31*(12), 1696~1707.
28. Jehn, K. A.(1997). A qualitative analysis of conflict types and dimensions in organizational groups. *Administrative Science Quarterly, 42*, 530~557.
29. Eisenhardt, K. M., Kahwajy, J. L., & Bourgeiois, L. J. III.(1997). How management teams can have a good fight. *Harvard Business Review, 75*(4), 77~85(p.80).
30. Murray, A.(2006, September 6). Directors cut: H, P, board clash over leaks triggers angry resignation — Perkins slams briefcase, says, "I quit and I'm leaving," as probe fingers a friend — A new era of governance. *Wall Street Journal*, p.A1.
31. Ingram, P., & Morris, M. W.(2007). Do people mix at mixers? Structure, homophily, and the "life of the party." *Administrative Science Quarterly, 52*(4), 558~585.
32. Chua, R. Y. J., Ingram, P., & Morris, M. W.(2008). From the head and the heart: Locating cognition-and affect-based trust in managers' professional networks, *Academy of Management Journal, 51*(3), 436~452.
33. Sherif, M., Harvey, O. J., White, B. J., Hood, W. R., & Sherif, C. W.(1961). *Intergroup conflict and cooperation: The robber's cave experiment*. Norman: University of Oklahoma Press.
34. Hoffman, D.(1985, November 23). Tense turning point at summit; key Reagan-Gorbachev handshake claimed atmosphere. *Washington Post*, p. A1.
35. Patton, C., & Balakrishnan, P. V. S.(2010). The impact of expectation of future negotiation interaction on bargaining processes and outcomes. Journal of Business Research, 63(8), 809~816.
36. Griffin, E., & Sparks, G. G.(1990). Friends forever: A longitudinal exploraion of intimacy in same-sex friends and platonic pairs. *Journal of Social and personal Relationships, 7*(1), 29~46.
37. LaFrance, M.(1985), Postural mirroring and intergroup relations. *Personality and Social Psychology Bulletin, 11*(2), 207~217; Locke, K. D., & Horowitz, L. M.(1990). Satisfaction in interpersonal interactions as a function of similarity in level of dysphoria. *Journal of Personality and Social Psychology, 58*(5), 823~831. Woodside, A. G., & Davenport, J. W., Jr.(1974). The Effects of salesman similarity and expertise on customer purchasing behavior.

Journal of Marketing Research, 11(2), 198~202.
38 Suedfeld, P., Bochner, S., & Matas, C.(1971). Petitioners attire and petition signing by peace demonstrators: A field experiment, *Journal of Applied Social Psychology, 1*(3), 278~283.
39 MacMillan, D.(2010, November 24). So Google's buying your startup. Now what? *Bloomberg*, Bloomberg.com.
40 Zajone, r.(1968). Attitudinal effects of nere exposure. *Journal of Personality and Social Psychology, 9*(monograph supplement No., 2, Part 2).
41 Miller, L.(2011, January 3). The commuter congress. Newsweek, Newsweek.com.
42 Based on Moreland, R. L., Beach, S. R.(1992). Exposure effects in the classroom: The development of affinity among students. *Journal of Experimental Social Psychology,* 28(3), 255~276.
43 Segal, M. W.(1974). Alphabet and attraction: An unobtrusive measure of the effect of propinquity in a field setting. *Journal of Personality and Social Psychology, 30*(5), 654~657.
44 Maisonneuve, J., Palmade, G., & fourment, Cl.(1952). Selective choices and propinquity. *Sociometry,* 15(1/2), 135~140.
45 Byrne, D.(1961). Interpersonal attraction and attitude similarity. *Journal of Abnormal and Social Psychology, 62*(3), 713~715.
46 Segal, "Alphabet and attraction."
47 Byren, "Interpersonal Attraction"; Kpnis, D. M.(1957). Interaction between members of bomber crews as a determinant of sociometric choice. *Human Relations,* 10(3), 263~270.
48 Gouldner, A. W.(1960). The norm of reciprocity: A preliminary statement. *American Sociological Review, 25*(2), 161~178.
49 Lippman, T. W.(2000, June 3). Madame Secretary, *National Journal, 32*(23), p.1736.
50 Alhtra, D.(2004). Trust and reciprocity decision: The differing perspectives of trustors and trusted parties, *Organizational Behavior and Human Decision Processes, 94*(2), 61~73.
51 Morris, M., Nadler, J., Kurtzberg, T., & Thompson, L.(2002). Schmooze or lose: Social friction and lubrication in e-mail negotiations. *Group Dynamics: Theory Research, and Practice, 6*(1), 89~100.
52 Somers, T.(2009, March 27). Salk to join forces with drug firm from Paris. *The San Diego Union Tribune,* p. C1.
53 Jones, E. E., Stires, L. K., Shaver, K. G., & Harris, V.A.(1968). Evaluation of an ingratiator by target persons and bystanders. *Journal of Personality, 36*(3), 349~385.
54 Ibid.
55 Perkins, A.(2000, January 15). John Wakeham, Lord fixit. *The Guardian,* p.6.
56 Maddux, W. W., Mullen, E., & Galisky, A. D.(2008). Chameleons bake bigger pies and take bigger pieces: Strategic behavior mimicry facilitates negotiation outcomes. *Journal of Experimental Social Psychology,* 44(2), 461~468.
57 Tomlinson, E. C., Dineen, B. R., & Lewicki, R. J.(2009). Trust congruence among integrative negotiators as a predictor of joint-behavioral outcomes. *International Journal of Conflict Management, 20*(2), 173~187.
58 Sinaceur, M.(2010). Suspending judgement to create value: Suspicion and trust in negotiation. *Journal of Experimental Social Psychology, 46*(3), 543~550.
59 Bush dclares war; U.S. president George W. Bush has announced that war against Iraq has begun(2003, March 19). CNN.com.
60 Morris, M. W., Larrick, R. P., & Su, S. K.(1999). Misperceiving negotiation counterparts; When situationally determined bargaining behaviors are attributed to personality traits.

Journal of Personality and Social Psychology, 77(1), 52~67.
61. Kramer, R. M., & Wei, J.(1999). Social uncertainty and the problem of trust in social groups: The social self in doubt. In T. R. Tyler, R. M. Kramer, & O. P. John(Eds.), *The psychology of the social self: Applied social research*(pp.145~168). Mahwah, NJ: Erlbaum.
62. Naquin, C.(1999). Trust and distrust in group negotiations. Unpublished dissertation, Kellogg Graduate School of Management, Northwestern University, Evanston, IL.
63. Schweitzer, M. E., Hershey, J. C., & Bradlow, E. T.(2006). Promises and lies: Restoring violated trust. *Organizational Behavior and Human Decision Processes, 101*(1), 1~19.
64. Haselhuhn, M. P., Schweitzer, M. E., & Wood, A. M.(2010). How implicit beliefs influence trust recovery. *Psychological Science*, 21(5), 645~648.
65. Shapiro, D. L., Buttner, E. H., & Barry, B.(1994). Explanations: What factors enhance their perceived adequacy? *Organizational Behavior and Human Decision Processes, 58*(3), 346~368.
66. Cohan, W. D.(2010, November 3). Football's true patriot. *CNN Money*. Cnnmoney.com.
67. Frantz, C. M., & Bennigson, C.(2005). Better late than early: The influence of timing on apology effectiveness. *Journal of Experimental Social Psychology, 41*(2), 201~207.
68. Elsbach, K. D.(1994). Managing organiaional legitimacy in the California cattle industry: The construction and effectiveness of verbal account. *Administrative Science Quarterly, 39*(1), 57~88; Bies, R.J., Shapiro, D. L., & Cummings, L. L.(1988). Casual accounts and managing organizational conflict: Is it enough to say it's no my fault? *Communication Research, 15(4), 381~399.*
69. Pennebaker, J. W., Hughes, C. F., & O'Heeron, R. C.(1987). The psychophysiology of confession; Lingking inhibitory and psychosomatic processes. *Journal of Personality and Social Psychology, 52*(4), 781~793.
70. Lind, E. A., & Tyler, T. R.(1988). *The social psychology of procedural justice*, New York: Plenum.
71. Mueller, J. S., & Chrhan, J. R.(2006). Emotional intelligence and counterpart mood induction in a negotiation. *International Journal of Conflict Management, 17*(2), 110~128.
72. Bottom, W. P., Gibson, K.S., Daniels, S. E., & Murnighan, J. K.(2002). When talk is not cheap: Substantive penance and expressions of intent in rebuilding cooperation, *Organization Science, 13*(5), 497~513.
73. Ibid.
74. Schweitzer, Hershey, & Bradlow, "Promises and lies."
75. Bottom, Gibson, Daniels, & Murnighan, "When talk is not cheap."
76. Bottom, Gibson, Daniels, & Murnighan, "When talk is not cheap." p.497.
77. Glicks., & Croson, R.(2001). Reputations in negotiation. In S. J. Hoch, H. C. Kunreuther & E. Gunther(Eds.), *Wharton on making decisions*(pp.177~186). New York: Wiley.
78. Ibid.
79. Glick & Croson, "Reputations in negotiations," p.178.
80. Bargh, J. A., Lombardi, W. J., & Higgins, E. T.(1988). Authomaticity of chronically accessible constructs in person-situaion effects on person perception: It's just a matter of time. *Journal of Personality and Social Psychology, 55*(4), 599~605.
81. Osgood, C. E., Suci, G. J., & Tannenbaum, P. H.(1957). The measurement of meaning. Urbana: University of Illinois Press.
82. Glick & Croson, "Reputations in negotiation."
83. Ibid.
84. McGinn, K. L.(2006). Relationships and negotiations in context. In L. Thompson(Ed.),

Negotiation theory and research: Frontiers of social psychology(pp.129~144). New York: Psychology Press.
85 O'Connor, K. M., Arnold, J. A. & Burris, E. R.(2005). Negotiations' bargaining histories and their effects on future negotiation performance. *Journal of Applied Psychology, 90*(2), 350~362.
86 Ibid.
87 Dunn, J. R., & Schweitzer, M. E.(2005). Feeling and believing: The influence of emotion on trust. *Journal of Personality and Social Psychology, 88*(5), 736~748.
88 Pruitt, D. G., & Carnevale, P. J.(1993). *Negotiation in social conflict*. Pacific Grove, CA: Brooks-Cole; Rubin, J. Z. Pruitt, D. G., & Kim, S. H.(1994). *Social conflict: Escalation, stalemate and settlement*. New York, McGraw-Hill.
89 Nobel, O. B., Campbell, D., Hannah, S. T., & Wortinger, B.(2010). Soldiers' negotiations in combat areas: The effects of role clarity and concern for members of the local population. *International Journal of Conflict Management, 21*(2), 202~227.
90 Buchan, N. R., Croson, R. T. A., & Dawes, R. M.(2002). Swift neighbors and persistent strangers: A cross-cultural investigation of trust and reciprocity in social exchange. *American Journal of Sociology, 108*(1), 168~206.
91 Kray, L.J., Thompson, L., & Lind, E. A.(2005). It's a bet! A problem solving approach promotes the construction of contingent agreements. *Personality and Social Psychology Bulletin, 31*(8), 1039~1051.
92 Uzzi, B.(1997). Social structure and competition in interfirm networks: The paradox of embeddedness, *Administrative Science Quarterly, 42*, 35~67.
93 Argyle, M., & Henderson, M.(1984). The rules of relationships. In S. Duck & D. Perlman (Eds.), *Understanding personal relationships: An interdisciplinary approach*, Beverly Hills, CA; Clark, M., & Mills, J.(1979). Interpersonal attraction in exchange and communal relationships. *Journal of Personality and Social Psychology, 37*, 12~24.
94 Bailey, J.(2002, August 12). A CEO's legacy: Sons wage battle over family firm. *Wall Street Journal*, p. A1.
95 McGinn, K.L., & Keros, A. T.(2002). Improvisation and the logic of exchange in socially embedded transactions. *Administrative Science Quarterly, 47*, 442~473.
96 Kurtzberg, T., & Medvec, V. H.(1999). Can we negotiate and still be friends? *Negotiation Journal, 15*(4), 355~362.
97 Kurtzberg, & Medvec, "Can we negotiate and still be friends?" p.356.
98 Clark & Mills, "Interprersonal attraction."
99 Valley, K. L., Neale, M. A., & Mannix, E. A.(1995). Friends, lovers, colleagues, strangers: The effects of relationships on the process and outcome of negotiations. In R. Bies, r. Lewich, & B. Sheppard(Eds.), Research in negotiation in organizations, 5, 65~94.
100 Mandel, D. R.(2006). Economic transactions among friends. *Journal of Conflict Resolution, 50*(4), 584~606.
101 Curhan, J. R., Neale, M. A., Ross, L., & Rosencranz-Englelmann, J.(2008). Relational accommodation in negotiation: Effects of egalitarianism and gender on economic efficiency and relational capital. *Organizational Behavior and Human Decision Processes, 107*(2), 192~205.
102 Fry, W. R., Firesone, I. J., & Williams, D. L.(1983). Negotiation process and outcome of stranger dyads and dating couples: Do lovers lose? *Basic and Applied Social Psychology, 4*, 1~16; Thompson, L., & DeHarpport, T.(1998). Relationships, good incompatibility, and communal orientation in negotiations. *Basic and Applied Social Psychology, 20*(1), 33~44.

103 Gelfand, M. J., Major, V. S., Raver, J. L., Nishii, L. H., & O'Brien, K.(2006). Negotiating relationally: The dynamics of the relational self in negotiations. *Academy of Management Review, 31*(2), 427~451.

104 Harvey, J.(1974). The Abilene Paradox: The management of agreement. *Organizational Dynamics, 3*(1), 63~89.

105 Austin, W.(1980). Friendship and fairness: Effects of type of relationship and task performance on choice of distribution rules. *Personality and Social Psychology Bulletin, 6*, 402~408.

106 Lamm, H., & Kayser, E.(1978). An analysis of negotiation concerning the allocation of jointly produced profit or loss: The role of justice norms, politeness, profit maximization, and tactics. *International Journal of Group Tensions, 8*, 64~80.

107 Clark & Mills, "Interpersonal attraction."

108 Fiske, A. P.(1992). The four elementary forms of sociality: Framework for a unified theory of social relations. *Psychological Review, 99*(4), 689~723.

109 Uzzi, B.(1997). Social Structure and competition in interfirm networks: The paradox of embeddedness. *Administrative Science Quarterly*, 42, 35~67; Etzkowitz, H., Kemelgor, C., & Uzzi, B.(1990). *Social capital and career dynamics in hard science: Gender, networks, and advancement*. New York: Cambridge University Press.

110 Curban, Neale, Ross, & Rosencranz-Engelmann, "Relaional accommodation in negotiation."

111 Parr, S.(2010, December 7), 5 lessons big corporations can learn from statups. *Mashable*, Machable.com.

112 Medyerson, D., Weick, K. E., & Kramer, R. M.(1966). Swift trust and temporary groups. In R. M. Kramer & T. R. Tyler(Eds.), *Trust in organizations: Frontiers of theory and research* (pp.166~195). Thousand Oaks, CA: Sage.

113 Spector, B.(2009, August 31). Cubs family owners' ideologies clash; Mets family owners may have to sell. *Family Business Magazine*. Familybusinessmagazine.com.

114 Uzzi, B.(1999). Embeddedness in the making of financial capital: How social relations and networks benefit firms seeking finanacing. *American Sociological Review, 64*(4), 481~505.

115 Ibid.

116 Howard-Cooper, S.(1996, April 22). The odd couple: From beginning, friendship between Buss, Johnson has transcended usual relationship between owner, player. *Los Angeles Times*, p.1.

117 Bailey, "A CEO's legacy."

118 Kroll, L.(2010, December 6). Europe's richest woman ends feud with daughter. *Forbes*, Blogs.forbes.com.

119 Valley, K. L., & Thompson, T. A.(1998). Sticky ties and bad attitude: Relational and individual bases of resistance to change in organizational structure. In Kramer, R. M., & Neale, M.A.(Eds.), *Power and influence in organizaions*(pp.39~66). Thousand Oaks, CA: Sage.

제7장 • 힘, 설득, 윤리

1 Byrnes, N., & Cowan, C.(2007, July 23). The high cost of wooing Google. *Business Week*, 4043, 50~56; Langfitt, F.(2009, December 16). Laid-off furniture workers try to leap to Google. National Public Radio. Npr.org.

2 Frommer, D.(2010, July 15). Apple tried to buy Palm before HP won the bidding war-and RIM completely blew the deal. *Business Insider*. Businessinsider.com.

3 Fost, D.(2002, January 13). How NBC, KRON deal fell apart/ Animosity, mistrust colored

negotiations. *San Francisco Chronicle*, p. G1.
4   Galinsky, A., & Mussweiler, T.(2001). First offers as anchors: The role of perspective-taking and negotiator focus, *Journal of Personality and Social Psychology, 81*(4), 657~669.
5   Garrett, D.(2010, December 9). Disney-marvel: Anagomy of a deal. *Variety*. Variety.com.
6   Kim, P.H., & Fragale, A.R.(2005). Choosing the path to bargaining power: An empirical comparison of BATNAs and contributions in negotiation. *Journal of Applied Psychology, 90*(2), 373~381.
7   Ibid.
8   Kim, P. H., Pinkley, R. L., & Fragale, A. R.(2005). Power dynamics in negotiation. *Academy of Management Review, 30*(4), 799~822.
9   Ibid.
10 Wolfe, R. J., & McGinn, K. L.(2005). Perceived relative power and its influence on negotiations. *Group Decision and Negotiation*. 14(1), 3~20.
11 Chaiken, S., Wood, W., & Eagly, A. H.(1996). Principles of persuasion. In E. T. Higgins & A. W. Kruglanski(Eds.), *Social psychology, Handbook of basic principles*(pp.702~742). New York, Guiford Press.
12 Altman, A.(2010, September 8). Net neutrality and foes of big government, *Time*, Time.com.
13 Miller, D.(2010, February 11), Microsoft announces office for Mac 2011, *Macworld*, Macworld.com.
14 Naquin, C.(2003). The agony of opportunity in negotiation: Number of negotiable issues, counterfactual thinking, and feelings of satisfaction. *Organizational Behavior and Human Decision Processes, 91*, 97~107.
15 Cildini, R. B.(1993). *Influence: Science and practice*. New York: HarperCollins.
16 Curhan, J., Neale, M., & Ross, L.(2004). Dynamic valuation: Preference changes in the context of face-to-face negotiation. *Journal of Experimental Social Psychology, 40*, 142~151.
17 Moore, D. A.(2004). The unexpected benefits of final deadlines in negotiation. *Journal of Experimental Social Psychology*, 40, 121~127.
18 Ibid.
19 Osa, S. S., Srivastava, J., & Kourkova, N. T.(2010). How suspicion mitigates the effect of influence tactics, *Organizational Behavior and Human Decision Processes, 112*(1), 1~10.
20 Mazur, A.(1985). A biosocial model of status in face-to-face groups. *Social Forces, 64*, 377~402.
21 Miles, E. W. & Clenney, E. F.(2010). Gender differences in negotiation: A status characteristics theory view, *Negotiation and Conflict Management Research, 3*(2), 130~144.
22 Carney, D. R., Cuddy, A. J. C., & Yap, A. J.(2010). Power posing: Brief nonverbal displays affect neuroendocrine levels and risk tolerance. *Psychological Science, 21*(10), 1363~1368.
23 Akers, M. A.(2010, June 21). The speaker's liberal brawler, The *Washington Post*, p. A15.
24 Kray, L., Thompson, L., & Galinsky, A.(2001). Battle of the sexes: Gender stereotype confirmation and reactance in negotiations. *Journal of Personality and Social Psychology, 80*(6), 942~958; Kray, L., Galinsky, A., & Thompson, L.(2002). Reversing the gender gap in negotiations: An exploration of stereotype regeneration. *Organizational Behavior and Human Decision Processes, 87*(2), 386~409.
25 Curhan, J. R., & Overbeck, J. R.(2008). Making a positive impression in a negotiation: Gender differences in response to impression motivation. *Negotiation and Conflict Management Research, 1*(2), 179~193.
26 Bowles, H. R. & Flynn, F.(2010). Gender and persistence in negotiation: A dyadic

perspective. *Academy of Management Journal, 53*(4), 769~787.
27   Kray, Galinsky, & Thompson, "Reversing the gender gap."
28   Bowles, H. R., Babcock, L., & McGinn, K. L.(2005). Constraints and triggers: Situational mechanics of gender in negotiation. *Journal of Personality and Social Psychology, 89*(6), 951~965; Bowles, H. R., & McGinn, K. L.(2005). Claiming authority; Negotiating challenges for women leaders. In D. M. Messick & R. Kramer(Eds.), *The psychology of leadership: Some new approaches*(191~208). Mahwah, NJ: Erlbaum; Pradel, D. W., Bowles, H. R., & McGinn, K. L.(2005, November). When does gender matter in negotiation? *Negotiation*, 8, 9~10.
29   Miles, E. W. & Clenney, E. F.(2010), Gender Differences in Negotiation: A Status Characteristics Theory View. *Negotiation and Conflict Management Research, 3*(2), 130~144.
30   Tinsley, C. H., Cheldelin, S. I., Schneider, A. K., & Ananatullah, E. T.(2009). Women at the bargaining table; Pitballs and prospects. *Negotiation Journal, 25*(2), 233~248.
31   Kray, L. J & Locke, C. C.(2008). To flirt or not to flirt? Sexual power at the bargaining table. *Negotiation Journal, 24*(4), 483~493.
32   Based on Lippman, T. W.(2000, June 3). Madame Secretary, *National Journal,* 32(23), 1736~1744.
33   Burt, R. S.(1997). The contingent value of social capital. *Administrative Science Quarterly, 42*(2), 339~365.
34   Kirk, M.(writer) & Kirk, M.(director).(2010). Obama's deal [Television series episode]. In M. Kirk, J.Gimore, M. Wiser(producers), *Frontline*, Boston, MA: PBS.
35   Burt, R. S.(1992). *The social structure of competition.* Cambridge, MA. Harvard University Press.
36   Feingold, A.(1992), Good-looking people are not what we think. *Psychological Bulletin, 11*(2), 304~341.
37   Landy, D., & Sigall, H.(1974). Beauty is talent: Task evaluation as a function of the performer's physical attractiveness. *Journal of Personality and Social Psychology, 28*(3), 299~304.
38   Eagly, A. H., Ashmore, R. D., Makhijani, M. G., & Longo, L. C.(1991), What is beautiful is good, but.....: A meta-analytic review of research on the physical attractiveness stereotype. *Psychological Bulletin, 110*(1), 109~128.
39   Chaiken, S.(1979). Communicator physical attractiveness and persuasion. *Journal of Personality and Social psychology, 37*(8), 1387~1397.
40   Benson, P. L., Karabenick, S. A., & Lerner, R. M.(1976). Pretty pleases: The effects of physical attractiveness, race, and sex on receiving help. *Journal of Experimental Social Psychology, 12*(5), 409~415.
41   Kivishilta, P., Honkaniemi, L., & Sundvi, L.1994, July 1`2). *Female employes' physical appearance: A biasing factor in personnel assessment, or a success-producing factor in sales and marketing?* Poster presented at the 23rd International Congress of Applied Psychology, Madrid, Spain; Reingen, P. H., & Kerman, J. B.(1993). Social perception and interpersonal influence: Some consequences of the physical attractiveness stereotype in a personal selling setting. *Journal of Consumer Psychology, 2*(1), 25~38.
42   Hamermesh, D. S., & Biddle, J. E.(1994). Beauty and the labor market, *The American Economic Review, 84*(5), 1174,.
43   Solnick, S. J., & Schweitzer, M.(1999). The influence of physical attractiveness and gender on ultimatum game decisions. *Organizational Behavior and Human Decision Processes, 79*(3), 199~215.

44 Dion, K. L.(1972). Physical attractiveness and evaluations of children's transgressions. *Journal of Personality and Social Psychology, 24*(2), 207~213.
45 Kiesler, C. A., & Kiesler, S. B.(1969). *Conformity*. Reading, MA: Addison-Wesley.
46 Dion, K. L., & Dion, K. K.(1987). Belief in a just world and physical attractiveness stereotyping. *Journal of Personality and Social Psychology, 52*(4), 775~780; Moore, J. S., Graziano, W. G., & Millar, M. G.(1987). Physical attractiveness, sex role orientation, and the evaluajtion of adults and children. Personality and Social Psychology Bulletin, 13(1), 95~102.
47 Aronsom, E., & Linder, D.(1965). Gain and loss of esteem as determinants of interpersonal attractiveness. *Journal of Experimental Social Psychology, 1*(2), 156~171.
48 Ibid.
49 Aronson, E., Willerman, B., & Floyd, J.(1966). The effect of a pratfall on increasing interpersonal attractiveness. *Psychonomic Science, 4*, 227~228.
50 Malhotra, D.(2010). The desire to win: The effects of competitive arousal on motivation and behavior. *Organizational Behavior and Human Decision Processes, 111*(2), 139~146.
51 Ibid.
52 Diekmann, K., Tenbrunsel, A., & Galinsky, A.(2003). From self-prediction to self-defeat: Behavioral forecasting, self-fulfilling prophesies, and he effec of competition expectations. *Journal of Personality and Social Psychology, 85*(4), 672~683.
53 Reingen, P. H.(1982). Test of a list procedure for inducing compliance with a request to donate money. *Journal of Applied Psychology, 67*(1), 110~118.
54 Brehm. S. S.(1983). Psychological reactance and social differentiation. *Bulletin de psychologie*, 37(11~14), 471~474.
55 Beaman, A. L., Cole, N., Preston, M., Glentz, B., & Steblay, N. M.(1983). Fifteen years of the foot-in-the-door research: A meta-analysis. *Personality and Social Psychology Bulletin, 9*, 181~186.
56 Cialdini, R. B.(1975). Reciprocal concessions procedure for inducing compliance: The door-in-the-face technique. *Journal of Personality and Social Psychology, 31*(2), 206~215.
57 Burger, J. M.(1986). Increasing compliance by improving the deal: The that's-not-all technique. *Journal of Personality and Social Psychology, 51*, 277~283.
58 Grunfeld, D. H., Keltner, D. J., & Anderson, C.(2003). The effects of power on those who possess it: How social structure can affect social cognition. In G. Bodernhausen & A. Lambert(Eds.), *Foundations of social cognition: A festschrift in honor of Robert S. Wyer, Jr.*(pp.237~261), Mahwah, JN: Erlbaum.
59 Fast, N. J., Gruenfeld, D. H., Sivanathan, N., & Galinsky, A. D.(2010). Illusory control: A generative force behind power's far-reaching effects. *Psychological Science, 20*(4), 502~508.
60 Snyder, M.(1974). Self-monitoring of expressive behavior. *Journal of Personality and Social Psychology, 30*, 526~537; Gruenfeld, Keltner, & Anderson, "The effects of power."
61 Gruenfeld, Keltner, & Anderson, "The effects of power."
62 Anderson, C., & Galinsky, A.(2006), Power, optimism, and risk-taking. *European Journal of Social Psychology, 36*, 511~536.
63 Fiske, S. T., & Depret, E.(1996). Control, interdependence, and power: Understanding social cognition in its social context. *European Review of Social Psychology, 7*, 31~61.
64 Kramer, R. M., & Hanna, B. A.(1988). Under the influence? Organizational paranoia and the misperception of others' influence behavior. In R. M. Kramer & M. A. Neale(Eds.), *Power and influence in organizations*(pp.145~179). Thousand Oaks, CA: Sage.
65 Overbeck, J. R., Neale, M. A., & Govan, C. L.(2010)I feel, therefore you act: Intrapersonal

and interpersonal effects of emotion on negotiation as a function of social power. *Organizational Behavior and Human Decision Processes, 112*(2), 126~139.
66. Lewicki, R. J., Saunders, D. M., & Barry, B.(2007). *Negotiation: Readings, exercises, and cases*(5th ed.), Boston: McGraw Hill/Irwin.
67. Downey, J.(2010, December 9). Ehics issue kills Duke Energy deal on Indiana plant cost. *Charlotte Business Journal*, Bizjournal.com.
68. Harinck, F.(2004). Persuasive arguments and beating around the bush in negotiations. *Group Processes and Intergroup Relations. 7*(1), 5~18.
69. *Feldman v. Allegheny International, Inc.,* 850F.2d 1217(IL 7th Cir. 1988)
70. American Bar Association.(2004). Model rules of professional conduct: Transactions with persons other than clients. Abanet.org.
71. O'Connor, K. M., & Carnevale, P. J.(1997). A nasty but effective negotiation strategy: Misrepresentation of a common-value issue. *Personality and Social Psychology Bulletin, 23*(5), 504~515.
72. Lewicki, R. J.(1983). Lying and deception: A behavioral model. In M. H. Bazerman & R. J. Lewicki(Eds.). *Negotiating in organizations*. Beverly Hills, CA: Sage.
73. Lewicki, Saunders, & Barry(2007), *Negotiation: Readings, Exercises, and Cases*.
74. Ibid.
75. Postman, D.(2002, April 4). E-mail reveals labor's plot to foil 1-776. *Seattle Times*, p. A1.
76. Based on McFadden, R. D.(1999, Nobemver 6). *Daily News erra*: $100,000 dreams turn to nighmare. *New York Times*, P.A.자료: Based on McFadden, R. D.(1999, Nobemver 6). *Daily News erra*: $100,000 dreams turn to nighmare. *New York Times*, P.A.
77. Volkema, R., Fleck, E. & Hofmeister, A.(2010). Predicting competitive-unethical negotiating behavior and its consequences. *Negotiation Journal 26*(3), 263~286.
78. Cohen, T. R.(2010). Moral emotions and unethical bargaining: The differential effects of empathy and perspective taking in deterring deceitful negotiaion. *Journal of Business Ethics, 94*(4), 569~579.
79. Yurtserver, G.(2008). Negotiators profit predicted by cognitive reappraisal, suppression of emotions, misrepresentation of information and tolerance of ambiguity. *Perceptual and Motor Skills, 106*(2), 590~608.
80. Lewicki, Saunders, & Barry, *Negotiation: Readings, exercises, and cases*.
81. Lewicki, R. J., Saunders, D. M., & Barry, B.(2007). *Negotiation: Readings, exercises, and cases*(5th ed.). Boston: McGraw Hill/Irwin.
82. Senate Watergate Hearlings(1974).
83. Tenbrunsel, A. E., & Diekmann, D. A.(2007), When you are tempted to deceive, *Negotiation*, 10(7), 1~3.
84. Bazerman, M. H., Tenbrunsel, A. E., & Wade-Benzoni, K.(1998). Negotiating with yourself and losing: Making decisons wih competing internal preferences. *Academy of Management Review, 23*(2), 225~241; Grover, S. L.(2005). The truth, the whole truth and nothing but the truth: The causes and management of workplace lying. *Academy of Management Executive, 19*(2), 148~157.
85. Gino, F., & Pierce, L.(2009). Dishonesty in the name of equity. *Psychological Science, 20*(9), 1153~1160.
86. Ibid.
87. Stawiski, S., Tindale, S.R., & Dykema-Engbalde, A.(2009). The effects of ethical climate on group and individual level deception in negotiation. *International Journal of Conflict Management, 20*(3), 287~308.

88. Messick, D. M., & Bazerman, M H.(1996). Ethical leadership and the psychology of decision making. *Sloan Management Review, 37*(2), 9~22.
89. Ibid.
90. Chugh, D., Banaji, M. R., & Bazerman, M. H.(2005). Bounded ethically as a psychological barrier to recognizing conflicts of interest. In D. A. Moore, D. M. Cain, G. Loewenstein, & M. Bazerman(Eds.), *Conflict of interest: Problems and solutions from law, medicine and organizational settings*(pp.74~95). London: Cambridge University Press.
91. Taylor, S. E., & Brown, J.(1988). Illusion and well-being; A social-psychological perspective. *Psychological Bulletin, 103*, 193~210.
92. Langer, E.(1975). The illusion of control. *Journal of Personality and Social Psychology, 32*, 311~328.
93. Fischoff, B., Slovic, P., & Lichtenstein, S.(1977). Knowing with certainty: The appropriateness of extreme confidence. *Journal of Experimental Psychology: Human Perception and Performance, 3*(4), 552~564.
94. Schweitzer, M., Ordonez, L., & Douma, B.(2004). Goal setting as a morivator of unethical behavior. *Academy of Management Journal, 47*(3), 422~432.
95. Young, M.(2008), Sharks, saints, and samurai: The Power of ethics in negotiations. *Negotiation Journal, 24*(2), 145~155.
96. Shapiro, R., & Janowsko, M.(1998). *The power of nice: How to negotiate so everyone wins-especially you*. New York: John Wiley and Sons.

제8장 • 창의성과 문제해결

1. Streater, S.(2010, December 16). Oil and gas: Industry cedes 28,000 acres of Wyoming range for conservation. E&E Publishing, LLC, Eenews.net.
2. Carnevale, P. J.(2006). Creativity in the outcomes of conflict. In M. Deutsch, P. T.(Coleman & E. C. Marcus(Eds.), *Handbook of conflict resolution*(2nd ed.). San Francisco: Jossey-Bass.
3. Wason, P. C. & Johnson-Laird, P. N.(1972), *Psychology of Reasoning: Structure and Content*, Cambridge, MA: Harvard University Press.
4. Kahneman, D. & Tversky, A.(1973), "On the psychology of prediction," *Psychological Review*, 80, 237~251.
5. Tversky, A. & Kahneman, D.(1981), "The framing of decisions and psychology of choice," *Science*, 211, 453~458.
6. Luchins, A. S.(1942), "Mechanization in problem solving," *Psychological Monographs*, 5(46), whole no. 248.
7. Scheer, M.(1963), *Scientific American*, 208, 118~218.
8. Source unknown.
9. Wickelgren, W. A. 1974, How to solve problems, San Francisco, CA: W. H. Freeman.
10. Weisberg, R. W. & Alba, J. W.(1981), "An examination of the alleged role of "fixation" in the solution of several insight problems," *Journal of Experimental Psychology: General*, 110, 169~192.
11. Fixx, J. F.(1972), More Games for the Super-Intelligent, New York: Warner Books.
12. Sternberg, R. J. & Davidson, J. E.(1983), "Insight in the gifted," *Educational Psychologist*, 18, 51~57.
13. Dayton, T., Durso, F. T. & Shepard, J. D.(1990), "A measure of the knowledge reorganization underlying insight," in: R. W. Schraneveldt (Ed.), *Pathfinder Associative Networks: Studies in Knowledge Organization*, Norwood, N. J.: Ablex.

14 Thompson, L., & Loewenstein, J.(2003). Mental model of negotiation: Descriptive, prescriptive, and paradigmatic implications. In M. A. Hogg & J. Cooper(Eds.). *Sage Handbook of social psychology*, London: Sage.
15 Dillman, T.(2010, November 29, Haggling over price. *Newport News Times*, Newportnewstimes.com.
16 Loomis, C.(2003, December 22). The larger-than-life life of Robert Rubin. *Fortune*, 114~124.
17 Van Boven, L., & Thompson, L.(2003). A look into the mind of the negotiator: Mental models in negotiation. *Group Processes & Intergroup Relations, 6*(4), 387~404.
18 Choi, E. W.(2010). Shared meta-cognition in integrative negotiation. *International Journal of Conflict Management, 21*(3), 309~333.
19 Pruitt, D. G., & Carnevale, P. J.(1993). Negotiation in social conflict. Pacific Grove, CA: Brooks-Cole.
20 Lax, D. A., & Sebenius, J. K.(1986). *The manager of negotiator*, New York: Free Press.
21 Simone, R.(2003, July 29). Food workers help WLU trim deficit. *Kitchener-Waterloo Record*, p. D8.
22 Mutzabaugh, B.(2010, October 5). 'Not for sale' AirTran CEO initially told Southwest. *USA Today*, Travel.usa.com.
23 Lax, & Sebenius, *The Manager as negotiator*.
24 Wyatt, E.(2003, July 16). Officials reach an agreement on rebuilding downtown site. *New York Times*, p. 1.
25 Dunlap, D. W.(2011, January 12). 10 years after 9/11, Deutsch bank tower vanishes. New York Times, Nytimes.com.
26 Robertson, G.(1998, February 18). Creative negotiations pay off. *Richmond Times-Despatch*, p.13.
27 Analysis: Business deal between great northern paper and the nature consevancy to protect a quarter-million acres of Maine woods from development.(2002, August 28). *NPR*.org.
28 Ibid.
29 Martin, T. W., & Dagher, V.(2010, June 19), Corporate news: CVS, Walgreens settle dispute-fund threatened to block millions from filling prescriptions at Walgreen stores. *The Wall Street Journal*, p. B5; Abelson, R.(2010, June 19). Walgreen and CVS reach deal on filling prescriptions. *New York Times*, p. B3.
30 Davies, J.(1998, November 1), The art of negotiation. *Management Today,* pp.126~128.
31 Lax, & Sebenius, *The manager as negotiator*.
32 Bazerman, M. H., & Gillespie, J. J.(1999). Betting on the future: The virtues of contingent contracts. *Harvard Business Review, 77*(4), 155~160.
33 Ibid.
34 Gibson, K., Thompson, L., & Bazerman, M. H.(1994). Biases and rationality to the mediation process. In L. Heath, F. Bryant, & J. Edwards(Eds.), *Application of heuristics and biases to social issues: Val. 3*. New York: Plenum.
35 Bazerman, & Gillespie, "Betting on the future."
36 Ibid.
37 Dworetzky, T.(1998, December 11). Explorer Christopher Columbus: How the West's greatest discoverer negotiated his trips' financing. *Investors' Business Daily*, p. 1BD.
38 Bazerman & Gillespie, "Betting on the future."
39 Whitehead, A. N.(1929). *The aims of education*, New York: Macmillan.
40 Forbus, K. D., Gentner, D., & Law, K.(1995). MAC/FAC: *A model of similarity-based retrieval. Cognitive Science, 19*(2), 141~205; Gentner, D., Rattermann, M. J., & Forbus, K.

D.(1993). The roles of similarity in transfer: Separating retrievability from inferential soundness, Cognitive Psychology, 25(4), 524~575.
41 Ross, B. H.(1987). This is like that: The use of earlier problems and the separation of similarity effects. Journal of Experimental Psychology: Learning, Memory and Cognitive Psychology, 25(4), 524~575.
42 Gentner, Rattermann, & Forbus, ."The roles of similarity in transfer."
43 Forbus, Gentner, & Law, "MAC/FAC"; Gentner, Tattermann, &Y Forbus, "The roles of similarity in transfer."
44 Loewenstein, J., Thompson, L., & Gentner, D.(1999). Analogical encoding litates transfer in negotiation. *Psychonomic Bulletin and Review, 6*(4), 586~597; Loewenstein, J., Thompson, L., & Gentner, D.(2003). Analogical learning in negotiation teams: Comparing cases promotes learning and transfer. *Academy of Management Learning and Education, 2*(2), 119~127; Thompson, L., Loewenstein, J., & Gentner, D.(2000). Avoiding missed opportunities in managerial life: Analogical training more powerful than case-based training. Organizational Behavior and Human Decision Processes, 82(1), 60~75; Gentner, D., Loewenstein, J., & Thompson, L.(2003). Learning and transfer: A general role for analogical encoding. *Journal of Educational Psychology, 95*(2), 393~408; for a review, see Loewenstein, J., & Thompson, L.(2000). The challenge of learning. *Negotiation Journal, 16*(4), 399~408; Gentner, D., Loewenstein, J., Thompson, L., & Forbus, K. D.(2009). Reviving inert knowledge: Analogical abstraction supports relational retrieval of past events. Cognitive Science, 33(8), 1343~1382.
45 Thompson, Loewenstein, & Gentner, "Avoiding missed opportunities."
46 Moran, S., Bereby-Meiyer, Y., & Bazerman, M. H.(2008). Stretching the effectiveness of analogical training in negotiations: Teaching diverse principles for creating value, Negotiations: Teaching diverse principles for creating value. *Negotiation and Conflict Management Research, 1*(2), 99~134.
47 Gentner, Loewenstein, Thompson, & Forbus, "Reviving inert knowledge."
48 Idson, L., Chugh, d., Bereby-Meyer, Y., Moran, S., Grosskopf, B., & Bazerman, M.(2004). Overcoming focusing failures in competitive environments. *Journal of Behavioral Decision Making, 17*, 159~172.
49 Nalebuff, B.(1987, Autumn). Puzzles: Choose a curtain, duelity, two point conversions, and more. *Journal of Economic Perspectives, I*, 157~163.
50 Messick, D. M., Moore, D. A., & Bazerman, M. H.(1997). Ultimatum bargaining with a group: Underestimating the importance of the decision rule. *Organizational Behavior and Human Decision Processes, 69*(2), 87~101.
51 Sanuelson, W. F., & Bazerman, M. H.(1985). Negotiating under the winner's curse. In V. Smith(Ed.), *Research in experimental economics: Vol.3*(pp.105~137). Greenwich, CT: JAI Press.
52 Kahneman, D., & Tversky, A.(1982). On the study of statistical intuitions. *Cognition,* 11(2), 123~141.
53 Tversky, A., & Kahneman, D.(1973). Availability: A heuristic for judging frequency and probability. *Cognitive Psychology,* 5, 207~232.
54 Sherman, S. J., Presson, C. C., & Chassin, L.(1984). Mechanisms underlying the false consensus effect: The special role of threats to the self. *Personality and Social Psychology Bulletin, 10,* 127~138.
55 Ibid.
56 Nisbett, R. E., Krantz, D. H., Jepson, C., & Kuda, Z.(1995). The use of statistical heuristics in

everyday inductive reasoning. In R. E. Nisbett(Ed.), *Rules for reasoning*(pp.15~54). Hillsdale, NJ: Erlbaum.
57 Tversky, A., & Kahneman, D.(1974). Judgement under uncertainty: Heuristics and biases, *Science, 185*, 1124~1131.
58 Ibid.
59 Ibid.
60 Ross, L., & Lepper, M. R.(1980). The perseverance of beliefs: Empirical and normative considerations. In R. A. Shweder(Ed.), *New directions for methodology of behavioral science: Fallible judgment in behavioral research*. San Francisco: Jossey.Bass.
61 Ibid.
62 Hamilton, D. L., & Gifford, R. K.(1976). Illusory correlation in interpersonal perception: A cognitive basis of stereotypic judgments. *Journal of Experimental Social Psychology, 12*, 392~407.
63 Chapman, L. J., & Chapman, J. P.(1967). Genesis of popular but erroneous diagnostic observation. Journal of Abnormal Psychology, 72. 193~204; Chapman, L. J., & Chapman, J. P.(1969). Illusory correlaion as an obstacle to the use of valid psychodiagnostic signs. *Journal of Abnormal Psychology, 74*(3), 271~280.
64 Lerner, M.(1980). *The belief in a just world: The fundamental delusion*. New York; Plenum.
65 Saunders, D. G., & Size, P. B.(1986). Attitudes about woman abuse among police officers, victims, and victim advocates. *Journal of Interpersonal Violence, 1*, 25~42.
66 Thornton, B.(1992). Repression and its mediating influence on the defensive attribution of responsibility. *Journal of Research in Personality, 26*, 44~57.
67 Fischhoff, B.(1975). Hindsight does not equal foresight. The effect of outcome knowledge on judgment under uncertianty. *Journal of Experimental Psychology: Human Perception and Performance, 1*, 288~299.
68 Ibid.
69 Adamson, R. E., & Taylor, D. W.(1954). Funcional fixedness as related to elapsed ime and situation, Journal of Experimental Psychology, 47, 122~216.
70 Anderson, J. R.(1995). *Cognitive psychology and its implications*(4th ed.), New York: Freeman.
71 Stanley, E. A., & Sawyer J. P.(2009). The equifinnality of war termination: Multiple paths to ending war. *The Journal of Conflict Resolution, 53*(5), 651~676.
72 Kaplan, S., & Kaplan, R.(1982). *Cognition and environment: Funcioning in an uncertain world*. New York: Praeger.
73 Farber, H. S.(1981), Splitting the difference in interest arbitation. *Industrial and Labor Relatisons Reviews, 35*, 70~77; Farber, H. S., & Bazerman, M. H.(1986). The general basis of arbitrator behavior: An empirical analysis of conventional and final offer arbitration. Econometrica, 54, 1503~1528; Farber, H. S., & Bazerman. M. H.(1989). Divergent expectations as a cause of disagreement in bargaining: Evidence from a comparison of arbitration schemes. *Quality Journal of Economics, 104*, 99~120.
74 Neale, M. A., ^ Bazerman M. H.(1983). The role of perspective taking ability in negotiating under different forms of arbitration. *Industrial and Labor Relations Reviews, 36*, 378~388; Bazerman, M. H., & Neale, M. A.(1982). Improving negotiation effectiveness under final offer arbitration: The role of selection and training, *Journal of Applied Psychology, 67*(5), 543~548.
75 Epley, N., Caruso, E., & Bazerman, M. H.(2006). When perspective taking increases taking:

Reactive egoism in social interaction. *Journal of Personality and Social Psychology, 91*(5), 872~889.
76 Miller, G. A.(1956). The magical number seven plus or minus two: Some limits on our capacity for processing information. *Psychological Review, 63*, 81~97.
77 Thompson, Loewenstein, & Gentner, "Avoiding missd opportunities"; Loewenstein, Thompson, & Gentner, "Analogical learning in negotiation teams."
78 Gentner, Loewenstein, & Thompson, "Learning and transfer."
79 Loewenstein, Thompson, & Gentner, "Analogical learning in negotiation teams."
80 Moran, Bereby-Meyer, & Bazerman, "Stretching the effectiveness."
81 Rynecki, D.(2003, August 11). Field guide to power: Power golf guru, *Fortune,* 148(3), 126.
82 Ibid.
83 Thompson, L., & DeHarpport, T.(1994). Social judgment, feedback, and interpersonal learning in negotiation. *Organizational Behavior and Human Decision Processes, 58*(3), 327~345; Nadler, J., Thompson, L., & Van Boven, L.(2003). Learning negotiation skills: Four models of knowledge creation and transfer. *Management Science, 49*(4), 529~540.
84 Bereby-Meyer, Y., Morans, S., & Sattler, L.(2010), The effects of achievement motivational goals and of debriefing on the transfer of skills in integrative negotiations. *Negotiation and Conflict Management Research, 3*(1), 64~86.
85 Kim, P. H., Diekman, K. A., & Tenbrunsel, A. E.(2003). Flattery may get you somewhere: The strategic implications of providing positive vs. negative feedback about ability vs. ethicality in negotiation. *Organizational Behavior and Human Decision Processes, 90*, 225~243.
86 Ibid.
87 Nadler, Thompson, & Van Boven, "Learning negotiation skills."
88 Reprinted by permission, Nadler, J., Thompson, L., & Van Boven, L., "Learning Negotiation Skills: Four Models of Knowledge Creation and Transfer," *Management Science*, 49(4), pp.529~540. copyright c 2003, The Institute for Operations Research and the Management Sciences, 901 Elkridge Landing Road, Suite 400, Linthicum, MD 21090 USA.
89 For another illustration of how experience-based training is better than instruction-based training, see also Van Boven & Thompson, "A look into the mind of the negotiator."
90 Moran, S., & Ritov, I.(2007). Experience in integrative negotiations: What needs to be learned? *Journal of Experimental Social Psychology, 43*(1), 77~90.
91 Kray, L. J., Galinsky, A. D. & Markman, K. D.(2009). Counterfactual structure and learning from experience in negotiations. *Journal of Experimental Social Psychology, 45*(4), 979~982.
92 Poincare H.(1929). *The foundations of sciences*. New York: Science House.
93 Harinck, F., & De Dreu, C. K. W.(2008). Take a break! or not? The impact of mindsets during breaks on negotiation processes and outcomes. *Journal of Experimental Social Psychology, 44*(2), 397~404.
94 Silveira, J. M.(1972). Incubation: The effect of interruption timing and length on problem solution and quality of problem processing. *Dissertation Abstract International, 32*(9-B), 5500.
95 De Dreu, C. K. W., Giacomantonio, M., Shalvi, S., & Sligte, D.(2009). Getting stuck or stepping back: Effects of obstacles and construal level in the negotiation of creative solutions. Journal of Experimental Social Psychology, 45(3), 542~548.
96 Polya, G.(1957). *How to solve it: A new aspect of mathematical method*(2nd ed.). New York: Doubleday; Polya, G.(1968). *Mathematical discovery: Vol. II: On understanding, learning, and teaching problem solving.* New York: Wiley.

97 Guilford, J. P.(1959). *Personality,* New York: McGraw-Hill; Guilford, J. P.(1967). The nature of human intelligence. *Intelligence, 1,* 274~280.
98 Based on Osborn, A. F.(1957). *Applied Imagination*(Rev. Ed.), New York: Scribner.
99 Osborn, A. F.(1957). *Applied imagination,* New York: Scribner, Osborn, A. F.(1963). *Applied imagination*(3rd ed.). New York: Scribner.
100 Guilford, *Personality;* Guilford, "Nature of human intelligence."
101 Getzels, J. W., & Jackson, P. W.(1962). *Creativity and intelligence: Explorations with gifted students,* New York: Wiley.
102 Based on Stratton, R. P.(1983). Atmosphere and conversion errors in syllogistic reasoning with contextual material and the effect of differential ting. Unpublished master's thesis, Michigan State University, East Lansing. In R. E. Mayer(Ed.), *Thinking, problem-solving, and cognition,* New York; W. H. Freeman and Company.
103 Tversky & Kahneman, "Judgment under uncertainty."
104 Tvesky, A., & Kahneman, D.(1974). Judgment under uncertainty: Heuristics and biases. *Science,* 185, 1124~1131. Used with permission from AAAS.
105 Csikszentmihalyi, M.(1997). *Finding flow: The psychology of engagement with everyday life,* New York: Basic Books.
106 Wason, P.C., & Johnson.Laird, p.n.(1972). *Psychology of reasoning: Structure and content,* Cambridge, MA: Harvard University Press.
107 Oaksford, M., & Chater, N.(1994). A rational analysis of the selection task as optional data selection. *Psychological Review, 101*(4), 608~631.
108 Kahneman, D., & Tversky, A.(1973). On the psychology of predicion. *Psychological Review, 80,* 237~251.
109 Tversky, A., & Kahneman, D.(1981). the framing of decisions and the psychology of choice. *Science,* 211, 453~458.
110 Luchins, A. S.(1942). Mechanization in problem solving. *Psycholigical Monographs, 5*(46), 1~95.
111 Scheer, M.(1963). *Scientific American, 208,* 118~218.
112 Source unknown,
113 Wickelgren, W.A.(1974). *How to solve problems,* San Francisco, CA: W. H. Freeman.
114 Weisberg, R. W., & Alba, J. W.(1981). An Examination of the alleged role of "Fixaion" in the solution of several insight problems. *Journal of Experimental Psychology General, 110,* 169~192.
115 Fixx, J. F.(1972). *More games for the super-intelligent,* New York: Warner Books.
116 Sternberg, R. J., & Davidson, J. E.(1983). Insight in the gifted. *Educational Psychologist, 18,* 51~57.
117 Dayton, T., Durso, F. T., & Shepard, J. D.(1990). A measure of the knowledge reorganization underlying insight. In R. W. Schraneveldt(Ed.), *Pathfinder associative networks: Studies in Knowledge organization,* Norwood, NJ, Ablex.

제9장 • 다자협상, 제휴, 팀 협상

1 Lashinsky, A.(2003, July 21). Penguin Slayer, *Fortune,* 148(2), 85~90; Kerstetter, J., Green, J., & Sager, I.(2004, March 23). Microsoft versus Linumx. *Business Week, 3875,* 14; Winstein, K. J., & Bulkeley, W. M.(2007, August 11). Court ruling gives Novell copyright in Unix system. *Wall Street Journals,* p.A3; Gohring, N.(2010, June 11). Novell wins final judgment in SCO battle. Reuters. Reuters.com.

2. Thompson, L., & Fox, C. R.(2001). Negotiation within and between groups in organizations: Levels of analysis. In M. E. Turner(Ed.), *Groups at work: Theory and research*, Hillsdale, NJ: Erlbaum.
3. Bazerman, M. H. Mannix, E., & Thompson, L.(1988). Groups as mixed-motive negotiations. In E. J. Lawler & B. Markovsky(Eds.), *Advances in group processes: Theory and research: Vol 5*. Greenwich, 3) CT: JAI Press, Kramer, R. M.(1991). The more the merrier? Social psychological aspects of multiparty negotiations in organizations. In M. H. Bazerman, R. J. Lewicki, & B. H. Sheppard(Eds.), *Research on negotiations in organizations: Handbook of negotiation research, Vol.3*(pp.307~332). Greenwich, CT: JAI Press.
4. Bottom, W. P., Ladha, K., & Miller, G. J.(2002). Propagation of individual bias through group judgment: Error in the treatment of asymmetrically informative signals. *Journal of Risk and Uncertainty, 25*(2), 147~163.
5. Komorita, S. S., & Parks, C. D.(1995). Interpersonal relations: Mixed-motive interaction. *Annual Review of Psychology, 46*, 183~207.
6. Komorita & Parks, "Interpersonal Relations"; Murnighan, J. K.(1978). Models of coalition behavior: Game theoretic, social psychological, and political perspectives. *Psychological Bulletin, 85*, 1130~1153. Komorita & Parks, "Interpersonal Relations"; Murnighan, J. K.(1978). Models of coalition behavior: Game theoretic, social psychological, and political perspectives. *Psychological Bulletin, 85*, 1130~1153.
7. Gamson, W.(1964). Experimental studies in coalition formation. In L. Berkowitz(Ed.), *Advances in experimental social psychology: Vol.1*, New York: Academic Press.
8. Palmer, L. G., & Thompson, L.(1995). Negotiation in triads: Communication constraints and tradeoff structure. *Journal of Experimental Psychology: Applied, 2*, 83~94.
9. Bottom, W. P., Eavey, C. L., Miller, G. J., & Victor, J. N., & Victor, J. N.(2000). The institutional effect on majority rule instability: Bicameralism in spatial policy decisions. *American Journal of Political Science, 44*(3), 523~540; Bottom, W. P., Handlin, L., King, R. R., & Miller, G. J.(2002). Institutional modifications of jamority rule. In C. Plott & V. Smith (Eds.), *Handbook of experimental economics results*. Amsterdam: North Holland.
10. Beersma, B., & De Dreu, C. K. W.(2002). Integrative and distributive negotiation in small groups: Effects of task structure, decision rule, and social motive. *Organizational Behavior and Human Decision Processes, 87*(2), 227~252; mannix, E. A., Thompson, L., Mannix, E., & Bazerman, M. H.(1988). Group negotiation: Effects of decision rule, agenda, and aspiration. *Journal of Personality and Social Psychology, 54*, 86~95.
11. Mohammed, S., Rizzuto, T., Hiller, N. T., Newman, D. A., & Chen, T.(2008). Individual differences and group negotiation: The role of polychronicity, dominance, and decision rule. *Negotiation and Conflict Management Research, 1*(3), 282~307.
12. Mannix, Thompson, & Bzaerman, "Negotiation in small groups"; Thompson, Mannix, & Bazerman, "Group negotiation."
13. Beersma & De Dreu, "Integrative and distributive negotiation."
14. May, K.(1982). A set of independent, necessary and sufficient conditions for simple majority decisions. In B. Barry & R. Hardin(Eds.), *Rational man and irrational society*, Beverly Hills, CA: Sage.
15. Arrow, K. J.(1963). *Social choice and individual values*. New Haven, CT: Yale University Press.
16. Chechile, R.(1984). Logical foundations for a fair and rational method of voting. In W. Swapp (Ed.), *Group decision making*, Beverly Hills, CA: Sage; Ordeshook, P.(1986), *Game theory and political theory; An Introduction*, Cambridge, England: Cambridge University Press;

Plott, C.(1976). Axiomatic social choice theory; An overview and interpretation. *American Journal of Political Science, 20*, 511~596; Plott, C., & Levine, M.(1978). A model of agenda influence on committee decisions, *American Economic Review, 68*, 146~160.

17 Mnookin, R. H.(2003). Strategic barriers to dispute resolution: A comparison of bilateral and multilateral negotiation. *Juournal of Institutional and Theoretical Economics, 159*(1), 199~220.

18 Bolton, G. E., Chatterjee, K., & McGinn, K. L.(2003). How communication links influence coalition bargaining: A laboratory investigation. *Management Science, 49*(5), 583~598.

19 Palmer & Thompson, "Negotiation in triads."

20 McSherry, A.(2010, May 17), Beer caucus brews up consensus. Rollcall, Rollcall.com.

21 Keysar, B.(1998). Langwage users as problem solvers: Just what ambiguity problem do they solve? In S. R. Fussell & R. J. Keuz(Eds.), *Social and cognitive approaches to interpersonal communication*(pp.175~200). Mahwah, NJ: Erlbaum.

22 Camerer, C. F., Loewenstein, G., & Weber, M.(1989). The curse of knowledge in economic settings: An experimental analysis. *Journal of political Economy, 97*, 1232~1254.

23 Brown, p., & Levinson, S.(1987). *Politeness: Some universals in language use*. Cambridge, England: Cambridge University Press.

24 Adapted from Krauss, R. M. & Fussell, S. R.(1996), "Social Psychological Models of Interpersonal Communication," in E. T. Higgins & A. W. Kruglansky(Eds.), Social Psychology: *Handbook of Basic Principles,* pp.655~701, New York: Guilford; Levinson, S. C.(1983), Pragmatics, p.264, Cambridge, England: Cambridge University Press.

25 Fleming, J. H., & Darley, J. M.(1991). Mixed messages: The multiple audience problem and strategic communication. *Social Cognition, 9*(1), 25~46.

26 Ibid.

27 Myers, F.(1999, February). Political argumentation and the composite audience: A case study(p.65). *Quarterly Journal of Speech, 85*(1), 55~65.

28 Ibid.

29 Emshwiller, J. R.(2007, May 2). Politics & economics: Controversy, by the truckjoad-battle for car hauler puts spotlight on Burkle's dealings, *Wall street Journal,* p.A4.

30 Olekalns, M., Brett, J. M., & Weingart, L. R.(2004). Phases, transitions and interruptions and interruptions: The processes that shape agreement in multi-party negotiations. *International Journal of Conflict Management: Special Processes in Negotiation, 14*, 191~211.

31 Diehl, M., & Stroebe, W.(1987). Productivity loss in brainstorming groups: Toward the solution of a riddle. *Journal of Personality and Social Psychology, 61*, 392~403.

32 Palmer & Thompson, "Negotiation in triads."

33 Mannix, E.(1993). Organizations as resource dilemmas: The effects of power balance on coalition formation in small groups. *Organizational Behavior and Human Decision Processes, 55*, 1~22.

34 Brett, J., Weingart, L., & Olekans, M.(2004). Baubles, bangles and beads: Modeling the evolution of negotiating groups over time. In E. Mannix, M. A. Neale, & S. Blount-Lyon(Eds.), *Research on managing groups and teams: Vol.6*(pp.39~64), New York: Elsevier.

35 Kern, M. C., Brett, J. M., & Weingart, L. R.(2005). Getting the floor: Morive-consistent stategy and individual outcomes in multi-party negotiations. *Group Decision and Negotiation, 14*(1), 21~41.

36 Mannix, Thompson, & Bazerman, "Negotiation in small groups"; Thompson, Mannix, & Bazerman, "Group negotiation."

37 Mannix, E., & Loewenstein, G.(1993). Managerial time horizons and inter-firm nobility: An

experimental investigation. *Organizational Behavior and Human Decision processes, 56,* 266~284.

38 Bottom, W. P., Eavey, C. L., & Miller, G. J.(1996). Getting to the core: Coalitional integrity as a constraint on he power of agenda setters. *Journal of Conflict Resolution, 40*(2), 298~319.
39 Ibid.
40 Beest, I., Van Kleef, G. A., & Van Dijk, E.(2008). Get angry, get out: The interpersonal effects of anger communication in multiparty negotiation. *Journal of Experimental Social Psychology, 44*(4), 993~1002.
41 Raiffa, H.(1982). *The art and science of negotiation.* Cambridge, MA: Belknap.
42 Bottom, W. P., Holloway, J., McClurg, S., & Miller, G. J.(2000). Negotiating a coalition: Risk, quota shaving, and learning to bargain. *Journal of Conflict Resolution, 44*(2), 147~169.
43 Ibid.
44 This example is based on the case Federated Science Fund, written by Elizabeth Mannix, available through the Dispute Resolution Research Center, Kellogg School of Management. Northwestern University(e-mail: rrc@kellogg.northwestern.edu); and the Social Service case, by Raiffa, *The art and science of negotiation.*
45 Raiffa, *The art and science of negotiation.*
46 McKelvey, R. D., & Ordeschook P. C.(1980). Vote trading: An experimental study. *Public Choice, 35,* 151~184.
47 Raiffa, *The art science of negotiation.*
48 Mannix, "Organizations as resource dilemmas."
49 Mannix, "Organizations as resource dilemmas."; McAlister, L., Bazerman, M. H., & Fader, P.(1986). Power and goal setting in channel negotiations. *Journal of Marketing Research, 23,* 238~263.
50 Mannix, "Organizations as resource dilemmas."
51 McClintock, C. G., & Liebrand, W. B.(1988). Role of interdependence structure, individual value orientation, and another's strategy in social decision making: A transformational analysis. *Journal of Personality and Social Psychology, 55*(3), 396~409.
52 Raiffa, *The art and science of negotiation.*
53 Bottom, Eavey, Miller, & Victor, "The institutional effect on majority rule."
54 Cialdini, R. B.(1993). *Influence: Science and practice.* New york: HarperCollins.
55 Bottom, W. P. Holloway, J., Miller, G. J., Mislin, A., & Whitford, A. B.(2006), Building pathways to cooperation: Negotiation andd social exchange between principal and agent. Administrative Science Quarterly, 51(1), 29~58.
56 Rubin, J. Z., & Sander, F. E. A.(1988). When should we use agents? Direct vs. representative negotiation. *Negotiation Journal, 4*(4), 3955~4401.
57 Grondhal, P.(2003, March 9), Offering a lifeline at marriage's end. *Times Union-Albany,* p.C17.
58 Jensen, M. C., & Meckling, W. H.(1976), Theory off thee firm: Managerial behavior, agency costs, and ownership structure, Journal of Financial Economics, 33, 3055~3360.
59 Valley, K. L., Whitte, S. ., Neale, M. A., & Bazerman, M. H.(11992). Agents as information brokers: Thee effeects off information disclosure on negotiated outcomes. {Special issue: Decision processes in negotiation.} *Organizational Behavior and Human Decision Processes, 51*(2), 220~236.
60 Valley, K. L., White, S. B., & Iacobucci, DD.(1992). The process of assisted negotiations: A network analysis. Grroup Decision andd Negotiations, 2. 117~135.
61 Bazerman, M. H., Neale, M. A., Valleey, K., Zajac, e., & Kim, P.(1992). The effect of agents

and mediators on negotiation outcomes, Organizational Behavior and Human Decision Processes, 53, 55~73.

62 Bottom, Holloway, Miller, Mislin, & Whitford, "Pathways to cooperation."
63 Kurtzberg, T., Dunn-Jensen, L., & Matzibekker, C. L. Z.(2005), Multiparty e-negotiations: Agents, Alliance, and negotiation success. *International Journal of Conflict Management, 16*(3), 245~264.
64 Lee, S. & Thompson, L.(2011). Do agents negotiate for the best(or worst) interest of principals? Secure, anxious and avoidant principal-agent attachment. *Journal of Experimental Social Psychology, 47*(3), 681~684.
65 Krauss, R. M., & Faussell, S. R.(1991). Perspective-taking in communication: Representations of others' knowledge in reference. *Social Cognition, 9*, 2~24.
66 Higgins, E. T.(1999), "Saying is believing" effects: When sharing reality about something biases knowledge and evaluations. In L. Thompson, J. M. Levine, & D. M. Messick(Eds.), *shared cognition in organizations: The management of Knowledge*, Mahwah, NJ: Erlbaum.
67 Valley, White, & Iacobucci, "Process of assisted negotiations."
68 Gibson, K., Edwards(Eds.), *Application of heuristics and biases to social issues: Vol.3*, New York: Plenum.
69 Waldstein, D.(2010, December 13). Darc} Braunecker, agent for Cliff Lee, is getting noticed. *New York Times*, Nytimes.com; Crasnick, J.(2010, December 15). Cliff Lee, Phillies get their with. *ESPN*. ESPN.com.
70 Based Ron Holdridge, Re/Max Metro Realty, Seattle, Washington.
71 Hsieh, T.(2010, June 1). Why I sold Zappos. *Inc.* Inc.com.
72 Hornsey, M. J., Blackwood, L., & O'Brien, A. T.(2005). Speaking for others: The pros and cons of group advocates using collective language. Group Processes and Intergroup Relations, 8(3), 245~257.
73 Ancona, D. G., Friedman, R. A., & Kolb, D. M.(1991). The group and what happens on the way to "yes," *Negotiation Journal, 7*(2), 155~173.
74 Kramer, R., Pommerenke, P., & Newton, E.(1993). The social context of negotiation: Effects of social identity and accountability on negotiator judgment and decision making. *Journal of Conflict Resolution, 37*, 633~654; Pruitt, D. G., & carnevale, P. J.(1993). *Negotiation in social conflict*, Pacific Grove, CA: Brooks-Cole; Tetlock, P. E.(1985). Accountability: A social check on the fundamental attribution error. *Social Psychology Quarterly, 48*, 227~236.
75 Ben-Yoav, O., & Pruitt, D. G.(1984). Accountability to constituents: A two-deged sword. *Organizational Behavior and Human Processes, 34*, 282~295; Carnevale, P. J., Pruitt, D. G., & Britton, S.(1979). Looking tough: The negotiator under constituent surveillance. *Personality and Social Psychology Bulletin, 5*, 118~121; O'Connor, K. M.(1997). Groups and solors in context: The effect of accountability on team negotiation. *Organizational Behavior and Human Decision Processes, 72*, 384~407.
76 Song, F., Cadsby, C., & Morris, T.(2004). Other-regarding behavior and behavioral forecasts: Females versus males as individuals and as group representatives, *International Journal of Conflict Management, 15*(4), 340~363.
77 Medina, F. J., Povedano, A., Martinez, I., & Munduate, L.(2009) How do we approach accountability with our constituency?; Gender differences in the use of influence tactics, *International Journal of Conflict Management, 20*(1), 46~59.
78 Raiffa, *The art and science of negotiation*.
79 Tetlock, "Accountability"; Tetlock, P. E.(1992). The impact of accountability on judgment and choice: Toward a social contingency model. *Advances in Experimental Social Psychology,*

25, 331~376.
80 Ibid.
81 Chaiken, S.(1980). Heuristic versus systematic informat8ion processing and the use of source versus message cues in persuation. Journal of Personality and Social Psychology, 39(5), 752~766; Fiske, S. T., & Neuberg, S. L.(1990). A continuum of impression formation, from category-based to individuating processes: Influences of information and motivation on attention and interpretation. In M. P. Zanna(Ed.), *Advances in experimental social psychology: Vol.23*(pp.1~74). New York: Academic Press.
82 Thompson, L.(1995). "They saw a negotiation"; Partisanship and involvement. *Journal of Personality and Social Psychology, 68*(5), 839~853.
83 Carnevale, P. J., & Pruitt, D. G.(1992). Negotiation and mediation. *Annual Review of Psychology, 43*, 531~582.
84 O'Connor, "Groups and solos in context."
85 Kolb, D.(1983). *The mediators.* Cambridge, MA: MIT Press.
86 Peterson, E., & Thompson, L.(1997). Negotiation teamwork: The impact of information distribution and accou8ntability on performance depends on the relationship among team members. *Organizational Behavior and Human Decision Processes, 72*(3), 364~383.
87 Steinel, W., De Dreu, C. K. W., Ouwehand, E., & Ramirez-Marin, J. Y.(2009). When constituencies speak in multiple tounges: The relative persuasiveness of hawkish minorities in representative negotiation. *Organizational Behavior and Human Decision Processes, 109*(1), 67~78.
88 Gilbert, D. T., & Wilson, T. D.(2000), Miswanting: Some problems in the forecasting of future affective states. In J. P. Forgas(Ed.) *Feeling and thinking: The role of affect in social cognition. Studies in emotion and social interaction, Second series*(pp.178~197). New York: Cambridge University Press.
89 Gilbert, D. T., Pinel, E. C., Wilson, T. D., Blumberg, S. J., & Wheatley, T. P.(1998). Immune neglect: A source of durability bias in affective forecasting. *Journal of Personality and Social Psychology, 75*(3), 617~638.
90 Loewenstein, G. F., & Schkade, D.(1999). Wouldn't it be nice? Predicting future feelings. In D. Kahneman & E. Diener(Eds.), *Well-being: The foundations of hedomic psychology*(pp. 85~105). New York: Russell Sage Foundation; Schkade, D. A., & Kahneman, D.(1998). Does living in Califormia make people happy? A focusing illusion in judgments of life satisfaction,. Psychological Science, 9(5), 340~346; Wilson, T. D., Wheatley, T. P., Meyers, J., Gilbert, D. T., & Axsom, D.(2000). Focalism: A source of durability bias in affective forecasting. *Journal of Personality and Social Psychology, 78*, 821~836.
91 Brodt, S., & Tuchinsky, M.(2000). Working together but in opposition: An examination of the "good cop/bad cop" negotiating team tactic. *Organizational Behavior and Human Decision Processes. 81*(2), 155~177.
92 Thompson, L., Peterson, E., & Brodt, S.(1996). Team negotiation: An examination of integrative and distrigutive bargaining. *Journal of Personality and Social Psychology, 70*(1), 66~78; Morgan, P., & Tindale, R. S.(2002). Group vs. individual performance in mixed-motive situations: Exploring the inconsistency, Organizational Behavior and Human Decision Processes, 87(1), 44~65.
93 O'Connor, "Groups and solos in context"; Carnevale, P. J.(2008). Positive affect and decision frame in negotiation. *Group Decision and Negotiation, 17*(1), 51~63; Thompson, Peterson, & Brodt. "Team negotiation."
94 Ibid.

95 Thompson, L.(1991). Information exchange in negotiation. *Journal of Experimental social Psychology, 27*(2), 161~179.
96 Thompson, Peterson, & Brodt, "Team negotiation."
97 Morgan & Tindale, "Group vs. individual performance."
98 Morgan & Tindale, "Group vs. individual performance."; O'connor, "Groups and solos in context"; Carnevale, *Team effect in bilateral negotiation*.
99 O'Connor, "Groups and solos in context"; Carnevale, "Positive affect and decision frame in negotiation"; Thompson, Peterson, & Brodt, "Team negotiation."
100 Naquin, C., & Tynan, r.(2003). The team halo effect: Why teams are not blamed for their failures. *Journal of Applied Psychology, 88*(2), 332340.
101 Brodt, S., & Thompson, L.(2001). Negotiating teams: A levels of analysis approach. *Group Dynamics: Theory, Research and Practice, 5*(3), 208~219.
102 Ury, W. L., Brett, J. M., & Goldberg, S. B.(1988), *Getting disputes resolved: Designing systems to cut the costs of conflict*. San Francisco: Jossey-Bass.
103 Latane, B.(1981), *The psychology of social impact, American Psychologist, 36*, 343~356.
104 Gruenfeld, D. H., Mannix, E. A., Williams, K., & Neale, M. A.(1996). Group composition and decision making: How member familiarity and information distribution affect process and performance. *Organizational Behavior and Human Decision Processer, 67*(1), 1~15.
105 Evans, C. R., & Dion, K. L.(1991). Group cohesion and performance: A meta-analysis. *Small Group Research, 22*, 175~186.
106 Back, K. W.(1951). Influence through social communication. *Journal of Abnormal Social Psychology, 46*, 9~23.
107 Festinger, L.(1950). Informal social communication. *Psychological Review, 57*, 271~282.
108 Evans & Dion, "Group cohesion and performance."
109 Prentice, D. A., Miller, D. T., & Lightdale, J. R.(1994). Asymmertries in attachments to groups and to their members: Distinguishing between common-identity and common-bond groups. *Personality and Social Psychology Bulletin, 20*, 484~493.
110 Gigone, D., & Hastie, R.(1993). The common knowledge effect: Information sharing and group judgment. *Journal of Personality and Social Psychology, 65*, 959~974; Stasser, G.(1992). Pooling of unshared information during group discussion. In S. Worched, W. Wood & J. A. Simpson(Eds.), *Group processes and productivity*(pp.48~67). Newbury Park, CA: Sage.
111 Halevy, N.(2008). Team negotiation: Social, epistemic, economic, and psychological consequences of subgroup conflict. *Personality and social Psychology Bulletin, 34*(12), 1687~1702.
112 Guohong, H. and Harms, P. D.(2010) Team identification, trust and conflict: A mediation model. *International Journal of Conflict Management, 21*(1)), 20~41.
113 Parayitam, S., Olson, B. J., & Bao, Y.(2010), Task conflict, relationship conflict and agreement-seeking behavior in Chinese top management teams. International Journal of Conflict Management, 21(1), 94~116.
114 Moreland, R. L., Argote, L., & Krishnan, R.(1996). Socially shared cognition at work. In J. L. Nye & A. M. Brower(Eds.), *What's social about social cognition?* Thousand Oaks, CA: Sage.
115 Ephron, D.(2009, February 28), Try a little tea and sympathy. *Newsweek*, Newsweek.com.
116 Peterson ^ Thompson, "Negotiation teamwork."
117 Deutsch, M.(1973), *The resolution of conflict*. New Haven, C: Yale University Press; Y., Bar-Tal, D., & Kruglandski, A. W.(1988). Conflict as a cognitive schema: Toward a social

cognitive analysis of conflict and conflict termination. In W. Suoebe, A. Kruglanski, D. Bar-Tal, & M. Hewstone(Eds.), T*he social psychology of intergroup conflict*, Berlin: Springer-Verlag; Sherif, M.(1936). *The psychology of social norms.* New York: Harper and Row; Narlikar, A.(2010), *Deadlocks in multilateral negotiations: Causes and solutions.* Cambridge, UK: Cambridge University Press.
118 ("Casualty Reports, 2011"). Defense.gov/news/casualy.pdf.
119 Kramer, R. M.(1991). The more the merrier? Social psychological aspecs of muliparty negotiations in organizations. In M. H. Bazerman, R. J. Lewicki, & B. H. Sheppard(Eds.), *Research on negotiations in organizations: Handbook of negotiation research: Vol. 3*(pp.307~332). Greenwich, CT: JAI Press; Stroebe, W., Kruglanski, A. W., Bar-Tal, D., T Hewstone, M.(Eds.)(1988). *The social psychology of intergroup conflict.* Berlin: Springer-Verlag: Worchel, S., & Austin, W. G.(Eds.).(1986). *Psychology of intergroup relations.* Chicago: Nelson-Hall.
120 Kramer, "The more the merrier?"
121 Ibid.
122 Kramer, R. M., & M.(1984). Effects of group identity on resource use in a simulated commons dilemma. *Journal of Personality and Social Psychology, 46*, 1044~1057.
123 Eidelson, R. J., & Eidelson, J. I.(2003). Dangerous ideas: Five beliefs that propel groups toward conflict. *American Psychologist, 58*(3), 182~192.
124 Wildschut, T., Insko, C. A., & Gaertner, L.(2002). Intragroup social influence and intergroup social influence and intergroup competition. *Journal of Personality and Social Psychology, 82*(6), 975~992.
125 Tajfel, H.(1970). Experiments in intergroup discrimination. *Scientific American*, 223, 96~102.
126 Thompson, L.(1993). The impact of negotiation on intergroup relations. *Journal of Experimental Social Psychology, 29*(4), 304~325.
127 Wills, T. A.(1981). Downward comparison principles in social psychology. *Psychological Bulletin, 90*, 245~271.
128 Thompson, L.(1993). The impact of negotiation on intergroup relations. *Journal of Experimental Social Psychology, 29*(4), 304~325.
129 Ellemers, N., Van Rijswijk, W., Roefs, M, T Simons, C.(1997). Bias in intergroup perception: Balancing group identity with social reality. *Personality and Social Psychology Bulletin, 23*(2), 186~198.
130 Robinson, R. J., Keltner, D., Ward, A., & Ross, L.(1994). Actual versus assumed differences in construal: "Naive realism" in intergroup perception and conflict. *Journal of Personality and Social Psychology, 68*, 404~417, Ross, L., & Ward, A.(1996). Naive realism in everyday life: Implicaions for social conflict and misunderstanding. In T. Brown, E. S. Reed & E. Turiel(Eds.), *Values and knowledge. The Jean Piaget symposium series*(pp.103~135). Mahwah, NJ: Erlbau.
131 Chambers, J. R., & Melnyk, D.(2007), Whey do I hate thee? Conflict misperceptions and intergroup mistrust. *Personality and Social Psychology Bulletin, 32*(10), 1295~1311.
132 Sherman, D. K., Nelson, L. D., & Ross, L. D.(2003), Naive realism and affirmative action: Adversaries are more similar than they think. *Basic and Applied Social Psychology, 25*(4), 275~289.
133 Ross & Ward, "Naive realism in everyday life."
134 Bobo, L.(1983). Whites' opposition to busing: Symbolic racism or realistic group conflict? *Journal of Personality and Social Psychology, 45*(6), 1196~1210.
135 Ybarra, O., & Ramon, A.(2004). Diagnosing the difficulty of conflict resolution between

individuals from the same and different social groups. *Journal of Experimental Social Psychology, 40*, 815~822.
136 Sears, D. O., & Allen, H. M.m Jr.(1984). The trajectory of local desegregation controversies and Whites' opposition to busing. In N. Miller & M. Brewer(Eds.), *Groups in contact: The psychology of desegregation*(pp.123~151). New York: Academic Press.
137 Kramer, R. M., & Brewer, M.(1986). Social group identity and the emgence of cooperation in resource conservation dilemmas. In H. Wilke, C. Rutte, & D. Messick(Eds.), *Experimental studies of social dilemmas*. Frankfurt, Germany: Peter Lang.
138 Swaab, R., Postmes, T., van Beest, I., & Spears, R.(2007). Shared cognition as a product of, and precursor to, shared identity in negotiations. *Personality and Social Psychology Bulletin, 33*(2), 187~199.
139 Harinck, F., & Ellemers, N.(2006). Hide and seek: The effects of revealing one's personal interests in intra-and intergroup negotiations. *European Journal of Social Psychology, 36*(6), 791~813.
140 Linville, P. W., Fischer, G. W., & Salovey, P.(1989). Perceived distributions of the characteristics of in-group and out-group members: Empirical evidence and a computer simulation. *Journal of personality and Social Psychology, 57*, 165~188.
141 Gerard, H.(1983). School desegregation: *The social science role. American Psychologists, 38*, 869~878; Schofield, J. W.(1986). Blacks and white contact in desegregated schools. In M. Hewstone & R. J. Brown(Eds.), *Contact and conflict in intergroup encounters*(pp. 79~92). Oxford, England: Blackwell.
142 Brown, R. J., Condor, F., Mathew, A., Wade, G., & Williams, J. A.(1986). Explaining intergroup differentiation in an industrial Organization. *Journal of Occupational Psychology, 59*, 273~286.
143 Stroebe, W., Lenkert, A., & Jonas, K.(1988). Familiarity may breed contempt: The impact of student exchange on national stereotypes and attitudes. In W. Stroebe, A. W. Kruglanski, D. Bar-Tal, & M. Hewstone(Eds.), *The Social psychology of intergroup conflict*(pp.167~187). New York: Sprnger-Verlag.
144 Brewer, M. B., & Brown, R. J.(1998). Intergroup relations. In D. T. Glbert, S. T. Fiske, & G. Lindzey(Eds.), *The handbook of social psychology, Vol.2*(pp.554~594), New York: McGraw-Hill.
145 Bradford, D. L., & Cohen, A. R.(1984). *Managing for excellence*, New York: McGraw-Hill.
146 Wright, S. C., Aron, A., McLaughlin-Volpe, T., & Ropp, S. A.(1997). The extended contact effect: Knowledge of cross-group friendships and prejudice. *Journal of Personality and Social Psychology, 73*(1), 73~90.
147 Osgood, C. E.(1979). GRIT 1(Vol.8, No.1, 0553~4283). Dundas, Ontario: Peace Research Reviews.
148 Barron, R. S., Kerr, N. L., and Miller, N.(1992), Group Process, Group Decision, Group Action, p.151, Pacific Grove, CA: Brooks/Cole.
149 Barron, R. S., Kerr, N. L., & Miller, N.(1992). *Group process, group decision. group acion*, Pacific Grove, CA: Brooks/Cole..

제10장 • 다른 문화권과의 협상

1 Obama's apparent bow to Saudi King outrages conservative(2009, April 10). *Fox News.* Foxnews.com.
2 Kastle, K.(2011, January 17). World population. *Nations Online*. Nationsonline.org.

3   Brett, J. M.(2007). *Negotiating globally: How to negotiate deals, resolve disputes, and make decisions across cultural boundaries*(2nd ed.). San Francisco: Jossey-Bass.
4   Ibid.
5   Liu, L. A., Friedman, R. A., & Chi, S. C.(2005). "Ren Qing" versus the "Big Five": The role of culturally sensitive measures of individual difference in distributive negotiations. *Management and Organization Review, 1*(2), 225~247.
6   Brett, *Negotiating globally*.
7   Lytle, A. L., Brett, J. M., & Shapiro, D. L.(1999). The strategic use of interests, rights and power to resolve disputes. *Negotiation Journal, 15*(1), 31~52.
8   Brett, *Negotiating glaobally*.
9   Adapted from French, W. L., & Bell, C. H.(1923). *Organization Development behavioral science in interventions for organization improvement*(p.18), New Jersey: Pretice-Hall.
10 French, W. L., & Bell, C. H.(1923). *Organization Development behavioral science in intervention for organization improvement*(p.18). New Jersey: Prentice-Hall.
11 Brett, *Negotiating globally*; Gelfand, M. J., & Brett, J. M.(Eds.)(2004). *The handbook of negotiation and culture: Theoretical advances and cultural perspectives*. Palo Alto, CA: Stanford University Press.
12 Brett, *Negotiating globally*.
13 Triandis, *culture and social behavior*; Hofstede, G.(1980). *Culture's consequences: International differences in work-related values*. Beverly Hills, CA: Sages; Schwartz, S.(1994). Beyond individualism/collectivism: New cultural dimentions of values. In H. C. Triandis, U. Kim, & G. Yoon(Eds.), *Individualism and collectivism*(pp.85~117). London: Sage; Gelfand, M. J. Bhawuk, D. P. S., Nishii, L. H., & Bechtold, D.(2004),. Individualism and collectivism: Multilevel Perspectives and implications for leadership. In R. J. House, P. J. Hanges, M. Javidan, P. W. Dorfman, & Vipin Gupta(Eds.), *Culture, leadership, and organizations: The GLOBE study of 62 cultures*. Thousand Oaks, cA: Sage.
14 Brett, J. M.(2007), *Negotiating Globally: How to Negotiate Deals, Resolve Dispute, and Make Decisions Across Cultural Boundaries*(2nd ed.). San Francisco, CA: Jossey-Bass.
15 단순화하면, 경쟁적 관점도 개인적 관점에 포함하여 생각한다.
16 Lewicki, R. J., & Robinson, R. J.(1998). Ethical and unethical bargaining tactics: *An empirical study. Journal of Business Ethics, 17*(6), 665~682.
17 Ibid.
18 Billings, D. K.(1989). Individualism and group orientation. In D. M. Keats, D. Munroe, & L. Mann(Eds.), *Heterogeneity in cross-cultural psychology*(pp.22~103); Hofstede, G.(1991). Empirical models of cultural differences. In N. Bldichrodt & P. J. D. Drenth(Eds.), *Contemporary issues in cross-cultural psychology*(pp.4~20). Netherlands: Swets and Zeitlinger; Hui, C. H., & Triandis, H. C.(1986). Individualism-collectivism: A Study of cross-cultural researchers. *Journal of Cultural Psychology, 17,* 225~248.
19 Brett, *Negotiating globally*.
20 Tinsley, C. H., & Pillutla, M. M.(1998). Negotiating in the United States and Hong Kong. *Journal of International Business Studies, 29*(4), 711~728.
21 Heine, S. J., Takata, T., & Lehman, D. R.(2000). Beyond self-presentation: Evidence for self-criticism among Japanese. *Personality and Social Psychology Bulletin, 26*(1), 71~78.
22 Gelfand, M. J., & Realo, A.(1999). Individualism-collectivism and accountability in intergroup negotiations. *Journal of Applied Psychology, 84*(5), 721~736.
23 Rein, S.(2010, June 25). How not to run a business in China. *Business Week*. Businessweek.com.

24 Chua, R. Y. J., Morris, M. W., & Ingram, P.(2009). Guanxi versus networking: Distinctive configuations of affect-and cognition-based trust in the networks of Chinese and American managers. *Journal of International Business Studies, 40*(3), 490~508.
25 Chan, D. K. S., Triandis, H. C., Carnebvale, P. J., Tam, A., & Bond, M. H.(1994). Comparing negotiation across cultures: Effects of collectivism, relationship between negotiators, and concession pattern on negotiation behavior. Unpublished manuscript, Department of Psychology, University of Illinois at Urbana-Champaign.
26 Buchan, N., Croson, R., & Dawes, R. M.(2002). Swift neighbors and persistent strangers: A cross-cultural investigation of trust and reciprocity in social exchange. *American Journal of Sociology, 108*(1), 168~206.
27 Gendler, N.(2003, June 14). Hispanic home buyers. *Star-Tribune*, p.4H.
28 Morris, M. W., Podolny, J. M., & Ariel S.(2000). Missing relations: Incorporating relational constructs into models of culture. In P. C. Earley & H. Singh(Eds.), *Innovations in international and cross-cultural management*(pp.52~90). Thousand Oaks, CA: Sage Publicatisons.
29 Ibid.
30 Morris, M. W., Podolny, J. M., and Ariel, S.(2000), Missing Relation: Incorporating Relational Constructs into Model of Culture. In P. C. Earley, & H. Singh(Eds.), *Innovations in International and cross-cultural management*(pp.52~90). Thousand Oaks, CA: Sage; Morris, M. W., Podolny, J., & Sulivan, B. N.(2008). Culture and coworker relations: Interpersonal patters in American, Chinese, German, and Spanish division of global retail bank. *Organization Science*, 19(4), 517~532.
31 Cox, T. H., Lobel, S. A., & McLeod, P. L.(1991). Effects of ethnic group cultural differences in cooperative and competitive behavior on a group task. *Academy of Management Journal, 34*(4), 827~847.
32 Wade-Benzoni, K. A., Okumura, T., Brett, J. M., Moore, D., Tenbrunsel, A. E., & Bazerman, M. H.(2002). Cognitions and behavior in asymmetric social dilemmas: A comparison of two cultures. *Journal of Applised Psychology, 87*, 87~95.
33 Morling, B., Kitayama, S., & Miyanmoto, Y.(2002). Cultural practices emphasize influence in the United States and adjustment in Japan. *Personality and Social Psychology Bulletin, 28*(3), 311~323.
34 Gelfand, M. J., Nishii, L. H., Holcombe, K. M., Dyer, N., Ohbuchi, K-1., & Fukuno, M.(2001). Cultural influences on cognitive representations of conflict: Interpretations of conflict episodes in the United States and Japan. *Journal of Applied Psychology, 86*(6), 1059~1074.
35 Lemonick, M.(1997, December 22). Turning down the heat. *Time*, p.23.
36 Espinoza, J. A., & Garza, R. T.(1985). Social group salience and inter-ethnic cooperation. *Journal of Experimental Social Psychology, 21*, 380~392.
37 Ibid.
38 Gabriel, S., & Gardner, W. L.(1999). Are there "his" and "her" types of interdependence? The implications of gender differences in collective and relational interdependence for affect, behavior, and cognition. *Journal of Personality and Social Psychology, 75*, 642~655.
39 Fu, H-y., Chiu, C-y., Morris, M. W., & Young, M. J.(2007). Spontaneous interences from cultural cues: Varying responses of cultural insiders and outsiders. *Journal of Cross-Cultural Psychology, 38*(1), 58~75.
40 Adapted from Howard, E., Thompson, L., & Gardner, W.(2007). The role of the self-concept and the social context in dtermining the behavior of power holders: Self-construal in

intergroup versus dyadic dispute resolution negotiations. Journal of Personality and Social Psychology, 93(4), 614~631.
41 Kerr, N. L.(1983). Morivation losses in small groups: A social dilemma analysis. *Journal of Personality and Social Psychology, 45*, 819~828.
42 Earley, P. C.(1989). Social loafing and collectivism: A comparison of the United States and the People's Republic of China. *Administrative Science Quarterly, 34*, 565~581.
43 Shirakashi, S.(1985). Social loafing of Japanese students. *Hiroshima Forum for Psychology, 10*, 35~40; Yamaguchi, S., Okamoto, K., & Oka, T.(1985). Effects of coactors' presence: Social loafing and social facilitation. *Japanese Psychological Research, 27*, 215~222.
44 Gelfand, M. J., Higgins, M., Nishii, L. H., Raver, J. L., Dominguez, A., Murkani, F., Yamaguchi, S., & Toyama, M.(2002). Culture and egocentric perceptions of fairness in conflict and negotiation. *Journal of Applied Psychology, 87*(5), 833~845.
45 Tsai, J. L., Simeonova, D. I., & Watanabe, J. T.(2004). Somatic and social: Chinese Americans talk about emotion. *Personality and Social Psychology Bulletin, 30*(9), 1226~1238.
46 Adam, H., Shirako, A., & Maddux, W. W.(2010). Cultural variance in the interpersonal effects of anger in negotiations. *Psychological Science, 21*(6), 882~889.
47 Rosette, A. S., Brett, J. M., Barsness, Z. I., & Laytle, A. L.(2008). When cultures clash electronically: The impact of email and culture on negotiation behavior. Under review at *Journal of International Business Studies*.
48 Morris, M. W., & Peng, K.(1994). Culture and cause: American and Chinese attributions for social and physical events. *Journal of Personality and Social Psychology, 67*(6), 949~971.
49 Ibid.
50 Menon, T., Morris, M. W., Chiu, C., & Hong, Y.(1999). Culture and consrual of agency: Attribution to individual versus group dispositions. *Journal of Personality and Social Psychology, 76*(5), 701~717.
51 Morris, M. W., and Peng, K. (1994), "Culture and Cause: American and Chinese Attributions for Social and Physical Events," *Journal of Personality and Social Psychology*, 67(6), 949~971.
52 Valenzuela, A., Srivastava, J., & Lee, S.(2005). The role of cultural orientaion in bargaining under incomplete information. Differences in causal attributions. *Organizational Behavior and Human Decision Processes, 96*(1), 72~88.
53 Zemba, Y., Young, M. J., & Morris, M. W.(2006). Blaming leaders for organizaional accidents: Proxy logic in collective. versus individual-agency cultures. *Organizaional Behavior and Human Decision Processes, 101*(1), 36-51.
54 Gelfand, M. J., & Christakopolou, S.(1999). Culture and negotiator cognition: Judgment accuracy and negotiation processes in individualisic and collecivistic cultures. *Organizational Behavior and Human Decision Processes, 79*(3), 248~269.
55 Leung, K.(1987). Some determinants of reactions to procedural models for conflict resolution: A cross-national study, Journal of Personality and Social Psychology, 53(5), 898~908; Morris, M. W., Leung, K., & Iyengar, S. S.(2004). Person perception in the heat of conflict: Negative trait attributions affect procedural preferences and account for situational and cultural differences. *Asian Journal of Social Psychology. 7*(2), 127~147.
56 Tinsley, C. H.(1998). Models of conflict resolution in Japanese, German, and American cultures. *Journal of Applied Psychology, 83*(2), 316~323; Tinsley, C. H.(2001). How we get to yes: Predicting the constellation of strategies used across cultures to negotiate conflict.

Journal of Applied Psychology, 86(4), 583~593.
57 Friedman, R., Liu, W., Chen, C. C., & Chi, S-C., S.(2007). Casual attribution for interfirm contract violation: A comparative study of Chinese and American commercial arbitrators. *Journal of Applied Psychology, 92*(3), 856~864.
58 Morris, Leung, & Lyengar, "Person perception."
59 Leung, "Some determinants of reactions."
60 Brett, *Negotiating globally.*
61 Ibid.
62 Leung, "Some determinants of reactions."
63 Brett, J. M., Tinsley, C. H., Shapiro, D. L., & Okumura, T.(2007). Intervening in employee disputes: How and when will managers from china, Japan, and the US act differently? *Management and Organization Review, 3*(2), 183~204.
64 Hofstede, G., Hofstede, G. J., & Minkov, M.(2010). *Cultures and Organizations, Software of the Mind*(3rd Ed.), Chicago: McGraw-Hill.
65 Ibid.
66 Pachtman, A.(1998, July 1). Getting to "hao!" *International Business*, pp.24~26.
67 Ting-Toomey, S.(1988). Intercultural conflict styles: A face negotiation theory. In Y. Kim & W. Gudykunst(Eds.), *Theories in intercultural communication*(pp.213~235). Newbury Park, CA: Sage.
68 Oetzel, J., Garcia, A. J., & Ting-Toomey, S.(2008). An analysis of the relationships among face concerns and facework behaviors in perceived conflict situations: A four-culture investigation. *International Journal of Conflict Management, 19*(4), 382~403.
69 Brew, F. P., & Cairns, D. R.(2004). Styles of managing interpersonal workplace conflict in relation to status and face concerns: A study with Anglos and chinese. *International Journal of Conflict Management, 15*(1), 27~56.
70 Pachtman, "Getting to "hao!"
71 Ibid.
72 Adler, J. J.(1991). *International dimensions of organizational behavior,* Boston: PWS-Kent.
73 Hall, E. T.(1976), *Beyond Culture.* Garden City, NJ; Anchor Press.
74 Hall, E. T., & Hall, R. R.(1990). *Understanding cultural differences.* Yarmouth, ME: Intercultural Press; Cohen, R.(1991). *Negotiating across cultures: Communication obstacles in international diplomacy,* Washington, DC: United States Institute of Peace Press.
75 Ting-Toomey, "Intercultural conflict styles."
76 Brett, *Negotiating globally.*
77 Ibid.
78 Brett, J. M., Shapiro, D. L., & Lytle, A.(1998). Breaking the bonds of reciprocity in negotiations. *Academy of Management Journal 4*(4), 410~424.
79 Ting-Toomey, "Intercultural conflict syles."
80 Graham, J. L., & Sano, U.(1984). *Smart bargaining: Doing business with the Japanese.* Cambridge, MA: Ballinger; March, R. M.(1990). *The Japanese negotiator: Subtlety and strategy beyond Western logic*(1st paperback ed.). New York: Kodansha International.
81 Brett, J. M., Adair, W. A., Lempereur, A., Okumura, T., Shikhirev, P., Tinsley, C., & Lytle, A.(1998). Culture and joint gains in negotiation. *Negotiation Journal, 14*(1), 61~86.
82 Adair, W. L., & Brett, J. M.(2005). The Negotiation dance: Time, culture, and behavioral sequences in negotiations. *Organization Science, 16*(1), 33~51.
83 Brett, J. M.(2007), *Negotiating Globally: How to Negotiate Deals, Resolve Disputes and*

Make Decisions Across Cultural Boundaries, San Francisco, CA: Jossey-Bass.
84 Brett, Adair, Lenpereur, Okumura, Shikhirev, Tinsley, & Lytle, "Culture and joint gains in negotiation."
85 Adair, W.(2003). Integrative sequences and negotiation outcome in same-and mixed-culture negotiation. *International Journal Conflict Management, 14*, 273~296.
86 Adair, & Brett, "The negotiation dance."
87 Hall, *Beyond culture*.
88 Brett, Adair, Lempereur, Okumura, Shikhirev, Tinsley, & Lytle, "Culture and joint gains in negotiation.".
89 Ibid.
90 Ibid.
91 Adair, W. L., Weingart, L., & Brett, J.(2007). The timing and function of offers in U.S. and Japanese negotiations. *Journal of Applied Psychology, 92*(4), 1056~1068.
92 Ibid.
93 Simons, C.(2005, September 6). Companies try to learn China's ways. *Atlanta Journal-Constitution*, p.C1.
94 Tinsley, "How we get to yes."
95 Ibid.
96 Tinsley, C. H., & Brett, J. M.(2001). Managing workplace conflict in the United States and Hong Kong. *Organizational Behavior and Human Decision Processes. 85*(2), 360~381.
97 Ibid.
98 Fu, J. Ho-y., M. W., Lee, S-I., Chao, M., Chiu, C-y., & Hong, Y-y.(2007). Epistemic motives and cultural conformity: Need for closure, culture, and context and determinants of conflict judgments. *Journal of Personality and Social Psychology, 92*(2), 191~207.
99 Tinsley, C. H., & Weldon, E.(2003). Reponses to a normative conflict among American and chinese managers. *International Journal of Cross-Cultural Management, 3*(2), 183~234.
100 Creighton, M. R.(1990). Revisiting shame and guilt culture: A forty-year pilgrimage. *Ethos, 18*, 279~307; Demos, J.(1996). Shame and guilt in early New England. In R. Harre & W. G. Parrott(Eds.), *The emotions*(pp.74~88). London: Sage.
101 Brett, *Negotiating globally*.
102 Brett, J. M., & Okumura, T.(1998). Inter-and intracultural negotiation: U.S. and Japanese negotiators. *Academy of Management Journal, 4*(5), 495~510.
103 Adair, W., Okumura, T., & Brett, j. M.(2001). Negotiation behavior when cultures collide: The U.S. and Japan, Journal of Applied Psychology, 86(3), 371~385.
104 Chen, Y., Mannix, E., & Okumura, T.(2003). The importance of who you meet: Effects of self-versus other-concerns among negotiators in the United States, the People's Republic of China, and Japan. *Journal of Experimental Social Psychology, 39*, 1~15.
105 Baron, J., & Spranca, M.(1997). Protected values. *Organizational Behavior and Human Decision Processes, 70*(1), 1~16; Tetlock, P. E., Peterson, r., & Lerner, J.(1996). Revising the value pluralism model: Incorporating social content and context postulates. In C. Seligman, J. Olson, & M. Zanna(Eds.), *The psychology of values: The Ontario Symposium*(Vol.8). Mahwah, NJ: Erlbaum.
106 McGraw, A. P. & Tetlock, P. E.(2005). Taboo trade-offs, relational framing, and the acceptability of exchanges. *Journal of Consumer Psychology, 15*(1), 2~15.
107 Ibid.
108 Goodstein, L.(2010, August 8). Across nation, Mosque projects meet opposition. *New York Times*, p.A1.

109 Baron, J., & Spranca, M.(1997). Protected values. *Organizational Behavior and Human Decision Processes, 70*(1), 1~16.
110 Tetlock, Peterson, & Lerner, "Revising the value pluralism model."
111 Ibid.
112 Schlenker, B. R.(1980) *Impression management: The self-concept, social identity, and interpersonal relations,* Belmont, CA: Brooks-Cole.
113 Expeland, W.(1994). Legally mediated identity: The national environmental policy ac and the bureaucratic construction of interests. *Law and Society Review, 28*(5), 1149~1179.
114 Tenbrunsel, A. E., Wade-Benzoni, K. A., Tost, L. P. Medvec, V. H., Thompson, L., & Bazerman, M. H.(2009). The reality and myth of sacred issues in negotiations. *Negotiation and Conflict Management Research, 2*(3), 263~284.
115 Gayer, C. C., Landman, S., Halperin, E., & Bar-Tal, D.(2009). Overcoming psychological barriers to peaceful conflict resolution: The role of arguments about losses. J*ournal of conflict Resolution, 53*(6), 951~975.
116 Telock, Peterson, & Lerner, "Revising the value pluralism model."
117 Berger, J.(2010, December 10). U.S. Navy randles Iranians for calling Persian gulf Arabian gulf. *Fox news*. Foxnews.com.
118 Schelling, t.(1960). *The strategy of conflict.* Cambridge, MA: Harvard University Press.
119 We are indebted to Max Bazerman for this term; Thompson, L., T Gonzalez, R.(1997). Environmental disputes: Competition for scarce resources and clashing of values. In M. Bazerman, D. Messick, A. Tenbrunsel, & K. Wade-Benzoni(Eds.), *Environment, ethics, and behavior*(pp.75~104). San Francisco: New Lexington Press; Wade-Benzoni, Okumura, Brett, Moore, Tenbrunsel, & Bazerman, "Cognitions and behavior."
120 Kahn, R. L., & Kramer, R. M.(1990). *Untying the knot: De-escalatory processes in international conflict.* San Francisco: Jossey-Bass.
121 Jones, E. E., & Gerard, H. B.(1967). *Foundations of social psychology*, New York: Wiley.
122 Swann, W. B., Pelham, B. W., & Roberts, D. C.(1987). Casual chunking: Memory and inference in ongoing interaction. *Journal of Personality and Social Psychology, 53*(5), 858~865.
123 Whorf, B. L.(1956). Science and liguistics. In J. B. Carroll(Ed.), *Language, thought, and reality: Selected writings of Benjamin Whorf.* New York: Wiley.
124 LeVine, R. A., & Campbell, D. T.(1972). *Ethnocentrism: Theories of conflict, ethnic attitudes, and group behavior,* New York: Wiley.
125 Brewer, M.(1979). In-group bias in the minimal intergroup situation: A cognitive-motivational analysis. *Psychological Bulletin, 86* 307~324; Tajfel, "Social psychology"; Tajfel, H., & Turner, J.(1986). The social identity theory of intergroup behavior. In S. Worchel & V. Austin (Eds.), *Psychology of intergroup relations*(pp.7~24). Chicago: Nelson-Hall.
126 Graham, J. L.(1993). The Japanese negotiation style: Characteristics of a distinct approach. Negotiation Journal, 9(2), 123~140.
127 Hastorf, A., & Cantril, H.(1954). They sau a game: A case study. *Journal of Abnormal and Social Psychology, 49,* 129~134.
128 Oskamp, S.(1965). Attitudes toward U.S. and Russian actions: A double standard. *Psychological Reports, 16,* 43~46.
129 Rothbart, M., & Hallmark, W.(1988). In-group and out-group differences in the perceived efficacy of coercion and conciliation in resolving social conflict. *Journal of Personality and Social Psychology, 55,* 248~257.
130 Ibid.

131 Brewer, "In-group bias"; Tajfel, H.(1970). Experiments in intergroup discrimination. *Scientific American, 223,* 96~102.
132 Robinson, R. J., & Keltner, D.(1996). Much ado about nothing? Revisionists and traditionalists choose an introductory English syllabus. *Psychological Science, 7*(1), 18~24.
133 Linville, P. W., fischer, G. W., & Salvery, P.(1989). Perceived distributions of the characteristics of in-group and out-group members: Empirical evidence and a computer simulation. *Journal of Personality and Social Psychology, 57,* 165~188.
134 Ross, L.(1977). The intuitive psychologist and his shortcomings: Distortions in the attribution process. In L. Berkowitz(Ed.), *Advances in experimental social psychology*(Vol.10)(pp. 173~220). Orlando, FL: Academic Press.
135 Copeland, L., & Griggs, L.(1985). *Going international,* New York: Ramdom House.
136 Martin, J. J.(1989). Intercultural communication competence. *International Journal of Intercultural Relations, 13,* 227~428; Triandis, *Culture and social behavior.*
137 Gardiner, G. S.(1972). *Aggression.* Morristown, NJ: General Learning Corp.
138 Detweiler, R.(1980). The categorization of the actions of people from another culture: A conceptual analysis and behavioral outcome. *International Journal of Intercultural Relations, 4,* 275~293.
139 Tinsley, C. J., Curhan, J. R., & Kwak, R. S.(1999). Adopting a dual lens approach fo examining the dilemma of differences in international business negotiations. *International Negotiation, 4,* 5~22.
140 Imai, L., & Gelfand, M. J.(2010). The culturally intelligent negotiator: The impact of cultural intelligence(CQ) on negotiation sequences and outcomes. *Organizational Behavior and Human Decision Processes, 112*(2), 83~98.
141 Liu, L. A., Chua, C. H., & Stahl, G. K. K.(2010). Quality of communication experience: Definition, measurement, and implications for intercultural negotiations. *Journal of Applied Psychology, 95*(3), 469~487.
142 Brett, *Negotiating globally.*
143 Brett & Okumura, "Inter-and intracultural negotiation."
144 Cultural differences can make or break a deal.(1986, February 10). *Chicago Sun-Times,* p. 60.
145 Ross, B. H.(1987). This is like that: The use of earlier problems and separation of similarity effect. Journal of Experiment Psychology: *Learning, Memory and cognition, 13*(4), 629~639.
146 Mishra, B. & Sinha, N.(1999, November 8). Cross-cultural booby traps. *Economic times.*
147 Adair, W. L., Taylor, M. S., & Tinsley, C. H.(2009). Starting out on the right foot: Negotiation schemas when cultures collide. *Negotiation and Conflict Management Research, 2*(2), 138~163.
148 Based on transnational executive education exercise shows Brazilians, Americans must negotiate past cultural difference.(2003, June 5), *AScribe News.* Ascribe.org.
149 Alon, I., & Brett, J. M.(2007, January). Perceptions of time and their impact on negotiations in the Arabic-speaking Islamic world. *Negotiation Journal, 23*(1), 55~73.
150 Zamiska, N., Ye, J., & O'Connell V.(2008, January 30). Chinese cigarettes to go global. *Wall Street Journal,* p.B4.
151 Adair & brett, "The negotiation dance," 33~51.
152 Glinow, M. A., Shapiro, D. L., & Brett, J. M.(2004). Can we talk, and should we? Managing emotional conflict in multi-cultural teams. *Academy of Management Review, 29*(4), 578~592.

153 Matsumoto, D.(1996). *Culture and psychology*, Pacific Grove, CA: Brooks-Cole.
154 Talow, D. K.(2010, May 27). Unlocking access to the boardrooms. *New York Times*. Nytimes.com; Business and social customs in Saudi Arabia(2011). The Saudi Network: *United States of Commerce*. Buyusa.gov; Associated Press.(2008, February 7). Saudi cops grab U.S. woman in Starbucks. *CBS News*. Cbsnes.com.
155 Berry, J. W.(1980). Acculturation as varieties of adaptation. In A. Padilla(Ed.), *Acculturation: Theory, models, and some new findings*. Boulder, CO: Westview.
156 Berry. J. W(1980). Acculturation as varieties of adaptation. In A. Padilla(Ed.). Acculturation: Theory, models, and some new findings. Boulder, CO: Westview. Reprinted with permission.
157 Berry, J. W., Poortinga, Y. H., Segall, M. H., & Dasen, P. R.(1992). *Cross-cultural psychology; Research and applications*. New York: Cambridge University Press.
158 Lindsley, Sl L.(1999, June). A layered model of problematic intercultural communication in U.S. owned maquiladoras in Mexico. *Communication Monographs. 66*(2), 145~167.
159 Brett, Negotiating globally.

제11장 • 묵시적 협상과 사회적 딜레마

1 Friedman, L.(2010, December 9). Negotiators start round-the-clock sesseions to save Kyoto protocol. *New York Times*. Nytimes.com; Friedman, L.(2011, April 22). US negotiator warns Kyoto fight could derail climate talks. *New York Time*, p.ADD.
2 Schelling, T.(1960). *The strategy of conflict*. Cambridge, MA: Harvard University Press.
3 Nash, J.(1951). Non-cooperative games. *Annals of Mathematics, 54*(2), 286~295; Nash, J.(1953). Two-person cooperative games. Econometrica, 21, 129~140.
4 Ibid.
5 Xinhua News Agency(2010, November 4). QQ shut down as fight with Qihoo 360 escalates. *China Daily*. Chinadaily.com.
6 Helft, M.(2010, October 9). Apple plas to offer iPhone on Verizon. *New York Times*, B1.
7 Eliott, S.(1998, February 6). Milk promoters agree to cooperate. *New York Times*, D17.
8 Krishnamurthy, S., Bottom, W. P., & Rao, A. G.(2003). Adaptive aspiraions and contribution to a public good: Generic advertising as a response to decline. *Organizational Behavior and Human Decision Processes, 92*, 22~33.
9 Montgomery, A. H., & Sagan, S. D.(2009). The perils of predicting proliferation. *Journal of Conflict Resolution. 53*(2), 302~328.
10 공식적으로는 죄수의 딜레마가 제한적 횟수만큼만 반복된다면 그 수가 아무리 많더라도 연속 게임에 대한 내시의 방정식은 '파레토 열위Pareto-inferior'의 비협력적인 결과가 매번 발생하는 특성을 가지고 있다.
11 Kreps, D. M. Milgrom, P., Roberts, J., & Wilson, R.(1982). Rational cooperation in the finitely repeated prisoner's dilemma. *Journal of Economic Theory, 27*, 245~252.
12 Leliveld, M. C., Van Dijk, E., & Van Beest, I.(2008). Initial ownership in bargaining: Introducing the giving, splitting, and taking ultimatum bargaining game. *Personality and Social Psychology Bulletin, 34*(9), 1214~1225.
13 Van Lange, P. A. M., & Visser, K.(1999). Locomotion in social dilemmas: How people adapt to cooperative, fit-for-at and non-cooperative partners. *Journal of Personality and Social Psychology, 77*(4), 762~773.
14 Clare, J. & Danilovic, V.(2010). Multiple audiences and reputation building in international conflicts. *The Journal of Conflict Resolution, 54*(6), 860~882.
15 YouTube(2011, January 19). Mac vs PC. Youtube.com.

16 Fredrix, E.(2010, July 20). Cola wars return: Pepsi MAX vs Coke Zero. *The Christian Science Monitor*: CSmonitor.com.
17 Osgood, C. E.(1979). GRIT 1(vol.8, no.1, 0553~4283). Dundas, Ontario: Peace Research Reviews.
18 Bottom, W., Daniels, S., Gibson, K. S., & Murnighan, J. K.(2002). When talk is no cheap: Substantive penance and expressions of intent in rebuilding cooperation. *Organization Science*, 13(5), 497~513.
19 Morris, M. W., Sim D. L. H., & Grrotto, V.(1995). Time of decision, ethical obligation, and causal illusion: Temporal cues and social heuristics in the prisoner's dilemma. In R. M. Kramer & D. M. Messick(Eds.), *Negotiation as a social process*(pp.209~239). Thousand Oaks, CA: Sage.
20 Hofstadter, D. R.(1983). Metamagical themas, *Scientific American*, 248(6), 14~28.
21 Based on Murnighan, J. K., Kim, J. W., & Metzger, A. R.(1993). The volunteer dilemma. Administrative Science Quarterly, 38(4), 515~530.
22 Insko, C. A., Schopler, J., Graetz, K. A., Drigotas, S. M., Currey, D. P., Smith, S. L., Brazil, D., & Bornstein, G.(1994). Interindividual-intergroup discontinuity in the prisoner's dilemma game. *Journal of Conflict Resolution*, 38(1), 87~116.
23 Selten, R.(1975). Re-examination of the perfectness concept for equilibrium points in extensive games. *International Journal of Game Theory*, 4, 25-55.
24 Pillutla, M. M., & Murnighan, J. K. (1995). Being fair or appearing fair. Strategic behavior in ultimatum bargaining. *Academy of Management Journal*, 38(5), 1408-1426.
25 See Loewenstein, G. F., Thompson, L., & Bazerman, M. H. (1989). Social utility and decision making in interpersonal contexts. *Journal of Personality and Social Psychology*, 77(3), 426-441; Messick, D. M., & Sentis, K. P. (1979). Fairness and preference. *Journal of Experimental Social Psychology*, 15(4), 418-434.
26 Croson, R.(1996). Information in ultimatum games: An experimental study. *Journal of Economic Behavior & Organization*, 30, 197-212.
27 Leliveld, Van Dijk, & Beest, "Initial Ownership in Bargaining."
28 Tang, W., Bearden, J. N., Tsetlin, I. (2009). Ultimatum deadlines. *Management Science*, 55(8) 1423-1437.
29 Stephen, A. T., & Pham, M. T. (2008). On feelings as a heuristic for making offers in ultimatum negotiations. *Psychological Science*, 19(10), 1051-1058.
30 hardin, G.(1968). The tragedy of the commons. *Science*, 182, 1243~1248.
31 Messick, D. M.(1983). Solving social dilemmas: A review. In L. Wheeler & P. Shaver(Eds.), *Review of personality and social psychology*, Vol.4(pp.11~44). Beverly Hills, CA: Sage.
32 Kopelman, S., Weber, J. M., & Messick, D. M.(2002). Factors influencing cooperation in commons dilemmas: A review of experimental psychological research. In E. Ostrom et al.(Eds.), *The drama of the commons*(pp.113~156). Washington, DC: National Academy Press; Mannix, E.(1993). Organizations as resource dilemmas; The effects of power balance on coalition formation in small groups. Organizational behavior and Human Decision Processes, 55, 1~22.
33 Kopelman, Weber, & Messick, "Factors influencing cooperation."
34 Brett, J., & Thompson, L.(2011), Negotiation Strategies for Managers. Executive course, Kellogg School of Management, Northwestern University, Evanston, IL. Reprinted by permission of Jeanne Brett.
35 Van Vugt, M., & Samuelson, C. D.(1999). The impact of personal metering in the management of a natural resource crisis: A social dilemma analysis, *Personality and Social*

Psychology bulletin, 25(6), 731~745.

36. Messick, D. M., Wilke, H., Brewer, M. B., Kramer, R. M., Zemke, P. E., & Lui, L.(1983). Individual adaptations and structural change as solutions to social dilemmas. *Journal of Personality and Social Psychology, 44*(2), 294~309; Rutte, C. G., & Wilke, H. A. M.(1984). Social dilemmas and leadership. *European Journal of Social Psychology, 14*, 105~121.

37. Van Vugt, M., & De Cremer, D.(1999). Leadership in social dilemmas: The effects of group identification on collecive actions to provide public goods. *Journal of Personality and Social Psychology, 76*(4), 587~599.

38. Van Dijk, e., Wilke, H., & Wit, A.(2003). Preferences for leadership in social dilemmas: Public good dilemmas versus common resource dilemmas. *Journal of Experimental Social Psychology, 76*(4), 587~599.

39. Dardick, H.(2010, August 31). Boxed in by parking deal? *Chicago Tribune*. Chicagotribune.com.

40. Lassek, P. J.(2010, December 16). Tulsa moves towards change in zoo ownership. *Tulsa World*, Tulsaworld.com.

41. Brett, J. M., & Kopelman, S.(2004). Cross-cultural perspectives on cooperation in social dilemmas. In M. Gelfand & J. Brett(Eds.), *The handbook of negotiation and culture: Theoretical advances and cultural perspectives*(pp.395~411). Palo Alto, CA: Stanford University Press.

42. Ackerman, B. A., & Stewart, R. B.(1988). Reforming environmental law: The democratic case for market incentives. *Columbia Journal of Environmental Law 13*, 171~199; Kriz, M.(1998). After Argentina, *National Journal, 30*(49), 2848~2853; Tipton, C. A.(1995). Protecting tomorrow's harvest: Developing a national system of individual transferable quotas to conserve ocean resources. *Virginia Environmental Law Journal, 14*, 381~421.

43. Tietenberg, T.(2002). The tradable permits approach to protecting the commons: What have we learned. In E. Ostrom, T. Dietz, N. Dolsak, P. C. Stern, S. Sonich, & E. U. Weber(Eds.), *The drama of the commons*(pp.197~232). Washington, DC: National Academy Press.

44. Cialdini, R. B.(1993). *Influence: Science and Practice*, New York: HarperCollins.

45. Freedman, J. L., & Fraser, S. C.(1996). Compliance without pressure: The foot-in-the-door technique. *Journal of Personality and Social Psychology, 4*, 195~203.

46. Liberman, V., Samuels, S. M., & Ross, L.(2004). The name of the game: Predictive power of reputations versus situational labels in determining prisoner's dilemma game moves. *Personality and Social Psychology Bulletin, 30*, 1175~1185.

47. Pillutla, M. M., & Chen, X.(1999). Social norms and cooperation in social dilemmas: The effects of context and feedback. *Organizational behavior and Human Decision Processes, 78*(2), 81~103.

48. Komorita, S. S., & Parks, C. D.(1994). *Social dilemmas*. Madison, WI: Brown and Benchmark; Liebrand, W. B. G., Messick, D. M., & Wilke, H., Eds.(1992). *Social dilemmas: Theoretical issues and research findings*. Oxford, England: Pergamon Press; Messick & Brewer, "Solving social dilemmas"; Sally, D. F.(1995). Conversation and cooperation in social dilemmas: Experimental evidence from 1958 to 1992. *Rationality and Society, 7*(1), 58~92.

49. Sally, "Conversation and cooperation in social dilemmas."

50. Cohen, T. R. Wildschut, T., & Insko, C. A.(2010). How communication increases interpersonal cooperation in mixed-motive situations. *Journal of Experimental Social Psychology, 46*(1), 39~50.

51. Dawes, R. M., van de Kragt, A. J. C., & Orbell, J. M.(1990). Cooperation for the benefit of us — Not me, or my conscience. In J. Mansbridge(Ed.), *Beyond self-interest*(pp.97~110).

Chicago: University of chicago Press.
52. Kerr, N. L., & Kaufman-Grilliland, C. m.(1994). Communication, commitment, and cooperation in social dilemma. *Journal of Personality and Social Psychology, 66*(3), 513~529.
53. Valley, K., Thompson, L., Gibbons, R., & Bazerman, M. H.(2002). How communication improves efficiency in bargaining games. *Games and economic Behavior, 38*, 127~155.
54. Tajfel, H.(1979). The exit of social nobility and the voice of social change: Notes on the social psychology of intergroup relations. *Przeglad Psychologiczny, 22*(1), 17~38.
55. Tyler, R. R., & Degoey, P.(1995). Collective restraint in social dilemmas: Procedural justice and social identification effects on support for authorities. *Journal of personality and Social Psychology, 69*(3), 482~497.
56. Pillutla & Chen, "Social norms & cooperations."
57. Knez, M., & Camerer, C.(2000). Increasing cooperation in prisoner's dilemmas by establishing a precedent of efficiency in coordination games. *Organizational behavior and Human Decision Processes, 82*(2), 194~216.
58. Hofstadter, D.(1983), Metamagical thinking. *Scientific American, 248*, 14~28.
59. Goffman, E.(1959). *The presentation of self in everyday life*. Garden city, NY: Doubleday.
60. Carnevale, P. J., Pruitt, D. g., & Seilheimmer, S.(1981). Looking and competing: Accountability and visual access in integrative bargaining. Journal of Personality and Social Psychology, 40, 111~120.
61. Kocieniewski, D.(2010, December 3). Rangel censured over siolations of ethics rules. *New York Times*, A1.
62. Anderson, C. M., & Camerer, C.(2000). Experience-weighted attraction learning in sender-receiver signaling games. *economic Theory, 16*, 689~718; Camerer, C., & Ho, T. H.(1998). Experience-weighted attraction learning in coordination games: Probability rules, heterogeneity, and time-variation. *Journal of Mathematical Psychology, 42*, 305~326; Camerer, C., & Ho, T. H.(1999). Experience-weighted attraction learning in games: Estimates from weak-link games. In D. V. Budescu, I. Erev, & R. Zwick(Eds.), *Games and human behavior*(pp.31~51). Mahwah, NJ: Erlbaum; Camerer, C., & Ho, T. H.(1999). Experience-weighted attraction learning in normal from games. *Econometrica, 67*, 827~874.
63. Parks, C. D., Sanna, L. J., & Posey, D. C.(2003). Retrospection in social dilemmas: How thinking about the past affects future cooperation. J*ournal of Personality and Social Psychology, 84*(5), 988~996.
64. Ibid.
65. Brett, J. M.(2007). *Negotiating globally: How to negotiate deals, resolve disputes, and make decisions across cultural boundaries*(2nd ed.), San Francisco: Jossey-Bass.
66. Kopelman, Weber, & Messick, "Factors influencing cooperation."
67. The Pentagon papers(1971). As published by *the New York Times*, based on the investigative reporting by Neil Sheehan, written by Neil Sheehan[and others]. Articles and documents edited by G. Gold, A. M. Siegal, and S. Abt. New York, Toronto: Bantam.
68. Taylor, S. E., & Brown, J.(1988). Illusion and well-being: A social-psychological perspective. *Psychological Bulletin, 103*, 193~210.
69. Turque, B.(2010, June 3). District teachers approve contract. *Washington Post*, A01.

제12장 • 정보기술을 활용한 협상

1. Shane, S.(2010, December 7). WikiLeaks founder warns about more dispatches. *New York*

Times, A13; Agency France Presse.(2010, August 18). Pentagon rules out WikiLeaks negotiations. *MSN*. Msn.com.

2   Englebart, D.(1989, November). Bootstrapping organizations into the 21st century. Paper presented at a seminar at the Software Engineering Institute, Pittsburgh, PA; Johansen, R.(1988). *Groupware: Computer support for business teams*, New York: Free Press.

3   Drolet, A. L., & Morris, M. W.(2000). Rapport in conflict resolution: Accounting for how nonverbal exchange fosters cooperation on mutually beneficial settlements to mixed-motive conflicts. *Journal of Experimental Social Psychology, 36*, 26~50.

4   Daft, R. L., & Lengel, R. H.(1984). Information richness: A new approach to managerial behavior and organization design. *Research in Organization Behavior, 6*, 191~223; Daft, R. L., Lengel, R. H., & Trevino, L. K.(1987). Message equivocality, media selection, and manager performance: *Implication for information systems. MIS Quarterly, 11*(3), 355~366.

5   Wellens. A. R.(1989. 9), "Effects of telecommunication media upon information sharing and team performance: Some theoretical and empirical findings," *IEEEAES Magazine*, 14.

6   Drolet & Morris, "Rapport in conflict resolution."

7   Ibid.

8   Valley, K. L., Moag, J., & Bazerman, M. H.(1998). A matter of trust: Effects of communication on he efficiency and distribution of coutcomes(p.212). *Journal of Economic Behavior and Organizations, 34*, 211~238.

9   Allen, T. J.(1977), *Managing the flow of technology: Technology transfer and the dissemination of technological information within the R&D organization*. Cambridge, MA: MIT Press.

10   Galegher, J., Kraut, R. E., & Egido, C.(Eds.)(1990). *Intellectual teamwork: Social and technological foundations of cooperative work*. Hillsdale, NJ: Erlbaum.

11   Meherabian, A.(1971). *Silent messages*. Belmont, CA: Wadsworth.

12   Gentry, W. A.(2009, January 20). Nonverbal Obama: Aside from his words, Bloomberg Businessweek, Businessweek.com; O'Sullivan, M.(2010, July 9). Never one to be pinned down. *Washington Post*. Washingtonpost.com.

13   Swaab, R. I., & Swaab, E. F.(2009). Sex differences in the effects of visual contact and eye contact in negotiations. *Journal of Experimental social Psychology, 45*(1), 129~136.

14   Philip, G., & Young, E. S.(1987). Man-machine interaction by voice: Developments in speech technology. Part 1: The state-of-the-art. *Journal of Information Science, 13*, 3~14.

15   Henderson, M. D.(2011). Mere physical distance and integrative agreements: When more space improves negotiation outcomes. *Journal of Experimental Social Psychology, 47*(1), 7~15.

16   Neal, R.(2010, April 6). Videoconferencing centers simplify IT training, cut VA expenses, *Federal Times*, Federaltimes.com.

17   Shaw, R.(2003, November 12). Workplace messaging offers rewards, risks. *Investors' Business Daily*.

18   Armstrong, D. J., & Cole, P.(1995). Managing distances and differences in geographically distributed work groups. In S. E. Jackson & M. N. Ruderman(Eds.), *Diversity in work teams: Research paradigms for a changing workplace*(pp.187~215). Washington, DC: American Psychological Association.

19   Friedman, R., & Currall, S.(2003). Conflict escalation: Dispute exacerbaring elements of e-mail communication. *Human Relations*, 56(11), 1325~1347.

20   Henderson, M. D.(2009). Psychological distance and group judgments: The effec of physical

distance on beliefs about common goals. *Personality and Social Psychology Bulletin, 35*(10), 1330~1341.
21 Kiser, K.(1999, October 1). The new deal. *Training, 36*(10), 116~126; For an overview of the dynamics of e-mail negotiation, Nadler, J., & Shestowsky, D.(2006). Negotiation, information technology, and the problem of the faceless other. In L. Thompson(Ed.), *Negotiation theory and research*(pp.145~172), New York: Psychology Press, Taylor & Francis Group; Thompson, L., & Nadler, J.(2002). Negotiating via information technology: Theory and application. *Journal of Social Issues, 58*(1), 109~124; McGinn, K. L., & Wilson, E. J.(2004, March). How to negotiate successfully online. *Negotiation, 2*(3), 3~5; McGinn, K. L., & Croson, R.(2004). What do communication media mean for negotiations? A question of social awareness, In M. Gelfand & J. Brett(Eds.), *The handbook of negotiation and culture: Theoretical advances and culural perspectives and negotiation*(pp.334~349). Palo Alto, CA: Stanford University Press.
22 Browning, L.(2011, February 6). Online mortgages shopping made easier. *The New York Times*, p.RE6.
23 Tedeschi, B.(2008, January 13). Mortgages; Getting started, via the Web. *The New York Times*(Real Estate Desk), p.6.
24 Barboza, D. & Bradsher, K.(2010, June 17).A labor movement enabled by technology, *The New York Times*, B1.
25 Rothman, W.(2011, February 11). How the Internet brought down a dictator. MSNBC. Technology, Msnbc.msn.com.
26 Raiffa, H.(1982). *The art and science of negotiation,* Cambridge, MA: Belknap.
27 Morris, M. S., Nadler, J., Kurzberg, T., & Thompson, L.(2002). Schmooze or lose; Social friction and lubrication in e-mail negotiations. *Group Dynamics: Theory, Research, and Practice, 6*(1), 89~100.
28 Ibid.
29 Higgins, E. T.(1999). "Saying is believing" effects: When sharing reality about something biases knowledge and evaluations. In L. Thompson, J. M. Levine, & D. M. Messick(Eds.), *Shared cognition in organizations: The management of knowledge.* Mahwah, NJ: Erlbaum; Krauss, R. M., & Chiu, C.(1998). Language and social behavior. In D. T. Gilbert, S. T. Fiske, & G. Lindzey(Eds.), *The handbook of social psychology*(4th ed.)(pp.41~88). New York: McGraw-Hill.
30 Morris, Nadler, Kurtzberg, & Thompson, "Schmooze or lose."
31 Hatta, T., & Kenichi, O(2008). Effects of visual cue and spatial distance on exitability in electronic negotiation. *Computers in Human Behavior, 24*(4), 1542~1551.
32 Kiesler, S., & Sproull, L.(1992). Group decision making and communication technology. *Organizational Behavior and Human Decision Processes, 52*, 96~123.
33 Sproull, L. & Kiesler, S.(1991). *Connections: New ways of working in the networked organization.* Cambridge: The MIT Press.
34 Morris, Nadler, Kurtzberg, & Thompson, "Schmooze or lose."
35 Dubrovsky, V. J., Kiesler, S., & Sethna, B. N.(1991). The equalization phenomenon: Status effects in computer-mediated and face-to-face decision-making groups. *Human-Computer Interaction, 6*(2), 119~146.
36 Kurtzberg, T. R., Naquin, C. E., & Belkin, L. Y.(2005). Electronic performance appraisals: The effects of e-mail communication on peer ratings in actual and simulated environments. *Organizational Behavior and Human Decision Processes, 98*(2), 216~226.
37 Friedman, R., Anderson, C., Brett, J., Olekalns, M., Goates, N., & Lisco, C.(2004). The

positive and negative effects of anger on dispute resolution: Evidence from electronically mediated disputes, *Journal of Applied Psychology, 89*(2), 369~376.

38. Brett, J. M., Olekdlns, M., Friedman, R., Goates, N., Anderson, C., & Lisco, C. C.(2007). Sticks and stones: Language, face, and online dispute resolutions. *The Academy of Management Journal, 50*(1), 85~99.
39. Kaiser, "The new deal."
40. Ross, L.(1977). The intuitive psychologist and his shortcomings: Distortions in the attribution process. In L. Berkowitz(Ed.), *Advances in experimental social psychology: Vol.20*(pp.173~220. Orlando, FL: Academic Press.
41. Thompson T Nadler, "Negotiating via information technology."
42. Kramer, R. M.(1995). Dubious battle: Heightened accountability, dysphoric cognition, and self-defeating bargaining behavior. In R. Kramer & D. Messick(Eds.), *Negotiation as a social-process*(pp.95~120). Thousand Oaks, CA: sage.
43. Fortune, A., & Brodt, S.(2000). Face to face or virtually, for the second time around: The influence of task, past experience, and media on trust and deception in negotiation. Working paper, Duke University, Fuqua School of Business, Durham, NC.
44. Thompson, L., & Nadler, J.(2002), "Negotiating via information technology: Theory and application," *Journal of Social Issues, 58*(1), 109~124.
45. McGinn, & Croson, "What do communication media mean for negotiations?"
46. McGinn, K. L., Thompson, L., & Bazerman, M. H.(2003). Dyadic processes of disclosure and reciprocity in bargaining with communication. *Journal of Behavioral Decision Making, 16*, 17~34.
47. Croson, R.(1999). Look at me when you say that: An electronic negotiation simulation, *Simulation and Gaming, 30*(1), 23~37.
48. Ibid.
49. Kiesler & Sproull, "Group decision making."
50. Naquin, C., & Paulson, G.(2003). Online bargaining and interpersonal trust, *Journal of Applied Psychology*.
51. Shaw, M. E.(1981). *Group dynamics: The psychology of small group behavior*(3rd ed.), New York: McGraw-Hill.
52. Strodtbeck, F. L., & Hook, L. H.(1961). The social dimensions of a 12-man jury table. *Sociometry, 24*(4), 397~415.
53. Goman, C. K.(2009, July 17), Body language: Mastering the silent language of leadership. The Washington Post, washingtonpost.com.
54. Sproull & Kiesler, *Connections*.
55. Loewenstein, J., Morris, M. W., Chakravarti, A., Thompson, L., & Kopelman, S.(2005). At a loss for words: Dominating the conversation and the outcome in negotiation as a function of intricate arguments and communication media. *Organizational Behavior and Human Decision Processes, 98*(1), 28~38.
56. McGrath, J. E., & Hoolingshead, A. G.(1994). *Groups interacting with technology*. Thousand Oaks, CA; Sage.
57. Mcguire, T., Kiesler, S., & Siegel, J.(1987). Group and computer-mediated discussion efects in risk decision-making. *Journal of Personality and Social Psychology, 52*(5), 917~930.
58. Eveland, J. D., & Bikson, T. K.(1988). Work group structures and domputer support: A field experiment. *Transactions on Office Information Systems, 6*(4), 354~379.
59. Light, J.(2011, January 18). Recruiters rethink online playbook. *The Wall street Journal*, Wsj.com.

60 Sproull & Kiesler, *Connections*.
61 Kahneman, D., & Tversky, A.(1979). Prospect theory: An analysis of decision under risk. *Econometrica, 47*, 263~291.
62 McGuire, Kiesler, & Siegel, "Group and computer-mediated discussion."
63 Shell, G. R.(1999). *Bargaining for advantage: Negotiation strategies for reasonable people*. New York: Viking.
64 Drolet & Morris, "Rapport in conflict resolution."
65 Ibid.
66 Kramer, "Dubious battle."
67 Sproull & Kiesler, *Connections*.
68 Ibid.
69 Ibid.
70 Alge, B. J., Wiethoff, C., & Klein, H. J.(2003). When does the medim matter? Knowledge-building experiences and opportunities in decision-making teams. *Organizational Behavior and Human Decision Processes, 91*, 26~37.
71 Ibid.
72 Lillich, M.(2003, April 23). Researcher details management challenge: Getting real results from virtual teams. *Ascribe Higher Education News Service*.
73 The case for face-to-face(2009). *Forbes Insight*. Images.forbes.com.
74 Morris, Nadler, Kurtzberg, & Thompson, "Schmooze or lose."
75 Moore, D. A., Kurtzberg, T., Thompson, L., & Morris, M. W.(1999). Long and short routes to success in electronically mediated negotiations: Group Affiliations and good vibrations. *Organizational Behavior and Human Decision Processes, 77*(1), 22~43; Morris, Nadler, Kurtzberg, & Thompson, "Schmooze or lose."
76 Moore, Kurtzberg, Thompson, & Morris, "Long and short routes."
77 Morris, Nadler, Kurtzberg, & Thompson, "Schmooze or lose."
78 Moore, Kurtzberg, Thompson, & Morris, "Long and short routes."
79 Kurtzberg, T. R., Naquin, C. E., & Belkin, L. Y.(2009) Humor as a relationship-building tool in online negotiations. *International Journal of Conflict Management, 20*(4), 377~397.

부록 1 • 당신은 합리적인 판단을 하고 있는가?

1 Baron, J.(1988). *Thinking and deciding*(pp.330~351). Boston: Cambridge University Press.
2 Dana, E.(2010). Randomization vs. selection: How to choose in the absence of preference? *Management Science, 56*(3), 503~518.
3 Yates, J. F.(1990). *Judgment and decision making*. Upper Saddle River, NJ: Prentice Hall.
4 von Neumann, J., & Morgenstein, O.(1947). *Theory of games and economic behavior*. Princeton, NJ: Princeton University Press.
5 Coombs, C. H. Dawes, R. M., & Tversky, A.(1970). *Mathematical psychology: An elementary introduction*. Upper Saddle River, NJ: Prentice Hall.
6 von Neumann & Morgenstein, *Theory of games and economic behavior*.
7 Yates, Judgment and decision making.
8 Feller, W.(1968). *An introduction to probability theory and its applications: Vol.1*(3rd ed.). New York: Wiley; Woodroofe, M.(1975). *Probability with applications*. New York, McGraw-Hill.
9 Yates, *Judgment and decision making*.
10 Slovic, P.(1962). Convergent validation of risk take measrues. *Journal of Abnormal and*

Social Psychology, 65(1), 68~71; Slovic, P.(1964). Assessment of risk taking behavior. Psychological Bulletin, 61(3), 220~233.
11 Tversky, A., & Kahneman, D.(1992). Advances in prospect theory: Cumulative representation of uncertainty. Journal of Risk and Uncertainty, 5, 297~323; Tversky, A., & Fox, C.(1995). Weighing risk and uncertainty. Psychological Review, 102(2), 269~283.
12 Lee, W.(1971), Decision theory and human behavior, New York: Wiley.
13 Bernoulli, D.(L. Sommer, Trans.).(1954). Exposition of a new theory on the measurement of risk.(Original work published in 1738.) Econometrica, 22, 23~36.
14 Shapley, L. S.(1977). The St. Petersburg paradox: A con game? Journal of Economic Theory, 14, 353~409.
15 Bernoulli, "Exposition of a new theory."
16 Adapted from Kahneman, D., & Tversky, A.(1979). Prospect theory: An analysis of decision under risk. Econometrica, 47, 263~291.
17 Kahneman, D. & Tversky, A.(1979), "Prospect Theory: An Analysis of Decision Under Risk," Econometrica, 47, 263~291.
18 Fox, C. R.(1998), "A Belief-Based Model of Decision Under Risk," Management Science, 44, 879~896.
19 Kahaneman & Tversky, "Prospect Theory."
20 Ibid.
21 Based on Kahneman, D., & Tversky, A.(1979). Prospect Theory: An analysis of decision under risk. Econometrica, 47, 263~291.
22 Harsanyi, J. C. 1987, "Bargaining," in J. Eatwell, M. Milgate & P. Newman(Eds.), The New Palgrave: A Dictionary of Economics(pp.191~192), New York: Norton, 54~67.
23 Nash, J.(1950). The bargaining problem. Econometrica, 18, 155~162.
24 von Neumann & Morgenstein, Theory of game and economic behavior.
25 Harsanyi, J. C.(1987), "Bargaining," in J. Eatwell, M. Milgate & P. Newman(Eds.), The New Palgrave: A Dictionary of Economics, New York: Norton, 54~67.
26 Harsanyi, J.(1962). Bargaining in ignorance of the opponent's uility function. Journal of Conflict Resolution, 6, 29~38.
27 Nash, "The bargaining problem."
28 Schelling, T.(1960). The strategy of conflict. Cambridge, MA: Harvard University Press.
29 Harsanyi, J. C.(1990), Bargaining. In J. Eatwell, M. Milgate, & P. Newman(Eds.), The new Palgrave: A dictionary of economics(pp.54~67). New York: Norton.

부록 2 • 비언어적 의사소통과 거짓말 탐지

1 Ellsworth. P.C. & Carlsmith, J. M.(1973). Eye contact and gaze aversion in aggressive encounters. Journal of Personality and Social Psychology, 33, 117~122.
2 DePaulo, B. M., & Friedman, H. S.(1997). Nonverbal communication. In D. T. Gilbert, S. T. Fiske, & G. Lindzey(Eds.), The handbook of social psychology(4th ed.), New York: McGraw-Hill.
3 DePaulo & Friedman, "Nonverbal communication"; Hall, J. A.(1984). Nonverbal sex differences: Communication accuracy and expressive style. Baltimore: Johns Hopkins University Press.
4 Hall, Nonverbal sex differences.
5 Abramowitz, C. V., Abramowitz, S. L., & Weitz, L. J.(1976). Are men therapists soft on empathy? Two studies in feminine understanding. Journal of Clinical Psychology, 32(2),

434~437.
6   Hall, *Nonverbal sex differences*.
7   Stoppard, J. M., & Gun-Gruchy, C.(1993). Gender, context, and expression of positive emotion. *Personality and Social Psychology Bulletin, 19*(2), 143~150.
8   Henley, N. M.(1977), *Body politics: Power, sex, and non-verbal communication*, Upper Saddle River, NJ: Prentice Hall.
9   Dovidio, J. F., & Ellyson, S. L.(1982). Decoding visual dominance: Attributions of power based on relative percentages of looking while speaking and looking while listening. *Social Psychology Quarterly 45*(2), 106~113.
10 Brown, C. E., Dovidio, J. F., & Ellyson, S. L.(1990). Reducing sex differences in visual displays of dominance: Knowledge is power. *Personality and social Psychology Bulletin, 16*(2), 358~368.
11 Snodgrass, S. E.(1985). Women's intuition: The effects of subordinate role on interpersonal sensitivity. *Journal of Personality and Social Psychology, 49*(1), 146~155; Snodgrass, S. E.(1992). Further effects of role versus gender on interpersonal sensitivity. *Journal of personality and Social Psychology, 62*(1), 154~158.
12 DePaulo, B. M. Lewis & C. Saarni(Eds.), *Lying and deception in everyday life*(pp. 126~147). New York: Guilford Press; Rosenthal, R., & DePaulo, B. B.(1979). Sex differences in accommodation in nonverbal communication. In R. Rosenthal(Ed.), *Skill in nonverbal communication: Individual differences*(pp.68~103). Cambridge, MA: Oelgeschlager, Gunn, and Hain; Rosenthal, R., & DePaulo, B. M.(1979). Sex differences in eavesdropping on nonverbal cues. *Journal of Personality and Social Psychology, 37*(2), 273~285.
13 DePaulo & Friedman, "Nonverbal communication,"
14 Exline, R. V., Elluson, S. L., & Long, B.(1975). Visual behavior as an aspect of power role relationships. In P. Pliner, L. Crames, & T. Alloway(Eds.), *Advances in the study of communication and affect: Vol.2, Nonverbal communication of aggression*(pp.21~52). New York: Plenum.
15 Tiedens, L. Z., & Gragale, A. R.(2003). Power moves: Complementary in dominant and submissive nonverbal behavior, *Journal of personality and Social Psychology, 84*(3), 558~568.
16 Dovidio, J. G., Brown, C. E., Heltman, K., Ellyson, S. L., & Keating, C. F.(1988). Power diplays between women and men in discussions of gender-linked tasks: A multichannel study. *Journal of personality and Social Psychology, 55*(4), 580~587; Dovidio, J. F., Ellysons, S. L., Kearing, C. F., Heltmah, K., & Brown, Clifford E.(1988). The relationship of social power to visual displays of dominance between men and women. *Journal of Personality and Social Psychology, 54*(2), 333~351.
17 Friedman, H, S, M Prince, L. M., Riggio, R. E., & DiMatteo, M. R.(1980). Understanding and assessing nonverbal expressiveness: The Affective Communication Test. *Journal of personality and Social Psychology, 39*(2), 333~351; Halberstadt, A. G.(1991). Toward an ecology of expressiveness: Family socialization in particular and a model in general. In R. S. Feldman & B. Rime(Eds.), *Fundamentals of nonverbal behavior: Studies in emotion and social interaction*(pp.285~328). New York: Cambridge University Press.
18 Buck, R.(1984). On the definition of emotion; Functional and structural considerations. *Cahiers de Psychologie Cognitive, 4*(1), 44~47; Notarius, C. I., & Levenson, R. W.(1979). Expressive tendencies and physiological response to stress. *Journal of Personality and Social Psychology, 37*(7), 1204~1210.
19 Friedman, H. S., Riggio, R. E., & Casella, D. F.(1988). Nonverbal skill, personal charisma, and

     initial attraction. *Personality and Social Psychology Bulletin, 14*(1), 203~211.'
20 DiMatteo, M. R., Friedman, H. S., & Taranta, A.(1979). Sensitivity to bodily nonverbal communication as a factor in practitioner-patient rapport. *Journal of Nonverbal Behavior, 4*(1), 18~26.
21 Cunningham, M. R.(1986). Measuring the physical in physical attractiveness: Quasi-experiments on the sociobiology of female facial beauty. *Journal of Personality and Social Psychology, 50*, 925~935.
22 DePaulo, B. M., Blank, Al L., Swaim, G. W., & Hairfield, J. G.(1992). Expressiveness and expressive control, *Personality and social Psychology Bulletin, 18*(3), 276~285.
23 Sullins, E. S.(1989). Perceptual salience as a function of nonverbal expressiveness. *Personality and Social Psychology Bulletin, 15*(4), 584~595.
24 Buck, "On the definition of emotion."
25 Buck, R.(1975). Nonverbal communication of affect in children. *Journal of Personality and Social Psychology, 31*(4), 644~653.
26 DePaulo, Blank, Swaim, & Hairfield, "Expressiveness and expressive control."
27 DePaulo & Friedman, "Nonverbal Communication."
28 DePaulo & Friedman, "Nonverbal Communication," 14.
29 DiMatteo, M. R., Hays, R. D., & Prince, L. M.(1986). Relationship of physicians' nonverbal communication skill to patient satisfaction, appointment noncompliance, and physician workload. *Health Psychology, 5*(6), 581~594.
30 Bernieri, F. J.(1991). Interpersonal sensitivity in teaching interactions. *Personality and Social Psychology Bulletin, 17*(1), 98~103.
31 DePaulo, B. M., & Rosenthal, R.(1979). Telling lies, Journal of Personality and Social Psychology, 37(10), 1713~1722.
32 Buck, "On the definition of emotion"; Zuckerman, M., Blanck, P. E., DePaulo, B. M., & Rosenthal, R.(1980). Developmental changes in decoding discrepant and nondiscrepant nonverbal cues. *Developmental Psychology, 16*(3), 220~228.
33 Croson, R.(2005). Deception of economics experiments. In C. Gerschlager(Ed.), *Deception in markets: An economic analysis*(pp.113~130). Basingstoke, England: Palgrave-Macmillan; Schweitzer, M.(2001). Deception in negotiations. In S. Hoch & H. Kunreuther(Eds.), *Wharton on making decisions*(pp.187~200). New York: Wiley.
34 Ekman, P., & Friesen, W. V.(1969). Nonverbal leakage and clues to deception. *Psychiatry, 32*(1), 88~106.
35 Adopted from Sporer, S. & Schwandt, B.(2007). Moderators of nonverbal indicators of deception: A meta-analytic synthesis. *Psychology, Public Policy, and Law,* 13(1), 1~34.
36 Ekman, P., O'Sullivan, M. O., & Frank, M. G.(1999). A few can catch a liar. *Psychological Science, 10*(3), 263~266.
37 DePaulo, B. M.(1994). Spotting lies: Can humans learn to do better? *Current Directions in Psychological Science, 3*(3), 83~86; DePaulo, B. M., Lassiter, G. D., & Stone, J. I.(1982). Attentional determinants of success at detecting deception and truth. *Personality and Social Psychology Bulletin, 8*(2), 273~279; Zuckerman, M., Koestner, R., & Driver, R.(1981). Beliefs about cues associated with deception. *Journal of Nonverbal Behavior, 6*(2), 105~114.
38 Ekman, O'Sullivan, & Frank, "A few can catch a liar."
39 Ibid.
40 Schweitzer, "Deception in negotiations."
41 Schweitzer, M., & Croson, R.(1999). Curtailing deception: The impact of direct questions on

lies and omissions. *International Journal of Conflict Management, 10*, 225~248.
42 Newman, M. L., Pennebaker, J. W., Berry, D. S., & Richards, J. M.(2003). Lying words: Predicting deception from linguistic styles. *Personality and Social Psychology Bulletin, 29*(5), 665~675.
43 Ekman, P.(1984). The nature and function of the expression of emotion. In K. Scherer & P. Ekman(Eds.), *Approaches to emotion*. Hillsdale, NJ: Erlbaum.
44 Zuckerman, M., DePaulo, B. M., & Rosenthal, R.(1981). Verbal and nonvebal communication of deception. In L. Berkowitz(Ed.), *Advances in experimental social psychology: Vol. 14* (pp.1~59). New York: Academic Press.
45 DePaulo, Lassiter, & Stone, "Attentional determinants of success."
46 Ekman, P.(2001). *Telling lies: Clues to deceit in the marketplace, politics, and marriage* (3rd ed.), New York: Northon.
47 Based on Sporer, S. & Schwandt, B.(2006). Paraverbal indicators of deception: A meta-analytic synthesis. *Applied Cognitive Psychology*, 20, 421~446.
48 Butler, D., & Geis, F. L.(1990). Nonverbal affect responses to male and female leaders: Implications for leadership evaluations, *Journal of Personality and Social Psychology, 58*(1), 48~59.
49 Ekman, *Telling lies*.
50 Boles, T., Croson, r., & Murnighan, J. K.(2000). Deception and retribution in repeated ultimatum bargaining. *Organizational Behavior and Human Decision Processes, 83*(2), 235~259.
51 Ibid.
52 Croson, "Deception of economics experiments."
53 Schweitzer, M., & Hsee, C.(2002). Stretching the truth: Elastic justification and motivated communication of uncertain information. *Journal of Risk and Uncertainty, 25*(2), 185~201.
54 Schweitzer, M., Brodt, S., & Croson, R.(2002). Seeing and believing: Visual access and the strategic use of deception, *International Journal of Conflict Management, 13*(3), 258~201.
55 DePaulo, B. M., & Kirkendol, S. E.(1989). The motivational impairment effect in the communication of deception. In J. C. Yuille(Ed.), Credibility assessment(pp.51~70). Dordrecht, The Netherlands: Kluwer.
56 DePaulo, P. J., & DePaulo, B. M.(1989). Can deception by salespersons and customers be detected through nonverbal behavioral cues? *Journal of Applied Social Psychology, 19*(18, pt. 2), 1552~1557.
57 Wegner, D. M.(1994), Ironic processes of mental control. *Psychological Review, 191*, 34~52.
58 Wegner, D. M., Lane, J. E., & Dimitri, S.(1994). The allure of secret relationships. *Journal of Personality and social Psychology, 66*(2), 287~300.
59 Wegner, D. M., Shortt, J. W., Blake, A. W., & Page, M. S.(1990). The suppression of exciting thoughts. *Journal of Personality and Social Psychology, 58*, 409~418.

부록 3 • 3자개입

1 Brecher, Michael, & Jonathan Wilkenfeld, International Crisis Behavior Project, 1918-2004 [Computer file]. ICPSR09286-v7. College Park, MD; Michael Brecher and Jonathan Wilkenfeld, University of Maryland [producers], 2007. Ann Arbor, MJ: Inter-university Consortium for Political and Social Research [distributor], 2007-12-4.
2 Berner, R.(2009, July 19). Big arbitration firm pulls out of credit card business. *Business*

2. *Week*, Businessweek.com; Class discipline; Litigation in America.(2011, January 29). The *Economist*. Economist.com.
3. Mealey-Lohmann, L.(2010, May 28). Using mediation to resolve disputes — Differences between China and the United States. *China Insight*. Chinainsight.com.
4. Rubin, J. Z., Pruitt, D. G., & Kim, S. H.(1994). *Social conflict: Escalation, stalemate and settlement*, New York: McGraw-Hill; McGrah, J. E.(1966). A social psychological approach to the study of negotiations. In R. V. Bowers(Ed.), *Studies on behavior in organizations*(pp. 101~134). Athens: University of Georgia Press.
5. McEwen, C. A., & Mainman, R. J.(1984). Mediation in small claims court: Achieving compliance through consent. *Law and Society Review, 18*, 11~49.
6. Hoh, R.(1984). The effectiveness of mediation in public-sector arbitration systems: The Iowa experience, *Arbitration Journal, 39*(2), 30~40; Kochan, T. A.(1979). Dynamics of dispute resolution in the public sector. In B. Aaron, J. R. Grodin, & J. L. Sterm(Eds.), *Public-sector bargaining*(pp.150~190). Washington, DC: BNA Books; Kressel, K., & Pruitt, D. G.(1989). Conclusion: A research perspective on the mediation of social conflict. In K. Kressel & D. G. Pruitt(Eds.), *Mediation research*(pp.394~435), San Francisco: Jossey-Bass.
7. Ross, W. H., & Conlon, D. E.(2000). Hybrid forms of third-party dispute resolution: Theoretical implications of combining mediation and arbitration. *Academy of Management Review, 25*(2), 416~427.
8. Karambayya, R., & Brett, J. M.(1989). Managers handling disputes: Third-party roles and perceptions of fairness, Academy of Management Journal, 32, 687~704; Pierce, R. S., Pruitt, D. G., & Czaja, S. J.(1993). Complainant-respondent differences in procedural choice. *International Journal of Conflict Management, 4*, 199~122; Ross, W. H., Conlon, D. E., & Lind, E. A.(1990). The mediator as leader. Effects of behavioral syle and deadline certainty on negotiator behavior. *Group and Organization Studies, 15*, 105~124.
9. Ross & Conlon, "Hybrid forms."
10. Farber, H. S., & Katz, H.(1979). Why is there disagreement in bargaining? *American Economic Review, 77*, 347~352.
11. Marmo, M.(1995). The role of fact finding and interest arbitration in "selling" a settlement. *Journal of Collective Negotiations in the Public Sector, 14*, 77~97; Rose, J. B., & Manuel, C.(1996). Attitudes toward collective bargaining and compulsory arbitration. *Journal of Collective Negotiations in the Public Sector, 25*, 287~310.
12. Notz, W. W., & Starke, F. A.(1987). Arbitration and distributive justice: Equity or equality? *Journal of Applied Psychology, 72*, 359~365.
13. Farber, H. S.(1981). Splitting the difference in interest arbitration. *Industrial and Labor Relations Review, 35*, 70~77.
14. Ross & Conlon, "Hybrid forms."
15. Kagel, J.(1976). Comment. In H. Anderson(Ed.), *New techniques in labor dispute resolution*(pp.185~190). Washington, DC: BNA Books.
16. Ross & Conlon, "Hybrid forms."
17. Cobbledick, G.(1992). Arb-med: An alternative approach to expediting settlement. Unpublished manuscript, Harvard Program on Negotiation, Harvard University, Boston; Sander, F. E. A.(1993). The courthouse and alternative dispute resolution. In L. Hall(Ed.), *Negotiation: Strategies for mutual gain*(pp.43~60). Newbury Park, CA: Sage.
18. Ross & Conlon, "Hybrid forms."
19. Conlon, D. E., Moon, H., & Ng. K. Y.(2002). Putting the cart before the horse: The benefits of arbitrating before mediating. *Journal of Applied Psychology, 87*(5), 978~984.

20. Beardsley, K. C., Quinn, D. M., Biswas, B., & Wilenfeld, J.(2006). Mediation style and crisis outcomes. *The Journal of Conflict Resolution, 50*(1), 58~86.
21. Ibid.
22. Ibid.
23. Shestowsky, D.(2004). Procedural differences in alternative dispute resolution. Psychology, *Public Policy and the Law, 10*(3), 211~249.
24. Nelson, N.(2010). Transformative women, problem-solving men? Not Quite: Gender and mediators' perceptions of mediation. *Negotiation Journal, 26*(3), 287~308.
25. Stuhlmacher, A. F., & Morrissett, M. G.(2008). Men and women as mediators: disputant perceptions. *International Journal of Conflict Management, 19*(3), 249~261.
26. Bazerman, M. H., & Neale, M. A.(1992). *Negotiating rationally*. New York: Free Press.
27. Poitras, J., & Le Tareau, A.(2008). Dispute resolution patterns and organizational dispute states. *International Journal of Conflict Management, 19*(1), 72~87.
28. Poitras, J.(2009). What makes parties trust mediators? *Negotiation Journal, 25*(3), 307~325.
29. Silberman, S.(2003, June 22). Divorce mediation gains popularity. *The Pantagraph*, p.A1.
30. Thompson, L., & Kim, P. H.(2000). How the quality of third parties' settlement solutions are affected by the relationship between negotiators. Journal of Experimental Psychology: Applied, 6(1), 1~16.
31. Jehn, K. A., Rupert, J., Nauta, A., & Van Den Bossche, S.(2010). Crooked conflicts: The effects of conflict asymmetry in mediation. *Negotiation and Conflict Management Research, 3*(4), 338~357.
32. Morris, M. W.(1995). Through a glass darkly: Cognitive and motivational processes that obscure social perception in conflicts. Paper presented at the Academy of Management Meetings, Vancouver, BC.
33. Hastorf, A., & Cantril, H.(1954). The saw a game: A case study. *Journal of Abnormal and Social Psychology, 49*, 129~134.
34. Dickson, E. S.(2009). Do participants and observers assess intentions differently during bargaining and conflict? *American Journal of Political Science, 53*(4), 910~930.
35. Robinson, R. J., Keltner, D., Ward, A., & Ross, L.(1994). Actual versus assumed differences in construal: "Naive realism" in intergroup perception and conflict. *Journal of personality and Social Psychology, 68*, 404~417.
36. Allred, K. G., Hong, K., & Kalt, J. P.(2002). Partisan misperceptions and conflict escalation: Survey evidence from a tribal/local government conflict. Paper presented at the International Association of Conflict Management, Park city, UT.
37. Ibid.
38. Vallone, r. P. Ross, L., & Lepper, M.(1985). The hostile media phenomenon: Biased perception and perceptions of media bias in coverage of the "Beirut Massacre." *Journal of Personality and Social Psychology, 49*, 577~585.
39. Bazerman & Neale, *Negotiating rationally*; Neale, M. A., & Bazerman, M. H.(1983). The role of perspective taking ability in negotiating under different forms of arbitration. *Industrial and labor Relations Review, 36*, 378~388.
40. Morris, M. W., & Su, S. K.(1999). The hostile mediator phenomenon: Egocentric standards of fairness lead disputants to see mediators as favoring the opponent. Unpublished manuscript, Stanford University.
41. Gibson, K., Thompson, L., & Bazerman, M. H.(1994). Biases and rationality in the mediation process. In L., Heath, F. Bryant, & J. Edwards(Eds.), *Application of heuristics and biases*

42 Carnevale, P. J.(1995). Property, culture, and negotiation. In R. M. Kramer & D. M. Messick (Eds.), *Negotiation as a social process: New trends in theory and research*(pp. 309~323). Thousand Oaks, CA: Sage.
43 Morris, & Su, "The hostile mediator phenomenon."
44 Farber, "Splitting he difference"; Chelius, J. R., & Dworkin, J. B.(1980). The economic analysis of final-offer arbitration as a conflict resolution device. Journal of Conflict resolution, 24, 293~310; Raiffa, H.(1982). *The art and science of negotiation*, Cambridge, MA: Belknap.
45 Svensson, I.(2009). Who brings which peace?; Neutral versus biased mediation and institutional peace arrangements in civil wars. *Journal of Conflict Resolution, 53*(3), 446~469.
46 Tornow, W. W., & Pinto, P. R.(1976). The development of a managerial job taxonomy: A system for describing, classifying, and evaluating executive positions. *Journal of Applied Psychology, 61,* 410~418.
47 Karambayya & Brett, "Managers handling disputes"; Sheppard, B. H.(1984). Third-party intervention: A procedural framework. In B. M. Staw & L. L. Cummings(Eds.), *Research in organizational behavior: Vol.6,* Greenwich, CT: JAI Press.
48 Poitras, J.(2010). Mediation: Depolarizing responsibilities to facilitate reconciliation. *International Journal of Conflict Management, 21*(1), 4~19.

부록 4 • 취업협상

1 Marks, M., & Harold C.(2009). Who asks and who receives in salary negotiation. *Journal of Organizational Behavior.*
2 Cates, K(1997). Tips for negotiating a job offer. Unpublished manuscript. Kellogg School of Management, Northwestern University, Evanston, IL. Used by permission of Karen cates.
3 Ibid.
4 Cates, K.(1997). Tips for negotiating a job offer. Unpublished manuscript, Kellog School of Management, Northwestern University, Evanson, Il.
5 Business Week.(2011). *Job Coaches* [video]. Businessweek.com.
6 Ibid.
7 Anders, G.(2003, June 25). Upping the ante: As some decry lavish CEO pay, Joe Bachelder makers it happen. *Wall street Journal,* p.A1; Rothacker, R.(2008, June 4). CEO's pay hurt by stock fall but Wachovia's Ken Thompson still walks away wih $28 million in pension, stock and severance. *Charlotte Observer,* D1.
8 Cates, "Tips for negotiating a job offer."
9 Grasz, J.(2010, November 10). Nearly one-third of employers willing to negotiate salary increases for current employees for 2011. *Career Builder.* Careerbuilder.com.
10 Clark, K.(1999, November 1). Gimme, gimme, gimme: job seekers don't realize they can ask for more-lots more. *U. S. New & World Report,* 88~92.
11 Ibid.
12 Brandon, E.(2006, June 14). Negotiating for job perks; ask and you might receive. *US News and World Report.* Usnews.com; Liveten, S.(2006, October 6). The Power of the perk. *Forbes.com.*
13 Cates, "Tips for negotiating a job offer."
14 Rosner, B. & Campbell, S.(2011). Recession proof your career. *Pay Scale.* Payscale.com.

15 Bazerman, M. H., Loewenstein, G., & White, S.(1992). Reversals of preference in allocating decisions: Judging an alternative versus choosing among alternatives. *Administrative Science Quarterly, 37,* 220~240; Bazerman, M. H., Schroth, H. A., Shah, P. P., Diekmann, K. A., & Tenbrunsel, A. E.(1994). The inconsistent role of comparison others and procedural justice to hypothetical job descriptions: Implications for job acceptance decisions. *Organizational Behavior and Human Decision Processes, 60,* 326~352; Bloun, S., & Bazerman, M. H.(1996). The inconsistent evaluation of comparative payoffs in labor supply and bargaining. *Journal of Economic Behavior and Organizations, 891,* 1~14.
16 Tenbrunsel, A., & Diekmann, K.(2002). Job-decision inconsistencies involving social comparison information: The role of dominating alternatives, *Journal of Applied Psychology, 87*(6), 1149~1158.
17 Porter, C., Conlon, D., & Barber, A.(2004). The dynamics of salary negotiations: Effects on applicants' justice perceptions and recruitment decisions. *International Journal of Conflict Management, 15*(3), 273~303.
18 Cates, "Tips for negotiating a job offer."
19 DeZube, D.(2010, November 19). Salary negotiation: Always ask for more, or take the offer? *New York Times*, Nytimes.com.
20 Cates, "Tips for negotiating a job offer."

찾아보기

ㄱ

가교해결책bridging 294
가용성 휴리스틱availability heuristic 303
갈라진 꼬리 효과forked-tail effect 229
감정지능emotional intelligence 199
개인주의 392~393, 403, 407~408
거짓말 269, 277, 527, 533
게임이론 433, 518
경계확장자boundary spanner 260
계몽 모델enlightened model 36
계약 위험contractual risk 53
고정 파이 인식fixed-pie perception 131
고정효과set effect 310
공정성 103, 112, 116
공통정보효과common information bias 374
공통정체성 집단common-identity group 374
과거관점편향hindsight bias 309
과신효과overconfidence effect 57, 312
교섭영역bargaining zone 77~78
교섭잉여bargaining surplus 80

귀납적 추리inductive reasoning 324
귀인오류 423
균등분할 94, 124
근본귀인오류根本歸因誤謬, fundamental attribution error 419
근시안적 현상myopia 241
근접효과propinquity effect 218
기대가치법칙expected value principle 506, 509
기대치aspiration point 40, 60, 86
기대효용법칙EU: Expected Utility principle 509, 511
기대효용이론expected utility theory 500
기준치 47, 81~82, 84, 95~96, 98
기질귀속dispositional attribution 223
기질론dispositionalism 400

ㄴ

나쁜 본성귀인편향本性歸因偏向, sinister attribution bias 476

640

내시 교섭이론 Nash bargaining theory   520

ㄷ

다수결원칙   340
단순노출효과 mere exposure effect   216
대면대화 face-to-face communication   467
대비효과 contrast effect   252
대수의 법칙 law of large number   507
대안   250
덕담하기 schmoozing   487
덤 얹어주기 기법 that's-not-all technique   267
덧셈 additive적 생각   316
도박꾼의 오류 gambler's fallacy   305
동급비교 comparison with similar others   106, 114
동기유형   164
동반자관계 모델 partnership model   291
동시복수제안 multiple simultaneous offers ☞ 복수제안   143
동시성편향 同時性偏向, temporal synchrony bias   474
동질성기반 신뢰 identification-based trust   211

ㅁ

매몰비용 sunk cost   47, 462
명단작성기법 list technique   264
명시적 협상 explicit negotiations   429
모두가 잃는 효과 lose-lose effect   130
목표치 target point   40
무의식점화 unconscious priming   263
묵시적 협상 tacit negotiations   429
문화   388

ㅂ

반발기법 reactance technique   265
반발로 인한 평가절하 경향 reactive devaluation   42
발부터 들여놓기 기법 foot-in-the-door technique   266
보강 補强   173
복수대안원칙 falling-in-love rule   43
복수속성효용기법 multiattribute utility technique   496
복수제안   143
복수청중 multiple audience   345
복합적인 메시지   185
불가능성정리 impossibility theorem   342
불웨어리즘 boulwarism   88
브레인스토밍 brainstorming   321, 348
비공식 대화   470
비언어적 의사소통   527
비활성지식문제 inert knowledge problem   300
뺄셈 subtractive적 생각   316

ㅅ

사실에 반하는 생각 counter-factual reflection   316
사전단계합의 presettlement settlement, PreSS   150
사회적 비교 social comparison   105
사회적 태만 social loafing   399
사회효용함수   113
사후가정사고 counterfactual thinking   55
삼각측량 triangulation   535
삼자개입   71

찾아보기   641

상트페테르부르크 패러독스St. Petersburg
　　　Paradox　509
상향비교upward comparison　106
상호주의법칙　219
상황론　400
상황진단　136
샤플리 모델Shapley model　355
선례　73
선택적 관심selective attention　311
설득변방경로peripheral route to persuasion　249
설득중앙경로central route to persuasion　248
세계화　26
소극적 허위진술passive misrepresentation
　　　271
수렴적 사고convergent thinking　322
순진한 현실론naive realism　380
순환협력circular logrolling　339
승자의 비극winner's curse　28, 40
시장가격산정market pricing　236
신문 1면 테스트front-page test　281

ㅇ

아는 자의 불행curse of knowledge　344
약속규범norm of commitment　453
약식심리mini trials　188
양보점　81
억지력기반 신뢰deterrence-based trust　208
역보상reverse compensation　245
역제안　91
역할 게임 모델game playing model　290
연역적 추리deductive reasoning　324
오 헨리 효과O. Henry effect　233
외모　261

우선순위　270
우세성법칙dominance principle　498
우세전략추구법칙principle of dominance
　　　detection　433
위험회피risk aversion 성향　50
윈 - 윈 협상　27, 38
유사성끌림효과similarity-attraction effect　216
응집력cohesion　373
의사신성가치擬似神性價値, pseudosacred　415
의제종합issue mix　153
이면거래　126
인식기반 신뢰cognition-based trust　214
인적자본social capital　259
일관성법칙consistency principle　253
일치성 과신효과false consensus effect　304
입씨름 모델haggling model　289

ㅈ

자기강화self-reinforcing　31
자기중심주의　117
자기중심편향　116
자기집단편향in-group bias　378~379, 396
자기충족예언self-fulfilling prophesy　257
자민족중심주의自民族中心主義, ethnocentrism
　　　416
작은 성과에 만족하는 것satisficing　30
적극적 허위진술active misrepresentation　271
전략 위험strategic risk　50
접근법　175
정보　139
정서기반 신뢰affect-based trust　214
정신모델mental model　289
제휴　339

조건부계약contingency contract   147, 150, 296
조정mediation   71, 401, 305, 541~542
좁은 시야tunnel vision   347
중재arbitration   71, 541~542
중재자문advisory arbitration   188
즉석교신IM: instant messaging   480
지속효과perseverance effect   307
지식기반 신뢰knowledge-based trust   210
직관   34
진입갈등approach-approach conflict   495
집단주의   392~393, 403, 407~408
집착의 심화escalation of commitment 458~459

착점着點, anchor point   60, 86, 89, 305
참고치reference point   50, 53~54
체면 유지   100
최종시한final deadline   67
추인ratification   66
취업협상   556
친화편향親和偏向, affiliation bias   417

카리스마Charisma   532
콩도르세Condorcet 역설   342

타협compromise   38, 124
통합적이고 완전한 협상integrative negotiations   125
퇴짜부터 맞기 기법door-in-the-face technique

266
투명성환상Illusion of transparency   141
트레이드오프   142
팀효과team effect   372
팃포탯tit-for-tat   437

ㅍ
파급효과linkage effect   63
파레토 최적경계Pareto-optimal frontier   129
파이 고정fixed-pie   38
파이가 고정되었다는 생각fixed-pie perception 285
패키지 제안   48
편집증paranoia   484
평등 원칙equality rule   102, 235
평등주의   403
평판   228
프레이밍 효과framing effects   254, 483
플로flow   326
피드백   29
필연선택법칙sure thing principle   57
필요 원칙needs-based rule   102

ㅎ
하향비교downward comparison   106
한계효용체감Diminishing Marginal Utility   510, 517
합리성   493
합의 후 보완 전략postsettlement settlement strategy   152
합의가능영역zone of possible agreements, ZOPA 78
합의갈등consensus conflict   61

찾아보기   643

합의에 도달하지 못했을 때 택할 수 있는
　　최선의 대안BATNA　42　☞ BATNA　42,
　　44, 53, 60, 84
합의편향agreement bias　28, 349
현상유지편향status quo bias　351
협상 댄스negotiation dance　77
협상 당사자　366
협상잉여negotiator's surplus　80
형평　107, 109
　　형평 원칙equity rule　102, 235
확산적 사고divergent thinking　322
확실성효과certainty effect　514
확인편향確認偏向, confirmation bias　325
확증편향confirmation bias　29, 30
환영상관幻影相關, illusory correlation　307
황금률golden rule　281
효용함수utility function　501, 506, 509
후광효과halo effect　229
후진귀납법backward induction　435
희생자귀인犧牲者歸因, blaming-the victim
　　attributions　308
희소자원경쟁scarce resource competition　61

기타

1차 지위특성primary status characteristics　256
2차 지위특성secondary status characteristics
　　256
2차 협상 테이블hidden table　58
3자개입thirty-party intervention　71, 541
80 - 20 법칙　38
BATNA　42, 44, 53, 60, 84　☞ 합의에
　　도달하지 못했을 때 택할 수 있는 최선의
　　대안　42
　　BATNA 위험　53
GRIT 모델　92, 383

_ 지은이

리 L. 톰슨 Leigh L. Thompson

노스웨스턴 대학 켈로그 경영대학원 석좌교수, 켈로그 대학원 AT&T 행태연구소 소장이며, 논쟁해결연구센터를 관리하고 동 대학원의 협상전략과정을 운영하고 있다. 협상 컨설턴트이기도 한 톰슨은 전 세계적으로 많은 관리자에게 협상기술을 지도하고 있다.

국제적으로 유명한 학자로서 세 편의 책을 썼고 주요 저널에 50여 편의 논문을 게재했다. 그 업적으로 국립과학재단 유망연구가상 National Science Foundation Presidential Young Investor Award 을 포함하여 많은 상을 수상했으며, 스탠퍼드 행태과학센터로부터 펠로십을, 시티그룹 행태과학연구위원회로부터 지원금을 받은 바 있다.

홈페이지 www.LeighThompson.com

_ 옮긴이 김성환 · 김중근 · 홍석우

김성환

- 서울대학교 경제학과(현 경제학부) 졸업, 영국 런던대 연수, 사마르칸드 외국어대 명예정치학 박사.
- 1976년 외교부(현 외교통상부)에서 공직생활 시작.
- 주오스트리아 대사, 외교통상부 2차관, 외교안보수석 역임.
- 현재 외교통상부 장관.
- 저서: 『격동하는 러시아 정치』(1994, 지식산업사)

김중근
- 서울대학교 무역학과(현 경제학부) 졸업, 미 조지타운 대학 부설 외교연구소 선임연구원.
- 1978년 외무부(현 외교통상부)에서 공직생활 시작.
- 통상교섭조정관(경제차관보), 주싱가포르 대사, 주인도 대사.
- 현재 IBK 연금보험 상임감사.

홍석우
- 서울대학교 무역학과(현 경제학부) 졸업, 미 하버드 대학 케네디스쿨 정책학 석사, 성균관대학교 행정학 박사.
- 1980년 상공부(현 지식경제부)에서 공직생활 시작.
- 무역투자실장, 중소기업청장, KOTRA 사장 역임.
- 현재 지식경제부 장관.
- 역서: 『최상의 팀 만들기』(2004, 한울)

한울아카데미 1511
지성과 감성의 협상 기술 (개정판)

지은이 | 리 L. 톰슨
옮긴이 | 김성환·김중근·홍석우
펴낸이 | 김종수
펴낸곳 | 도서출판 한울
편 집 | 김경아

초 판 1쇄 발행 | 2006년 1월 3일
개정판 2쇄 발행 | 2014년 10월 25일

주 소 | 413-120 경기도 파주시 광인사길 153 한울시소빌딩 3층
전 화 | 031-955-0655
팩 스 | 031-955-0656
홈페이지 | www.hanulbooks.co.kr
등록번호 | 제 406-2003-000051호

Printed in Korea.
ISBN 978-89-460-5511-7   13320(전문가용)
     978-89-460-4662-7   13320(일반용)

* 가격은 겉표지에 표시되어 있습니다.